國家社科基金
GUOJIA SHEKE JIJIN HOUQI ZIZHU XIANGMU
後期資助項目

路史校注

The Collation and Annotation of *Lu Shi*

二

王彦坤 撰

中華書局
ZHONGHUA BOOK COMPANY

路史卷十三

後紀四

禪通紀第八

炎帝紀下

炎帝柱，神農子也。魯語：烈山氏之子柱[一]。内傳説同[二]。祭法云："烈山氏之子曰農[三]。"農官也，即爲柱。七歲，有聖德，佐神農氏，厤裕原，諳百藥[四]。爰忌其人比槤，定利芰茇，及寒堡土；時雨至，則挾槍刈以從事於疇；殖百疏，區百穀，別其疏逖，深耕聖作以興歲[五]。天均時而地均財，於是神農之功廣，而天下殷賑矣[六]。真源賦云："神農有子，年七歲，有聖德。同歷名山，辨其百藥。闢田墾土，興於穀帛，化於市鄽，民無征役[七]。"

任公而不物，任法而不數，守其餘以制其嗇，故其人不佻不病[八]。民亡覘事，審時而權宜，是以老幼安里，而亡謝生之心[九]。西瀅河原，東澹海湑，南燿丹垠，北汔幽虛，莫不來享，來咨來茹[一〇]。

亦曰列山氏[一一]。傳云列山氏始爲稷，謂柱[一二]。五帝以來襫之[一三]。昭公二十九年左氏云："柱爲稷，夏氏以上祀之。周弃亦爲稷，自商以來祀之[一四]。"所言者，皆人神[一五]。孝經援神契云："社，土地之主；稷，五穀之主[一六]。俱土神，而所主之功異。所主既異，故其配亦異。柱、弃、句龍，第配食爾。"

　　説〔一七〕

【校注】

　　〔一〕國語魯語上:"昔烈山氏之有天下也,其子曰柱,能殖百穀百蔬。"韋昭注:"烈山氏,炎帝之號也。"

　　〔二〕内傳:指左傳。古代經學家以左傳爲春秋内傳,國語爲春秋外傳。左傳昭公二十九年:"有烈山氏之子曰柱,爲稷。"杜預注:"烈山氏,神農世諸侯。"

　　〔三〕禮記祭法原文作:"是故厲山氏之有天下也,其子曰農,能殖百穀。"

　　〔四〕麻奟原,諸百藥:麻,通"歷",經過。宋本如此,喬本、洪本、吳本、備要本作"曆",四庫本作"歷"。奟原,綠色的原野。奟(qiān),説文谷部:"望山谷奟奟青也。"諸,辨別物名(見增韻勁韻)。宋本如此,是,今從之,餘諸本皆譌"銘"。

　　〔五〕爰忌其人比桯:忌,教也(見小爾雅廣言)。四庫本作"惎",音義同。人,民,百姓。比桯,猶耦耕。比,并列,并排。桯,同"耜",鍬鍤一類的挖土農具。此謂用桯挖土。　　定利芟茇:彦按:此句費解,或有譌文。疑"利"當作"時","茇"爲"茇"譌。定時,猶按時。芟茇,謂除草。説文艸部:"芟,刈艸也。"茇,拔草。　　及寒垡土:垡土,耕地翻土。宋本、洪本、吳本、四庫本"垡"譌"垈"。　　挾槍刈以從事於疇:挾,握持,操持。槍刈,槍是掘土除草的農具;刈是鐮刀。宋本、喬本、洪本、吳本、四庫本作"創乂",備要本作"創又",皆誤。國語齊語、管子小匡並曰:"時雨既至,挾其槍、刈、耨、鎛,以旦暮從事於田野。"當即路史所本,今據以訂改。疇,農田。　　殖百疏,區百穀,别其疏遫,深耕聖作以興葳:疏,通"蔬",蔬菜。疏遫,疏密。遫,同"遬",通"數"(cù),密。聖作,謂精明耕作。興葳,謂成就好的年成。

　　〔六〕天均時而地均財:均,調和,調節。　　殷賑:豐饒,富足。

　　〔七〕興於穀帛,化於市鄽:興,盛,謂富足。化,變化,謂交易。市鄽,市中店鋪。　　民無征役:洪本、吳本"民"譌"畏"。

　　〔八〕任公而不物,任法而不數:倚信公理而不倚信物情,任用法制而不任用權術。　　守其餘以制其嗇:守住年成好時喫剩的糧食,用它調濟歉年糧食之不足。嗇,少,缺。　　故其人不佻不病:佻,澆薄,不厚道。病,謂憂慮。

〔九〕虻事:隱私之事。虻(máng),廣韻江韻:"陰私事也。"　老幼安里,而亡謝生之心:里,家鄉,故里。亡,通"無",四庫本作"無"。謝生,不活,死去。

〔一〇〕西盪河原:喬本"西"字上空出一字之位,宋本、洪本、吳本、四庫本、備要本則皆作"湻"。彥按:此四句分敍西、東、南、北四方所至,不當獨於"西"上平添一"湻"字,宜爲衍文,蓋因下句"東海澹湻"之"湻"而衍。盪,碰撞,謂接觸。河原,黃河之源頭。原,"源"之古字,四庫本作"源"。　東澹海湻:澹,觸動。海湻,海邊。湻(chún),水邊。　南燿丹垠:燿,照耀。比喻恩威所及。四庫本作"耀",同。丹垠,南方邊遠之地。　北汔幽虛:幽虛,北方邊遠之地。　莫不來享,來咨來茹:享,進獻,貢獻。咨,咨詢。茹,計議。詩周頌臣工:"嗟嗟臣工,敬爾在公。王釐爾成,來咨來茹!"

〔一一〕亦曰列山氏:四庫本"列"作"烈"。下羅苹注文"列山氏"之"列"同。

〔一二〕列山氏始爲稷:稷,古主管農事之官。

〔一三〕稷之:謂以之爲稷。稷,五穀之神。喬本、吳本、四庫本、備要本皆作"穄",同。此從宋本。

〔一四〕夏氏以上祀之:左傳原文作:"自夏以上祀之。"　周弃亦爲稷:杜預注:"弃,周之始祖,能播百穀。湯既勝夏,廢柱而以弃代之。"

〔一五〕人神:先祖的神靈。

〔一六〕社,土地之主:洪本"土"譌"上"。　稷,五穀之主:宋本、洪本、吳本"主"作"王"。彥按:下文既稱"俱土神,而所主之功異。所主既異,故其配亦異。"則此當以作"主"爲是,作"王"者非。

〔一七〕説:彥按:此"説"之下無文,疑作者欲有所説而未及撰,先標出以待將來。後文"説"同。

炎帝慶甲,帝柱之仙也〔一〕。自帝慶甲至帝臨,書傳蔑記,不得其攷〔二〕。

事固不可以概論,有顯然之是而世以爲非,有皭然之非而世以爲是者〔三〕。神農有天下,傳七十世,而書傳止存八葉〔四〕。

年眇記落,固無足惑〔五〕。然運歷諸書,復俲張争詭其爲政之日,而世交引以爲是〔六〕。春秋命曆敍,炎帝八世五百二十年。古今通系、年代曆、世紀、補史記、外紀、紹運紀運圖等,並因乎此〔七〕。真誥有炎慶甲,而國語烈山氏有子曰柱,二者記並無有。以今内簡,炎氏爲世以十,扡者亦七,首于二帝〔八〕,然自是至帝臨氿,亦無紀。楊長史手録云:“炎慶甲,古之炎帝也。”〔九〕楊君受旨書云:“今爲北大帝君。”〔一〇〕隱居真誥乃疑其爲神農,又謂神農功高,無應而爲鬼帝,當是黄帝所伐大庭氏稱炎帝者〔一一〕。失之。夫古之有天下最長世者,無神農若也。故尸子曰:“神農七十世有天下,豈每世賢哉? 牧民易也〔一二〕。”吕覽亦曰:“神農七十世有天下〔一三〕。”豈不足信,如後世之書耶? 尸子之言,記爲孔子,然世猶以爲非,宜乎士之不攷古也!

【校注】

〔一〕伷:同“胄”,帝王或貴族的後代。四庫本作“伯”,誤。

〔二〕蔑:無,没有。

〔三〕事固不可以概論:論,宋本、喬本、洪本、吴本作“諭”非,此從四庫本、備要本。　皭然:猶顯然。皭(jiào),潔白。

〔四〕葉:世,代。

〔五〕年眇記落:年代久遠,記憶失落。

〔六〕運歷諸書:泛稱論述天命曆數之書。　復俲張争詭其爲政之日:俲張,囂張,放肆。俲,音 zhōu。詭,欺詐,假冒。

〔七〕古今通系:佚書,作者不詳。彦按:通志卷六五藝文略三有“古今通系圖一卷,魏森撰”,宋史藝文志三有“魏予野古今通系圖一卷”,又宋廖剛高峯文集卷一一古今通系圖後序稱:“建安邱與權出入經史,爲閩聞人,出己意爲古今通系圖,……觀其編次,纂繫連屬,上下數千百年,條理辨晰,粲然洞照,略而紀之。”未知路史所言古今通系,是否與彼或同。　紹運紀運圖:紹運,即紹運圖。宋陳振孫直齋書録解題卷四編年類有“紹運圖一卷”,曰:“諸葛深通甫撰,元祐中人,未詳爵里,其書頗行於世俗。”當即其書。紀運圖,佚書,作者不詳。

〔八〕扡者亦七,首于二帝:扡(yè),連綴,連接。二帝,指炎帝神農及炎帝柱。

〔九〕楊長史手録：彥按：此楊長史當指東晉楊羲。羲爲道教上清派第二代宗師，受教義於第一代宗師魏夫人（名魏華存）。梁陶弘景所編道教經典真誥，相傳原文多爲楊羲手録。然羲祇於簡文帝登基前任過公府舍人一職，似不曾擔任長史，倒是其弟子、真誥傳承人許謐，曾當過護軍長史。羅氏此或張冠李戴。真誥闡幽微一曰：“炎慶甲者，古之炎帝也。今爲北太帝君，天下鬼神之主也。”

〔一〇〕楊君受旨書云：“今爲北大帝君”：洪本“楊”作“揚”。大，“太”之古字。彥按：此所云“今爲北大帝君”，見真誥闡幽微一（詳上注）。真誥闡幽微二曰：“右以前後兩過受事，皆是楊君受旨，書多儳治。”疑羅氏誤斷其文，“書”連上讀，乃生出“楊君受旨書”來。

〔一一〕隱居真誥乃疑其爲神農，又謂神農功高，無應而爲鬼帝，當是黄帝所伐大庭氏稱炎帝者：隱居，即南朝梁道士陶弘景。陶氏自號華陽隱居。真誥，實應稱真誥注，即陶氏注真誥之文。當，喬本、洪本、吴本、備要本譌“常”，今從宋本、四庫本訂正。真誥闡幽微一“炎慶甲者，古之炎帝也。今爲北太帝君，天下鬼神之主也”陶氏注曰：“炎帝神農氏，造耕稼，嘗百藥，其聖功不減軒轅、顓頊，無應爲鬼帝。又黄帝所伐大庭氏稱炎帝，恐當是此，非神農也。”

〔一二〕牧民：治民。

〔一三〕神農七十世有天下：見吕氏春秋慎勢，今本作：“神農十七世有天下，與天下同之也”。陳奇猷校釋：“‘十’‘七’二字古文最易譌亂，……此未審何者爲是。”

炎帝臨。通歷、代紀並作臨〔一〕。外紀復以臨魁爲神農子，尤妄。

通系、外紀以帝臨爲臨魁，非也〔二〕。夫帝臨在帝承前，年代曆等。而帝魁乃在帝承之後，補史紀等。蓋自異代。世本書言夙沙民叛，以歸帝魁，則非臨也。惟諸歷紀炎帝八世，故臨與帝魁遞爲存廢，或合臨、魁以爲一。復有不知神農嘗有後代者，則又以帝魁爲即神農，如南都賦注等，以帝魁爲神農名，尤妄〔三〕。而更以神農爲魁傀氏。潛夫論云：炎帝身號魁隗〔四〕。帝堯碑作塊隗〔五〕。陶潛云：“在炎帝帝魁之世,獨祇脩以自勤。"〔六〕非帝臨也。 嘻,儒之無特操如此夫〔七〕! 彼又烏知黃帝之元孫帝魁哉?

【校注】

〔一〕代紀:本書後紀七小昊青陽氏"方偍氏之生也"羅苹注引,有帝王年代紀,疑即一書。已佚,作者不詳。

〔二〕通系:即古今通系。

〔三〕如南都賦注等,以帝魁爲神農名:彦按:南都賦當作東京賦,蓋羅氏誤記。文選張平子(衡)東京賦"仰不睹炎帝、帝魁之美"薛綜注:"炎帝,神農後也。帝魁,神農名。並古之君號也。"

〔四〕見潛夫論五德志。原文爲:"有神龍首出常羊,感任姒,生赤帝魁隗。身號炎帝,世號神農,代伏羲氏。"

〔五〕帝堯碑:漢靈帝熹平四年(175)立於濮州(今山東鄄城縣)。

〔六〕見陶潛感士不遇賦。原文作:"士之不遇,已在炎帝帝魁之世。獨祇修以自勤,豈三省之或廢?" 祇脩:敬謹修身。祇,宋本、洪本模糊,喬本、備要本作"衹",吳本、四庫本作"砥",今從陶賦原文訂作"祇"。

〔七〕特操:獨立的操守。

炎帝承,帝臨息也〔一〕。其政因民之伋,發虛土,監賈區,儲偫廢舉,以符其詭〔二〕。蓋百五而始收,於是貢胥之法行焉〔三〕。神農書云:"承爲民賦,二十而一。"按管子言,共工氏之霸,取民有法,而神農亦有終歲獻貢之事,賦貢之來,久矣〔四〕。特神農教民稼,而後有穀米之賦,帝承爲之制爾。

説

【校注】

〔一〕息:兒子。

〔二〕伋:通"韌",指忍苦耐勞之性。 發虛土,監賈區:開墾荒地,監管集市。賈(gǔ),做買賣。 儲偫廢舉:謂儲積物資。四字並列,皆有"儲存"之義。偫,音 zhì。玉篇人部:"偫,亦與'庤'同,儲也。"又广部:"廢,放置也。"舉,通"居"。漢書張湯傳"居物致富"顏師古注引服虔曰:"居謂儲也。"史記仲尼弟子列傳:"子貢好廢舉,與時轉貨賷。"裴駰集解:"廢舉,謂停貯也。"
以符其詭:詭,責求,要求。説文言部:"詭,責也。"

　　〔三〕蓋百五而始收:謂開始徵收百分之五的賦税。四庫本"百五"作"五
百",誤。　於是貢胥之法行焉:貢胥,税法之名。

　　〔四〕按管子言,共工氏之霸,取民有法:管子揆度:"共工之王,水處什之
七,陸處什之三,乘天勢以隘制天下。"　而神農亦有終歲獻貢之事:淮南子主
術:"昔者神農之治天下也,……月省時考,歲終獻功。"太平御覽卷七八引淮南
子曰,作"終歲獻貢"。蓋即羅氏所本。

　　　炎帝魁。帝魁之後八世而爲榆岡[一]。昇玄有魁岡,其説非是[二]。帝魁之
立,祇脩自勤[三]。質沙氏始叛,其大臣錮職而譁誅,臨之以罪而
弗服[四]。其臣箕文諫之,不聽,殺之。三卿朝而亡禮,怒而拘焉。
譁,而弗加[五]。譁卿俱,質沙之民自攻其主以歸[六]。質沙,炎帝時侯
者也。世本、世紀皆作夙沙,亦見英賢録[七]。文子作宿沙,云:"宿沙民自攻其君,歸神
農氏[八]。"説苑、淮南子,尹逸告成王曰:"桀、紂之臣反讐桀、紂而臣湯、武,夙沙之民自
攻其主而歸神農。"[九]吕覽亦以爲歸神農[一〇]。此特謂炎帝爾。世本、唐韻等言夙沙
氏煮海爲鹽,以爲炎帝之諸侯。今安邑東南十里有鹽宗廟,吕忱云:"宿沙氏,煮鹽之
神。"[一一]謂之鹽宗,尊之也。或以爲靈公之臣夙沙衛,非也[一二]。齊多此姓,其後爾。

　　說

【校注】

　　〔一〕帝魁之後八世而爲榆岡:榆岡,吴本、四庫本作"榆罔"。彦按:莊子
及司馬貞補史記三皇本紀皆作榆罔,此作"榆岡"蓋誤,然路史書中均作"榆
岡",或有所本,姑存其舊。莊子盜跖:"然而黄帝不能致德,與蚩尤戰於涿鹿
之野,流血百里。"陸德明音義:"神農之後,第八帝曰榆罔。世蚩尤氏强,與榆
罔爭王,逐榆罔。榆罔與黄帝合謀,擊殺蚩尤。"

　　〔二〕昇玄:指南北朝無名氏撰天師道經典昇玄經。

　　〔三〕祇脩自勤:祇,宋本、喬本、備要本譌"祗",今從洪本、吴本及四庫本。

　　〔四〕其大臣錮職而譁誅:錮職,專權。譁誅,謂不服指責而喧鬧。廣雅釋

詰一:"誅,責也。"逸周書史記:"大臣有錮職譁誅者危。"孔晁注:"錮職,謂事專權也。"朱右曾校釋:"譁誅,不服罪也。"　臨之以罪而弗服:臨,加,給予。

〔五〕譁,而弗加:加,謂加罪,即治罪。

〔六〕譁卿俬,質沙之民自攻其主以歸:俬,同"貳",有異心,背叛。四庫本作"貳"。歸,謂歸附帝魁。逸周書史記:"昔者質沙三卿,朝而無禮,君怒而久拘之。譁,而弗加,譁卿謀變,質沙以亡。"

〔七〕英賢録:又稱姓氏英賢録,書已佚,作者不詳。

〔八〕宿沙民自攻其君,歸神農氏:見文子上仁。洪本、吳本"民"譌"君"。

〔九〕説苑:洪本"苑"譌"范"。　尹逸:即史佚,也作尹佚,西周初太史。説苑政理:"成王問政於尹逸,……對曰:'天地之間,四海之内,善之則畜也,不善則讎也。夏、殷之臣反讎桀、紂而臣湯、武,夙沙之民自攻其主而歸神農氏,此君之所明知也。'"淮南子道應:"成王問政於尹佚,……尹佚曰:'天地之間,四海之内,善之則吾畜也,不善則吾讎也。昔夏、商之臣反讎桀、紂而臣湯、武,宿沙之民皆自攻其君而歸神農,此世之所明知也。'"

〔一〇〕見吕氏春秋用民。

〔一一〕安邑:地名。在今山西運城市鹽湖區安邑街道。　吕忱:晉代文字學家,著有字林(書已佚)。各本"忱"均譌"枕",今訂正。　宿沙氏:洪本"沙"譌"以"。

〔一二〕靈公之臣夙沙衛:靈公,指春秋齊靈公。臣,指小臣(宮中執役的宦官)。左傳襄公二年:"齊侯伐萊,萊人使正輿子賂夙沙衛以索馬牛,皆百匹。齊師乃還。君子是以知齊靈公之爲'靈'也。"杜預注:"夙沙衛,齊寺人。"

炎帝明,帝魁之子子也。明生直。

炎帝直,直生釐,是爲帝值。

炎帝釐,釐生居,是爲帝來。

説

炎帝居,母曰聽訞,桑水氏之子也〔一〕。太平御覽:"訞音妖。生帝臨女子〔二〕。"宜有臥音〔三〕。或作談、作鄰，轉失也。<u>炎居</u>生<u>節莖</u>〔四〕。

　　婦人之賢，亦有能世其聲者，尤爲不恒有也〔五〕。夫世固有賢母，眷其孫子，而願授其孫若姪，終以閑有家者〔六〕。<u>杞</u>、<u>蕩</u>二姬，爲子來逆，原流益別，惟其賢有以知之也〔七〕。

　　昔者，<u>神農</u>取於<u>承桑氏</u>矣，至於<u>炎居</u>，復納<u>承桑氏</u>；<u>后稷</u>取于<u>有駘氏</u>矣，至于<u>泰王</u>〔八〕，復納<u>有駘氏</u>：此其子孫繁衍盛大，豈偶然耶？夫婦，人倫之本也。

　　<u>魯</u>自<u>惠公</u>而上，世取于<u>宋</u>，<u>桓公</u>以降，世取於<u>齊</u>，非一日矣〔九〕。所謂"必<u>齊</u>之<u>姜</u>"，"必<u>宋</u>之<u>子</u>"〔一〇〕。<u>文姜</u>何爲哉〔一一〕？<u>莊公</u>世嫡，而猶制使必取其黨，抑果賢而合於禮耶〔一二〕？<u>齊</u>女待年，公齒晏矣，而且牽惑<u>姜氏</u>，至年六六不有内主，以陷不孝之域〔一三〕。聖人書"子同生"，徒以見公之失婚爾〔一四〕。若云喜其正，則<u>文武</u>之生不書；若云冢嫡，則<u>出姜</u>之子不見於<u>經</u>〔一五〕。惡呼！婦賢而世其聲，誠爲不恒有哉！

【校注】

〔一〕炎帝居，母曰聽訞，桑水氏之子也：<u>桑水氏</u>，四庫本作"<u>承桑氏</u>"，詞異而實同。本書<u>國名紀</u>六上<u>妃后之國承桑</u>云："<u>神農</u>取<u>承桑氏</u>。一曰<u>桑水</u>。"<u>山海經海内經</u>："<u>炎帝</u>之妻，<u>赤水</u>之子<u>聽訞</u>生<u>炎居</u>。"

〔二〕訞音妖。生帝臨女子：<u>帝臨</u>，各本均作"<u>常林</u>"。<u>彦</u>按：<u>常林</u>當作<u>帝臨</u>。<u>太平御覽</u>卷一三五引<u>帝王世紀</u>曰："（<u>神農</u>）娶<u>奔水氏</u>女曰<u>聽訞</u>（音妖），生<u>帝臨</u>女子。""帝"、"常"形近，"臨"、"林"音近，故譌。今訂正。

〔三〕臥：音 ào。

〔四〕炎居生節莖：<u>山海經海内經</u>作："<u>炎居</u>生<u>節並</u>。"

〔五〕世其聲：謂世代傳其名聲。

〔六〕夫世固有賢母，眷其孫子：<u>洪本</u>、<u>吳本</u>"世"譌"無"。眷，垂愛。　終以閑有家者：閑，防止，限制。有家，即家，"有"爲詞頭。<u>易家人</u>初九："閑有家，悔亡。"<u>孔穎達正義</u>曰："治家之道，在初即須嚴正，立法防閑。若黷亂之後,方始治之,即有悔矣。初九處家人之初,能防閑有家,乃得'悔亡',故曰'閑有家,悔亡'也。"

〔七〕杞、蕩二姬,爲子來逆:逆,迎,謂迎親。春秋僖公三十一年:"冬,杞伯姬來求婦。"杜預注:"自爲其子成昏。"又春秋僖公二十五年:"夏四月,……宋蕩伯姬來逆婦。"杜預注:"伯姬,魯女,爲宋大夫蕩氏妻也。自爲其子來逆。稱婦,姑存之辭。" 原流:謂世系。

〔八〕泰王:即太王。周文王祖父古公亶父的尊號。

〔九〕惠公:春秋魯國君,名弗湟,公元前768—前723年在位。 桓公:春秋魯國君,惠公子,名允,公元前711—前694年在位。

〔一○〕所謂"必齊之姜","必宋之子":姜,春秋齊公族之姓。子,春秋宋公族之姓。詩陳風衡門二章:"豈其食魚,必河之魴? 豈其娶妻,必齊之姜?"三章:"豈其食魚,必河之鯉? 豈其娶妻,必宋之子?"

〔一一〕文姜:春秋齊僖公次女、魯桓公夫人、魯莊公生母,以絶色美貌及與同父異母兄齊襄公亂倫而著名。

〔一二〕莊公世嫡,而猶制使必取其黨:莊公,春秋魯國君,名同,公元前693—前662年在位。世嫡,嫡嗣。制,君后的命令。黨,親族。詳見下注。

〔一三〕齊女待年,公齒晏矣:待年,謂女子待年長而聘。齒晏,謂年齡大。齒,年齡。晏,晚,遲。 而且牽惑姜氏,至年六六不有内主,以陷不孝之域:牽惑,謂受牽制、欺騙。年六六,謂三十六歲。内主,古稱諸侯的夫人。春秋莊公二十三年:"夏,……公及齊侯遇于穀。"又,"十有二月甲寅,公會齊侯盟于扈。"宋胡安國傳:"程子曰:'遇于穀,盟于扈,皆爲要結姻好也。'傳稱男子二十而冠,冠而列;丈夫三十而不娶,則非禮矣。然天子諸侯十五而冠者,以娶必先冠,而國不可久無儲貳,欲人君早有繼體,故因以爲節。……今莊公生於桓公之六年,至是三十有六載矣,以世嫡之正,諸侯之貴,尚無内主同任社稷之事,何也? 蓋爲文姜所制,使必娶于母家,而齊女待年未及。故莊公越禮不顧,如此其急;齊人有疑,如此其緩;而遇于穀、盟于扈,要結之也。娶夫人,奉祭祀,爲宗廟之主,而母言是聽,不以大義裁之,至於失時,不孝甚矣! 春秋詳書于策,爲後戒也。"

〔一四〕聖人書"子同生",徒以見公之失婚爾:聖人,稱孔子。公,指魯莊公,即同。春秋桓公六年:“九月丁卯,子同生。”杜預注:“桓公子莊公也。”參見上注。

〔一五〕若云喜其正,則文武之生不書:若云喜其正,乃針對公羊傳言。公羊傳桓公六年云:“何言乎子同生? 喜有正也。”何休注:“喜國有正嗣。” 若云冢嫡,則出姜之子不見於經:冢嫡,嫡長子。若云冢嫡,乃針對杜預春秋左氏經傳集解言。預於春秋桓公六年注云:“十二公唯子同是適夫人之長子,備用大子之禮,故史書之於策。”出姜,魯文公夫人,齊女。文公薨而見出,故曰出姜。出姜子惡,爲魯文公嫡長子。文公死時,惡年幼,文公次妃敬嬴欲立子公子倭爲君,勾結魯正卿東門襄仲殺惡而出姜氏。經,指春秋。

炎帝<u>節莖</u>。<u>節莖</u>生<u>克</u>及<u>戲</u>。

炎帝克。年代曆帝刻,同。餘書皆作哀,非。古書“克”作“扈”,又作“㒸”,繆爲“哀”爾〔一〕。炎居生節莖,節莖生戲,戲生器〔二〕。見山海經。書傳鼇後爲哀,哀後爲榆岡,失之〔三〕。按:鼇、來互音,故書傳多作帝來。小司馬記:厘生哀,哀生克,克生榆岡〔四〕。又以哀、克爲二矣。

樂,樂其所自生;禮,不忘其本。是故狐死首丘,魚肉之蟲集於地而北行〔五〕。葬於北方,北首,三代之達禮也〔六〕。

予游陵山,拜靈丘,袴禕重阜,覷玄廬潛闈之竁其間者,崔嵬隱約,且二百所〔七〕。以傳信之:神農有天下七十世,若其妃后、亞旅,則有之矣〔八〕。方金戎犯順初,原之氓劋隴穿焉〔九〕。方中尸首,會撮而腯黑,玄綃單衣,僵負穿中〔一〇〕。附旁惟銅鼎、劍、璽。既取,掩之。他日,邑胥魁成新室,匃其鼎,榮焉〔一一〕。燕合未既而室煡,鼎遂亡之〔一二〕。而棄劍、鼎者亦門滅〔一三〕。茶陵大姓老尹將爲予詳其事。

嗟夫! 易墓,非古也〔一四〕。太公之封營丘,比及五世,皆反葬于周,而文、武、周公,猶反坔畢〔一五〕。族葬合兆,古之道也〔一六〕。

是何魯人長府之事，予稽而切悲之〔一七〕。夫長府，昭公之所居也。公之二十五年，欲逐季氏，居于長府〔一八〕。九月戊戌，伐季氏〔一九〕。是故季氏惡公，欲改爲長府。故閔騫曰："仍舊貫，如之何？何必改作？"〔二〇〕以言長府自爾，又何必改作，以自章其惡不躗哉〔二一〕？此孔子之所以聞之而發夫"言必中"之語〔二二〕，蓋亦嘉其深中季氏隱也。方昭公之出也，平子禱于煬公，故九月立煬宮〔二三〕。繇此觀之〔二四〕，則其欲改爲長府，意可知矣。

定公之元年，公之喪至自乾侯〔二五〕。戊辰，定公即位。季孫使役如闞公氏，將溝焉〔二六〕。榮駕鵝曰："生不能事，死又離之，以自旌也？縱子忍之，後必或恥之。"〔二七〕季孫乃止。問於駕鵝曰："吾欲爲君謚，使子孫知之。"對曰："生不能事，死又惡之，以自信！將焉用之〔二八〕？"七月癸巳，葬公于墓道南。孔子爲司寇也，乃溝而合之墓〔二九〕。夫闞者，魯羣公墓之所在也。周代，冢人掌公墓地，必辨兆域而爲之圖〔三〇〕。先王，中居；昭穆，左右。凡諸侯，以前；卿大夫，以後。惟兵者不入兆域〔三一〕。季孫惡其君，乃溝絶其兆，使之不得上同先君，故孔子於是溝而合之，以反於義〔三二〕。

族葬合兆，自天子達，繇古然矣，何惑乎炎墓之叢哉〔三三〕？或曰："周公蓋附〔三四〕。"其亦不詳於禮者歟！

【校注】

〔一〕古書"克"作"扈"，又作"㤆"：克，宋本、吳本譌"光"。㤆，備要本作"京"。

〔二〕炎居生節莖，節莖生戲，戲生器：彥按：今本山海經海內經作："炎居生節並，節並生戲器，戲器生祝融。"節莖既作節並，又以戲器爲一人。與路史所言大不相同。

〔三〕書傳氂後爲哀，哀後爲榆岡：氂，同“釐”。四庫本作“釐”。下“氂、來互音”之“氂”同。

〔四〕小司馬記：指唐司馬貞補史記三皇本紀。　釐生哀，哀生克，克生榆岡：彥按：今小司馬文作：“神農納奔水氏之女曰聽訞爲妃，生帝哀，哀生帝克，克生帝榆罔。凡八代五百三十年，而軒轅氏興焉。”並未言釐。

〔五〕是故狐死首丘：禮記檀弓上：“大公封於營丘，比及五世，皆反葬於周。君子曰：‘樂，樂其所自生。禮，不忘其本。古之人有言曰：“狐死正丘首。”仁也。’”陳澔集説：“狐雖微獸，丘其所窟藏之地，是亦生而樂於此矣。故及死而猶正其首以向丘，不忘其本也。”　魚肉之蟲集於地而北行：論衡是應：“魚肉之蟲，集地北行，夫蟲之性然也。”

〔六〕葬於北方，北首，三代之達禮也：見禮記檀弓下。

〔七〕髣徨重阜：髣徨，洪本作“榜徨”、吳本作“榜徨”，均有誤；四庫本、備要本作“徬徨”，同。　覿玄廬潛闑之竄其間者：覿，見。玄廬，墓之別名。潛闑，墓門。宋任廣書敍指南卷二〇葬送墳墓：“墓門曰潛闑。”竄，伏匿，隱藏。　崔嵬隱約：謂其陵墓高大而隱蔽。

〔八〕以傳信之：傳信，謂將確信的事實傳告於人。　神農有天下七十世，若其妃后、亞旅，則有之矣：若，與，及。亞旅，泛稱兄弟及衆子弟。詩周頌載芟：“侯主侯伯，侯亞侯旅。”毛氏傳：“亞，仲叔也；旅，子弟也。”

〔九〕方金戎犯順初：大概指宋欽宗靖康前後。金戎，金國的軍隊。犯順，謂侵犯宋疆土。　原之氓剶隴穿焉：原上的百姓挖墳掘穿了神農墓。原，高而平坦之地。氓，百姓。剶（chóng），一種鐵鍬，此作動詞用，謂用剶挖掘。隴，通“壟”，墳墓。

〔一〇〕方中尸首，會撮而腯黑：方中，帝王之墓穴。會撮，髮髻。此謂頭挽髮髻。會，音kuò。莊子人間世：“支離疏者，頤隱於臍，肩高於頂，會撮指天。”陸德明釋文引司馬彪曰：“會撮，髻也。古者髻在頂中，脊曲頭低，故髻指天也。”腯黑，謂體肥壯而色黑。腯（tú），肥壯。　玄綃單衣，偃負穿中：玄綃，黑色薄絹。偃負，偃伏，躺臥。穿，墓穴。

〔一一〕邑胥魁成新室，勾其鼎，榮焉：胥魁，差役的頭目。成，宋本、洪本、吳本、四庫本作“或”，誤。勾，乞討。榮，謂以爲榮耀。

〔一二〕燕合未既而室燬:燕合,宴集,宴會。既,結束。

〔一三〕而棄劍、鼎者亦門滅:彥按:“鼎”疑當作“壐”。上言穿中三物——銅鼎、劍、壐,鼎之後事已述,此唯當言劍、壐耳。

〔一四〕易墓,非古也:見禮記檀弓上。彥按:孔穎達禮記正義云:“易,謂芟治草木,不使荒穢。……殷以前墓而不墳,是不治易也。”是以整治墳墓釋“易墓”。然據路史下文稱太公及後五世“皆反葬于周”、“文、武、周公,猶反坫畢”、“族葬合兆,古之道也”云云可知,羅氏所言“易墓”,謂改葬於家族墓地以外也。

〔一五〕太公之封營丘,比及五世,皆反葬于周:太公,宋本、洪本、吳本“太”作“大”,同。營丘,備要本“營”譌“管”。參見上注〔五〕。 而文、武、周公,猶反坫畢:反坫(zhēn),謂返葬。坫,停柩以待葬。廣韻侵韻:“坫,權安厝也。”各本均譌“坫”,今訂正。畢,地名,周文王父王季建都之地,在今陝西咸陽市東北畢原。漢書劉向傳:“文、武、周公葬於畢。”顏師古注:“畢陌在長安西北四十里也。”

〔一六〕族葬合兆:族葬,同一高祖的子孫葬在一塊墓地。周禮地官大司徒“二曰族墳墓”孫詒讓正義:“族葬,蓋以先祖居中,子孫以昭穆居左右,所謂生相近、死相迫也。”兆,墓地。

〔一七〕是何魯人長府之事,予稽而切悲之:長府,春秋時魯國藏財貨武器的府庫,季平子改造魯昭公居所而成。稽,查考。切悲,悲切,哀痛。

〔一八〕季氏:春秋魯國正卿季平子,即季孫意如,也稱季孫。

〔一九〕事詳左傳昭公二十五年。

〔二〇〕閔騫:即閔子騫。名損,字子騫,孔子弟子。 舊貫:原來的樣子。論語先進:“魯人爲長府。閔子騫曰:‘仍舊貫,如之何? 何必改作?’子曰:‘夫人不言,言必有中。’”

〔二一〕以自章其惡不韙哉:章,章顯,張揚。不韙,不善。

〔二二〕此孔子之所以聞之而發夫“言必中”之語:“夫言必中”,四庫本作“言必有中”。

〔二三〕方昭公之出也:魯昭公二十五年,伐季平子,敗而奔齊,後客死晉地乾侯。 平子禱于煬公,故九月立煬宫:煬公,各本皆作“煬宫”。彥按:煬宫當作煬公,蓋因同音且涉下文"煬宮"而譌,今訂正。左傳定公元年:"昭公出故,季平子禱於煬公。九月,立煬宮。"當即路史所本。楊伯峻注:"據史記魯世家,伯禽卒,子考公酉立;考公四年卒,立弟熙,是謂煬公。然則煬公乃以弟繼兄位者。季氏亦欲廢公衍(彥按:魯昭公太子)而立昭公之弟,效煬公嗣位故事,故禱之。"煬宮,祀魯煬公之廟。

〔二四〕繇:四庫本作"由"。

〔二五〕定公:魯昭公弟,名宋,公元前 509—前 495 年在位。　乾侯:春秋晉邑,在今河北成安縣東南。

〔二六〕季孫使役如闞公氏,將溝焉:自此至下"乃溝而合之墓",見左傳定公元年,文字略有異同。闞公氏,魯羣公墓地名。杜預注:"季孫惡昭公,欲溝絕其兆域,不使與先君同。"

〔二七〕榮駕鵝:即魯大夫榮成伯。　以自旌也:旌,表彰。

〔二八〕死又惡之,以自信:信,通"申",表明。四庫本作"旌",非。

〔二九〕乃溝而合之墓:楊伯峻論語譯注:"溝者,於昭公之墓外爲溝,擴大墓域,表示昭公墓與魯羣公之墓同一兆域。"

〔三〇〕冢人:周禮官名。見下注。洪本、吳本作"家人"誤。　兆域:墓地四周的疆界。

〔三一〕周禮春官冢人:"冢人掌公墓之地,辨其兆域而爲之圖,先王之葬居中,以昭穆爲左右。凡諸侯居左右以前,卿大夫士居後,各以其族。凡死於兵者,不入兆域。"鄭玄注:"先王,造塋者。昭居左,穆居右,夾處東西。子孫各就其所出王,以尊卑處其前後,而亦併昭穆。戰敗無勇,投諸塋外以罰之。"

〔三二〕以反於義:反,"返"之古字,回歸。

〔三三〕自天子達,繇古然矣,何惑乎炎墓之叢哉:達,通行。繇,四庫本作"由"。叢,指衆多的人或物聚集於一處。

〔三四〕周公蓋附:附,通"祔",合葬。禮記檀弓上:"季武子曰:'周公蓋祔。'"鄭玄注:"祔謂合葬。合葬自周公以來。"孔穎達疏:"記者既論古不合葬,與周不同,引季武子之言云周公以來蓋始祔葬。祔即合也,言將後喪合前喪。"

炎帝戲。戲生器及小帝。自慶甲以來疑年〔一〕。古今通系系炎世在位之歷：帝承六十年，臨八十年，明四十九年，直四十五年，來四十八年，哀四十三年，榆罔五十年。小司馬史記乃有魁無臨。而通鑒外紀神農後爲臨魁，六十年；帝承繼之，帝承六年。諸書不同。世紀等不逾此。夫神農七十世，以炎黃之在位觀之，不下數百千年。而命曆敍等類以爲八世五百四十年，此所以致傳記之紛紛。且以炎黃爲世皆踰百載，其子孫無一及於百年，又皆上下於四五十間，知其難据〔二〕。

【校注】

〔一〕疑年：謂紀年有疑問而不能確定。

〔二〕知其難据：洪本、吴本"据"譌"椐"。

炎帝器。器生鉅及伯陵、祝庸。山海經："炎帝生鉅封〔一〕。"又云："器生祝庸〔二〕。"

鉅爲黃帝師，胙土命氏，而爲封鉅〔三〕。夏有封父，封文侯。至周，失國。有封氏、鉅氏、巨氏、封父氏、富父氏。世本：鄭大夫封父彌真〔四〕。然代北是真氏〔五〕。又爲河南封氏。

伯陵爲黃帝臣，封逢，實始于齊〔六〕。經云："炎帝之孫伯陵〔七〕。"左氏言，齊之先逢伯陵〔八〕。是也。故周語云："太姜之姪，伯陵之後，逢公之所憑神〔九〕。"而説者謂爲夏之諸侯，非也。蓋因晏子序爽鳩在其前爾〔一○〕。太常禮書以伯陵爲伏義孫，高頤碑以爲顓帝之苗，俱失之妄〔一一〕。同吴權之妻何女緣婦，胤三年，生三子，曰殳，曰鼓，曰延，始爲侯〔一二〕。朝鮮記〔一三〕。殳戕，後出，臣堯〔一四〕。一云二人。鼓兌頭而觟觼〔一五〕，歸藏云："麗山氏之子鼓。"與延同事，是始樂風〔一六〕，爲編鍾。生靈恝〔一七〕。靈恝生氐人。山經云："氐人能上下于天。"〔一八〕氐羌也〔一九〕。記傳多作"互"，草書之繆。有逢氏、鼕氏、殳氏、延氏、氐氏、齊氏〔二○〕。鼕非逢，漢以來書爲鼕，遂有之。後漢氐人齊鍾留〔二一〕。魏孟觀擒氐帥齊萬年〔二二〕。

祝庸爲黃帝司徒，居于江水。生術囂，兌首方顛，是襲土壤〔二三〕。生條及句龍。條喜遠遊，歲終死，而爲祖〔二四〕。禮記外傳、荀或傳注、風俗通皆云共工之子脩，好遠遊，死爲祖神，非〔二五〕。句龍爲后土〔二六〕，高陽時〔二七〕。蘄春月子山下有句龍廟〔二八〕，無猛獸，其居治也。能平九州，是以社祀〔二九〕。湯既勝夏，欲遷其社，不可，以其功高而不可易也〔三〇〕。故祭法、内外傳言"商初，稷以弃代柱"〔三一〕，而句龍爲社不改。蓋後世水土之神，功無及句龍者，故湯不得而遷，見後世祀之輕易〔三二〕。生垂及信〔三三〕。信生夸父。夸父以駛臣丹朱〔三四〕。有句氏、句龍氏。書作勾。鄧姓書云：近勾以諱改從系或從金〔三五〕。垂臣高辛，爲堯共工，不貴獨功，死葬不距之山〔三六〕。句龍生共工，而傳記皆云共工生句龍，蓋漢儒因山海經之誤，失之不攷〔三七〕。夫句龍臣高陽，而共工事堯，孰有子先於父百五十季事高陽者〔三八〕？按經後云"后生垂"〔三九〕，垂即共工，以知前者之誤。脱爲信國語，以四伯爲亡王之後，謂共工侵諸侯而自王，祭法以爲伯九州者，俱妄〔四〇〕。生噎鳴，是爲伯夷。爲虞心吕，且功于水，封吕〔四一〕。生歲十二，泰嶽襲吕〔四二〕。餘列申、許，堯代有許繇〔四三〕。泰嶽蓋長，伯夷之子。世謂即伯夷，始繆於伏氏〔四四〕。按：朝鮮記云："伯夷生四嶽。"則泰嶽爲伯夷之子，明矣。故子晉云："共工從孫四嶽佐之〔四五〕。"書'咨！四嶽。'……僉曰〔四六〕，言"僉"，非一人也。見書。大傳："伯夷之子爲西嶽〔四七〕。"或襲之爾。太史公不應以四嶽爲一人〔四八〕。韋昭以四嶽爲伯夷也〔四九〕。泰嶽生先龍〔五〇〕。先龍生玄氏。玄氏，乞姓。二氏異。孔晁云〔五一〕："今曰氏侯。"湯革夏伐氏，氏人來朝。白帖〔五二〕。其別爲青、白、蚺之三氏，後有羌氏、羌戎氏、楊氏、苻氏〔五三〕。氏羌數十，白馬最大，非無弋後者〔五四〕。齊書："氏楊氏，與苻氏同出略陽，漢世居仇池。"〔五五〕

周初，復泰嶽後于申〔五六〕。暨申伯入卿，而楚蝕其壤，宣王開元舅申伯于謝〔五七〕。詩："申伯番番，既入于謝〔五八〕。"命召伯定申伯之宅，徹其土田〔五九〕。在周之中世。後有宇氏、申氏、申叔氏、申鮮氏、謝氏、射氏、宇文氏、大野氏。周賜北海公申徽爲宇文〔六〇〕。魏賜謝懿爲大野〔六一〕。三輔録云：後漢末，謝服以出征不祥，改射威〔六二〕。然元封已有射姓〔六三〕。

吕侯爲穆王司寇，訓夏贖刑〔六四〕。後曰甫〔六五〕；春秋初，入于楚。或云入蔡。按：新蔡吕，本併于楚王，"取申、吕以爲賞田"，是也〔六六〕。國語："齊、許、申、吕，皆繇泰姜〔六七〕。"宣王時，吕始曰甫。"不與我成甫"，平王世也〔六八〕。有吕氏、旅氏、吕相氏、甫氏、共氏、龔氏、藥羅氏〔六九〕。唐藥羅真本吕姓，爲回紇養子，因從其姓〔七〇〕。姓纂共、龔爲共工氏後，非〔七一〕。

商、周之際有吕尚字子牙，敏而内智；而動偶諸闕，游諸侯而不用，退居東海之濱〔七二〕。及棄於室，於是伏於兹泉〔七三〕，太公，河内汲縣人〔七四〕。史傳、外紀等皆謂東海人，因孟子失之〔七五〕。按汲縣太公碑云：昔崔瑗爲汲令，縣民會稽守杜宣白瑗曰："太公甫生於汲，故居猶存。君與高、國同宗之，宜正其位。"〔七六〕乃立廟。水經：汲故城北三十有太公泉及廟，故居也〔七七〕。列仙傳：冀州人。釣于卞溪，三年不獲。比嫗曰〔七八〕："止！"尚曰："非爾知。"果獲大鯉，得兵鈐腹中〔七九〕。後葬，無尸，惟玉鈐薦棺〔八〇〕。卞溪即磻溪，在岐之虢縣〔八一〕。然今汲北石夾谷水，亦名磻溪。書中候云："尚釣於渭濱，魚腹得玉璜，刻云‘姬受命，吕佐之’。"〔八二〕滋泉極清泠〔八三〕，在磻溪中。按：渭水至郁夷〔八四〕，磻溪水注之。水出南山兹谷〔八五〕，激流注溪，積成川。太公釣此〔八六〕，今曰凡谷。石壁東南有石室，云公所居。流次平石，兩跂膝存〔八七〕。汲之溪，勿信。四友與居〔八八〕。文王見之，吕遜陳以釣道，遂成周業〔八九〕。是爲太公望、師尚父〔九〇〕。望，其後名。書中候云："文王至磻溪，太公釣於崖。王趨拜曰：‘切望七年，今見光景。’遂變名曰望。"〔九一〕符子方外云：太公釣隱溪〔九二〕，五十六年矣，不得一魚。季連往見之〔九三〕。太公踞石隱崖，不餌而釣；仰詠俯吟，及莫釋竿；膝處成臼，跗觸成路〔九四〕。季連曰："釣所以在魚，無魚何釣？"公曰："不見康王父之釣耶？吾方之，猶一日也〔九五〕。"或曰："尚三入商朝，三入周朝，然後合〔九六〕。"有二説，在發揮。成王封之營陵，曰齊〔九七〕。十五世，小白伯於諸侯〔九八〕。又若世，而陳和移齊鍾鼎、寶玉〔九九〕。七百餘年後，有丁、牙、丘、尚、左、洴、國、晏、賓、平、紀、癸、柴、苑、慶、賀、掌、厲、獻、易、竪、氏、是、年、樂、襄、牽、捷、青、營、柯、析、其、裔、壬、角、望、紹、荼、駱、弦、旗、明、靈、孝、彥、閭、門、桓、亘、威、齊、蓋、鐸、暢、李〔一〇〇〕，五十六。苑，亦作宛。大夫艾孔即裔款〔一〇一〕。暢，見陳留傳。邴欒以唐諱改李〔一〇二〕。東觀記：桓，齊侯作伯，支庶以爲氏〔一〇三〕。姓辨云：紹興二年，以國諱改亘〔一〇四〕。明，出孟明〔一〇五〕。古人先字後名，南史明僧紹傳云"以名爲姓"，非也〔一〇六〕。隋唐間有是光义，稱齊後，復爲齊氏〔一〇七〕。見孔至雜録〔一〇八〕。及子旗、子雅、子尾、子襄、子囊、子剡、子功、子牽、子淵、子泉、子乾、子公、公齊、公旗、公牛、公牽、公輸、母知、祭公、仲長、諸兒、土疆、樂利、齊季、申鮮、將其、雝門、東門、東宮、西宮、南史、邴意、獨孤、宇文，東北西南四郭若左右子，因之氏〔一〇九〕。複四十姓。曰“子”、曰“公”，皆以王父字者，非可妄加〔一一〇〕。世有自號子劉子之類，爲不知据。西魏、後周賜崔宣猷、士謙、説皆爲宇文，各至孫復〔一一一〕。周賜高熲父賓爲獨孤，至隋復〔一一二〕。又後魏是樓氏爲高氏〔一一三〕。其以采者，丙氏、邴氏、艾氏、隰氏、高氏、劇氏、棠氏、高堂氏、檀氏、灌檀氏、禚氏、甗氏、崔氏、移氏、若氏、丁若氏、陸氏、大陸氏、井氏、百里氏、西乞氏、白乙氏、佘氏、佘丘氏、蛇丘氏〔一一四〕，丁公嫡子季子遜國叔乙，采于崔〔一一五〕。百里等氏出於井伯，世以爲虞仲後，妄〔一一六〕。穆天子與井公博，韻云：井，子牙後〔一一七〕。晉滅虞，執其大夫井伯奚縢〔一一八〕。於虞，邑於百里也〔一一九〕。風俗通云：高傒采高堂，公子雍采於移，後爲氏〔一二〇〕。齊棠公，姜姓，故郭偃不娶之〔一二一〕。佘丘，公族采〔一二二〕。漢有佘丘炳，開元有佘欽，皆音爲蛇〔一二三〕。拾遺記有蛇丘，云出西王母神異傳〔一二四〕。姚萇后蛇氏，宜出此〔一二五〕。若閭丘、鉏丘、籍丘、咸丘、梁丘、廩丘、蒲盧、盧蒲之氏。又三原盧氏〔一二六〕，本閭丘氏改。閭珣亦改爲盧〔一二七〕。宣世子之孫封汲，爲汲氏〔一二八〕。或作伋，非，乃丁公之名〔一二九〕。姓書必謂“公子伋，封于汲”，兩引之，可笑。傒封于盧，爲盧氏、傒氏、柴氏〔一三〇〕，文公子高之孫〔一三一〕。漢盧敖，其後〔一三二〕。傒之裔孫柴，孔子弟子，字子羔；後爲柴氏〔一三三〕。其支于章者，爲章氏、鄣氏、章仇氏、申章氏、赤章氏、赤張氏〔一三四〕。漢章贛始加“仇”〔一三五〕。開元十九年，置先師太公廟，命京兆功曹盧若虛録太公之後姜、呂、尚、齊、高、盧、柴、慶、國、紀、紹、檀、賀、桓、掌、厲、牽、晏、望、獻、易、章、謝、丁、申、營、浦、萊、許、蓋、雍門、東門、子雅、子尾、子襄、子剋、子功、子牽、公旗、公牛、盧蒲、祭公、閭丘、仲長、章仇等止四十八姓，刻記，禮部外郎崔宗之制銘廟門〔一三六〕。然多有非其後者。按：唐扶碑乃有三閭氏、葵氏、吁氏之類，皆失据〔一三七〕。

　先是，武王得泰嶽後文叔，紹之許；靈公徙葉，悼公遷城父，曰焦夷〔一三八〕。昭九年書：“許遷于夷。”周紀謂武王封之焦，非也〔一三九〕。昭十八遷析，定四遷容城〔一四〇〕。二十有四世，鄭滅之。定六年，游吉滅許，以許男歸〔一四一〕。一作“斯蘆”〔一四二〕。然哀元年許男與楚圍蔡，蓋國滅而君在〔一四三〕。説者以爲復立之也，非矣〔一四四〕。有許氏、邪氏、叔氏、函氏、禮氏、容成氏、錫我氏、買氏、止氏、焦氏、譙氏、岳氏、文氏、苴氏、苴人氏〔一四五〕。亳之譙，即焦也，故譙敏碑引"譙貢"〔一四六〕。唐李利涉定譙氏出姬姓〔一四七〕，故或謂不出炎帝而出於曹。按曹伯陽雖滅焦，未嘗居之，茲又大妄〔一四八〕。

【校注】

〔一〕炎帝生鉅封：彦按：今本山海經查無此語。據海内經，則炎帝生炎居。

〔二〕今本山海經海内經作："戲器生祝融。"

〔三〕鉅爲黄帝師：史記孝武本紀："公王帶曰：'黄帝時雖封泰山，然風后、封鉅、岐伯令黄帝封東泰山，禪凡山合符，然後不死焉。'"裴駰集解引應劭曰："封鉅，黄帝師。" 胙土命氏：胙土，指帝王將土地賜封功臣宗室，以酬勛勞。命氏，賜予姓氏。

〔四〕元和姓纂卷一鍾韻封父："夏、殷國名也。鄭有封父彌真，爲大夫。"

〔五〕代北：指今山西代縣以北地區。 賁氏：賁，音 féi。

〔六〕逢：音 páng，在今山東淄博市淄川區西南。洪本作"逄"，通。

〔七〕炎帝之孫伯陵：見山海經海内經。

〔八〕左氏言，齊之先逢伯陵：吴本"左"作"𠂇"，乃俗體。洪本、吴本、四庫本"逢"作"逄"。下"逢公"之"逢"或亦作"逄"。左傳昭公二十年晏子對齊景公曰："昔爽鳩氏始居此地，季萴因之，有逢伯陵因之，蒲姑氏因之，而後大公因之。"

〔九〕太姜之姪，伯陵之後，逢公之所憑神：見國語周語下。原文作："我姬氏出自天黿，……則我皇妣大姜之姪，伯陵之後，逢公之所憑神也。"韋昭注："姬氏，周姓。天黿，即玄枵，齊之分野。周之皇妣王季母太姜者，逢伯陵之後，齊女也，故言出於天黿。"又曰："伯陵，大姜之祖有逢伯陵也。逢公，伯陵之後，大姜之姪，殷之諸侯，封於齊地。齊地屬天黿，故祀天黿，死而配食，爲其神主，故云憑。憑，依也。言天黿乃皇姓家之所憑依也。"

〔一〇〕蓋因晏子序爽鳩在其前爾：序，排次。四庫本"爾"作"耳"。參見上注〔八〕。

〔一一〕太常禮書：郡齋讀書後志卷一經類："太常禮書一百五十卷，右皇朝陳祥道用之撰。祥道元祐初以左宣義郎任太常博士，解禮之名物，且繪其象，甚精博。朝廷聞之，給札繕寫奏御。" 高頤碑以爲顓帝之苗：宋婁機漢隸字源卷一："益州太守高頤碑,建安十四年立,在雅州嚴道縣。"

〔一二〕同吳權之妻何女緣婦,胤三年,生三子,曰殳,曰鼓,曰延,始爲侯:何女,蓋謂何氏之女。喬本、備要本"何"作"阿",此姑從餘諸本。胤,通"孕",四庫本作"孕"。殳,備要本如此,今從之。餘諸本皆作"殳",乃"殳"字俗體。下"殳戕"、"殳氏"之"殳"同。始爲侯,各本均作"延始爲使"。彥按:此句當有衍文、訛誤,今據山海經訂正。山海經海內經:"炎帝之孫伯陵,伯陵同吳權之妻阿女緣婦。緣婦孕三年,是生鼓、延、殳,始爲侯。"阿女,一作"何女"。郭璞注:"同猶通,言淫之也。吳權,人姓名。"

〔一三〕朝鮮記:清吳任臣山海經廣注卷一八海內經,有注曰:"海內經及大荒經本逸在外,羅氏路史注引此,通作朝鮮記。"

〔一四〕殳戕,後出,臣堯:戕,通"臧",善。後出,謂於三人中排行最小。彥按:山海經海內經"是生鼓、延、殳,始爲侯"吳任臣廣注引路史,作"殳之後有斯,爲堯臣",非是。上已明言"生三子,曰殳,曰鼓,曰延",則此不當有斯。

〔一五〕鼓兌頭而觓齞:兌,通"銳",尖。觓齞(qiū yào),仰鼻。

〔一六〕樂風:樂曲,歌曲。

〔一七〕愬:音 qì。

〔一八〕山經:四庫本作"山海經"。　氐人能上下于天:見山海經大荒西經,文曰:"有(互)[氐]人之國。炎帝之孫名曰靈愬,靈愬生(互)[氐]人,是能上下于天。"備要本"氐"謁"氏",下"氐羌也"之"氐"同。

〔一九〕氐羌:氐族與羌族的並稱。原居住在我國今之西北一帶。

〔二〇〕逢氏:宋本、洪本、吳本"逢"作"逢",同。下羅苹注文"鼉非逢"之"逢"或同。

〔二一〕後漢氐人齊鍾留:洪本、備要本"氐"謁"氏"。後漢書孔奮傳:"郡多氐人,便習山谷,其大豪齊鍾留者,爲羣氐所信向。"同書西南夷傳白馬氐:"氐人大豪齊鍾留爲種類所敬信,威服諸豪。"

〔二二〕魏孟觀擒氐帥齊萬年:彥按:魏當作晉。晉書惠帝紀永平九年:"春正月,左積弩將軍孟觀伐氐,戰于中亭,大破之,獲齊萬年。"

〔二三〕兌首方顛:謂腦袋上小下大,頂部四方。兌,通"銳"。　是襲土壤:土壤,封地,領土。

〔二四〕歲終死,而爲祖:歲終,猶壽終。祖,路神。

〔二五〕禮記外傳:彦按:據宋晁公武郡齋讀書志卷一上禮類,唐成伯璵撰有禮記外傳四卷。然頗懷疑羅氏此所言者並非其書,極有可能實由風俗通義卷八祀典祖所稱之禮傳(見下)附會而來。　荀爽傳注:指後漢書荀爽傳李賢注。而李注已明言其引自風俗通,引文亦與今本風俗通大抵相同。風俗通義卷八祀典祖云:"謹按禮傳:'共工之子曰脩,好遠遊,舟車所至,足迹所達,靡不窮覽,故祀以爲祖神。'祖者,徂也。"王利器校注:"(禮傳,)玉函山房輯佚書載風俗通此文,以爲荀爽禮傳。"似可從。

〔二六〕后土:土地神。

〔二七〕高陽:帝顓頊。

〔二八〕蘄春:縣名。今屬湖北省。

〔二九〕能平九州,是以社祀:平,謂治理好。社祀,謂封土爲社以祭。社,即社壇。古代封土爲之,各栽種其土所宜之樹,以爲祀社神之所在。

〔三〇〕不可:謂(湯)不同意。　以其功高而不可易也:易,輕率(對待)。

〔三一〕故祭法、内外傳言"商初,稷以弃代柱":内外傳,指左傳與國語。參見上文炎帝柱注〔二〕。稷,五穀之神。弃,即周之先祖后稷。柱,喬本、吳本、備要本皆譌"社",今據宋本、洪本、四庫本訂正。禮記祭法:"夫聖王之制祭祀也,法施於民則祀之,以死勤事則祀之,以勞定國則祀之,能禦大菑則祀之,能捍大患則祀之。是故厲山氏之有天下也,其子曰農,能殖百穀。夏之衰也,周弃繼之,故祀以爲稷。"鄭玄注:"厲山氏,炎帝也,起於厲山。"孔穎達疏:"'其子曰農,能殖百穀'者,農謂厲山氏後世子孫名柱,能殖百穀,故國語云'神農之名柱,作農官,因名農',是也。"左傳昭公二十九年:"有烈山氏之子曰柱爲稷,自夏以上祀之。周弃亦爲稷,自商以來祀之。"杜預注:"弃,周之始祖,能播百穀。湯既勝夏,廢柱而以弃代之。"國語魯語上:"昔烈山氏之有天下也,其子曰柱,能殖百穀百蔬;夏之興也,周弃繼之,故祀以爲稷。"

〔三二〕見後世祀之輕易:見,示。輕易,輕易改變。

〔三三〕垂:古書中多作倕。傳說中巧匠,山海經又稱之巧倕。

〔三四〕夸父以駛臣丹朱:駛,行走疾速。丹朱,堯子名。

〔三五〕鄧姓書:指宋鄧名世古今姓氏書辯證。該書卷三四候韻句云:"近世避諱,有改爲勾龍氏者,有從金爲鉤氏者,有從絲爲絇氏者。"

〔三六〕垂臣高辛,爲堯共工,不貴獨功,死葬不距之山:共工,官名,主管營建製造等事務。山海經海内經:"北海之内,……又有不距之山,巧倕葬其西。"

〔三七〕句龍生共工:共工,即垂。垂爲堯共工,故又稱共工。　而傳記皆云共工生句龍,蓋漢儒因山海經之誤:彦按:今本山海經並無共工生句龍之説,唯海内經有"共工生后土"語,然未言后土即句龍也。而左傳昭公二十九年蔡墨對魏獻子,則曰:"共工氏有子曰句龍,爲后土。"可見羅氏所謂"蓋漢儒因山海經之誤"並不可信。

〔三八〕埶有子先於父百五十季事高陽者:季,同"年"。四庫本作"年",洪本、吳本、備要本譌"季"。

〔三九〕按經後云"后生垂":后,后土。喬本、洪本、吳本、四庫本、備要本皆作"後",非。今據宋本訂正。彦按:今本山海經未見"后生垂"語。

〔四〇〕脱爲信國語,以四伯爲亡王之後,謂共工侵諸侯而自王:脱,或者。國語,疑當作國語注。亡王,四庫本作"五官",餘諸本皆作"五"。彦按:"五"當"亡王"之脱誤,蓋"王"譌爲"五",又脱"亡"字耳。四庫本作"五官",則是未明就裏而胡補。今訂正。國語周語下:"此一王四伯,豈緊多寵?皆亡王之後也。"韋昭注:"一王,謂禹。四伯,謂四嶽也,爲四嶽伯,故稱四伯。……言禹與四嶽豈是多寵之人?乃亡王之後。禹,鯀之子,禹郊鯀而追王之也。四嶽,共工從孫。共工侵陵諸侯以自王。"　祭法以爲伯九州者:禮記祭法:"共工氏之霸九州也,其子曰后土,能平九州,故祀以爲社。"　俱妄:吳本、四庫本作"俱妄矣"。

〔四一〕爲虞心呂,且功于水,封呂:虞,帝舜有天下之號。心呂,心與脊骨,喻親信得力之臣。呂,"膂"之古字。呂,在今河南鎮平縣侯集鎮。

〔四二〕泰嶽襲呂:襲,謂繼承君位。

〔四三〕餘列申、許:餘,指泰嶽以外之其他子孫。列,分布。申,在今河南南陽市。許,在今河南許昌市東。國語周語中:"齊、許、申、吕由大姜。"韋昭注:"四國皆姜姓也,四岳之後,大姜之家也。"　堯代有許繇:許繇,備要本作"許孫",誤。

〔四四〕伏氏:指尚書大傳作者伏生。

〔四五〕見國語周語下。

〔四六〕見書堯典。

〔四七〕伯夷之子爲西嶽:西嶽,宋本、洪本、吳本、四庫本如此,喬本、備要本作“四嶽”。彦按:尚書大傳原文如何,已不可考。而山海經海内經云:“伯夷父生西岳,西岳生先龍,先龍是始生氐羌,氐羌乞姓。”結合羅苹此下注文又稱“太史公不應以四嶽爲一人”,則此處當以作“西嶽”爲是,故不從底本。

〔四八〕太史公不應以四嶽爲一人:彦按:此説不知何據。或自史記齊太公世家“太公望吕尚者,東海上人。其先祖嘗爲四嶽,佐禹平水土甚有功”推論得來。然此四嶽謂四嶽之官,蓋亦當有四人,吕尚先祖祇是其一。

〔四九〕韋昭以四嶽爲伯夷也:國語鄭語:“姜,伯夷之後也。”韋昭注:“伯夷,堯秩宗,炎帝之後,四岳之族。”

〔五〇〕泰嶽生先龍:山海經海内經作:“西岳生先龍。”見上注〔四七〕。

〔五一〕孔晁:西晉五經博士。於尚書、逸周書、國語均曾作注。

〔五二〕白帖:即唐白居易編白氏六帖。

〔五三〕其别爲青、白、蚺之三氏:蚺,魏、晉間西部少數民族名。四庫本作“朒”,餘諸本均作“蚋”。彦按:字當作“蚺”。“蚋”、“朒”皆“蚺”譌字。三國志魏志東夷傳“魏世匈奴遂衰,更有烏丸、鮮卑,爰及東夷”裴松之注引魏略西戎傳:“氐人有王,所從來久矣。自漢開益州,置武都郡,排其種人,分竄山谷間,或在福禄,或在汧、隴左右。其種非一,稱槃瓠之後,或號青氏,或號白氏,或號蚺氏,此蓋蟲之類而處中國,人即其服色而名之也。”今據以訂正。　羌戎氏、楊氏、符氏:四庫本“氏”均作“氐”,誤。

〔五四〕氐羌數十,白馬最大,非無弋後者:白馬,白馬氏,我國古代西南地區氐族之一支。分布在今四川西北部及甘肅南部。史記西南夷傳:“自嶲駹以東北,君長以什數,白馬最大,皆氐類也。”無弋,戰國秦厲公時羌豪無弋爰劍。後漢書西羌傳:“羌無弋爰劍者,秦厲公時爲秦所拘執,以爲奴隸。不知爰劍何戎之别也。後得亡歸,而秦人追之急,藏於巖穴中得免。羌人云爰劍初藏穴中,秦人焚之,有景象如虎,爲其蔽火,得以不死。……諸羌見爰劍被焚不死,怪其神,共畏事之,推以爲豪。河湟間少五穀,多禽獸,以射獵爲事,爰劍教之田畜,遂見敬信,廬落種人依之者日益衆。羌人謂奴爲無弋,以爰劒嘗爲奴隸,故因名之。其後世世爲豪。"

〔五五〕齊書:指南齊書。 氐楊氏,與苻氏同出略陽,漢世居仇池:見南齊書卷五九氐傳。氐楊氏,喬本、洪本、吴本、備要本"氐"譌"氏",今據宋本、四庫本訂正;四庫本"氏"作"氏",誤。苻氏,各本"苻"皆作"符",今據南齊書訂作"苻";又宋本、喬本、洪本、吴本、備要本"氐"譌"氏",今據四庫本及南齊書訂作"氐"。略陽,在今甘肅秦安縣隴城鎮。

〔五六〕申:周代諸侯國名。故城在今河南南陽市。

〔五七〕宣王開元舅申伯于謝:開,謂分封。元舅,大舅。謝,在今河南唐河縣南。詩大雅崧高:"不顯申伯,王之元舅,文武是憲。"

〔五八〕申伯番番,既入于謝:見詩大雅崧高。番番(bō bō),勇武貌。

〔五九〕命召伯定申伯之宅,徹其土田:召伯,名虎,周宣王大臣。徹,治理。詩大雅崧高:"王命召伯,定申伯之宅。"又:"王命召伯,徹申伯土田。"毛亨傳:"徹,治也。"

〔六〇〕周:此指北周。周書申徽傳:"廢帝二年,進爵爲公,正右僕射,賜姓宇文氏。"

〔六一〕魏賜謝懿爲大野:大野,喬本、洪本、吴本、備要本作"太野",今據宋本、四庫本改。古今姓氏書辯證卷三一泰韻大野:"後魏龍驤將軍謝懿,亦賜姓大野氏。"

〔六二〕三輔録:即漢趙岐撰三輔決録。此疑指晉摯虞之注文。 後漢末,謝服以出征不祥,改射威:吴本"漢"譌"漠"。喬本、洪本、吴本、備要本"祥"譌"詳",今據宋本、四庫本訂正。彦按:三國志蜀志先主傳"議曹從事中郎軍議中郎將臣射援"裴松之注:"三輔決録注曰:援字文雄,扶風人也。其先本姓謝,與北地諸謝同族。始祖謝服爲將軍出征,天子以謝服非令名,改爲射,子孫氏焉。"但言謝服改姓射,不言改名威。元和姓纂卷一〇昔韻射,有"漢大鴻臚射咸"。通志卷三〇氏族略六改氏曰:"謝服爲鴻臚卿,後漢末出征,嫌其名姓不祥,乃改爲射咸。"又宋王觀國學林、元陶宗儀説郛、明陳耀文天中記亦皆言姓射名咸。今謂羅氏言改射威,疑是;改"服"爲"威",取其反義。元和姓纂作"咸",蓋爲"威"字形譌;至於他書作"咸",傳其譌耳。

〔六三〕然元封已有射姓:元封,漢武帝年號。漢書律曆志上:"至武帝元封七年,漢興百二歲矣,大中大夫公孫卿、壺遂、太史令司馬遷等言'曆紀壞廢,宜改正朔'。……遂詔卿、遂、遷與侍郎尊、大典星射姓等議造漢曆。"顏師古注:"姓射,名姓也。"

〔六四〕吕侯爲穆王司寇,訓夏贖刑:穆王,指周穆王。訓,解説。贖刑,犯罪者用錢物贖罪抵刑。書吕刑序:"吕命穆王,訓夏贖刑,作吕刑。"彦按:首句謂吕侯受命於穆王。

〔六五〕後曰甫:書吕刑孔氏傳:"後爲甫侯,故或稱甫刑。"

〔六六〕新蔡:地名。在今河南新蔡縣。　取申、吕以爲賞田:見左傳成公七年,原文爲:"楚圍宋之役,師還,子重請取於申、吕以爲賞田。"

〔六七〕齊、許、申、吕,皆繇泰姜:見國語周語中,原文無"皆"字。繇,四庫本作"由",與今本國語同。泰姜,即太姜。今本國語亦作"太姜"。參見上注〔九〕。

〔六八〕不與我戍甫:詩經王風揚之水句。　平王世也:四庫本奪"平王"二字,備要本"平"譌"乎"。喬本、洪本、吴本、四庫本、備要本"世"皆作"是",蓋由音譌,今據宋本訂正。毛詩揚之水序曰:"揚之水,刺平王也。"

〔六九〕龔氏:宋本、喬本、洪本、備要本"龔"作"龏",吴本又作"龑",皆非姓,今從四庫本作"龔"。下羅苹注文"姓纂共、龔爲共工氏後"之"龔"同。藥羅氏:彦按:當作藥羅葛氏。詳下注。

〔七〇〕唐藥羅真本吕姓,爲回紇養子,因從其姓:彦按:藥羅真,蓋有誤。舊唐書迴紇傳曰:"(貞元)八年七月,以迴紇藥羅葛靈檢校右僕射。靈本唐人,姓吕氏,因入迴紇,爲可汗養子,遂以可汗姓爲藥羅葛靈。"又新唐書回鶻傳上曰:"明年,使藥羅葛㲉來朝,㲉本唐人吕氏,爲可汗養子,遂從可汗姓。"兩唐書一作藥羅葛靈,一作藥羅葛㲉,其名未知孰是,而姓爲藥羅葛則可無疑。古今姓氏書辯證卷三八藥韻亦以藥羅葛立目,以爲唐回紇九姓之一。

〔七一〕姓纂共、龔爲共工氏後:彦按:共、龔二姓見於元和姓纂卷一鍾韻。今姓纂所見,但稱共爲"共工氏之後",至於龔,則不及共工。羅氏説不確。

〔七二〕商、周之際有吕尚字子牙:吕尚,宋本、洪本、吴本作吕洭,喬本、四庫本、備要本作吕渭。彦按:當作吕尚,即世所稱姜太公。新唐書宰相世系表五上："呂氏出自姜姓。炎帝裔孫爲諸侯，號共工氏，有地在弘農之間，從孫伯夷，佐堯掌禮，使徧掌四岳，爲諸侯伯，號太岳。又佐禹治水，有功，賜氏曰呂，封爲呂侯。……呂侯枝庶子孫，當商、周之際，或爲庶人。呂尚字子牙，號太公望，封於齊。"今據以訂正。　而動偶諸闕：偶，遇。闕，阻塞，困厄。

〔七三〕棄於室：謂不受任用而遺留於家。　於是伏於兹泉：吳本、四庫本無"於是"二字。伏，謂隱居。兹泉，泉名。在今陝西寶雞市陳倉區東南。

〔七四〕河內汲縣：河內，郡名。汲縣，在今河南衛輝市。

〔七五〕孟子離婁上："太公辟紂，居東海之濱，聞文王作興，曰：'盍歸乎來？吾聞西伯善養老者。'"

〔七六〕崔瑗：字子玉，東漢安平（今河北安平縣）人。各本"瑗"皆作"爰"，今據水經注卷九清水訂正。下"杜宣白瑗曰"之"瑗"同。　君與高、國同宗之，宜正其位：左傳宣公十年："夏，齊惠公卒。崔杼有寵於惠公，高、國畏其偪也，公卒而逐之，奔衛。"杜預注："高、國二家，齊正卿。"水經注卷九清水："（汲縣）城東門北側有太公廟，廟前有碑，碑云：太公望者，河內汲人也。縣民故會稽太守杜宣白令崔瑗曰：'太公本生于汲，舊居猶存。君與高、國同宗太公，載在經傳，今臨此國，宜正其位，以明尊祖之義。'于是國老王喜、廷掾鄭篤、功曹邠勤等咸曰'宜之'，遂立壇祀，爲之位主。"

〔七七〕見水經注卷九清水。原文作："（汲縣）城北三十里，有太公泉，泉上又有太公廟，廟側高林秀木，翹楚競茂。相傳云：太公之故居也。"

〔七八〕比嫗：指老妻。比，親密。嫗，老年婦女。

〔七九〕兵鈐：兵書。

〔八〇〕無尸，惟玉鈐薦棺：尸，洪本、吳本譌"户"。玉鈐，呂尚所遺兵書名。薦，鋪墊。今本列仙傳卷上呂尚作："呂尚者，冀州人也。生而內智，預見存亡。避紂之亂，隱於遼東四十年。西適周，匿於南山，釣於磻溪，三年不獲魚，比閭皆曰：'可已矣。'尚曰：'非爾所及也。'已而果得兵鈐於魚腹中。文王夢得聖人，聞尚，遂載而歸。至武王伐紂，尚作陰謀百餘篇。服澤芝地髓，且二百年而告亡。有難而不葬，後子伋葬之，無尸，唯有玉鈐六篇在棺中云。"

〔八一〕岐之虢縣：岐，州名。虢縣，治所在今陝西寶雞市陳倉區虢鎮。

〔八二〕書中侯：宋本、洪本、吳本作"書東侯"，四庫本作"書中侯"，並誤。

玉璜：半圓形的璧。　　呂佐之：吳本“佐”作“佑”。

〔八三〕滋泉極清泠：滋泉，即兹泉。清泠，清涼寒冷。

〔八四〕郁夷：漢縣名，治所在今陝西寶雞市陳倉區虢鎮西千河入渭處。

〔八五〕南山：在今陝西寶雞市陳倉區虢鎮東。

〔八六〕太公：喬本“太”作“大”。此從餘諸本。

〔八七〕流次平石，兩跂滕存：次，近旁，旁邊。跂，分叉。水經注卷一七渭水上：“汧水東南歷慈山，東南逕郁夷縣平陽故城南。……汧水又東流注于渭。渭水之右磻溪水注之，水出南山兹谷，乘高激流，注于溪中。溪中有泉，謂之兹泉。泉水潭積，自成淵渚，即呂氏春秋所謂太公釣兹泉也。今人謂之凡谷。石壁深高，幽隍邃密，林障秀阻，人迹罕交。東南隅有一石室，蓋太公所居也。水次平石釣處，即太公垂釣之所也。其投竿跽餌，兩郗遺迹猶存，是有磻溪之稱也。其水清泠神異。”

〔八八〕四友：周文王的四個親信大臣。晉張華博物志卷六：“文王四友：南宮括、散宜生、閎夭、太顛。”

〔八九〕呂遯陳以釣道：遯，宋本字如此，當即“遂”俗字。喬本、洪本作“遯”，吳本、四庫本、備要本作“遯”，皆誤。釣道，釣魚之道。謂理政須擯棄諛者、用賢者。説苑政理：“宓子賤爲單父宰，過於陽晝，曰：‘子亦有以送僕乎？’陽晝曰：‘吾少也賤，不知治民之術，有釣道二焉，請以送子。’子賤曰：‘釣道奈何？’陽晝曰：‘夫投綸錯餌，迎而吸之者，陽橋也，其爲魚，薄而不美；若存若亡，若食若不食者，魴也，其爲魚也，博而厚味。’宓子賤曰：‘善。’於是未至單父，冠蓋迎之者交接於道。子賤曰：‘車驅之，車驅之！夫陽晝之所謂陽橋者至矣。’於是至單父，請其耆老尊賢者而與之共治單父。”

〔九〇〕太公望：史記齊太公世家：“太公望呂尚者，……本姓姜氏，從其封姓，故曰呂尚。呂尚蓋嘗窮困，年老矣，以漁釣奸周西伯。西伯將出獵，卜之，曰‘所獲非龍非彲，非虎非羆；所獲霸王之輔’。於是周西伯獵，果遇太公於渭之陽，與語大説，曰：‘自吾先君太公曰“當有聖人適周，周以興”。子真是邪？吾太公望子久矣。’故號之曰太公望，載與俱歸，立爲師。”　　師尚父：史記齊太公世家“師尚父左杖黃鉞，右把白旄”裴駰集解引劉向別録曰：“師之，尚之，父之，故曰師尚父。父亦男子之美號也。”

〔九一〕書中候：喬本如此。餘諸本“候”均譌“侯”。　趨拜：謂趨前行禮。切望七年，今見光景：切望，迫切盼望。光景，猶今言光輝形像，尊稱對方。遂變名曰望：吳本“遂”譌“逐”。

〔九二〕符子：東晉員外郎符朗撰。　太公：宋本作太公洧，餘諸本均作太公渭。彥按：太平御覽卷九三五引符子曰，亦作太公洧；而卷八三四引符子方外，則但稱太公，無“洧”或“渭”字，當是，今據以删。

〔九三〕季連：太平御覽卷八三四、卷九三五引符子，作魯連。

〔九四〕太公跽石隱崖：太公，宋本作太公洧，喬本、洪本、吳本、備要本作太公渭，四庫本作太公望。太平御覽卷八三四引符子方外，但作太公，今姑從之。隱，憑依，靠著。　仰詠俯吟，及莫釋竿：仰，備要本作“伸”，誤。莫，“暮”之古字。　膝處成臼，跗觸成路：臼，臼形的坑。洪本作“臼”，吳本作“曰”，並誤。跗，足背。路，指道路狀痕迹。

〔九五〕不見康王父之釣耶？吾方之，猶一日也：康王父，古傳説中人物。方，比。太平御覽卷九三五引符子曰：“太公洧釣於隱溪，五十有六而未嘗得一魚。魯連聞而觀焉。太公洧跽而隱崖，不餌而釣；仰咏俯吟，暮則釋竿；其膝所處石，皆若臼，其跗觸崖若路。魯連曰：‘釣本所以在魚，無魚，何釣？’太公曰：‘不見康王父之釣耶？涉蓬萊，釣巨海，摧岸投綸，五百年矣，未嘗得一魚。方吾，猶一朝耳。”

〔九六〕然後合：合，謂投契。

〔九七〕營陵：地名。在今山東昌樂縣營丘鎮一帶。

〔九八〕小白：春秋齊桓公名。

〔九九〕又若世：謂同樣十五世。若，同樣，相同。　而陳和移齊鍾鼎、寶玉：陳和，即戰國齊太公田和。田和先人本爲陳氏，十世祖陳完逃難至齊，方改稱田氏，故此稱陳和。移齊鍾鼎、寶玉，謂篡取齊國姜氏政權。陳完至齊後，受齊桓公信用，任工正之職。傳五世至陳桓子田無宇，陳氏開始强大，其後子孫遂至專擅齊政。至齊康公，田和乃自立爲君，而放逐齊康公於海島，田氏遂取代姜齊。

〔一〇〇〕左：吳本作“左”，乃俗體。　洴：備要本作“湃”。彥按：洴氏未聞，疑有誤。作“湃”，恐亦非。　晏：喬本、備要本作“宴”。彥按：“宴”非姓，

今據餘諸本改。　竪:宋本、洪本、吳本如此,四庫本作"竪",喬本、備要本作
"堅"。彥按:"竪"蓋"竪"字俗寫,"堅"則"竪"字形譌。　営:吳本、四庫本譌
"管"。　析:吳本作"枂",當"析"形譌。　荼:音 yé。宋本如此,今從之。餘
諸本皆作"茶",同。　桓:宋本、喬本、洪本、吳本作"桓",四庫本作"栢"。彥
按:作"桓"者,避宋欽宗趙桓諱而闕末筆;作"栢"者,則由闕筆而形譌。今從
備要本作"桓"。

〔一〇一〕大夫艾孔即裔款:艾孔,春秋齊景公大夫。宋本、洪本、吳本
"艾"譌"文"。元和姓纂卷八泰韻艾:"晏子春秋,齊大夫艾孔之後,即左傳裔
款也。"

〔一〇二〕邴粲以唐諱改李:邴粲,又作丙粲。新唐書宰相世系表二上:
"(丙粲,)唐左監門大將軍、應國公,高祖與之有舊,以避世祖名,賜姓李氏。"
世祖,唐高祖李淵父,追尊世祖元皇帝李昺。

〔一〇三〕桓,齊侯作伯,支庶以爲氏:桓,宋本、喬本、洪本、吳本作"桓",
四庫本作"栢",備要本作"柏"。彥按:字當作"桓",避宋欽宗趙桓諱闕末筆作
"桓",又形譌作"栢"、"柏",今訂正。齊侯,指春秋五伯之一的齊桓公。伯,通
"霸"。東觀漢記卷一六:"桓榮,字春卿,沛國人也,本齊桓公後。桓公作伯,
支庶用其謚,立族命氏焉。"

〔一〇四〕紹興二年,以國諱改亘:紹興,宋高宗趙構年號。古今姓氏書辯
證卷八桓韻桓:"桓,孝慈淵聖皇帝御名,胡官切,從木從亘。出自姜姓齊公小
白之後,以謚爲氏。……紹興二年,詔避諱之字曰亘,音周旋之旋。"

〔一〇五〕孟明:春秋秦穆公大夫孟明視。

〔一〇六〕南史明僧紹傳:"明僧紹字休烈,平原鬲人,一字承烈。其先吳
太伯之裔百里奚子孟明,以名爲姓,其後也。"

〔一〇七〕隋唐間有是光乂:宋本如此,是,今從之。餘本"乂"皆譌"又"。
新唐書藝文志三有"是光乂十九部書語類十卷",下注曰:"開元末,自祕書省
正字上,授集賢院脩撰,後賜姓齊。"即其人。又古今姓氏書辯證卷四齊韻齊
云:"隋唐間有是光乂者,自稱齊姜姓後,改復舊爲齊氏,事見孔至雜録。……
謹按春秋:姬姓衛昭伯長子,謚曰齊子,蓋戴公申、文公燬之兄也。齊子之孫
惡,始以祖謚爲齊氏。惡孫豹,爲衛司隸大夫,以殺孟縶罪爲衛所逐,春秋書之

曰‘盗’。裔孫明，仕韓，又仕東周，以姓見於戰國策，則平恭侯受洒明之孫。當齊惡得謚時，姜姓齊爲大國，未有田和篡取之事，豈得以國爲姓？姓書自應劭、何承天以來，相承一誤，如齊、晉、秦、楚，不考其由，皆謂之氏於國者，故姓纂、唐表恥齊豹盗臣之名，喜太公大賢之後，鑿空傅會，皆以齊氏爲出姜姓而氏於國，不曰出姬姓而氏於謚。後人因循訛謬，遂失其本，不可以不辨正。”

〔一〇八〕孔至雜録：孔至，唐著作郎。雜録，全稱姓氏雜録。

〔一〇九〕子剡：宋本作“子渕”。彦按：漢王符潛夫論志氏姓敍呂尚後裔姓氏，作“子淵”。中華書局二〇〇五年版趙貞信校注本唐封演封氏聞見記卷四武監載唐開元十九年置先師太公廟，録太公之後，亦作“子淵”。頗疑宋本路史之“渕”即由“淵”字形訛，餘本作“剡”，則又自“渕”字而來。　公旗：各本皆無“公”字。彦按：據上下文，“旗”上當有“公”字，此必脱文，今訂補。古今姓氏書辯證卷二東韻下亦有公旗一姓。　公輸：各本皆作“公翰”。彦按：古今姓氏未見稱“公翰”者，“翰”當“輸”字形訛，今訂正。古今姓氏書辯證卷二東韻下公輸云：“魯有公輸般，爲工師，孟子所謂‘公輸子之巧’者。其孫曰公輸若，遂氏焉。”　母知：母，“毋”之古字。　祭公：祭音zhài。　諸兒、土疆：土疆，宋本“疆”作“彊”。彦按：姓氏有諸氏，有兒氏，有土氏，有疆氏，而未見有諸兒氏、土疆氏。然羅氏既列之於複姓中，自當以複姓視之，今姑從複姓標點。　雝門：即雍門。戰國齊有雍門子狄，見劉向説苑立節。　東北西南四郭若左右子：東北西南四郭，指東郭、北郭、西郭、南郭四氏。若，與。左右子，蓋即左子、右子。彦按：左子、右子之姓不見於他書，或“子”當作“公”。然左公、右公雖見於古今姓氏書辯證，而未言出太公後也。姑存疑待考。

〔一一〇〕皆以王父字者：王父，祖父。

〔一一一〕西魏、後周賜崔宣猷、士謙、説皆爲宇文，各至孫復：士謙，彦按：其名謙，字士遜，見周書本傳。此“士謙”當作“士遜”，蓋羅氏誤記之。説，各本皆作“忱”。彦按：“忱”當作“説”。北史本傳作“説”；周書本傳原作“訹”，中華書局標點本亦校作“説”。今據以訂正。各，洪本、吳本、四庫本譌“名”。周書崔猷傳：“崔猷字宣猷，博陵安平人。……（大統）十七年，進侍中、驃騎大將軍、開府儀同三司、本州大中正，賜姓宇文氏。”同書崔謙傳：“崔謙字士遜，博陵安平人也。……（大統）十五年，授車騎大將軍、儀同三司，又破柳仲禮於隨郡,討平李遷哲於魏興,並有功。進驃騎大將軍、開府儀同三司、直州刺史,賜姓宇文氏。"同書崔説傳:"説本名士約,……累遷帥都督、撫軍將軍、通直散騎常侍、大都督、車騎大將軍、儀同三司、都官尚書、定州大中正,改封安固縣侯,增邑三百户,賜姓宇文氏,并賜名説焉。"

〔一一二〕周賜高熲父賓爲獨孤:高熲,各本"熲"皆譌"穎"或"穎",今訂正。隋書高熲傳:"高熲字昭玄,一名敏,自云渤海蓨人也。父賓,背齊歸周,大司馬獨孤信引爲僚佐,賜姓獨孤氏。"

〔一一三〕又後魏是樓氏爲高氏:是樓氏,四庫本"是"作"賜",各本"樓"皆作"晏"。彦按:"是"之作"賜",當由臆改;"樓"而作"晏",則因形譌。魏書官氏志:"是樓氏,後改爲高氏。"今據以訂正。

〔一一四〕隰氏:宋本、四庫本如此,今從之。餘諸本"隰"作"隰",乃俗體。　禚氏:禚,音 zhuó。　佘氏:吴本作余氏,誤。　佘丘氏:吴本、四庫本作余丘氏,非。

〔一一五〕新唐書宰相世系表二下:"崔氏出自姜姓。齊丁公伋嫡子季子讓國叔乙,食采於崔,遂爲崔氏。"

〔一一六〕百里等氏出於井伯:井伯,春秋虞大夫。史記晉世家:"(獻公)二十二年,……其冬,晉滅虢,虢公醜奔周。還,襲滅虞,虜虞公及其大夫井伯百里奚以媵秦穆姬,而修虞祀。"張守節正義引南雍州記云:"百里奚宋井伯,宛人也。"　虞仲:即周太王次子、周文王二伯父仲雍。

〔一一七〕穆天子與井公博:博,指博棋之戲。各本皆譌"傳",今訂正。穆天子傳卷五:"是日也,天子北入于邴,與井公博,三日而决。"郭璞注:"疑井公賢人而隱彷,故穆王就之遊戲也。"　韻云:井,子牙後:韻,宋本如此,餘諸本皆作"顔"。彦按:作"顔"者誤。韻指廣韻。路史及羅苹注,於廣韻每單稱韻。廣韻静韻井云:"又姓,姜子牙之後也。"本書國名紀一太昊後風姓國井云:"周有井伯,廣韻云:子牙後。"是也。

〔一一八〕晉滅虞,執其大夫井伯奚媵:大夫,喬本、洪本、備要本譌作"夫夫",今據餘本訂正。媵(yìng),指以臣僕陪嫁。

〔一一九〕百里:在今河南南陽市臥龍區麒麟崗。

〔一二〇〕高傒采高堂:高傒,即高傒。春秋齊卿。曾輔佐齊桓公開創霸

業。采，卿大夫的封邑。宋本、洪本、吳本作“菜”，通。下“公子雍采於移”、
“公族采”之“采”同。高堂，在今山東淄博市臨淄區敬仲鎮。彥按：本書國名
紀一炎帝後姜姓國高堂亦曰：“風俗通云，高傒采。”然路史下文則云：“(高)傒
封于盧。”後世學者大抵遵從封盧之説，清梁玉繩人表考卷四高傒即稱：“路史
國名紀一引風俗通謂傒采高堂，妄也。”　公子雍采於移：公子雍，春秋齊桓公
子。移，其地不詳。

〔一二一〕齊棠公：春秋齊棠邑大夫。　郭偃：即東郭偃。齊棠公妻弟，齊
大夫崔杼家臣。　不娶之：謂不使崔武子娶棠公妻棠姜。彥按：羅氏如此表
述，極含混，甚不妥，或其中有脱文。左傳襄公二十五年：“齊棠公之妻，東郭偃
之姊也。東郭偃臣崔武子。棠公死，偃御武子以弔焉。見棠姜而美之，使偃取
之。偃曰：‘男女辨姓，今君出自丁，臣出自桓，不可。’”杜預注：“齊丁公，崔杼
之祖。齊桓公小白，東郭偃之祖。同姜姓，故不可昏。”

〔一二二〕佘丘，公族采：洪本、吳本、四庫本“佘”譌“余”。下“佘丘炳”、
“佘欽”之“佘”同。洪本、吳本“采”作“菜”。

〔一二三〕佘丘炳：漢侍御史。見古今姓氏書辯證卷一二麻韻佘丘。　佘
欽：唐開元間太學博士。見宋章定名賢氏族言行類稿卷二一佘。

〔一二四〕拾遺記有毑丘，云出西王母神異傳：“出”字，宋本有之，餘本皆
奪，今訂補。“西王母”，洪本作“西王王毋”，吳本作“西王玉毋”，四庫本作“西
王玉母”，皆有誤。

〔一二五〕姚萇：十六國時期後秦開國之君。

〔一二六〕三原：縣名，今屬陝西省。

〔一二七〕閭珣：當作閭丘珣，唐蜀州司馬。元和姓纂卷三模韻盧：“三原：
倉部郎中盧雲，本姓閭[丘]氏。[父]珣，蜀州司馬，上元中准制改姓盧氏。”

〔一二八〕宣世子之孫封汲，爲汲氏：世子，吳本、四庫本“世”作“氏”，非。
彥按：此述太公望後裔姓氏，宣當指春秋齊宣公吕積，然所稱“世子之孫封汲，
爲汲氏”，並無依據。今考元和姓纂卷一〇緝韻汲引風俗通云：“衛宣公太子
伋之後。居汲，因爲氏焉。”通志氏族略三以邑爲氏衛邑汲氏引風俗通大同。
頗疑路史張冠而李戴之。而下羅苹注乃曰“姓書必謂‘公子伋，封于汲’，兩引
之，可笑”，蓋過分迷信其父，而不無護諱之嫌。

〔一二九〕丁公：<u>周太公望吕尚子</u>，嗣位於王官。

〔一三〇〕傒封于盧：傒，<u>高傒</u>，見上注〔一二〇〕。盧，在今<u>山東濟南市長清區</u>西南。

〔一三一〕文公子高之孫：<u>文公</u>，春秋<u>齊文公吕赤</u>。<u>高</u>，史稱<u>公子高</u>，食采於<u>高邑</u>（今<u>河南禹州市</u>）。

〔一三二〕漢盧敖，其後：<u>彦按</u>：<u>盧敖</u>，秦方士，此謂“漢”誤。<u>淮南子道應</u>“<u>盧敖</u>游乎<u>北海</u>”<u>高誘注</u>：“<u>盧敖</u>，<u>燕</u>人，<u>秦始皇</u>召以爲博士，使求神僊，亡而不反也。”<u>元和姓纂</u>卷三模韻盧云：“姜姓，<u>齊太公</u>之後。至<u>文公</u>子<u>高</u>，高孫<u>傒</u>，食采于<u>盧</u>，因姓<u>盧氏</u>。<u>秦</u>有博士<u>盧敖</u>。”是也。

〔一三三〕傒之裔孫柴，<u>孔子</u>弟子，字<u>子羔</u>：各本“柴”字上均有“恭仲”二字。<u>彦按</u>：恭仲者，<u>高傒</u>字<u>敬仲</u>，<u>宋</u>人因避<u>宋太祖趙匡胤</u>祖<u>趙敬</u>諱，追改而作恭仲。<u>古今姓氏書辯證</u>卷五佳韻柴曰：“出自姜姓。<u>齊</u>卿<u>高恭仲傒</u>裔孫<u>柴</u>，字<u>子羔</u>，爲<u>孔子</u>弟子。後世以<u>柴</u>爲氏。”<u>羅苹</u>注文蓋即本此，然今本文字顯然有誤，今姑作衍文處理而删去之。

〔一三四〕其支于章者：章，通“鄣”。在今<u>山東東平縣接山鎮鄣城村</u>。

〔一三五〕漢章弅始加“仇”：<u>宋</u>本、<u>喬</u>本“仇”下空一字之位；<u>洪</u>本該處則爲墨丁；<u>吴</u>本、<u>四庫</u>本、<u>備要</u>本乃作“氏”字，恐非。<u>古今姓氏書辯證</u>卷一四陽韻下章仇：“<u>元和姓纂</u>曰：<u>齊</u>公族姜姓之後，本<u>章弅</u>，其後避仇，遂加‘仇’字，爲章仇氏。”

〔一三六〕見<u>唐封演封氏聞見記</u>卷四武監。　桓：<u>宋</u>本、<u>喬</u>本、<u>洪</u>本作“栢”，<u>吴</u>本、<u>四庫</u>本作“栢”，此從<u>備要</u>本。<u>彦按</u>：今本<u>封氏聞見記</u>作“指”，疑亦<u>宋</u>人避<u>欽宗</u>諱追改致譌。　掌：<u>吴</u>本、<u>四庫</u>本譌“罕”。　萊：<u>宋</u>本、<u>吴</u>本如此，與<u>封氏聞見記</u>合，今從之。<u>喬</u>本、<u>四庫</u>本、<u>備要</u>本作“采”，<u>洪</u>本作“菜”，並誤。<u>彦按</u>：推其致誤之迹，蓋“萊”字俗書作“莱”，<u>洪</u>本中間竪畫稍短，遂成爲“菜”。<u>喬</u>本等之作“采”，則又自“菜”來也。　東門：<u>彦按</u>：<u>中華書局</u>2005年版<u>封氏聞見記</u>，<u>趙貞信</u>校注据<u>秦鬻</u>刻本改爲“東郭”，當是。考<u>東門氏</u>出自春秋<u>魯公子遂</u>，<u>遂</u>爲卿，居<u>魯東門</u>，因氏焉（見<u>古今姓氏書辯證</u>卷二東韻下東門），自非<u>子牙</u>之裔。至於<u>東郭</u>，則<u>元和姓纂</u>已有明言：“<u>齊</u>公族，<u>桓公</u>之後也。<u>齊</u>大夫<u>偃</u>、<u>東郭書</u>，見<u>左傳</u>。”（見卷一東韻東郭）　子剡：<u>宋</u>本作“子渕”。蓋“子淵”之誤，見上注〔一〇九〕。　　閭丘：彥按：封氏聞見記作“閭公氏”，疑因受上文“祭公氏”影響而誤。

〔一三七〕按：唐扶碑乃有三閭氏、葵氏、吁氏之類，皆失据：宋本如此，餘諸本“按”均作“敏按”，費解。今從宋本。葵氏，四庫本作“蔡氏”。彥按：唐扶碑即漢故成陽令唐君頌碑，是碑於漢靈帝光和六年(183)立於濮州雷澤縣(今山東菏澤市東北)。宋洪适隸釋卷五備載碑文，並未見有羅苹注文所云內容，不知何由。

〔一三八〕武王得泰嶽後文叔，紹之許：紹，繼承。許，在今河南許昌市東。晉杜預春秋釋例卷九世族譜下許：“許國，姜姓，與齊同祖，堯四嶽伯夷之後也。周武王封其苗裔文叔於許，以爲太嶽胤，今潁川許昌是也。”　靈公徙葉，悼公遷城父，曰焦夷：靈公，春秋許國國君姜寧，公元前581—前546年在位。葉，在今河南葉縣南。悼公，春秋許國國君姜買，許靈公子，公元前546—前523年在位。城父，在今安徽亳州市譙城區城父鎮。焦夷，彥按：“焦”字不當有。焦、夷爲二地。左傳僖公二十三年：“秋，楚成得臣帥師伐陳，……遂取焦、夷。”杜預注：“焦，今譙縣也。夷，一名城父，今譙郡城父縣。二地皆陳邑。”是城父但稱夷，不稱焦夷。又左傳成公十五年：“許靈公畏偪于鄭，請遷于楚。辛丑，楚公子申遷許于葉。”昭公九年：“二月庚申，楚公子弃疾遷許于夷，實城父。”杜預注：“此時改城父爲夷，故傳實之。”皆可爲證。

〔一三九〕周紀謂武王封之焦：焦，在今安徽亳州市譙城區。史記周本紀：“武王追思先聖王，乃褒封神農之後於焦。”

〔一四〇〕昭十八遷析：十八，四庫本作“十八年”。析，在今河南西峽縣。左傳昭公十八年：“冬，楚子使王子勝遷許於析，實白羽。”杜預注：“於傳時白羽改爲析。”　定四遷容城：四，四庫本作“四年”。容城，在今河南魯山縣東南。春秋定公四年：“許遷于容城。”

〔一四一〕游吉滅許，以許男歸：彥按：游吉當作游速。游吉，春秋鄭國正卿。游速，游吉子。春秋定公六年：“春，王正月，癸亥，鄭游速帥師滅許，以許男斯歸。”

〔一四二〕一作“斯蓬”：彥按：“蓬”疑“歸”字之譌。

〔一四三〕哀元年許男與楚圍蔡：洪本、吳本“圍”作“閏”，蓋譌字。春秋哀公元年:"楚子、陳侯、隨侯、許男圍蔡。"

〔一四四〕説者以爲復立之也,非矣:吴本、四庫本無"也"字。宋本、洪本作"説者以爲復立之,非也矣","也非"二字誤倒。

〔一四五〕邾氏:邾,"鄒"字俗體。鄒,古國名"許"之古字。

〔一四六〕亳之譙,即焦也,故譙敏碑引"譙貢":亳,州名。譙,縣名,治所在今安徽亳州市譙城區。譙敏碑,漢靈帝中平四年(187)立於冀州棗强縣(今屬河北省)。譙貢,碑文實作譙贛(見隸釋卷十一),即漢小黄令、焦氏易林作者焦贛(名延壽,字贛。見漢書京房傳)。

〔一四七〕李利涉:唐嵩高山人,學者,撰有唐官姓氏記、編古命氏等著作。

〔一四八〕按曹伯陽雖滅焦,未嘗居之,兹又大妄:彦按:焦爲晉所滅,而非曹所滅。左傳襄公二十九年:"叔侯曰:'虞、虢、焦、滑、霍、揚、韓、魏,皆姬姓也,晉是以大。若非侵小,將何所取?'"杜預注:"八國皆晉所滅。"可證。今此注稱"曹伯陽雖滅焦",蓋誤讀鄧名世古今姓氏書辯證故也。鄧書卷一〇宵韻譙曰:"舊姓書云出自姜姓。武王克商,下車封神農之後於譙,以國爲氏。或云姬姓曹伯,食采於譙。皆誤矣。謹按:曹伯自文王子振鐸始封,至伯陽而滅,焦地未嘗在其封内。"羅苹注路史,每引鄧氏説,此疑將"焦"屬上讀,而以"至伯陽而滅焦,地未嘗在其封内"爲句,故有此誤。羅氏斥人"大妄",殊不知己亦"大妄",古書句讀,可不慎乎!

小帝,少也。迭名〔一〕,蓋爲政日淺者。自慶甲徠,俱兆荼陵〔二〕。今陵山尚存二百餘墳,蓋妃后、親宗、子屬在焉。

魯僖公二十有四年,襄王"出居于鄭"〔三〕。文公三年,"王子虎卒"〔四〕。求之於例,則皆曰王臣,謂春秋所書王臣之卒者三:尹氏,記世卿之禍;劉卷,存定難之功;而子虎之義不明見於天下,其所以言王臣,又自不得其説〔五〕。左氏説者,既以爲翟泉同盟之王人,而公穀氏且以爲會葬之叔服〔六〕。夫王臣之來會葬、同盟,衆矣,何獨子虎? 而且指之爲叔服哉! 此惑於左氏晉文公已定襄王之説而臆之也〔七〕。

　　王子虎，周之居守者也〔八〕。夫春秋始書“天王出居”；後四年，五月書“公朝于王所”，冬天，“王狩于河陽”，“公朝于王所”〔九〕；時諸侯會溫以勤王，因以傍狩，公朝王所；而衞不會，故執之〔一〇〕。“歸之于京師”者，歸王子虎。此王命也，故曰“歸之于”〔一一〕。緩辭，與曹伯異，昔未之究〔一二〕。文公八年，書“天王崩”〔一三〕：未嘗書入也。王猛居皇，敬王居翟泉，此坼内境，而其入也，猶切書之，天下之主也〔一四〕。鄭，他國也，亦既遠而戒矣〔一五〕，孰有入不書哉？京師不必成周，成周不必王城〔一六〕。成周，都之別所，至王城，然後入其城。説者多不悉。納天子，定王室，是乃人臣之極勳，而顧蔑紀，何以春秋爲？然則，襄王未始入也〔一七〕。未始入，則何居？猗鄭寄也〔一八〕。踐土之會〔一九〕，鄭地也，朝書“王所”，則猶在鄭矣。會于溫，因以天王至河陽，故公朝于王所〔二〇〕。踐土未嘗書天王而朝王所，故三傳以爲王在而不書，爲晉侯諱；必致天子至于再而後書狩以罪之，是一致天子，不爲罪也〔二一〕。其妄若此！不知踐土之會，正以天王在鄭。爲之天王，實不在會〔二二〕。千金之家，三錢之府，不可一日虛也〔二三〕。文之八年，王之在外十三年矣，而君不立，顧不有居守者乎？然則，居守非王子而誰與？繇此觀之〔二四〕，虎之居守，可知矣。

　　“王猛居皇”，“王猛入于王城”，此以宜爲王也；而其卒也，書“王子猛”，未正乎其位也〔二五〕。未正其位而以“王子猛”書，則王子虎之書“卒”，又可知矣。子虎書“卒”，益以信襄王之未入也。以王大子居守，厥任亦已重矣〔二六〕。任重者，其禮異，是故其卒必登于策，非王臣比也。

　　烏乎！聖人之慮天下亦深，而示其後世也，亦至矣。西孛東狩，必三書而後見，予既誦之，而王之居外，亦三書而後已〔二七〕。出而不入，其事亦已明矣。而或且疑焉，至謂不能乎母而絶之，曰何妄耶〔二八〕！或曰：天子無出禮。然其實則與諸侯分土而守，出乎其守，則與諸侯之奔者無異〔二九〕。不然。坼者，天子之闕也，皇、翟坼内，故不書“出”；鄭、越圻外，出乎闔也〔三〇〕。雖然，王子瑕之奔晉、王子朝之奔楚，出其闔矣而不書“出”；周公奔晉，瑕、朝等也，而以“出”書：周公有官守，瑕、朝無官守也〔三一〕。是又不可不辨。雖然，後世學士將復儳其間，茲予之所私憂而過計者〔三二〕。

“魯公居乾侯，猶王居鄭也，而於歲首，必書‘公在乾侯’；比其没也，必曰‘公薨于乾侯’。以是例準，則凡年首，必書‘天王在鄭’；及其隕也，亦必書曰‘王崩于鄭’。而且不有，則王其入矣。”〔三三〕茲益不然。句。“也”之與“以”，相去千里；周王、魯公，似矣而大殊也〔三四〕。鄭雖圻外，猶吾之鄭；而乾侯隸晉，非吾境也。惟其不入，則明在鄭矣。又豈詳魯而略周哉？

嗟乎！聖人不作，聲謂過情〔三五〕。諸侯而不謚，則見謂今王；戰國以上。天子而蒙出，則謂之少帝〔三六〕。漢魏上下。魏收所述，且至以出帝目平陽〔三七〕。事靡憲章，乃頻于是〔三八〕。小帝之謂，其亦孺帝之倅，爲政無幾，如後世攜王、哀王之等者歟〔三九〕？

【校注】

〔一〕迭名：迭，通“佚”，亡失。四庫本作“佚”。

〔二〕自慶甲徠，俱兆茶陵：慶甲，宋本、喬本、洪本、吴本、備要本“甲”皆譌“申”，今從四庫本訂正。徠，來，以來。“俱”字吴本闕文。茶陵，洪本、吴本、四庫本“茶”作“茶”，同。

〔三〕春秋僖公二十四年：“冬，天王出居于鄭。”杜預注：“襄王也。”

〔四〕春秋文公三年：“夏，五月，王子虎卒。”

〔五〕尹氏，記世卿之禍：記，四庫本作“紀”。世卿，世代承襲爲卿大夫者。公羊春秋隱公三年：“夏，四月辛卯，尹氏卒。”傳曰：“尹氏者何？天子之大夫也。其稱尹氏何？貶。曷爲貶？譏世卿。世卿，非禮也。”劉卷，存定難之功：劉卷，春秋劉國國君劉文公。周景王崩，劉卷與單穆公先後立周悼王、周敬王，打跑了想爭奪王位的王子朝。魯定公四年三月，又奉命會諸侯於召陵以謀伐楚；七月，去世。各本“卷”均作“眷”，非是，今訂正。春秋定公四年：“秋，七月，……劉卷卒。”公羊傳曰：“劉卷者何？天子之大夫也。外大夫不卒，此何以卒？我主之也。”穀梁傳曰：“此不‘卒’而‘卒’者，賢之也。寰内諸侯也，非列土諸侯，此何以‘卒’也？天王崩，爲諸侯主也。”范甯集解：“昭二十二年景王崩，嘗以賓主之禮相接，能爲諸侯主，所以爲賢。”

〔六〕左氏説者，既以爲翟泉同盟之王人：見後紀二共工氏傳注〔四五〕。

而公穀氏且以爲會葬之叔服：彦按：此説欠準確。穀梁傳如此，而公羊傳並未言之，唯何休解詁及之耳。春秋文公元年：“天王使叔服來會葬。”何休解詁：“叔服者，王子虎也。服者，字也；叔者，長幼稱也。不繫王者，不以親疏録也。不稱王子者，時天子諸侯不務求賢而專貴親親，故尤其在位子弟，刺其早任以權也。”又春秋文公三年：“夏，五月，王子虎卒。”穀梁傳：“叔服也。此不卒者也，何以卒之？以其來會葬，我卒之也。”

〔七〕左氏晉文公已定襄王之説：左傳僖公二十七年：“晉侯始入而教其民，二年，欲用之。子犯曰：‘民未知義，未安其居。’於是乎出定襄王，入務利民。”

〔八〕王子虎，周之居守者也：洪本、吳本“王”字闕文。居守，謂留守京都。

〔九〕夫春秋始書“天王出居”：在僖公二十四年。見上注〔三〕。　後四年，五月書“公朝于王所”：後四年，指僖公二十八年。春秋於是年五月載：“公朝于王所。”杜預注：“王在踐土，非京師，故曰王所。”　冬天，“王狩于河陽”，“公朝于王所”：狩，打獵。此爲王應晉召避諱之婉辭。參見後紀二共工氏傳注〔四五〕。

〔一〇〕時諸侯會温以勤王，因以傍狩，公朝王所；而衛不會，故執之：時，宋本譌“特”。温，在今河南温縣。“因以”之“以”，猶“於”。春秋僖公二十八年：“冬，公會晉侯、齊侯、宋公、蔡侯、鄭伯、陳子、莒子、邾子、秦人于温。天王狩于河陽。壬申，公朝于王所。晉人執衛侯，歸之于京師。”彦按：春秋及三傳均不言衛侯之被執，因其不會。公羊傳至稱：“衛侯之罪何？殺叔武也。”是羅氏此言，但臆測之詞。下文如此之類頗多。

〔一一〕此王命也，故曰“歸之于”：彦按：春秋僖公二十八年“晉人執衛侯，歸之于京師”公羊傳則曰：“歸之于者何？歸于者何？歸之于者，罪已定矣；歸于者，罪未定也。罪未定，則何以得爲伯討？歸之于者，執之于天子之側者也，罪定不定,已可知矣。歸于者,非執之于天子之側者也,罪定不定,未可知也。”

〔一二〕緩辭:寬緩的話。春秋僖公二十八年“晉人執衛侯,歸之于京師”穀梁傳曰:“‘歸之于京師’,緩辭也,斷在京師也。”　與曹伯異:春秋成公十五年“晉侯執曹伯歸于京師”穀梁傳曰:“不言‘之’,急辭也。斷在晉侯也。”

〔一三〕春秋文公八年:“秋,八月戊申,天王崩。”

〔一四〕王猛居皇:王猛,即周悼王,周景王嫡次子。皇,在今河南鞏義市西南。　敬王居翟泉:敬王,周悼王弟,名匄。　此圻内境,而其入也,猶切書之:圻,京畿。切,必,一定。喬本、備要本作“且”,此從宋本、洪本、吳本及四庫本。春秋昭公二十二年:“劉子、單子以王猛居于皇。秋,劉子、單子以王猛入于王城。”又春秋昭公二十三年:“天王居于狄泉。”狄泉即翟泉。昭公二十六年:“冬,十月,天王入于成周。”

〔一五〕戒:戒備,防範。

〔一六〕京師不必成周,成周不必王城:漢書地理志上河南郡雒陽縣云:“周公遷殷民,是爲成周。春秋昭公三十二年,晉合諸侯于狄泉,以其地大成周之城,居敬王。”又河南縣云:“故郟鄏地。周武王遷九鼎,周公致太平,營以爲都,是爲王城,至平王居之。”彦按:漢代雒陽縣治所在今河南洛陽市洛龍區白馬寺鎮。漢代河南縣治所在今河南洛陽市老城區。今人梁雲云:“西周時期的洛邑祇有一個城,它位于瀍水兩岸,又叫‘成周’,並無所謂的‘王城’。平王東遷後在今澗河東岸興建了新的都城,還叫‘成周’,有時候也叫‘王城’;同時在今漢魏洛陽城那裏修建了用於駐扎諸侯國軍隊的‘翟泉’城。敬王把都城遷到‘翟泉’。擴建之,並改名叫‘成周’;而祇把原來的舊都叫‘王城’。‘成周’與‘王城’遂一分爲二,形成前者在‘洛陽’,後者在‘河南’的格局。”(見成周與王城考辨,考古與文物 2002 年第 5 期)

〔一七〕然則,襄王未始入也:彦按:羅氏説不足信,顧炎武已斥其非。日知録卷四王入于王城不書曰:“襄王之復,左氏書‘夏,四月丁巳,王入于王城’,而經不書其文,則史也。史之所無,夫子不得而益也。路史以爲襄王未嘗復國,而王子虎爲之居守,此鑿空之論。且惠王嘗適鄭而處于櫟矣,其出不書,其入不書,以路史之言例之,則是未嘗出、未嘗入也。莊王、僖王、頃王崩皆不書,以路史之言例之,則是未嘗崩也。而可乎?”

〔一八〕猗鄭寄也：猗，通“倚”，依靠。四庫本譌“狩”。

〔一九〕踐土之會：見下注〔二一〕。踐土，春秋鄭邑，在今河南原陽縣西南。

〔二〇〕會于溫，因以天王至河陽，故公朝于王所：見上注〔一〇〕。

〔二一〕踐土未嘗書天王而朝王所：吳本“書”譌“盡”。　故三傳以爲王在而不書，爲晉侯諱：春秋僖公二十八年：“五月癸丑，公會晉侯、齊侯、宋公、蔡侯、鄭伯、衛子、莒子，盟于踐土。”穀梁傳：“諱會天王也。”范甯集解：“實會天王，而文不言天王，若諸侯自共盟然，是諱之也。所謂譎而不正。”　必致天子至于再而後書狩以罪之，是一致天子，不爲罪也：宋本、洪本、吳本、備要本“是一致天子”下重出“至于再而後書狩以罪之是一致天子”一十五字，是爲衍文，喬本已劃其字，而四庫本則初無之，今據以删。春秋僖公二十八年：“五月癸丑，公會……盟于踐土。公朝于王所。”公羊傳：“曷爲不言公如京師？天子在是也。天子在是，則曷爲不言天子在是？不與致天子也。”何休解詁：“時晉文公年老，恐霸功不成，故上白天子曰‘諸侯不可卒致，願王居踐土’，下謂諸侯曰‘天子在是，不可不朝’，迫使正君臣、明王法，雖非正，起時可與，故書‘朝’，因正其義。……不書‘如’、不言天王者，從外正君臣，所以見文公之功。”此所謂“一致天子，不爲罪”也。又春秋僖公二十八年：“冬，……天王狩于河陽。壬申，公朝于王所。”公羊傳：“狩不書，此何以書？不與再致天子也。”何休解詁：“一失禮尚愈，再失禮重，故深正其義，使若天子自狩非致也。”穀梁傳亦曰：“全天王之行也，爲若將守而遇諸侯之朝也。爲天王諱也。”又曰：“朝於廟，禮也。於外，非禮也。……其日，以其再致天子，故謹而日之。主善以内，目惡以外。”范甯集解：“主善以内，謂公朝于王所。目惡以外，言再致天子。”此則所謂“必致天子至于再而後書狩以罪之”也。

〔二二〕實不在會：四庫本“實”作“寔”。

〔二三〕千金之家，三錢之府，不可一日虛也：謂家無論貧富，不得一日無主。

〔二四〕繇：四庫本作“由”。

〔二五〕春秋昭公二十二年：“冬，十月，王子猛卒。”杜預注：“未即位，故不言崩。”參見上注〔一四〕。

〔二六〕以王大子居守：大子，即太子。宋本、洪本、吳本、四庫本作“子大”，非。

〔二七〕西字東狩，必三書而後見：見，喬本、四庫本、備要本作“已”，蓋因下文“亦三書而後已”而誤。今從宋本、洪本及吳本。彥按：“西字東狩”，疑當作“東字西狩”。春秋哀公十三年：“冬十有一月，有星孛于東方。”又哀公十四年：“春，西狩獲麟。”　予既誦之：誦，述説。本書發揮四獲麟解上曰：“（周敬王）三十有八年，有星孛于東方，明年而西狩獲麟。文之十四年‘有星孛入於北斗’，昭之十七年‘有星孛于大辰’，春秋之書孛，皆辰次，此何爲而東之邪？桓之四年‘公狩于郎’，莊之四年‘公狩于禚’，春秋之書狩，皆地名，此何爲而西之邪？且之二者繼書而終，聖人之意，我不敢知也。”

〔二八〕至謂不能乎母而絕之：春秋僖公二十四年：“冬，天王出居于鄭。”公羊傳：“王者無外，此其言出何？不能乎母也。”何休解詁：“不能事母，罪莫大於不孝，故絕之言出也。”　曰何妄耶：曰，助詞。妄，吳本譌“忘”。

〔二九〕然其實則與諸侯分土而守：吳本、四庫本“實”作“寔”。　則與諸侯之奔者無異：洪本“與”譌“異”。

〔三〇〕圻者，天子之閫也：閫（kǔn），門檻，界域。　皇、翟圻内，故不書“出”：翟，通“狄”，指狄泉。此就春秋昭公二十二年“王猛居于皇”、昭公二十三年“天王居于狄泉”而言。　鄭、越圻外，出乎閫也：指春秋僖公二十四年“冬，天王出居于鄭”言。越但連及，並無實事。

〔三一〕王子瑕之奔晉，王子朝之奔楚，出其閫矣而不書“出”：王子瑕，楊伯峻春秋左傳詞典以爲“周王子”，不言世次。疑爲周靈王庶子。春秋襄公三十年：“王子瑕奔晉。”杜預注：“不言出奔，周無外。”王子朝，周景王庶長子。春秋昭公二十六年：“尹氏、召伯、毛伯以王子朝奔楚。”而不書“出”，洪本、吳本“而”作“有”。　周公奔晉，瑕、朝等也，而以“出”書：周公，指周公楚，周簡王臣。春秋成公十二年：“春，周公出奔晉。”　周公有官守，瑕、朝無官守也：官守，官位職守。彥按：左傳成公十一年載周公之事：“周公楚惡惠、襄之偪也，且與伯與争政不勝，怒而出。及陽樊，王使劉子復之，盟于鄄而入。三日，復出奔晉。”唐陸淳曰：“淳聞於師曰：四海之内，無非王土，故王臣無書出之文，王子瑕、子朝是也。今周公之去王，已復之而又出奔，此乃自絕於王，非王之過，故特書其出,如向四海之外然,所以罪周公也。"(見春秋集傳微旨卷下)説與羅苹異,今録供參考。

〔三二〕雖然,後世學士將復纂其間:纂,音 shēn。説文木部:"纂,衆盛也。从木,㬚聲。逸周書曰:'疑沮事。'"段玉裁注本"疑沮事"作"纂疑沮事",注曰:"各本脱'纂'字,今依玉篇補。"彦按:段説甚是。"纂疑沮事"者,謂疑慮太多則礙事也。是纂之本義爲"衆盛",然置之路史此文則不洽,頗疑羅氏因誤斷説文,乃以"纂"有"疑沮"義而用之。　兹予之所私憂而過計者:私,四庫本作"深"。過計,猶多慮。

〔三三〕此設後世學士或説之辭。　魯公居乾侯,猶王居鄭也:洪本、吳本脱"猶"字。又吳本"魯公居"謣作"魯ハ力"。　而於歲首,必書"公在乾侯":彦按:自春秋昭公二十八年"春,王三月,……公如晉,次于乾侯",二十九年"春,公至自乾侯,居于鄆。……公如晉,次于乾侯"之後,直至去世,三十年、三十一年、三十二年連續三年皆載:"春,王正月,公在乾侯。"故有是説。　比其没也,必曰'公薨于乾侯':春秋昭公三十二年:"十有二月己未,公薨于乾侯。"

〔三四〕"也"之與"以",相去千里:以,猶"矣",與"也"皆句末語氣詞。淮南子説林:"'也'之與'矣',相去千里。"　周王、魯公,似矣而大殊也:四庫本周王作"周公",非是。

〔三五〕聖人不作,聲謂過情:此謂聖人久不出現,史記多名實不符。聲謂,名聲與稱謂。過情,超過實情。孟子離婁下:"故聲聞過情,君子恥之。"

〔三六〕唐劉知幾史通稱謂:"夫歷觀自古稱謂不同,緣情而作,本無定準。至若諸侯無謚者,戰國已上,謂之今王。天子見黜者,漢魏以後,謂之少帝。"

〔三七〕魏收所述,且至以出帝目平陽:魏收,北齊史學家,魏書作者。平陽,指北魏孝武帝元脩。初封平陽王,公元 532 年被高歡立爲帝,534 年與高歡決裂,入關中投奔宇文泰而被毒殺。四庫本作"少帝",非是。魏書卷一一有出帝平陽王紀。

〔三八〕事靡憲章,乃頻于是:靡,無。憲章,法度。頻于,近于,差不多。

〔三九〕小帝之謂,其亦孺帝之倅:倅,副貳,此謂第二種稱法。　爲政無幾,如後世攜王、哀王之等者歟:彦按:"攜王"史書兩見。其一指周王子余臣。左傳昭公二十六年:"至于幽王,天不弔周,王昏不若,用愆厥位。攜王奸命,諸侯替之，而建王嗣。”孔穎達疏：“汲冢書紀年云：……先是，申侯、魯侯及許文公立平王於申，以本大子，故稱天王。幽王既死，而虢公翰又立王子余臣於攜，周二王並立。二十一年，攜王爲晉文侯所殺。以本非適，故稱攜王。束皙云：案左傳‘攜王奸命’，舊説攜王爲伯服，伯服古文作伯盤，非攜王。伯服立爲王積年，諸侯始廢之而立平王。其事或當然。”則此之所以稱爲攜王，以地名也。其二指南朝梁武帝子、封邵陵郡王蕭綸。南史邵陵攜王綸傳曰：“（綸）葬於襄陽望楚山南，贈太宰，謚曰安。後元帝議追加謚，尚書左丞劉穀議，謚法‘怠政交外曰攜’。從之。”則其所以稱爲“攜王”，取謚法“怠政交外”義也。皆與“爲政無幾”無干，羅氏説非。至於“哀王”，史書多見，如周哀王，史記周本紀載：“（周）定王崩，長子去疾立，是爲哀王。哀王立三月，弟叔襲殺哀王而自立，是爲思王。”如楚哀王，史記楚世家載：“（楚）幽王卒，同母弟猶代立，是爲哀王。哀王立二月餘，哀王庶兄負芻之徒襲殺哀王而立負芻爲王。”王祚皆甚短暫，似符“爲政無幾”之説矣，然魏哀王則享國至二十三年（據史記魏世家，司馬貞索隱以爲實爲二十年），並不算短。今考宋蘇洵謚法卷三哀“恭仁短折曰‘哀’。早孤短折曰‘哀’”注曰：“哀亦悼爾。然悼者，悼其不幸而已；哀者，有所懷思深切之稱也，故未中身夭曰‘悼’，恭仁短折曰‘哀’。早孤短折所以爲‘哀’者，以其重不幸也。”蓋“哀”之取義，猶在“有所懷思深切”而“重不幸”。羅氏取譬，並不貼切。

　　炎帝參盧，是曰榆岡。居空桑。按世紀，空桑爲陳留。故歸藏啓筮云：“蚩尤伐空桑。”帝所居也。政束急務，乘人而鬭其捷[一]。於是諸侯攜貳，乃分正二卿，命蚩尤宇于小顥，以臨西方，司百工[二]。二卿，殆猶二伯者[三]。德不能御，蚩尤產亂，逐帝而居于涿鹿。頓戟一怒，并吞亡親[四]。

　　黄帝時爲有熊氏，實懋聖德，諸侯利賓之[五]。參盧大懼，謖禩於熊[六]。黄帝乃暨刀牧、神皇、風后、鄧伯温之徒及蚩尤氏轉戰，執蚩尤而誅之[七]。於是四方之侯争辨者，賓祭于熊[八]。爰代炎輝，是爲黄帝。

乃封參盧於路，亦作露、潞^{〔九〕}。今茶陵軍露水鄉有露水山^{〔一〇〕}，高與衡山等，初封蓋在此。元和姓纂云：黄帝封榆罔支子于路^{〔一一〕}。**而崇炎帝之祀於陳。**黄帝所崇。疑在陳倉，故秦靈公於吳陽作下畤祠炎帝，上畤祠黄帝^{〔一二〕}。皇甫謐以爲宛丘，未的。**路，露也，潞是。後繁于河之北、東，商周別爲赤白之狄——狄歷、廬皆、皋落、九州之戎**^{〔一三〕}。王符云：炎帝後姜戎，伊、洛、陸渾也^{〔一四〕}。故戎子駒支曰：“謂我諸戎，四岳之後^{〔一五〕}。”揚、拒、泉、皋、吾離等，皆是也^{〔一六〕}。宣子謂駒支曰：“昔秦人迫逐乃祖吾離于瓜州，吾離來歸，惠公與之田^{〔一七〕}。”居伊川陸渾，與允姓陰戎各别^{〔一八〕}。平王之末，渭首有狄、豲、邽、冀之戎，涇北有義渠戎，洛川有大荔戎，渭南有驪戎，潁首有蠻氏戎，伊洛有楊、拒、泉、皋之戎^{〔一九〕}。義渠、大荔、驪戎爲少昊後，他皆姜姓。鄭樵猶以九州戎爲陰戎^{〔二〇〕}，駒支居魯南鄙，踈矣。按：僖二十二年，秦、晉遷陸渾戎于伊川^{〔二一〕}，惠公與之南鄙之田。三十三年，卒以敗秦于殽^{〔二二〕}。昭九年，晉梁丙率以伐潁，周人辭於晉曰：“伯父惠公歸自秦，誘以來，使逼我郊甸者也。”^{〔二三〕}十七年，荀吳伐之，陸渾子奔楚，遂有其地^{〔二四〕}。非允戎也。續漢書謂羌出三苗者爲姜姓，亦非^{〔二五〕}。**有隗氏、狄氏、落氏、皋落氏、戎氏、戎子氏、齊靈妾戎子**^{〔二六〕}。**袁紇氏、斛律氏、解批氏、烏護氏、紇骨氏、壹利吐氏、異其斤氏**^{〔二七〕}。狄歷氏爲敕勒^{〔二八〕}。紇骨、烏護、薛延陀等皆是^{〔二九〕}。延陀姓壹利吐氏^{〔三〇〕}。**回紇九姓**^{〔三一〕}，一回紇；二僕固；三渾；四拔曳固，即拔野古也；五同羅；六思結；七契苾，唐初著在史傳；八阿布思、九骨崙屋骨思，天寶後始列^{〔三二〕}。貞元以咸安公主改爲鶻^{〔三三〕}。**高車十二族，其衍也。**泣伏利氏、叱盧氏、乙旃氏、大連氏、窟賀伏氏、達薄干氏、阿崙氏、莫允氏、俟分氏、副伏羅氏、乞袁氏、右叔沛氏也^{〔三四〕}。東魏北夷傳及北史云：高車，古赤狄餘種，初號狄歷，北曰勅勒，諸夏以爲高車^{〔三五〕}。車高丈餘，丁零種^{〔三六〕}。有狄氏等六氏及十二姓^{〔三七〕}。

潞子嬰兒、甲氏、留吁，姜路之餘，晉滅之^{〔三八〕}。**後有潞氏、路氏、路中氏、露氏、甲氏、榆氏。**諸露惟姜^{〔三九〕}。世以爲皆隗姓，非也。按：狄爲隗。昔狄人伐廧咎如，獲二隗^{〔四〇〕}。襄王以狄伐鄭，德之，立其女隗氏^{〔四一〕}。則赤狄亦隗氏。當時見傳者五：曰東山皋落氏，曰廧咎如，曰甲氏，曰潞氏，曰留吁、鐸辰^{〔四二〕}。皆赤狄也，惟甲、潞、皋落則以部爲氏^{〔四三〕}。**伊、列、舟、駘、淳、戲、怡、向、州、薄、甘、隋、紀，皆姜國也**^{〔四四〕}。

禹有天下，封怡以紹列山，是爲默台。莊注文。列即賴。**成湯之**

初，析之離支，是爲孤竹〔四五〕。即觚竹。離支即零支。元年三月丙寅封〔四六〕。西伯之興，有允及致〔四七〕，老矣而歸俌之，未至，西伯薨。武急伐商，叩諫不及，義棄周禄，北之止陽〔四八〕。上俾摩子難之〔四九〕。逮聞淑媛之言，遂摘薇終焉〔五〇〕。是爲伯夷、叔齊。二子祠墓在蒲坂首陽山〔五一〕。首陽，靁首也。事著不疑。二子之來，事詳吕氏書〔五二〕。當時何有叩馬之事〔五三〕？譙史攷云：夷齊采薇，有婦人難之〔五四〕。故劉孝標有"夷齊斃媛"之言〔五五〕。而黄庭堅謂無餓死之事〔五六〕。列士傳云〔五七〕："夷齊之諫，周公曰：'義士。'王欲以爲左相，去之。王摩子往難之，遂不食。"事有信、不信。類林以爲棄薇不食，有白鹿乳之〔五八〕。韓非以爲武王遜以天下而不受〔五九〕。有説，見餘論。

先是，齊嫡而夷長，父初欲立夷，不可。初薨，夷、齊偕巽去，之北海之頻〔六〇〕。於是憑立〔六一〕。論語讖云："伯夷、叔齊，義遜龍輂。"〔六二〕孔叢注云：夷齊，墨台初之二子也〔六三〕。按：允字公信，伯夷也。致字公遠，叔齊也。夷、齊爲謚。春秋少陽篇允字公信，智字公達，不同〔六四〕。今北海有孤山，九域志引孟子"隱北海濱"，即此〔六五〕。父初，字子朝。見韓詩外傳。故孔子曰："伯夷、叔齊不念舊惡，怨是用希〔六六〕。"又曰："求仁而得仁，又何怨〔六七〕？"嗟乎〔六八〕！適世暴亂而道不行，能亡怨乎〔六九〕？忘天下之不善，去之海瀕，放於義以俟其清，則其怨亦希矣〔七〇〕！一巽而獲其親〔七一〕，安其弟，美其身，求仁得仁，夫又何怨之有？有論，在發揮。憑世其國〔七二〕。定王之十一年，辭于齊〔七三〕。憑，夷、齊之弟。烈士傳云"異母弟伯僚"，是也。漢光和元年，柳城岸壞，遼守廉翻夢人曰："予伯夷之弟，孤竹君之子也，遼海見漂〔七四〕。"且往視之，有浮棺尸絳衣露冠者，葬之〔七五〕。搜神記云：見浮棺，破之，而語，破者尋死。民有禓裸，視者皆無病而死〔七六〕。此其異者。有竹氏、竺氏、孤竹氏、孤氏、墨氏、墨台氏、默怡氏、怡氏、台氏〔七七〕。周書怡𡉉傳云出于墨台，迺默怡也〔七八〕。又東莞竺氏，後漢樅陽侯竹晏後，報怨不改姓，加"二"以存夷齊，而遷于莒〔七九〕。侍中竺，其孫也〔八〇〕。夜郎竹，初宜亦本此〔八一〕。范史乃有剖竹得兒之説，若姓纂竺出天竺，俱妄〔八二〕。

伊耆之國，堯之母家，下及湯代，有伊摯以本味進，爲之左相，是爲保衡伊尹〔八三〕。尹豐上而兑下，僂黑下聲，鉤深本草，妙達湯液〔八四〕。有伊秩氏、耆氏、伊耆氏、尹氏、伊祈氏、阿氏、衡氏、衡伯氏〔八五〕。阿氏、衡伯氏見風俗通。衡方碑云:尹稱阿衡,因氏〔八六〕。英賢傳又有空桑氏,妄也。夫去亳適夏,五就湯、桀,此事之難,非聖人有不能〔八七〕。彼以爲爲湯作間者,戰國之士私意也〔八八〕。世紀謂爲湯妻有莘氏之媵臣以見,紀年以爲交於妹喜而遂間夏,俱不足信〔八九〕。有説,在發揮。

紀侯以道事齊,不得免,乃大去,而俾季奉鄑入于齊〔九〇〕。有紀氏、邢氏、裂氏、嶲氏、郭氏〔九一〕。紀侯譖齊哀公于周〔九二〕。莊公四年,齊襄復九世之讎,威紀。紀侯義不下齊,不忍鬬其民,乃去其國,子孫因氏〔九三〕。有復讎説。

淳于不復,有淳氏、淳于氏、于氏〔九四〕。于,同唐憲宗諱,爲于氏〔九五〕。

甘,夏威之;州,杞威之;舟、駘、戲、薄,至周尤在;列、賴則楚威之矣。後各以國令氏〔九六〕。戲、露、薄見潛夫論。姜之派〔九七〕,又有列氏、厲氏、麗氏、巫氏、神氏、靈氏、農氏、夸氏、節氏、烈氏、藥氏、山氏、鄒屠氏。風俗通:山氏,列山氏〔九八〕。後漢有神曜,出神農〔九九〕。農氏,見姓源〔一〇〇〕。

戎子遁朔野,有葛烏釋世長鮮卑,又以俟斤、俟汾、渝汾、嗣汾、俟畿爲氏〔一〇一〕。或云:神農既滅,子孫遁居北方,鮮卑呼草爲“俟汾”,以其嘗草功號俟汾氏〔一〇二〕。或以葛烏菟爲南單于之裔,非〔一〇三〕。“俟汾”者,藥也;則又爲宇文氏、宇氏、普氏、俟豆氏、後周書云:炎帝裔孫普回狩,得玉璽三紐,有文曰“皇帝”,以爲天授;俗謂天子爲“宇文”,因氏焉〔一〇四〕。按:普回生莫那,自陰山徙遼西,謚獻侯〔一〇五〕。生可地汗莫何單于,闢地西出玉門〔一〇六〕。孫普撥。普撥五世孫俟豆歸稱大單于,爲慕容晃所威〔一〇七〕。六子,長阿若彦,後魏都牧主,安定侯,徙代〔一〇八〕。生系。系生韜。韜生泰,是爲周太祖〔一〇九〕。俟豆歸從其主,亦號宇文氏,世爲魏沃野鎮軍主,化及祖也〔一一〇〕。庫莫奚氏、費也頭氏、阿會氏、莫賀弗氏、李氏〔一一一〕。宇文之別,後分五部,有辱紇主、莫賀弗等,阿會五部爲盛〔一一二〕。土及先野頭氏費也頭,臣突厥〔一一三〕。元和三年,賜奚首領索低爲李氏〔一一四〕。

【校注】

〔一〕政束急務,乘人而鬬其捷:束,謂棄置,用同"束之高閣"之"束"。乘人,謂乘勢凌人。鬬,較量。捷,輕巧敏慧,此指巧辯。莊子人間世:"若唯無詔,王公必將乘人而鬬其捷。"

〔二〕於是諸侯攜貳:攜貳,謂懷有二心。貳,同"貳"。　乃分正二卿,命蚩尤宇于小顥,以臨西方,司百工:正,通"政",政事。宇,居。小顥,即窮桑之地。本書前紀三空桑氏云:"窮桑在西,小顥之居。"又引拾遺記言:"窮桑者,西海之濱也。"司,主管。百工,百官。逸周書嘗麥:"昔天之初,……命赤帝分正二卿,命蚩尤(于宇)〔宇于〕少昊,以臨(四)〔西〕方,司□□上天末成之慶。"

〔三〕二伯:指周初分別主管東方和西方諸侯的兩位重臣周公旦和召公奭。禮記王制:"八伯各以其屬,屬於天子之老二人,分天下以爲左右,曰二伯。"鄭玄注引春秋傳曰:"自陝以東,周公主之;自陝以西,召公主之。"

〔四〕頓戟一怒:頓戟,謂以戟柄一端猛力擊觸地面。管子地數:"故天下之君頓戟一怒,伏尸滿野,此見戈之本也。"後因以"頓戟"指動用干戈引發戰爭。

〔五〕黃帝時爲有熊氏,實懋聖德,諸侯利賓之:爲,通"謂",稱。懋,盛。利,以……爲利,謂樂於。賓,服從,歸順。國語楚語上:"蠻、夷、戎、狄,其不賓也久矣。"韋昭注:"賓,服也。"

〔六〕謖禪於熊:謖,始。四庫本謅"設"。熊,指有熊氏,即黃帝。

〔七〕刀牧、神皇、風后、鄧伯温:四人並黃帝臣。刀牧,各本均作"力牧"。然本書後紀五黃帝有熊氏則作刀牧,羅苹注:"刀,音彫。刀牧即刀墨,書傳皆作力牧。"至卷二十九國名紀六三皇之世刁又作刁牧,亦云:"音彫。道書多作'刁'。"是路史原書不作"力牧"也。今姑訂此作"刀牧"。玉篇刀部:"刀,又丁幺切,……亦姓。俗作刁。"是也。

〔八〕於是四方之侯争辨者,賓祭于熊:辨,通"辯"。賓,廣雅釋詁一:"敬也。"祭,進獻。玉篇示部:"祭,薦也。"又鳥部:"薦,進獻也。"彥按:唐韓愈衢州徐偃王廟碑曰:"當此之時,周天子穆王無道,……四方諸侯之争辯者無所質正,咸賓祭於徐:贊玉帛死生之物于徐之庭者三十六國。"路史蓋仿其文。

〔九〕潞:喬本、洪本、吳本、四庫本、備要本皆謅"路",今據宋本訂正。

〔一〇〕今荼陵軍露水鄉有露水山：在今湖南荼陵縣潞水鎮。宋本、吳本、四庫本“荼”作“茶”，同。

〔一一〕黃帝封榆岡支子于路：支子，除嫡長子以外之子。吳本“榆”譌“揄”。宋本“路”作“潞”。今本元和姓纂卷八暮韻路作：“炎帝之後，黃帝封其支子於路，春秋時路子嬰兒是也。”

〔一二〕疑在陳倉：疑，四庫本作“宜”。陳倉，宋本、洪本、吳本、四庫本“倉”作“蒼”，非。　故秦靈公於吳陽作下時祠炎帝，上時祠黃帝：秦靈公，戰國秦國君，名不詳，公元前424—前415年在位。吳陽，秦邑名，在今陝西隴縣西南。史記封禪書：“其後百餘年，秦靈公作吳陽上時，祭黃帝；作下時，祭炎帝。”

〔一三〕狄歷：即高車。魏書高車傳：“高車，蓋古赤狄之餘種也，初號爲狄歷，北方以爲敕勒，諸夏以爲高車、丁零。”　廧咎：即廧咎如，春秋時赤狄部落名，隗姓，在今河南安陽市西南。　皋落：春秋時赤狄部落名，在今山西垣曲縣皋落鄉。　九州之戎：春秋時赤白狄部落名，在今豫西、渭南羣山中。

〔一四〕王符云：炎帝後姜戎，伊、洛、陸渾也：見潛夫論志氏姓，原文作：“姜戎居伊、洛之間，晉惠公徙置陸渾。”陸渾，在今河南嵩縣東北。

〔一五〕見左傳襄公十四年戎子駒支對晉范宣子語。其語曰：“昔秦人負恃其衆，貪于土地，逐我諸戎。惠公蠲其大德，謂我諸戎，是四嶽之裔冑也，毋是翦棄。”

〔一六〕揚：春秋戎邑名。在今河南偃師市西南、伊水東。宋本、喬本、洪本、備要本作“楊”，吳本作“而”，誤。今據四庫本訂正。　拒：春秋戎邑名。在今河南洛陽市南。宋本、洪本、吳本、備要本作“柜”，非。　泉：春秋戎邑名。在今河南洛陽市西南。　皋：春秋戎邑名。在今河南洛陽市南。彥按：左傳僖公十一年載：“夏，揚、拒、泉、皋、伊、雒之戎同伐京師。”即其地。　吾離：姜戎氏之祖。

〔一七〕宣子：春秋晉卿范匄，謚號宣，史稱范宣子。　瓜州：在今甘肅敦煌市境。左傳襄公十四年：“將執戎子駒支，范宣子親數諸朝，曰：‘來！姜戎氏！昔秦人迫逐乃祖吾離于瓜州，乃祖吾離被苫蓋、蒙荊棘以來歸我先君，我先君惠公有不腆之田，與女剖分而食之。’”

〔一八〕伊川陸渾:伊川,郡名。陸渾,縣名。 陰戎:古西戎之一支。後漢書西羌傳:"陸渾戎自瓜州遷于伊川,允姓戎遷於渭汭,東及轅轅。在河南山北者號曰陰戎。"

〔一九〕平王之末,渭首有狄、獂、邦、冀之戎:此一節文字大體引自後漢書西羌傳。渭首,謂渭水上游。李賢注曰:"狄即狄道,獂即獂道,邦即上邽縣,冀即冀縣也。"狄道在今甘肅臨洮縣。獂道在今甘肅隴西縣東南。上邽縣在今甘肅天水市秦州區。冀縣在今甘肅甘谷縣。 涇北有義渠戎:涇,指涇水,渭河支流。洪本、備要本"北"譌"比"。義渠戎,古西戎之一支,分布在今甘肅慶陽市西峯區一帶。 洛川有大荔戎:洛川,即洛水。大荔戎,古西戎之一支,分布在今陝西大荔縣一帶。 渭南有驪戎:驪戎,古西戎之一支,分布在今陝西西安市臨潼區一帶。 潁首有蠻氏戎:蠻氏戎,古西戎之一支,分布在今河南汝州市西南、汝陽縣東南一帶地區。 伊洛有楊、柜、泉、皋之戎:楊,後漢書西羌傳同,左傳僖公十一年作"揚"。柜,後漢書西羌傳、左傳僖公十一年均作"拒"。

〔二○〕鄭樵:宋代史學家,撰有通志等著作。

〔二一〕伊川:在今河南欒川、嵩縣、伊川等縣境。左傳僖公二十二年:"秋,秦、晉遷陸渾之戎于伊川。"

〔二二〕殽:音yáo,山名,亦作"崤"。在今河南洛寧縣西北。春秋僖公三十三年:"夏,四月辛巳,晉人及姜戎敗秦師于殽。"

〔二三〕晉梁丙率以伐潁:梁丙,春秋晉大夫。各本"丙"皆譌"西",今據左傳訂正。潁,春秋周邑,在今河南登封市東南。各本均譌"賴",今訂正。 伯父惠公歸自秦,誘以來,使逼我郊甸者也:郊甸,城邑外百里及二百里之内。泛指郊畿。左傳昭公九年:"晉梁丙、張趯率陰戎伐潁。王使詹桓伯辭於晉,曰:'……先王居檮杌于四裔,以禦螭魅,故允姓之姦居于瓜州。伯父惠公歸自秦,而誘以來,使偪我諸姬,入我郊甸,則戎焉取之。戎有中國,誰之咎也?'"

〔二四〕荀吳:春秋晉國大夫。春秋昭公十七年:"八月,晉荀吳帥師滅陸渾之戎。"同年左傳:"九月丁卯,晉荀吳帥師涉自棘津,……陸渾人弗知,師從之。庚午,遂滅陸渾,數之以其貳於楚也。陸渾子奔楚,其衆奔甘鹿。"

〔二五〕續漢書謂羌出三苗者爲姜姓,亦非:謂,吳本、四庫本譌"渭"。亦非,宋本作"益非"。後漢書西羌傳:"西羌之本,出自三苗,姜姓之別也。"

〔二六〕齊靈妾戎子:齊靈,春秋齊靈公姜環。左傳襄公十九年:"齊侯娶于魯,曰顏懿姬,無子。其姪鬷聲姬,生光,以爲大子。諸子仲子、戎子,戎子嬖。"杜預注:"二子皆宋女。"彥按:宋君子姓,則戎子亦子姓,羅注出此以爲戎氏或戎子氏之證,甚誤。又古今姓氏書辯證卷二東韻下戎子曰:"元和姓纂曰:'戎子駒支之後爲氏。'謹按:世無此氏。而春秋之時齊靈公之妾亦謂之戎子,何獨駒支後乃爲氏乎?"則並是否有戎子之氏,亦可疑矣。

〔二七〕異其斤氏:宋本如此,餘本"斤"皆作"斥"。彥按:當以作"斤"爲是,魏書高車傳作異奇斤氏,可證。今訂正。

〔二八〕狄歷氏爲敕勒:敕勒,亦作勅勒。參見上注〔一三〕。

〔二九〕紇骨、烏護、薛延陀:皆古部族名。

〔三〇〕通典卷一九九邊防十五北狄六薛延陁云:"薛延陁,鐵勒之別部也,與薛部雜居,因號薛延陁。可汗姓壹利吐氏,代爲强族。"

〔三一〕回紇:古民族名。即後世之維吾爾。

〔三二〕唐初著在史傳:各本均作"唐神著"。彥按:"唐神著"文不成義,當有譌脱。今謂"神"宜作"初","著"下蓋脱"在史傳"三字。唐會要卷九八迴紇云:"其九姓:一曰迴紇,二曰僕固,三曰渾,四曰拔曳固(即拔野古),五曰同羅,六曰思結,七曰契苾,——以上七姓部,自國初以來著在史傳。"太平寰宇記卷一九九回紇所載,文字大體相同,亦曰:"已上七部,自唐初以來著在史傳。"今據以訂補。　八阿布思、九骨崙屋骨思,天寶後始列:阿布思,各本皆倒作"阿思布",今據唐會要及太平寰宇記訂正。骨崙屋骨思,太平寰宇記同,唐會要作骨崙屋骨恐。天寶,洪本"寶"作"宝"。

〔三三〕貞元以咸安公主改爲鶻:咸安公主,唐德宗女,貞元四年以和親出嫁迴紇長壽天親可汗。唐會要卷九八迴紇云:"(貞元)五年七月,公主至衙帳。迴紇使李義進請因咸安公主下降,改'紇'字爲'鶻'字。蓋欲誇國俗俊健如鶻也。德宗允其奏,自是改爲迴鶻。"

〔三四〕窟賀伏氏:通典卷一九七邊防十三北狄四高車同。魏書高車傳作窟賀氏。　達薄干氏:喬本、吳本、四庫本、備要本"干"皆譌"于",今據宋本、洪本訂正。魏書、通典均作達薄干氏。　俟分氏:魏書同,通典作俟斤氏。

右叔沛氏：各本“右”均誤“布”，今據魏書及通典訂正。

〔三五〕東魏北夷傳：彥按：此乃子虚烏有之書，當爲魏書高車傳之誤。今考宋樂史太平寰宇記卷二〇〇北狄十二突越失國所載，有“突厥失國，本後魏之高車國，在北庭北，雷翥海東。魏書北夷傳云：‘高車，蓋古赤狄之餘種也，自號爲狄歷，諸夏以爲高車’”云云，所引魏書北夷傳，準確的説法應是魏書高車傳。疑羅苹注文即襲取自此，而又誤將“雷翥海東”之“東”字與下“魏書”連讀，敍述之時更省“書”字（羅氏注文引書多簡稱），遂有此誤。　高車，古赤狄餘種：高車，喬本、洪本、吳本、四庫本、備要本均脱“車”字，今據宋本訂補。魏書卷一〇三、北史卷九八高車傳並曰：“高車，蓋古赤狄之餘種也。”

〔三六〕丁零：古民族名。漢時爲匈奴屬國，游牧於我國北部和西北部廣大地區。

〔三七〕有狄氏等六氏及十二姓：據魏書高車傳，六氏指狄氏、袁紇氏、斛律氏、解批氏、護骨氏、異奇斤氏，十二姓即上文自泣伏利氏至右叔沛氏十二姓也。

〔三八〕潞子嬰兒：春秋時赤狄族潞國國君，參盧之後。　甲氏、留吁，姜路之餘：甲氏、留吁，分別爲春秋時北方部族赤狄之一支。姜路，姜戎路國。春秋宣公十五年：“六月癸卯，晉師滅赤狄潞氏，以潞子嬰兒歸。”杜預注：“潞，赤狄之別種。”又宣公十六年：“春，王正月，晉人滅赤狄甲氏及留吁。”杜預注：“甲氏、留吁，赤狄別種。晉既滅潞氏，今又并盡其餘黨。”

〔三九〕諸露惟姜：謂諸露氏皆出自姜姓。

〔四〇〕左傳僖公二十三年：“狄人伐廧咎如，獲其二女叔隗、季隗，納諸公子。”杜預注：“廧咎如，赤狄之別種也，隗姓。”

〔四一〕左傳僖公二十四年：“鄭公子士、洩堵俞彌帥師伐滑。王使伯服、游孫伯如鄭請滑。鄭伯怨惠王之入而不與厲公爵也，又怨襄王之與衛、滑也，故不聽王命而執二子。王怒，將以狄伐鄭。富辰諫，……王弗聽，使頹叔、桃子出狄師。夏，狄伐鄭，取櫟。王德狄人，將以其女爲后。富辰諫，……王又弗聽。”王，指周襄王。狄女，即後文所稱之隗氏。

〔四二〕當時見傳者五：傳（zhuàn），書傳。洪本“五”誤“王”。　曰東山皋落氏，曰廧皋如，曰甲氏，曰潞氏，曰留吁、鐸辰：左傳閔公二年：“晉侯使大子申生伐東山皋落氏。”杜預注：“赤狄別種也。皋落，其氏族。”又宣公十六年：
“春，晉士會帥師滅赤狄甲氏及留吁、鐸辰。”杜預注：“鐸辰不書，留吁之屬。”
參見上注〔三八〕、〔四〇〕。

〔四三〕惟甲、潞、皋落則以部爲氏：宋本、喬本、洪本“則”作“別”，今從吳
本、四庫本、備要本改。

〔四四〕駒：四庫本作“駱”。

〔四五〕離支：古國名。又作冷支、令支、零支。在今河北遷安市西。

〔四六〕史記伯夷列傳“其傳曰：伯夷、叔齊，孤竹君之二子也”司馬貞索
隱：“按：‘其傳’蓋韓詩外傳及呂氏春秋也。其傳云孤竹君，是殷湯三月丙寅
日所封。……按地理志，孤竹城在遼西令支縣。應劭云，伯夷之國也。其君姓
墨胎氏。”

〔四七〕西伯之興，有允及致：西伯，即周文王。紂命爲西方諸侯之長，故
稱。允，孤竹君子伯夷名。致，允弟叔齊名。

〔四八〕武急伐商，叩諫不及，義棄周禄，北之止陽：武，指周武王。叩，通
“扣”，謂扣馬，即勒住馬。止陽，即首陽山。本書國名紀二少昊後偃姓國止
曰：“今首陽北。故曰止陽。”史記伯夷列傳：“西伯卒，武王載木主，號爲文王
東伐紂。伯夷、叔齊叩馬而諫曰：‘父死不葬，爰及干戈，可謂孝乎？以臣弑君，
可謂仁乎？’左右欲兵之，太公曰：‘此義人也。’扶而去之。武王已平殷亂，天
下宗周，而伯夷、叔齊恥之，義不食周粟，隱於首陽山，采薇而食之。”

〔四九〕上俾摩子難之：摩子，又稱王摩子，人名，生平不詳。難，責難，
詰問。

〔五〇〕逮聞淑媛之言，遂擿薇終焉：淑媛，賢良美好的女子。擿，同“摘”，
採摘。薇，山菜名，俗稱野豌豆。清李鍇尚史卷二四引譙周古史考曰：“夷齊
采薇而食，野有婦人謂之曰：‘子義不食周粟，此亦周之草木也。’于是餓死。”

〔五一〕蒲坂首陽山：蒲坂，縣名，治所在今山西永濟市蒲州鎮。

〔五二〕呂氏春秋誠廉：“昔周之將興也，有士二人，處於孤竹，曰伯夷、叔
齊。二人相謂曰：‘吾聞西方有偏伯焉，似將有道者，今吾奚爲處乎此哉？’二子
西行如周，至於岐陽，則文王已歿矣。武王即位，觀周德，……伯夷、叔齊聞之，
相視而笑曰：‘譆，異乎哉！此非吾所謂道也。……’二子北行，至首陽之下而

餓焉。”

〔五三〕叩馬之事:見上注〔四八〕。

〔五四〕譙史攷云:夷齊采薇,有婦人難之:見上注〔五〇〕。

〔五五〕故劉孝標有“夷齊斃媛”之言:劉孝標,南朝梁學者劉峻(字孝標),以注釋世說新語聞名後世。言,四庫本作“事”,非。

〔五六〕黄庭堅:字魯直,北宋詩人、書法家。宋本、喬本、洪本、吳本、備要本“庭”皆作“廷”,今從四庫本。黄庭堅伯夷叔齊廟記曰:“故孔子以爲:不降其志,不辱其身,身中清,廢中權,求仁而得仁,又何怨? 又曰:齊景公有馬千駟,死之日,民無德而稱焉;伯夷、叔齊餓於首陽之下,民到于今稱之。孟子以爲:非其君不事,非其民不使,不立於惡人之朝,不與惡人言。故聞伯夷之風者,貪夫廉,懦夫有立志。此則二子之行也。至於諫武王不用,去而餓死,則爲疑之。”

〔五七〕列士傳:也作烈士傳。漢劉向撰。原書已佚。

〔五八〕類林:佚書。唐于立政撰。

〔五九〕韓非子姦劫弑臣:“古有伯夷、叔齊者,武王讓以天下而弗受,二人餓死首陽之陵。”

〔六〇〕初薨,夷、齊偕巽去,之北海之頻:巽,通“遜”,謙讓,辭讓。北海,指今渤海。頻,通“瀕”,水邊。四庫本作“濱”。

〔六一〕憑:夷、齊異母弟,字伯僚。

〔六二〕論語讖:漢代緯書,論語緯之一種。　義遜龍舉:謂執義而辭讓君位。遜,辭讓。龍舉,喻登上君位。

〔六三〕見孔叢子陳士義“夫夷齊無欲,雖文武不能制”宋宋咸注。　墨台初:孤竹國之君,姓墨台,名初,字子朝。

〔六四〕春秋少陽篇:古緯書,已佚,作者不詳。

〔六五〕九域志引孟子“隱北海濱”:隱,四庫本作“隱居”。孟子離婁上:“孟子曰:‘伯夷辟紂,居北海之濱。’”

〔六六〕見論語公冶長。

〔六七〕見論語述而。

〔六八〕嗟乎:吳本“嗟”作“兎”。

〔六九〕適世暴亂：世，洪本作“士”，吳本作“上”。彥按：“士”蓋“世”字音
譌，“上”則“士”字形譌。

〔七〇〕去之海瀕：四庫本“瀕”作“濱”。　放於義以俟其清：放，依據，遵
從。廣雅釋詁四：“放，依也。”

〔七一〕獲其親：獲，謂得到信任。孟子離婁上“居下位而不獲於上，民不
可得而治也”朱熹集注：“‘獲於上’，得其上之信任也。”親，指父。

〔七二〕憑世其國：世，繼承。其，吳本、備要本譌“莫”。

〔七三〕定王之十一年，辭于齊：定王，指周定王姬瑜，公元前606—前586
年在位。辭，讓，謂禪讓，實爲被吞併之婉辭。明陳士元論語類考卷七人物考
伯夷叔齊引羅泌氏路史，作“入于齊”。

〔七四〕漢光和元年，柳城岸壞：柳城，縣名，治所在今遼寧朝陽縣柳城鎮。
遼守廉翻：遼守，指遼西郡太守。廉翻，各本皆作“虞翻”。彥按：考三國志
吳志虞翻傳，翻並不嘗任遼守。水經注卷一四濡水、太平寰宇記卷七〇平州盧
龍縣孤竹城載其事，並作廉翻，今據以訂正。　遼海見漂：遼海，指渤海灣。

〔七五〕尸：洪本譌“戶”。水經注卷一四濡水：“漢靈帝時，遼西太守廉翻
夢人謂己曰：‘余，孤竹君之子，伯夷之弟。遼海漂吾棺槨，聞君仁善，願見藏
覆。’明日視之，水上有浮棺。吏嗤笑者皆無疾而死。於是改葬之。”

〔七六〕搜神記云：云，洪本、吳本譌“去”，四庫本作“曰”。　民有襁褓：襁
褓，指嬰幼兒。彥按：今搜神記卷一六文作：“漢不其縣有孤竹城，古孤竹君之
國也。靈帝光和元年，遼西人見遼水中有浮棺，欲斫破之；棺中人語曰：‘我是
伯夷之弟，孤竹君也。海水壞我棺槨，是以漂流。汝斫我何爲？’人懼，不敢斫。
因爲立廟祠祀。吏民有欲發視者，皆無病而死。”與羅氏此處所引頗有出入。

〔七七〕竺氏：宋本、洪本、吳本、四庫本“竺”作“笠”，同。下羅苹注“竺”
或作“笠”，不另出注。

〔七八〕周書怡峯傳云出于墨台：墨台，今本周書作“默台”，其怡峯傳云：
“本姓默台，因避難改焉。”

〔七九〕又東莞竺氏，後漢樅陽侯竹晏後：“又”字，宋本、喬本闕文，洪本但
有一捺。今據吳本、四庫本、備要本補。東莞，在今山東沂水縣、莒縣一帶。竺
氏，四庫本作“竹氏”，非。樅陽侯，元和姓纂卷一〇屋韻竹、古今姓氏書辯證

卷三五屋韻竺作擬陽侯。 報怨不改姓,加"二"以存夷齊:報怨,報讎。"不改姓"而"加'二'",謂本姓"竹"保留不改,但下加"二"作"竺"。"以存夷齊"者,説明所以加"二"之象徵意義。 而遷于莒:莒,在今山東莒縣。

〔八○〕侍中竺,其孫也:彦按:"竺"宜作"竺固"。古今姓氏書辯證曰:"東莞竺氏,後漢擬陽侯竹晏之後,報怨有仇,以其仇爲名士,不改其姓,迺加'二'字以存夷齊,而移於琅邪莒縣。其孫竺固爲後漢侍中。"蓋即羅氏所本。

〔八一〕夜郎:古國名。在今貴州六盤水市、畢節市一帶。

〔八二〕范史乃有剖竹得兒之説:范史,指范曄後漢書。此見後漢書西南夷傳夜郎:"夜郎者,初有女子浣於遯水,有三節大竹流入足間,聞其中有號聲,剖竹視之,得一男兒,歸而養之。及長,有才武,自立爲夜郎侯,以竹爲姓。"若姓纂竺出天竺:若,與。"竺出"之"竺",四庫本作"竹"非。元和姓纂卷一○屋韻竺云:"本天竺胡人,後漢入中國而稱竺氏。"

〔八三〕有伊摯以本味進,爲之左相,是爲保衡伊尹:伊摯,氏伊,名摯。稱其尊號,則爲保衡、阿衡;以其官稱,則稱伊尹。本味,推究滋味。呂氏春秋本味云:"湯得伊尹,祓之於廟,爝以爟火,釁以犧猳。明日,設朝而見之,説湯以至味,湯曰:'可對而爲乎?'對曰:'君之國小,不足以具之,爲天子然後可具。夫三羣之蟲,水居者腥,肉獲者臊,草食者羶,臭惡猶美,皆有所以。凡味之本,水最爲始。……'"史記殷本紀云:"伊尹名阿衡。阿衡欲奸湯而無由,乃爲有莘氏媵臣,負鼎俎,以滋味説湯,致于王道。"

〔八四〕尹豐上而兑下:豐上而兑下,謂臉龐上部寬廣而下部瘦削。多形容貴相。兑,通"鋭"。 僂黑下聲:僂,謂僂身,即曲背。黑,指膚色黑。下聲,謂説話輕聲細語。 鉤深本草,妙達湯液:鉤深,探索深奧的意義。本草,泛稱中草藥。妙達,猶精通。湯液,指中藥湯劑。晏子春秋内篇諫上:"伊尹黑而短,蓬而髯,豐上兑下,僂身而下聲。"

〔八五〕衡氏、衡伯氏:吳本譌作"衡伯氏、衡伯氏",四庫本倒作"衡伯氏、衡氏"。

〔八六〕衡方碑:漢靈帝建寧元年(168)立,故址在今山東汶上縣。碑文云:"府君諱方,字興祖。其先伊尹,在殷號稱阿衡,因而氏焉。"見宋歐陽修集古録卷三後漢衡方碑。

〔八七〕夫去亳適夏，五就湯、桀：亳，商湯之都，在今河南商丘市虞城縣穀熟鎮。書汝鳩汝方序曰："伊尹去亳適夏，既醜有夏，復歸于亳。"孟子告子下："五就湯，五就桀者，伊尹也。"趙岐注："伊尹爲湯見貢於桀，不用而歸湯，湯復貢之，如此者五。思濟民，冀得施行其道也。"

〔八八〕彼以爲爲湯作間者，戰國之士私意也：間，間諜。意，猜測。

〔八九〕世紀謂爲湯妻有莘氏之媵臣以見：媵臣，古代稱隨嫁之臣僕。　紀年以爲交於妹喜而遂間夏：妹喜，夏桀寵妃。妹，音 mò。宋本、洪本、吳本作"末喜"，同。遂，四庫本作"遂以"。間，離間。宋本作"聞"，誤。

〔九〇〕紀侯以道事齊，不得免，乃大去，而俾季奉酅入于齊：紀侯，指春秋紀國國君——紀哀侯姜叔姬。大去，謂一去不返。季，紀哀侯弟姜季（又稱紀季）。酅（xī），紀邑。在今山東淄博市臨淄區東。春秋莊公三年："秋，紀季以酅入于齊。"杜預注："齊欲滅紀，故季以邑入齊爲附庸。先祀不廢，社稷有奉，故書字貴之。"又左傳莊公四年："紀侯不能下齊，以與紀季。夏，紀侯大去其國，違齊難也。"

〔九一〕邢氏：邢音 píng。　嶲氏：嶲音 xī。

〔九二〕紀侯譖齊哀公于周：紀侯，指紀煬侯，春秋紀國國君，名字不詳。譖，讒毀，誣陷。春秋莊公四年"紀侯大去其國"公羊傳："大去者何？滅也。孰滅之？齊滅之。曷爲不言齊滅之？爲襄公諱也。春秋爲賢者諱，何賢乎襄公？復讎也。何讎爾？遠祖也。哀公亨乎周，紀侯譖之，以襄公之爲於此焉者，事祖禰之心盡矣。盡者何？襄公將復讎乎紀，卜之曰：'師喪分焉。''寡人死之，不爲不吉也。'遠祖者，幾世乎？九世矣。九世猶可以復讎乎？雖百世可也。"毛詩譜齊譜："周武王伐紂，封太師呂望於齊，是謂齊太公。……其子丁公嗣位於王官。後五世，哀公政衰，荒淫怠慢，紀侯譖之於周懿王，使烹焉。"彥按：竹書紀年載烹齊哀公事在周夷王三年，文曰："三年，王致諸侯，烹齊哀公于鼎。"

〔九三〕古今姓氏書辯證卷二一止韻上紀："出自姜姓炎帝之後，封爲紀侯，其地東莞劇縣是也。紀侯嘗譖齊哀公于周，周烹之。春秋魯莊公四年，齊襄公復九世之讎，滅紀。紀侯義不下齊，大去其國，君子善之。子孫以國爲氏。"

〔九四〕淳于不復:淳于,指春秋州國(在今山東安丘市東北)國君淳于公。左傳桓公五年:"冬,淳于公如曹。度其國危,遂不復。"杜預注:"國有危難,不能自安,故出朝而遂不還。"

〔九五〕于,同唐憲宗諱,爲于氏:彦按:此謂淳于氏因"淳"字與唐憲宗名純同音,避諱而改于氏。句首"于"字疑當作"淳"。

〔九六〕後各以國令氏:令,命名。

〔九七〕派:流別,分支。

〔九八〕列山氏:四庫本作烈山氏。

〔九九〕元和姓纂卷三真韻神引風俗通云:"神農氏之後。漢有騎都尉神曜。"

〔一〇〇〕姓源:蓋指宋曹大宗撰姓源韻譜。

〔一〇一〕戎子遁朔野,有葛烏釋世長鮮卑:葛烏釋,周書作葛烏菟。周書文帝紀上:"太祖文皇帝姓宇文氏,諱泰,字黑獺,代武川人也。其先出自炎帝神農氏,爲黃帝所滅,子孫遯居朔野。有葛烏菟者,雄武多算略,鮮卑慕之,奉以爲主,遂總十二部落,世爲大人。"　渝汾、嗣汾:彦按:二姓所未聞,待考。

〔一〇二〕以其嘗草功號俟汾氏:吴本"俟"譌"候"。新唐書宰相世系表一下:"或云神農氏爲黃帝所滅,子孫遁居北方。鮮卑俗呼'草'爲'俟汾',以神農有嘗草之功,因自號俟汾氏,其後音訛遂爲宇文氏。"

〔一〇三〕或以葛烏菟爲南單于之裔:新唐書宰相世系表一下:"宇文氏出自匈奴南單于之裔。"

〔一〇四〕後周書:即唐令狐德棻等撰周書。　炎帝裔孫普回狩,得玉璽三紐:普回,各本"回"皆譌"四",今訂正。下"普回"之"回"同。紐,量詞,印一方稱一紐。周書文帝紀上:"其後曰普回,因狩得玉璽三紐,有文曰'皇帝璽',普回心異之,以爲天授。其俗謂天曰'宇',謂君曰'文',因號宇文國,并以爲氏焉。"

〔一〇五〕自陰山徙遼西:洪本、吴本"自"譌"白"。陰山,即今内蒙古河套西北之陰山山脈。遼西,指今遼寧遼河以西地區。周書文帝紀上:"普回子莫那,自陰山南徙,始居遼西,是曰獻侯,爲魏舅生之國。"

〔一〇六〕生可地汗莫何單于:汗,吴本譌"汙"。于,各本皆譌"二",今訂正。　闞地西出玉門：闞，喬本、洪本、吳本、四庫本、備要本皆訛“闡”，今從宋本訂正。玉門，指玉門關。在今甘肅敦煌市西北。新唐書宰相世系表一下：“獻侯生可地汗，號莫何單于，闞地西出玉門，東踰遼水。”

〔一〇七〕普撥五世孫俟豆歸稱大單于：孫，吳本訛“係”。俟豆歸，周書文帝紀上作侯豆歸，新唐書宰相世系表一下作佚豆歸。　慕容晃：即慕容皝，十六國時期前燕太祖文明皇帝。

〔一〇八〕長阿若彥，後魏都牧主、安定侯，徙代：阿若彥，新唐書宰相世系表一下作阿若諺。都牧主，官名。代，州名，在今山西代縣一帶。

〔一〇九〕周太祖：洪本作“周太相”，吳本作“周大相”，俱誤。

〔一一〇〕俟豆歸從其主，亦號宇文氏，世爲魏沃野鎮軍主：俟豆歸，新唐書作“佚豆歸”。沃野鎮，北魏北境六鎮之一。治所初在今內蒙古五原縣東北，後曾數次遷徙，要不出今內蒙古境。軍主，軍事長官。新唐書宰相世系表一下曰：“又有費也頭氏，臣屬鮮卑佚豆歸，後從其主亦稱宇文氏。仕後魏，世爲沃野鎮軍主。”　化及：宇文化及，隋末叛臣，殺隋煬帝而擁立秦王楊浩，後又鴆殺楊浩，僭皇帝位於魏縣，國號許，建元天壽，立國半年，爲竇建德擊敗擒殺。

〔一一一〕費也頭氏：各本“也”皆訛“乜”，今據新唐書宰相世系表一下、通志卷二九氏族略五代北三字姓訂改。下羅苹注“費也頭”之“也”同。

〔一一二〕宇文之別，後分五部，有辱紇主、莫賀弗等：五部，洪本、吳本作“五都”。彥按：此當謂庫莫奚爲宇文之別，後分五部。“宇文之別”上似當有“庫莫奚”三字。　阿會五部爲盛：謂阿會氏於五部中勢力最大。周書異域傳上：“庫莫奚，鮮卑之別種也。其先爲慕容晃所破，竄於松漠之間。後種類漸多，分爲五部：一曰辱紇主，二曰莫賀弗，三曰契箇，四曰木昆，五曰室得。每部置俟（斥）〔斤〕一人。有阿會氏者，最爲豪帥，五部皆受其節度。役屬於突厥，而數與契丹相攻。”

〔一一三〕士及先野頭氏費也頭：士及，宇文士及，隋末叛臣宇文化及弟。宇文化及兵敗，士及投靠唐朝，頗受寵，歷官至中書令、殿中監等職。彥按：費也頭即野頭氏，故古今姓氏書辯證卷二六馬韻野頭曰：“宇文士及之先姓野頭氏，後改賜焉。”而新唐書宰相世系表一下敍述宇文士及世系則稱其先爲費也頭氏，可證。　臣突厥：彥按：新唐書宰相世系表一下稱宇文士及之先“費也頭氏,臣屬鮮卑佚豆歸",羅苹此以爲"臣突厥",不知何據。

〔一一四〕元和三年,賜奚首領索低爲李氏:元和,唐憲宗年號,公元806—820年。奚,古族名。分布在今内蒙古自治區西拉木倫河流域。南北朝時稱庫莫奚。隋唐時稱奚。舊唐書北狄傳奚國:"(元和)三年,以奚首領索低爲右武威衞將軍同正,充檀、薊兩州遊奕兵馬使,仍賜姓李氏。"

附:蚩尤傳

阪泉氏周書:阪泉氏用兵無已而亡〔一〕。記爲蚩尤。蚩尤,集韻作"蚩蚘",從虫,繆〔二〕。姜姓,炎帝之裔也。陰經、遁甲云:蚩尤者,炎帝之後,與少昊治西方之金〔三〕。故祭蚩尤文云:"將軍敢以牲牢,祭爾炎帝之裔蚩尤之神。"〔四〕蚩尤出于炎帝,代弗知也。兄弟八十人。河圖云八十一人,或云七十二人,非〔五〕。蚩尤疏首虎捲,八肱八趾〔六〕;見歸藏啓筮。"蚩尤虎捲,威文立兵。"見春秋元命苞。好兵而喜亂,隳黨崇讐,慆欲亡猒〔七〕。惟作五虐之刑,延于平民,罔不寇賊,鴟義姦宄,敓攘矯虔〔八〕。書云:"蚩尤惟始作亂,延及于平民。惟作五虐之刑曰法〔九〕。"刑統因云:尤性酷毒,作五虐刑,謂車裂、燒銅柱使抱及淞之之類〔一〇〕。發葛盧、雝狐之金,啓九冶,作兵刑劍撥〔一一〕。劍撥作而歲之諸侯相兼者二十一。管子云:"葛盧山發而出水,金從之,蚩尤受而制劍鎧矛戟。是歲,諸侯相兼者九。雝狐山發而出水,金從之,蚩尤受而制爲雝狐之戟、狐父之戈。是歲諸侯相兼者十有二。天下頓戟一怒,伏尸滿野。"〔一二〕世本、呂氏春秋皆云:"蚩尤作五兵——戈、矛、戟、酋矛、夷矛,黃帝誅之涿鹿之野〔一三〕。"而三朝記:"哀公問曰:'蚩尤作兵歟?'子曰:'蚩尤,庶人之貪者。及利無義,以喪厥身。何兵之能作?與民皆生也。'"〔一四〕故呂氏云:"蚩尤非作兵,利其械也。未有蚩尤之時,民固剥林木以戰矣。"〔一五〕越絶書云:神農以石爲兵,黃帝以玉,禹以銅鉄〔一六〕。繆也。

帝榆罔立,諸侯攜貳,胥伐虐弱〔一七〕。周書嘗麥云:赤帝。乃分正二卿,命蚩尤宇于小顥,以臨西方,周書作"四方"。黃庭堅云:"當作西方。蓋爲方伯。"司百工。德不能馭,蚩尤産亂。出羊水,登九淖〔一八〕,上黨羊頭山水。以伐空桑,逐帝而居于濁鹿。即涿鹿。地記,濁鹿有凶黎丘。今媯州懷戎有涿鹿山,下有涿鹿城,涿水出焉〔一九〕。即鄭縣涿鹿山〔二〇〕。羹頡山有泉,廣百步,深無底,四時一色,古之阪泉,城東二百步[二一]。泉上有黃帝祠。西一里爲涿鹿城。大康地記阪泉、蚩尤泉自二處[二二]。魏土地記云:"涿鹿城東南六里蚩尤城,泉水淵而不流,霖雨則注阪泉,亂流東北入涿水。"[二三]周書又作獨鹿[二四]。興封禪,號炎帝。蚩尤,炎帝之後,恃親強恣[二五],逐帝而自立,篡號炎帝。鄧展謂"神農後子孫亦稱炎帝而登封者"[二六]。故史言"炎帝欲侵陵諸侯",大戴禮言黃帝"與赤帝戰于阪泉之野",後周書云炎帝"爲黃帝所滅",文子亦謂"赤帝爲火災,故黃帝禽之",皆謂蚩尤[二七]。而書傳舉以爲榆罔,失之[二八]。集仙録云"言黃帝克榆罔於阪泉"[二九],黃帝非與榆罔戰也,至世紀遂謂"黃帝與神農戰,而炎帝克蚩尤",非也。陸德明云:"神農後第八帝曰榆罔。時蚩尤強,與罔爭王,逐榆罔。罔與黃帝合謀,擊殺蚩尤。"[三〇]此得之。乃驅罔兩[三一],興雲霧,祈風雨,以肆志于諸侯。傳記:黃帝以車戰,蚩尤以騎戰。蚩尤作霧,黃帝作指南車[三二]。通典云:"蚩尤氏帥魑魅與黃帝戰于涿鹿,帝命吹角作龍吟以禦之。"[三三]頓戟一怒,并吞亡親,九隅亡遺,文亡所立,智士寒心[三四]。

　　參盧於是與諸侯委命於有熊氏[三五]。有熊於是暨刀牧、神皇屬兵稱旅,順殺氣以振兵,法文昌而命將,熊羆貔貅以爲前行,雕鶡鷹鳶以爲旗幟[三六]。列子。熊羆貔貅,言勇銳之士。雕鶡鷹鳶,亦旗之所繪[三七]。如曲禮所言"前朱雀,後玄武;左青龍,右白虎",謂前旌後旐,左旂右旗;而"招搖在上",謂太常斗居中,以正四方爾[三八]。兵法,止則植五旛:午地以朱雀,酉地白獸,子地玄武,卯地青龍,中央招搖[三九]。何裔云:"言如鳥之翔,如虵之毒,龍之騰,虎之奮,無能敵也。"[四〇]注以此四獸爲軍陣,非也[四一]。士既成矣,逮蚩尤逆,菆之,巫咸曰:"果哉! 而有咎。"[四二]歸藏云:"將戰,菆之。"[四三]昔晉侯將勤王,卜偃菆之,遇黃帝戰于阪泉之兆,時遇大有之睽,或者是也[四四]。正義云:"卜遇黃帝吉兆,是戰克也。菆得大有,是天享也[四五]。"乃率風后、鄧伯溫之徒,及尤喢兵濁鹿之山[四六]。郡縣志:濁鹿城在脩武東北二十三,山陽公所居[四七]。三年九戰,而城不下。問之五胥,乃設五旗,五軍具,四面攻之,三日而後得志[四八]。玄女戰經云[四九]:帝與蚩尤戰,九戰九不勝。引歸泰山,三日夜霧,帝仰天而歎,遇玄女授以兵符。又玄女兵法云[五〇]:攻之三年,城不下。得術士五胥,問之,胥曰:"是城中之將,白色、商音,帝之始攻,得無以秋之東方行乎? 今皇帝爲人,蒼色、角音,此雄軍也。請以戰爲[五一]。"帝曰:"爲之若何?"曰:"請攻三日,城必下。"其<u>中黄直</u>曰:"帝積三年而攻不下,何三日也?"〔五二〕曰:"不如言,以罪法論。"乃設五旗。五軍已具,四面攻之,三日,城果下。封之,世不絶〔五三〕。**傳戰執<u>尤</u>于<u>中冀</u>而殊之,爰謂之<u>解</u>**〔五四〕。今之<u>解州</u>〔五五〕。<u>寰宇記</u>云:"<u>蚩尤</u>之封域,有塩池之利〔五六〕。"故<u>絳</u>之塩也〔五七〕。<u>王冰</u><u>黄帝經序</u>云:"其血化爲鹵,今之<u>解池</u>是也〔五八〕。"方百二十里,鹵色正赤,故俗呼<u>解池</u>爲<u>蚩尤</u>血。其中有一甘泉,得之,鹵乃成。泉北一水,曰<u>巫咸河</u>。其水入澤,則鹵不復結。一曰<u>堯稍</u>水。俗作<u>無鹹</u>,非也〔五九〕。<u>中冀</u>見<u>周書嘗麥</u>,<u>冀州</u>也。<u>解州</u>本<u>解縣</u>,天授二析<u>虞鄉</u>置〔六○〕。<u>乾祐</u>,<u>李守貞</u>反,<u>鄭元昭</u>奏置州禦之〔六一〕。**以甲兵釋怒,用大政順天思斂,紀于太常,用名之曰<u>絶轡之野</u>**〔六二〕。<u>尤</u>始亂在<u>幽州</u>,其死在<u>冀</u>。<u>山海經</u>等言<u>黄帝</u>命<u>應龍</u>攻<u>蚩尤</u>於<u>冀州</u>之野,殺之〔六三〕。<u>啓筮</u>云:"<u>蚩尤</u>出自<u>羊水</u>。八肱八趾,疏首。登<u>九淖</u>以伐<u>空桑</u>。<u>黄帝</u>殺之于<u>青丘</u>〔六四〕。"書傳皆言殺之<u>涿鹿</u>之野,誤也。<u>尚書刑德放</u>云:"<u>涿鹿</u>者,竿人頭也。<u>黄帝</u>殺之<u>涿鹿</u>之野,身首異處,故別葬。豈竿其首於<u>涿鹿</u>地乎?"〔六五〕

　　身首異處。今正冢在<u>臨河</u><u>壽張</u>,而肩髀冢在<u>鉅野縣</u>東北九里,高三丈〔六六〕。<u>皇覽冢墓記</u>云:"<u>蚩尤</u>冢在<u>壽張縣</u><u>闞鄉城</u>中。高七丈。常以十月祠之,有赤氣出亘天如匹練,謂之<u>蚩尤</u>旗。肩髀冢在<u>山陽郡</u><u>鉅野縣</u>。"〔六七〕<u>十三州志</u>云:"重聚大小,與<u>闞</u>冢等〔六八〕。"<u>寰宇記</u>云:<u>濟</u>之<u>鉅野</u>有<u>蚩尤墓</u>,乃肩髀冢。今<u>鄆</u>之<u>壽張</u>有<u>蚩尤祠</u>〔六九〕。**以故,後代聖人著其像于尊彝,以爲貪戒**〔七○〕。<u>蚩尤</u>,天符之神,狀類不常〔七一〕。<u>三代</u>彝器多著<u>蚩尤</u>之像,爲貪虐者之戒。其狀率爲獸形,傅以肉翅〔七二〕。蓋始於<u>黄帝</u>。<u>龍魚河圖</u>云:"<u>黄帝</u>之初,有<u>蚩尤</u>氏兄弟七十二人,銅頭鉄額,食沙石,制五兵之器,變化雲霧〔七三〕。"<u>演義</u>云:"<u>漢武</u>時<u>太原</u>有<u>蚩尤</u>神晝見,龜足蛇首,疾其里人,遂立祠。"〔七四〕"<u>齊魏</u>間,<u>太原</u>村落中祭<u>蚩尤</u>神尚不用牛頭〔七五〕。""<u>述異記</u>:<u>冀州</u>有<u>蚩尤</u>神。俗謂<u>蚩尤</u>人身牛蹄,四目六手。<u>涿鹿</u>間往往掘得髑髏如銅鉄,<u>蚩尤</u>骨也。<u>齊梁</u>間尚有<u>蚩尤</u>齒,長二寸,堅不可碎。<u>秦漢</u>間説<u>蚩尤</u>牛耳,鬢如劍戟,有角。與<u>軒轅</u>鬭,以角觝人,人不能向。<u>冀州</u>舊樂,名<u>蚩尤戲</u>,其人兩兩三三戴角而相觝,即角觝之制〔七六〕。"**鐻其威械,故貃焉**〔七七〕。貃祭<u>蚩尤</u>,詳禮書九十一〔七八〕。方<u>漢祖</u>徇<u>沛</u>爲<u>沛公</u>,則祠<u>黄帝</u>、祭<u>蚩尤</u>於<u>沛</u>廷,釁鼓旗〔七九〕。後立祠<u>長安</u>,置祠官〔八○〕。<u>宣帝</u>乃立祠於<u>壽良</u>〔八一〕。<u>史記</u>言<u>尤</u>能徵召風雨,而記志<u>尤</u>,説多異〔八二〕。<u>龍魚河圖</u>等至謂:<u>尤</u>亂,<u>黄帝</u>仁義不能禁〔八三〕。<u>尤</u>没,天下復擾,帝乃畫<u>尤</u>像以威天下。天下咸謂<u>尤</u>不死,乃服〔八四〕。安矣。**後有<u>蚩氏</u>。**

貪必敗，虐必敗[八五]，淫奢必敗，不忠必敗，賊必敗，而昏懦不與焉。方夫事之渙也，常若有利有不利，族而觀之，固未有不敗者[八六]。吾行年四十，所閱載籍數十百千萬卷，所見所聞若所傳聞，眾矣。自黄帝以來，貪如蚩尤、如驩兜、如蜀王、盜跖，虐如桀紂、如秦皇、如高緯、劉鋹，淫如丹朱、如東昏、隋煬，奢如秦虎、如蜀昶、崇愷，賊如莽、卓布、安史、巢泚，不忠如趙高、王莽、恭顯、京卞，幾千百輩矣[八七]，而一身一首迄未見全保者，是非其必敗耶？

嗟乎！爲善與爲惡等用心，作僞與作德均致力，彼作僞而至於小人，爲惡而至於賊殺，豈有他哉？不過祈飽煖爾[八八]。君子何嘗不衣食耶？堯桀同飽，顔跖同煖，是故無二道也[八九]。彼以豐而亡，此以約而長[九〇]。繇此語之[九一]，桀跖之豐，固不若堯顔之約而樂也。

富貴者，人之所欲也，而聖人者常以不得已而後居之。故其有爲也，必推己之有餘以善於人，而不竭人之有以奉於己。是故勞心以治人，盡神以及物，其任愈重，其憂愈大。遜許繇，遜四岳，蓋未以位爲樂也[九二]。天下之人見其有憂而無樂，知其憂之爲己也，於是爲之儀衛以榮之，爲之輿服以尊之。輿服成，儀衛作，而聖人之所以爲聖人者，亦猶是也。聖人何加損焉？奈何繼世乘其基業，不知其憂之不得已，而乃紛紛從事於末，侈輿服，盛儀衛，崇臺榭，而夸子女[九三]。窮日卜夜，上不思所以紹其業，下不思有以保其樂[九四]。庸夫妄卒覘其儀衛之都、輿服之姣也，於是盡盡然羣起其後以篡奪之，而事始擾矣[九五]。

易曰："負且乘，致寇至。"[九六]子曰："負也者，小人之事也。乘也者，君子之器也。小人而乘君子之器，盜斯奪之矣。

上嫚下暴,盜斯伐之矣。"〔九七〕夫盜之處心,非有經世之具也,非有爲仁之方也,跳梁跋扈,亦不過祈飽煖、圖自肆於一日而已〔九八〕。故其所覬,曾未轉盷,而禍敗已隨之矣〔九九〕。

　　嗚呼!爲善作德,必有餘慶;爲惡作僞,必有餘殃〔一○○〕。此天之定理也。蚩尤,天之戾氣也,其威力與天通矣〔一○一〕。徒以貪殘,且猶不免於戮,而況其降者乎〔一○二〕!然則,貪淫、賊虐、不忠、狂觖之徒,顧何規于後〔一○三〕?而猶囂囂有犯,於惡不違,自棄於人類也耶〔一○四〕?

【校注】

〔一〕逸周書史記:"昔阪泉氏用兵無已,誅戰不休,并兼無親,文無所立,智士寒心,徙居至于獨鹿,諸侯畔之,阪泉以亡。"

〔二〕從虫,繆:虫,吳本、四庫本作"虵",同。繆,四庫本作"謬",通。

〔三〕陰經:即唐李筌太白陰經。　西方之金:即西方。西方於五行屬金,故稱。

〔四〕祭蚩尤文:見太白陰經卷七。文曰:"維某載,歲次某甲,某月朔某日,某將軍某,謹以牲牢之奠,祭爾炎帝之後蚩尤之神。"　牲牢:猶犧牲,指供祭祀用之牛、羊、豬。

〔五〕七十二:四庫本作"七十有二"。

〔六〕蚩尤疏首虎捲:疏首,腦袋粗大。集韻模韻:"疏,粗也。"虎捲,手如虎掌。春秋元命苞曰:"蚩尤虎捲,威文立兵。"宋均注:"捲,手也;手文'威'字也。"(見太平御覽卷二七○)　八肱八趾:八手八脚。肱,手臂。趾,足。洪本、吳本作"止",則"趾"之古字。

〔七〕殄黨崇讎:毀滅親族,助長讎仇。　惛欲亡猒:昏庸貪欲,不知滿足。猒,"厭"之古字。

〔八〕五虐之刑:指大辟(處死)、割鼻、斷耳、宮(一種閹割男子生殖器或破壞婦女生殖機能的刑罰)、黥(刺字於被刑者面額之上,染以黑色,作爲處罰之標誌)等五種酷刑。　延于平民:延,連及。　罔不寇賊:寇賊,抄掠殘害。鴟義姦宄:鴟義,輕薄邪僻。書呂刑陸德明釋文云:"馬(融)曰:'鴟,輕也。'"

義,通“俄”,姦邪。姦宄,作姦犯科,爲非作歹。　敓攘矯虔:泛稱敲詐掠奪。攘,竊取。矯,詐騙。虔,劫掠。

〔九〕見書吕刑。原文作:“王曰:‘若古有訓,蚩尤惟始作亂,延及于平民,罔不寇賊,鴟義姦宄,奪攘矯虔。苗民弗用靈,制以刑,惟作五虐之刑曰法。殺戮無辜,爰始淫爲劓刵椓黥。’”

〔一〇〕刑統因云:刑統,蓋指宋刑統,宋竇儀等修纂。因,四庫本作“陰”,餘諸本均作“音”。彦按:作“音”或“陰”均不可解,當爲“因”字音譌,今訂正。　尤性酷毒,作五虐刑,謂車裂、燒銅柱使抱及沿之之類:酷毒,殘酷毒辣。五虐刑,四庫本作“五虐之刑”。沿,同“沿”,緣,攀援。

〔一一〕發葛盧、雝狐之金:葛盧、雝狐,二山名。雝狐,即雍狐。　啓九冶:啓,開設。冶,指冶煉金屬的作坊。吴本、備要本譌“治”。　作兵刑劍鎩:兵刑,鑄造兵器的模子。刑,通“型”。鎩(fá),通“瞂”,大楯。

〔一二〕見管子地數,文字略有異同。　蚩尤受而制爲雝狐之戟、狐父之戈:洪本“受”譌“又”。狐父,地名。此蓋視爲雝狐別稱。

〔一三〕世本、吕氏春秋皆云:各本均無“吕氏春秋”四字。彦按:唐蘇鶚蘇氏演義卷下曰:“世本及吕氏春秋皆云蚩尤作五兵,謂戈、殳、戟、酋矛、夷矛也。黄帝誅之於涿鹿之野。”當爲羅氏所本。此既稱“皆云”,亦當有“吕氏春秋”四字,蓋脱文,今訂補。　酋矛、夷矛:古代兩種兵器名。酋矛爲短柄矛,夷矛爲長柄矛。周禮考工記廬人:“酋矛常有四尺,夷矛三尋。”鄭玄注:“八尺曰尋,倍尋曰常。酋、夷,長短名。酋之言,遒也。酋,近;夷,長矣。”

〔一四〕三朝記:全稱孔子三朝記,是一部記載孔子與魯哀公問對的著作,共七篇。原書已佚。學者認爲,大戴禮記中的千乘、四代、虞戴德、誥志、小辨、用兵、少閒七篇即是已亡佚的孔子三朝記。　及利無義:及利,各本均作“反利”。彦按:“反利無義”,於義不通。“反”當“及”字之誤。大戴禮記載此,正作“及利無義”,今據以訂正。　與民皆生也:四庫本“與”作“歟”,蓋屬上讀,非。皆,偕,一同。大戴禮記用兵:“公曰:‘蚩尤作兵與?’子曰:‘否。蚩尤,庶人之貪者也,及利無義,不顧厥親,以喪厥身。蚩尤惛慾而無厭者也,何器之能作!……人生有喜怒,故兵之作,與民皆生。’”

〔一五〕見吕氏春秋蕩兵。

〔一六〕見越絕書外傳記寶劍。原文爲："軒轅、神農、赫胥之時，以石爲兵，斷樹木爲宮室，死而龍臧。夫神聖主使然。至黃帝之時，以玉爲兵，以伐樹木爲宮室，鑿地。夫玉，亦神物也，又遇聖主使然，死而龍臧。禹穴之時，以銅爲兵，以鑿伊闕，通龍門，決江導河，東注於東海，天下通平，治爲宮室，豈非聖主之力哉？當此之時，作鐵兵，威服三軍，天下聞之，莫敢不服。此亦鐵兵之神，大王有聖德。"

〔一七〕帝榆罔立，諸侯攜貳，胥伐虐弱：自此而下至"逐帝而居于濁鹿"一段文字，亦見於上文炎帝參盧，可互參。胥，相，互相。虐弱，殘害削弱。

〔一八〕九淖：疑爲山名，待考。

〔一九〕今嬀州懷戎有涿鹿山：嬀州，各本均作"幽州"。彥按：據太平寰宇記卷七一，懷戎爲嬀州治，此稱"今幽州"，當誤。本書後紀五黃帝有熊氏"乃即帝位，都彭城"羅苹注亦有"然嬀州懷戎乃故涿縣"語，尤足爲證。今訂正。懷戎，縣名，治所在今河北涿鹿縣西南。涿鹿山，在今涿鹿縣東南。

〔二〇〕即鄚縣涿鹿山：鄚縣，治所在今河北任丘市鄚州鎮。各本"鄚"皆作"鄧"。彥按：字當作"鄚"，今訂正。涿鹿山，各本皆作"冢山"。彥按："冢山"當"涿鹿山"之譌。太平寰宇記卷六六莫州鄚縣曰："藺相如冢，在涿鹿山東，即屬郡界也，涿水出焉，東入海。昔黃帝戰蚩尤於此山。"當即羅氏所本。蓋"涿"形近而譌"冢"，又脫"鹿"字，遂成"冢山"。今訂正。又，懷戎之涿鹿山，與鄚縣涿鹿山，並非一地，此乃云"即"，純屬生扭，大謬。

〔二一〕羹頡山有泉，廣百步，深無底，四時一色，古之阪泉，城東二百步：羹頡山，各本"羹"皆譌"美"，今訂正。吳本"山"作"水"，誤。彥按：太平寰宇記卷七一嬀州懷戎縣："羹頡山。黃帝祠。有泉，湛而不流，即古阪泉也，今在城東二百步。"蓋即羅氏所本。然中華書局2007年版太平寰宇記此條下王文楚等校勘記曰："按史記卷五〇楚元王世家正義引括地志云：'羹頡山在嬀州懷戎縣東南十五里。'同書卷一五帝本紀正義引括地志云：'阪泉，今名黃帝泉，在嬀州懷戎縣東五十六里。出五里至涿鹿東北，與涿水合。又有涿鹿故城，在嬀州東南五十里，本黃帝所都也。晉太康地理志云"涿鹿城東一里有阪泉，上有黃帝祠"。'據此，羹頡山與黃帝祠爲二地，無關。"則羅氏此説亦有誤矣。

〔二二〕大康地記:即晉太康地理記。吳本“康”作“夷”,誤。水經注卷一三灢水引晉太康地理記曰:“阪泉亦地名也。泉水東北流,與蚩尤泉會。”

〔二三〕魏土地記:佚書,作者不詳。　泉水淵而不流:淵,深。

〔二四〕周書又作獨鹿:作,喬本作“有”,此從餘諸本。獨鹿,洪本、吳本如此,喬本、四庫本、備要本作“濁鹿”。彥按:今考逸周書史記曰:“昔阪泉氏……徙居至于獨鹿,諸侯畔之,阪泉以亡。”亦作獨鹿,故此從洪本及吳本。

〔二五〕强恣:强橫恣肆。

〔二六〕鄧展:漢末奮威將軍。　神農後子孫亦稱炎帝而登封者:見史記封禪書“炎帝封泰山,禪云云”司馬貞索隱引鄧展云。登封,謂登山封禪。

〔二七〕故史言“炎帝欲侵陵諸侯”:見史記五帝本紀。　大戴禮言黃帝“與赤帝戰于阪泉之野”:見大戴禮記五帝德。　後周書云炎帝“爲黃帝所滅”:見周書文帝紀上。　文子亦謂“赤帝爲火災,故黃帝禽之”:見文子上義。

〔二八〕舉:皆。

〔二九〕榆罔:即榆岡。

〔三〇〕見經典釋文莊子音義下盜跖“蚩尤”釋文。文字微有不同,此之“榆罔”,今本釋文皆作“榆岡”。

〔三一〕罔兩:古代傳説中的一種精怪。

〔三二〕晉崔豹古今注卷上輿服:“大駕指南車,起黃帝與蚩尤戰於涿鹿之野,蚩尤作大霧,兵士皆迷,於是作指南車以示四方,遂擒蚩尤而即帝位。”

〔三三〕見通典卷一四一樂一歷代沿革上,文字微有不同。　龍吟:龍鳴叫之聲。

〔三四〕頓戟一怒,并吞亡親,九隅亡遺:逸周書嘗麥:“蚩尤乃逐帝,爭于涿鹿之河,九隅無遺。”莊述祖云:“九隅,九州,皆爲蚩尤所併。”(見尚書記)文亡所立,智士寒心:文,指禮樂教化。逸周書史記:“昔阪泉氏用兵無已,誅戰不休,并兼無親,文無所立,智士寒心。”

〔三五〕委命:謂以性命相託。

〔三六〕有熊於是曁刀牧、神皇屬兵稱旅:刀牧,吳本、四庫本“刀”作“力”非。參見上炎帝參盧注〔七〕。屬兵,磨利兵器。屬,“礪”之古字。稱旅,起兵。　順殺氣以振兵,法文昌而命將:文昌,星座名,共六星。史記天官書:“斗魁戴匡六星曰文昌宫：一曰上將，二曰次將，三曰貴相，四曰司命，五曰司中，六曰司禄。”司馬貞索隱引春秋元命包曰：“上將建威武，次將正左右，貴相理文緒，司禄賞功進士，司命主災咎，司中主左理也。”唐獨孤及風后八陣圖記：“黄帝受命之始，順殺氣以作兵，法文昌以命將。”　熊羆貔貅以爲前行，雕鶡鷹鳶以爲旗幟：鶡，鶡雞。雉屬，較雉大，黄黑色，頭有毛角如冠，性猛好鬭，至死不卻。鷹，各本均作“鴈”。彦按：“鴈”當“鷹”字形譌。此“熊羆貔貅”皆爲猛獸，“雕鶡鷹鳶”皆爲鷙禽，作“鴈”則不類。今訂正。下羅苹注“雕鶡鷹鳶”之“鷹”同。列子黄帝：“黄帝與炎帝戰於阪泉之野，帥熊羆狼豹貙虎爲前驅，鵰鶡鷹鳶爲旗幟，此以力使禽獸者也。”又史記五帝本紀：“軒轅乃……教熊羆貔貅貙虎，以與炎帝戰於阪泉之野。”司馬貞索隱于“虎”字下注：“此六者猛獸，可以教戰。”

〔三七〕旗：洪本作“幀”，吳本作“幀”，蓋俗體。

〔三八〕如曲禮所言“前朱雀，後玄武；左青龍，右白虎”：玄武，其形爲龜。禮記曲禮原文作：“行，前朱鳥而後玄武，左青龍而右白虎，招摇在上，急繕其怒。”鄭玄注：“以此四獸爲軍陳，象天也。”孔穎達疏：“鄭注‘四獸爲軍陳’，則是軍陳之法也，但不知何以爲之耳。今之軍行，畫此四獸於旌旗，以標左右前後之軍陳。”　謂前旌後旐，左旗右旗：旌，古代用牦牛尾或兼五彩羽毛飾竿頭的旗子。洪本、吳本、四庫本作“旗”，與下“右旗”重複，非。旐（zhào），古代畫有龜蛇圖像的旗。旗，古代畫有兩龍，並在竿頭懸鈴的旗。旗，古代畫有熊虎圖像的旗。　而“招摇在上”：招摇，星名，即北斗第七星摇光。此借指北斗星。禮記曲禮“招摇在上”鄭玄注：“又畫招摇星於旌旗上。……招摇星在北斗杓端，主指者。”孔穎達疏：“‘招摇在上’者，招摇，北斗七星也。北斗居四方宿之中，以斗末從十二月建而指之，則四方宿不差。今軍行法之，亦作此北斗星在軍中，舉之於上，以指正四方，使四方之陳不差，故云‘招摇在上’也。然並作七星，而獨云‘招摇’者，舉指者爲主，餘從可知也。”　謂太常斗居中，以正四方爾：太常，古代旌旗名。書君牙“厥有成績，紀於太常”孔氏傳：“王之旌旗畫日月曰太常。”正，確定。爾，四庫本作“耳”。

〔三九〕兵法，止則植五旝：旝（kuài），古代作戰時用的一種令旗。喬本、四庫本、備要本作“嶮”，洪本、吳本作“燴”。彦按：“燴”蓋“旝”字俗譌，“嶮”又

"繪"字之誤,今訂作"旛"。　午地以朱雀,酉地白獸,子地玄武,卯地青龍,中央招搖:午,指南方。酉,指西方。吳本譌"西"。白獸,即白虎,唐人避唐高祖李淵祖李虎諱改。子,指南方。卯,指東方。通典卷一五七兵十下營斥候并防捍及分布陣附云:"凡軍行營壘,⋯⋯到前止處,遊騎精銳四向散列而立,各依本方下營。一人一步,隨師多少。咸表十二辰,豎六旒,長二丈八尺,審子午卯酉地,勿令邪僻。以朱雀旒豎午地,白獸旒豎酉地,玄武旒豎子地,青龍旒豎卯地,招搖旒豎中央。"此之"旛"猶彼之"旒"。

〔四〇〕何裔:即何胤。南齊人,精通儒、佛,官至國子祭酒、中書令,後入山寺隱居。此避宋太祖趙匡胤諱追改其名。　言如鳥之翔,如虵之毒,龍之騰,虎之奮,無能敵也:禮記曲禮上孔穎達疏引何胤云,作:"如鳥之翔,如蛇之毒,龍騰,虎奮,無能敵此四物。"

〔四一〕注以此四獸爲軍陣:注,指鄭玄禮記注。禮記曲禮上:"行,前朱鳥而後玄武,左青龍而右白虎,招搖在上,急繕其怒。"鄭玄注:"以此四獸爲軍陳,象天也。"

〔四二〕士既成矣,逮蚩尤逆,蓝之:士,通"事"。蓝,"筮"字俗書。四庫本作"筮",下羅苹注"蓝之"、"蓝得大有"之"蓝"同。　果哉!而有咎:果,謂能成功、得實現。咎,災禍,不幸之事。

〔四三〕歸藏:四庫本如此,今從之。餘諸本"藏"作"臧"。太平御覽卷七九引歸藏曰:"昔黃帝與炎神爭鬭涿鹿之野,將戰,筮於巫咸。巫咸曰:'果哉!而有咎。'"

〔四四〕昔晉侯將勤王,卜偃蓝之,遇黃帝戰于阪泉之兆,時遇大有之睽:大有,周易卦名。之,至,謂變到。睽,通"暌",亦周易卦名。彥按:事見左傳僖公二十五年。其文曰:"秦伯師于河上,將納王。狐偃言於晉侯曰:'求諸侯,莫如勤王。諸侯信之,且大義也。繼文之業,而信宣於諸侯,今爲可矣。'使卜偃卜之,曰:'吉。遇黃帝戰于阪泉之兆。'公曰:'吾不堪也。'對曰:'周禮未改,今之王,古之帝也。'公曰:'筮之!'筮之,遇大有☲之睽☱,曰:'吉。遇"公用享于天子"之卦。戰克而王饗,吉孰大焉?且是卦也,天爲澤以當日,天子降心以逆公,不亦可乎?大有去睽而復,亦其所也。'"卜偃實先卜而後筮,此乃混爲一談,未妥。

〔四五〕葅得大有,是天享也:孔穎達春秋左傳正義原文,"葅"作"笾","天"作"王"。

〔四六〕率:洪本、吳本譌"卒"。　撮兵:集結軍隊。撮,通"撮",聚合。

〔四七〕濁鹿城在脩武東北二十三,山陽公所居:脩武,即修武,縣名,今屬河南省。山陽公,漢獻帝劉協禪位魏文帝曹丕後受封之號。彥按:此所引見元和郡縣圖志卷一六懷州修武縣。原文爲:"濁鹿故城,在縣界東北二十三里。魏文帝受禪,封漢帝爲山陽公,居河內山陽之濁鹿城,即此城也。"

〔四八〕乃設五旗,五軍具:五旗,指分別繪有朱雀、青龍、白虎、玄武、招搖之旗。五軍,指南、東、西、北、中五方之軍,亦稱徵軍、角軍、商軍、羽軍、宮軍。

〔四九〕玄女戰經:古佚書。隋書經籍志三兵書所載有無名氏玄女戰經一卷,蓋即其書。

〔五○〕玄女兵法:古佚書。隋書經籍志三兵書所載有無名氏黃帝問玄女兵法四卷,蓋即其書。

〔五一〕得術士五胥:五胥,太平御覽卷三二八引玄女兵法作"伍胥"。是城中之將,白色、商音,帝之始攻,得無以秋之東方行乎:商音,五聲之一,於五行屬金。東方,太平御覽卷三二八引玄女兵法同,而佩文韻府卷二七之四侵韻音"角音"注引路史、駢字類編卷一六六器物門十九角"角音"注引路史,並作"西方"。彥按:疑以作"西方"爲是。城中之將,白色、商音,則於五行屬金。今始攻之,以秋之西方行,於五行亦屬金,正城中將氣之所旺,故不克。　蒼色、角音:角音,五聲之一。蒼色、角音,於五行屬木。

〔五二〕中黃直:黃帝之將。漢書王莽傳下:"國將哀章謂莽曰:'皇祖考黃帝之時,中黃直爲將,破殺蚩尤。'"即其人。

〔五三〕太平御覽卷三二八引玄女兵法作:"伍胥曰:'不如臣言,請以軍法論。'黃帝曰:'子欲以何時?''臣請朱雀之日日正中時,立赤色徵音絳衣之軍于南方,以輔角軍;臣請以青龍之日平旦時,立青色角音青衣之軍于東方,以輔羽軍;臣請以玄武之日人定時,立黑色羽音黑衣之將于北方,以輔商軍;臣請以白虎之日日入時,立白色商音白衣之將于西方,以輔宮軍。四將以立,臣請爲帝以黃龍之日日中,建黃旗于中央,以制四方。'五軍已具,四面攻蚩尤,三日,其城果下。黃帝即封胥,世世不絕。"

〔五四〕傳戰執尤于中冀而殊之：傳戰，猶轉戰。殊，誅殺。吳本、四庫本作“誅”。

〔五五〕解州：治所在今山西運城市鹽湖區西南。

〔五六〕有塩池之利：塩，同“鹽”，備要本誤“搢”。

〔五七〕絳：郡縣名，治所在今山西絳縣南。

〔五八〕解池：在今山西運城市鹽湖區南。

〔五九〕俗作無鹹：四庫本“無鹹”作“巫咸”，非。

〔六〇〕解州本解縣：洪本、吳本“本”誤“木”。　天授二析虞鄉置：天授，武周年號。析，吳本誤“枡”。虞鄉，縣名。洪本“虞”誤“虞”，吳本又誤“賣”。

〔六一〕乾祐，李守貞反，鄭元昭奏置州禦之：乾祐，五代後漢隱帝年號。李守貞，後漢河中節度使，乾祐元年反叛，翌年兵敗自焚死。鄭元昭，後漢安邑、解縣兩池榷鹽使。太平寰宇記卷四六解州：“漢乾祐元年，蒲帥李守貞反，榷鹽制置使鄭元昭奏請于解縣置解州以捍兇渠。于是授鄭元昭爲刺史，仍割蒲之安邑、絳之聞喜與解縣爲三邑以屬焉。”

〔六二〕以甲兵釋怒，用大政順天思敍：釋怒，謂消除民之怨怒。大政，善政。國語晉語八：“以君之明，子爲大政，其何厲之有。”韋昭注：“大政，美大之政。”順天思敍，謂使民順天命而思倫敍。　紀于太常：太常，古代旌旗名。書君牙：“厥有成績，紀于太常。”孔氏傳：“王之旌旗畫日月曰太常。”又周禮夏官司勳：“凡有功者，銘書於王之大常”。鄭玄注：“銘之言名也。生則書于王旌，以識其人與其功也。”　用名之曰絶轡之野：洪本、吳本“轡”作“戀”，同。彦按：此取“歸馬放牛，不復用兵”意。書武成：“乃偃武修文，歸馬于華山之陽，放牛于桃林之野，示天下弗服。”逸周書嘗麥載其事，作：“以甲兵釋怒，用大正順天思序，紀於大（帝）〔常〕，用名之曰絶轡之野。”

〔六三〕山海經大荒北經：“蚩尤作兵伐黃帝，黃帝乃令應龍攻之冀州之野。應龍畜水，蚩尤請風伯雨師，縱大風雨。黃帝乃下天女曰魃，雨止，遂殺蚩尤。”

〔六四〕蚩尤出自羊水：羊水，洪本“水”字闕文，吳本則奪。　青丘：在今山東廣饒縣北。

〔六五〕尚書刑德放：漢代緯書，尚書緯之一種。四庫本“放”誤“攷”。

涿鹿者,竿人頭也:竿,謂以竿懸掛。酉陽雜俎卷八黥引尚書刑德(攻)〔放〕,作:"涿鹿者,鑿人頟也。"太平御覽卷六四八引尚書刑德放,作:"涿鹿者,竿人頟也。"　豈竿其首於涿鹿地乎:吳本"乎"字闕文。

〔六六〕今正冢在臨河壽張:正冢,指葬蚩尤首之冢。壽張,縣名。在今山東東平縣。　而肩髀冢在鉅野縣東北九里:肩髀冢,指葬蚩尤身軀之冢。鉅野縣,縣名。今屬山東省。

〔六七〕蚩尤冢在壽張縣闞鄉城中:闞鄉城,水經注卷八濟水二引皇覽、藝文類聚卷四〇引皇覽,並同。太平御覽卷五六〇引皇覽冢墓記作閡鄉城,卷八七五引皇覽冢墓記作鬫鄉城,"閡""鬫"字誤。又,太平寰宇記卷一三鄆州壽張縣引皇覽冢墓記、太平御覽卷二七引皇覽塚墓記,均作闞城,無"鄉"字。未知孰是。　高七丈:四庫本"丈"作"尺",蓋非。　有赤氣出亘天如匹練:亘,橫貫。匹練,整匹的絹。洪本、吳本"練"作"紅",誤。

〔六八〕十三州志云:"重聚大小,與闞冢等":彥按:"重聚"云云,非出自十三州志,仍見於皇覽也。水經注卷八濟水二:"皇覽曰:山陽鉅野縣有肩髀冢,重聚大小,與闞冢等。傳言蚩尤與黃帝戰,克之于涿鹿之野,身體異處,故別葬焉。"可證。羅苹注誤。究其因,蓋由水經注上文引皇覽曰:"蚩尤冢在東郡壽張縣闞鄉城中,冢高七丈。常十月祠之,有赤氣出如絳,民名爲蚩尤旗。"緊接著又引十三州志曰:"壽張有蚩尤祠。"遂與彼文出處淆混。

〔六九〕濟之鉅野:濟,指濟州。吳本作"齊",誤。　蚩尤祠:四庫本"祠"作"冢祠"。

〔七〇〕尊彝:尊、彝均爲古代酒器,此合稱以泛指禮器。

〔七一〕天符之神:天廷詔命之神。

〔七二〕其狀率爲獸形,傅以肉翅:狀,吳本譌"牧"。率,大抵。洪本、吳本譌"卒"。傅,附,安上。

〔七三〕龍魚河圖:古緯書,已佚。通志卷一三皇紀黃帝引文與此大體相同,則謂出自任昉述異記。　有蚩尤氏兄弟七十二人:太平御覽卷七四、卷七九、卷八七二引龍魚河圖,均作"八十一人"。

〔七四〕演義:指唐蘇鶚蘇氏演義。　黿足虵首:吳本"虵"譌"地"。　疾其里人:蘇氏演義卷下原文"疾"作"疫"。

〔七五〕村落:吳本“村”譌“材”。

〔七六〕述異記:洪本、吳本“述”譌“遂”。 人身牛蹏:蹏,四庫本作“蹄”,餘諸本皆作“號”。彦按:“號”當“蹏”字形譌,“蹏”即“蹄”字異體,今訂正。 四目六手:四庫本“手”作“首”,蓋爲音譌,今本蘇氏演義作“手”。齊梁間尚有蚩尤齒:吳本“齊”譌“客”。洪本“蚩”譌“𧋈”。 鬢如劍戟:今本蘇氏演義“鬢”作“鬚”。 以角觝人,人不能向:觝,四庫本作“觸”,今本蘇氏演義作“抵”。向,今本蘇氏演義同,吳本、四庫本作“何”。 其人兩兩三三戴角而相觝:四庫本“觝”作“觸”。今本蘇氏演義此句作“其民兩兩三三頭帶角而相觝”。 即角觝之制:蘇氏演義原文作:“即角觝之戲,蓋其遺制也。”

〔七七〕繇其威械,故貉焉:四庫本“繇”作“由”。威械,指兵器。貉,通“禡”,音 mà,古代軍中祭名。

〔七八〕禮書:宋陳祥道撰。

〔七九〕方漢祖徇沛爲沛公,則祠黃帝、祭蚩尤於沛廷,釁鼓旗:徇,謂宣布教令。沛廷,吳本“沛”譌“沛”。釁(xìn),血祭。謂殺生取血塗物以祭。史記高祖本紀:“乃立(劉)季爲沛公。祠黃帝,祭蚩尤於沛庭,而釁鼓旗,幟皆赤。”又封禪書:“高祖初起,禱豐枌榆社。徇沛爲沛公,則祠蚩尤,釁鼓旗。”

〔八〇〕史記封禪書:“後四歲,天下已定,詔御史,……令祝官立蚩尤之祠於長安。長安置祠祝官、女巫。”

〔八一〕壽良:縣名,治所在今山東東平縣西南。漢書郊祀志下:“宣帝即位,……又祠四時於琅邪,蚩尤於壽良。”

〔八二〕史記言尤能徵召風雨:參見上注〔六三〕。

〔八三〕黃帝仁義不能禁:吳本“不”譌“六”。

〔八四〕藝文類聚卷一一引龍魚河圖曰:“黃帝時有蚩尤,兄弟八十一人,……威振天下,誅殺無道,不仁慈。萬民欲令黃帝行天下事,黃帝仁義,不能禁蚩尤。黃帝仰天而嘆,天遣玄女下授黃帝兵信神符,制伏蚩尤。帝因使之主兵,以制八方。蚩尤没後,天下復擾亂,黃帝遂畫蚩尤形像以威天下。天下咸謂蚩尤不死,八方萬邦皆爲弭伏。”

〔八五〕虐必敗：洪本、吳本“虐”作“雲”，譌。

〔八六〕方夫事之涣也，常若有利有不利，族而觀之，固未有不敗者：涣，發散，謂進展。族，集中，綜合。

〔八七〕貪如蚩尤、如鼙工、如蜀王、盜跖：鼙工，即共工。參見後紀二共工氏傳。四庫本“鼙”作“襲”。蜀王，指戰國時蜀開明王朝之末王，爲秦惠文王所滅。參見前紀四蜀山氏。盜跖，春秋時大盜。喬本、洪本、吳本、備要本“盜”字作“淫”，蓋俗譌體，今從四庫本。　虐如桀紂、如秦皇、如高緯、劉鋹：秦皇，指秦始皇嬴政、秦二世胡亥。高緯，北齊後主。劉鋹，南漢後主。　淫如丹朱、如東昏、隋煬：丹朱，帝堯子。東昏，指南朝齊東昏侯蕭寶卷。隋煬，指隋煬帝楊廣。　奢如秦虎、如蜀昶、崇愷：秦虎，彦按：“秦”疑當作“趙”。趙虎，指後趙武帝石虎。本書前紀四辰放氏跋曰：“天道惡盈，蜉蝣闔閬，而何能以久生乎？桀、紂、幽、厲、秦政、石虎、高緯、叔寶、齊昏、隋煬之流，亦可以鑒矣！”彼言暴君、昏君、淫奢之君，亦以石虎與桀、紂、秦政、高緯、齊昏、隋煬並提，可爲佐證。蜀昶，指後蜀後主孟昶。崇愷，指西晉之石崇與王愷。世説新語汰侈載有石崇與王愷爭豪事。　賊如莽、卓布、安史、巢泚：賊，殘暴。莽，指新王朝建立者王莽。彦按：下文言不忠者，已有王莽，且莽不以殘暴稱，此疑衍。卓布，指漢末涼州軍閥、權臣董卓及其部將吕布。安史，指唐玄宗、唐肅宗時叛將安禄山和史思明。二人發動之叛亂，史稱安史之亂。巢泚，指唐末農民起義領袖黄巢與唐德宗時叛將朱泚。　不忠如趙高、王莽、恭顯、京卞：趙高，秦二世之丞相。恭顯，漢宣帝、漢元帝時宦官弘恭、石顯之並稱。京卞，指宋徽宗朝權相蔡京及其弟宰相蔡卞。

〔八八〕不過祈飽煖爾：煖，四庫本作“暖”，同；洪本、吳本作“腰”，誤，下“顔跖同煖”、“祈飽煖”之“煖”同。

〔八九〕顔跖同煖：顔，指孔子學生顔回。孔子曾贊顔回“其心三月不違仁”（見論語雍也）。跖，即盜跖。

〔九〇〕彼以豐而亡：洪本、吳本“豐”作“豊”，乃用俗體。下“桀跖之豐”之“豐”同。

〔九一〕繇：四庫本作“由”。

〔九二〕遜許繇，遜四岳，蓋未以位爲樂也：此指帝堯事。遜，辭讓，此指遜位。本書發揮六湯遜解云："昔有堯嘗遜天下於許繇,繇恥之而不受,退逃箕山。"又卷三六發揮五巽禪非求爲異云："(堯)見丹朱之不肖,不可以爲天下,于是謀賢而巽之。異于四岳,四岳不受。"

〔九三〕子女:年青女子,美女。

〔九四〕窮日卜夜:謂盡情歡樂,夜以繼日。典出左傳莊公二十二年:"齊侯使(陳)敬仲……爲工正。飲桓公酒,樂。公曰:'以火繼之。'辭曰:'臣卜其晝,未卜其夜,不敢。"

〔九五〕庸夫妄卒覰其儀衞之都:庸夫妄卒,平庸之人。庸、妄義同。覰(qù),視,見。洪本、吳本譌"戲"。都,美好。　蠹蠹然:猶言傾巢而出。擾:煩擾,雜亂。

〔九六〕見易解卦六三爻辭。　負且乘:謂背著財物坐在車上。

〔九七〕見易繫辭上。　乘也者,君子之器也:乘(shèng),車子。器,器具。　小人而乘君子之器,盜斯奪之矣:乘(chéng),乘坐。斯,今本繫辭作"思"。　上嫚下暴,盜斯伐之矣:嫚,懈怠。今本繫辭作"慢"。斯,今本繫辭作"思"。

〔九八〕夫盜之處心,非有經世之具也:處心,存心。經世,治理國事。具,才能。　跳梁跋戶:驕横跋扈。戶,通"扈"。

〔九九〕故其所覬,曾未轉眄,而禍敗已隨之矣:覬(jì),希望,企圖。轉眄,轉動目光。眄,吳本譌"昤";四庫本作"盼",亦誤。

〔一○○〕爲惡作僞:洪本、吳本作"作僞爲惡"。

〔一○一〕天之盭氣也:盭氣,邪惡之氣。盭,"盩"字俗體,"戾"之古字。四庫本作"戾"。

〔一○二〕而況其降者乎:其降,其下。

〔一○三〕狂觖:猶狂望,謂非分之想。廣韻眞韻:"觖,望也。"吳本"觖"作"觖",四庫本作"觖",皆譌字。　顧何規于後:顧,猶乃。規,謀劃,打算。

〔一○四〕而猶嚚嚚有犯,於惡不違,自棄於人類也耶:嚚嚚(áo áo),傲慢貌。有犯,洪本、吳本、四庫本作"以犯"。違,各本皆作"趯"。彥按:"趯"義"是也"(見説文),不合文意。字當作"違",蓋因形近而譌。違,避也。"於惡不違",謂不避忌作惡,正是"自棄於人類"之表現。今訂正。

諸帝贊語[一]

帝柱

老子曰:"民不畏死,奈之何以死懼之[二]。"刑法以治盜賊,"法令滋章,盜賊多有",何者[三]? 民窮則不畏死,法令奚施焉? 今有二舟,一實而一虛,相薄於中流,虛者恃其無傷也,盛鬬而俱覆焉[四]。今天下剽掠者,莫非虛舟也,而法令奚施焉? 是以先王之時,民以里居,田以井授,趣農抑末,所以處之者至矣[五]。凶年饑歲,爲之荒政以聚之,散利薄征,緩刑弛力,使之家給人足,豈復有盛鬬之患哉[六]?

剝之象曰:君子"以厚下,安宅"[七]。必厚下者,固,所以安其宅;下不厚,則宅不安。宅不安者,剝之道也。孔子嘗言:"刻核泰至,必有不肖之心應之[八]。"

昔者,大安之賦,雜調十五石[九]。盜賊起,文成將與除之,毛法仁以爲軍國資用,去之弗可[一〇]。賴帝不惑,卒遂蠲削[一一],曰:"使地利無窮,民力不匱,百姓有餘,吾誰而與不足?"於是賦調輕清,而民復厚[一二]。開皇之間,曾未幾何,常賦益輕,而藏府以益積[一三]。是知哀公有"年饑不足"之問,而有子有"盍徹"之對,爲見遠矣[一四]。于時之人,猶以爲異。蓋不知百姓既足,君是以足;百姓既足,天下尚何更得虛舟之有?

【校注】

〔一〕諸帝贊語:此標題爲編者根據内容擬加,原書無。

〔二〕民不畏死,奈之何以死懼之:見老子第七十四章,"奈之何"作"奈何"。

〔三〕法令滋章,盜賊多有:見老子第五十七章。滋章,繁多而明晰。章,通"彰",顯明。

〔四〕薄:逼近。　盛鬬:猶大打。

〔五〕民以里居,田以井授,翹農抑末:里,古代户籍管理的一級組織。以一定户數爲一里,里有里長。井,相傳殷、周時代的一種土地制度。地方一里爲井,劃爲九區,形如"井"字,每區百畝,其中央爲公田,餘八區每家各分一區耕作。翹,舉,擡高(地位)。末,末業,古代指工商業。

〔六〕荒政:賑濟饑荒的政令或措施。　散利薄征,緩刑弛力:征,謂賦税。力,指勞役。周禮地官大司徒:"以荒政十有二聚萬民:一曰散利,二曰薄征,三曰緩刑,四弛力。"鄭玄注引鄭司農云:"救飢之政,十有二品。散利,貸種食也。薄征,輕租稅也。弛力,息縣役也。"

〔七〕君子"以厚下,安宅":易剥卦象辭原文作:"山附于地,剥。上以厚下,安宅。"高亨今注:"剥之上卦爲艮,下卦爲坤。艮爲山,坤爲地。然則剥之卦象是山在地上,即'山附於地'。山附於地,受日曬、風吹、雨淋、雷震,大氣侵襲,澗水洗滌,其沙土礫石無日不在剥落之中,即山之本體無日不在剥蝕之中,是以卦名曰'剥'。然不致崩倒者,以其依附于地,得以安居而久峙也。按:象傳又以山比貴族,以地比庶民,以山附於地比貴族生存乃依附於庶民。王侯大夫觀此卦象及卦名,從而厚待庶民,厚待庶民,則能取得庶民之擁戴,取得庶民之擁戴,則家不破而國不亡,可以安居而免於剥矣。故曰:'山附于地,剥。上以厚下,安宅。'"

〔八〕莊子人間世引仲尼語。　刻核泰至,必有不肖之心應之:刻核,苛責。刻,今本莊子作"剋",通。核,四庫本作"覈",通。泰至,太甚。四庫本"泰"作"太",今本莊子作"大",字異而詞同。不肖,不善。

〔九〕大安之賦,雜調十五石:大安,即太安,北魏文成帝拓跋濬年號。之,吳本、四庫本作"歸"。雜調,古時賦税制度,于常規户調外之加徵,謂之"雜調"。

〔一〇〕毛法仁:北魏尚書。

〔一一〕蠲削:減免。

〔一二〕賦調:賦税。上太安蠲削賦調事,見魏書食貨志。

〔一三〕開皇:隋文帝楊堅年號。隋書食貨志:"自魏、晉二十一帝,宋、齊十有五主,雖用度有衆寡,租賦有重輕,大抵不能傾人產業,道關政亂。隋文帝既平江表,天下大同,躬先儉約,以事府帑。開皇十七年,户口滋盛,中外倉庫,無不盈積。所有賚給,不踰經費,京司帑屋既充,積於廊廡之下,高祖遂停此年正賦,以賜黎元。"

〔一四〕哀公有"年饑不足"之問,而有子有"盍徹"之對:哀公,春秋魯哀公姬將。有子,孔子學生有若。徹,相傳爲周代田賦制度。論語顔淵:"哀公問於有若曰:'年饑,用不足,如之何?'有若對曰:'盍徹乎?'曰:'二,吾猶不足,如之何其徹也?'對曰:'百姓足,君孰與不足?百姓不足,君孰與足?'"何晏集解引鄭玄曰:"盍,何不也。周法十一而税,謂之徹。"

帝承

非利仁之事,前日未起,不可從我始。寓人以徇,而有殲良之慘〔一〕。二十收一,而有率扉之苛〔二〕。殲良,而後輕殺臣民之怨深;繆公從死者百七十有七人〔三〕。始皇死,後宫無子者盡徇〔四〕。率扉,而後委棄山海之命易。漢武告緡,算舟車,户口減半〔五〕。隋煬頭會箕斂,道路暴骨〔六〕。德宗括商,税間架,人多死山海〔七〕。古人有言:"始作俑者,其無後乎〔八〕!"塗車芻靈,自昔有之,而必曰"無後"者,爲其象人而用之也〔九〕。其曰"無後"者,甚疾之之辭也。楊雄曰:"俑哉,俑哉,奚食而已哉!"〔一〇〕韓子"俑"作"踊",言刖則踊貴,象人足而用之〔一一〕。李翺云:"始爲肉刑者,仲尼猶疾之,况坐視饑民之死乎〔一二〕?"蓋以踊指一刑言之〔一三〕。周官有象人,或説爲俑,安石非之〔一四〕。

損下益上,損上益下,此天下不易之理也〔一五〕。生老病死,此人之定數。人萌財晦,此天地之定數也〔一六〕。川竭谷虚,丘夷淵實,固未有利於此而不害於彼者。黄食澤乳,豈能益人之數哉〔一七〕?伐其壽以疆其欲而已〔一八〕。予悲其欲則暫疆,而壽則闇搯矣〔一九〕。"用其二而民有歉,用其三而父子離",正恐其歉不待於二,離不必于三也〔二〇〕。人而言曰:吾能生財,斂不及民而用度足。夫誰欺?

昔者,楚靈爲章華之臺,伍舉諫曰:"君民者,將民之與處;民實瘠矣，君安得肥〔二一〕？”唐明皇既以韓休爲相，而無一朝之驩，或請去之，帝曰：“吾雖苦瘠，天下肥矣。”〔二二〕故孔子曰：“未有子富而父貧者〔二三〕。”知夫此，則知損益之道矣。

　予既玩易而妄論夫財矣，今又於帝柱、帝承而再三者，誠以民事之爲重矣。春秋書“初税畝”，用田賦皆重，其首爲民害尒〔二四〕。

　帝柱之裔，則大矣；而帝承之仙〔二五〕，世不得而聞之。兹予之所甚或也〔二六〕。

【校注】

〔一〕寓人以徇：寓人，木偶人。寓，通“偶”。徇，通“殉”，陪葬。　而有殲良之慘：殲良，滅絶好人。語出詩秦風黄鳥：“彼蒼者天，殲我良人。”左傳文公六年：“秦伯任好卒，以子車氏之三子奄息、仲行、鍼虎爲殉，皆秦之良也。國人哀之，爲之賦黄鳥。”

〔二〕二十收一：極輕之賦。然“非利仁之事”，亦“不可從我始”也。　而有率扉之苛：率扉，徵收户税。率（shuài），徵收。扉，門扇，引申而指門户（家庭）。

〔三〕繆公：春秋秦穆公任好。繆，通“穆”。史記秦本紀：“三十九年，繆公卒，葬雍。從死者百七十七人。”

〔四〕史記秦始皇本紀：“九月，葬始皇酈山。……二世曰：‘先帝後宫非有子者，出焉不宜。’皆令從死，死者甚衆。”

〔五〕漢武告緡，算舟車：告緡（mín），指告發富户隱匿財産，逃漏税款。算，洪本、吴本作“筭”。史記酷吏傳張湯“出告緡令”張守節正義：“武帝伐四夷，國用不足，故税民田宅、船乘、畜産、奴婢等，皆平作錢數。每千錢一算，出一等，賈人倍之。若隱不税，有告之，半與告人，餘半入官，謂緡。”又平準書：“商賈以幣之變，多積貨逐利。於是公卿言：‘……異時算軺車賈人緡錢皆有差，請算如故。諸賈人末作貰貸賣買，居邑稽諸物，及商以取利者，雖無市籍，各以其物自占，率緡錢二千而一算，諸作有租及鑄，率緡錢四千一算。非吏比者三老、北邊騎士，軺車以一算；商賈人軺車二算；船五丈以上一算。匿不自占,占不悉,戍邊一歲,没入緡錢。有能告者,以其半畀之。'"　户口減半:漢書昭帝紀贊稱:"承孝武奢侈餘敝師旅之後,海内虚耗,户口減半",蓋即羅氏所本。

〔六〕隋煬頭會箕斂:頭會箕斂,按人頭計算徵税,用畚箕裝取所徵穀物。謂賦税苛刻繁重。會(kuài),計算。隋書煬帝紀:"帝……每之一所,輒數道置頓,四海珍羞殊味,水陸必備焉,求市者無遠不至。郡縣官人,競爲獻食,豐厚者進擢,疎儉者獲罪。姦吏侵漁,内外虚竭,頭會箕斂,人不聊生。"

〔七〕德宗括商,税間架:德宗,指唐德宗李适。括,搜括。舊唐書食貨志下:"建中四年六月,……以軍須迫蹙,常平利不時集,乃請税屋間架、算除陌錢。間架法:凡屋兩架爲一間,屋有貴賤,約價三等,上價間出錢二千,中價一千,下價五百。所由吏秉算執籌,入人之廬舍而計其數。衣冠士族,或貧無他財,獨守故業,坐多屋出算者,動數十萬,人不勝其苦。凡没一間者,杖六十,告者賞錢五十貫,取於其家。"

〔八〕始作俑者:俑,古時用以殉葬的木製或陶製偶人。洪本、吴本"俑"作"甬",非其字。孟子梁惠王上:"仲尼曰:'始作俑者,其無後乎!'爲其象人而用之也。"

〔九〕塗車芻靈:塗車,泥車。芻靈,用茅草紮成的人、馬。皆古代送葬用的明器。禮記檀弓下:"塗車芻靈,自古有之,明器之道也。"

〔一〇〕楊雄:即西漢揚雄。　奚食而已哉:食,謂祭祀時配享。

〔一一〕韓子"俑"作"踊":四庫本作"韓昌黎'俑'作'踊'",餘諸本均作"韓愈曰:'當作踊'"。彦按:徧考韓愈文集,未見有此。疑原文作"韓子",謂韓非子也,或誤以爲韓愈而改之。今訂作"韓子'俑'作'踊'",既與下文氣貫串,亦與韓子文本相符,蓋庶幾乎!　言刖則踊貴:喬本、洪本、吴本、備要本作"言刑貴則踊",四庫本作"踊,言刑貴則踊"。彦按:"刑貴則踊",義不可解,當爲"刖則踊貴"之誤。蓋"刑""刖"形近而譌,又誤倒"貴"字耳。今訂正。韓非子難二:"景公笑曰:'子家習市,識貴賤乎?'是時景公繁於刑,晏子對曰:'踊貴而屨賤。'"王先慎集解:"踊即踊之俗字。"踊,刖足者之屨。

〔一二〕李翱:唐散文家,歷官至山南東道節度使。　況坐視饑民之死乎:洪本"況"作"兄",仍讀"況"。

〔一三〕言之:四庫本作"而言之"。

〔一四〕周官有象人,或説爲俑,安石非之:象人,木偶人或泥人。周禮春官冢人:"及葬,言鸞車象人。"安石,指北宋宰相王安石。

〔一五〕此天下不易之理也:洪本作"此天理,不易之理也",吴本、四庫本作"此天地之定理也"。

〔一六〕人萌財晦:人丁興旺,財運暗淡。洪本、吴本"晦"作"賄",誤。蓋受上一字"財"之影響而偏旁類化。

〔一七〕黄食澤乳:大地喂養,川澤哺乳。謂竭盡大地、川澤資源以爲供養。黄,地之色也(見説文),此借代大地。　豈能益人之數哉:數,謂年數,壽命。

〔一八〕伐其壽以疆其欲而已:伐,損。疆,通"彊",增加,提高。四庫本作"强",備要本作"彊"。

〔一九〕闇揃:在不知不覺中縮短。揃,"縮"之本字。

〔二〇〕用其二而民有歉,用其三而父子離:有歉,謂挨餓。説文欠部:"歉,食不滿。"孟子盡心下:"孟子曰:'有布縷之征,粟米之征,力役之征。君子用其一,緩其二。用其二而民有殍,用其三而父子離。'"趙岐注:"君子爲政,雖遭軍旅,量其民力,不並此三役。更發異時,急一緩二,民不苦之。若並用二,則路有餓殍。若並用三,則分崩不振,父子離析,忘禮義矣。"

〔二一〕楚靈爲章華之臺,伍舉諫曰:楚靈,指春秋楚靈王熊虔。章華之臺,臺名,故址在今湖北潛江市龍灣鎮。伍舉,楚大夫。洪本、吴本"伍"作"五",誤。　君民者,將民之興處;民實瘠矣,君安得肥:見國語楚語上。國語"君民者"作"夫君國者"

〔二二〕新唐書韓休傳:"休峭鯁,時政所得失,言之未嘗不盡。帝嘗獵苑中,或大張樂,稍過差,必視左右曰:'韓休知否?'已而疏輒至。嘗引鑑,默不樂。左右曰:'自韓休入朝,陛下無一日歡,何自戚戚,不逐去之?'帝曰:'吾雖瘠,天下肥矣。'"

〔二三〕見孔子家語賢君。原文爲:"孔子曰:詩云:'愷悌君子,民之父母。'未有子富而父母貧者也。"

〔二四〕春秋宣公十五年:"初税畝。"杜預注:"公田之法,十取其一。今又履其餘畝,復十收其一。"穀梁傳:"初者,始也。古者什一,藉而不税。初税畝,非正也。”

〔二五〕仙:同“胄”,後裔。

〔二六〕或:通“惑”。四庫本作“惑”。

帝魁

夫勢之去,未有不先敗其本者也。國之將亡,必出將亡之事;人之將死,必形將死之爲〔一〕。昔武王之説詩曰支〔二〕。支之言曰:“天之所支,不可壞也。而其所壞,亦不可支也〔三〕。”支壞、壞支,其名曰逆,天有不亡乎? 箕文之於質沙,支壞也;質沙之於箕文,壞支也。是以箕文見殺,質沙卒亡,其能免夫?

子華子曰:“厚而不博,敬守一事,正性是喜。而務成一能。盡能既成,四夷乃平。惟彼天符,不周而周。此神農之所以長,堯舜之所以章也。”〔四〕堯曰:“若何而爲日月之所燭〔五〕?”舜曰:“若何而服四荒之外〔六〕?”禹曰:“若何而治青北、九陽、奇恠之所際〔七〕?”是以重塞之主,無有存國〔八〕。固有道之主,因而不爲,責而不詔,以不知爲道,以奈何爲寶〔九〕。

鄧析名言:“堯置諫鼓,舜立謗木,湯有總街之誹,武有儆戒之鼗,四君之勤如是。至於棗睦氏殺東里子,夙沙君僇箕文,桀誅關龍逢,紂刳比干,四主之嫉賢如仇。是以賢愚之較,九地之下而重天之上也。”〔一〇〕繇此語之〔一一〕,自敗自成,豈有難見者哉? 特其寐已久矣〔一二〕。

【校注】

〔一〕必形將死之爲:形,表現。喬本、備要本作“行”;洪本、吴本、四庫本作“形”,於義爲長,今從之。

〔二〕昔武王之説詩曰支:説詩,喜愛之詩。説,讀“悦”。

〔三〕國語周語下:“衛彪傒適周,聞之,見單穆公曰:‘萇、劉其不殁乎? 周詩有之曰:“天之所支,不可壞也。其所壞,亦不可支也。”昔武王克殷,而作此詩也,以爲飫歌,名之曰支,以遺後之人,使永監焉。’”韋昭注:“支,柱也。”

〔四〕見呂氏春秋知度。　厚而不博,敬守一事,正性是喜:厚,深,深入。
博,廣博。一事,指“正性是喜”之“正性”,亦即呂氏上文“治天下之要,存乎除
姦;除姦之要,存乎治官;治官之要,存乎治道;治道之要,存乎知性命”之“知性
命”。上文論“治天下之要”,歸根結底在於“知性命”,而引子華子此語爲證,
是知所謂“正性”者,即“知性命”也。高誘注云:“知性命,則不珍難得之物,不
爲無益之事,唯道是從,利民而已。”甚確。正性是喜,即喜正性,謂樂意擺正性
命之位置,以正確對待性命爲喜。　而務成一能:呂氏春秋原文此句上有“羣
衆不周”四字。高誘注:“一能,專一之能,言公正。”彥按:高注謂“一能”爲“專
一之能”,甚是。至謂“言公正”,則非。“一事”指“正性”之事,上既言之矣。
此“一能”者,“厚而不博,敬守一事”之能也,即“專守”之能。如此理解,前後
文方密合無間,意氣貫串。　惟彼天符,不周而周:天符,謂與天道相符合。不
周而周,不求相合而相合。周,合。　此神農之所以長,堯舜之所以章也:高誘
注:“長,猶盛也。章,著明也。”

〔五〕若何而爲日月之所燭:今本呂氏春秋知度引堯曰,作:“若何而爲及
日月之所燭?”“爲”下有“及”字。彥按:有“及”字是。及,到達。燭,照。“及
日月之所燭”,謂到達日月所照到的地方。如此,方與下舜曰“若何而服四荒之
外”,禹曰“若何而治青北、九陽、奇怪之所際”意思相類。

〔六〕四荒:爾雅釋地:“觚竹、北戶、西王母、日下,謂之四荒。”郭璞注:“觚
竹在北,北戶在南,西王母在西,日下在東,皆四方昏荒之國,次四極者。”

〔七〕若何而治青北、九陽、奇怪之所際:所際,所至,指所在地。呂氏春秋
知度引禹曰,作:“若何而治青北,化九陽、奇怪之所際。”高誘注:“皆四夷之遠
國。”陳奇猷校釋:“孫詒讓曰:‘青北’當作‘青北’,‘奇怪’當作‘奇肱’。……
孫說是也。淮南時則訓‘東至青丘,樹木之野’,又本經訓‘堯乃使羿繳大風於
青丘之津’,皆可爲證。”

〔八〕是以重塞之主,無有存國:重塞,謂蔽塞嚴重。呂氏春秋知度:“(人
主)窮而不知其窮,其患又將反以自多,是之謂重塞之主,無存國矣。”

〔九〕此句亦見於呂氏春秋知度,唯中間有所省略。　因而不爲:高誘注:
“因循舊法,不改爲。”　責而不詔:高誘注:“責臣成功,不妄以偏見教詔。”詔,

教導,指示。　　以不知爲道,以奈何爲寶:高誘注:“道尚不知,不知乃知也。以不知爲貴,因循長養,不戾自然之性,故以不可奈何爲寶也。”俞樾曰:“奈何,即如何也。……既以不知爲道,則遇事必曰‘如何,如何’,故以‘如何’爲寶也。”(見諸子平議吕氏春秋二)

〔一〇〕見鄧析子轉辭,文字不盡相同。　　鄧析:春秋末期思想家,名家學派代表人物之一。　　堯置諫鼓:諫鼓,設於朝廷之外,供進諫者敲擊上聞之鼓。　　舜立謗木:謗木,立於交通要道,供人書寫諫言於其上之木柱。　　湯有總街之誹:總街之誹,指供人批評、提意見之公共場所。總街,通衢大道。管子桓公問:“湯有總街之庭,以觀人誹也。”鄧析子此句作:“湯有司直之人。”　　武有懺戒之鼗:鼗(táo),鼓名。一種長柄小搖鼓,俗稱撥浪鼓。字也作“韜”。吕氏春秋自知:“武王有戒慎之鞀。”高誘注:“欲戒者搖其鞀鼓之。”鄧析子此句作:“武有戒慎之銘。”　　四君之勤如是:鄧析子此句作:“此四君子者,聖人也,而猶若此之勤。”　　至於桼睦氏殺東里子:見前紀六栗陸氏。桼,同“栗”。

夙沙君僇箕文:僇,通“戮”,殺戮。　　桀誅關龍逢:見發揮六關龍逢。　　紂刳比干:刳,剖開。荀子議兵:“紂刳比干。”史記殷本紀:“紂愈淫亂不止。……比干曰:‘爲人臣者,不得不以死争。’迺強諫紂。紂怒曰:‘吾聞聖人心有七竅。’剖比干,觀其心。”　　四主之嫉賢如仇:鄧析子此句作:“四主者亂君,故其疾賢若仇。”　　是以賢愚之較,九地之下而重天之上也:重天,高天。洪本、吴本“重”作“種”,誤。鄧析子此句作:“是以賢愚之相覺,若百丈之谿與萬仞之山,若九地之下與重山之巔。”

〔一一〕緜:四庫本作“由”。

〔一二〕特其寐已久矣:寐,謂不醒悟。已,太。

帝直　帝氂[一]

有其善,喪厥善。無爲無作,此古聖之治也。非特無爲惡,亦無爲善。非惟無作敝[二],亦無作法。寒而衣,饑而食,誰能易之?是故帝者之爲世,或傳焉,或禪焉,何容心於間哉[三]?知善其治而已矣。炎帝有天下七十世,何乃於禹而德衰哉?仁義者教世之不可後,而衰亂者先王之所不能免者也,抑爲之善,後焉尒[四]。

託人以府庫，弗能任其弗竊也〔五〕。託人以封壃，弗能任其弗叛也。先王躬仁義以善天下之俗，是故俗成而竊者莫之蓋也，叛者莫之與也，言無咎釁，則雖有百萬之智，不足以勝天下之眾矣〔六〕。是以先王惟不私其後世之子孫。如欲私其後世之子孫而不繇先王之道，未有能之者也〔七〕。

炎邪，禹邪，曷德之衰〔八〕？

【校注】

〔一〕氂："釐"之古字。四庫本作"釐"。

〔二〕敝：害。

〔三〕或襢焉：四庫本"襢"作"禪"，同。洪本、吳本脱"焉"字。　何容心於間哉：容心，猶言留心，在意。

〔四〕抑爲之善，後焉尒：抑，也許，或者。後焉，謂衰亂來得遲。

〔五〕弗能任其弗竊也：任，擔保。

〔六〕是故俗成而竊者莫之蓋也，叛者莫之與也：蓋，遮蓋，隱藏。與，幫助，援助。　言無咎釁：言，猶乃。咎釁，過失。

〔七〕如欲私其後世之子孫而不繇先王之道：吳本"孫"譌"眹"。四庫本"繇"作"由"。

〔八〕炎邪，禹邪，曷德之衰：四庫本"邪"作"耶"。德，指德運，王朝的氣運。此句與上"炎帝有天下七十世，何乃於禹而德衰哉"相呼應。　洪、吳二本此下尚有以"帝參盧"爲標題的一段贊語。文曰："明智不能無好惡。好惡之出，喜怒從之，人君之有。三代之末，尚有仁義；六代之季，盡矣。不然，揚子云豈識下於（洪本"於"作"族"）柳宗元，而王仲淹豈見卑於李百藥乎（洪本"藥乎"二字闕文）？彼宋祈興遽救之言，尤爲可切厥也（洪本"切厥也"作"功"）。"語多與前卷跋文重複，且文字有譌誤，此故不取。

路史卷十四

後紀五

疏仡紀第一

黃帝紀上

黃帝有熊氏

黃帝有熊氏，或作“雄”。姓公孫，初姓。後改姬。馬總以來多没其公孫者，非也。名荼，河圖挺輔佐云：“黃帝告天老曰：‘荼昔夢兩龍以白圖授予。’天老曰：‘河有河圖，洛有龜書，天其授帝圖乎！’帝乃齋，往河洛。有大魚泝流而泛白圖，帝跪受。”〔一〕荼，古“舒”字，或作“余”，故世本云：“伯余製衣裳。”淮南子“伯余之初作衣”，許注亦云“黃帝”〔二〕。王冰黃帝經序及難經疏乃云黃帝名全，字轉訛。一曰軒，河圖握拒云：“黃帝名軒。北斗，黃神之精。”〔三〕孝經鉤命決云：“附寶出，降大靈，生帝軒〔四〕。”注：“軒，黃帝名。電，黃精，軒之氣〔五〕。”故文選言：“登封降禪，齊德黃軒〔六〕。”牽秀云：“邈矣，黃軒！”〔七〕世紀云：“或曰帝軒。”尚書中候云：“黃帝提象。”〔八〕又云：“黃帝巡洛，龜書赤文，成字象‘軒’。”而論語撰考亦有“軒知地利，九牧倡教”之語〔九〕。是黃帝名惟曰軒，不曰軒轅。軒之字曰玄律。見黃帝經序及難經疏。按：軒星謂之玄軒〔一〇〕。廣韻、九合内志文云：“竹受氣於玄軒之宿”，是矣〔一一〕。然則名軒而字玄律，理或然也。山海經：“帝律生帝鴻〔一二〕。”則帝之字律，尤信。小典氏之子〔一三〕，黃精之君也。鶡子注以少典爲帝鴻氏，妄〔一四〕。母吴樞，曰符葆，即附寶。河圖云：黃軒母曰地祇之子附寶也〔一五〕。宋書志作符寶〔一六〕。皇朝列祀，廟號聖母，是爲元天大聖后。祕電繞斗軒而震，二十有四月而生帝於壽丘〔一七〕，河圖握拒云：“附寶之郊，見電繞斗軒，星照郊野，感而生軒〔一八〕。”而世紀謂：“神農之末，少典娶附寶。見電光繞北斗樞星，光照郊野，感附寶而孕，二十月生黃帝於壽丘〔一九〕。”脞説：“供奉官郭坦二十二月生。初以爲妖，百計針藥不動。生亦無他，數自有久近爾。”〔二〇〕壽丘在上邽〔二一〕。或云濟南，世紀又以爲兗，俱非〔二二〕。詳水經注。故名曰軒。太史公謂名軒轅〔二三〕，後世從之，非也。天文雖云“軒轅，黃帝之神，黃龍之體”，然軒轅自是古帝〔二四〕。按錢譜古幣二種，文有作⦿者，黃帝貨；有作⦿者，軒轅氏幣也〔二五〕。上世貨幣皆以代別〔二六〕，知黃帝與軒轅爲二也。辨在軒轅紀〔二七〕。

生而紫氛充房〔二八〕。見王冰序〔二九〕。寶櫝記云：“黃帝以戊己日生，故以土王〔三〇〕。”五行書云，以戊子日生。身逾九尺，附函挺朵，脩髯花瘤，河目隆顙，日角龍顔〔三一〕。河圖云：“黃帝兌頤，黑帝脩頸，蒼帝并乳〔三二〕。”餘見孔叢等書。生而神靈，弱而能言，幼慧齊，長敦敏，知幽明生死之故〔三三〕。

小典氏没後，軒嗣立，成爲姬姓〔三四〕。古史攷有熊氏己姓，非〔三五〕。并謀兼智，明法天明〔三六〕。中説：“并天下之謀，兼天下之智。”〔三七〕以使民心一，四國順之，於是開國於熊〔三八〕。世紀云：“有聖德，受國於有熊〔三九〕。”鄭也〔四〇〕。

炎帝氏衰，蚩尤惟始作亂，赫其火燀以逐帝，帝弗能征〔四一〕。乃帥諸侯責于后〔四二〕。爰暨風后、刀牧、神皇之徒，較其徒旅，以曷小顓，而弭火災〔四三〕。刀，音彫。刀牧即刀墨，書傳皆作力牧〔四四〕。按：國朝有刀牧四明經、刀牧地户開曆〔四五〕。然世紀言：黃帝閒居，夢大風吹去天下塵垢，又執千鈞之弩，驅羊萬羣，寤〔四六〕：風，爲姓；垢去土，爲后；千鈞，異力；驅羊，牧人也——其有姓風名后，姓力名牧者。於是得風后於海隅，得力牧於大澤。亦見夢書〔四七〕。故文選云：“占夢而得二賢〔四八〕。”其言爲妄。

得一奉宸，史：“得一奉宸，逍遥襄城之域〔四九〕。”乃臨盛水，録龜符〔五〇〕，見黃帝出軍決及太白陰經〔五一〕。云：帝征蚩尤，七十一戰不克，晝夢金人引領長頭〔五二〕，玄狐之裘，云天帝使授符，得兵符戰必克矣。帝寤，問風后。曰：“此天應也。”乃於盛水之陽築壇祭太牢。有玄龜含符致壇，似皮非皮、綈非綈，廣三袤一尺，文曰:“天一在前,太乙在後。”〔五三〕帝再拜受。於是設九宮,置八門,布三奇六儀,制陰陽二遁,凡千八十局,名曰天一遁甲式〔五四〕。三門發,五將具,征蚩尤而斬之〔五五〕。又出軍決一云夢西王母使,盛水作成水。納三宮五意之機,受八門九江之要〔五六〕,見集仙録及遁甲等書。衍握奇以爲式〔五七〕,見兵法、六壬等〔五八〕。唐太宗云:世傳黃帝握奇文,或作握機。靖云:“餘零也。音同。”〔五九〕故五旗五麾六毒〔六○〕,見河圖及出軍決〔六一〕。有説,見餘論〔六二〕。而制其陣。黃帝八陣法:車箱、銅當,金也;車工、中黃,土也;烏雲、鳥翔,火也;折衝,木也;龍騰、却月,水也;鴈行、鵞灌,天也;車輪,地也;飛翼、浮蛆,巽也〔六三〕。八陣古有。漢以十月會營士,爲八陣,是也〔六四〕。世以爲出葛亮,不然〔六五〕。孔明八陣,本一陣也〔六六〕。蓋出黃帝丘井之法。井分四道,八家處之;陣分八面,大將軍處其中而握奇焉〔六七〕。一軍萬二千五百人,八千七百五十爲正陣,三千七百五十爲奇兵。陣間容陣,隊間容隊。衞公變爲六花陣〔六八〕。今出軍,亦遺法也。李靖云:“天地者,本乎旗號;風雲,本乎幡名;龍虎鳥蛇,本乎隊伍。古人祕之,設此八名爾〔六九〕。”章懷云:古有八陣〔七○〕。亮法之。年三十七,戮蚩尤于中冀。

　　於是炎帝諸侯咸進委命。乃即帝位,都彭城〔七一〕。史傳言帝居涿鹿。世本云涿鹿在彭城,代弗知也。故魏土地記云:“濟城南東六十里有涿鹿城。城東一里有阪泉,泉上有黃帝祠〔七二〕。”則世本之言信矣。然媯州懷戎乃故涿縣,有涿鹿山、黃帝祠、阪泉、蚩尤城,世止以爲帝邦在是〔七三〕。而世紀遂疑上谷嘗名彭城,非也〔七四〕。按涿鹿有三,又有督、濁二音。上谷本蚩尤之居,而彭城乃黃帝之都。蓋帝克尤,以其名來此,猶漢春陵之内啓爾〔七五〕。若修武之濁鹿,與蚩尤二冢相近,則尤死之地,又嘗以此名冠之也〔七六〕。王承填而土行〔七七〕,故色尚黃,而天下號之黃帝。自有熊啓胙〔七八〕,故又曰有熊氏。傳謂有天下,都熊。非也。其即位也,適有雲瑞,因以雲紀,百官師長俱以雲名〔七九〕。涿鹿之役,五雲花葩,金枝玉葉,常覆帝上〔八○〕。古今注云,乃作華蓋〔八一〕。韓愈表:按宋書,慶雲五色,太平之應〔八二〕。援神契云:“王者德至山陵,則慶雲出〔八三〕。”故黃帝因之紀事,虞舜繇之作歌〔八四〕。服虔云:“黃帝受命,得景雲之瑞。”〔八五〕雲爲官名,無所出,惟内傳有“縉雲氏”,虔、佑等遂有青縉白黑黃五名之列,與五火、五水、五龍並不足信〔八六〕。

　　乃立四輔、三公、六卿、三少、二十有四官,凡百二十,官有秩,以之共理而視四民〔八七〕。三公六卿,即爲九卿。二十四官與三少,即二十七大夫。靈樞有黄帝問少師，則時有少師矣〔八八〕。論語撰攷云：“黄帝受地形、象天文以制官〔八九〕。”蓋至是名位乃具。命知命糾俗，天老録教，刀牧準斥，鵶冶決法，五聖道級，闚紀補闕，地典州絡，七輔得而天地治，神明至〔九〇〕。絡，維；級，等也。闚紀，即陶潛賢輔録中窺紀也〔九一〕。論語摘輔象七輔有風后而無鵶冶〔九二〕。世紀云：黄帝以風后爲上台，與天老、五聖爲三公；其餘知命、規紀、地典、力牧、常先、封胡、孔甲等，或爲師，或爲將〔九三〕。非一人也。故張衡云：“方將師天老而友地典”〔九四〕。漢志陰陽有地典六篇、鵶冶子一篇、封胡五篇、力牧十五、風后十三、鬼容蓝三篇，及容成陰道、天老雜子陰道〔九五〕。皆黄帝臣。

　　十有五年，帝喜天下之戴己，乃養正命，娛耳目，昏然五情爽惑〔九六〕。於是放萬機，舍宫寢，而肆志於昆臺〔九七〕。方明執輿，昌寓參乘，張若、謵朋前馬，昆閽、滑稽後車，風后、柏常從負書劍〔九八〕，“謵”多作“習”，“寓”多作“宇”〔九九〕。唐音或以昌寓字廣成，非〔一〇〇〕。發軔紫宫之中，涉洹沙而届陰浦〔一〇一〕，賈誼書云：“濟東海，入江内，取緑圖；西濟積石，涉流沙，登崐崙，還中國，治天下。”〔一〇二〕子年云：“風后負書，柏常荷劍，旦涉洹流，夕歸陰浦。”〔一〇三〕孫綽子云：“發軔紫宫，不崇朝而届六合。”〔一〇四〕大抵書傳言黄帝事，如道書列子、符子、孫綽之類，多渺茫難摭〔一〇五〕。陟王屋而受丹經〔一〇六〕，抱朴子、真源云：黄帝以地皇九年正月上寅詣首陽山，宰牧從焉〔一〇七〕。次駕東行詣青丘，紫府先生授三皇籙及天文大字〔一〇八〕。次西入空同，禮廣成子〔一〇九〕。回駕王屋，啓石函，發玉笈，得九鼎飛靈神丹訣〔一一〇〕。次游玄圃，禮雲臺先生，授龍蹻經〔一一一〕。役使龍虎，令詣天真皇人。故庾信云“治身紫府，問政青丘”也〔一一二〕。登空同而問廣成，莊子：“黄帝爲天下十九年，令行天下。聞廣成子在空同之上，往見之〔一一三〕。”空同山，在汝之梁縣〔一一四〕。西南四十有廣成澤及庙〔一一五〕。近南陽雉衡山，故馬融廣成賛云：“面據衡陰”〔一一六〕。北虜遵化南三十亦有空同、襄城，世謂帝謁廣成在此，非也〔一一七〕。仲長子云：“廣成游於九山之嶺，來往嶕嶢〔一一八〕。”嶕嶢在洛之永寧〔一一九〕。九山在鞏，有廣成廟碑，號九山府君，有太華元子之稱〔一二〇〕。非在北虜。唐盧貞碑亦詳〔一二一〕。封東山而奉中華君〔一二二〕，或云即中黄丈人〔一二三〕。受九品之方〔一二四〕。策大面而禮甯生〔一二五〕，大面，青城也，黄帝封爲五岳丈夫。甯生，劉向仙傳以爲甯封、甯封子，爲黄帝陶正，能作五色烟，積火自燔〔一二六〕。或云甯國封人^{〔一二七〕}。入<u>金谷</u>而咨<u>涓子心</u>^{〔一二八〕}，世有涓子書。晉志云："黃帝東海南江，登空躡岱，至<u>昆峯</u>振轡，<u>風山</u>訪道，存諸汗竹，不可厚誣。"^{〔一二九〕}訪<u>大恢</u>於<u>具茨</u>^{〔一三〇〕}，黃帝經序"於<u>龍曲山</u>逢<u>大恢</u>"，即<u>大塊</u>也。<u>具茨</u>即今<u>大塊山</u>，在<u>陽翟</u>，一曰<u>泰塊</u>^{〔一三一〕}。司馬云：在<u>榮陽密東</u>^{〔一三二〕}。即<u>神牧</u>於<u>相成</u>^{〔一三三〕}。莊云："牧馬童子"^{〔一三四〕}。<u>相成</u>即<u>襄城</u>。金簡玉字云：受<u>襄城</u>小童步六紀之法，<u>黃蘗</u>小童步三綱之法^{〔一三五〕}。三洞云：<u>襄城</u>小童授<u>軒皇</u>七元六紀天綱之經^{〔一三六〕}。四極明科云：帝封一通於<u>太山</u>，一於<u>勞盛山</u>^{〔一三七〕}。陞<u>鴻隄</u>受<u>神芝</u>于<u>黃蓋</u>^{〔一三八〕}，<u>黃蓋</u>童子。陽城記^{〔一三九〕}。遂盍羣神<u>大明之虛</u>，而投<u>玉榮</u>于<u>鍾陰</u>^{〔一四〇〕}。自是愛民而不戰。

四帝共起而謀之，各以方色青、赤、白、黑爲號，起四方而僭亂者，若<u>蚩尤</u>爲<u>赤帝</u>，<u>朱宣</u>爲<u>白帝</u>之類^{〔一四一〕}。故有<u>赤帝城</u>、<u>白帝城</u>，說者以<u>少昊</u>之徒當之，非也，蓋自後代。邊城日警，介胄不釋^{〔一四二〕}。帝乃焦然歎曰："朕之過淫矣！君危于上者，民不安于下；主失其國者，其臣再嫁。厥病之縣，非養寇邪？今處民萌之上，而四盜起，迭震于師，何以哉^{〔一四三〕}？"乃正四軍^{〔一四四〕}，<u>神宗神武祕略</u>云："兵法：處山之軍，居高爲陽；水上之軍，所就卑下；斥澤之軍，必依水草；平陸之軍，擇其坦易。"^{〔一四五〕}此四軍，<u>黃帝</u>之所以勝四帝^{〔一四六〕}。即營壘，滅四帝而有天下^{〔一四七〕}。<u>萬機論</u>云："<u>黃帝</u>初立，養性愛民而不戰。四帝交共謀之，邊城日警"云云，"向令<u>黃帝</u>不龍驥虎變而與俗同道，則其民臣嫁于四帝矣。"^{〔一四八〕}

謂國雖大，好戰必亡；天下雖平，忘戰必危^{〔一四九〕}。矢以仁義，擾以信禮，故投之死地而後生^{〔一五〇〕}。知彼知己，故亡敵於天下^{〔一五一〕}。於是以兵爲衛，內行刀鋸，外用水火，天目臨四維而巡行，句陣并氣而決戰^{〔一五二〕}。天目見<u>黃帝太乙密推</u>，云："欲知巡狩之年，當視<u>太乙</u>與<u>天目</u>。在四維之歲，法當巡狩。"^{〔一五三〕}冬官<u>楊可集聖曆</u>云："<u>黃帝</u>御宇，真女降朝，授神策於金縢，緘兵符於玉匱。至若省方巡狩，天仗出而爰擇剛辰，王師興而先求近日。"^{〔一五四〕}傍行天下，未嘗寧居^{〔一五五〕}。先之德正，而後之以威刑^{〔一五六〕}。必不譓者，從而征之^{〔一五七〕}。是以麾之所擬，而敵開戶^{〔一五八〕}。身五十二戰，而天下大服焉^{〔一五九〕}。

乃達四面，廣能賢，稽功，務法，秉數乘剛，而都于陳〔一六〇〕。今寶雞，故陳倉〔一六一〕。姚睦云黄帝都陳倉〔一六二〕，非宛丘，故今隴右黄帝遺迹甚多。水經注，上邽有軒轅溪、軒轅谷，睦云黄帝生處〔一六三〕。遁甲，太昊亦治陳倉。豈三皇固在西乎〔一六四〕？仙傳謂都泰山之阿〔一六五〕，世紀都軒轅丘，俱妄。師于大填，學於封鉅、赤誦，赤松也。大填，即大真；或作大莫，非。封鉅，即大封；或作鉅封，非。白虎通云："黄帝師力牧〔一六六〕。"故晉書云："軒轅，聖人，仗師臣而受圖〔一六七〕。"所師固非一矣。復岐下見岐伯，引載而歸，訪於治道〔一六八〕。時岐伯已百餘歲〔一六九〕。見仙傳。亦詳靈樞二十九〔一七〇〕。素問稱天師，或曰大師，一云少師〔一七一〕。靈樞有問岐伯、問少師，少師似非岐伯。於是申命封胡以爲丞〔一七二〕，鬼容蓝爲相，刀牧爲將而周昌輔之，黄錄云：黄帝坐玄扈閣上，與大司馬容光、左右輔將周昌二十二人臨觀鳳圖〔一七三〕。此本出河圖録運法〔一七四〕。春秋合誠圖云：百二十二人也。大山稽爲司徒，庸光爲司馬〔一七五〕，論語摘輔象亦云容光爲司馬，而吕氏春秋大封爲司馬，蓋非一職〔一七六〕。恒先爲司空。建九法，七相翌而下服度〔一七七〕。六帖云："黄帝時，恒先爲大司馬，掌建邦之九法〔一七八〕。"猶且蚩蚩常若備盜，豫若天令，令人知禁〔一七九〕。

風后善乎伏羲之道，以爲當天而配上台〔一八〇〕。春秋内事云："風后善於伏羲之道，故推衍陰陽〔一八一〕。"當天，天官也〔一八二〕。陶氏職官要録云："以風后配上台，天老配中台，五聖配下台〔一八三〕。"環濟云，爲侍中〔一八四〕。管子"六相"又云帝以蚩尤明天道，爲當時〔一八五〕。非。桓常審乎地利，以爲常平〔一八六〕，地官之職。管云："爲廩者〔一八七〕。"於是地獻草木，乃述耕種之利。内傳云："升爲天子，地獻草木，述耕種之利，因之廣耕。"〔一八八〕奢比辨乎東，以爲土師，而平春種角穀，論賢列爵，勸耕饁，禁伐厲〔一八九〕。即奢龍〔一九〇〕。管注云："土師，司空〔一九一〕。"角穀，菉豆〔一九二〕。庸光辨乎南，以爲司徒，而正夏種芒穀，修馳戒傻，發宿藏，靜居農，以戒力，以宛夏功〔一九三〕，即祝融〔一九四〕。謂南種小麥、赤豆〔一九五〕。種房穀以應戊己之方〔一九六〕。謂中種麻。王冰云：黄帝所種五方穀也〔一九七〕。大封辨乎西，以爲司馬，玩巽禽，種蓬穀，收穀薦祖，組甲厲兵，戒什伍以從事〔一九八〕。謂西種白麥，——金穀，故秋種，夏死〔一九九〕。菽，水穀〔二〇〇〕。黍，火穀，——見金而成也〔二〇一〕。后土辨乎北，以之李，行冬斷罪，種稜穀，剝箭伐木，乃勞農，始獵殺〔二〇二〕。管五行云：春者，土師也；夏者，司徒也；秋，司馬；冬，李也〔二〇三〕。六相得而天地治。民爲本，土事齣事爲重，故后土、后稷以名教〔二〇四〕。

帝處中央而政四國，分八節以紀農功，命天中，建皇極〔二〇五〕。又，三墳亦備。乃下教曰：“聲禁重，色禁重，香味禁重，室禁重〔二〇六〕。”國亡衰教，市亡淫貨，地亡壙土，官亡濫士，邑亡游民〔二〇七〕。山不童，澤不涸〔二〇八〕。是致正道。是則官有常職，民有常業，父子不北恩〔二〇九〕，兄弟不去義，夫婦不廢情，鳥獸草木不失其長，而鰥寡孤獨各有養也。世紀云：“聲禁重聲，衣禁重衣，食禁重味，居禁重室。”兔園策。又三墳所謂“有雄垂六禁之科”也〔二一〇〕。

於是立貨幣以制國用。問於柏高曰：“吾欲陶天下爲一家，有道乎？”〔二一一〕對曰：“請乂其莧而時之，吾謹逃其爪牙則可矣〔二一二〕。”柏高，舊云岐伯之名，宜非。靈樞：“帝曰：‘予欲聞陰陽之義。’岐伯曰：‘岐先師之所祕，伯高猶不能明。’”〔二一三〕則似非矣。莧，胡官切，細角山羊〔二一四〕。易言“莧陸”，孟喜云：“獸名。夬有兌，兌爲羊也。”〔二一五〕曰：“若言可得聞乎？”曰：“上有丹矸者，下有黃銀；上有慈石者，下有銅金；上有陵石，下有赤銅青金；上有代赭，下有鐵鐵；上有葱，下有銀沙。此山之見榮者也。至於艾而時之，則貨幣於是乎成〔二一六〕。”乃燹山林，破曾藪，楚萊沛，以制金刀，立五幣〔二一七〕。

設九棘之利，而爲輕重之法，曰：自言能司馬，不能者釁鼓；自言能治里，不能者釁社；自言能爲官，不能官者劓以爲門〔二一八〕。故人亡有奸能誣祿而至於君者〔二一九〕。相任貪爲官重門擊柝，不能者，亦隨之以法〔二二〇〕。所謂李法〔二二一〕，教而後殺，故法設而亡用。所謂李法，按黃帝李法曰：“壁壘已定，穿窬不繇路者殺。”〔二二二〕注云：“李者，法官之號，總主征伐刑戮之事，故稱其書爲李法。”〔二二三〕胡建爲南北軍正，假黃帝李法斬天子監軍〔二二四〕。李，天李也〔二二五〕。說苑云：“壁壘已具，行不繇路，謂之姦人。姦人者殺。”〔二二六〕本此。致五法而布之天下，故財用自是作，而刀棘繇此顯矣〔二二七〕。五法乃財用之法術。太史公素王妙論云:“黄帝設五法,布之天下,用之無窮。世有能知之者,莫不尊親。如范子,可謂曉之矣。”〔二二八〕豈稅斂率削云哉〔二二九〕?

河龍圖發,洛龜書威〔二三〇〕,鄭注中候:“威,則也。”〔二三一〕亦見龍魚河圖。易正義作“感”〔二三二〕。於是正坤、乾,分離、坎,倚象衍數〔二三三〕,以成一代之宜。謂土爲祥,乃重坤以爲首,所謂歸藏易也〔二三四〕。歸藏初經,卦皆六位,初坤、初乾、初離、初坎、初兑、初艮、初震、初巽也〔二三五〕。其卦又有明夷、營惑、耆老、大明之類。商〔二三六〕。隨志存十三卷,晉薛正注〔二三七〕。長孫無忌論:漢初已亡,中經簿有之,惟卜筮爾〔二三八〕。崇文三卷,但有初經、齊母、本蓍三卷缺文〔二三九〕。昔啓筮明夷;鯀治洪水,枚占大明;桀筮營惑;武王伐商,枚占耆老,曰“不吉”,是也〔二四〇〕。故又曰歸藏氏〔二四一〕。易,天事;歸藏,地事;連山,人事:是所謂三易也〔二四二〕。坤乾,南北。是坤者,地也,萬物藏焉,故謂之〔二四三〕。

既受河圖,得其五要,春秋五始。公羊説云:“元者,氣之始;春者,時之始;王者,受命之始;正月者,政教之始;即位者,一國之始。”〔二四四〕漢書、春秋緯皆言黄帝受圖有五始,謂此五事〔二四五〕。夫王正月者,京師之正朔爾。元正即位,實係大事,如堯舜曆象日月、齊七政、定閏之類〔二四六〕。後世承已定之法,故未蒙其害。稍或不正,其禍不勝説矣〔二四七〕。乃設靈臺,立五官,以敍五事〔二四八〕。史:“黄帝攷定星曆,建立五行,起消息,正閏餘,於是始有天、地、神、祇、物類之官,是謂五官〔二四九〕。”中庸注云:“聖人制作,其德配天地,惟五始可以當之〔二五〇〕。”合誠圖言:“黄帝立五始,制以天道〔二五一〕。”公羊疏謂:“正物之法,莫大於正其始也〔二五二〕。”命臾藟占星〔二五三〕,鬼容丘也。或云即雷伯,未核〔二五四〕。容丘亦有兵法〔二五五〕。鬬苞授規,正日月星辰之象,分星次,象應著名,始終相驗〔二五六〕。於是乎有星官之書〔二五七〕。規,旋儀器。晉志云:“黄帝創受河圖,始明休咎,故星傳尚存。”〔二五八〕隨志云〔二五九〕:“星官之書,自黄帝始。”浮箭爲刻,孔壺爲漏,以攷中星〔二六〇〕。肇於軒轅。見梁刻漏經〔二六一〕。隨志云:“黄帝創觀漏水,制器取則,以分晝夜。”〔二六二〕命羲和占日,儶珥旺適,纓紐苞負,闚啓亡浮〔二六三〕。羲和,日御,故後世日官皆以爲號〔二六四〕。或疑之,則非。尚儀占月,繩九道之側匿,糾五精之留疾〔二六五〕。即常儀〔二六六〕。車區占風,道八風以通乎二十四〔二六七〕。晉志:“車藟占星氣〔二六八〕。”或謂即鬼臾藟,非也。“鬼臾”,訛爾〔二六九〕。

隸首定數，以率其羨，要其會，而律度量衡繇是成焉[二七〇]。四器生
於律，律本於數，故隨志云："隸首作數，律之本也。"[二七一]冷倫造律，采解谿之
篁，斷篁間三寸九分爲黄鐘之宫，曰"含少"[二七二]；漢志：帝使伶倫之
大夏之西、昆崙之陰，取竹之嶰谷生、竅厚均者，斷兩節間吹之，以爲黄鍾之宫，曰"含
少"[二七三]。制十二箭，寫鳳之鳴，雄鳴六，雌亦六，此清宫也[二七四]。隨志云：帝使伶倫
取竹，斷節間吹之，爲黄鐘清宫之管，自清宫皆可生之[二七五]。夫律吕之數，或還或否，
凡七十八，黄鐘之數焉[二七六]。七十八，三寸九分黄鐘之清倍之也[二七七]。十二律，可以
和聲[二七八]，可以作樂矣。後代因其餘，出之爲六十，爲三百，本於劉安，未見加損
也[二七九]。制十有二箭，以之阮隃之下，聽鳳之鳴，以定其雌[二八〇]。
抱朴云："帝轅候鳳鳴而調律。"[二八一]隨毛爽云："帝聽鳳阿閣之下，造十二律。鄒衍吹
律以定五始，正朔、服色繇斯而别。"[二八二]未聞累黍也。乃作玉律，以應候氣；
薦之宗廟，察治忽，以知三軍之消息[二八三]；晉志云："黄帝作律，以玉爲
琯，長尺，六孔，爲十二月音。"[二八四]玉者，取其體含温潤也。晉人發汲冢，得古周玉律
及鐘磬[二八五]。鄭衆釋典同，謂陽律管，陰律銅，順其性[二八六]。是亦用銅矣。隋志云
"伶倫含少，擅比竹之工；虞帝昭華，傳刻玉之玅"，是虞始以玉，非也[二八七]。統和天人，
非玉莫致其至[二八八]。東漢二至，以玉律十二候氣殿中，以竹律六十候日靈臺，其用有
異[二八九]。太始十年，中書攷古器校古律，乃七品：一姑洗玉律，二小吕玉律[二九〇]。其
來久矣，不得而廢也。以正名百物，明民共財，而定氏族[二九一]，易是類謀
曰："聖人興起，不知姓名，當吹律，聽以别其姓。"[二九二]黄帝吹律定姓，是也。律，六律
也。故有五音姓之説[二九三]。堪輿經有黄帝問天老五姓，而援神契亦謂"聖王吹律有
姓"，白虎通云"聖人吹律定姓"云[二九四]。演孔圖云："孔子曰：'丘援律而吹，命陰得羽
之宫[二九五]。'"而李房推律，亦謂五音生於本姓，遂自定爲京[二九六]。氏定而繫之
姓。庶姓别于上而戚彈于下，婚姻不可以通，所以崇倫類，遠禽獸
也[二九七]。禮大傳云："繫之以姓而弗别，綴之以食而弗殊，雖百世而婚姻不通，周道
然也[二九八]。"或云：六世親屬竭，財通婚姻，故杜佑云"商以上，親不隔同姓"[二九九]。妄
也。大撓正甲子，探五行之情，而定之納音；風后釋之，以致其用，
而三命行矣[三〇〇]。伏羲已有甲子，大撓特配甲子作納音爾。燭神經云：玄女授
三式，壬、遁、太乙也[三〇一]。大撓，黄帝史臣。攷天書三式，以十干、十二支衍而成六
十，取納音聲，如今"海中金"、"沙中金"之類[三〇二]。風后所釋，如"甲子、乙丑伏墓

金”、“丙寅、丁卯乘象火”是也，世亦有之〔三〇三〕。<u>命鈴攲</u>謂<u>黄帝</u>使<u>風后</u>爲之，以序九宫之法〔三〇四〕。有納音説，見餘論。察三辰於上，迹禍福於下，經緯歷數，然後天步有常而不倍〔三〇五〕。張衡傳〔三〇六〕。命<u>容成</u>作蓋天，綜六術以定氣象〔三〇七〕。

　　問於<u>鬼臾蓝</u>曰：“上下周紀，其有數乎〔三〇八〕？”對曰：“天以六節，地以五制。周天氣者，六期爲備〔三〇九〕；終地氣者，五歲爲周。五六合者，歲三十，七百二十氣，爲一紀。六十歲，千四百四十氣，爲一周。太過，不及，斯以見矣。”六者，六氣；五者，五位〔三一〇〕。天以六氣臨地，地以五位承天。以六加五，則五歲而餘一氣，故遷一位以承六，則常六歲，乃備天元之氣〔三一一〕。故六年而環會〔三一二〕，周而復始也。乃因五量，治五氣，起消息，察發斂，以作調歷〔三一三〕。歲紀甲寅，日紀甲子，立正爻以配氣，致褈爻以抵日，而時節定〔三一四〕。

　　是歲己酉朔旦，日南至而獲神策、得寶鼎冤侯〔三一五〕。問於<u>鬼容蓝</u>，容蓝對曰：“是謂得天之紀〔三一六〕，終而復始。”冤侯，封禪書作“宛胊”。爰興封禪，迎日推策，造十六神歷〔三一七〕。索隱云：“策，神蓍也。”〔三一八〕所謂太乙神策〔三一九〕。積邪分以致閏，配甲子而設蔀〔三二〇〕。歲七十六以爲紀，紀二十而蔀首定〔三二一〕。之原名“握先”，率二十而冬至復朔〔三二二〕。公孫卿云：“今年辛巳朔旦冬至，與<u>黄帝</u>時等。”〔三二三〕按：<u>黄帝</u>冬至在己酉朔，古未有合者。太甲元年，乙丑朔旦冬至；後九十五年，甲申朔得至〔三二四〕。又，<u>周公</u>攝政五年，丁巳朔旦得至；後七十六年，丙申朔旦得至〔三二五〕。下至<u>秦漢</u>，率七十六歲而冬至一復朔，果無己酉者，至於皇朝<u>政和</u>八年而始一合于<u>黄帝</u>〔三二六〕。素問曰：“履端於始，表正於中，推餘於終，而天度畢矣〔三二七〕。”萬歲一遇，顧豈偶然哉！凡二十推，三百八十年而策定，然後時惠而辰從〔三二八〕。汜革云：黄帝歷曰調歷〔三二九〕。元鳳三年，太史令<u>張壽王</u>言：“<u>黄帝</u>調歷，漢元年以來用之。今陰陽不調，宜更歷之過。”〔三三〇〕詔下歷使者<u>鮮于妄人</u>詰<u>壽王</u>，與治歷大司農中丞<u>麻光</u>二十餘人執候晦朔〔三三一〕。<u>壽王</u>非漢歷，逆天道。乃詔<u>李信</u>治調歷〔三三二〕。是也。易乾鑿度云“名曰‘握先’”，即調歷也〔三三三〕。於是始有天地、神民、事物之官，各司其序，俾不相亂。民是以能有忠信，神是以能有明德。民神異業,敬而不凟,故神降之嘉生〔三三四〕。

本次分范十有二鏡,六乳四獸,變異得以占焉〔三三五〕。應十有二次。隨有得者,以占蝕,刻分無差〔三三六〕。集異記:汾陰侯生死,以一鏡授王度,——徑八寸,麒麟鼻,龜龍鳳虎布四方,外八卦,内十二辰、二十四隸字,承日則文影入見于面,持却百邪,——云:"吾聞黄帝鑄十五鏡,第一徑尺五寸,以法滿月;此爲第八。"〔三三七〕度,隨御史,嘗自爲記〔三三八〕。述異記以鏡湖爲軒皇鑄鏡處,未究〔三三九〕。

受祥金隱耀、神鍾九乳、神光玉聲於赤城〔三四〇〕。乃本陰陽,審風聲,命榮猨鑄十二鍾,以協月筩,以詔英韶〔三四一〕,隋志云即鑄鍾,帝命榮猨所鑄〔三四二〕。故國朝會要,馮元等議云〔三四三〕:黄帝命伶倫與榮猨鑄十二鍾,以調樂律;今之鑄鍾是也。調政之緩急;分五聲以正五鍾,令其五鍾以定五音〔三四四〕。垂則爲鍾,仰則爲鼎,其用甚重。五鍾名,詳餘論。伶倫造聲,以諧八音〔三四五〕。五音調,以立天時;八音交,以正人位〔三四六〕。人天調,而天地之美生矣〔三四七〕。伶倫即伶鰥,一作"倫"〔三四八〕。通禮義纂〔三四九〕:"帝使伶倫造磬。"命大容作承雲之樂,是爲雲門;大卷著之椌楬,以道其龢〔三五〇〕。椌,柷;楬,敔也〔三五一〕。椌中空,本樂出虚〔三五二〕。柷,觸也,有觸而作。敔,禦而已;爲伏虎者,西方之獸,疑樂極而憂伏也〔三五三〕。幽思賦注:"大容,黄帝樂師〔三五四〕。"中陽之月,乙卯之辰,日在奎而奏之〔三五五〕。李淳風云〔三五六〕:"黄帝時,仲春乙卯,日在奎。至今三千餘年,春分亦在奎。"此不韋月令也,蓋秦曆如此〔三五七〕。淳風曆,冬至在斗十三,謂黄帝時亦在斗,此偶合爾〔三五八〕。弛張合施,動静麗節〔三五九〕。是故翕、純、皦、繹,聲而聽嚴;五降之後,而不彈矣〔三六〇〕。今曰咸池。即咸䰠〔三六一〕。北門成曰:"黄帝奏咸池於洞庭之野。"〔三六二〕劉子法語言:黄帝之咸池,言大道罔不備也〔三六三〕。阮嗣宗樂論:"黄帝詠雲門之神,少昊歌鳳凰之迹。"〔三六四〕雲門、咸池,樂殊奏異。康成云:咸池即大卷,大卷即大章〔三六五〕。穎達以雲門爲大卷,未詳何據〔三六六〕。

乃廣宮室,壯堂廡,高棟深宇,以避風雨〔三六七〕;春秋内事。作合宮,尸子、管子〔三六八〕。即明堂。杜佑謂:黄帝祀上帝于明堂,或謂合宮〔三六九〕。其制:中有一殿,四面無壁,茅蓋,通水,圜宫垣爲複道,上有樓,從西南入,名昆崙〔三七〇〕。天子從之入以祭祀。此公玉帶所上制度〔三七一〕。故元封列五帝明堂〔三七二〕。文中子云:

"黄帝有合宫之聽。"〔三七三〕唐志言：帝朝萬方於明堂〔三七四〕。一曰明庭，禮記外傳："黄帝享百神於明庭。"又管子："黄帝有明臺之議。"〔三七五〕魏志、崔融皆同〔三七六〕。或云，別所蓋古堂作臺爾。建鑾殿，黄帝經序云："帝見岐伯於鑾殿。"殿，其堂；宫，其總名也。如言未央前殿、甘泉前殿者〔三七七〕，葉少蘊等疑秦始名殿，非也〔三七八〕。以祀上帝；接萬靈，以采民言〔三七九〕。四阿、反坫、褈六、褈郎、庫臺、設移，旅楹、複格、内階、幽陛，提唐、山廇，楠幹惟工，斲其材而礱之〔三八〇〕。

乃命甯封爲陶正，赤將爲木正，以利器用〔三八一〕。並列仙傳。有神人遇封，教爲五色烟。黄帝封爲陶正。積火自燒，隨烟下上〔三八二〕。赤將子，一日繳父。命揮作蓋弓，夷牟造矢，以備四方〔三八三〕。陳音云："黄帝作弓，以備四方。"〔三八四〕古史攷云："黄帝作弩。"岐伯作鼓吹鐃角、靈鞞、神鉦，以揚德建武、屬士風敵而威天下〔三八五〕。劉瓛定軍禮謂鼓吹不知誰造，漢氏以雄朔野〔三八六〕。短簫鐃歌，岐伯所造〔三八七〕。義纂又云：制玄纛十二，授帝黄鉞，制角十二以警〔三八八〕。説詳餘論。重門擊柝，備不速客〔三八九〕。易林師之頤辭〔三九〇〕。命邑夷法斗之周旋，魁方標直，以攜龍角，爲帝車大輅；故曲其輈，紹大帝之衛〔三九一〕。於是崇牙交斿，羽撠㮚稍，櫑劍華蓋，屬車副乘，記里司馬，以備道哄〔三九二〕。晉志："聖人見秋蓬孤轉，杓觿旁建，乃作輪輿。"〔三九三〕墨子言黄帝會鬼神於泰山，駕象車，六蛟龍〔三九四〕。記里、華蓋之類，備見内傳、晉志、古今注、事始等〔三九五〕。昔馬鈞與高堂隆、秦朗爭言指南車，二子謂古典無紀，鈞云古有，故明帝詔令作之〔三九六〕。唐服志云〔三九七〕：黄帝造車服，爲之屏蔽也。命馬師皇爲牧正，臣胲服牛始駕，而僕蹕之御全矣〔三九八〕。見河圖挺佐輔及軒轅本紀、黄帝内傳、古今注等〔三九九〕。後志云：乘牛駕馬，歷覽八極〔四〇〇〕。師皇，見仙傳及馬經，爲帝馬醫，嘗醫龍〔四〇一〕。胲見世本〔四〇二〕。

法乾坤，以正衣裳：制袞冕，設斧黻；深衣大帶，扉屨赤舃，玄衣纁裳〔四〇三〕。紞纊贅旒，以規际聽之逸〔四〇四〕。玄衣纁裳，天玄地黄之色。土位西南，南赤，合黄而成纁，故坤五曰"黄裳"〔四〇五〕。衣上裳下，乾坤之象。説文曰："黄帝初作冕。"而世本："胡曹作冕。"注："黄帝臣。"又世本云："黄帝作旃冕〔四〇六〕。"合誠圖云："黄帝黄冠，白帝白文〔四〇七〕。"故三禮圖言黄帝黄冕也。禮宗云：

“黄帝深究物情，始垂衣裳以化天下。當是時，素風尚近，惟白布深衣。‘齋則緇之’，蓋以黄帝有也。”〔四〇八〕大戴禮：“孔子云：‘黄帝斧黻衣，大帶，斧裳，乘龍駕雲，勤勞心力耳目。’”〔四〇九〕是也。世本云：黄帝臣於則作屝履〔四一〇〕。旁觀翬翟、草木之花，染爲文章，以明上下之衰；禕衣褕展，以爲内服，——故於是有衮龍之頌〔四一一〕。夏侯太初辨樂論“龍衮”誤〔四一二〕。端璧瑞以奉天，委珩牙以嫮武，是以衣裳所在而兇惡不起〔四一三〕。易林坤之訟辭。謂附於身者，必誠必信。

乃飾棺衾以送死，封崇表木以當大事〔四一四〕。棺槨久矣！世以易九事在垂衣裳之後，遂謂始於黄帝，非也〔四一五〕。劉向上言：“棺槨之作，自黄帝始。”〔四一六〕而史攷謂“禹作土塈以周棺，湯作木椁易土塈”，又因禮記誤〔四一七〕。創罝㑵〔四一八〕，内傳云：“帝始儺。”按莊子云：“游島問於雄黄曰：‘逐疫出魅，擊鼓呼噪，何也？’曰：‘黔首多疾，黄帝氏立巫咸，使之沐浴齋戒，以通九竅；鳴鼓振鐸，以動其心；勞形趍步，以發陰陽之氣；飲酒茹葱，以通五藏。擊鼓噪呼，逐疫出魅，黔首不知，以爲魅祟爾。’”〔四一九〕以知爆竹、鬱壘之設矣〔四二〇〕。設鬱律，戰國策作“余與、鬱雷”，義同〔四二一〕。詳餘論。説青烏，記白澤，以除民害，而民宜之〔四二二〕。抱朴子云：“精推步，則訪稽牧；講占候，則詢風后；窮神姦，則記白澤；相地理，則説青烏。”〔四二三〕二書今代有之，而非矣〔四二四〕。於是吉凶喪葬，靡不備也。凡伎術皆自黄帝始。詳内傳。

乃命沮誦作雲書；孔甲爲史，執青纂記，言動惟實〔四二五〕。杜甫云：“風后、孔甲充其佐。”〔四二六〕漢志有史孔甲八篇，田蚡習者，黄帝始也〔四二七〕。

天下已治，百令具舉，猶且衄然，神欒形茹，用作戒于丹書曰：“施舍在心平，不幸乃弗聞過，禍福在所密，存亡在所用。”〔四二八〕下匿其私用試其上，上操度量以割其下，上下一日百戰，故作巾几之銘曰：“毋弇弱，毋偭德，毋違同，毋敖禮，毋謀非德，毋犯非義！”〔四二九〕又著瑞書曰：“敬勝怠者吉，怠勝敬者滅；義勝欲者從，欲勝義者凶。凡事不彊則枉，不敬則不正。枉者滅廢，敬者萬世〔四三〇〕。”乃命史甲作戒，盤盂籩豆、奩鏡劍履、輿席巾杖、户牖弓矛〔四三一〕，一著銘詩，以彌縫其闕。凡二十六，昔周公誦之於成王〔四三二〕。

並見大戴禮。蔡邕銘論云："黃帝有巾几之銘,孔甲有盤盂之戒。"〔四三三〕漢志有孔甲盤盂三十六,太平御覽以爲夏孔甲,非〔四三四〕。惟口起兵,惟動得咎,乃爲金人三緘其口,而銘其背曰："古之慎言人也。"〔四三五〕

夙夕念治,瞿然自克,是以功高業廣,而亡逋事〔四三六〕。世謂太公作金人,昔孔子見之后稷之廟〔四三七〕。按太公金匱公對武王之言,明黃帝所作〔四三八〕。皇覽記陰謀曰:黃帝金人器銘曰:武王問尚父五帝之戒,對曰："黃帝之戒曰:'吾之居民上,搖搖恐朝不及夕。'故爲金人,三封其口,曰:'我,古之慎言人也。'"於是親事法宮,觀八極而建五常〔四三九〕。素問:"黃帝坐明堂,始正天綱,臨觀八極,攷建五常,請天師而問焉〔四四〇〕。"

謂人之生也,負陰而抱陽,食味而被色,寒暑盪之外,喜怒攻之内,夭昏凶札,君民代有,乃上窮下際,察五氣,立五運,洞性命,紀陰陽,極咨於岐雷而内經作〔四四一〕。謹候其時,著之玉版,以藏靈蘭之室〔四四二〕。濟序〔四四三〕。演倉穀〔四四四〕,道基經云:"倉穀者,名之穀仙,行之不休可長久。"〔四四五〕王莽篡位,種五梁禾於殿中,各順色置其方面,云此黃帝穀仙之術〔四四六〕。靈樞亦有説〔四四七〕。推賊曹〔四四八〕黃帝元辰經云:"血忌陰陽精氣之辰,天上中節之位,亦名天之賊曹,尤忌針灸。"〔四四九〕命俞跗、岐伯、雷公察明堂,究息脉,謹候其時,則可萬全〔四五〇〕。素問:"謹候其時,氣乃與期〔四五一〕。""能合色、脉,可以萬全矣〔四五二〕。"命巫彭、桐君處方盉餌,湔瀚刺治,而人得以盡年〔四五三〕。胃癉以下五十九刺,詳素問刺癉及黃帝中誥〔四五四〕。世紀云:"帝使岐伯嘗味百藥、主典醫病,今經方、本草之書,咸出焉〔四五五〕。"故家語云:"黃帝嘗味草木,又命岐伯、雷公論經脉,旁通問難八十一爲難經,著内外術經十八卷〔四五六〕。"

命西陵氏勸蠶稼,月大火而浴種,夫人副褘而躬桑〔四五七〕。乃獻璽絲,遂稱織維之功;因之廣織,以給郊廟之服〔四五八〕。皇圖要覽云:"伏羲化蠶〔四五九〕,西陵氏始養蠶。"故淮南王蠶經云〔四六〇〕:"西陵氏勸蠶稼。"親蠶始此〔四六一〕。

祀天員丘,牲玉取蒼〔四六二〕;漢舊儀云:"黃帝以來,員丘祭天于甘泉山,今雲陽通天臺也。"〔四六三〕史記公孫卿言:黃帝作清靈臺,十二日,燒,乃治明庭接萬靈,甘泉也[四六四]。漢書云："黄帝郊雍上帝,宿三月[四六五]。""雍土積高,神明之奥,故立時郊上帝諸神焉[四六六]。"祀地于方澤,牲玉取黄[四六七]。員丘、方澤[四六八],皆取自然而成,非人力所爲者。築壇除墠,設醮醴,制蘭蒲,列圭玉而薦之[四六九]。圭謂璧琮,玉爲圭[四七〇]。山經、尸子所謂吉玉[四七一]。七登之牀,十絶之帳,奏函夾之宫以致之,而襟褡乎壽宫[四七二]。岐雷之醮醴、七登牀、十絶帳及壇墠,並見内傳。封禪記云："黄帝列圭玉蘭蒲席上,然沈榆之香。"[四七三]沈立香譜云[四七四]:"以分别尊卑華戎之位。"故拾遺記云:"軒皇使百辟羣臣受教者先列圭玉於蘭蒲席上,然沈榆之香。"或以漢得休屠神,祭不用牛羊,惟燒香禮拜,爲焚香出梵教,今祭用之爲非,誤矣,不知古燔柴即香也[四七五]。立五祀,作其祝嘏,咸以數薦[四七六]。而山川之典禮爲多。

命共鼓、化狐作舟車以濟不通[四七七]。車亦舟也,越人謂舟爲車,地志故作"舟檝"。化狐即貨狐,説文作貨狄[四七八]。按古貨布[四七九],"貨"止作"化"。命豎亥通道路,正里候[四八〇]。命風后方割萬里,畫埜分疆[四八一],班固云"分州"[四八二]。周公職録圖云:"黄帝受命,風后受圖,割地始布九州,置十二圖。"[四八三]又見太一式占[四八四]。割,定之也。得小大之國萬區,而神靈之封隱焉[四八五]。漢書云:"昔在黄唐,經略萬國,爕定東西,疆理南北。"[四八六]傳言神靈之封七千,此公孫卿假爲申公説,妄也[四八七]。劉恕外紀辨百里之國萬區,非是[四八八]。詳國名記。命匠營國,國中九經九緯[四八九]。五置而有市,市有館,以竢朝聘之需[四九〇]。班固賦:"分州土,立市朝,軒轅氏所以載帝功[四九一]。"徐帖云:"經途九軌,環途七軌,野途五軌。"[四九二]置左右大監,監于萬國。大戴禮及史記[四九三]。本作四監[四九四]。周大司馬"建牧立監",是也[四九五]。大宰"乃施典于邦國,乃建其牧,立其監",牧"以侯伯有功德者加命州長"是[四九六]。侯牧交獻[四九七],而朝聘之事備。禮記外傳:"夫黄帝之九牧倡教,即周之六卿分職以倡九牧也[四九八]。"禮記正義以論語讓玟黄帝既有九州之牧,則有朝聘,是賓禮也[四九九]。茄豐違命,於是刑而放之,而萬國服[五〇〇]。茄,楚地;昔楚子城州屈以復茄人,是也[五〇一]。或作茹豐,誤[五〇二]。玄中記云:黄帝軒之臣茄豐氏有罪,刑而放之,扶伏而去,是爲扶伏民玉門外[五〇三]。

經土設井,以塞争端;立步制畮,以防不足[五〇四]。八家以爲井,井設其中而牧之于邑,故十利得[五〇五]。外紀。十利,本通典,夏殷不易其制。辨九地,立什一[五〇六],什一之法,天下之中正。三代取民之制,咸本之此[五〇七]。存亡相守,有無相權,是以情性可得而親,生產可得而均[五〇八]。分之於井,計之於州,因所利而勸之,是以地著而數詳[五〇九]。禮運言"大道既隱",而云"以立田里",説者爲三王時,非也[五一〇]。黃帝井法:井一爲隣,隣三爲朋,朋三爲里,里五爲邑,邑十爲都,都十爲師,師十爲州。外紀誤云"州十二師",蓋因康成之説繆之矣[五一一]。

置法而不變,俾民得以安其法,是以不使而成,不扈而止,策天命而治天下[五一二]。故天報眉壽[五一三],唐裴潾云:"自黃帝、顓頊、堯、舜、禹、湯,咸以功濟生人,德配天地,天報之以眉壽。"[五一四]德澤深後世,故子孫皆以有土,黃祚衍于天下,于今未忘也[五一五]。見申子、文子、子華子[五一六]。

自即位百年,履地戴天,循機提象,不就物,不違害,不善求,不緣道,法中宿,而要繆乎太祖之下;職道義,經天地,別雌雄,等貴賤,不使不仁者加乎天下[五一七]。故用武勝殘,而百姓以濟;紀人倫,敍萬物,以信與仁爲天下先[五一八]。是故法令明,而上下亡尤[五一九]。百年者,號數[五二〇]。帝在位七十八年。列子曰:帝立十有五年,喜天下之戴己;又十有五年而大治;又四十八年而登遐[五二一]。世云百年,坤監百一十年,俱妄[五二二]。不章功,不揚名,隱真人之道,以從天地之固然,故物亡忿敚之心而人亡爭傾之患,耕父推畔,道不拾遺,狗豕吐菽粟而城郭不閉,人保命而不夭,歲時熟而亡凶,天地休通,五行期化[五二三]。故風雨時節,而日月精明,星辰不失其行;蓂莢、屈軼、紫房、賴莖,史不廢書;海不揚波,山不愛寶;翠黃伏槁,兹白戀皁,焦明曜阿,而龍麟擾於階除;日蟹、虹蟥,禹蛄、牛蟻,黃神、黃爵、白澤、解廌,府亡虛日[五二四]。是以九瀛仰化,諸北貢職[五二五]。褐裘秬邑,貫匈長股,莫不來庭而依朔[五二六]。或曰:"德而已矣。世之言符瑞者,妄也。"曰:德,義也;符瑞,命也。古之受命者[五二七],蓋嘗有符瑞矣。古之人因其有而存之,所以著命之不可以干[五二八]。然不敢後者，亦命而已矣[五二九]。尸子云：“四夷之民，有貫胸者、深目者、長股者，黄帝之德皆致之[五三〇]。”諸瑞在音義[五三一]。

乃撫萬靈，度四方，乘龍而四巡[五三二]。馬八尺爲龍[五三三]。東薄海，禪凡山[五三四]；十道志：沂水縣之沂山也[五三五]。寰宇，凡山在青之益都[五三六]。郡國志云“黄帝封泰山，禪凡山”，即此[五三七]。公玉帶：黄帝封泰山，風后封東泰山、禪凡山[五三八]。或東泰山即沂山，漢武以其卑小，祀之而不封者。又靈武亦有泰山，在河之東北，非此[五三九]。西逾隴，款笄屯[五四〇]；即鎮戎之空同山，俗呼雞頭[五四一]。水經云：大隴山之别名[五四二]。又臨洮亦有空桐山，二山各有廣成廟，故太史公兩言雞頭、空同相連[五四三]。倦游録：在平涼西[五四四]。南入江内，涉熊湘[五四五]；南方亦多故迹[五四六]。永初山川記：永寧有黄帝鍊丹處[五四七]。張氏土地記：東陽永康南四里石城山上有石城，黄帝游此[五四八]。而黄山、皖公、縉雲、衡山、衡之雲陽山，皆有黄帝蹤迹[五四九]。北届涿碣，南臨玄扈[五五〇]。玄扈者，石室也，臨洛水[五五一]。河圖云：“黄帝坐於玄扈之閣。”合誠圖云：“帝坐玄扈洛上，與大司馬容光等臨觀，鳳凰銜圖置前，帝再拜受[五五二]。”黄帝録云：“帝在玄扈閣上，與大司馬容光、左右輔周昌等百二十人臨之，鳳銜圖至帝前，黄玉爲匣，署曰‘黄帝詔司命集帝行録’。開之，其文可曉。”[五五三]宋書云：黄帝坐玄扈洛水上，有鳳集，銜圖置帝前，黄玉爲匣[五五四]。世紀言帝齋宮中，坐玄扈[五五五]，鳳止東閣也。今商之上洛南有玄扈山，寰宇記洛南縣西北百里[五五六]。

乃開東苑，帝曰：“余每之東苑，未嘗不惑，去之則復[五五七]。”亦見靈樞[五五八]。被中宫，詔羣神，授見者，齋心服形以先焉[五五九]。羣神，謂諸侯五等[五六〇]。作清角樂，大合而樂之，鳴鶴翱翔，鳳凰蔽日[五六一]。握河紀云：“堯即政七十年，鳳凰止庭，伯禹拜曰：‘昔帝軒題象，鳳巢阿閣。’”[五六二]白虎通云：“黄帝時，鳳凰蔽日而至，止於東園，終身不去[五六三]。”禮瑞命記云：“黄帝服黄服，戴黄冕，齋于宫，鳳蔽日而來，止帝園，食竹實，棲梧桐，終不去。”[五六四]詩外傳云：黄帝即位，宇内和平。問天老，乃服黄衣，帶黄紳，戴黄冕，齋中宫。鳳蔽日至，帝降東階，西面再拜，乃止東園，集梧桐，終身不去[五六五]。於是合符於釜山，以觀其會[五六六]。合符者，合諸侯之瑞也，如虞帝之集瑞，傳所謂“黄帝合而不死”者[五六七]。釜山，覆釜山也。昔魏明元獵牛川，登釜山，臨倞繁之水，而南觀乎九十九泉，是矣[五六八]。在荆山之前，帝鑄鼎處[五六九]。索隱乃引郭子横説，以爲在東海中，妄也〔五七〇〕。大抵儒生言三五事，類引之渺茫曠絶、不可致知之所〔五七一〕。如拾遺記：黄帝"厭世於昆臺"，乃鼎湖之峻處爾，而説者必以爲崑崙北有覆釜山〔五七二〕。故綿上有覆甑山〔五七三〕。今維之北海溉源山亦曰覆甑，見漢地志〔五七四〕。寰宇記：舊名塔山，其形如塔，水經"溉水源出塔山"者，今青之北海東南六十，天寶六曰溉源〔五七五〕。故凡不近人情者，皆非也。

采首山之銅，鑄三鼎於荆山之陽，以象泰乙〔五七六〕。能輕能重，能濆能行，存亡是諗，吉凶可知〔五七七〕。武豹百物，爲之眠火參鑪〔五七八〕。史："黄帝鑄寶鼎三，象天地人〔五七九〕。"瑞應圖云〔五八〇〕："以象三才。"陽極于九，故聖人攕其數而云九鼎〔五八一〕。覆釜山在緱氏；首山在蒲坂；荆山在湖城，世謂襄陽若緝雲之荆者，失之〔五八二〕。八月既望，鼎成，死焉〔五八三〕。五行書，帝以甲戌日崩〔五八四〕。一云戊午〔五八五〕。孔子曰："亡而人用其教。"是死也。世言黄帝鼎成，乘龍上昇，此秦漢方士之言爾〔五八六〕。按劍經言："黄帝鑄鼎，以疾崩，葬橋山。後五百年，山崩，空室無尸，惟存寶劍、赤舃。"〔五八七〕是神仙家亦謂黄帝有死矣〔五八八〕。又列仙傳云："黄帝自擇亡日，至七十日亡，七十日還，葬於橋山〔五八九〕。"故莊子曰：若人者，將擇日而登假〔五九〇〕。而儒者反惑之。有上昇説，著在發揮〔五九一〕。葬上郡陽周之橋山〔五九二〕。慶之華池西翟道山，寧之真寧東八十子午山也〔五九三〕。郡縣志云：陵在山上〔五九四〕。風土記：陽周所有黄帝陵，在子午山上〔五九五〕。今塚存大曆七年廟〔五九六〕。按混天記："黄帝葬南陵山。南陵也，故莽曰上陵山。"〔五九七〕而神鑑謂黄帝葬南甲山，則首向也〔五九八〕。思玄注云："黄帝葬西海橋山。"〔五九九〕地志亦謂山有黄帝塚。史記：武帝巡朔方還，祭黄帝冢於橋山〔六〇〇〕。元魏諸帝亦數祭焉。後魏書：文成東巡涿鹿，祠黄帝，祭橋山，觀温泉，幸廣甯〔六〇一〕。泉今在上谷東南二十里〔六〇二〕。九域志，橋山又有軒轅太子陵、廟〔六〇三〕。而媯州之懷戎橋山有黄帝葬及祠焉〔六〇四〕。其臣左徹感思，取衣冠几杖而廟像之，率諸侯而朝焉〔六〇五〕。七年而立子〔六〇六〕。九域、地理志，成州有軒轅廟〔六〇七〕。晉周生招魂議云："黄帝體仙登遐，其臣扶微等斂其衣冠葬之。"〔六〇八〕扶微，誤也。汲書云左徹乃立顓帝，亦非〔六〇九〕。

年百十有七。或云三百，宰予以問於孔子，子曰："人賴其利百年，用其教百年，威其神百年，曰三百年也。"〔六一〇〕見大戴禮五帝德榮伊之令也〔六一一〕。故列子云："百姓號之，二百餘年不輟。"〔六一二〕立后、三妃，以存靈憲；彤史、小臣，以備内官，以教天下之内治〔六一三〕。大戴禮，立四妃^{〔六一四〕}。一后三妃也^{〔六一五〕}。**子二十五,別姓者十二,爲姓十一**^{〔六一六〕}。**祈、酉、滕、箴、任、苟、釐、結、儇、依**^{〔六一七〕},苟,國語、史記皆作荀,非^{〔六一八〕}。**及二紀也**^{〔六一九〕},青陽、夷彭^{〔六二〇〕}。**餘循姬姓**。古書大概可質^{〔六二一〕},然不容無繆。國語言青陽與夷彭同爲紀姓,是矣;而又云青陽與蒼林爲姬姓,則非也^{〔六二二〕}。夫姬姓乃玄囂,而非青陽^{〔六二三〕}。黃帝之子二十五人,其十二人爲十一姓,餘十三人皆姬姓也^{〔六二四〕}。今乃云惟二人同于黃帝者爲姬姓,其得信邪?且昌意、玄囂、蒼林、揮皆姬姓者,豈惟二人哉?

　　元妃西陵氏曰儽祖,纍、儽、纇同,音贏;傫、累、嫘、雷省,非是^{〔六二五〕}。集韻�祖爲力偶切,非^{〔六二六〕}。**生昌意、玄囂、龍苗**。三人。

　　昌意就德,遜居若水^{〔六二七〕},姓書辯昌出昌意,則昌或始封也,然任後自有昌^{〔六二八〕}。**有子三人,長曰乾荒,次安,季悃。乾荒生帝顓頊,是爲高陽氏**^{〔六二九〕}。有本紀言^{〔六三〇〕}。**安處西土,後曰安息。漢來復者,爲安氏**^{〔六三一〕}。史傳謂安禄山出於昌意之子安,妄也^{〔六三二〕}。按禄山本曰軋落山,實本姓康,母阿史德氏爲覡,禱軋落山生之^{〔六三三〕}。隨母嫁虜將安延偃^{〔六三四〕}。延偃以來依安道買,乃冒姓之^{〔六三五〕}。其山,虜謂之戰鬥神^{〔六三六〕}。舊書猶云突厥謂鬥戰,以爲軋落山^{〔六三七〕}。**延李氏**^{〔六三八〕}。唐賜抱玉、抱真,爲武威李^{〔六三九〕}。**悃遷北土,後爲党項之辟,爲拓跋氏**^{〔六四〇〕}。拓跋之説不一,詳餘論。**至鬱律,二子:長沙莫雄;次什翼犍,初王于代,七子,其七窟咄,生魏帝道武,始都洛,爲元氏,十五世百六十有一年,周齊滅之**^{〔六四一〕}。十一世十五帝。**有党氏、奚氏、達奚氏、乞伏氏、紇骨氏、什氏、乾氏、烏氏、源氏、賀拔氏、拔拔氏、万俟氏、乙旃氏、禿髮氏、周氏、長孫氏、車非氏、兀氏、郭氏、俟亥氏、車焜氏、普氏、李氏,八氏十姓,俱其出也**。八氏:細封氏、往利氏、費聽氏、頗超氏、野辭氏、房當氏、米禽氏、拓跋氏^{〔六四二〕}。十姓者,兄伊樓氏、婁氏、丘敦氏、敦氏、万俟氏、俟氏,叔乙旃氏爲叔孫氏,屬車輥氏爲車氏也^{〔六四三〕}。後魏改元鑒爲兀氏,大武賜禿髮傉檀爲源氏,周閔賜周瑤爲車非氏^{〔六四四〕}。又是云氏者,任城王子避難是云家而姓,至隋而復^{〔六四五〕}。景元氏者,出自景昇冒姓,乃元載之祖^{〔六四六〕}。而郭崇播,党氏賜也^{〔六四七〕}。它詳餘論^{〔六四八〕}。**拓跋思敬鎮夏,以討巢功賜李姓**^{〔六四九〕}。**有拓跋仁福者,爲番部都指揮使,亦從其姓,**

將吏迎爲州帥[六五〇]。開平中[六五一]。子彝超、彝興繼，有夏、銀、綏、宥地[六五二]。彝興事周，爲定難節度、中書令、西平王[六五三]。其後光叡、繼筠等承襲，服叛不常[六五四]。事具[六五五]。

　　玄囂姬姓，降居泒水[六五六]，史記玄囂“降居江水”，即泒水，今之湔泒水[六五七]。大戴禮：“青陽降居泒水”，又誤以玄囂爲青陽也[六五八]。生帝嚳，是爲高辛氏[六五九]。有本紀言[六六〇]。

　　龍苗生吾融，爲吾氏。吾融生卞明，封于卞，爲卞氏[六六一]。郭璞云：“弄，一作‘卞’。”[六六二]蓋古“卞”字，故司馬貞作“箕明”爾[六六三]。史索作苗龍、融吾，皆非[六六四]。卞明弃其守，降之南裔[六六五]，生白犬，是爲蠻人之祖。見大荒北經。白犬乃其名，若前世之朱虎、熊羆、熊髡、龍圉，後代之史雞、堵狗、烏獲、犬子、豹奴、虎狕之類，非實犬也[六六六]。槃瓠之説，蓋因乎此[六六七]。有辨，見發揮。

　　帝之南游，西陵氏殂于道，式祀于行[六六八]。本紀云：“帝周游時，元妃嫘祖死于道，命次妃嫚母監護，始置防喪，今之方相也。”[六六九]漢祀行神，以西陵氏死在江夏[六七〇]。韋昭國語注云西陵氏即方雷，妄矣[六七一]。按世紀，方雷氏生青陽；大戴禮，西陵生玄囂，不云是方雷；而人物表西陵氏乃在方雷之後[六七二]。蓋世以史記繆謂青陽爲玄囂，玄囂爲少昊，遂以方雷爲儽祖爾[六七三]。以其始蠶，故又祀先蠶[六七四]。北齊季春祠先蠶黃帝氏[六七五]。後周皇后祭先蠶西陵氏[六七六]。唐月令以爲天駟[六七七]。天駟，馬祖，非先蠶也[六七八]。先蠶猶先飯、先酒，皆祀其始造者[六七九]。且蠶[六八〇]，婦事，亦不得爲黃帝。漢世祠苑窳婦人與寓氏公主，亦後世之溢典耳[六八一]。

　　次妃方纍氏曰節，生休及清。休見内簡。休，繼黃帝者也，是爲帝鴻氏。有本紀言[六八二]。清次，封清，爲紀姓，是生小昊[六八三]。有本紀言[六八四]。

　　次妃肜魚氏，生揮及夷彭[六八五]。肜魚，世作肜雷[六八六]；夷彭，世作夷鼓。皆非。皇甫謐謂夷鼓爲蒼林，妄矣[六八七]。姓纂更謂青陽生暉、鼓，唐表以揮爲少昊第五子，尤無據[六八八]。蓋般爾，非暉云[六八九]。揮次十五王，造弧矢及司率罟，受封于張，爲弓氏、張氏[六九〇]、陳子昂張氏銘“軒轅錫胤，弧矢崇威”，是也〔六九一〕。姓書謂主張羅，記謂爲弓之長而姓張，俱妄〔六九二〕。李氏、灌氏、李有玄惢、惟簡，玄惢見英華九百六十五；灌夫，父張孟：皆本張氏〔六九三〕。叱羅氏、周代張羨〔六九四〕。子照復之〔六九五〕。東方氏。朔父張夷，字少平〔六九六〕。母田氏，遺腹生之。三日，母卒，鄰母養之。時東方始明，因爲姓。故世謂朔無父母〔六九七〕。洞冥記：朔母田寡，夢太白臨之而娠，羞之，曰："人將棄我！"〔六九八〕乃向代郡，之東方里，以五月朔旦生之，因姓東方而名朔〔六九九〕。亦見時鏡新書〔七〇〇〕。仙傳不得其緣而多妄説〔七〇一〕。風俗通、姓纂云伏羲後，云出女媧，俱妄〔七〇二〕。夷彭，紀姓，其子始封于采〔七〇三〕，是爲左人。有采氏、左人氏、夷鼓氏。國語〔七〇四〕。秦有夷彭思宜〔七〇五〕。姓氏英賢録云："黄帝子夷彭之後。"〔七〇六〕鄧姓辨引英賢傳，作夷鼓偲宜，誤。

次妃嫫母，謐云：第四妃〔七〇七〕。即嫫姆〔七〇八〕。漢表、説文爲撫母〔七〇九〕。兒惡德充，帝内之，曰："屬女德而弗忘，與女正而弗衰，雖惡何傷？"〔七一〇〕是生蒼林、禺陽。任出禺陽，而奚仲等皆任姓〔七一一〕，有自來矣。或作"萬"，乃"莒"字；唐表作禹陽，繆〔七一二〕。

禺陽最少，受封于任，爲任姓〔七一三〕。唐表又云顓帝少子陽封任，妄〔七一四〕。謝、章、舒、洛、昌、劇、終、泉、卑、遇，皆任分也〔七一五〕。十國。後各以國令氏。遇即毚。見潛夫。或作"過"，非。姓書謂泉出全暉封白水爲氏，妄也〔七一六〕。高麗王爲蓋蘇文氏殺，文乃泉氏〔七一七〕。禺號生禺京、倏梁、儋人。禺京即禺彊〔七一八〕。或作"偊"，非。字音虞，郭爲語龍切〔七一九〕。山海經："黄帝生偊號，偊號生偊京〔七二〇〕。"又云："帝俊生禺號〔七二一〕。"皆非。梁簡文云："黄帝孫。"〔七二二〕莊注："玄孫也。"〔七二三〕京居北海，號處南海，是爲海司〔七二四〕。有禺强氏、强氏〔七二五〕。大荒東經：强，北海神〔七二六〕。海外經云："黑身首，乘兩龍。"〔七二七〕歸藏云："穆王子筮卦於禺强〔七二八〕。"故莊子云："立乎北極。"疏云：與顓帝並黄帝之孫，得道爲水神〔七二九〕。儋人，任姓，生牛黎。即今儋人，故儋近有黎〔七三〇〕。倏梁生番禺〔七三一〕。番禺是始爲舟，番禺南極海，故主爲舟〔七三二〕。生奚仲。奚仲生吉光，是主爲車，建侯于薛〔七三三〕。或云：禹陽十二世生奚仲〔七三四〕。姓纂：黄帝子弟，十二人以德爲姓，一爲任氏，六世生奚仲〔七三五〕。所説俱妄〔七三六〕。又十二世，仲虺爲湯左相，始分任。太戊時臣扈,武丁時祖巳,皆國邳[七三七]。竹書:梁惠成三十一年,邳復遷于薛[七三八]。歐文忠薛簡肅銘云:"奚仲遷邳,而仲虺留居薛。"[七三九]未詳[七四〇]。祖巳七世,成遷爲摯[七四一]。有女歸周,是誕文王[七四二]。逮武爲世,復薛侯[七四三]。後滅於楚[七四四]。杜云:歷三代六十四世,齊威公時嘗紬爲伯[七四五]。定元年薛宰曰:"薛之皇祖奚仲居薛,爲夏車正。仲遷于邳,仲虺居薛。"[七四六]則仲亦居邳[七四七]。爲薛氏,蘗氏,且氏,祖氏,奚氏,稭氏,仲氏,摯氏[七四八],執氏,疇氏,佚氏,丕氏,邳、妷、姑氏,李氏,廷珪本姓奚,江南賜[七四九]。徐氏。光裔、光祚,乃薛昭簡子,隨母嫁徐延瓊,遂姓徐[七五〇]。終古,夏太史,乘亂歸商,爲佟氏、謝氏[七五一]。謝之後又有射氏、大野氏。後魏賜謝懿大野氏[七五二]。然閻氏亦嘗爲此氏[七五三]。歐文忠謝絳銘云:"黃帝後任姓十族,謝其一也。至詩嵩高始言宣王使召公營謝以賜申伯,蓋始失國。"[七五四]

蒼林,姬姓,生始均,是居北狄,爲始氏。西經:黃帝孫始均生北狄[七五五]。漢書又以蒼林爲高陽,云昌意之子,妄[七五六]。結姓伯鯈,封於南燕,後有吉氏、姞氏、孔氏[七五七]。伯鯈本結姓,傳多作姞[七五八]。瞰父,姞姓,讀尹吉之"吉"[七五九]。衛孔氏出於姞[七六〇]。密須、闞、允、蔡、光、敦、偪、燕、魯、雝、斷、密、雖,皆結分也[七六一]。一十四國[七六二]。箴,濟及滑,箴姓分也[七六三]。後各以國令氏[七六四]。見潛夫。斷氏,世本作段,非[七六五]。密、雝、二國,或謂即密須,亦非。餘詳國名記。

有虞氏作,封帝之後一十有九侯伯,禮記外傳。其得資者爲資氏、鄫氏,得郰者爲郰氏、輔氏[七六六],姓書又有琥,云黃帝後[七六七]。音虎[七六八]。得虜者爲虜氏[七六九],鄧名世以虜在十四人中,非[七七〇]。得寇者爲寇氏、口引氏、劉氏[七七一],劉封本羅侯寇氏子,先主養之[七七二]。後魏賜寇儁口引氏,一曰若口引氏[七七三]。然姓書寇出蘇忿生[七七四]。姓源:黃帝後忿生。或云:出康叔[七七五]。皆非。國于酈者爲酈氏、儷氏、食其氏、侍其氏[七七六],食其玄孫賜;侍其曾孫武[七七七]。國于翟者爲翟氏、糴氏、狄氏[七七八],晉滅翟。姓書又有酒氏。于詹者爲詹氏,自詹移葛,則爲葛氏、詹葛氏[七七九]。葛伯國[七八〇]。英賢傳:詹葛,有熊氏之後[七八一]。姓書謂諸葛訛爲詹葛,繆矣。葛伯非嬴姓^[七八二]，髦民^[七八三]，依之分；狂犬，任之種也。後武王克商，求封帝之裔於薊，以復剻^[七八四]，剻、薊本同，蓋周始爲薊。又有薊氏、橋氏、喬氏、陳氏、姓纂：橋山支孫守冢者爲氏。喬氏狀云：本橋氏，黃帝後^[七八五]。按：二姓周出。蔡邕喬仁碑云，黃帝子孫不在十二姓者以爲姓^[七八六]。至後周始去木^[七八七]。蒼林氏、有熊氏、軒氏、軒轅氏^[七八八]，姓書有軒、有軒轅，云出軒轅^[七八九]。又有頡氏，云出蒼頡^[七九〇]。若是野哉^[七九一]！按：二姓皆鄭出^[七九二]。古雖有軒轅氏，唐雖有軒轅彌明，必不出之；云出黃帝，後世依仿而託之^[七九三]。洛之後又有落氏、雒氏，姓書，落氏爲皋落後^[七九四]。妄。闞之後又有監氏，史監止^[七九五]。密須之後又有須氏，舒之後又有舒子氏、紀氏^[七九六]。紀遹本姓舒^[七九七]。

　　贊^[七九八]：稽古齊睿，崇黃紀雲^[七九九]。秉籙御天，得一奉宸^[八〇〇]。并謀兼智，稽功務德。立監興賢，命中建極^[八〇一]。推策設蔀，體統陰陽^[八〇二]。訪咨岐雷，爰敍五常。史垂世勛，車陳大路^[八〇三]。鼎樂雲門，克諧調露^[八〇四]。袞衣棺衾，兇惡不起。井設什一，城閈不閟^[八〇五]。去殺勝殘，九瀛仰化。澤被生民，祚衍天下。

　　以詆名已也，鄙語曰"厲人憐王"^[八〇六]。斯不恭之語也，雖然，不可以弗察也。亂常犯上，固皆小人之爲，然其所由來，未始不有以實其暉^[八〇七]。民者，君之天也，天能違乎？舜禹之得天下，非天與之，民與之也。桀紂之失天下，非天取之，民取之也。撫我則后，虐我則讐，此民之通言也。凋匱之民，自攻夗沙之君；募耕之夫，能滅疆暴之秦^[八〇八]。烏在乎勢位之凝哉^[八〇九]？驪馬纁以胡公內之貝水；邴戎、閻職戕懿公于囿竹；李兑餓主父于沙丘，百日殺之；淖齒擢湣王之筋于廟，一昔而死：怨也^[八一〇]。昭宗溺昏醉而妄喜怒，劉季述排攛以出，幽錮之少陽院；梁武泊宗廟而佞浮屠，侯景更欲捽縛之爲太平寺主；

劉曜既役所事,晉懷青衫行酒;而劉聰亦叱孝愍執戟前驅:是皆已甚,然亦未有不先詆其過甚矣,扼其吭者也〔八一一〕。隋煬汰侈荒淫,卒見雉于宇文化及,而掖庭人復棺之牀笫〔八一二〕。唐莊襄習優猱,竟招射於俳郭門高,而五坊人又焚之樂器,所謂“君以此始,亦以此終”〔八一三〕。

是以聖人春秋,於弑逆必謹書之。微則書人,示人之不可欺;衆則書國,示民之不可違也〔八一四〕。弑必書君——而蔡侯、吳子則不君,忽暴客,狎刑餘——濁斯濯足,不戒履霜之漸也〔八一五〕。禍福無不自己求之者〔八一六〕。

蚩尤之亂,以臣逐君〔八一七〕。雖其暴惡之尤,然亦參盧之急政有以取之也〔八一八〕。“四海之間,善則吾蓄,不善則吾讎”,此尹逸所以戒成王也〔八一九〕。“夫民今而後得反之,君無尤焉〔八二○〕!”此言何謂邪?由此語之,厲雖憐王,可也。嗟夫!君人得聞此言,則寢不瞑,食不旨,尚何縱欲貪酷之有!“時日害喪?予及汝偕亡〔八二一〕。”民欲與之偕亡,夫誰舍之〔八二二〕?晉平公曰:“予無樂乎爲君也!”〔八二三〕爲人上者,奈何不敬?

【校注】

〔一〕河圖挺輔佐:漢代緯書,河圖緯之一種。　天老:黃帝輔臣。　有大魚泝流而泛白圖:泝,同“溯”,逆水而上。泛,漂浮。　帝跪受:洪本、吳本“受”作“授”,非。

〔二〕伯余之初作衣:見淮南子氾論。　許注:指許慎淮南子注。

〔三〕河圖握拒:漢代緯書,河圖緯之一種。　黃神:黃帝之神。

〔四〕附寶:黃帝母名。　降大靈,生帝軒:彥按:“靈”疑“電”字之譌。下注文“電,黃精,軒之氣”,即針對“電”字作釋,作“靈”則注文無的放矢。下羅苹注又引河圖握拒云:“附寶之郊,見電繞斗軒,星照郊野,感而生軒。”與此文字雖異而内容實同,尤足證“靈”當作“電”。

〔五〕軒,黃帝名。電,黃精,軒之氣:黃精,黃土之精。也指土德。太平御覽卷七九引孝經鉤命決注,作:"附寶,帝軒母也。電,黃精,軒轅氣也。軒,黃帝名。"

〔六〕登封降禪,齊德黃軒:見文選卷三張平子(衡)東京賦。原文作:"登封降禪,則齊德乎黃軒。"薛綜注:"登,謂上泰山封土;降,謂下禪梁父也。言光武登上泰山,下禪梁父,則與黃帝軒轅齊其功德。"

〔七〕牟秀:晉代人,字成叔。博辯有文才,性豪俠,歷官至平北將軍。　邈矣,黃軒:黃軒,各本均作"帝軒"。彥按:"帝軒"當作"黃軒",故下文引世紀云:"或曰帝軒。"藝文類聚卷一一引牟秀黃帝頌,即作"黃軒"。今訂正。

〔八〕尚書中候:候,喬本、吳本、四庫本作"侯",洪本作"佚",俱誤。今據備要本訂正。　黃帝提象:提象,本謂人君觀察天象以立法治國,引申指即帝位。玉海卷一九九引尚書中候握河紀,作"帝軒提象"。

〔九〕論語撰考:又稱論語撰考讖。漢代緯書,論語緯之一種。　九牧:猶九州。

〔一〇〕軒星:即軒轅星。星座名。在星宿北。共十七星,蜿蜒如龍。

〔一一〕九合内志文:道家典籍,作者不詳。

〔一二〕帝律生帝鴻:今本山海經大荒東經作:"帝俊生帝鴻。"

〔一三〕小典氏:即少典氏。

〔一四〕鶡子注以少典爲帝鴻氏:鶡子,書名。周鶡熊撰。鶡子數始"昔者帝顓頊年十五而佐黃帝"唐逢行珪注:"軒轅氏,少昊次子,父曰帝鴻氏。"

〔一五〕黃軒母曰地祇之子附寶也:地祇,地神。祇,用同"祇"。太平御覽卷一三五引河圖,作:"黃軒母曰地祇之子,名附寶。"

〔一六〕宋書志作符寶:今中華書局 1974 年版宋書符瑞志上作"附寶",與羅氏所見本異。

〔一七〕祕電繞斗軒而震:斗軒,北斗星及軒星,並星座名。震,通"娠",懷孕。　壽丘:在今山東曲阜市東北。

〔一八〕藝文類聚卷二引河圖握拒起,作:"大電繞樞星,炤郊野,感符寶而生黃帝。"

〔一九〕見電光繞北斗樞星:樞星,星名。即天樞星,爲北斗七星之第一星。太平御覽卷七引帝王世紀,作:"神農氏之末,少昊氏娶附寶。見大電光繞北斗樞星照郊,感附寶孕,二十月生黃帝於壽丘。”

〔二〇〕脞説:又稱搢紳脞説,宋張君房撰。　百計針藥不動:吳本“不”譌“末”。

〔二一〕上邽:縣名,治所在今甘肅天水市麥積區。

〔二二〕或云濟南,世紀又以爲兖:濟南,府名,治所在今山東濟南市市中區。兖,州名,治所在今山東濟寧市兖州區。

〔二三〕太史公謂名軒轅:史記五帝本紀:“黃帝者,少典之子,姓公孫,名曰軒轅。”

〔二四〕天文雖云“軒轅,黃帝之神,黃龍之體”:晉書天文志上、隋書天文志上並見此語。軒轅,星座名。見上注〔一〇〕。

〔二五〕錢譜:據通志卷六六藝文略四所載,梁顧烜、唐張台、宋董逌均撰有錢譜,又唐封演撰有續錢譜。他書所載,梁顧協、宋李孝美亦各撰有錢譜。此所謂之錢譜,不知何指。　文有作𠊪斤者:𠊪斤,上一字,備要本作“夋”;下一字,吳本、備要本皆作“斤”。　有作𩵋者:𩵋,洪本作“𥺉”,吳本、四庫本、備要本作“𩵋”。

〔二六〕上世貨幣皆以代別:吳本“上”譌“土”。洪本“幣”譌“弊”。

〔二七〕軒轅紀:即本書前紀七軒轅氏。

〔二八〕紫炁:紫色之氣。古代以爲祥瑞之氣,每附會爲帝王、聖賢出現之預兆。炁,同“氣”。

〔二九〕見王冰序:洪本、吳本“冰”譌“水”。

〔三〇〕黃帝以戊己日生,故以土王:吳本“戊己”作“戊乙”,誤。禮記月令季夏之月:“中央土,其日戊己。”鄭玄注:“戊之言茂也,己之言起也。日之行四時之間,從黃道,月爲之佐。至此萬物皆枝葉茂盛,其含秀者抑屈而起,故因以爲日名焉。”又呂氏春秋季夏:“中央土,其日戊己。”高誘注:“戊己,土日。土,王中央也。”

〔三一〕附函挺朵:下巴下垂,耳朵豎起。附,通“俯”。函,通“頷”,下巴。　脩髯花瘤:長鬍鬚,花眉毛。瘤,通“柳”,借指眉毛。因柳葉細長如眉,故借。　河目隆顙:眼眶狹長,面頰鼓起。洪本“目”譌“日”。孔子家語困誓:“孔子適鄭,與弟子相失,獨立東郭門外。或人謂子貢曰:‘東門外有一人焉,其長九尺有六寸,河目隆顙。’”王肅注:“河目,上下匡平而長。顙,頟也。”　日角龍顏:額頭隆高,眉骨橫起。額骨中央部分隆起,形狀如日,稱爲日角。角,額骨。兩眉棱骨高起如龍,稱爲龍顏。顏,兩眉之間,引申指眉棱處。洪本“日”譌“目”。

〔三二〕黃帝兑頤:兑頤,尖下巴。兑,通“鋭”。　黑帝脩頸:黑帝,五天帝之一,爲北方帝。脩頸,長脖子。　蒼帝并乳:蒼帝,五天帝之一,爲東方帝。并乳,兩乳相連。

〔三三〕弱而能言:弱,喬本、洪本、吴本、備要本皆作“髫”,今從四庫本。彦按:大戴禮記五帝德、史記五帝本紀并作“弱而能言”。　幼慧齊,長敦敏:慧齊,聰慧敏捷。慧,洪本、吴本作“彗”。齊,疾,敏捷。史記五帝本紀作“徇齊”。敦敏,敦厚莊敬。玉篇攴部:“敏,敬也,莊也。”　知幽明生死之故:幽明,易繫辭上“是故知幽明之故”韓康伯注:“幽明者,有形無形之象。”生死,四庫本作“死生”。

〔三四〕小典氏没後,軒嗣立,成爲姬姓:小典氏,四庫本作“少典氏”。彦按:此十二字,疑爲注文闌入正文者。

〔三五〕古史攷有熊氏己姓:備要本“攷”譌“故”。

〔三六〕明法天明:明明白白遵循天命。法,謂以爲準則。天明,猶天命。

〔三七〕中説:又稱文中子。舊題隋王通撰,今人則認爲乃通弟子仿孔子門人纂輯論語之作,又經通弟凝、子福畤重新編訂而成。　并天下之謀,兼天下之智:見中説問易。洪本“并”作“併”。

〔三八〕開國:建國。

〔三九〕受國于有熊:受,各本皆作“授”,非其字;藝文類聚卷一一、初學記卷九、太平御覽卷七九引帝王世紀,並作“受”,今據以訂正。

〔四〇〕鄭:今河南新鄭市地。太平寰宇記卷九鄭州新鄭縣:“昔黃帝都于有熊,即其地。”

〔四一〕赫其火燀以逐帝:赫其火燀,謂燃起熊熊大火。赫,盛貌,此用如使動詞。燀(chǎn),燃燒。帝,指炎帝。據前卷附蚩尤傳,乃謂帝榆罔。

〔四二〕乃帥諸侯責于后:責,求,謂求助。后,即下文之風后。

〔四三〕爰暨風后、刀牧、神皇之徒,較其徒旅,以曷小顥,而弭火災:刀牧,

備要本"刀"作"刁"。下羅苹注"刀,音彫"、"刀牧"、"刀墨"諸"刀"字同。較,
檢查,查點。徒旅,徒衆,兵衆。曷,通"遏",阻止。小顥,地名,蚩尤所居。羅
泌以爲在咸陽地(見前紀三空桑氏)。弭,消除,熄滅。

〔四四〕刀牧即刀墨:洪本作"力牧即力墨",吳本作"刁牧即刁墨",並誤。

〔四五〕刀牧地户開曆:四庫本"曆"作"歷"。

〔四六〕寤:醒悟。

〔四七〕夢書:隋書經籍志三載有無名氏夢書十卷,新唐書藝文志三載有
唐盧重元夢書四卷,宋史藝文志五又載有陳襄校定夢書四卷,餘所載尚有稱解
夢書、占夢書者,此不知何所指。

〔四八〕今本文選,不見此文。

〔四九〕得一奉宸,逍遥襄城之域:見文選南朝齊王元長(融)三月三日曲
水詩序。李周翰注:"宸,天也。言得純一之正道以奉天,謂黄帝也。言黄帝問
道,至于襄城之野也。逍遥,游貌。域,野也。""逍遥"之"逍",喬本、洪本、吳
本、備要本均譌"趙",今據四庫本訂正。

〔五〇〕乃臨盛水,録龜符:盛水,水名。地當在今河北涿鹿縣左近。録,
收受。龜符,龜所銜致之兵符。

〔五一〕黄帝出軍决:古兵書,已佚。吳本、四庫本、備要本"决"作"訣"。

〔五二〕晝夢金人引領長頭:晝,備要本譌"畫"。金人,銅人。引領長頭,
長脖子、長腦袋。

〔五三〕有玄龜含符致壇:玄龜,神龜。四庫本作"元龜",乃避康熙帝玄燁
諱所改。　似皮非皮、綈非綈:綈(tí),古代一種厚實光滑的絲織物。　天一
在前,太乙在後:天一、太乙,並天神名。藝文類聚卷九九引黄帝出軍决,作:
"太一在前,天一備後。"

〔五四〕於是設九宫,置八門:九宫,指離、艮、兑、乾、坤、坎、震、巽八卦之
宫,加上中央宫,九個方位。八門,即八卦之變相"休、生、傷、杜、景、死、驚、
開"。　布三奇六儀:三奇六儀,十天干中除甲之外的九個天干,乙、丙、丁爲三
奇;戊、己、庚、辛、壬、癸爲六儀。三奇六儀在九宫中的排列順序不同,是决定
奇門遁甲不同局式的主要依據。　制陰陽二遁:四庫本"陰陽"倒作"陽陰"。
三奇、六儀分布九宫,甲不獨占一宫(六甲隱藏於六儀之内),此謂"遁甲"。而

遁有陰遁、陽遁之分:逆布六儀順布三奇者爲陰遁;順布六儀逆布三奇者爲陽
遁。　凡千八十局:相傳風后約制陽遁五百四十局,陰遁五百四十局,合一千
八十局。　名曰天一遁甲式:四庫本“天一”作“天乙”。

〔五五〕三門發,五將具:三門,指奇門遁甲八門中之休門、生門、開門。五
將,古稱北極星周圍的五個星座。後漢書高彪傳:“天有太一,五將三門。”李
賢注:“太一式:‘凡舉事皆欲發三門,順五將。’發三門者,開門、休門、生門。
五將者,天目、文昌等。”

〔五六〕納三宮五意之機:納,受。三宮,雲笈七籤卷一〇五清靈真人裴君
傳:“葛衍有三山相連,西爲西玄,東爲鬱絕根山,中央名葛衍山。三山有三府,
名曰三宮。西玄山爲清靈宮,葛衍山爲紫陽宮,鬱絕根山爲極真宮。”此借指道
家。五意,五種推測吉凶之法。意,猜測,推測。機,精義,要旨。　受八門九
江之要:九江,彥按:“江”疑當作“宮”,因音近而譌。八門九宮,見上注〔五
四〕。

〔五七〕衍握奇以爲式:衍,推演。握奇,兵法名。軍陣之數有九,四正四
奇,中心奇零者大將握之,以接應赴援八陣之急處,故稱。式,法。

〔五八〕六壬:六壬爲古代利用陰陽五行占卜吉凶的方法之一,與遁甲、太
乙合稱三式。古籍以“六壬”名者頗多,如隋書經籍志三有六壬式經雜占、六
壬釋兆,新唐書藝文志三有六壬擇非經、六壬髓經、李筌六壬大玉帳歌等,此不
知何所指。

〔五九〕靖:指唐初軍事家、衛國公李靖。靖著有兵書數種,唐太宗李衛公
問對屬於其中之一。　餘零也:此釋“奇”字之義。餘零,不滿整數的數。　音
同:謂握奇文之“奇”,與握機文之“機”同音。唐太宗李衛公問對卷上:“太宗
曰:‘黄帝兵法世傳握奇文,或謂爲握機文,何謂也?’靖曰:‘奇音機,故或傳爲
機,其義則一。考其辭云:“四爲正,四爲奇,餘奇爲握機。”奇,餘零也,因此
音機。’”

〔六〇〕故五旗五麾六纛:五旗,軍中所建之旗,各具五方之一色。五麾,將
領所建之牙旗(旗竿上飾有象牙),五面,亦各具五方之色。六纛,六軍主帥所
建之大旗。纛,通“䊫”。太平御覽卷三三九引太白陰經曰:“䊫六口,大將中
營建,出引六軍。古者天子六軍,諸侯三軍。今天子十二,諸侯六軍,故䊫有六

以主之。"

〔六一〕出軍决:備要本"决"作"訣"。

〔六二〕餘論:洪本、四庫本作"餘篇",吳本作"餘篇",並誤。

〔六三〕黄帝八陣法:唐李筌太白陰經卷六陣圖總序稱作"黄帝八陣之形"。 銅當:洪本及太白陰經作"洞當"。 烏雲:喬本、洪本、吳本、備要本作"鳥雲",今從四庫本及太白陰經訂改。 鵞鸛:各本均作"鵞灌"。彦按:當以本書餘論三五旗五麾及傳本太白陰經作"鵞鸛"爲是,今據以訂改。鵞、鸛之爲軍陣,早見於左傳。昭公二十一年云:"丙戌,與華氏戰于赭丘。鄭翩願爲鸛,其御願爲鵞。"杜預注:"鸛、鵞皆陳名。"楊伯峻注引宋陸佃埤雅釋鳥云:"鵞自然有行列。故聘禮曰'出如舒鴈'(鴈即鵞)。古者兵有鸛、鵞之陳也。舊説江淮謂羣鸛旋飛爲鸛井,則鸛善旋飛,盤薄霄漢,與鵞之成列正異,故古之陳法或願爲鸛也。" 車輪:洪本"輪"譌"輪"。 浮蛆:太白陰經作"浮沮"。

〔六四〕漢以十月會營士,爲八陣:會,集合。營士,兵士。後漢書禮儀志中"兵、官皆肄孫吳兵法六十四陣,名曰乘之"劉昭注:"漢承秦制,三時不講,唯十月車駕幸長安水南門,會五營士,爲八陣進退,名曰乘之。"

〔六五〕世以爲出葛亮:葛亮,指三國蜀漢丞相諸葛亮。彦按:亮姓諸葛,故或稱之爲諸葛,至此稱爲葛亮,則甚不妥。四庫本作孔明,當由改竄,非羅氏原文。

〔六六〕孔明:諸葛亮字。

〔六七〕井分四道,八家處之:洪本、吳本"八"譌"正"。井,謂井邑,猶鄉邑。相傳黄帝時丘井之制,分百姓居所爲一塊塊狀如田形之片區,中間爲水井,周邊住八家。稱"井"者,聯繫漢字,方便言説耳。是"井分四道"者,謂田縱横各有四道分隔畛域之界綫也。 陣分八面,大將軍處其中而握奇焉:吳本"焉"譌"烏"。唐太宗李衛公問對卷上:"太宗曰:'數起於五而終於八,則非設象,實古制也。卿試陳之。'靖曰:'臣按黄帝始立丘井之法,因以制兵。故井分四道,八家處之。其形井字,開方九焉,五爲陣法,四爲閒地,此所謂數起于五也。虚其中,大將居之,環其四面,諸部連續,此所謂終于八也。'"

〔六八〕衛公變爲六花陣:衛公,即李靖。見上注〔五九〕。唐太宗李衛公問對卷中:"太宗曰:'……卿所制六花陣法,出自何術?'靖曰:'臣所本諸葛亮八陣法也。大陣包小陣，大營包小營，隅落鈎連，曲折相對，古制如此，臣爲圖因之，故外畫之方，内環之圓，是成六花，俗所號耳。’”

〔六九〕見唐太宗李衞公問對卷上。原文爲：“太宗曰：‘天、地、風、雲、龍、虎、鳥、蛇，斯八陣，何義也？’靖曰：‘傳之者誤也。古人祕藏此法，故詭設八名耳。八陣本一也，分爲八焉。若天地者，本乎旗號；風雲者，本乎旛名；龍虎鳥蛇者，本乎隊伍之別。後世誤傳，詭設物象。何止八而已乎？’”

〔七〇〕章懷云：古有八陣：彦按：後漢書竇憲傳“勒以八陣”李賢注：“兵法有八陳圖。”蓋即羅氏所本。然既更改李氏原文作“古有八陣”，又以之證明諸葛亮之八陣乃法古之八陣，則不妥。何以知章懷所稱“兵法有八陳圖”非指諸葛亮之八陣圖邪？其實，但舉後漢書竇憲傳“勒以八陣”之文作爲早在亮前即有八陣之説，已足，乃舍本而逐末，可謂不知舉證矣！

〔七一〕彭城：在今江蘇徐州市。

〔七二〕濟城南東六十里有涿鹿城：水經注卷一三灅水引魏土地記，作：“下洛城東南六十里有涿鹿城。”下洛城故址即今河北涿鹿縣涿鹿鎮地。羅氏所據魏土地記文有誤，其説亦謬。　　黄帝祠：洪本“祠”誤“同”。

〔七三〕然嬀州懷戎乃故涿縣：洪本“嬀”誤“爲”。涿縣，治所在今河北涿州市。　　世止以爲帝邦在是：吴本、備要本“止”作“上”。

〔七四〕而世紀遂疑上谷嘗名彭城：上谷，郡名，治所在今河北懷來縣東南。嘗，洪本如此，吴本作“常”，餘諸本皆作“當”。彦按：作“嘗”義長，今從之。彭城，各本皆誤“彭澤”，今訂正。太平御覽卷一五五引帝王世紀曰：“黄帝都涿鹿，於周官幽州之域，在漢爲上谷，而世本云涿鹿在彭城南，然則上谷本名彭城。今上谷有涿鹿縣及蚩尤城，阪泉地又有黄帝祠，皆黄帝戰蚩尤之處也。”

〔七五〕猶漢舂陵之内啓爾：舂陵，漢侯國。初在今湖南寧遠縣柏家坪鎮，後徙至今湖北棗陽市南。喬本、洪本、吴本、四庫本“舂”字誤“春”，今據備要本訂正。内啓，嚮内開拓。漢書地理志上南陽郡：“舂陵，侯國。故蔡陽白水鄉。”顏師古注：“漢記云元朔五年以零陵泠道之舂陵鄉封長沙王子買爲舂陵侯。至戴侯仁，以舂陵地形下溼，上書徙南陽。元帝許之，以蔡陽白水鄉徙仁爲舂陵侯。”

〔七六〕修武之濁鹿：修武，縣名。濁鹿，城名。在今河南修武縣五里源鄉李固村。　與蚩尤二冢相近：備要本“冢”誤“家”。彥按：蚩尤二冢，正冢在壽張縣（今山東東平縣），肩髀冢在鉅野縣（今屬山東省），見後紀四附蚩尤傳。修武之濁鹿距蚩尤二冢甚遠，今言“相近”，令人費解。

〔七七〕王承填而土行：填，通“鎮”，星名。即土星。潛夫論卜列：“黃帝土精，承鎮而王。”

〔七八〕自有熊啓胙：啓胙，發祥，謂開創帝業。“胙”通“祚”。

〔七九〕左傳昭公十七年載郯子曰：“昔者黃帝氏以雲紀，故爲雲師而雲名。”杜預注：“黃帝受命有雲瑞，故以雲紀事，百官師長皆以雲爲名號。縉雲氏，蓋其一官也。”

〔八〇〕常覆帝上：常，吳本作“嘗”；上，洪本作“此”：俱誤。

〔八一〕華蓋：帝王所乘車上豎立的傘形遮蔽物。晉崔豹古今注輿服：“華蓋，黃帝所作也。與蚩尤戰於涿鹿之野，常有五色雲氣，金枝玉葉，止於帝上，有花葩之象，故因而作華蓋也。”

〔八二〕韓愈表：指賀慶雲表。四庫本“韓愈”作“昌黎”。　按宋書，慶雲五色，太平之應：韓表原文作：“謹按沈約宋書云：慶雲五色者，太平之應。”慶雲，五色祥雲。漢書天文志：“若煙非煙，若雲非雲，郁郁紛紛，蕭索輪囷，是謂慶雲。慶雲見，喜氣也。”史記天官書作“卿雲”。

〔八三〕王者德至山陵，則慶雲出：太平御覽卷八、卷八七二引孝經援神契，“慶雲”並作“景雲”。又卷八所引，“出”字作“見”。

〔八四〕虞舜縣之作歌：吳本、四庫本“縣”作“由”。初學記卷一五樂部上歌第四：“南風、卿雲：並虞舜歌。”北堂書鈔卷一〇六樂部歌篇二舜唱卿雲引尚書大傳云：“舜爲賓客，禹爲主人，於時俊乂百官相和而歌卿雲。帝乃唱之曰：‘卿雲爛兮，糺縵縵兮，日月光華，旦復旦兮。’”卿雲即慶雲。

〔八五〕見左傳昭公十七年“昔者黃帝氏以雲紀，故爲雲師而雲名”孔穎達疏引服虔云。　景雲：猶慶雲。初學記卷一天部上雲第五引西京雜記曰：“瑞雲曰慶雲，曰景雲。”

〔八六〕虞、佑等遂有青縉白黑黃五名之列：佑，指杜佑。喬本、備要本誤“右”，今據餘諸本訂正。縉，淺赤色。備要本誤“緇”。左傳昭公十七年“大皞

氏以龍紀,故爲龍師而龍名"孔穎達疏引服虔云:"黄帝以雲名官,蓋春官爲青
雲氏,夏官爲縉雲氏,秋官爲白雲氏,冬官爲黑雲氏,中官爲黄雲氏。"通典卷一
九職官一歷代官制總序"黄帝雲師雲名"注亦曰:"黄帝受命有雲瑞,故以雲紀
事。春官爲青雲,夏官爲縉雲,秋官爲白雲,冬官爲黑雲,中官爲黄雲也。黄帝
有景雲之應,因以名師與官也。"　與五火、五水、五龍並不足信:"五火、五水、
五龍"亦見左傳昭公十七年"大皞氏以龍紀,故爲龍師而龍名"孔穎達疏引服
虔云:"炎帝以火名官,春官爲大火,夏官爲鶉火,秋官爲西火,冬官爲北火,中
官爲中火。共工以水名官,春官爲東水,夏官爲南水,秋官爲西水,冬官爲北
水,中官爲中水。大皞以龍名官,春官爲青龍氏,夏官爲赤龍氏,秋官爲白龍
氏,冬官爲黑龍氏,中官爲黄龍氏。"孔疏以爲:"此皆事無所見,苟出肺腸。少
皞鳥紀,不以五方名官,焉知彼四代者,皆以四時五方名官乎? 以縉爲赤色,則
云夏官爲縉雲,焉知餘方不更爲之目,而直指青、黄爲名也? 以天文有大火、鶉
火,即云春爲大火,夏爲鶉火,其餘何故直以西、北名火也? 此皆虛而不經,故
不可采用。"

〔八七〕四輔:古代天子身邊的四個輔佐智囊。　三公:古代中央三種最高
官職——太師、太傅、太保的合稱。　六卿:古代朝廷中央六個重要職能部門
的長官。　三少:三公副職——少師、少傅、少保的合稱。彦按:此所謂"四輔、
三公、六卿、三少",純屬據後以例前,主觀臆測之辭,注文亦但能據後世義解釋
之,萬不可當真爲黄帝時事。　官有秩:秩,俸禄。　視四民:視,督察。四民,
士、農、工、商之合稱。

〔八八〕則時有少師矣:洪本"矣"字處闕文,吳本、四庫本無"矣"字。

〔八九〕受地形:受,猶取。

〔九〇〕天老録教:録教,總領教育。　刀牧準斥:刀牧,備要本作"刁牧"。
準斥,決定去取,指處理日常事務。準,采用,斥,不采用。論語摘輔象:"力墨
受準斥。"宋均注:"準斥,凡事也。力墨,或作'力牧'。"(見古微書卷二六)
鵁冶決法:鵁冶,吳本、備要本"冶"譌"治"。下羅苹注"鵁冶"之"冶"同。
五聖道級:道級,理順尊卑等級次序。道,疏導,引導。　地典州絡:州絡,謂團
結百官及民衆。州,聚也(見國語齊語"令夫士羣萃而州處"韋昭注)。絡,
維繫。

〔九一〕賢輔録:全名集聖賢羣輔録。説郛弓五七作羣輔録。

〔九二〕鵄冶:洪本誤“煩冶”。

〔九三〕上台:宰輔之首。　力牧:四庫本作“刀牧”。後漢書張衡傳:“方將師天老而友地典,與之乎高睨而大談,孔甲且不足慕,焉稱殷彭及周聃!”李賢注引帝王紀曰:“黄帝以風后配上台,天老配中台,五聖配下台,謂之三公。其餘知天、規紀、地典、力牧、常先、封胡、孔甲等,或以爲師,或以爲將。”

〔九四〕見張衡應間(東漢文紀卷一三)。

〔九五〕漢志陰陽有地典六篇:漢志陰陽,指漢書藝文志兵書略陰陽。吴本“篇”字作“䙰”,下各“篇”字同。　鵄冶子:備要本“冶”誤“治”。　力牧:四庫本“力”作“刀”。　鬼容蕳:漢書藝文志“蕳”字作“區”。　容成陰道、天老雜子陰道:二書見於漢書藝文志方技略房中,不在兵書略陰陽中。

〔九六〕乃養正命,娱耳目,昏然五情爽惑:正命,本性。爽惑,迷亂失常。列子黄帝:“黄帝即位十有五年,喜天下戴己,養正命,娱耳目,供鼻口,焦然肌色奸䵟,昏然五情爽惑。”

〔九七〕於是放萬機,舍宫寢,而肆志於昆臺:放,猶言丢下。萬機,同“萬幾”,指帝王日常處理的紛繁政務。宫寢,宫室。肆志,快意,縱情。昆臺,臺名。晉王嘉拾遺記卷一軒轅黄帝:“薰風至,真人集,乃厭世於昆臺之上,留其冠、劍、佩、舄焉。昆臺者,鼎湖之極峻處也,立館於其下。”

〔九八〕執輿:謂執轡駕車。　昌寓參乘:寓,字同“宇”。參乘,陪乘。張若、詔朋前馬:詔,音 chè。前馬,在馬前引導。莊子徐无鬼:“黄帝將見大隗乎具茨之山,方明爲御,昌寓驂乘,張若、詔朋前馬,昆閽、滑稽後車。”　風后、柏常從負書劍:柏常,王嘉拾遺記作“常伯”。見下注〔一〇一〕。

〔九九〕“詔”多作“習”:詔,洪本誤“謂”,吴本誤“詣”。　“寓”多作“宇”:寓,吴本、備要本誤“寓”。宇,喬本、吴本、備要本作“字”,誤,今從洪本、四庫本改。

〔一〇〇〕唐音或以昌寓字廣成:字,各本皆作“字宇”,當衍“宇”字,今删去。彦按:新唐書孔述睿傳曰:“曾祖昌寓,字廣成。”疑羅氏誤與黄帝之臣昌寓混同。又疑唐音亦唐書之誤。

〔一〇一〕發軔紫宫之中:發軔,出發,登程。紫宫,指帝王宫禁。　涉洹沙而屆陰浦：洹沙，拾遺記作"洹流"。屆，至。拾遺記卷一軒轅黃帝："帝使風后負書，常伯荷劍，旦遊洹流，夕歸陰浦，行萬里而一息。洹流如沙塵，足踐則陷，其深難測。大風吹沙如霧，中多神龍魚鼈，皆能飛翔。……其地一名沙瀾，言沙湧起而成波瀾也。"蓋"洹流如沙塵"，故稱之洹沙。

〔一〇二〕見新書脩政語上。文字稍有出入。　濟東海，入江内，取緑圖：劉師培賈子春秋補釋曰："案此節'西'與'東'對文，當作'東濟海入江'，'東濟'、'西濟'乃並詞也。'内取緑圖'爲句，'内'與'納'同。"方向東賈誼集匯校集解曰："按：緑圖，即河圖，字緑色，故名。墨子非攻下：'河出緑圖，地出乘黃。'淮南子俶真訓：'洛出丹書，河出緑圖。'皆云河出緑圖。濟東海，入江内，取緑圖，與此不合，疑'江'爲'河'之誤。"藝文類聚卷一一引河圖挺佐輔曰："黃帝乃祓齋七日，至於翠嬀之川，大鱸魚折溜而至，乃與天老迎之，五色畢具。魚汎白圖，蘭葉朱文，以授黃帝，名曰録圖。"　西濟積石，涉流沙，登崑崙：積石，山名。在今甘肅積石山保安族東鄉族撒拉族自治縣西。備要本"石"譌"后"。流沙，指内蒙古自治區西部的巴丹吉林沙漠。崑崙，山名。即今甘肅酒泉市南的祁連山。　還中國，治天下：新書原文作："於是還居中國，以平天下。"

〔一〇三〕子年：晉王嘉字。　柏常荷劍：吳本"柏"字譌"拍"。此所引子年語見拾遺記卷一軒轅黃帝，文字略有不同。見上注〔一〇一〕。

〔一〇四〕孫綽子：書名。晉孫綽撰。原書已佚，今可見者僅有輯本。不崇朝而屆六合：崇朝，一個早晨，"崇"通"終"。屆，至。六合，天地四方。太平御覽卷七九引孫綽子曰，作"不崇朝而匝六合也"。

〔一〇五〕如道書列子、符子、孫綽之類，多渺茫難摭：孫綽，四庫本作"孫綽子"，又句末有"也"字。摭，取。

〔一〇六〕陟王屋而受丹經：王屋，山名。在今河南濟源市西北與山西陽城縣交界處。丹經，傳授煉丹術的道家經典。

〔一〇七〕抱朴子：喬本、洪本"朴"作"璞"。此從餘諸本。　黃帝以地皇九年正月上寅詣首陽山，宰牧從焉：地皇，道家杜撰之黃帝年號。上寅，農曆月上旬之寅日。宰牧，宰相與州牧的並稱。泛指高級官員。

〔一〇八〕次駕東行詣青丘：詣，喬本、備要本譌"請"，今從餘諸本訂正。

紫府先生授三皇籙及天文大字：紫府先生，道家傳説中的仙人。三皇籙，又稱三皇内文。抱朴子地真：“昔黄帝東到青丘，過風山，見紫府先生，受三皇内文，以劾召萬神。”天文大字，蓋天上使用之文字，字大，故稱。抱朴子登涉：“或問涉江渡海辟蛟龍之道。抱朴子曰：‘道士不得已而當游涉大川者，皆先當於水次破雞子一枚，以少許粉雜香末合攪器水中，以自洗濯，則不畏風波蛟龍也。……又天文大字有北帝書，寫帛而帶之，亦辟風波蛟龍水蟲也。’”

〔一〇九〕次西入空同，禮廣成子：空同，山名。亦作空桐、崆峒。爲道教聖地。洪本、吳本、四庫本、備要本作“空桐”。下文諸“空同”同。廣成子，喬本、備要本作“廣城子”，此從餘諸本。

〔一一〇〕啓石函，發玉笈：石函，石製的匣子。玉笈，玉飾的書箱。

〔一一一〕次游玄圃，禮雲臺先生：玄圃，傳説中昆侖山頂的神仙居處。喬本、洪本、吳本、備要本皆作“元圃”，蓋因避諱所改，今從四庫本。雲臺先生，道家傳説中的仙人。

〔一一二〕庾信：字子山，北周文學家。周書卷四一有傳。　治身紫府，問政青丘：見庾子山集卷一〇黄帝見廣成子讚。

〔一一三〕見莊子在宥，文字稍有出入。

〔一一四〕汝之梁縣：汝，州名。梁縣，治所在今河南汝州市。

〔一一五〕廣成澤：喬本、洪本、吳本、備要本皆作“廣城澤”，此從四庫本。

〔一一六〕南陽雉衡山：南陽，郡名。雉衡山，在今河南南召縣東。　馬融廣成贊：馬融，東漢經學家。廣成贊，後漢書馬融傳作“廣成頌”。　面據衡陰：吳本“面”譌“而”。

〔一一七〕北虜遵化南三十亦有空同、襄城：北虜，指金王朝。四庫本作“北方”，乃避滿清諱而追改。下“北虜”同。遵化，縣名，治所在今河北遵化市。　世謂帝謁廣成在此：廣成，喬本、備要本作“廣城”。今從餘諸本改。

〔一一八〕仲長子：指漢末政論家仲長統。其著作有昌言。　廣成游於九山之嶺，來往嶕嶢：廣成，喬本、洪本、吳本、備要本皆作“廣城”。今從四庫本改。下廣成廟碑之“廣成”同。九山、嶕嶢，二山名。來往，吳本作“未往”，誤。

〔一一九〕嶕嶢在洛之永寧：洛，州名。永寧，縣名，治所在今河南洛寧縣。

〔一二〇〕九山在鞏，有廣成廟碑，號九山府君，有太華元子之稱：鞏，縣名，治所在今河南鞏義市東北。太華，即西岳華山，此指華山之神。元子，太子。彥按：太平寰宇記五西京三鞏縣曰："九山，在縣西南五十五里。水經注：'白桐澗水北流經九山東。仲長統云："昔密有卜成者，身遊九山之上，放心不拘之鄉。"謂此山也。山際九山廟碑，晉永康二年立，文曰"九山府君"，太華元子之稱也。'"所引水經注文，見水經注卷一五洛水，原文作："（九山溪）水出百稱山東谷，其山孤峯秀出，嶕嶢分立。仲長統曰：昔密有卜成者，身遊九山之上，放心不拘之境，謂是山也。山際有九山廟，廟前有碑云：'九顯靈府君者，太華之元子，陽九列名，號曰九山府君也。'"皆謂卜成，而非廣成。楊守敬以爲後漢書方術傳之上成公即此人，曰："後漢書方術傳'上成公者，宓縣人也'，'上'爲'卜'之誤，'宓'爲'密'之誤。"（見水經注疏）頗疑羅氏此注實本酈元、樂史之文，或因所據版本文字不同，或因粗心而混誤。

〔一二一〕盧貞碑：謂盧貞所立廣成子廟碑。太平寰宇記卷八汝州梁縣："崆峒山，在縣西南四十里。有廣成子廟，即黃帝問道于廣成子之所也。按唐開元二年，汝州刺史充本州防禦使盧貞立碑，其略云：'……禹迹之内，山名崆峒者有三焉：其一在臨洮，秦築長城之所起也；其一在安定。二山高大，可取財用，彼人亦各于其處爲廣成子立廟。而莊生述黃帝問道崆峒，遂言遊襄城，登具茨，訪大騩，皆與此山接壤，則臨洮、安定非問道之所明矣。'"

〔一二二〕封東山而奉中華君：東山，山名。在今河北赤城縣北。奉，尊奉，奉侍。

〔一二三〕中黃丈人：當即抱朴子地真之中黃子，道家傳説中之仙人。

〔一二四〕受九品之方：九品之方，今本抱朴子地真作九加之方，云："昔黃帝……西見中黃子，受九加之方。"

〔一二五〕策大面：策，通"册"，謂册封。

〔一二六〕青城：指青城山。　劉向仙傳以爲甯封、甯封子：劉向，西漢經學家、目録學家。仙傳，即列仙傳。甯封、甯封子，疑當作"甯封子、封子"。　爲黃帝陶正：陶正，主管陶器製作之官。列仙傳卷上："甯封子者，黃帝時人也，世傳爲黃帝陶正。有人過之，爲其掌火，能出五色煙。久則以教封子。封子積火自燒，而隨煙氣上下。視其灰燼，猶有其骨。時人共葬於甯北山中，故謂之甯封子焉。"

〔一二七〕封人:典守封疆之官。

〔一二八〕入金谷而咨涓子心:金谷,在今河南孟津縣送莊鎮境。咨,咨詢,請教。心,謂想法,看法。列仙傳卷上:"涓子者,齊人也。好餌术,接食其精,至三百年乃見於齊。著天人經四十八篇。……隱於宕山,能致風雨,受伯陽九仙法。"

〔一二九〕晉志:指晉書地理志上。 登空躡岱:空,指空同山,亦即崆峒山。 至昆峯振轡:昆峯,即崑崙山。振轡,抖動繮繩,謂駕車。 風山訪道:風山,中華書局1974年版晉書作"崆山",校勘記曰:"崆山訪道:'崆',宋本、局本等作'風',殿本作'崆',今從殿本。黃帝于崆峒山訪道,傳自莊子。"彥按:作"崆山"則與上文"登空躡岱"之"登空"重複,恐非。抱朴子地真曰:"昔黃帝東到青丘,過風山,見紫府先生,受三皇内文,以劾召萬神。"作"風山",非無據也。地當在青丘(今山東廣饒縣北)東。四庫全書大清一統志卷一三七登州府山川曰:"風山,在寧海州西四十里。"當今之山東煙臺市境,疑即其地。

汗竹:簡册,史籍。

〔一三〇〕訪大傀於具茨:大傀,即大隗。古之至人。或云,神名。具茨,山名。在今河南新密市東南。莊子徐无鬼:"黃帝將見大隗乎具茨之山。"

〔一三一〕參見前紀三大騩氏。

〔一三二〕司馬:指晉司馬彪。後漢書郡國志一河南尹:"密(縣),有大騩山。"

〔一三三〕即:接近。此引申謂接觸。

〔一三四〕莊子徐无鬼:"黃帝將見大隗乎具茨之山。方明爲御,昌寓驂乘,張若、謵朋前馬,昆閽、滑稽後車。至於襄城之野,七聖皆迷,无所問塗。適遇牧馬童子,問塗焉,曰:'若知具茨之山乎?'曰:'然。''若知大隗之所存乎?'曰:'然。'黃帝曰:'異哉,小童! 非徒知具茨之山,又知大隗之所存。請問爲天下。'小童曰:'夫爲天下者,亦若此而已矣,又奚事焉?'"

〔一三五〕金簡玉字:水經注卷三八湘水:"禹治洪水,血馬祭山,得金簡玉字之書。"又卷四〇漸江水:"吳越春秋稱,覆釜山之中有金簡玉字之書,黃帝之遺讖也。"太平御覽卷首經史圖書綱目所列,有金簡玉字經。 受襄城小童步六紀之法,黃繁小童步三綱之法:步六紀、步三綱,皆屬道教禮拜星斗、召遣神

靈之所謂步罡踏斗法術("綱"通"罡")。抱朴子內篇遐覽所載道經有步三罡
六紀經。宋張君房雲笈七籤卷二〇三洞經教部云:"春步七星,名曰步三綱;
夏步七星,名曰躡六紀。"且詳記步綱躡紀之法。

〔一三六〕見雲笈七籤卷六三洞經教部三洞,原文爲:"又襄城小童授軒轅
黃帝七元六紀飛步天綱之經。"　襄城小童:吳本"城"作"成",誤。

〔一三七〕帝封一通於太山,一於勞盛山:通,量詞,猶份。太山,即泰山。
備要本作"大山"。勞盛山,在今山東即墨市東南。齊乘卷一山川大小二勞山
曰:"即墨東南六十里岸海名山也。又名勞盛山。四極明科云'軒皇一登勞盛
山',是也。"顧炎武則以爲"勞盛,二山名。勞,即勞山;盛即成山",說見日知
錄卷三一勞山。雲笈七籤卷六三洞經教部三洞品格:"按太玄都四極盟科曰:
洞玄經萬劫一出,今封一通於太山,一通於勞盛山。"

〔一三八〕陞鴻隄受神芝于黃蓋:鴻隄,大堤。太平御覽卷四二引陽城記
曰:"大嵬山在密縣東南五十里,即具茨之山。黃帝登具茨之山,升於(供)
[洪]隄之上,受神芝圖於黃蓋童子,即此也。又名具茨山也。"

〔一三九〕陽城記:佚書,作者不詳。

〔一四〇〕遂盍羣神大明之虛:盍,合,會合。史記五帝本紀:"(黃帝)北逐
葷粥,合符釜山。"司馬貞索隱:"合諸侯符契圭瑞,而朝之於釜山,猶禹會諸侯
於塗山然也。又案:郭子橫洞冥記稱東方朔云'東海大明之墟有釜山,山出瑞
雲,應王者之符命',……蓋黃帝黃雲之瑞,故曰'合符應於釜山'也。"　而投
玉榮于鍾陰:玉榮,玉花。榮,喬本、洪本、四庫本、備要本作"策",吳本作
"策",皆"榮"字形譌,今訂正。山海經西山經:"黃帝乃取峚山之玉榮,而投之
鍾山之陽。"太平御覽卷三八、卷五〇引山海經,並作"鍾山之陰"。

〔一四一〕起四方而僭亂者:吳本"者"譌"老"。　朱宣:即少昊氏。

〔一四二〕介胄不釋:鎧甲和頭盔不能脫下,謂戰爭不斷。

〔一四三〕帝乃焦然歎曰:焦然,焦急、擔憂貌。　朕之過淫矣:淫,大,嚴
重。　主失其國者,其臣再嫁:再嫁,謂另投新君。　厥病之緜,非養寇邪:緜,
四庫本作"由"。邪,吳本、四庫本作"耶"。　今處民萌之上,而四盜起,迭震
于師:民萌,百姓。四盜,指青、赤、白、黑四帝。迭震于師,接連驚動民衆。師,
民衆。

〔一四四〕正:整頓。

〔一四五〕神宗神武祕略:神宗,當作仁宗。參見後紀三炎帝神農氏注〔三五三〕。　水上之軍,所就卑下:四庫本“水上”譌作“水土”。　斥澤:鹽碱沼澤地帶。　坦易:平坦。

〔一四六〕黄帝之所以勝四帝:吴本、四庫本句末有“也”字。

〔一四七〕即營壘,滅四帝而有天下:即,至。營壘,軍營。各本“營”皆譌“塋”,今據太平御覽卷七九引蔣子萬機論訂正。

〔一四八〕萬機論:直齋書録解題卷一〇雜家類:“蔣子萬機論二卷,魏太尉平阿蔣濟子通撰。案館閣書目十卷五十五篇,今惟十五篇,恐非全書也。”

向令黄帝不龍驤虎變而與俗同道,則其民臣嫁于四帝矣:龍驤虎變,比喻大的變革。龍驤,猶龍騰。驤,騰越。虎變,謂虎皮花紋斑斕,富於變化。民臣,四庫本倒作“臣民”。

〔一四九〕忘戰必危:吴本“忘”作“亡”非。司馬法仁本:“故國雖大,好戰必亡;天下雖安,忘戰必危。”

〔一五〇〕矢以仁義,擾以信禮:矢,正,謂端正。擾,安撫。

〔一五一〕故亡敵於天下:洪本、吴本“亡”譌“忘”。

〔一五二〕内行刀鑢:刀鑢,借代肉刑。鑢,通“鋸”。　天目臨四維而巡行:天目,術數“太乙數”的一個重要概念。術士通過推求天目所在,可以預知禍福,趨吉避凶。唐王希明太乙金鏡式經論之甚詳。四維,指乾(西北)、坤(西南)、艮(東北)、巽(東南)四隅之方位。宋曾公亮等武經總要後集卷二〇六壬擇四殺没吉時云:“四維者,乾、坤、艮、巽是也。”　句陣并氣而決戰:句陣,即鉤陳,星官名,凡六星,在紫宫中。并氣,星氣聚合。水經注卷五河水:“紫微有鉤陳之宿,主鬬訟兵陣,故遁甲攻取之法,以所攻神與鉤陳并氣,下制所臨之辰,則決禽敵。”

〔一五三〕黄帝太乙密推:道教典籍,作者不詳。　欲知巡狩之年:太平御覽卷五三七引黄帝太一密推,“欲知”作“先知”非。　當視太乙與天目:御覽“太乙”作“太一”。　在四維之歲,法當巡狩:御覽“當”作“爲”。

〔一五四〕冬官楊可集聖曆:楊可,各本皆作“楊可能”。彦按:“能”字衍。郡齋讀書後志卷二天文卜算類下有集聖曆一卷,注云:“右皇朝楊可撰。推神物所向,擇日辰,吉凶應用之法。"同卷五行類下又有集聖曆四卷,注云:"右皇朝楊可集。可爲司天冬官正,輯古今陰陽書,彙爲四時,以涓擇日辰云。"今據以訂正。　黃帝御宇,真女降朝:御宇,統治天下。真女,神女。　授神策於金縢:神策,神妙之策謀。金縢,外用金屬物捆箍緘封的櫃子。　天仗出而爰擇剛辰,王師興而先求近日:天仗,天子的儀衛,借指天子。剛辰,古以十干記日,甲、丙、戊、庚、壬五日居奇位,屬陽剛,稱剛日,亦稱剛辰。禮記曲禮上:"外事以剛日,内事以柔日。"近日,旬内之日。禮記曲禮上:"凡卜筮日,旬之外曰遠某日,旬之内曰近某日,喪事先遠日,吉事先近日。"

〔一五五〕傍行天下:傍行,遍行,走遍。

〔一五六〕德正:仁慈的政治措施。正,通"政"。

〔一五七〕譓:音 huì,順服。

〔一五八〕麾之所擬,而敵開户:麾,用於指揮軍隊的旗幟。擬,指嚮。開户,開門,謂不敢抵抗而迎接大軍進入。

〔一五九〕而天下大服焉:洪本"焉"字爲墨丁。

〔一六〇〕廣能賢:謂廣求能人、賢人。　稽功:謂論功(行賞)。稽,考覈。務法:謂致力於法制。　秉數乘剛:承受天命,登上帝位。數,天運。剛,陽之性,於君臣則君陽臣陰而借代君。

〔一六一〕今寶雞,故陳倉:在今陝西寶雞市地。

〔一六二〕姚睦云黃帝都陳倉:水經卷一七渭水"又東過陳倉縣西"酈道元注引姚睦曰:"黃帝都陳,言在此。"

〔一六三〕水經注,上邽有軒轅溪、軒轅谷,睦云黃帝生處:此所言水經注見卷一七渭水,今本文爲:"(涇谷水)又西北,軒轅谷水注之,水出南山軒轅溪,南安姚瞻以爲黃帝生于天水,在上邽城東七十里軒轅谷。"則作姚瞻,不作姚睦。參見後紀一太昊伏戲氏注〔二九四〕。

〔一六四〕豈三皇固在西乎:四庫本"固"作"同",當屬形誤。

〔一六五〕阿(ē):近旁。

〔一六六〕黃帝師力牧:見白虎通辟雍。力牧,四庫本作"刀牧"。

〔一六七〕軒轅,聖人,仗師臣而受圖:見晉書卷六五史臣曰,原文作:"軒轅,聖人也,杖師臣而授圖。"仗,依靠。四庫本誤"伏"。師臣,對居於師保之位的執政大臣的尊稱。受圖,據傳河伯曾以河圖授大禹(見尚書中候),後因稱帝王受命登位爲受圖。

〔一六八〕岐下:岐,指岐山。在今陝西岐山縣東北。

〔一六九〕時岐伯已百餘歲:百,喬本、洪本、吳本、備要本皆作“伯”,當涉上“岐伯”而譌,今從四庫本改。

〔一七〇〕靈樞二十九:指靈樞經卷六師傳第二十九。

〔一七一〕大師:四庫本“大”作“太”。

〔一七二〕申命:任命。

〔一七三〕黃籙:即黃帝録。佚書,作者不詳。　黃帝坐玄扈閣上:玄扈閣,吳本、備要本“閣”譌“間”。彦按:太平寰宇記卷一四一商州洛南縣曰:“玄扈山,在縣西北一百里。黃帝録云:帝在玄扈山上,與大司馬容光、左右輔周昌等一百二十人臨之,有鳳銜圖以至帝前。圖以黃玉爲匣,署曰‘黃帝詔司命集帝行録’。帝令開之,其文可曉。黃帝再拜受圖。”所載與此略有不同。

〔一七四〕河圖録運法:漢代緯書,河圖緯之一種。

〔一七五〕庸光:即容光。

〔一七六〕論語摘輔象:備要本如此,是;餘諸本均作“論語摘象輔”,誤。今訂正。

〔一七七〕七相翌而下服度:七相,指封胡、鬼容蒫、刀牧、周昌、大山稽、庸光、恒先七佐臣。翌,通“翼”,輔佐,幫助。

〔一七八〕恒先爲大司馬:恒先,各本皆作“恒常先”。彦按:考宋紹興間刊本白氏六帖事類集卷二一司馬第十,其文作:“黃帝時,常先爲大司馬,掌建邦之九法也。”白帖原文當作“恒先”,宋刊本避宋真宗趙恒諱,追改“常先”。蓋或有注本字“恒”於“常”旁者,遂譌作“恒常先”。今訂正。

〔一七九〕猶且蚩蚩常若備盜:蚩蚩,憂心忡忡之貌。　豫若天令:謂謊稱九法有如上天之令。豫,欺詐。

〔一八〇〕以爲當天而配上台:當天,官名。上台,宰輔中之最高一級職位。

〔一八一〕推衍:猶推演。

〔一八二〕天官:官名。其職總御百官。

〔一八三〕陶氏職官要録:陶氏,南朝梁陶彦藻。　中台:宰輔中之第二級職位。　下台:宰輔中之第三級職位。

〔一八四〕環濟:晉太學博士。

〔一八五〕管子"六相"又云帝以蚩尤明天道,爲當時:管子五行:"昔者黄帝得蚩尤而明於天道,得大常而察於地利,得奢龍而辯於東方,得祝融而辯於南方,得大封而辯於西方,得后土而辯於北方。黄帝得六相而天地治,神明至。蚩尤明乎天道,故使爲當時。"黎翔鳳校注:"劉師培云:'當'與'尚'同,即主天時之官也。"彦按:"當"自有"主持,執掌"義,廣韻唐韻:"當,主也。"

〔一八六〕桓常審乎地利,以爲常平:桓常,管子五行作大常。常平,官名。主管官倉,并負有穀賤時增價糴入、貴時減價糴出以調節糧價之責任。備要本"平"譌"乎"。

〔一八七〕廩者:主管糧倉之官員。管子五行:"大常察乎地利,故使爲廩者。"

〔一八八〕内傳:指黄帝内傳。　因之廣耕:吳本、四庫本作"因之以廣耕種"。

〔一八九〕奢比辨乎東,以爲土師:奢比,管子五行作奢龍。土師,尹知章管子注:"即司空也。"　平春種角穀:平春,當春。平,正,當。　勸耕餂,禁伐厲:餂,爲耕作者送飯到田頭。伐厲,謂砍伐摧殘(草木)。玉篇厂部:"厲,虐也。"

〔一九〇〕即奢龍:洪本"即"譌"既"。

〔一九一〕見管子五行"奢龍辨乎東方,故使爲土師"尹知章注,原文句末有"也"字。

〔一九二〕菉豆:緑豆。菉,通"緑"。

〔一九三〕庸光辨乎南,以爲司徒:庸光,管子五行作祝融。　而正夏種芒穀:正,當。芒穀,麥子。説文麥部:"麥,芒穀。"　修馳戒僇:整頓懈怠,戒除拖拉。馳,通"弛"。僇(lù),行動遲緩。説文人部:"僇,癡行僇僇也。"　發宿藏,静居農:宿藏,指積年儲藏的錢糧。吳本、四庫本"藏"作"臧",乃"藏"古字。静居,安居,此謂使(農人)安居。　以戒力,以宛夏功:戒力,戒止力役。宛,順遂。夏功,指夏天的農事收穫。

〔一九四〕祝融:喬本、洪本、吳本、備要本皆作"祝庸",今從四庫本改,以與管子相合。

〔一九五〕謂南種小麥、赤豆："豆"字喬本爲闕文,今據餘諸本訂補。

〔一九六〕戊己之方:指中央之方位。古以十干配五方,戊己屬中央土。

〔一九七〕王冰云:洪本"云"譌"玄"。

〔一九八〕玩巽禽,種蓬穀:琢磨家禽之馴養,種植長穗之作物。巽禽,猶巽羽,指雞。文選班固幽通賦"巽羽化于宣宮兮"李善注:"曹大家曰:易巽卦爲雞。雞,羽蟲之屬,故言羽也。"蓬,同"樭",通"穗"。吳本、四庫本作"遂",非。

收穀薦祖:薦祖,謂祭祖。薦,進獻。 組甲厲兵:聯綴甲衣,磨利兵器。謂整治軍備。組,絲帶。此用如動詞,謂以組貫(甲)。管子五行:"天子出令,命左右司馬内御,組甲厲兵,合什爲伍。" 戒什伍以從事:戒以什伍從事,意謂慎用軍隊。什伍,古代軍隊編制,五人爲伍,十人爲什,此以借代軍隊。

〔一九九〕謂西種白麥:白麥,麥的一種。 金穀,故秋種,夏死:金穀,謂白麥之爲穀,於五行屬金。秋亦屬金,故宜秋種,所謂"見金而成也"。夏屬火,火克金,故夏種則死。

〔二〇〇〕菽,水穀:備要本"水"譌"冰"。

〔二〇一〕見金而成也:見金,猶言至秋。

〔二〇二〕以之李,行冬斷罪:李,古獄官,即法官。行冬,方冬。 稜穀:彦按:此稜穀既在北而冬種,即是水穀,上羅苹注:"菽,水穀。"則指菽矣。 剝箭伐木,乃勞農,始獵殺:剝,音 jiǎo,削。勞,慰勞,犒勞。管子五行:"數剝竹箭,伐檀柘,令民出獵禽獸,不釋巨少而殺之,所以貴天地之所閉藏也。"尹知章注:"言數剝削竹箭以爲矢也。伐檀柘,所以爲弓也。"

〔二〇三〕管五行:五,喬本、備要本作"伍",吳本作"三",均誤。今據洪本、四庫本訂正。 李也:四庫本譌"李行"。

〔二〇四〕土事齝事爲重:土事齝事,泛指農耕之事。齝,通"穡",收割莊稼。 故后土、后稷以名教:后土,掌管土地事務的官。后稷,掌管農業生産的官。以名教,謂以"土"、"稷"爲官名,並以"土事齝事"爲教。

〔二〇五〕帝處中央而政四國,分八節以紀農功:政,治理,統治。四國,泛指四方,天下。八節,指立春、立夏、立秋、立冬、春分、夏至、秋分、冬至八個節氣。紀,謂理順。農功,農事。 命天中,建皇極:號稱居天之中,建立起所謂大中至正之統治天下準則。命，名，稱。

〔二〇六〕重：甚，過分。呂氏春秋去私：“黄帝言曰：‘聲禁重，色禁重，衣禁重，香禁重，味禁重，室禁重。’”

〔二〇七〕自此“國亡衰教”至下“而鰥寡孤獨各有養也”，大體取自古三墳地皇軒轅氏政典。明董斯張廣博物志卷九、明梅鼎祚皇霸文紀卷一引地皇軒轅氏政典，文字略同。　　淫貨：奢侈工巧之物品。　　壙土：荒廢不耕之土地。　　濫士：祇充數而無真才實學之人。

〔二〇八〕童：（山嶺、土地）光秃秃不長草木。

〔二〇九〕北：“背”之古字，背棄。四庫本作“背”，備要本譌“比”。

〔二一〇〕有雄垂六禁之科：有雄，即有熊。垂，留傳。科，條款，條文。

〔二一一〕見管子地數。管子文作：“黄帝問於伯高曰：‘吾欲陶天下而以爲一家，爲之有道乎？’”　　柏高：即伯高，黄帝臣。洪本“柏”譌“相”。　　陶：陶冶，化育。馬非百管子輕重篇新詮：“陶天下爲一家，即將國家團結爲一，亦即鞏固統一，防止分裂，加强中央集權，如埏埴爲器也。”

〔二一二〕請义其茢而時之：义，割草。管子地數作“刈”，同。茢，通“茢”，草名。可織蓆，又稱蓆子草。此但泛稱草。管子地數作“茢”。時，管子地數作“樹”。馬非百管子輕重篇新詮：“樹即山權數篇‘樹表置高’之樹，謂樹立標記作爲界限。路史引作‘時’，時即蒔，亦樹之義也。”　　吾謹逃其爪牙則可矣：爪牙，管子地數作“蚤牙”，同。馬非百管子輕重篇新詮：“此蓋謂山中礦產可製兵器與錢幣，而兵器錢幣之於人，猶禽獸之有爪牙。苟欲防其爲亂，必先禁其擅管山海之利，去其爪牙，以免爲虎附翼。故揆度篇曰：‘謹逃其爪牙，不利其器。’不利其器，則無所憑以爲亂，而天下一家，自可陶埴而成矣。”趙守正管子注譯改作“爪牙”，而云：“爪牙：本意爲禽獸爪牙，古以此比喻武臣。……此處指武裝勢力而言。‘吾謹逃其爪牙’，謂國君要努力鏟除各地的武裝勢力，以便國家獨占自然資源。‘逃’，意指除去，除掉。爪，原爲‘蚤’，古通。”

〔二一三〕見靈樞經卷九陰陽二十五人，原文作：“黄帝曰：‘……願聞二十五人之形，血氣之所生，別而以候，從外知内何如？’岐伯曰：‘悉乎哉，問也！此先師之祕也，雖伯高猶不能明之也。’”　　伯高：四庫本作“柏高”。

〔二一四〕茢，胡官切，細角山羊：茢，字當作“莧”。説文莧部：“莧，山羊細角者。……讀若丸。”徐鉉校定本注音“胡官切”。彥按：羅氏蓋混“莧”、“莧”
爲一字。

〔二一五〕易言“莧陸”：易夬九五：“莧陸夬夬中行，无咎。”高亨今注：“莧
當作莧，形似而誤。莧，山羊之細角者。陸借爲踛，跳而馳也。夬夬借爲趹趹，
急走之貌。行，道路也。莧羊跳馳趹趹然于道路之中，乃自由馳騁之象，故筮
遇此爻，无咎。”　孟喜：字長卿，漢東海蘭陵（今山東蘭陵縣）人，今文經學家，
從田王孫受易，著有周易章句。　夬有兑：夬卦（☱）之上卦爲單卦兑（☱），故
稱。吴本、備要本“夬”作“決”非。　兑爲羊也：易説卦：“兑爲羊。”

〔二一六〕上有丹矸者，下有黄銀：丹矸，朱砂。矸，音 gān。黄銀，黄銅。
管子地數“丹矸”作“丹沙”，“黄銀”作“黄金”。馬非百管子輕重篇新詮引尹
桐陽云：“凡黄金苗綫多與疵人金相雜。疵人金黄色，在空氣中與養氣相合則
變丹色。經雨水沖刷成爲碎粒，故曰‘上有丹沙者下有黄金。’”　上有慈石
者，下有銅金：慈石，即磁石。黎翔鳳管子校注：“銅無磁性，‘銅金’指黄鐵礦，
色黄似銅，又非黑鐵，故有‘銅金’之稱。”　上有陵石，下有赤銅青金：赤銅，紅
銅。青金，鉛的別稱。管子地數作：“上有陵石者，下有鈆錫赤銅。”馬非百管
子輕重篇新詮引尹桐陽云：“陵石謂有稜之石。凡火成石均有角度，如花崗石、
長石等是也。此種石多産錫鉛銅等礦。”黎翔鳳管子校注則曰：“‘陵石’爲孔
雀石，分布在銅礦最上部，故名‘陵石’。我國各地銅礦，此石極多。有鮮綠色，
故名‘綠石’。”　上有代赭，下有鐵鐵：代赭，又稱赭石，礦物名，即赤鐵礦。出
代郡，故稱。中醫以入藥。洪本“下有”之“有”字脱。鐵鐵，疑指可用以鑄鏡
之高品質鐵礦。四庫本“鐵”譌“鹽”。管子地數作：“上有赭者，下有鐵。”馬非
百管子輕重篇新詮引尹桐陽云：“赭，赤土也。今稱土珠。鐵礦未與空氣相會，
爲深藍色。其表面鐵礦與空中之養氣相配者則爲赭色，故曰‘上有赭者，下有
鐵’。”　上有葱，下有銀沙：管子地數未見此句。酉陽雜俎卷一六廣動植之
一：“山上有葱，下有銀。山上有薤，下有金。山上有薑，下有銅錫。”　此山之
見榮者也：見，讀“現”。馬非百管子輕重篇新詮：“榮猶今言礦苗。”　至於艾
而時之，則貨幣於是乎成：艾而時之，即上文“又其莧而時之”意。艾，通“乂”。
貨幣，喬本“幣”作“獘”，洪本、吴本、備要本作“弊”，當俱誤，此從四庫本改。
此句不見于管子地數。

〔二一七〕乃燹山林，破曾藪，楚萊沛：燹，音 xiǎn，焚燒。曾藪，水草叢生的洼地。曾，通“層”，重疊，引申爲叢聚。楚，疑“焚”字之譌。萊沛，水草叢生的沼澤地。禮記王制“居民山川沮澤”鄭玄注：“沮，謂萊沛。”陸德明音義：“萊音來，何胤云：‘草所生曰萊。’庾云：‘草也。’沛，蒲具反，何胤云：‘水所生曰沛。’何休注公羊傳云：‘草棘曰沛。’”管子揆度：“至於黃帝之王，謹逃其爪牙，不利其器，燒山林，破增藪，焚沛澤，逐禽獸，實以益人，然後天下可得而牧也。”　以制金刀，立五幣：金刀，古代貨幣。金指黃金，刀指刀幣。管子國蓄：“黃金刀幣，民之通施也。”五幣，謂金、刀、泉、布、帛。

〔二一八〕設九棘之利，而爲輕重之法：九棘之利，指職官之俸禄。九棘，古代羣臣外朝之位，樹九棘爲標誌，以區分等級職位。周禮秋官朝士：“左九棘，孤、卿、大夫位焉，羣士在其後。右九棘，公、侯、伯、子、男位焉，羣吏在其後。”鄭玄注：“樹棘以爲位者，取其赤心而外刺，象以赤心三刺也。”輕重之法，見管子揆度。馬非百管子輕重篇新詮云：“‘輕重之法’謂輕重之家所立之法典也。”然管子未言黃帝，路史乃屬之黃帝，不知何據。　自言能司馬，不能者釁鼓；自言能治里，不能者釁社；自言能爲官，不能官者劓以爲門：見管子揆度，文字不盡相同。釁鼓，殺後以血塗鼓行祭。里，古代地方行政組織。管子作“田土”。疑“里”爲“田土”二字連文而譌。釁社，殺後取血以祭社神。劓，同“刖”。一種割掉鼻子之酷刑。門，守門人。管子末句作“劓以爲門父”。馬非百管子輕重篇新詮：“張佩綸云：‘劓’當爲‘刖’，字之誤也。周禮秋官司刑：‘刖者使守門。’元材案：張説是也。門父，守門之隸也。古代對犯法者或俘虜，多刖其足以爲守門之隸。左傳‘鬻拳自刖，楚人以爲大閽’，又‘吾君以韓起爲閽’，注：‘刖足使守門也’，又‘吳王獲楚人，刖之使爲閽’，皆其例也。”

〔二一九〕故人亡有奸能誣禄而至於君者：管子揆度作：“故無敢姦能誣禄至於君者矣。”馬非百管子輕重篇新詮：“元材案：‘姦能誣禄’，疑當作‘誣能姦禄’。荀子君道篇云：‘臣不能而誣能。’王先謙注云：‘誣能，自以爲能。大略篇曰：“不能而居之，誣也。”’又韓非子二柄篇云：‘君見好則羣臣誣能。’八姦篇云：‘是以賢者不誣能以事其主。’管子乘馬篇云：‘君舉事，臣不敢誣其所不能。’又法法篇‘誣能’一詞凡五見。鹽鐵論刺復篇亦云：‘將多飾文誣能以亂實耶？何賢士之難睹也。’皆作‘誣能’，即其證。‘姦禄’即‘干禄’。管子法法篇云：‘明主不以爵禄私所愛，忠臣不誣能以干爵禄。’是也。”

〔二二〇〕相任黄爲官重門擊柝：任黄，保舉引進。重門擊柝，謂監門及巡夜。洪本、吴本“重”作“襌”，蓋“襌”字之譌（“襌”通“重”）；“柝”譌“析”。參見前紀四辰放氏注〔二一〕。管子揆度作：“故相任寅爲官都重門擊柝，不能（去）〔者〕，亦隨之以法。”馬非百管子輕重篇新詮：“上言‘自言能爲’，乃出於自薦，此言‘相任寅爲’，則出於保進。自薦而不能者固應重罰，保進而不能者亦應以法隨之，皆所以防制誣能姦禄之患也。”

〔二二一〕李法：治國的法典。李，通“理”，治。

〔二二二〕黄帝李法：佚書，作者不詳。　壁壘已定，穿窬不繇路者殺：壁壘，軍營的圍牆。穿窬，穿越，經過。窬，通“踰”。繇，四庫本作“由”。下“行不繇路”之“繇”同。漢書胡建傳引黄帝李法，作：“壁壘已定，穿窬不繇路，是謂姦人，姦人者殺。”

〔二二三〕見漢書胡建傳“黄帝李法曰”顔師古注。　注云：吴本“注”譌“主”。

〔二二四〕胡建爲南北軍正，假黄帝李法斬天子監軍：事見漢書胡建傳。正，各本均作“王”。彦按：“王”當作“正”。漢書胡建傳：“胡建字子孟，河東人也。孝武天漢中，守軍正丞。”顔師古注：“南北軍各有正，正又置丞，而建未得真官，兼守之。”今訂正。

〔二二五〕天李：猶言天理。

〔二二六〕見説苑指武。今本“繇”作“由”。

〔二二七〕故財用自是作，而刀棘繇此顯矣：財用，財富。作，産生。刀棘，刀和戟，借指殺人器械，泛指刑具。棘，通“戟”。繇，四庫本作“由”。

〔二二八〕太史公素王妙論：太史公，喬本、四庫本、備要本作“太公”，洪本作“犬公”，吴本作“大公”。彦按：素王妙論爲漢司馬遷撰，遷官太史令，故稱太史公。太平御覽卷四七二引，亦作“太史公素王妙論”。今訂正。　世有能知之者，莫不尊親：太平御覽卷四七二引太史公素王妙論，作：“蓋世有能知者，莫不尊榮。”彦按：“尊親”當“尊榮”之誤。五法既財用之法術，能知其術必財用富足，故自尊貴顯榮矣。　如范子，可謂曉之矣：范子，春秋越國大夫范蠡。既佐越王句踐滅吴，知越王不可共安樂，棄官遠去，居于陶，稱朱公，經商以致巨富。

〔二二九〕豈稅斂率削云哉：稅斂，賦稅。率（shuài），徵收。削，苛刻。

〔二三〇〕洛龜書威：龜書，神龜所負之書。威，洪本、吳本譌“威”。

〔二三一〕鄭注中候：吳本、四庫本“候”譌“侯”。 則：儀則，法則。

〔二三二〕易正義作“感”：感，喬本作“威”，餘諸本作“威”，皆誤。今據易繫辭上“河出圖，洛出書，聖人則之”孔穎達正義訂正。

〔二三三〕倚象衍數：根據卦象，推測運數。

〔二三四〕乃重坤以爲首，所謂歸藏易也：重，洪本、吳本作“襌”，當“襌”字之譌。藏，喬本、洪本、吳本、備要本均作“臧”，此從四庫本。

〔二三五〕卦皆六位：位，指爻位。 初震：洪本、吳本“震”譌“𠟼”。

〔二三六〕商：彥按：古三易，夏曰連山，商曰歸藏，周曰周易。疑此“商”下脫一“易”字。

〔二三七〕隨志存十三卷，晉薛正注：隨志，指隋書經籍志。“隨”通“隋”。薛正，隋書經籍志一作“薛貞”，此蓋羅氏避宋仁宗趙禎嫌名追改。

〔二三八〕長孫無忌：唐初宰相。曾領修隋書諸志。 中經簿：指西晉荀勖撰綜合性國家藏書目録中經新簿。吳本、備要本“簿”作“薄”，非。隋書經籍志一：“歸藏，漢初已亡，案晉中經有之，唯載卜筮，不似聖人之旨。”

〔二三九〕崇文三卷，但有初經、齊母、本蓍三卷缺文：崇文，即北宋官修書目崇文總目。齊母，各本“母”皆譌“世”，今訂正。本蓍，吳本“本”譌“木”。崇文總目卷一易類：“歸藏三卷，晉太尉參軍薛正註。隋世有十三篇，今但存初經、齊母、本蓍三篇。文多闕亂，不可詳解。”

〔二四〇〕昔啟筮明夷：太平御覽卷九二九引歸藏明夷曰：“昔夏后啟夢乘飛龍以登於天，睪陶占之，曰：‘吉。’” 鯀治洪水，枚占大明：鯀，洪本作“縣”，同。枚占，占卜。喬本、洪本、四庫本、備要本譌“牧占”，吳本譌“牧古”。朱彝尊經義考卷三引羅莘曰作“枚占”是，今據以訂正。晉張華博物志卷九雜説上：“昔鯀筮（注）〔治〕洪水而枚占大明，曰：‘不吉，有初無後。’” 桀筮營惑：張華博物志卷九雜説上：“桀筮伐唐而枚占熒惑，曰：‘不吉。’”又太平御覽卷九一二引歸藏曰：“昔者桀筮伐唐而枚占熒惑，曰：‘不吉。彼爲貍，我爲鼠。“勿用作事，恐傷其父”者也。’” 武王伐商，枚占耆老，曰“不吉”：枚，各本皆譌“牧”，今據朱彝尊經義考卷三引羅苹曰訂正。彦按：“不吉”，當作“吉”。張華博物志卷九雜説上：“武王伐殷而枚占蓍老，蓍老曰：‘吉。’”

〔二四一〕歸藏氏：喬本、洪本、備要本作“歸臧氏”，吳本作“婦臧氏”，今從四庫本。

〔二四二〕是所謂三易也：吳本“所”作“筮”，誤。

〔二四三〕故謂之：四庫本作“故謂之‘歸’”。

〔二四四〕公羊説：吳本、四庫本、備要本“説”作“疏”。彦按：作“疏”者非。此所引文，實出春秋隱公元年“元年，春，王正月”穀梁傳楊士勛疏，其文曰：“何休注公羊，取春秋緯‘黄帝受圖，立五始’，以爲元者氣之始，春者四時之始，王者受命之始，正月者政教之始，公即位者一國之始，五者同日並見，相須而成。” 春者，時之始：自此“者”字而下至路史正文“聽鳳之鳴”，所據天津圖書館藏洪本掃描圖片闕頁，不得其詳。

〔二四五〕漢書、春秋緯皆言黄帝受圖有五始：彦按：今考漢書，但王襃傳有“記曰：共惟春秋法五始之要，在乎審己正統而已”語，未見言黄帝受圖有五始也，疑羅氏誤記。

〔二四六〕元正即位，實係大事，如堯舜曆象日月、齊七政、定閏之類：曆象，推算觀測。四庫本“實”作“寔”，“曆”作“歷”。書堯典：“乃命羲和，欽若昊天，歷象日月星辰，敬授人時。……帝曰：‘咨！汝羲暨和。朞三百有六旬有六日，以閏月定四時，成歲。’”又舜典：“正月上日，受終于文祖。在璿璣玉衡，以齊七政。”

〔二四七〕禍：吳本作“禍”，蓋“禍”字俗寫。“禍”用同“禍”。

〔二四八〕乃設靈臺，立五官，以敍五事：靈臺，古帝王觀察天文星象、妖祥災異之臺。文選張衡東京賦：“左制辟雍，右立靈臺。”薛綜注：“司歷紀、候節氣者曰靈臺也。”敍，謂理順。

〔二四九〕黄帝攷定星曆，建立五行，起消息，正閏餘，於是始有天、地、神、氓、物類之官，是謂五官：曆，四庫本作“歷”。氓，民。彦按：此文見史記曆書。今本史記“神氓”作“神祇”。然聯繫“是謂五官”之語，似以作“氓”義長。消息，張守節史記正義引皇侃云：“乾者陽、生，爲息；坤者陰、死，爲消也。”閏餘，裴駰史記集解引漢書音義曰：“以歲之餘爲閏，故曰閏餘。”

〔二五〇〕惟五始可以當之：惟，備要本譌“推”。禮記中庸鄭玄注原文作：“聖人制作，其德配天地，如此唯五始可以當焉。”

〔二五一〕黄帝立五始，制以天道：禮記中庸孔穎達疏引合成圖，“黄帝”作“皇帝”，非。

〔二五二〕見公羊傳隱公元年“公何以不言即位”注“政莫大於正始”徐彦疏。原文作：“言凡欲正物之法，莫大於正其始時，是以春秋作五始，令之相正也。”

〔二五三〕命臾蓝占星：臾蓝，備要本作“臾蓝蓝”，衍一“蓝”字。占星，觀察星象。占，觀察。下“羲和占日”、“尚儀占月”、“車區占風”之“占”義同。

〔二五四〕未核：猶言“不實”。

〔二五五〕容丘亦有兵法：吴本“法”譌“去”。

〔二五六〕鬭苞授規，正日月星辰之象，分星次：星次，日月五星運行所至之處（區間）。凡十二次，於黄赤道附近一周天按照由西嚮東的方嚮分爲十二個等分，依次稱爲：星紀、玄枵、娵訾、降婁、大梁、實沈、鶉首、鶉火、鶉尾、壽星、大火、析木。彦按：後漢書天文志上：“軒轅始受河圖鬭苞授，規日月星辰之象，故星官之書自黄帝始。”王先謙集解引惠棟云：“案鬭苞受，河圖篇名，見李善注文選。‘鬭’當作‘闓’，‘授’當作‘受’，‘規’字屬下讀。羅泌以‘鬭苞’爲黄帝臣名，非也。”　象應著名，始終相驗：象應著名，謂日月星辰之象與所命之名相應。著名，猶命名。後漢書律曆志下論曰：“暨於黄帝，班示文章，重黎記註，象應著名，始終相驗，準度追元，乃立曆數。”

〔二五七〕星官：指天文星象。

〔二五八〕見晉書天文志上。原文作：“黄帝創受河圖，始明休咎，故其星傳尚有存焉。”

〔二五九〕隨志：指隋書天文志。隨，喬本如此，餘諸本均作“隋”，通。

〔二六〇〕浮箭爲刻，孔壺爲漏，以攷中星：浮箭，古代計時器漏壺上指示時刻的箭頭。刻，各本皆作“泉”，不可解，當屬譌字。“浮箭爲刻”出後漢書律曆志下，相沿爲古人習語，今訂作“刻”。孔壺，古代滴水計時之器。因底部有小孔，故稱。中星，二十八宿分布四方，按一定軌道運行，依次每月行至中天南方的星叫中星。古人通過觀察中星確定四時。後漢書律曆志下：“孔壺爲漏，浮箭爲刻,下漏數刻,以考中星,昏明生焉。"

〔二六一〕梁刻漏經:隋書天文志上載,梁武帝"先令祖暅爲漏經,皆依渾天黄道日行去極遠近,爲用箭日率",蓋即其書。

〔二六二〕隨志:指隋書天文志。四庫本、備要本"隨"作"隋"。　創觀漏水:謂以觀漏水而創。

〔二六三〕僑珥旺適:此下皆日變異之種種表象。僑珥(yù ěr),兩種日旁雲氣之象。吕氏春秋明理:"其日有鬭蝕,有倍僑,有暈珥。"高誘注:"倍、僑、暈、珥,皆日旁之危氣也。在兩旁反出爲倍,在上反出爲僑,在上内向爲冠,兩旁内向爲珥。暈讀爲'君國子民'之君;氣圍繞日周匝,有似軍營相圍守,故曰暈也。"旺適,日旁雲氣盛者爲旺,正常者爲適。　纓紐苞負:雲氣纏繞、包圍,或上託日之象。苞負,吴本、四庫本作"抱負",通。唐元稹辨日旁瑞氣狀:"青赤短小在日旁謂之'珥',微曲向日謂之'抱'。珥者,纓珥之象,天子有喜並有和親之事,又當拜將;抱者,扶抱向就之象,鄰國臣佐來降,天子有喜賀之事、子孫之慶,臣下忠誠輔主,國中歡喜和合。"又新五代史司天考:"五代亂世,……日有冠珥、環暈、纓紐、負抱、戴履、背氣,十日之中常七八,其繁不可以勝書。"

關啓亡浮:雲氣蔽日爲關,雲消日見爲啓,日旁不見雲氣爲亡,日旁雲氣湧出爲浮。

〔二六四〕義和,日御:日御,日神之車夫。古代神話傳説,以義和爲給太陽駕車之神。楚辭離騷"吾令羲和弭節兮"王逸注:"羲和,日御也。"　故後世日官皆以爲號:日官,掌天象曆數之官。左傳桓公十七年:"天子有日官,諸侯有日御。"杜預注:"日官、日御,典曆數者。"

〔二六五〕繩九道之側匿:繩,度量,衡量。九道,此指月運行的軌道,古人以爲月行有九道。宋書律曆志下載劉向論九道云:"青道二出黄道東,白道二出黄道西,黑道二出北,赤道二出南。"又云:"立春、春分,東從青道;立夏、夏至,南從赤道。秋白冬黑,各隨其方。"側匿,偏差。匿,"慝"之古字,差誤。糾五精之留疾:糾,監察。五精,五方之星。文選張衡東京賦:"辨方位而正則,五精帥而來攤。"薛綜注:"五精,五方星也。"留,由于地球和行星都繞太陽運動,有時從地球上看來,某些行星在天空中的位置好像停止不動,即所謂"留"。疾,與"留"相反,指感覺行星在天空中的移動很快。

〔二六六〕宋書律曆志中：“黄帝使……羲和占日，常儀占月。”

〔二六七〕道八風以通乎二十四：道，由。八風，八節之風。初學記卷一引易緯曰：“八節之風謂之八風。立春條風至，春分明庶風至，立夏清明風至，夏至景風至，立秋涼風至，秋分閶闔風至，立冬不周風至，冬至廣莫風至。”通，喬本作“道”，誤，今據餘諸本訂正。二十四，指二十四節氣。

〔二六八〕車藍占星氣：中華書局1974年版晉書律曆志中作“臾區占星氣”，校勘記曰：“‘臾區’，各本誤作‘車區’，惟殿本作‘臾區’，今從殿本。”

〔二六九〕“鬼臾”，訛爾：各本“鬼臾”均作“臾鬼”。彦按：“臾鬼”當作“鬼臾”，方與“或謂即鬼臾藍”合，今訂正。

〔二七〇〕隸首定數：定數，謂制訂律度及度量衡之單位數量。　以率其羨，要其會：率其羨，謂按比例均分餘數。率，音 lǜ，比例，比率。羨，羨餘，剩餘。要其會，謂探求計算之法。要，求取。會，音 kuài，計算。　而律度量衡繇是成焉：四庫本“繇”作“由”。

〔二七一〕四器生於律：四器，指律管及度、量、衡之器。　隨志：指隋書律曆志。四庫本、備要本“隨”作“隋”。

〔二七二〕泠倫造律：泠倫，吳本、四庫本、備要本皆作“伶倫”，與吕氏春秋同。而畢沅所見本説苑修文亦作“泠倫”，與喬本同。至漢書古今人表又作“泠淪”，律曆志上又作“泠綸”，均同一人。　采解谿之篁：解谿，山谷名，在崑崙山北。篁，竹子。　斷篁間三寸九分爲黄鐘之宫，曰“舍少”：吕氏春秋古樂：“昔黄帝令伶倫作爲律。伶倫自大夏之西，乃之阮隃之陰，取竹於嶰谿之谷，以生空竅厚鈞者，斷兩節間其長三寸九分而吹之，以爲黄鐘之宫，吹曰‘舍少’。”陳奇猷校釋曰：“黄鐘管長不得爲三寸九分，此文‘三寸九分’當從淮南、史記、説苑、御覽改爲‘九寸’。考管樂音調之高低，即振數之大小，決定於音速、管長、管徑以及開管或閉管。今以閉管長九寸計算，其音與 G 相同。此音取爲黄鐘之宫，正是中和之音，清濁之衷。由此亦益明黄鐘管長當爲九寸也。”又曰：“劉復曰：（‘舍少’）覆宋刊本、張本、鮑本、太平御覽仍作‘舍’，其明活字本、明鈔本、汪本作‘含’。此當作‘吹曰舍少’，即謂‘吹出來的聲音是舍少’。‘舍少’是模擬聲音。古音‘舍少’二字如何讀法，現在雖未完全考定，大致總與 Shia—Shiau 相近。以此模擬黄鐘管聲，正如管子地員篇以豕、馬、牛、羊、雉的聲音模擬徵、羽、宫、商、角五音，後世以‘仙翁’二字調琴音之類。……奇猷案：……劉說至確。余嘗截周尺九寸之竹，塞其一端而吹之，其主音爲‘舍’，其收音爲‘少’。蓋‘舍少’音爲Shia—Shiau，而a之收音即爲au，故‘舍少’實爲一音之首尾。若作‘舍少’，則非其旨矣。”彦按：劉、陳二氏關于“舍少”之說甚辯，路史蓋承吕覽誤本之譌。至陳氏謂“黄鐘管長不得爲三寸九分，……當從淮南、史記、説苑、御覽改爲‘九寸’”，則未必然。明王邦直律吕正聲卷一論黄鐘律本曰：“黄鐘所以三十九分者，陽氣自小雪後一日生一分，到冬至生三十分，故其數三十。陽數用九，故又加之以九分。夫氣之升降，豈真有分數之可言哉？蓋陽氣之升，積至冬至而成一陽，適可以滿其三寸九分之管，聖人獨會其精，以管約之而已。三寸者，體數也；九分者，用數也。……冬至十一月中，一陽生，其數九；至大寒十二月中，二陽生，二九一十八，並體數則爲四十八矣，故大吕四寸八分。至雨水正月中，三陽生，三九二十七，並體數則爲五十七矣，故太簇五寸七分。至春分二月中，四陽生，四九三十六，並體數則爲六十六矣，故夾鍾六寸六分。至穀雨三月中，五陽生，五九四十五，並體數則爲七十五矣，故姑洗七寸五分。至小滿四月中，六陽已極，六九五十四，並體(用)〔數〕則爲八十四矣，故仲吕八寸四分。至此則陽長已極，陰消已盡，必又加之以六分而爲蕤賓。九寸之管者，陽之餘空之數也，邵子曰‘陰陽餘空之數各六’是也。九者，陽之極數也；六者，陰之極數也。九極而六生焉，又以見陽極將變而爲陰之義。小滿至夏至五月中爲六十分，並體數則爲九十分矣。夫生則爲陽，消則爲陰，極於上則消於下。夏至一陰生，陽已消其一九矣，至大署六月中，消其一九，猶有九九八十一分，故林鍾八寸一分。至處署七月中，消其二九，猶有八九七十二分，故夷則七寸二分。秋分八月中，消其三九，猶有七九六十三分，故南吕六寸三分。霜降九月中，消其四九，猶有六九五十四分，故無射五寸四分。小雪十月中，消其五九，猶有五九四十五分，故應鍾四寸五分。至此則六陽消剥已盡，陰長已極，必又消其六分，而後復於黄鍾三寸九分者，陰之餘空之數也。……孰謂黄鍾往而不返哉？”所論極爲精核。蓋夏、商、周三代以上之律吕，原不同于漢唐以來之律吕。黄鍾管長，吕覽自作“三寸九分”，淮南、史記、説苑自作“九寸”，宜各從其舊。

　　〔二七三〕漢志：指漢書律曆志。　帝使伶倫之大夏之西、昆崙之陰：今漢書“伶倫”作“泠綸”，“之大夏”作“自大夏”。顏師古注引應劭曰：“大夏，西戎之國也。”昆侖，吳本、四庫本“昆”作“崑”，備要本作“崐”。　取竹之嶰谷生、竅厚均者：今漢書“嶰谷”作“解谷”。　曰“含少”：今漢書無此三字。

〔二七四〕制十二筒，寫鳳之鳴，雄鳴六，雌亦六，此清宮也：筒（tǒng），竹管。寫，仿效，模仿。清宮，樂律名，其音比宮聲高半音。漢書律曆志上原文作：“制十二筒以聽鳳之鳴，其雄鳴爲六，雌鳴亦六，比黃鐘之宮，而皆可以生之，是爲律本。”

〔二七五〕隨志：四庫本、備要本“隨”作“隋”。　帝使伶倫取竹，斷節間吹之，爲黃鐘清宮之管，自清宮皆可生之：彥按：今考隋書，並無此文。唯律曆志上云：“傳稱黃帝命伶倫斷竹，長三寸九分，而吹以爲黃鍾之宮，曰含少。次制十二管，以聽鳳鳴，以別十二律，比雌雄之聲，以分律呂。上下相生，因黃鍾爲始。”相去未免太遠。

〔二七六〕夫律呂之數，或還或否，凡七十八，黃鐘之數焉：還（xuán），轉。彥按：“黃鐘之數焉”，“數”下疑脫“立”字。太玄玄數：“黃鐘生林鐘，林鐘生太簇，太簇生南呂，南呂生姑洗，姑洗生應鐘，應鐘生蕤賓，蕤賓生大呂，大呂生夷則，夷則生夾鐘，夾鐘生無射，無射生仲呂。子午之數九，丑未八，寅申七，卯酉六，辰戌五，巳亥四。故律四十二，呂三十六。并律呂之數，或還或否，凡七十有八，黃鐘之數立焉。”明葉子奇太玄本旨曰：“陽數九、七、五，積二十一，因而加倍（彥按：陽律有六，九、七、五但三數，故須加倍），得四十二。陰數八、六、四，積十八，因而加倍（彥按：陰呂亦有六，故亦須加倍），得三十六。合二者之數，或如黃鍾以下可以旋生諸律，或如仲呂之上不可以復生黃鍾，總其大數凡七十八，而黃鍾之數立焉。”明王邦直律呂正聲律呂之數曰：“律四十二者，陽律九、七、五而倍之，故四十二；呂三十六者，陰呂八、六、四而倍之，故三十六。還者，還以爲律，謂自子至巳；否者，重數不以爲律，謂自午至亥。……蓋律呂之數，用陽而不用陰。”彥按：王氏說是。律呂相生，陽律下生陰呂，黃鍾（子）生林鍾（未），大呂（丑）生夷則（申），太簇（寅）生南呂（酉），夾鍾（卯）生無射（戌），姑洗（辰）生應鍾（亥）是也；陰呂上生陽律，蕤賓（午）生大呂（丑），林鍾（未）生太簇（寅），夷則（申）生夾鍾（卯），南呂（酉）生姑洗（辰），無射（戌）生仲呂（巳），應鍾（亥）生蕤賓（午）是也。陽生於子（黃鍾），陰生於午（蕤賓）。

自子至巳，六律也，即所謂“還”，謂“還以爲律”；自午至亥，六吕也，即所謂“否”。此所謂“律吕之數，用陽而不用陰”也。

〔二七七〕三寸九分黄鐘之清倍之也：清，指清宫。

〔二七八〕和聲：調和聲調。

〔二七九〕後代因其餘：因其餘，承其舊。餘，遺留。　出之爲六十，爲三百，本於劉安：出，發展。劉安，西漢淮南王。集道家思想大成之哲學巨著淮南子，安爲主編。彦按：淮南子天文云：“律之數十二，……其以爲音也，一律而生五音，十二律而爲六十音，因而六之，六六三十六，故三百六十音以當一歲之日。故律曆之數，天地之道也。”此謂“爲三百”，舉大數言之耳。

〔二八〇〕制十有二箭，以之阮隃之下，聽鳳之鳴，以定其雌：彦按：此據吕氏春秋文也。“雌”上疑脱“雄”字。吕氏春秋古樂云：“（伶倫）次制十二筒，以之阮隃之下，聽鳳皇之鳴，以别十二律。其雄鳴爲六，雌鳴亦六，以比黄鐘之宫，適合。”王念孫曰：“‘崐崘’或作‘崑崘’，因譌爲‘阮隃’。”（見吕氏春秋校本）

〔二八一〕抱朴：喬本、洪本“朴”作“璞”，此從餘諸本。　帝轅候鳳鳴而調律：見抱朴子内篇對俗，今本“而”作“以”。

〔二八二〕隨毛爽：隨，通“隋”，四庫本作“隋”。毛爽，陳陽山太守，隋時爲白衣，曉音律。　帝聽鳳阿閣之下：阿閣，四面都有檐霤的樓閣。　鄒衍吹律以定五始，正朔、服色繇斯而别：鄒衍，戰國末齊國陰陽家，創“五德終始”説，又好言天事，時人稱之爲“談天衍”。服色，指車馬與祭牲之色。歷代各有所尚。禮記大傳：“改正朔，易服色。”鄭玄注：“服色，車馬也。”孫希旦集解：“服，如服牛乘馬之服，謂戎事所乘；若夏乘驪，殷乘翰，周乘騵是也。色，謂祭牲所用之牲色；若夏玄牡，殷白牡，周騂犅是也。”繇，四庫本作“由”。隋書律曆志上載毛爽所著律譜，略云：“黄帝遣伶倫氏取竹于嶰谷，聽鳳阿閣之下，始造十二律焉。乃致天地氣應，是則數之始也。陽管爲律，陰管爲吕，其氣以候四時，其數以紀萬物。云隸首作數，蓋律之本也。夫一、十、百、千、萬、億、兆者，引而申焉，曆度量衡，出其中矣。故有虞氏用律和聲，鄒衍改之，以定五始。正朔服色，亦由斯而别也。”

〔二八三〕以應候氣：候氣，節候之氣息。　察治忽，以知三軍之消息：察，喬本、洪本、吳本、備要本皆作“廢”，義不可解，今據四庫本改。治忽，猶治滑，謂治亂。書益稷：“予欲聞六律五聲八音，在治忽，以出納五言。”消息，消長，盛衰。周禮春官大師：“大師，執同律以聽軍聲，而詔吉凶。”鄭玄注：“大師，大起軍師。兵書曰：‘王者行師出軍之日，授將弓矢，士卒振旅，將張弓大呼，大師吹律合音。商則戰勝，軍士强；角則軍擾多變，失士心；宫則軍和，士卒同心；徵則將急數怒，軍士勞；羽則兵弱，少威明。’”

〔二八四〕晉志：指晉書律曆志。　　以玉爲琯：今本晉書律曆志上“琯”作“管”，通。　　長尺，六孔，爲十二月音：各本“孔”譌“寸”，“月”下脱“音”字，今據晉志訂補。

〔二八五〕晉人發汲冢：指晉太康二年，汲郡人不準盜發魏襄王墓事。汲，郡名，治所在今河南衛輝市。晉書律曆志上：“又，汲郡盜發六國時魏襄王冢，得古周時玉律及鍾、磬，與新律聲韻闇同。”

〔二八六〕鄭衆：東漢經學家。章帝時官大司農，故後世又稱之爲鄭司農。周禮春官典同：“掌六律六同之和，以辨天地四方陰陽之聲，以爲樂器。”鄭玄注引鄭司農云：“陽律以竹爲管，陰律以銅爲管。竹陽也，銅陰也，各順其性。”

〔二八七〕虞帝昭華，傳刻玉之抄：昭華，美玉名。尚書大傳卷一：“堯致舜天下，贈以昭華之玉。”抄，同“妙”。洪本、吳本、四庫本作“妙”。隋書律曆志上原文作：“伶倫含少，乃擅比竹之工；虞舜昭華，方傳刻玉之美。”

〔二八八〕統和天人，非玉莫致其至：統和，使合一和諧。致其至，得其極致。

〔二八九〕東漢二至，以玉律十二候氣殿中，以竹律六十候日靈臺：二至，指二十四節氣之冬至與夏至。候氣，謂探測節氣變化。候日，謂探測日象變化。彦按：後漢書律曆志上曰：“殿中候，用玉律十二。惟二至乃候靈臺，用竹律六十。候日如其曆。”當即羅氏所本。然經羅氏如此轉述，意思已不盡相同。

〔二九〇〕太始十年：太始，當作“泰始”，晉武帝年號。　　一姑洗玉律，二小吕玉律：姑洗，十二律之第五律。小吕，又稱中吕、仲吕，十二律之第六律。晉書律曆志上載中書監荀勖銘依周禮新制尺曰：“晉泰始十年，中書考古器，揆校今尺，長四分半。所校古法有七品：一曰姑洗玉律，二曰小吕玉律”。

〔二九一〕禮記祭法：“黄帝正名百物，以明民共財。”孔穎達疏：“‘黄帝正名百物’者,上雖有百物,而未有名,黃帝爲物作名,正名其體也。‘以明民’者,謂垂衣裳,使貴賤分明得其所也。‘共財’者,謂山澤不鄣,教民取百物以自贍也。”

〔二九二〕易是類謀:漢代緯書,易緯之一種。以韻語成文,多言機祥推驗,並及於姓輔名號。 當吹律,聽以別其姓:太平御覽卷一六引易是類謀,作“當吹律聽聲,以別其姓”。

〔二九三〕五音姓:古陰陽家按宮、商、角、徵、羽五音將姓氏加以分類,稱五音姓,簡稱五姓。論衡詰術:“宅有五音,姓有五聲。”

〔二九四〕堪輿經有黃帝問天老五姓:堪輿經,佚書,作者不詳。舊唐書吕才傳載才敍宅經曰:“卜宅吉凶,其來尚矣。至於近代師巫,更加五姓之説。言五姓者,謂宮、商、角、徵、羽等,天下萬物,悉配屬之,行事吉凶,依此爲法。至如張、王等爲商,武、庾等爲羽,欲似同韻相求;及其以柳姓爲宮,以趙姓爲角,又非四聲相管。其間亦有同是一姓,分屬宮、商;後有復姓數字,徵、羽不別。驗於經典,本無斯説,諸陰陽書,亦無此語,直是野俗口傳,竟無所出之處。唯堪輿經,黃帝對於天老,乃有五姓之言。” “聖人吹律定姓”云:聖人,喬本、洪本作“聖王”;餘諸本皆作“聖人”,與白虎通文同,今從之。云,洪本譌“白”。白虎通姓名云:“姓所以有百者何? 以爲古者聖人吹律定姓,以紀其族。人含五常而生,正聲有五,宮、商、角、徵、羽,轉而相雜,五五二十五,轉生四時異氣,殊音悉備,故姓有百也。”

〔二九五〕命陰得羽之宮:命陰,即命吕,謂律。命,猶召,謂召喚,感召。彦按:魏王弼周易註卷一〇周易略例上明爻通變云:“召雲者龍,命吕者律。”注曰:“命陰吕者陽律。”羽之宮,謂由羽變宮。

〔二九六〕李房:西漢易學家。漢書京房傳:“房本姓李,推律自定爲京氏。”

〔二九七〕庶姓別于上而戚殫于下:禮記大傳:“其庶姓別於上,而戚單於下,昏姻可以通乎?”孔穎達疏:“‘而戚單於下’者,戚,親也;單,盡也。……庶,衆也。高祖以外,人轉廣遠,分姓衆多,故曰庶姓也。” 倫類:猶倫理,謂人倫道德之理。

〔二九八〕繫之以姓而弗別,綴之以食而弗殊,雖百世而婚姻不通,周道然

也:百世,洪本脱"百"字。今本禮記大傳"不通"下有"者"字。鄭玄注:"姓,
正姓也,始祖爲正姓,高祖爲庶姓。繫之弗别,謂若今宗室屬籍也。"孔穎達疏:
"'綴之以食而弗殊'者,連綴族人以飲食之禮,而不殊異也。"

〔二九九〕六世親屬竭,財通婚姻:財,通"纔"。禮記大傳:"六世,親屬竭
矣。"　故杜佑云"商以上,親不隔同姓":彦按:"親"當作"婚"。通典卷六〇禮
二十同姓婚議:"昔人皇之代,始有夫婦之道。殷以上,而婚不隔同姓。"

〔三〇〇〕大撓正甲子,探五行之情,而定之納音:大撓,喬本、洪本、備要本
"撓"作"橈"。今從吳本、四庫本改,以與本書卷六、卷十作"大撓"相一致。下
羅苹注"大撓"同。納音,見後紀一太昊伏戲氏注〔一八四〕。　風后釋之,以
致其用,而三命行矣:三命,謂紀日、紀月、紀年。命,名,命名。後漢書律曆志
上"記稱大橈作甲子"劉昭注引月令章句曰:"大橈探五行之情,占斗綱所建,
於是始作甲乙以名日,謂之幹;作子丑以名月,謂之枝;枝幹相配,以成六旬。"
彦按:此謂大撓始作十天干以名日,十二地支以名月,又干支相配成六十甲子
以名年也。所謂"三命"指此。

〔三〇一〕燭神經:佚書,作者不詳。　玄女授三式,壬、遁、太乙也:壬,指
六壬。遁,指遁甲。喬本、洪本、備要本"遁"作"盾",今從吳本及四庫本改。
壬、遁、太乙三式皆古術數。

〔三〇二〕天書:道家託言天神所賜之書。　以十干、十二支衍而成六十,
取納音聲:衍,喬本、洪本譌"術",今據餘諸本訂正。取納音聲,謂取之以與音
聲(宮、商、角、徵、羽五音與十二律組合之音,數亦六十)相配,即所謂"納音"。
納,結納。　如今"海中金"、"沙中金"之類:海中金、沙中金,六十甲子納音五
行中關于年命之名稱。下所謂"伏墓金"、"乘象火",亦其類。

〔三〇三〕"甲子、乙丑伏墓金"、"丙寅、丁卯乘象火":此之甲子、乙丑、丙
寅、丁卯,指人出生所值干支年份。火,吳本譌"大"。

〔三〇四〕命鈐敍:佚書,作者不詳。　以序九宮之法:序,序次,排列。九
宮,見後紀一太昊伏戲氏注〔八四〕。

〔三〇五〕察三辰於上,迹禍福於下:迹,推究。禍,吳本作"禂",四庫本作
"禔",同。　經緯曆數:規劃制訂曆法。　然後天步有常而不倍:天步,天體
(日月星辰)的運轉。倍,逆亂,反常。

〔三〇六〕張衡傳：見後漢書卷五九。

〔三〇七〕命容成作蓋天，綜六術以定氣象：蓋天，我國古代一種天體學説。晉書天文志上曰：“蔡邕所謂周髀者，即蓋天之説也。……其言天似蓋笠，地法覆槃，天地各中高外下。北極之下爲天地之中，其地最高，而滂沱四隤，三光隱映，以爲晝夜。”六術，指占日、占月、占星氣、律吕、甲子、算數。氣象，節氣、天象。晉書律曆志中：“逮乎炎帝，分八節以始農功，軒轅紀三綱而闡書契，乃使羲和占日，常儀占月，臾區占星氣，伶倫造律吕，大撓造甲子，隸首作算數。容成綜斯六術，考定氣象，建五行，察發斂，起消息，正閏餘，述而著焉，謂之調曆。”

〔三〇八〕上下周紀，其有數乎：上下周紀，指節氣、天象（日月星辰之運行）循環變化之頭緒。數，規律。

〔三〇九〕期：音亓，周年。

〔三一〇〕六者，六氣；五者，五位：六氣，自然氣候變化的六種現象，即陰、陽、風、雨、晦、明。五位，指東、南、中、西、北五方之位置。黃帝内經素問天元紀大論王冰注：“天有六氣，地有五位。”此下羅氏注文至“周而復始也”，大抵撮取自王冰之説。

〔三一一〕天元：即天。廣雅釋言：“元，天也。”

〔三一二〕環會：循環一周而（于起點）相會。

〔三一三〕乃因五量，治五氣：五量，度量衡名。漢書律曆志上：“量者，龠、合、升、斗、斛也，所以量多少也。”治，研究。五氣，謂五行，指金、木、水、火、土。大戴禮記五帝德：“孔子曰：‘黃帝，少典之子也，曰軒轅。……長而敦敏，成而聰明。治五氣，設五量，撫萬民，度四方。’”　起消息，察發斂，以作調曆：起，揭示。消息，盛衰變化。發斂，往還進退。喬本、備要本“發”作“法”，蓋由音譌，今據餘諸本訂正。漢書律曆志上“蓋聞古者黃帝合而不死，名察發斂”顏師古注引臣瓚曰：“題名宿度，候察進退。”調曆，吳本“曆”作“歷”。

〔三一四〕立正爻以配氣：正爻，指八卦之爻；每卦三爻，凡二十四爻。氣，節氣，凡二十四。　致褈爻以抵日：致，置，設置。褈爻，指重卦之爻；重卦六十四，每卦六爻，凡三百八十四爻，減去二十四正爻，乃餘三百六十爻。褈，通“重”，四庫本作“重”。喬本、洪本作“褈”，吳本、備要作“種”，皆當“褈”字形譌。今訂作“禫”。抵,當,對應。

〔三一五〕是歲己酉朔旦:朔旦,正月初一。　日南至而獲神策、得寶鼎冤侯:日南至,指冬至日。日躔于夏至後自北而漸南,至冬至日達南之極,而後又自南而漸北。故冬至日又稱“日南至”。左傳僖公五年:“春,王正月,辛亥朔,日南至。”杜預注:“周正月,今十一月,冬至之日,日南極。”各本原無“日”字,當由脱文,今據明邢雲路古今律歷考卷九、文淵閣四庫全書御批歷代通鑑輯覽卷一、清許伯政全史日至源流卷首下異文訂補。神策,卜筮所用之蓍草。冤侯,地名,即宛朐,在今山東曹縣西北。各本“冤”皆作“冕”。彥按:“冕”當“冤”字形譌,“冤侯”與“宛朐”音近,蓋記詞音。作“冕”則音相遠,必非。今訂正。下羅苹注“冤侯”之“冤”同。史記封禪書:“(齊人公孫)卿有札書曰:‘黃帝得寶鼎宛朐,問於鬼臾區。鬼臾區對曰:“帝得寶鼎神策,是歲己酉朔旦冬至,得天之紀,終而復始。”於是黃帝迎日推策。’”

〔三一六〕紀:綱紀,法度,法則。

〔三一七〕迎日推策:史記五帝本紀:“(黃帝)獲寶鼎,迎日推筴。”司馬貞索隱:“黃帝得蓍以推算曆數,於是逆知節氣日辰之將來,故曰推策迎日也。”十六神歷:曆法名。吳本、四庫本、備要本“十六”作“六十”,蓋誤。玉海卷一四〇黃帝兵法兵曆引武經總要曰:“太一者,天帝之神也。其星在天之南,總十六神,知風雨、水旱、金革、凶饉陰陽二局,存諸祕式。星文之次舍,分野之災祥,貴乎先知,逆爲之備。用軍行師,主客勝負,蓋天人之際相參焉。”此所謂“諸祕式”,蓋即十六神歷之法歟?

〔三一八〕見史記五帝本紀“迎日推筴”司馬貞索隱。原文作:“則神策者,神蓍也。”

〔三一九〕所謂太乙神策:太乙,即“太一”。喬本、洪本、備要本作“太元”,誤。今據吳本、四庫本改。舊唐書禮儀志三:“癸巳,中書令張説進稱:‘天賜皇帝太一神策,周而復始,永綏兆人。’”

〔三二〇〕積邪分以致閏,配甲子而設蔀:邪分,餘分,指地球環繞太陽運行一周的實際時間與紀年時間相比所餘的零頭數。邪,通“餘”。閏,洪本譌“閩”。蔀,古曆法計算單位。見後紀一太昊伏戲氏注〔一八八〕。唐張説大衍曆序:“積餘分而致閏,配甲子而設蔀。”

〔三二一〕太平御覽卷一六引易乾鑿度曰：“七十六歲爲一紀，二十紀而一蔀首。”

〔三二二〕之原名“握先”：之原，猶其原，謂曆元（曆法推算的起算點）。古人一般以朔旦（一月之始）、冬至同在夜半的一天爲曆元。詩大雅文王之什序孔穎達疏：“案乾鑿度云：曆元名‘握先’，紀日甲子，歲甲寅。”太平御覽卷一六引易乾鑿度，作“曆原名‘握先’，紀曰甲子”，注：“‘握先’爲曆始之名。始，言無前者也。”　率二十而冬至復朔：二十，指二十年。史記封禪書載齊人公孫卿札書曰：“於是黃帝迎日推策，後率二十歲復朔旦冬至。”

〔三二三〕公孫卿：漢武帝時方士，齊人。　今年辛巳朔旦冬至，與黃帝時等：見史記孝武帝紀。原文作：“今年得寶鼎，其冬辛巳朔旦冬至，與黃帝時等。”

〔三二四〕太甲元年，乙丑朔旦冬至；後九十五年，甲申朔得至：太甲，商朝第四位國君，爲商湯嫡長孫。漢書律曆志下：“商十二月乙丑朔旦冬至，故書序曰：‘成湯既没，太甲元年，使伊尹作伊訓。’伊訓篇曰：‘惟太甲元年十有二月乙丑朔，伊尹祀于先王，誕資有牧方明。’言雖有成湯、太丁、外丙之服，以冬至越弗祀先王于方明以配上帝，是朔旦冬至之歲也。後九十五歲，商十二月甲申朔旦冬至，亡餘分，是爲孟統。”

〔三二五〕周公攝政五年，丁巳朔旦得至：漢書律曆志下：“周公攝政五年，正月丁巳朔旦冬至，殷曆以爲六年戊午。”　後七十六年，丙申朔旦得至：彦按：此“後七十六年”有誤。丙申當在丁巳後九十九年。漢書律曆志下：“（魯）煬公二十四年正月丙申朔旦冬至，殷曆以爲丁酉，距微公七十六歲。”考魯君統系，煬公之後爲幽公，幽公之後爲微公，故此實謂下距魯微公即位七十六年，非謂上距周公攝政五年七十六年也。羅苹注謬。

〔三二六〕下至秦漢，率七十六歲而冬至一復朔：彦按：此説無據。考漢書律曆志下，每見“某月某日朔旦，距某公七十六歲”語，如“（魯）元公四年正月戊申朔旦冬至，殷曆以爲己酉，距康公七十六歲”，“康公四年正月丁亥朔旦冬至，殷曆以爲戊子，距緡公七十六歲”，“緡公二十二年正月丙寅朔旦冬至，殷曆以爲丁卯，距楚元七十六歲”，“（漢高祖皇帝）八年十一月乙巳朔旦冬至，楚元三年也，故殷曆以爲丙午，距元朔七十六歲”，“元帝初元二年十一月癸亥朔旦冬至,殷曆以爲甲子,……距建武七十六歲"等。然此賈逵所謂"治曆者方以七十六歲斷之"(見後漢書律曆志中),所距之處,並非朔旦冬至之日。羅氏蓋誤會其意。其注之粗疏孟浪,率多類此。　至於皇朝政和八年:"於"字喬本、洪本爲闕文,今據餘諸本補。

〔三二七〕履端於始,表正於中,推餘於終,而天度畢矣:見黄帝内經素問六節藏象論。原文"履"作"立"。左傳文公元年亦曰:"先王之正時也,履端於始,舉正於中,歸餘於終。"楊伯峻注:"此三語舊説紛紜,今據江永羣經補義説解之。履端於始,始指冬至,謂步曆以冬至爲始也。……舉正於中者,三代各有正朔,以正朔之月爲正月也。……以冬至爲始,以閏餘爲終,故舉正朔之月爲中。……歸餘於終者,置閏月或三年或二年,常置於歲終也。"天度,關于歲時節候之推算,指步曆之法。

〔三二八〕凡二十推,三百八十年而策定:史記封禪書載齊人公孫卿札書曰:"於是黄帝迎日推策,……凡二十推,三百八十年,黄帝僊登于天。"　然後時惠而辰從:"惠""從"皆"順"義。國語晉語一:"若惠於父而遠於死,惠於衆而利社稷,其可以圖之乎?"韋昭注:"惠,順也。"

〔三二九〕沿革:即歷代沿革。佚書,作者不詳。沿,同"沿"。吴本、四庫本、備要本作"沿"。　黄帝曆曰調曆:四庫本二"曆"字作"歷"。下文諸"曆"字同。宋高承事物紀原卷一天地生植門曆名引沿革曰:"黄帝考星曆,建五行,起消息,正閏餘,謂之調曆。"

〔三三〇〕事備載于漢書律曆志上,與此文字不盡相同。　元鳳:漢昭帝劉弗陵年號。

〔三三一〕執候:負責觀察。漢書律曆志上作"雜候"。

〔三三二〕乃詔李信治調曆:彦按:此説無據。漢書律曆志上:"壽王及待詔李信治黄帝調曆,課皆疏闊。"疑羅氏誤斷"及待詔李信治黄帝調曆"爲句而摘取之,又譌"及"爲"乃",更奪"待"字。

〔三三三〕易乾鑿度云"名曰'握先'",即調曆也:各本均無"曆"字,文不成義,蓋脱文,今據意補。

〔三三四〕故神降之嘉生:洪本"之"字爲墨丁。史記曆書太史公曰:"蓋黄帝考定星曆,建立五行,起消息,正閏餘,於是有天地神祇物類之官,是謂五官。

各司其序,不相亂也。民是以能有信,神是以能有明德。民神異業,敬而不瀆,故神降之嘉生。"裴駰集解引應劭曰:"嘉穀也。"

〔三三五〕本次分范十有二鏡:本次,謂根據十二次。次,我國古代將黃道帶分成十二部分,各稱爲次。范,通"範",鑄造。 六乳四獸:此蓋謂鏡背面之圖案。乳,指凸出如乳頭狀的飾物,如鍾乳(古鍾面上隆起的飾物)之"乳"。四獸,謂蒼龍、白虎、朱鳥、玄武(龜)。

〔三三六〕隨有得者,以占蝕,刻分無差:隨,通"隋"。蝕,指日蝕。清王琦李太白集注卷一七送魯郡劉長史遷弘農長史詩注引路史羅苹注,即作"日蝕"。

〔三三七〕集異記:書名。唐薛用弱撰,集隋唐間譎詭之事。 汾陰:縣名,治所在今山西萬榮縣西南。 徑八寸,麒麟鼻:吳本"寸"譌"十"。鼻,古銅鏡背面的把手。 承日則文影入見于面:承日,謂置于日下。文影,指鏡背面龜龍鳳虎、八卦、十二辰畜及隸字之影。文,"紋"之古字。于,洪本譌"干"。面,指鏡面。 持却百邪:却,袪除。 第一徑尺五寸,以法滿月:各本"月"皆作"日"。彦按:"日"字當"月"之譌。徑尺五寸,即十五寸,滿月指農曆十五夜之月,數皆十五,故稱"法"。作"日"則無解。太平廣記卷二三〇器玩二王度、隋文紀卷八王度古鏡記皆載其事,正作"月"。今訂正。

〔三三八〕度,隨御史,嘗自爲記:隨,通"隋",吳本、四庫本、備要本皆作"隋"。王度古鏡記曰:"隋汾陰侯生,天下奇士也,王度常以師禮事之。臨終,贈度以古鏡,曰:'持此則百邪遠人。'度受而寶之。鏡橫徑八寸。鼻作麒麟蹲伏之象。遶鼻列四方,龜龍鳳虎,依方陳布。四方外又設八卦,卦外置十二辰位而具畜焉。辰畜之外,又置二十四字,周遶輪廓。文體似隸,點畫無缺,而非字書所有也。侯生云,'二十四氣之象形'。承日焰之,則背上文畫,墨入影內,纖毫無失。舉而扣之,清音徐引,竟日方絶。嗟乎! 此則非凡鏡所得同也,宜其見賞高賢,是稱靈物。侯生常云:'昔者,吾聞黃帝鑄十五鏡。其第一,橫徑一尺五寸,法滿月之數也。以其相差,各校一寸,此第八鏡也。'雖歲祀攸遠,圖書寂寞,而高人所述,不可誣矣。"(見隋文紀卷八)

〔三三九〕述異記以鏡湖爲軒皇鑄鏡處:鏡湖,又稱鑒湖,故址在今浙江紹興市城區南至會稽山北麓。太平御覽卷五二引述異記曰:"鏡湖,俗傳軒轅氏鑄鏡於湖邊。今有軒轅磨鏡石，石上常潔，不生蔓草。"　未究：未嘗探究，不清楚。

〔三四〇〕祥金隱耀：祥金，吉金，指鼎彝等銅鑄古祭器。隱耀，隱藏光彩。　神鍾九乳：太平御覽卷五七五引樂什圖徵曰："君子鑠金爲鍾，四時九乳，是以撞鐘以知君，鍾調則君道得。"又引宋均注曰："九乳，法九州。"參見上注〔三三五〕。　神光玉聲：彦按："神光"非"玉聲"修飾之物，疑"光"爲"管"字音謁。上言樂鐘有九乳，此言律管發玉聲，正甚和協順暢。　赤城：古地名赤城者頗多，此何所指，不詳。

〔三四一〕命榮猨鑄十二鍾，以協月箭，以詔英韶：榮猨，今本呂氏春秋古樂作"榮將"，太平御覽卷五六六引呂氏春秋作"營援"。月箭，猶月律，謂十二月之律。箭，管，竹筒。詔，呂氏春秋古樂作"施"，陳奇猷校釋："施，敷陳也，……御覽五百六十五（彦按：當作"五百六十六"）及路史後紀五黃帝紀'施'作'詔'，詔、昭同，明也，亦通。"英韶，樂名。

〔三四二〕隋志云即鑄鍾：洪本、吳本"隋"作"隨"。隋書音樂志下："金之屬二：一曰鎛鍾，每鍾懸一簴簨，各應律呂之音，即黃帝所命伶倫鑄十二鍾，和五音者也。"

〔三四三〕馮元：字道宗，宋廣州南海人。通五經，尤精易。仕真宗、仁宗二朝，歷官至禮部侍郎、戶部侍郎等職。

〔三四四〕分五聲以正五鍾，令其五鍾以定五音：五聲、五音，義同，指宮、商、角、徵、羽。管子五行："昔黃帝以其緩急作五聲，以政五鍾。令其五鍾：一曰青鍾，大音；二曰赤鍾，重心；三曰黃鍾，洒光；四曰景鍾，昧其明；五曰黑鍾，隱其常。"

〔三四五〕八音：八風之音，八卦之音。

〔三四六〕天時：指時令節候。　人位：指官民的地位。

〔三四七〕管子五行："五聲既調，然後作立五行以正天時，五官以正人位。人與天調，然後天地之美生。"尹知章注："美，謂甘露、醴泉之類也。"

〔三四八〕伶倫即伶鱗：彦按：伶鱗不見于史籍。考漢書古今人表，黃帝軒轅氏時之上中仁人有泠淪氏，顏師古注引服虔曰："淪音鱗。"然"音鱗"耳，其字則有作"淪"者，有作"倫"者（泠倫，見劉向說苑脩文），有作"綸"者（泠綸，見漢書律曆志上），而初未嘗作“鰈”也。

〔三四九〕通禮義纂：又稱開寶通禮義纂，宋翰林學士盧多遜等撰。

〔三五○〕命大容作承雲之樂，是爲雲門：楚辭遠遊“張樂咸池奏承雲兮”王逸注：“承雲，即雲門，黃帝樂也。”彥按：竹書紀年卷上帝顓頊高陽氏二十一年：“作承雲之樂。”又吕氏春秋古樂：“帝顓頊好其音，乃令飛龍作效八風之音，命之曰承雲，以祭上帝。”則以承雲爲顓頊樂。　大卷著之椌楬，以道其穌：大卷，樂舞名。周禮春官大司樂：“以樂舞教國子：舞雲門、大卷、大咸、大磬、大夏、大濩、大武。”鄭玄注：“此周所存六代之樂。黃帝曰雲門、大卷，黃帝能成名萬物，以明民共財，言其德如雲之所出，民得以有族類。”著，依附。椌楬（qiāng qià），二樂器名，即柷（木製，形如方斗，奏樂開始時擊之）、敔（木製，呈伏虎狀，樂終止時擊之）。道，導向，達到。

〔三五一〕椌，柷：洪本、吴本“椌”譌“控”。

〔三五二〕莊子齊物論：“樂出虛，蒸成菌。”王先謙集解引宣穎云：“本器虛，樂由此作。”

〔三五三〕敔，禦而已：禦，爾雅釋言：“禁也。”已，止。釋名釋樂器：“敔，衙也；衙，止也，所以止樂也。”　爲伏虎者，西方之獸，疑樂極而憂伏也：疑，通“擬”，比喻。

〔三五四〕幽思賦注：“大容，黃帝樂師”：幽思賦，三國魏曹植撰。彥按：幽思賦注不見此文。當是思玄賦注誤記。文選張平子（衡）思玄賦“素女撫絃而餘音兮，太容吟曰‘念哉’”注：“太容，黃帝樂師也。”

〔三五五〕中陽之月：春季的第二個月。中陽，猶仲春。　日在奎而奏之：奎，星宿名。二十八宿之一，爲西方白虎七宿之第一宿，凡十六星。吕氏春秋仲春紀：“仲春之月，日在奎。”高誘注：“仲春，夏之二月。奎，西方宿，魯之分野也。是月，日躔此宿。”

〔三五六〕李淳風：唐岐州雍（今陝西岐山縣）人，爲著名天文學家、曆算學家，歷官至太史令。

〔三五七〕此不韋月令也，蓋秦曆如此：不韋月令，指吕氏春秋十二紀。曆，四庫本作“歷”。

〔三五八〕淳風曆，冬至在斗十三：曆，四庫本、備要本作“歷”。新唐書曆志三上載僧一行日度議曰:"淳風以爲古術疎舛,雖弦望、昏明,差天十五度而猶不知。又引吕氏春秋,黄帝以仲春乙卯日在奎,始奏十二鍾,命之曰咸池。至今三千餘年,而春分亦在奎,反謂秦曆與今不異。按不韋所記,以其月令孟春在奎,謂黄帝之時亦在奎,猶淳風曆冬至斗十三度,因謂黄帝時亦在建星耳。"

〔三五九〕動静麗節:謂動静配合着進行調節。麗,並駕,匹配。

〔三六〇〕是故翕、純、皦、繹,聲而聽嚴:聽嚴,謂聽者神情莊重。論語八佾:"子語魯大師樂,曰:'樂,其可知也:始作,翕如也;從之,純如也,皦如也,繹如也,以成。'"邢昺疏:"''曰:樂,其可知也'者,言五音翕然盛也。翕,盛貌。如,皆語辭。'從之,純如也'者,從讀曰縱,謂放縱也。純,和也。言五音既發,放縱盡其音聲,純純和諧。'皦如也'者,皦,明也,言其音節分明也。'繹如也'者,言其音落繹然相續不絶也。'以成'者,言樂始作翕如,又縱之以純如、皦如、繹如,則正樂以之而成也。"　五降之後,而不彈矣:左傳昭公元年載鄭公孫僑語:"先王之樂,所以節百事也,故有五節,遲速本末以相及;中聲以降,五降之後,不容彈矣。"楊伯峻注:"宫商角徵羽五聲,有遲有速,有本有末,調和而得中和之聲,然後降于無聲。五聲皆降,不可再彈。"

〔三六一〕咸䄔:玉篇零卷音部:"䄔,禮記:'咸䄔備矣。'鄭玄曰:'黄帝所作樂名也。䄔之言施也,言德无不施也。'"今本禮記樂記作"咸池"。

〔三六二〕北門成:黄帝臣。莊子天運:"北門成問於黄帝曰:'帝張咸池之樂於洞庭之野,吾始聞之懼,復聞之怠,卒聞之而惑,蕩蕩默默,乃不自得。'"

〔三六三〕劉子法語:南唐劉鶚撰,言治國立身之道。　黄帝之咸池:洪本"池"譌"治"。

〔三六四〕阮嗣宗:即三國魏阮籍。籍字嗣宗。　黄帝詠雲門之神,少昊歌鳳凰之迹:漢魏六朝百三家集卷三四載籍樂論,"鳳凰"作"鳳鳥"。

〔三六五〕康成云:咸池即大卷,大卷即大章:彦按:羅氏此説可疑。禮記樂記:"大章,章之也。咸池,備矣。"鄭玄注上句曰:"堯樂名也,言堯德章明也。周禮闕之。或作大卷。"注下句曰:"黄帝所作樂名也,堯增修而用之。咸,皆也;池之言,施也:言德之無不施也。周禮曰大咸。"似未以咸池爲大卷也。

〔三六六〕穎達以雲門爲大卷:禮記樂記"咸池,備矣"鄭玄注:"黄帝所作

樂名也,堯增修而用之。……周禮曰大咸。"孔穎達疏:"其黃帝之樂,堯不增
脩大章者,至周謂之大卷。於周之世,其黃帝樂,堯不增脩,謂之大卷者,更加
以雲門之號。是雲門、大卷一也。熊氏云:'知大卷當大章者,案周禮云"雲門、
大卷",大卷在大咸之上,此大章在咸池之上,故知大卷當大章。知周別爲黃帝
樂名雲門者,以此樂記唯云咸池、大章,無雲門之名。周禮,雲門在六代樂之
首,故知別爲黃帝立雲門之名也。知於大卷之上加雲門者,以黃帝之樂,堯增
脩者既謂之咸池,不增脩者別名大卷,明周爲黃帝於不增脩之樂別更立名,故
知於大卷之上別加雲門,是雲門、大卷一也。'故周禮'雲門、大卷',鄭注云:
'黃帝曰雲門、大卷,言黃帝之德,如雲之出,民得以有族類。'"

〔三六七〕藝文類聚卷一一引春秋内事曰:"軒轅氏以土德王天下,始有堂
廡,高棟深宇,以避風雨。"

〔三六八〕尸子君治:"夫黃帝曰合宫,有虞氏曰總章,殷人曰陽館,周人曰
明堂,皆所以名休其善也。"藝文類聚卷六二引管子曰:"黃帝有合宫,以
聽政。"

〔三六九〕自"黃帝祀上帝于明堂"而下至"此公玉帶所上制度",見通典卷
四四禮四大享明堂,文字略有異同。

〔三七〇〕圜宫垣爲複道:各本均作"水圍宫垣,爲複道"。今通典作"水圜
宫垣,爲複道"。漢書郊祀志"複道"作"復道",餘同通典。而史記孝武本紀、
封禪書皆作"圜宫垣爲複道",並無"水"字。彦按:"圍"當"圜"字形譌。又依
義不當有"水"字,有者衍。"圜宫垣爲複道"宜作一句讀,謂以宫垣圜殿,而上
設複道以通殿也。今訂正。複道,也稱閣道,樓閣間架空的通道。 昆崙:四
庫本作"崑崙",備要本作"崐崙"。

〔三七一〕此公玉帶所上制度:洪本、吳本"玉"作"王"。公玉帶,西漢濟南
人。武帝欲治明堂,帶上黃帝時明堂圖。詳見漢書郊祀志下。史記孝武本紀
及封禪書亦載其事,公玉帶作"公王帶"。

〔三七二〕故元封列五帝明堂:五帝,指五方天帝,即東方蒼帝靈威仰,南
方赤帝赤熛怒,中央黃帝含樞紐,西方白帝白招拒,北方黑帝汁光紀。

〔三七三〕文中子:即中説。 黃帝有合宫之聽:見問易篇。

〔三七四〕舊唐書禮儀志二:"黃軒御曆,朝萬方於合宫。"

〔三七五〕見管子桓公問。原文作："黄帝立明臺之議者，上觀於賢也。"

〔三七六〕魏志、崔融皆同：崔融，字安成，唐齊州全節（今山東章丘市）人。歷官著作郎、鳳閣舍人、司禮少卿等職。善屬文，朝廷册文，多出其手。洪本、吴本"同"譌"用"。三國志魏志文帝紀延康元年："秋七月庚辰，令曰：'軒轅有明臺之議，放勛有衢室之問，皆所以廣詢於下也。'"文苑英華卷七六五崔融吏部兵部選人議："軒轅氏之立議明臺，斯所以上官於賢也。"

〔三七七〕如言未央前殿、甘泉前殿者：未央，漢建宮殿名。故址在今陝西西安市西北長安故城内西南隅。甘泉，秦建宮殿名。故址在今陝西淳化縣西北甘泉山。

〔三七八〕葉少藴等疑秦始名殿：葉少藴，即宋詞人葉夢得。夢得字少藴。所著石林燕語卷二曰："古者天子之居，總言宮而不名，其别名皆曰堂，明堂是也。……初未有稱殿者。秦始皇紀言作阿房、甘泉前殿，蕭何傳言作未央前殿，其名始見，而阿房、甘泉、未央亦以名宮，疑皆起於秦時。"

〔三七九〕接萬靈，以采民言：萬靈，此謂衆生，百姓。史記封禪書載齊人公孫卿語："其後黄帝接萬靈明廷。明廷者，甘泉也。"萬靈，蓋謂衆神。

〔三八〇〕四阿、反坫：四阿，即後世所謂廡殿，指屋頂由四個傾斜而略呈彎曲的屋面、一條正脊（平脊）和四條斜脊組成。反坫（diàn），指建于堂之四隅，用于放置酒器的土臺子。洪本"坫"譌"拈"。　襀宂、襀郎：襀宂，即重宂，謂重疊的正梁。襀郎，即重廊，猶重屋，謂具有雙重椽、檐之屋。各本"郎"皆譌"即"，今據逸周書作雒訂正。　庫臺、設移：庫臺，古天子宮室二門名。此謂建有庫門及臺門。玉海卷一六九引南朝梁崔靈恩三禮義宗曰："周禮，天子有九門，法陽九之義。宮門有五，法五行；外門有四，法四時。合爲九門：一曰關門，二曰遠郊門，三曰近郊門，四曰國門，五曰皋門，六曰庫門，七曰雉門，八曰應門，九曰路門。皆從外而數。"禮記禮器："天子、諸侯臺門。"又郊特牲"臺門而旅樹"孔穎達疏："臺門者，兩邊起土爲臺，臺上架屋，曰臺門。"設移，謂于正堂旁附設小屋。逸周書作雒"設移"，潘振周書解義："移，即簃，堂邊小屋也。"　旅楹、複格：旅楹，衆多的楹柱。旅，衆，衆多。四庫本譌"旋"。複格，雙重斗拱。逸周書作雒作"復格"，王念孫曰："惠氏半農曰：'復格即複笮。'引之曰：諸書無謂笮爲格者。格當爲楄（音節），字或作窣，或作節，謂柱上方木也。……格、筈一聲之轉,故廣雅云:‘格謂之筈。’……格與格字相似,世人多見格少見格,故格誤爲格矣。”(見讀書雜志逸周書弟二復格)　内階、幽陛:内階,謂殿之内有臺階。幽陛,謂臺階之石爲黑色。幽,通“黝”。逸周書作雒作“玄階”,孔晁注:“以黑石爲階。”　提唐、山廇:提唐,中庭甬道高出地面。逸周書作雒作“堤唐”,孔晁注:“唐,中庭道。堤,謂爲高之也。”山廇,繪有山和雲的牆壁。逸周書作雒“山廇”孔晁注:“山廇,謂廇畫山雲。”　樀幹惟工:屋檐及梁柱惟求工巧。爾雅釋宫:“檐謂之樀。”樀,音 dí。洪本作“樀”,吳本作“樀”,並誤。　斲其材而礱之:材,大而直之木料。説文木部:“材,木梃也。”徐鍇繫傳:“木之勁直堪入于用者。”礱,磨。國語晉語八:“趙文子爲室,斲其椽而礱之。”韋昭注:“礱,磨也。”

〔三八一〕參見上注〔一二六〕及本書後紀三炎帝神農氏注〔一九三〕。

〔三八二〕積火自燒:吳本“火”譌“大”。

〔三八三〕命揮作蓋弓:彥按:“蓋”字當爲衍文。説文解字弓部弓、急就篇卷三“弓弩箭矢鎧兜鍪”顔師古注並曰:“古者揮作弓。”太平御覽卷三四七引世本曰:“揮作弓。”又引宋襄注曰:“揮,黄帝臣也。”皆但言揮作弓,而不言其作蓋(車蓋,古代車上遮雨蔽日的篷)或作蓋弓(古代車上支撐車蓋的弓形木架)。　夷牟造矢:説文解字矢部矢:“古者夷牟初作矢。”藝文類聚卷六〇引世本,亦曰:“夷牟作矢。”

〔三八四〕陳音:春秋楚人,善射。見吳越春秋句踐陰謀外傳。文選曹子建(植)七啓八首之四“乃使任子垂釣,魏氏發機”李善注:“吳越春秋曰:越王欲伐吳,范蠡進善射者陳音。越王問其射所起焉,音曰:‘黄帝作弓,以備四方。’”

〔三八五〕岐伯作鼓吹鐃角、靈鞞、神鉦:鼓吹,泛稱金鼓笳笛之類打擊與吹奏樂器。鐃角,二種軍中用樂器名。鐃用以止鼓退軍,青銅製,體短而闊,有柄可執,無舌,以槌擊之而鳴。靈鞞,靈鼓(一種六面鼓)與鼙鼓(一種小鼓)。鞞,同“鼙”,音 pí。神鉦,鉦之美稱。鉦,古代軍中樂器,銅製,似鐘而狹長,有柄,擊之發聲,行軍時用以節止步伐。　揚德建武、屬士風敵:彰揚文德,樹立兵威;激勵士氣,感化敵軍。東觀漢記卷五樂志:“其短簫鐃歌,軍樂也。其傳曰黄帝岐伯所作,以建威揚德,風勸士也。”又宋書樂志一:“鼓吹,蓋短簫鐃哥。蔡邕曰:'軍樂也,黄帝岐伯所作,以揚德建武,勸士諷敵也。'"

〔三八六〕劉瓛:南朝齊儒士,博通五經,儒學冠于當時。太平御覽卷五八二引劉瓛定軍禮曰:"鼓吹,未知其始也,漢以雄朔野,而有之矣。"又宋郭茂倩樂府詩集卷一六鼓吹曲辭一亦引劉瓛定軍禮,作:"鼓吹,未知其始也,漢班壹雄朔野而有之矣。"

〔三八七〕鐃歌:軍中樂歌。馬上奏之,用以激勵士氣。

〔三八八〕玄纛:黑色大旗。　黄鉞:天子儀仗,以黄金爲飾的長柄斧。

〔三八九〕重門擊柝,備不速客:重,洪本、吴本作"褈",當"褈"字之譌。不速客,不請自來的人,指寇盗。速,召,請。

〔三九〇〕易林:又稱焦氏易林,舊題漢焦延壽撰。

〔三九一〕命邑夷法斗之周旋:斗,指北斗星。北斗七星,周旋于天,斗柄所指,四時不同。故鶡冠子環流曰:"斗柄東指,天下皆春;斗柄南指,天下皆夏;斗柄西指,天下皆秋;斗柄北指,天下皆冬。"　魁方標直,以攜龍角:魁,北斗七星之第一至第四星,其形象斗而方。標,北斗七星之第五至第七星,形象斗杓而直。龍角,指東方蒼龍星座。史記天官書"杓攜龍角"裴駰集解引孟康曰:"杓,北斗杓也。龍角,東方宿也。攜,連也。"　爲帝車大輅:史記天官書:"斗爲帝車,運于中央,臨制四鄉。"禮記樂記:"所謂大輅者,天子之車也。"　故曲其輈,紹大帝之衛:輈,車轅。紹,繼承。大帝,天帝。衛,美好。爾雅釋詁下:"衛,嘉也。"邢昺疏:"謂嘉美也。"

〔三九二〕於是崇牙交旒:崇牙,旌旗的齒狀邊飾。交,交接,此謂連綴。羽擨欈稍:擨,音 chōu,拘,謂纏束。欈稍(bó shuò),古代儀仗,末端刻有欈牛(一種脖子後部肌肉隆起的野牛)形的棒。宋龐元英文昌雜録卷二:"禮官曰:'欈稍,棒也。'以黄金塗末,執之以扈蹕。……欈稍末刻牛,以黄金飾之。"欈,各本皆譌"擽",今訂正。稍,吴本譌"稍"。　櫑劍華蓋:櫑劍,即櫑具劍,古長劍名。漢書雋不疑傳:"不疑冠進賢冠,帶櫑具劍。"顔師古注引晉灼曰:"古長劍首以玉作井鹿盧形,上刻木作山形,如蓮花初生未敷時。今大劍木首,其狀似此。"華蓋,帝王乘輿上具儀仗性質的傘蓋。崔豹古今注輿服:"華蓋,黄帝所作也,與蚩尤戰於涿鹿之野,常有五色雲氣,金枝玉葉,止於帝上,有花葩之象,故因而作華蓋也。"　屬車副乘:"屬車"與"副乘"同義連用,泛稱帝王出行時的侍從車。　記里司馬:謂造記里車,設司馬門。記里車,古代一種能標示道路里程的車子。崔豹古今注輿服:"大章車,所以識道里也,起於西京。亦曰記里車。車上爲二層,皆有木人,行一里,下層擊鼓,行十里,上層擊鐲。"司馬門,即皇宮外門。史記項羽本紀"至咸陽,留司馬門三日"裴駰集解:"凡言司馬門者,宮垣之内,兵衛所在,四面皆有司馬主武事。總言之,外門爲司馬門也。"　以備道哄:備,防範。道哄,爭道哄鬧。

〔三九三〕晉志:指晉書輿服志。　秋蓬孤轉:蓬,蓬草。其草秋枯根拔,遇風飛旋,故又名"飛蓬"。　杓觿旁建:杓觿(xī),指北斗七星之斗杓。彥按:史記天官書有"杓攜龍角"語,疑"杓觿"即由"杓攜"變化引申而來。旁建,謂旁轉以建四時。　乃作輪輿:輪輿,今本晉書輿服志作"輿輪"。

〔三九四〕墨子言黄帝會鬼神於泰山,駕象車,六蛟龍:象車,用象拉的車。彥按:遍檢墨子全書,並無相關内容。此"墨子"當爲"韓子"之誤。韓非子十過載師曠曰:"昔者黄帝合鬼神於西泰山之上,駕象車而六蛟龍。"

〔三九五〕内傳:指黄帝内傳。

〔三九六〕宋書禮志五:"指南車,其始周公所作,以送荒外遠使。地域平漫,迷於東西,造立此車,使常知南北。……至于秦、漢,其制無聞。後漢張衡始復創造。漢末喪亂,其器不存。魏高堂隆、秦朗,皆博聞之士,爭論於朝,云無指南車,記者虛説。明帝青龍中令博士馬鈞更造之而車成。"

〔三九七〕唐服志:指舊唐書輿服志。

〔三九八〕牧正:主管畜牧之官。　服牛始駕:始駕服牛。服牛,駕馭牛,借指牛駕的車。　僕蹕之御:謂帝王出行之車駕。僕蹕,隸僕警蹕,借指帝王出行。

〔三九九〕河圖挺佐輔:各本"佐"均作"左",非其字,今訂正。

〔四〇〇〕後志云:乘牛駕馬,歷覽八極:後志,指後漢書輿服志。歷覽,吳本、四庫本作"游覽",後漢書原文作"周覽"。

〔四〇一〕仙傳:指劉向列仙傳。其卷上馬師皇載:"馬師皇者,黄帝時馬醫也。知馬形生死之診,治之輒愈。後有龍下,向之垂耳張口。皇曰:'此龍有病,知我能治。'乃鍼其唇下口中,以甘草湯飲之而愈。後數數有疾龍出其波,告而求治之。一旦,龍負皇而去。"　馬經:佚書。宋史藝文志五著録有常知非馬經三卷,未知是否即指該書。

〔四〇二〕初學記卷二九獸部牛第五:"世本曰:'胲作服牛。'"注:"胲,黄帝臣也,能駕牛。"

〔四〇三〕制袞冕,設斧黻:袞冕,古代帝王與上公的禮服和禮冠。斧黻,泛稱禮服上所繡的華美花紋。故稱禮服上黑白相間的斧形花紋爲"黼"或"斧",黑青相間的亞形花紋爲"黻"。　深衣大帶:深衣,古代一種上衣、下裳相連綴的服裝,爲諸侯、大夫、士晚間所著之服。大帶,古代貴族禮服,于束衣革帶之上又加繫一條以素或練製成的寬帶子,稱爲大帶。　扉屨赤舄:扉屨(fèi jù),草鞋。洪本、吳本、四庫本"扉"謁"扉"。赤舄(xì),古代天子、諸侯所穿的鞋,赤色,重底。　玄衣纁裳:玄衣,古代一種上身穿的禮服,赤黑色。纁裳,古代一種下身穿的禮服,赤黄色。禮記禮器:"禮有以文爲貴者,天子龍袞,諸侯黼,大夫黻,士玄衣纁裳。"

〔四〇四〕紸纊贅旒:紸,音 zhù,著,繫綴。纊,指黈纊,黄綿製的小球,懸于冠冕之上,垂于兩耳之旁。贅,連綴。旒,古代帝王冠冕前後懸垂的玉串。洪本、吳本作"斿",同。　以規际聽之逸:規,約束。际,同"視"。逸,放縱。通典卷五七嘉禮二君臣冠冕巾幘等制度冕:"黄帝作冕,垂旒,目不邪視也;充纊,耳不聽讒言也(事見世本)。"

〔四〇五〕易坤六五:"黄裳,元吉。"

〔四〇六〕旃冕:用純色絲帛製作的禮帽。

〔四〇七〕白文:此指白色花紋之冠。

〔四〇八〕禮宗:疑指南朝梁崔靈恩三禮義宗,路史書中及羅苹注曾數引該書。　齋則緇之:齋,吳本、四庫本作"齊",同,亦讀"齋"。緇,黑色。禮記郊特牲:"大古冠布,齊則緇之。"鄭玄注:"'齊則緇之'者,鬼神尚幽闇也。"孔穎達疏:"大古之時,其冠唯用白布,常所冠也。若其齊戒,則染之爲緇。"

〔四〇九〕見大戴禮記五帝德篇。孔子曰原文作:"黄帝黼黻衣,大帶,黼裳,乘龍扆雲,以順天地之紀,幽明之故,死生之説,存亡之難。時播百穀中木,淳化鳥獸昆蟲,曆離日月星辰,極畋土石金玉,勤勞心力耳目,節用水火材物。"
斧黻衣:洪本"黻"謁"拂"。

〔四一〇〕世本云:吳本、四庫本、備要本"世本"上有"又"字。　黄帝臣於則作扉履:洪本、吴本、四庫本"扉"譌"扉"。

〔四一一〕旁觀翬翟、草木之花,染爲文章,以明上下之衰:旁,各本皆譌"房",今據通典訂正。翬翟,翬爲五彩山雉,翟爲長尾野雞,合而泛稱雉科鳥類。花,備要本譌"化"。文章,錯雜的色彩或花紋。衰,音 cuī,差別,等級。太平御覽卷六九〇引董巴漢輿服志曰:"上古衣毛而冒皮,後世聖人易之以絲麻,觀翬翟之文、榮華之色,乃染帛以效之,始作五采,成以爲服。"又通典卷六一嘉禮六君臣服章制度:"黄帝、堯、舜垂衣裳,蓋取諸乾坤,故衣玄而裳黄。旁觀翬翟、草木之華,乃染五色,始爲文章以表貴賤,而天下理。" 褘衣褕展,以爲内服:褘,音 huī。褕,音 yú。褕展,褕翟(也作"揄狄")與展衣。褘衣、揄狄、展衣,各屬古代王后六種禮服之一。内服,王后之服。周禮天官内司服:"掌王后之六服,褘衣、揄狄、闕狄、鞠衣、展衣、緣衣。"鄭玄注:"玄謂'狄'當爲'翟'。翟,雉名。伊雒而南,素質,五色皆備成章曰翬;江淮而南,青質,五色皆備成章曰搖。王后之服,刻繒爲之形而采畫之,綴於衣以爲文章。褘衣,畫翬者;揄翟,畫搖者;闕翟,刻而不畫。此三者,皆祭服。從王祭先王則服褘衣,祭先公則服揄翟。……展衣,以禮見王及賓客之服。字當爲'襢'。襢之言亶;亶,誠也。……以下推次其色,則闕狄赤,揄狄青,褘衣玄。"又引鄭司農云:"展衣,白衣也。" 故於是有袞龍之頌:袞龍,詩歌名。袞龍指袞龍袍,天子禮服;上繪卷龍圖案,故稱。晉王嘉拾遺記卷一軒轅黄帝:"(軒轅)服冕垂衣,故有袞龍之頌。"

〔四一二〕夏侯太初辨樂論"龍袞"誤:夏侯太初,三國魏名士夏侯玄,字太初。龍袞,吴本、四庫本作"龍袞者"。太平御覽卷五七一載夏侯玄辨樂論曰:"昔伏羲氏因時興利,教民田漁,天下歸之,時則有網罟之歌。神農繼之,教民食穀,時則有豐年之詠。黄帝備物,始垂衣裳,時則有龍袞之頌。"

〔四一三〕端璧瑞以奉天:端,始,首先。璧,扁平、圓形、中心有孔而邊闊大于孔徑的玉質禮器。瑞,古代用作符信的玉。 委珩牙以娮武:委,末,隨後。珩牙,泛稱佩玉。古制:玉佩上端用于繫組綬的橫玉稱"珩"。珩下垂三組綬以穿瓊珠琚瑀,左右組之末,其玉稱"璜";中組之末,其玉形狀似牙,稱"衝牙",簡稱"牙";動則衝牙前後觸璜而有聲。娮,音 hù,夸耀。 是以衣裳所在而兇惡不起:衣裳,謂儀服,借指禮儀、禮制。易林坤之訟:"天之德室,温仁受福,衣裳所在,凶惡不起。"

〔四一四〕乃飾棺衾以送死:棺衾,棺材和衾被。泛指殮屍之具。 封崇表木以當大事:封崇,加高墳堆之土。封,墳墓。表木,立木以爲標誌。

〔四一五〕易九事:見後紀三炎帝神農氏注〔一〇九〕。

〔四一六〕見漢書劉向傳。

〔四一七〕禹作土塈以周棺:土塈(jí),土磚。周,圍繞。 又因禮記誤:禮記檀弓上:"夏后氏塈周。"鄭玄注:"火熟曰塈,燒土冶以周於棺也。或謂之土周。"

〔四一八〕創僮侲:僮侲(nuó zhèn),古指作逐鬼用的童子。僮,同"儺",備要本誤"童"。侲,童子。

〔四一九〕亦見太平御覽卷五三〇引莊子曰。今本莊子無此,蓋佚。 黄帝氏立巫咸,使之沐浴齋戒:齋戒,吳本"齋"作"齊",亦讀"齋"。使之,御覽作"使黔首"。 振鐸:摇鈴。鐸,有舌的大鈴。 勞形趍步,以發陰陽之氣:勞形,各本皆作"勞其形","其"字當衍,今據御覽删。趍步,舉步,行走。趍,同"趨",四庫本作"趨"。 擊鼓噪呼,逐疫出魅,黔首不知,以爲魅祟爾:御覽作:"夫擊鼓呼噪,逐疫出魅鬼,黔首不知,以爲魅祟也。"

〔四二〇〕鬱壘:山神名。也作"鬱律"。雲笈七籤卷一〇〇軒轅本紀:"黄帝書説東海有度索山,……山有神荼、鬱壘神,能禦凶鬼,爲百姓除患,制驅儺之禮以象之。"

〔四二一〕戰國策作"余與、鬱雷":吳本"策"誤"菓","作"誤"竹"。彦按:荼與、鬱雷見于戰國策齊策三"今子,東國之桃梗也"高誘注文,而非戰國策文。羅氏誤記。又"余與",高注原作"荼與"。

〔四二二〕説青鳥,記白澤:青鳥,指青鳥子,傳説中古代堪輿家。吳本"鳥"誤"烏"。下羅苹注"則説青鳥"之"鳥"同。白澤,傳説中神獸名。抱朴子內篇極言:"昔黄帝……窮神奸則記白澤之辭,相地理則書青鳥之説。"雲笈七籤卷一〇〇軒轅本紀曰:"有青鳥子能相地理,帝問之以制經。"又曰:"帝巡狩東至海,登桓山,於海濱得白澤神獸,能言,達於萬物之情。因問天下鬼神之事,自古精氣爲物、遊魂爲變者,凡萬一千五百二十種,白澤言之,帝令以圖寫之,以示天下。"

〔四二三〕抱朴子：喬本、洪本“朴”作“璞”，此從餘諸本。　稽牧：抱朴子極言原文作“山稽、力牧”。　則記白澤：抱朴子原文作：“則記白澤之辭。”則説青烏：洪本、吳本“烏”譌“鳥”。抱朴子原文作：“則書青烏之説。”

〔四二四〕二書今代有之，而非矣：二，備要本作“三”，非。而，四庫本作“則”。

〔四二五〕乃命沮誦作雲書：雲書，書體名。舊題唐韋續撰墨藪卷一五十六種書之四：“因卿雲作雲書，亦黃帝時也。”　孔甲爲史，執青纂記，言動惟實：青，借指竹簡。纂記，編纂記述。言動，言行。

〔四二六〕見杜甫進三大禮賦表朝獻太清宮賦（文苑英華卷五四）。

〔四二七〕漢志有史孔甲八篇，田蚡習者，黃帝始也：彥按：“八篇”當作“二十六篇”。漢書藝文志：“孔甲盤盂二十六篇。”田蚡，漢武帝丞相，封武安侯。漢書田蚡傳：“（田蚡）辯有口，學盤盂諸書。”顏師古注引應劭曰：“黃帝史孔甲所作也。”又引孟康曰：“孔甲盤盂二十六篇，雜家書，兼儒墨名法者也。”彥按：“始”疑“史”字音譌。

〔四二八〕邮然：憂心忡忡的樣子。　神榮形茹：榮，音 ruǐ，消沉，低落。茹，柔弱。　用作戒于丹書：戒，指警戒之語。丹書，用朱筆寫的文書。逸周書王佩：“王者所佩在德。……施舍在平心，不幸在不聞其過。福在受諫，基在愛民，固在親賢。禍福在所密，利害在所近，存亡在所用。”孔晁注：“施謂施惠，舍謂赦罪。………所與密、所親近、所任用皆忠良，則福利生，反是則禍害至。”

〔四二九〕下匿其私用試其上，上操度量以割其下，上下一日百戰：用，猶以。度量，喻指法度。割，制裁。戰，鬪爭，衝突。韓非子揚權：“黃帝有言曰：‘上下一日百戰。’下匿其私，用試其上；上操度量，以割其下。”　毋弅弱，毋佪德，毋違同，毋敖禮，毋謀非德，毋犯非義：弅（yǎn），壓制。佪（fèi），違背。同，團結，和諧。敖，通“傲”，輕視。犯，觸碰。

〔四三〇〕義勝欲者從：從，順。　凡事不彊則枉：枉，彎曲。六韜文韜明傳載太公望曰：“故義勝欲則昌，欲勝義則亡；敬勝怠則吉，怠勝敬則滅。”大戴禮記武王踐阼：“師尚父西面道書之言，曰：‘敬勝怠者吉，怠勝敬者滅；義勝欲者從，欲勝義者凶。凡事不强則枉，弗敬則不正。枉者滅廢，敬者萬世。’”

〔四三一〕奩鏡劍履、輿席巾杖：奩（lián），古代婦女盛梳妝用品的匣子。

履,鞋子。輿,車子。巾,喬本、洪本譌“市”,今據餘諸本訂正。

〔四三二〕誦:述説。

〔四三三〕蔡邕銘論云:吴本“云”譌“去”。 巾几之銘:東漢文紀卷二〇、太平御覽卷五九〇、玉海卷六〇載蔡邕銘論,並作“巾几之法”。

〔四三四〕漢志有孔甲盤盂三十六,太平御覽以爲夏孔甲:彦按:考漢書藝文志,孔甲盤盂爲二十六篇(參見上注〔四二七〕)。此稱“三十六”者,當是誤據太平御覽卷八二引漢書曰“孔甲作盤盂銘三十六篇”。又,御覽此卷爲皇王部七,而此條置于帝孔甲目下,故羅氏有“以爲夏孔甲”語。

〔四三五〕惟口起兵,惟動得咎,乃爲金人三緘其口:得咎,招來悔恨。緘,封。説苑敬慎:“孔子之周,觀於太廟,右陛之前有金人焉,三緘其口,而銘其背曰:‘古之慎言人也。戒之哉,戒之哉! 無多言,多言多敗;無多事,多事多患。安樂必戒,無行所悔。’”亦見于孔子家語觀周。

〔四三六〕瞿然自克:瞿然,驚懼貌。自克,自我克制。 而亡逋事:逋事,該辦不辦之事。逋,逃避。

〔四三七〕世謂太公作金人:太公,指周文王太師、輔佐周武王滅商之齊國始祖太公望吕尚。

〔四三八〕按太公金匱公對武王之言,明黄帝所作:太公金匱,佚書,舊以爲姜太公撰,非是,蓋爲戰國中後期著作,真實作者不詳。黄帝,喬本譌“皇帝”,今據餘諸本訂正。太平御覽卷五九三引太公金匱曰:“武王曰:‘五帝之誡,可得聞乎?’太公曰:‘黄帝曰:“余君民上,摇摇恐夕不至朝。”故爲金人,三緘其口,慎言語也。’”

〔四三九〕於是親事法宫:法宫,宫室的正殿,古帝王處理政事之處。漢書鼂錯傳:“臣聞五帝神聖,其臣莫能及,故自親事,處于法宫之中,明堂之上。”顔師古注引如淳曰:“法宫,路寢正殿也。” 觀八極而建五常:八極,八方極遠之地。五常,謂金、木、水、火、土五行。

〔四四〇〕黄帝坐明堂,始正天綱,臨觀八極,攷建五常,請天師而問焉:見黄帝内經素問五運行大論篇,原文“焉”作“之”。天綱,指維繫政權之大法。

〔四四一〕謂人之生也,負陰而抱陽,食味而被色:洪本、吴本、四庫本無“也”字。負,懷。被,“披”之古字,穿。 寒暑盪之外:盪,衝擊,侵犯。 天昏凶札：泛指夭折病亡。<u>左傳昭公</u>十九年“札瘥夭昏”<u>杜預注</u>：“短折曰夭，未名曰昏。”<u>孔穎達疏</u>：“子生三月，父名之，未名之曰昏，謂未三月而死也。”<u>國語魯語</u>上“其夭札也”<u>韋昭注</u>：“不終曰夭，疫死曰札。”又<u>玉篇</u>凶部：“凶，短折也。”　上窮下際：謂上窮天，下極地。窮，盡頭之處。際，邊緣之處。　察五氣，立五運，洞性命，紀陰陽：五氣，指風、暑、濕、燥、寒。五運，指木、火、土、金、水五行的運行。洞，洞察。紀，記識。<u>釋名釋言語</u>：“紀，記也，記識之也。”極咨於岐雷而内經作：咨，咨詢，請教。<u>岐雷</u>，岐伯與雷公，黃帝二臣，並時良醫。<u>宋林億等重廣補注黃帝内經素問序</u>：“在昔<u>黃帝</u>之御極也，以理身緒餘治天下，坐於明堂之上，臨觀八極，考建五常。以謂人之生也，負陰而抱陽，食味而被色，外有寒暑之相盪，内有喜怒之交侵，天昏札瘥，國家代有，將欲斂時五福，以敷錫厥庶民。乃與<u>岐伯</u>上窮天紀，下極地理，遠取諸物，近取諸身，更相問難，垂法以福萬世。於是<u>雷公</u>之倫受業傳之，而<u>内經</u>作矣。”

〔四四二〕以藏靈蘭之室：<u>靈蘭之室</u>，傳說爲<u>黃帝</u>藏書室名。<u>黃帝内經素問靈蘭祕典論</u>：“<u>黃帝</u>乃擇吉日良兆而藏<u>靈蘭之室</u>，以傳保焉。”

〔四四三〕濟序：疑指<u>宋徽宗</u>敕撰<u>聖濟總錄纂要焦養直序</u>。該<u>序</u>有“於是……定爲成書，著之玉版，藏之金匱，宣之於布政之堂，祕之於<u>靈蘭之室</u>”語。<u>備要</u>本譌“齊亭”。

〔四四四〕演倉穀：演，演練。倉穀，古代一種養生之術，蓋“辟穀”之類。

〔四四五〕道基經：佚書，作者不詳。　倉穀者，名之穀仙，行之不休可長久：<u>太平御覽</u>卷六五九引<u>道基經</u>，“倉穀”作“食穀”，云：“食穀者，名之穀仙，行之不休，則可延久長也，不食穀者可以度世。”<u>彦</u>按：蓋當以“倉穀”爲是。倉穀，即下言“不食穀者”，若作“食穀”，則不可解。

〔四四六〕種五梁禾於殿中：梁，通“粱”。<u>漢書郊祀志</u>下：“（<u>王</u>）莽篡位二年，興神僊事，以方士<u>蘇樂</u>言，起八風臺於宮中。……又種五粱禾於殿中，各順色置其方面，先鬻鶴髓、毒冒、犀玉二十餘物漬種，計粟斛成一金，言此黃帝穀僊之術也。”<u>彦</u>按：此所稱穀僊之術，乃種穀成金之術，與倉穀作爲求長生之術大異，<u>羅苹</u>混爲一談，甚是不妥。

〔四四七〕靈樞亦有説：<u>四庫</u>本“説”下有“也”字。

〔四四八〕推賊曹：推，推求。賊曹，賊之府曹，謂邪氣（病邪）所在。

〔四四九〕黃帝元辰經:佚書,作者不詳。　血忌陰陽精氣之辰,天上中節之位:血忌,忌諱見血。中節,指四時仲月中氣之節,即春分、秋分、夏至、冬至。

〔四五〇〕命俞跗、岐伯、雷公察明堂,究息脉:<u>俞跗</u>,亦<u>黃帝</u>時良醫。明堂,中醫稱人身上的經絡、穴位。息脉,猶"脉息",即脉搏。　謹候其時:謂認真觀測時氣。候,伺察,觀測。

〔四五一〕謹候其時,氣乃與期:見<u>黃帝内經素問六節藏象論</u>。原文"乃"作"可"。氣,指風、暑、濕、燥、寒五時之氣。

〔四五二〕能合色、脉,可以萬全矣:見<u>黃帝内經素問五藏生成</u>。原文"色脉"作"脉也",句末無"矣"字。色謂察氣色,脉謂按脉象,分別屬中醫診斷四法之望診與切診。

〔四五三〕命巫彭、桐君處方盅餌,湔澣刺治:處方,開藥方。盅,音 zhāo,一種帶柄的有嘴小鍋,此謂用藥罐子熬煮。餌,指藥料。湔澣(jiān huàn),洗滌,此謂用湯藥浸泡之療法。刺治,指鍼砭療法。

〔四五四〕胃瘧以下五十九刺,詳素問刺瘧及黃帝中誥:胃瘧,中醫瘧疾病小類之名,其病因與胃相關,故稱。刺瘧,各本"刺"皆譌"制"。黃帝中誥,即黃帝中誥圖經,各本"誥"皆譌"詰"。今並訂正。<u>黃帝内經素問刺瘧</u>:"溫瘧,汗不出,爲五十九刺。"<u>王冰</u>注:"自胃瘧下至此,尋黃帝中誥圖經,所主或有不與此文同,應古之別法也。"

〔四五五〕<u>太平御覽</u>卷七二一引帝王世紀,作:"<u>歧伯</u>,<u>黃帝</u>臣也。帝使<u>歧伯</u>嘗味草木、典主醫病,經方、本草、素問之書咸出焉。"

〔四五六〕黃帝嘗味草木,又命岐伯、雷公論經脉,旁通問難八十一爲難經,著内外術經十八卷:旁通,謂廣泛而暢達。<u>彦按</u>:今本<u>孔子家語</u>但有"(黃帝)嘗味草木"語(見<u>五帝德篇</u>),餘語未見。而<u>太平御覽</u>卷七二一引帝王世紀,則有"<u>黃帝有熊氏</u>命<u>雷公</u>、<u>歧伯</u>論經脉,旁通問難八十一,爲難經,教制九針,著<u>内外術經</u>十八卷"云云。不知<u>羅氏</u>所見家語果如此邪,抑誤混邪? 又,漢書藝文志所載有"<u>黃帝内經</u>十八卷,<u>外經</u>三十七卷",帝王世紀所稱内外術經,當包括<u>黃帝内經</u>、<u>外經</u>而言,然卷數又未合矣。

〔四五七〕命西陵氏勸蠶稼,月大火而浴種:<u>西陵氏</u>,<u>黃帝</u>元妃。月大火,指農曆五月。大火,星宿名,即心宿。農曆五月,黃昏時心星現于天空正南方。

浴種,即浸種。大戴禮記夏小正五月:"初昏大火中。大火者,心也。心中,種黍菽糜時也。"　夫人副褘而躬桑:副褘,謂戴首飾、著禮服。副,王后首飾。褘,繪有野雞圖案的王后禮服。

〔四五八〕乃獻璽絲,遂稱織維之功:璽,吳本譌"璽"。稱,顯揚。織維,紡織。　因之廣織,以給郊廟之服:給,供給。郊廟,天子祭祀天地與祖先。服,用。

〔四五九〕化蠶:謂培育出蠶。化,育。

〔四六〇〕淮南王:指西漢淮南王劉安。

〔四六一〕親蠶:指古代于季春之月舉行的皇后躬親蠶事的典禮。

〔四六二〕祀天員丘,牲玉取蒼:員丘,古代帝王冬至祭天的圓形高壇。員,古"圓"字,吳本、四庫本作"圓"。牲玉,作爲祭品的犧牲和玉器。

〔四六三〕漢舊儀:洪本、吳本"舊"譌"書"。　員丘祭天于甘泉山,今雲陽通天臺也:甘泉山,在今陝西淳化縣西北。雲陽,縣名,治所在今陝西涇陽縣雲陽鎮。

〔四六四〕史記公孫卿言:見史記孝武本紀及封禪書。　黃帝作清靈臺,十二日,燒,乃治明庭接萬靈,甘泉也:作清靈臺,史記作"就青靈臺"。乃,各本皆譌"可",義不可通,今據史記訂正。"治明庭接萬靈,甘泉也",史記作:"其後黃帝接萬靈明廷。明庭者,甘泉也"。

〔四六五〕黃帝郊雍上帝,宿三月:見漢書郊祀志上。郊,古天子祭祀天地之名。因祭于郊,故稱。雍,地名。在今陝西鳳翔縣西南。

〔四六六〕雍土積高,神明之奧:奧,通"隩"。漢書"雍土"作"雍州","奧"作"隩"。顏師古注:"土之可居者曰隩。"　故立時郊上帝諸神焉:漢書原文作:"故立時郊上帝,諸神祠皆聚云。"時,古代祭祀天地五帝的祭壇。

〔四六七〕方澤:古代帝王夏至祭地祇的方壇。因設澤中,故稱。

〔四六八〕員丘:吳本作"圓丘",四庫本作"圓邱"。

〔四六九〕築壇除墠:除,掃除,清掃。墠(shàn),祭祀的場地。　設醪醴,制蘭蒲,列圭玉而薦之:醪醴,泛稱酒。醪(láo),帶糟的濁酒。醴,甜酒。蘭蒲,二香草名,即蘭草與蒲草。"制蘭蒲"謂用蘭草、蒲草編織蓆子。圭玉,此泛稱瑞玉。彥按:太平御覽卷七〇九引王子年拾遺記曰:"軒皇使百辟羣臣受教者,先列珪玉於蘭蒲席上。"蓋即羅苹此説所本,然彼之"珪玉"當指玉圭(古代帝王、諸侯朝聘或祭祀時所持的玉器)。

〔四七〇〕圭謂璧琮,玉爲圭:洪本、吳本及四庫本"爲"作"謂"。彥按:此注大謬,疑非原文。圭之爲瑞玉,長條形而上尖下方,與璧之扁圓形、中有方孔,琮之方柱形、中有圓孔,皆絶不類,圭不當"謂璧琮"也。或者"圭""玉"二字誤倒,原文爲"玉謂璧琮",然"圭爲(謂)圭",亦費解。

〔四七一〕山海經西山經:"其祠之禮,用一吉玉瘞。"郭璞注:"玉加采色者也。尸子曰:'吉玉大龜。'"

〔四七二〕七登之牀:蓋其牀甚高,前有七級之階,須登以上,故名。　十絶之帳:疑其帳綵絲所製,而有十色,故名。絶,色絲也。　奏函夾之宫以致之:函夾之宫,謂以函鐘(即林鐘)、夾鐘爲宫調之樂。函鐘、夾鐘,十二律之二律名。　而祏禋乎壽宫:祏禋,祭名(見廣韻庚韻祏)。壽宫,供神之宫。楚辭九歌雲中君"騫將憺兮壽宫"王逸注:"壽宫,供神之處也。祠祀皆欲得壽,故名爲壽宫也。"

〔四七三〕封禪記云:封禪記,宋丁謂等奉敕撰。彥按:此下所記,亦見于晉王嘉拾遺記,文字略有異同。　然沈榆之香:然,"燃"之古字。沈榆之香,香名。備要本"榆"譌"揄"。下"沈榆"之"榆"同。

〔四七四〕沈立:北宋官員、藏書家。

〔四七五〕或以漢得休屠神,祭不用牛羊,惟燒香禮拜,爲焚香出梵教,今祭用之爲非:休屠,匈奴部落名。梵教,佛教。今,喬本、洪本譌"令",今據餘諸本訂正。魏書釋老志:"案漢武元狩中,遣霍去病討匈奴,至皋蘭,過居延,斬首大獲。昆邪王殺休屠王,將其衆五萬來降。獲其金人,帝以爲大神,列於甘泉宫。金人率長丈餘,不祭祀,但燒香禮拜而已。此則佛道流通之漸也。"

〔四七六〕作其祝嘏,咸以數薦:祝嘏(gǔ),祭祀時執事人(祝)爲主人饗神之辭以及爲受祭者(尸)致福主人之辭。數,指禮數。

〔四七七〕命共鼓、化狐作舟車以濟不通:化狐,藝文類聚卷七一、太平御覽卷七六九引世本,俱作"貨狄",云:"共鼓、貨狄作舟。"下並注曰:"共鼓、貨狄,黃帝二臣。"又漢書地理志上:"昔在黃帝,作舟車以濟不通。"

〔四七八〕説文解字舟部舟:"古者,共鼓、貨狄刳木爲舟,剡木爲楫,以濟不通。”

　〔四七九〕貨布:貨幣。

　〔四八〇〕里候:即里堠。古時道旁分程記里所設的土堆,猶今之里程碑。山海經海外東經:“帝命豎亥步,自東極至于西極,五億十選九千八百步。”宋高承事物紀原卷七州郡方域部里路:“按黄帝遊幸天下,而車以記里,疑道路之紀以里堠,起軒轅時也。”

　〔四八一〕命風后方割萬里,畫埜分疆:洪本“命”字爲墨丁。方割,全面劃分。方(páng),徧。埜,同“野”。吴本“疆”作“彊”,通。

　〔四八二〕班固云“分州”:漢書地理志上:“昔在黄帝,作舟車以濟不通,旁行天下,方制萬里,畫壄分州,得百里之國萬區。”

　〔四八三〕周公職録圖:即周公職録。而宋王應麟疑其書爲周公城名録之譌。王氏困學紀聞卷二曰:“禹貢釋文:‘周公職録云:黄帝受命,風后受圖,割地布九州。’隋、唐志無此書。太平御覽引太一式占周公城名録有此三句。夾漈通志藝文略:‘周公城名録一卷。’‘城’‘職’字相似,恐傳寫之誤。”

　〔四八四〕太一式占:佚書,作者不詳。各本“式”譌“或”,今據太平御覽訂正。御覽卷一五七引太一式占、周公城名録曰:“黄帝受命,風后受圖,割地布九州,置十二圖。”

　〔四八五〕而神靈之封隱焉:隱,依據。集韻稕韻:“隱,據也。”

　〔四八六〕漢書云:此下文字出自漢書敍傳。各本“漢書”皆作“後漢書”,今訂正。　黄唐:黄帝與唐堯的並稱。喬本、四庫本譌“皇唐”,今據餘諸本訂正。漢書敍傳作“自昔黄唐”。　燮定東西,疆理南北:燮定,安定。疆理,各本“理”皆作“里”,今據漢書訂改。顏師古注曰:“疆理,謂立封疆而統理之。”

　〔四八七〕傳言神靈之封七千,此公孫卿假爲申公説:史記封禪書載:漢武帝時,齊人公孫卿有札書,“卿因嬖人奏之。上大説,乃召問卿。對曰:‘受此書申公,申公已死。’上曰:‘申公何人也?’卿曰:‘申公,齊人。與安期生通,受黄帝言,無書,獨有此鼎書。……申公曰:“漢主亦當上封,上封則能僊登天矣。黄帝時萬諸侯,而神靈之封居七千。”’”亦見孝武本紀,而申公作申功。

　〔四八八〕劉恕外紀辨百里之國萬區:見國名紀六三皇之世跋語。

　〔四八九〕命匠營國,國中九經九緯:國,指國都。經,指南北走嚮的道路。

緯,指東西走嚮的道路。周禮考工記下匠人:"匠人營國,方九里,旁三門。國中九經九緯,經涂九軌。"

〔四九〇〕五置而有市,市有館,以竢朝聘之需:彥按:"五置"費解,疑"五十里"之誤。太平御覽卷一九四引周禮曰:"五十里有市,市有館,館有積,以待朝聘之客。"

〔四九一〕分州土,立市朝,軒轅氏所以載帝功:載,成。洪本作"再",蓋音譌。今文選所載班固東都賦,文作:"分州土,立市朝,作舟輿,造器械,斯乃軒轅氏之所以開帝功也。"

〔四九二〕徐帖:當指唐徐堅初學記。蓋以徐書與白居易六帖相類,故稱。　經途九軌,環途七軌,野途五軌:經途,指國都内南北嚮主幹道。軌,車子兩輪間的距離。環途,環城的道路。喬本、洪本、吳本、備要本"環"作"還",此從四庫本。野途,指都城外二百里内的道路。初學記卷二四居處部道路文作:"昔黃帝爲天子,匠人營國,國中九經九緯。經涂九軌,環涂七軌,野涂五軌。"彥按:"經涂"云云,其文實出周禮考工記下。故書"環"或作"轘",鄭玄注引杜子春云:"當爲'環'。環涂,謂環城之道。"又賈公彥疏:"野涂,國外謂之野,通至二百里内。"

〔四九三〕大戴禮及史記:彥按:今本大戴禮記未見此文。史記文見五帝本紀黃帝紀。

〔四九四〕通典卷三二職官十四州郡上州牧刺史:"黃帝立四監,以治萬國。"

〔四九五〕周大司馬:指周禮夏官大司馬,原文爲:"建牧立監,以維邦國。"

〔四九六〕大宰"乃施典于邦國,乃建其牧,立其監",牧"以侯伯有功德者加命州長":大宰,四庫本"大"作"太"。周禮天官大宰:"乃施典于邦國,而建其牧,立其監,設其參,傅其伍,陳其殷,置其輔。"鄭玄注:"以侯伯有功德者,加命作州長,謂之牧,所謂八命作牧者。"

〔四九七〕交:吳本譌"亦"。

〔四九八〕夫黃帝之九牧倡教:黃帝,吳本譌"皇帝"。倡教,引導教育。通典卷四一禮一禮序:"黃帝與蚩尤戰於涿鹿,可爲軍禮;九牧倡教,可爲賓禮。"即周之六卿分職以倡九牧也:倡,引導。尚書周官:"六卿分職,各率其屬,以倡九牧,阜成兆民。”孔氏傳:“六卿各率其屬官大夫、士治其所分之職,以倡道九州牧伯爲政。”

〔四九九〕禮記卷首孔穎達正義曰:“又論語撰考云:‘軒知地利,九牧倡教。’既有九州之牧,當有朝聘,是賓禮也。”

〔五〇〇〕茄豐違命,於是刑而放之:茄豐,洪本“豐”作“豊”。放,放逐,流放。

〔五〇一〕茄,楚地:茄,故地在今安徽淮南市西北。 昔楚子城州屈以復茄人:各本“城”字上有“州”字,當涉下“州屈”而衍,今刪去。州屈,春秋楚地,在今安徽鳳陽縣西。左傳昭公二十五年:“楚子使薳射城州屈,復茄人焉。”

〔五〇二〕或作茹豐:洪本、吳本“豐”作“豊”。下“茄豐氏”之“豐”同。

〔五〇三〕玄中記:四庫本“玄”作“元”,當由避清聖祖玄燁諱。 扶伏而去:扶伏,同“匍匐”,伏地爬行。扶,音 pú。 是爲扶伏民玉門外:玉門,指玉門關。在今甘肅敦煌市西北。太平御覽卷七九七引玄中記,作:“扶伏民者,黄帝軒轅之臣曰茄豐,有罪,刑而放之,扶伏而去。後是爲扶伏民,去玉門關二萬五千里。”

〔五〇四〕經土設井,以塞爭端;立步制晦,以防不足:見通典卷三食貨三鄉黨。經,量度,丈量。井,井田,也爲古代庶民編制單位。爭,通典作“静”。步,古長度單位,其制歷代不一。司馬法稱“六尺爲步”,禮記王制謂“古者以周尺八尺爲步”。

〔五〇五〕八家以爲井,井設其中而牧之于邑,故十利得:牧,管理。喬本、四庫本、備要本作“收”;洪本、吳本作“牧”,今訂作“牧”。彦按:通典卷三食貨三鄉黨曰:“昔黄帝始經土設井以塞静端,立步制畝以防不足,使八家爲井,井開四道而分八宅,鑿井於中。一則不洩地氣,二則無費一家,三則同風俗,四則齊巧拙,五則通財貨,六則存亡更守,七則出入相司,八則嫁娶相媒,九則無有相貸,十則疾病相救。是以情性可得而親,生產可得而均。均則欺凌之路塞,親則鬭訟之心弭。既牧之於邑,故井一爲鄰,鄰三爲朋,朋三爲里,里五爲邑,邑十爲都,都十爲師,師十爲州。”亦見于宋劉恕資治通鑑外紀卷一上黄帝紀。所謂“鑿井於中”,“既牧之於邑”,即路史“井設其中而牧之于邑”也;所謂“一則不洩地氣”至“十則疾病相救”云云,即路史“故十利得”也。

〔五〇六〕辨九地,立什一:九地,根據地理、土質條件而分的九種土地。揚雄太玄玄數:“九地:一爲沙泥,二爲澤地,三爲沚厓,四爲下田,五爲中田,六爲上田,七爲下山,八爲中山,九爲上山。”什一,古代賦税制度,十分税一。穀梁傳哀公十二年:“古者公田什一。”范甯注:“古者五口之家,受田百畝,爲官田十畝,是爲私得其什而官税其一,故曰‘什一’。”

〔五〇七〕孟子滕文公上:“夏后氏五十而貢,殷人七十而助,周人百畝而徹,其實皆什一也。”

〔五〇八〕存亡相守,有無相權:守,依傍,陪伴。權,平均,調匀。　是以情性可得而親,生産可得而均:情性,感情。生産,財産。

〔五〇九〕分之於井,計之於州:分之,謂分地。計之,謂計税。　因所利而勸之,是以地著而數詳:地著,謂百姓定居于一地。漢書食貨志上:“理民之道,地著爲本。”顔師古注:“地著,謂安土也。”數,指户口數。通典卷三食貨三鄉黨:“夫始分之於井則地著,計之於州則數詳。”資治通鑑外紀卷一上黄帝紀:“分之於井而計於州,則地著而數詳。”

〔五一〇〕禮運言“大道既隱”,而云“以立田里”:禮記禮運:“今大道既隱,天下爲家。各親其親,各子其子,貨力爲己。大人世及以爲禮,城郭溝池以爲固。禮義以爲紀,以正君臣,以篤父子,以睦兄弟,以和夫婦,以設制度,以立田里,以賢勇知,以功爲己。”　説者爲三王時:爲,通“謂”。三王,四庫本作“三五”。

〔五一一〕外紀誤云“州十二師”:今世傳本外紀,皆作“師十爲州”,羅氏説不知何據。　蓋因康成之説繆之矣:繆,通“謬”。吴本、四庫本、備要本皆作“誤”。彦按:尚書益稷及尚書大傳均有“州十有二師”語,不自鄭玄始。尚書大傳卷三:“古之處師,八家而爲隣,三隣而爲朋,三朋而爲里,五里而爲邑,十邑而爲都,十都而爲師,州十有二師焉。”鄭玄注:“州凡四十三萬二千家,蓋虞夏之數也。”是康成以“州十二師”爲“虞夏之數”,未以爲黄帝時也。

〔五一二〕置法而不變,俾民得以安其法:管子任法:“故黄帝之治也,置法而不變,使民安其法者也。”又太平御覽卷六三八引申子曰:“黄帝之治天下,置法而不變,使民安樂其法也。”　是以不使而成,不扈而止,策天命而治天下:使,役使,使唤。扈,禁止,制止。策天命,爲天命(上天意旨)所鞭策。

〔五一三〕眉壽:長壽。

〔五一四〕唐裴潾:唐憲宗時官起居舍人。各本"潾"皆譌"舜",今據新唐書本傳訂正。　自……天報之以眉壽:吳本、四庫本無"自"字,又"天報"上有"故"字。新唐書裴潾傳載潾語,文作:"故上自黃帝、顓頊、堯、舜、禹、湯、文、武,咸以功濟生人,天皆報以耆壽,垂榮無疆。"

〔五一五〕黃祚:黃帝的后裔。子華子晏子:"昔者軒轅二十五宗,故黃祚衍于天下,于今未忘也。"

〔五一六〕申子:戰國申不害撰。

〔五一七〕循機提象:循機,謂遵循自然變化規律。莊子至樂:"萬物皆出於機,皆入於機。"成玄英疏:"機者發動,所謂造化也。"提象,謂觀察天象。提,通"題"。小爾雅廣言:"題,視也。"　不就物,不違害,不善求,不緣道:就物,遷就于人。違害,逃避禍害。善求,喜好追求。緣道,遵守規矩。莊子齊物論:"聖人不從事於務,不就利,不違害,不喜求,不緣道,无謂有謂,有謂无謂,而遊乎塵垢之外。"　法中宿:中宿,古天文學將二十八宿分爲四方,每方各七宿,其居中一宿稱中宿。太平御覽卷七九引春秋元命苞曰:"黃帝龍顏,得天庭陽,上法中宿,取象文昌,戴天履陰,秉數制剛。"　而要繆乎太祖之下:文子精誠"至黃帝要繆乎太祖之下"王利器疏義:"王叔岷曰:'案:"要繆"當作"宓繆",淮南子作"宓穆","繆"與"穆"同。高誘注:"宓,寧也。穆,和也。"是其義也。……'案:覽冥篇:'宓穆休于太祖之下。'高誘注:'宓,寧也。穆,和也。休,息也。太祖,道之宗也。'"　職道義,經天地,別雌雄,等貴賤,不使不仁者加乎天下:職,守持。經,治理。加,謂居于……之上。漢賈誼新書脩政語上:"故黃帝職道義,經天地,紀人倫,序萬物,以信與仁爲天下先。"閻振益、鍾夏校注:"職,周禮夏官掌固注:'職,謂守。'夏案:上言'守之者見謂信',下言'以信與仁爲天下先',知職謂守。"又淮南子覽冥:"昔者黃帝治天下,而力牧、太山稽輔之,以治日月之行律,治陰陽之氣,節四時之度,正律曆之數,別男女,異雌雄,明上下,等貴賤。"

〔五一八〕故用武勝殘,而百姓以濟:殘,指暴虐無道之人。太平御覽卷七七引傅子曰:"不使不仁加乎天下,用武勝殘而百姓以濟,此仁形於撥亂,黃帝是也。"　紀人倫,敍萬物,以信與仁爲天下先:語出賈誼新書脩政語上。紀,綜理。敍,理順。新書作“序”,同義通用。

〔五一九〕而上下亡尤:亡,四庫本作“無”。尤,過失。

〔五二〇〕號數:稱説之大數(約計之數)。

〔五二一〕帝立十有五年,喜天下之戴己:十有五年,吴本、四庫本作“有十五年”。下“十有五年”同。　又四十八年而登遐:四十八年,今本列子黄帝作“二十有八年”。登遐,昇天遠逝,死之委婉語。列子黄帝:“黄帝即位十有五年,喜天下戴己,……又十有五年,憂天下之不治,……又二十有八年,天下大治,幾若華胥氏之國,而帝登假。”

〔五二二〕坤監:疑“監”當作“鑑”。坤鑑,地理坤鑑之簡稱。

〔五二三〕不章功,不揚名,隱真人之道,以從天地之固然:章,顯示,顯揚。道,行踪,行迹。文子精誠:“至黄帝要繆乎太祖之下,然而不章其功,不揚其名,隱真人之道,以從天地之固然。”又淮南子覽冥亦有“然而不彰其功,不揚其聲,隱真人之道,以從天地之固然”語,然所贊者女媧,而非黄帝。　故物亡忿敓之心而人亡争傾之患:物亡,四庫本“亡”作“無”。忿敓,因怨怒而强取。争傾,因争奪致覆亡。　耕父推畔,道不拾遺,狗彘吐菽粟而城郭不閟,人保命而不夭,歲時熟而亡凶,天地休通,五行期化:耕父,農夫。推畔,猶讓畔,謂種田人不計較,在田界處讓對方多占土地。狗彘吐菽粟,謂豬狗不與人争食,乃反孟子梁惠王上“狗彘食人食”意而用之。閟,關閉。歲時,年景,年成。熟,有收成,豐收。洪本、吴本作“埶”,乃“熟”之古字。凶,災荒。休通,美好融通。期化,如期變化。文子精誠:“昔黄帝之治天下,……田者讓畔,道不拾遺,市不預買。”又淮南子覽冥:“昔者,黄帝治天下,……田者不侵畔,漁者不争隈,道不拾遺,市不豫賈,城郭不關,邑無盜賊,鄙旅之人相讓以財,狗彘吐菽粟於路而無忿争之心。”

〔五二四〕故風雨時節,而日月精明,星辰不失其行:時節,合乎季節時令。精明,光明,明亮。文子精誠:“故於此時,日月星辰,不失其行,風雨時節,五穀豐昌。”又淮南子覽冥:“於是日月精明,星辰不失其行,風雨時節,五穀登埶。”

蓂莢、屈軼,紫房、楨莖,史不廢書:蓂莢,見前紀二地皇氏注〔二八〕。屈軼,傳説中一種神異的草。宋書符瑞志上:“黄帝軒轅氏,……天下既定,聖德光被,羣瑞畢臻。有屈軼之草生於庭,佞人入朝,則草指之,是以佞人不敢進。”紫房,一種紫色的花。赬莖,一種紅色的草,也稱朱草。赬,chēng,紅。紫房、赬莖,皆古人眼中祥瑞之物。　海不揚波,山不愛寶:上句言海面風平浪静,下句言山川時出寶物,皆太平盛世之瑞應。　翠黄伏榡:翠黄,傳説中的神馬。文選司馬相如封禪文"招翠黄乘龍於沼"李善注引漢書音義:"翠黄,乘黄也。龍翼馬身,黄帝乘之而仙。"伏榡(sù),猶伏櫪。方言五:"櫪,梁、宋、齊、楚、北燕之間或謂之榡,或謂之皁。"　兹白戀皁:兹白,瑞獸名。逸周書王會:"正北方義渠以兹白,兹白者若白馬。鋸牙,食虎豹。"皁,槽。　焦明嚾阿:焦明,瑞鳥名。史記司馬相如列傳"掩焦明"裴駰集解:"焦明似鳳。"張守節正義:"長喙,疏翼,員尾,非幽閑不集,非珍物不食。"嚾阿(huān ē),羣鳴,喧叫。　而龍麟擾於階除:龍麟,龍和麒麟。擾,謜動。階除,臺階。上二句言瑞鳥靈獸,紛至沓來,熙熙攘攘。　日蟹、虹蚓,禺蚩、牛蟻、黄神、黄爵,白澤、解廌:皆古人眼中祥瑞之物。日蟹,體大如日之蟹。虹蚓,形大如虹之蚯蚓。太平御覽卷九四七引帝王世紀曰:"黄帝時蚓大如虹。"禺蚩,體大如牛之螻蚩。彦按:禺本獸名,猴屬,或誤以爲牛。山海經南山經"有獸焉,其狀如禺而白耳"郭璞注:"禺似獼猴而大,赤目長尾,今江南山中多有。説者不了此物名禺,作牛字,圖亦作牛形,或作猴,皆失之也。"宋書符瑞志上:"黄帝黄服齋於中宫,坐于玄扈洛水之上,……有大螻如羊,大蚓如虹。"又雲笈七籤軒轅本紀:"(黄)帝又得微蟲蚩螻,有大如羊者,大如牛者,蟲名蚓,大如虹者,應土德之王也。"牛蟻,體大如牛之螞蟻。黄神,即騰黄神獸,神獸名。雲笈七籤軒轅本紀:"又有騰黄神獸,其色黄,狀如狐,背上有兩角龍翼,出日本國,壽二千歲。黄帝得而乘之,遂周遊六合,所謂乘八翼之龍遊天下也。"黄爵,即黄雀。爵,通"雀"。藝文類聚卷九九引春秋考異郵曰:"黄帝將起,有黄雀赤頭,立日旁,帝占曰:'黄者土精,赤者火熒,雀者賞萌,余當立。'"白澤,見上注〔四二二〕。解廌(xiè zhì),即獬豸。神獸名,相傳能辨曲直。廌,同"廌"。喬本譌"薦",今據餘諸本訂正。説文廌部:"廌,解廌,獸也。似山牛,一角。古者決訟,令觸不直。"又:"薦,獸之所食艸。……古者神人以廌遺黄帝。帝曰:'何食?何處?'曰:'食薦;夏處水澤,冬處松柏。'"

〔五二五〕是以九瀛仰化:九瀛,原指九州與環其外的瀛海,此泛稱海外各國。仰化,仰慕而感化。　諸北貢職:諸北,謂北方各國。貢職,進獻應納的貢物。

〔五二六〕裼裘秬鬯：謂身穿皮衣，外套背心，而手捧秬鬯。裼，音 xī，古代加在皮衣上面的背心。各本皆作“楊”。彥按：作“楊”無義。當爲“裼”字形譌，今訂正。清黃生義府卷上裼：“玉藻云：‘裘之裼也，見美也；服之襲也，充美也。’注：‘袒而有衣曰裼。’則似今之背心，以加於裘外，故仍見裘之美。”秬鬯（jù chàng），古代以黑黍和鬱金香草釀造的酒。　貫匈長股：並傳説中古國名。貫匈，即貫胸，相傳其國民胸前穿孔達背。長股，相傳其國民腿特長。山海經海外南經：“載國，……貫匈國在其東，其爲人匈有竅。”又海外西經：“長股之國在雄常北，被髮。一曰長脚。”　莫不來庭而依朔：來庭，猶來朝。謂來朝庭覲見天子。依朔，謂遵行朔政。古代帝王每年季冬頒發來年的曆日與政令，諸侯受而行之。公羊傳文公六年“不告月者何？不告朔也”何休注：“禮，諸侯受十二月朔政於天子，藏于太祖廟，每月朔朝廟，使大夫南面奉天子命，君北面而受之。比時，使有司先告朔，慎之至也。”竹書紀年卷上黃帝軒轅氏五十九年：“貫胸氏來賓，長股氏來賓。”

〔五二七〕古之受命者：喬本、洪本、吳本、備要本“古”作“言”，當誤，今據四庫本改。

〔五二八〕所以著命之不可以干：著，顯示。干，求取，求得。

〔五二九〕然不敢後者，亦命而已矣：後，置之于後，謂輕視。命，喬本、洪本、四庫本作“義”，句意不暢，今據吳本、備要本改。

〔五三〇〕有貫胸者、深目者、長股者，黃帝之德皆致之：吳本、四庫本“胸”作“匈”。深目，眼睛凹陷。山海經海外南經郭璞注引尸子，作：“有貫匈者，有深目者，有長肱者，黃帝之德常致之”。

〔五三一〕音義：不明所指，待考。

〔五三二〕乃撫萬靈，度四方：撫，安撫。萬靈，衆生靈，指人類、人民。度，測量，丈量。大戴禮記五帝德：“黃帝……撫萬民，度四方。”黃懷信等集注引孔廣森曰：“度四方，度地宅民。”

〔五三三〕周禮夏官廋人：“馬八尺以上爲龍。”

〔五三四〕東薄海：薄，逼近，臨近。

〔五三五〕沂水縣之沂山也：沂水縣，今屬山東省。各本“水”皆譌“山”。

彥按：唐代無沂山縣，宋代亦然。據元和郡縣圖志卷一一河南道沂州、太平寰宇記卷二三河南道沂州，沂山在沂水縣北一百二十四里，今據以訂正。

〔五三六〕凡山在青之益都：見太平寰宇記卷一八河南道青州。青，州名。益都，縣名，治所在今山東青州市。

〔五三七〕郡國志云"黄帝封泰山，禪凡山"：彥按：此所引文見太平寰宇記卷一八河南道青州益都縣凡山引郡國志云，今後漢書郡國志未見其文。

〔五三八〕公玉帶云：黄帝封泰山，風后封東泰山，禪凡山：見漢書郊祀志下，文作："公玉帶曰：'黄帝時雖封泰山，然風后、封鉅、岐伯令黄帝封東泰山，禪凡山，合符，然後不死。'"其事亦載於史記孝武本紀及封禪書，公玉帶作"公王帶"。洪本"玉"作"王"，"云"譌"六"。

〔五三九〕又靈武亦有泰山，在河之東北：靈武，郡名，治所在今寧夏吳忠市利通區北。泰山，喬本、備要本作"東泰山"，蓋涉上文"或東泰山即沂山"而誤，洪本則"泰山"前空一字。今從吳本及四庫本。河之東北，喬本、吳本、備要本作"河東之北"，洪本作"河東之比"，四庫本作"河東之地"。彥按：太平寰宇記卷三六關西道十二靈州："（唐）天寶元年改爲靈武郡。……乾元元年復爲靈州。"又："泰山在河之東北，連亙彌遠。"當即羅氏所本，今據以訂正。

〔五四〇〕西逾隴，款笄屯：隴，山名。綿延于甘肅、陝西二省交界地方。款，至。笄屯，山名。或謂笄頭山之語譌，一名崆峒山，即今寧夏南部、甘肅東南之六盤山。

〔五四一〕即鎮戎之空同山，俗呼雞頭：鎮戎，指宋鎮戎軍，治所在今寧夏固原市原州區。空同山，喬本如此，餘諸本"同"作"桐"。下"空同"之"同"同。雞頭，吳本、四庫本、備要本作"雞頭山"。

〔五四二〕水經云：大隴山之別名：彥按：今本水經注查無此文。而太平寰宇記卷三三原州平高縣曰："笄頭山，一名崆峒山，在縣西一百里。……水經注云：'蓋大隴山之異名耳。'"當即羅氏所本。

〔五四三〕又臨洮亦有空桐山，二山各有廣成廟：臨洮，府名，治所在今甘肅臨洮縣。空桐山，喬本、洪本、吳本、備要本譌"空明山"，今據四庫本訂正。太平寰宇記卷八汝州梁縣："崆峒山，在縣西南四十里。有廣成子廟，即黄帝問道于廣成子之所也。……禹迹之内，山名崆峒者有三焉：其一在臨洮，秦築長城之所起也；其一在安定。二山高大，可取財用，彼人亦各于其處爲廣成子立廟。
而莊生述黃帝問道崆峒，遂言遊襄城、登具茨、訪大騩，皆與此山接壤，則臨洮、
安定非問道之所明矣。”　故太史公兩言雞頭、空同相連：太史公，吳本“史”譌
“之”。史記五帝本紀：“天下有不順者，黃帝從而征之，……西至于空桐，登
雞頭。”

　　〔五四四〕倦游録：舊題宋張師正撰。宋王銍跋范仲尹墓誌稱乃宋魏泰僞
託（見四庫全書總目東軒筆録提要）。　平涼：縣名，治所在今甘肅平涼市崆
峒區。

　　〔五四五〕涉熊湘：涉，喬本、洪本作“沙”。彦按：作“沙”不可解，今從餘諸
本作“涉”。然熊湘乃山名，用“涉”亦欠妥，豈誤以“湘”爲湘水乎？史記五帝
本紀：“天下有不順者，黃帝從而征之，……南至于江，登熊湘。”張守節正義引
括地志云：“熊耳山在商州上洛縣西十里，齊桓公登之以望江漢也。湘山一名
艑山，在岳州巴陵縣南十八里也。”錢穆云：“熊湘乃一山耳。豈有熊在豫，湘
在楚，而可一言以蔽曰‘登熊湘’乎？……熊湘山當在葉縣東北襄城境。襄城，
王莽更名相成。此‘相’、‘襄’可通，而此地可有‘湘’名之一證。又楚策莊辛
説楚襄王：‘蔡靈侯南遊高陂，北陵巫山，食湘波之魚，抱妾擁嬖，馳騁高蔡之
中。’高蔡即上蔡也。汝水自襄城東南流至上蔡，此必汝水有‘湘’名矣。此此
地有‘湘’名二證也。然則熊湘正當在今襄城縣境。莊子謂‘黃帝遊襄城之
野，而七聖皆迷’。今襄城縣南五里有首山山脈，迤邐南接嵩、華，舊説黃帝所
遊，疑即熊湘，而後人迷失其名耳。”（見史記地名考卷二上古地名熊湘）襄城
縣今屬河南省。

　　〔五四六〕南方亦多故迹：吳本“亦”作“公”，“迹”作“迻”。

　　〔五四七〕永初山川記：書名。全稱宋永初山川古今記，南朝宋劉澄之撰。
永寧有黃帝鍊丹處：彦按：永寧，疑“永康”之誤。太平御覽卷一七六引宋永
初山川古今記曰：“永康縣縉雲堂，黃帝練丹處。”永康縣，治所在今浙江永
康市。

　　〔五四八〕張氏土地記：佚書，作者名字、生平不詳。　東陽永康：東陽，郡
名。永康，縣名。

　　〔五四九〕黃山：山名。在今安徽黃山市黃山區境。　皖公：山名。即今

安徽潛山縣西北天柱山。　緒雲:山名。在今重慶市北碚區西。　衡山:山名。在今湖南衡陽市南岳區和衡山、衡陽二縣境。　衡之雲陽山:衡,州名。雲陽山,在今湖南茶陵縣西。　皆有黃帝蹤迹:吳本、四庫本、備要本句末有"焉"字。

〔五五〇〕北届浡碣:浡,同"渤",渤海。碣,碣石,山名。在今河北昌黎縣境。　玄扈:在今陝西洛南縣西洛水之南。

〔五五一〕石室:巖洞,亦用以稱神仙洞府。

〔五五二〕帝坐玄扈洛上:藝文類聚卷九九引春秋合誠圖,作"黃帝遊玄扈雒水上"。太平御覽卷九一五引春秋合成圖,作"黃帝遊玄扈雒上"。　鳳凰銜圖置前:凰,吳本、四庫本作"皇"。置前,藝文類聚作"置帝前"。太平御覽作"置"。　帝再拜受:受,藝文類聚、太平御覽並作"受圖"。

〔五五三〕太平寰宇記卷一四一商州洛南縣玄扈山引黃帝録,文字稍有不同。　黃帝録:佚書,作者不詳。　帝在玄扈閣上:喬本、洪本、備要本無"帝"字,此從吳本及四庫本。太平寰宇記"玄扈閣"作"玄扈山"。

〔五五四〕宋書云:黃帝坐玄扈洛水上,有鳳集:見宋書符瑞志上。原文作:"黃帝黃服齋于中宫,坐于玄扈洛水之上,有鳳皇集。"　銜圖置帝前,黃玉爲匣:今宋書無此文,疑誤記或衍文。置,吳本、四庫本作"至"。

〔五五五〕坐玄扈:坐,喬本、備要本作"作",蓋由音譌。今從餘諸本改。

〔五五六〕商之上洛:商,州名。上洛,縣名,治所在今陝西商洛市商州區。洛南縣:今屬陝西省。

〔五五七〕余每之東苑,未嘗不惑,去之則復:各本"惑"皆譌"感",今據靈樞經大惑論訂正。

〔五五八〕靈樞:洪本"樞"譌"摳"。

〔五五九〕被中宫:被,小爾雅廣詁:"潔也。"中宫,宫中。　詔羣神,授見者:詔,召,召集。授,任命,委任。　齋心服形以先焉:齋心,純净心靈。服形,順適形骸。列子黃帝:"於是……退而閒居大庭之館,齋心服形,三月不親政事。"

〔五六〇〕羣神,謂諸侯五等:洪本此句闌入正文。

〔五六一〕作清角樂,大合而樂之:清角,古樂調名稱。大合,謂大合鬼神。

韓非子十過:"昔者黃帝合鬼神於西泰山之上,……虎狼在前,鬼神在後,騰蛇伏地,鳳皇覆上,大合鬼神,作爲清角。"　鳴鶴翱翔,鳳凰蔽日:四庫本"凰"作"皇"。吳本"蔽"譌"扗"。玉海卷一一〇樂器琴瑟黃帝琴引宋劉昺大晟樂書曰:"黃帝鼓清角之琴以大合鬼神,而鳳凰蔽日。"

〔五六二〕握河紀:緯書尚書中候篇名。　鳳凰:四庫本"凰"作"皇"。下"鳳凰"之"凰"同。　題象:即"提象"。見上注〔八〕。

〔五六三〕黃帝時,鳳凰蔽日而至,止於東園,終身不去:吳本"而至"作"四至","四"當"而"字形譌。彦按:此文傳本白虎通原脱。清陳立疏證據詩卷阿疏、左傳昭十七年疏、御覽五一五補于卷六封禪篇末,作:"黃帝之時,鳳凰蔽日而至,東方止於東園,食常竹實,栖常梧桐,終身不去。"

〔五六四〕禮瑞命記:佚書,作者不詳。　戴黃冕:文選張景陽(協)七命"鳴鳳在林,夥於黃帝之園"李善注引禮瑞命記,"冕"作"冠"。　齋于宮:齋,洪本、吳本、四庫本作"齊"。下"齋中宮"之"齋"同。宮,吳本譌"言"。　鳳蔽日而來:文選李善注"鳳"下有"乃"字。　食竹實,棲梧桐:竹實,又稱竹米,爲竹子所結子實,其形如小麥。吳本、四庫本"實"作"寔"。文選李善注"棲"下有"帝"字。

〔五六五〕韓詩外傳卷八:"黃帝即位,……宇内和平。未見鳳凰,惟思其象。凤寐晨興,乃召天老而問之曰:'鳳象何如?'天老對曰:'夫鳳之象,鴻前而麟後,蛇頸而魚尾,龍文而龜身,燕頷而雞啄,戴德負仁,抱中挾義;小音金,大音鼓;延頸奮翼,五彩備明;舉動八風,氣應時雨;食有質,飲有儀;往即文始,來即嘉成。惟鳳爲能通天祉,應地靈,律五音,覽九德。天下有道,得鳳象之一,則鳳過之;得鳳象之二,則鳳翔之;得鳳象之三,則鳳集之;得鳳象之四,則鳳春秋下之;得鳳象之五,則鳳没身居之。'黃帝曰:'於戲,允哉!朕何敢與焉!'於是黃帝乃服黃衣,帶黃紳,戴黃冕,致齋于中宮。鳳乃蔽日而至。黃帝降于東階,西面再拜稽首曰:'皇天降祉,敢不承命!'鳳乃止帝東園,集帝梧桐,食帝竹實,没身不去。"

〔五六六〕釜山:山名。在今河北懷來縣東南。史記五帝本紀黃帝"合符釜山"司馬貞索隱:"合諸侯符契圭瑞,而朝之於釜山,猶禹會諸侯於塗山然也。"張守節正義引括地志云:"釜山在媯州懷戎縣北三里。"

〔五六七〕虞帝之集瑞:尚書舜典:"輯五瑞,既月乃日,覲四岳羣牧,班瑞
于羣后。" 傳所謂"黄帝合而不死":史記曆書:"蓋聞昔者黄帝合而不死,名
察度驗,定清濁,起五部,建氣物分數。"

〔五六八〕昔魏明元獵牛川,登釜山,臨猴繁之水,而南觀乎九十九泉,是
矣:魏明元,北魏明元帝拓跋嗣(公元 409—423 年在位)。牛川,古地區名。在
今内蒙古烏蘭察布市集寧區一帶。登,各本均謁"發",今據魏書太宗紀及北
史魏本紀訂正。猴繁之水,即殷繁水,亦即今内蒙古察哈爾右翼後旗西南的五
德溝。九十九泉,在今内蒙古卓資縣北。魏書太宗紀泰常元年:"秋七月甲
申,帝自白鹿陂西行,大獵于牛川,登釜山,臨殷繁水,而南觀于九十九泉。"彥
按:當代史地學者以爲此之釜山,在今内蒙古四子王旗北,與黄帝合符之釜山
並非一山(參見史爲樂主編中國歷史地名大辭典,中國社會科學出版社,2005
年)。

〔五六九〕在荊山之前,帝鑄鼎處:荊山,山名。在今河南靈寶市西。史記
孝武本紀、封禪書並云:"黄帝采首山銅,鑄鼎於荊山下。鼎既成,……故後世
因名其處曰鼎湖。"

〔五七〇〕索隱乃引郭子橫説,以爲在東海中:郭子橫,即東漢初光禄勳郭
憲(字子橫)。史記五帝本紀黄帝"合符釜山"司馬貞索隱:"又按:郭子橫洞冥
記稱東方朔云'東海大明之墟有釜山,山出瑞雲,應王者之符命',如堯時有赤
雲之祥之類。蓋黄帝黄雲之瑞,故曰'合符應於釜山'也。"

〔五七一〕大抵儒生言三五事,類引之渺茫曠絕、不可致知之所:三五,指三
皇五帝。類,大概,一般。曠絕,謂極荒遠。致知,得知。

〔五七二〕如拾遺記:黄帝"厭世於昆臺",乃鼎湖之峻處爾:吳本、四庫本
"爾"作"耳"。拾遺記卷一軒轅黄帝:"乃厭世於昆臺之上,留其冠、劍、佩、舄
焉。昆臺者,鼎湖之極峻處也。" 而説者必以爲崑崙北有覆釜山:洪本、吳本
"北"謁"此"。

〔五七三〕故綿上有覆甑山:綿上,縣名,治所在今山西沁源縣北。覆甑
山,各本"甑"作"增"。彥按:"增"當作"甑",覆甑山在綿上縣東南二十四里,
見元和郡縣圖志卷一三沁州縣上縣、太平寰宇記卷五〇河東道一一大通監綿
上縣。今據以訂正。下"覆甑"之"甑"同。

〔五七四〕今維之北海溉源山亦曰覆甑：維，字當作“濰”，州名，宋治北海縣。北海，縣名，治所在今山東濰坊市濰城區。太平寰宇記卷一八濰州北海縣云：“溉源山，在州東南六十里。山形如塔，舊名塔山。地理志云：‘覆甑山，溉水所出。’水經注云：‘溉水出塔山。’是山有二名，故兩存焉。天寶六年勅改爲溉源山。”　見漢地志：彥按：漢書地理志但言：“覆甑山，溉水所出，東北至都昌入海。”（見北海郡桑犢縣）並未言及其與溉源山之關係。羅氏稱“見漢地志”，失實。

〔五七五〕今青之北海東南六十：彥按：“青”當作“濰”，指濰州。北海縣于唐屬青州（見新唐書地理志二），于宋爲濰州治（見宋史地理志一）。　天寶六曰溉源：洪本如此，餘諸本均作“天寶山亦曰溉源”。彥按：洪本符合太平寰宇記之實，今從之。參見上注。

〔五七六〕鑄三鼎於荆山之陽，以象泰乙：泰乙，中國哲學術語，即先天地生之所謂“道”。老子四十二章：“道生一，一生二，二生三，三生萬物。”故鑄三鼎以象之。

〔五七七〕能輕能重，能濱能行，存亡是讞，吉凶可知：濱，疑爲“逗”字音譌。說文辵部：“逗，止也。”讞，音 yàn，說文言部：“讞，問也。”段玉裁注：“讞訓問，謂按問，與試驗、應驗義近。”吳本、四庫本、備要本作“診”，誤。又洪本脫“知”字。三國魏曹植三鼎贊：“鼎質之精，古之神器。黄帝是鑄，以像太乙。能輕能重，知凶識吉。世衰則隱，世和則出。”又藝文類聚卷九九引孫氏瑞應圖曰：“神鼎者，質文精也。知吉凶存亡，能輕能重，能息能行，不灼而沸，不汲自盈，中生五味。昔黄帝作鼎，象太一。”

〔五七八〕武豹百物，爲之眡火參鑪：武豹，即虎豹。唐人避唐高祖李淵祖父李虎諱，每改“虎”作“武”。今羅氏稱虎豹爲“武豹”，則不無掉書袋與標新立異之嫌（羅氏父子皆有此一毛病，書中時可見到）。四庫本“武”作“虎”，當屬竄改。眡火參鑪，照看火爐。眡，同“視”。參，掌管。文選任彦昇（昉）王文憲集序“遷尚書吏部郎參選”李周翰注：“參，掌也。”南朝梁陶弘景真誥卷一四稽神樞第四：“軒轅自採首山之銅以鑄鼎，虎豹百禽爲之視火參鑪。”

〔五七九〕黄帝鑄寶鼎三，象天地人：見史記封禪書及孝武本紀，“鑄”作“作”。又孝武本紀句末有“也”字。

〔五八〇〕瑞應圖：南朝梁孫柔之撰。

〔五八一〕陽極于九，故聖人攝其數而云九鼎：攝，引用，執持。説文手部：“攝，引持也。”宋史樂志四：“（徽宗大觀四年）八月，帝親製大晟樂記，命太中大夫劉昺編修樂書，爲八論。其一曰：樂由陽來，陽之數極於九，聖人攝其數於九鼎，寓其聲於九成。”

〔五八二〕覆釜山在緱氏：緱氏，地名。即今河南偃師市緱氏鎮。　首山在蒲坂：蒲坂，地名。在今山西永濟市蒲州鎮。　荆山在湖城，世謂襄陽若縉雲之荆山者，失之：湖城，縣名，治所在今河南靈寶市西北。襄陽，宋代府名。若，或。縉雲，縣名，今屬浙江省。襄陽之荆山，在今湖北南漳縣西。縉雲之荆山，其説不詳，待考。

〔五八三〕既望：指農曆月之十六日。　鼎成：喬本、備要本“成”譌“城”，今從餘諸本訂正。

〔五八四〕甲戌日：吴本“戌”譌“成”。

〔五八五〕戊午：吴本“午”譌“干”。

〔五八六〕通典卷一〇三禮六三招魂葬議載干寶駁招魂葬議云：“孔子論黄帝曰：‘生而人利其化百年，死而人畏其神百年，亡而人用其教百年。’此黄帝亦死，言仙，謬也。”

〔五八七〕劍經：道書名。又稱太清經。南朝梁陶弘景著。　黄帝鑄鼎，……惟存寶劍、赤舃：彦按：劍經已佚，文不可考。唯羅苹此注所引，亦見陶氏另一著作真誥之中。該書卷一四稽神樞第四曰：“軒轅自採首山之銅以鑄鼎，……鼎成而軒轅疾崩，葬喬山。五百年後山崩，空室無尸，唯寶劍、赤舃在耳。”

〔五八八〕神仙家：即道家。

〔五八九〕彦按：今本列仙傳黄帝文作：“（黄帝）自擇亡日，與羣臣辭，至於卒，還葬橋山。”而抱朴子内篇極言引列仙傳云，則作：“黄帝自擇亡日，七十日去，七十日還，葬於橋山。”蓋抱朴子引列仙傳，文有增損，而羅氏所引，實自葛書。

〔五九〇〕見莊子德充符，原文爲：“勇士一人，雄入於九軍。將求名而能自要者而猶若此，而況官天地，府萬物，直寓六骸，象耳目，一知之所知，而心未嘗死者乎！彼且擇日而登假，人則從是也。彼且何肯以物爲事乎！”　登假：登天仙逝，死之婉辭。假，通“遐”。四庫本、備要本作“登遐”。

〔五九一〕有上昇説，著在發揮：見發揮二黃帝乘龍上昇説。在，四庫本作“存”。發揮，吳本“發”譌“當”。

〔五九二〕葬上郡陽周之橋山：陽周，秦漢縣名，治所在今陝西子長縣西北。漢書地理志下上郡陽周縣：“橋山在南，有黃帝冢。”

〔五九三〕慶之華池西翟道山，寧之真寧東八十子午山也：慶，州名。華池，縣名，治所在今甘肅華池縣東南。寧，州名。真寧，縣名，治所在今甘肅正寧縣永和鎮羅川古城。元和郡縣圖志卷三寧州真寧縣：“子午山，亦曰橋山，在縣東八十里，黃帝陵在山上，即羣臣葬衣冠之處。”又同卷慶州華池縣：“子午山，舊名翟道山，在縣西四十五里。”

〔五九四〕郡縣志：指元和郡縣圖志。其卷三寧州真寧縣云：“子午山，亦曰橋山，在縣東八十里。黃帝陵在山上，即羣臣葬衣冠之處。”

〔五九五〕元豐九域志卷三寧州引風土記云，作：“陽周縣，縣南有黃帝陵，在子午山上。”

〔五九六〕大曆：唐代宗李豫年號。

〔五九七〕混天記：佚書，撰者不詳。　黃帝葬南陵山。南陵也，故葬曰上陵山：莽，指新王朝建立者王莽。吳本譌“恭”。彥按：此稱“黃帝葬南陵山”，不見于他書。漢書地理志下上郡陽周縣曰：“橋山在南，有黃帝冢。莽曰上陵畤。”頗疑所謂南陵山原由“橋山在南”傳譌而來。而“莽曰上陵山”之上陵山實當作上陵畤也。

〔五九八〕而神鑑謂黃帝葬南甲山：神鑑，佚書，撰者不詳。南甲山，橋山別名。本書餘論七陵臺説曰：“夫帝王之冢曰陵，亦謂之臺，……即在上世，亦謂之山。黃帝葬南甲山，曰橋陵，亦曰橋山，是矣。”

〔五九九〕思玄注：指文選張平子（衡）思玄賦“會帝軒之未歸兮”舊注。四庫本“玄”作“元”，乃避清聖祖玄燁諱。　黃帝葬西海橋山：原注“葬”下有“於”字。西海，不明所指。清畢沅關中勝蹟圖志卷三〇古迹郊邑云：“近世地志，如畿輔之平谷，山東之曲阜，河南之閿鄉，皆有軒轅陵。至如文選注‘黃帝葬西海橋山’，語涉荒渺，無從考信也已。”

〔六〇〇〕史記孝武本紀、封禪書並曰："其來年冬，……乃遂北巡朔方，勒兵十餘萬，還祭黄帝冢橋山。"

〔六〇一〕文成東巡涿鹿，祠黄帝，祭橋山，觀温泉，幸廣甯：文成，指北魏高宗文成皇帝拓跋濬（公元452—465年在位）。彥按：文成當作明元。此乃北魏太宗明元皇帝拓跋嗣（公元409—423年在位）事，而非文成皇帝事。橋山，洪本"橋"譌"喬"。廣甯，即廣寧。縣名，治所在今河北涿鹿縣。吴本"甯"譌"密"。魏書太宗紀神瑞二年六月："壬申，幸涿鹿，登橋山，觀温泉，使使者以太牢祠黄帝廟。至廣寧，登歷山，祭舜廟。"

〔六〇二〕上谷：地名。在今北京市延慶區。

〔六〇三〕見元豐九域志卷三寧州。

〔六〇四〕而媯州之懷戎橋山有黄帝葬及祠焉：媯州之懷戎，各本皆作"媯之懷戎川"。彥按：媯地無所謂懷戎川。此"川"字當"州"之譌，且自"媯"下誤置于"懷戎"下耳，今訂正。橋山，洪本"橋"譌"喬"。太平寰宇記卷七一媯州懷戎縣："橋山，山有祠，黄帝葬此。"

〔六〇五〕其臣左徹感思，取衣冠几杖而廟像之：感思，思念。廟像，謂建廟並造像。竹書紀年卷上黄帝軒轅氏一百年"地裂，帝陟"沈約注："帝王之崩皆曰陟。……帝以土德王，應地裂而陟。葬，羣臣有左徹者，感思帝德，取衣冠几杖而廟饗之，諸侯大夫歲時朝焉。"宋高承事物紀原卷二〇布帛雜事門雕木人："仙傳拾遺曰：始自黄帝臣左徹爲之。帝昇天，羣臣思念不已，乃刻木爲帝像，朝夕而朝之。此刻木像人之始也。"

〔六〇六〕七年而立子：洪本"立"字爲墨丁。

〔六〇七〕成州：治所在今甘肅成縣。元豐九域志卷三成州："軒轅廟，見地志。"

〔六〇八〕見通典卷一〇三禮六三招魂葬議載晉干寶駁招魂葬議引魯國周生云。　晉周生：晉東海國學官令，魯國人，姓周，名不詳。　黄帝體仙登遐，其臣扶微等斂其衣冠墳之：體仙，成仙。墳之，通典作"殯而葬焉"。

〔六〇九〕汲書云左徹乃立顓帝：晉張華博物志卷八史補亦曰："黄帝登仙，其臣左徹者削木象黄帝，帥諸侯以朝之。七年不還，左徹乃立顓頊。"

〔六一〇〕宰予：孔子弟子，字子我。　子曰：此二字，喬本、洪本、吴本、備要本皆誤闌入注文,今據四庫本訂正。　人賴其利百年,用其教百年,威其神百年,曰三百年也:洪本前三句作“人賴其利百歲,用其教、威其神百年”,非。大戴禮記五帝德:“宰我問於孔子曰:‘昔者予聞諸榮伊(令)[言],黄帝三百年。請問黄帝者人邪? 抑非人邪? 何以至於三百年乎?’……孔子曰:‘黄帝,少典之子也,曰軒轅。……生而民得其利百年,死而民畏其神百年,亡而民用其教百年,故曰三百年。’”

〔六一一〕榮伊之令也:彦按:大戴禮記五帝德“昔者予聞諸榮伊令”,清戴震校本據史記索隱所引,訂“令”作“言”。黄懷信彙校:“懷信按:‘榮伊’若爲人名,則‘令’當爲‘言’,戴校是。”若然,則羅氏所見大戴禮本,其字已誤。

〔六一二〕故列子云:四庫本“云”作“曰”。　百姓號之,二百餘年不輟:見列子黄帝。號,哭。

〔六一三〕靈憲:美好的法度、典範。　彤史、小臣,以備内官,以教天下之内治:彤史,宫中女官名,掌記宫闈起居等事。小臣,宫中執役的宦官。内官,内宫之官。内治,古代指對婦女進行的教育。

〔六一四〕大戴禮,立四妃:大戴禮記帝繫有“帝嚳卜其四妃之子,而皆有天下”語。

〔六一五〕一后三妃也:洪本、吴本“后”誤“右”。

〔六一六〕爲姓十一:喬本、洪本如此,不誤。餘諸本“十一”均作“十二”,非是。下羅苹注文又云:“黄帝之子二十五人,其十二人爲十一姓,餘十三人皆姬姓也。”可證。

〔六一七〕祈、酉、滕、箴、任、荀、釐、結、儇、依:祈,國語作“祁”,而羅氏以爲非。本書國名紀一黄帝後姬姓國祈曰:“祁,少昊後;祈,黄帝後。”荀,國語作“荀”。釐,音 xī,國語作“僖”。結,國語作“姞”,本書國名紀一黄帝後姬姓國紀後跋語又作“佶”,要當以國語作“姞”爲是。國語晉語四晉司空季子曰:“凡黄帝之子二十五宗,其得姓者十四人,爲十二姓,姬、酉、祁、己、滕、箴、任、荀、僖、姞、儇、依是也。”王引之曰:“路史疏仡紀‘荀’作‘苟’,云:‘苟,國語、史記皆作荀,非。’又國名紀曰:‘戰國有苟變,子思薦之。’引之謹案:路史‘荀’作‘苟’是也。元和姓纂:‘苟,國語黄帝之後,漢有苟實、苟參。’‘苟,周文王第十七子郇侯之後以國爲氏,後去邑爲苟。’廣韻:‘苟,姓。出河内、河南、西河三望。國語云本自黃帝之子。漢有荀參。古厚切。’‘荀,本姓郇,後去邑爲荀。今出潁川。相倫切。’是荀姓爲文王之後,苟姓爲黃帝之後。且元和姓纂及廣韻引國語竝作‘苟’不作‘荀’也,軒轅黃帝傳亦作‘苟’。……路史曰國語作‘苟’非,則所見已是誤本矣。又案:‘依’當作‘衣’。今本作‘依’者,因上文‘儴’字而誤加‘人’旁耳。考潛夫論正作‘衣’。史記五帝紀,集解、單行本索隱引國語,竝作‘衣’。鄭注中庸曰:‘今姓有衣者。’廣韻‘衣’字云:‘姓。出姓苑。’而‘衣’字不以爲姓。則國語之本作‘衣’益明矣。”(見經義述聞卷二一國語下苟依)

〔六一八〕苟,國語、史記皆作苟:喬本“苟”譌“句”,今據餘諸本訂正。彦按:史記但于五帝本紀稱“黃帝二十五子,其得姓者十四人”,并未具言黃帝子姓,此所謂“作苟”者,見唐司馬貞索隱引國語也。羅氏説法有誤。

〔六一九〕及二紀也:紀,國語晉語四作“己”。詳下注。

〔六二〇〕青陽、夷彭:夷彭,國語晉語四作“夷鼓”,曰:“黃帝之子二十五人,其同姓者二人而已:惟青陽與夷鼓皆爲己姓。”

〔六二一〕古書大概可質:質,核對,驗證。

〔六二二〕國語言青陽與夷彭同爲紀姓:夷彭,國語實作“夷鼓”。紀姓,國語實作“己姓”。並見上注〔六二〇〕。　而又云青陽與蒼林爲姬姓:國語晉語四晉司空季子曰:“凡黃帝之子二十五宗,其得姓者十四人,爲十二姓,……唯青陽與蒼林氏同于黃帝,故皆爲姬姓。”

〔六二三〕玄囂:黃帝子。

〔六二四〕餘十三人皆姬姓也:洪本脱“姬”字。

〔六二五〕纍、儽、靁同:儽,洪本作“纍”、吳本作“儽”,並誤。　儽、累、嫘、雷省,非是:喬本、洪本、吳本、備要本“嫘”下重出“嫘”字(四庫本該字模糊,似作“嬥”字),當爲衍文,今删去之。彦按:推羅氏意,蓋謂儽氏字當從“纍”,不可從“累”,並不可信。玉篇“㑷”同“儽”、“雷”同“靁”,類篇、龍龕手鑑、集韻並以“嫘”“嬥”爲同字,可見偏旁從“纍”或者從“累”,唯筆畫有繁簡之别,音、義實無不同。

〔六二六〕集韻嬥祖爲力僞切:吳本、四庫本、備要本“嬥”作“嫘”。

〔六二七〕昌意就德,遜居若水:彦按:本書後紀八帝顓頊高陽氏則曰:

“（昌意）行劣不似,遜于若水。”意大不同。

〔六二八〕姓書辯昌出昌意:姓書辯,指宋鄧名世古今姓氏書辯證。該書卷一三陽韻上昌云:“出自黄帝子昌意之後,支孫氏焉,望出東海及汝南。”吴本、四庫本“辯”作“辨”。

〔六二九〕乾荒生帝顓頊,是爲高陽氏:彦按:史記五帝本紀曰:“帝顓頊高陽者,黄帝之孫而昌意之子也。”而路史以帝顓頊爲昌意孫,與史遷説異。

〔六三〇〕見後紀八帝顓頊高陽氏。

〔六三一〕漢來復者,爲安氏:來復,返還,回歸。各本“安氏”後有一“延”字。彦按:“延”字當屬下,以“延李氏”作一句讀,誤倒至此,遂使文句支離。今移後復位,以清眉目。

〔六三二〕安禄山:唐玄宗朝平盧、范陽、河東三鎮節度使,天寶十四載(公元755年)起兵叛亂,次年于洛陽稱帝,國號燕。後爲其子慶緒所殺。

〔六三三〕按禄山本曰軋落山:新、舊唐書安禄山傳,安禄山本名作“軋犖山”。下神名軋落山,新、舊唐書也皆作“軋犖山”。　實本姓康:吴本、四庫本“實”作“寔”。　母阿史德氏爲覡,禱軋落山生之:覡(xí),巫師。軋落山,古突厥戰神。

〔六三四〕隨母嫁虜將安延偃:吴本、四庫本、備要本“嫁”下有“于”字。

〔六三五〕延偃以來依安道買:彦按:據舊唐書安禄山傳,延偃攜禄山來依者,乃將軍安道買次男嵐州別駕貞節(新唐書作安節)。　乃冒姓之:吴本“冒”譌“胃”。

〔六三六〕其山,虜謂之戰鬥神:戰鬥神,新唐書安禄山傳作“鬥戰神”。

〔六三七〕舊書猶云突厥謂鬥戰,以爲軋落山:舊唐書安禄山傳:“突厥呼鬥戰爲軋犖山,遂以名之。”

〔六三八〕延李氏:延,衍生。

〔六三九〕唐賜抱玉、抱真,爲武威李:新唐書李抱玉傳:“李抱玉,本安興貴曾孫,世居河西,善養馬。始名重璋,閑騎射,少從軍。……天寶末,玄宗以其戰河西有功,爲改今名。禄山亂,守南陽,斬賊使。至德二載,上言:‘世占涼州,恥與逆臣共宗。’有詔賜之姓,因徙籍京兆,舉族以李爲氏。……代宗立,兼澤潞節度使,統相、衛、儀、邢十一州兵。以功授司空,兼兵部尚書,武威郡王。”

抱真,李抱玉從父弟,歷官至檢校司空、左僕射等職。武威,縣名。地在今甘肅武威市涼州區。

〔六四〇〕後爲党項之辟:吴本、四庫本、備要本"党"作"黨"。辟,君主。

〔六四一〕次什翼犍,初王于代,七子,其七窟咄,生魏帝道武,始都洛,爲元氏:代,在今山西大同市。魏帝道武,即北魏道武帝拓跋珪(公元 386—409 年在位)。彦按:據新唐書宰相世系表五下,魏帝道武爲什翼犍長子寔君所生,此謂窟咄所生,蓋誤。又,"始都洛,爲元氏"乃道武帝拓跋珪七世孫孝文帝元宏事,路史直置于道武下,亦甚不妥;抑或此中存在脱文。新唐書宰相世系表二上云:"長孫氏出自拓拔鬱律。生二子:長曰沙莫雄,次曰什翼犍。什翼犍即後魏道武皇帝祖也。"又同書宰相世系表五下云:"元氏出自拓拔氏。黄帝生昌意。昌意少子悃,居北,十一世爲鮮卑君長平文皇帝鬱律。二子:什翼犍、烏孤。什翼犍,昭成皇帝也,始號代王。至道武皇帝改號魏,至孝文帝更爲元氏。什翼犍七子:一曰寔君,二曰翰,三曰闕婆,四曰壽鳩,五曰紇根,六曰力真,七曰窟咄。寔君生道武皇帝珪。"上二表皆言鬱律二子而説不同。蓋以前表爲是。前表稱沙莫雄爲長孫嵩父,世系交代清晰,不容有誤。後表烏孤不及其嗣,可疑。　十五世百六十有一年,周齊滅之:彦按:此所稱帝世及年數,并下羅苹注"十一世十五帝"疑皆有誤。鄭天挺等主編中國歷史大辭典(上海辭書出版社,2007 年版)北魏條曰:"至孝武帝元修永熙三年(534)分裂爲東魏、西魏。後東魏爲北齊所代,西魏爲北周所代。北魏共歷十四帝,凡一百四十九年。"又據李崇智中國歷代年號考(中華書局,2001 年修訂本),東魏至公元 550 年滅亡,歷一帝十七年;西魏至公元 557 年滅亡,歷三帝二十三年。可供參考。

〔六四二〕費聽氏:吴本"費"譌"貴"。通典卷一九〇邊防六西戎二党項:"党項羌,……其種每姓別自爲部落,一姓之中復分爲小部落,大者萬餘騎,小者數千騎,不相統一。有細封氏、費聽氏、往利氏、頗超氏、野辭氏、房當氏、米禽氏、拓拔氏,而拓拔最爲强族。"

〔六四三〕兄伊樓氏、婁氏、丘敦氏、敦氏、万俟氏、俟氏:彦按:"兄"疑當作"弟"。又魏書官氏志曰:"獻帝以兄爲紇骨氏,後改爲胡氏。次兄爲普氏,後改爲周氏。次兄爲拓拔氏,後改爲長孫氏。弟爲達奚氏,後改爲奚氏。次弟爲伊婁氏,後改爲伊氏。次弟爲丘敦氏,後改爲丘氏。次弟爲(侯)〔俟亥〕氏,後改爲亥氏。"與此多有不同,羅氏不知何據。　叔乙旃氏爲叔孫氏,屬車輥氏爲車氏也:魏書官氏志亦曰:"獻帝……又命叔父之胤曰乙旃氏,後改爲叔孫氏。又命疏屬曰車焜氏,後改爲車氏。"

〔六四四〕後魏改元鑒爲兀氏:元鑒,北魏宗室,襲父爵爲安樂王,因叛附葛榮義軍爲魏兵斬殺。各本"鑒"皆譌"覽",今訂正。兀氏,喬本、四庫本譌"元氏",今據餘諸本改。元和姓纂卷一〇没韻兀:"後魏改安樂王元鑒曰兀氏。"又通志卷二五氏族略一:"後魏惡安樂王元鑒爲同姓,故改元爲兀。"　大武賜禿髮傉檀爲源氏:大武,即太武,指北魏太武帝拓跋燾。彦按:魏書源賀傳曰:"源賀,自署河西王禿髮傉檀之子也。傉檀爲乞伏熾磐所滅,賀自樂都來奔。賀偉容貌,善風儀。世祖素聞其名,及見,器其機辯,賜爵西平侯,加龍驤將軍。謂賀曰:'卿與朕源同,因事分姓,今可爲源氏。'"是此宜曰"賜禿髮傉檀子爲源氏","禿髮傉檀"下當有"子"字也。　周閔賜周瑶爲車非氏:周閔,指北周開國皇帝孝閔帝宇文覺。周瑶,北史、隋書、通志本傳俱作"周摇";元和姓纂卷五尤韻周、古今姓氏書辯證卷一二麻韻車非並作"周瑶",疑誤,羅苹蓋襲此。北史周摇傳曰:"周摇字世安,河南洛陽人也。其先與魏同源,初姓普乃,及居洛陽,改爲周氏。……摇少剛毅,有武藝,性謹厚,動遵法度。仕魏,位開府儀同三司。周閔帝受禪,賜姓車非氏,封金水郡公。"

〔六四五〕又是云氏者,任城王子避難是云家而姓,至隋而復:是云氏,洪本"氏"譌"元"。任城王,指北魏任城文宣王元澄。元和姓纂卷四元韻元:"是云元:隋内史令元壽,狀稱景帝後。任城王澄子孫,避尒朱榮亂,投匿是云家,因從其姓,至隋改姓元氏。"岑仲勉校記:"'景帝'應作'景穆帝'。"

〔六四六〕景元氏者,出自景昇冒姓,乃元載之祖:元載,唐代宗朝宰相。彦按:"祖"當作"父"。新唐書元載傳:"元載字公輔,鳳翔岐山人。父昇,本景氏。曹王明妃元氏賜田在扶風,昇主其租入,有勞,請於妃,冒爲元氏。"又據此,元載父昇,初姓景,後冒姓元,本無所謂之"景元氏",羅苹説不實。

〔六四七〕而郭崇播,党氏賜也:吴本、四庫本、備要本"党"作"黨"。古今姓氏書辯證卷三八鐸韻郭:"後魏郭崇播,本黨氏改焉。"

〔六四八〕它詳餘論:吴本、四庫本、備要本"它"作"他"。

〔六四九〕拓跋思敬鎮夏,以討巢功賜李姓:新五代史李仁福傳:"當唐僖宗時,有拓拔思敬者,爲夏州偏將,後以與破黄巢功,賜姓李氏,拜夏州節度使。”

〔六五〇〕有拓跋仁福者,爲番部都指揮使,亦從其姓,將吏迎爲州帥:州帥,各本“帥”皆譌“師”,今訂正。舊五代史李仁福傳:“李仁福,世爲夏州牙將,本拓拔氏之族也。唐乾符中,有拓拔思恭爲夏州節度使,廣明之亂,唐僖宗在蜀,詔以思恭爲京城西北收復都統,預破黄巢有功,僖宗賜姓,故仁福亦以李爲氏。思恭卒,弟思諫繼之。梁開平……二年,思諫卒,三軍立其子彝昌爲留後,尋起復,正授旄鉞。三年春,牙將高宗益等作亂,彝昌遇害,時仁福爲蕃部指揮使,本州軍吏迎立仁福爲帥。”彦按:思恭實名思敬,舊五代史作思恭者,乃撰者避宋太祖趙匡胤祖趙敬諱追改。

〔六五一〕開平:五代梁太祖朱温年號。

〔六五二〕夏、銀、綏、宥:四州名。夏州治所在今陝西靖邊縣紅墩界鎮白城則村。銀州治所在今陝西榆林市橫山區党岔鎮。綏州治所在今陝西綏德縣名州鎮。宥州治所在今内蒙古鄂託克前旗城川鎮。

〔六五三〕彝興事周,爲定難節度、中書令、西平王:定難,定難軍,方鎮名,治所在今陝西靖邊縣紅墩界鎮白城則村,長期領有夏、銀、綏、宥四州地。西平王,各本“西”皆譌“曲”,今訂正。舊五代史李仁福傳附子李彝興:“周顯德中,累加至守太傅、兼中書令,封西平王。”

〔六五四〕其後光叡、繼筠等承襲:光叡,各本“叡”字譌“獻”。舊五代史李仁福傳附子李彝興曰:“乾德五年秋,(彝興)卒於鎮。制贈太師,追封夏王。子光叡繼其位,其後事具皇朝日曆。”今據以訂正。宋李心傳建炎以來朝野雜記乙集卷一九邊防二西夏扣關曰:“彝超死,弟彝興立。國初遣使入貢,太祖厚待之,因即以爲定難軍節度使,封西平王。傳子光叡,孫繼筠、繼捧。”

〔六五五〕事具:喬本無此二字,然空二字之位。今姑從餘諸本。彦按:“事具”語意未完,未知匆遽疏漏,抑或存在脱文。

〔六五六〕玄囂姬姓,降居泜水:清王念孫以爲泜水當作江水。詳見下注。

〔六五七〕史記玄囂“降居江水”:玄囂,各本“玄”作“元”,誤,今據史記訂改。史記五帝本紀:“嫘祖爲黄帝正妃,生二子,其後皆有天下:其一曰玄囂,是爲青陽,青陽降居江水;其二曰昌意,降居若水。” 即泜水,今之湔泜水:彦按:

大戴禮記帝繫:“青陽降居泜水。”王引之曰:“史記五帝紀‘泜水’作‘江水’。路史疏仡紀曰:‘江水,即泜水,今之渝泜水。’引大戴禮‘青陽降居泜水’。家大人曰:漢書地理志蜀郡湔氐道:‘禹貢嶓山在西徼外,江水所出。’‘氐’即氐羌之氐。蜀郡之有湔氐道,猶廣漢郡之有甸氐道、剛氐道也。湔氐,縣名,非水名。如江水出湔氐道徼外而即可謂之湔氐水,豈白水出甸氐道徼外而即可謂之甸氐水、涪水出剛氐道徼外而即可謂之剛氐水乎? 且‘氐’是氐羌之氐,其字不從水。羅泌改‘湔氐’爲‘湔泜’,以牽合大戴禮之‘泜’字,甚矣,其謬也! 續漢書禮儀志注引漢舊儀曰:‘顓頊氏有三子,生而亡去,爲疫鬼,一居江水,一居若水,一居人宮室區隅。’蔡邕獨斷與漢舊儀同。二書所記,與大戴禮、史記不同,而皆言居江水,不言居泜水。徧考地理之書,無謂江水爲泜水者,‘泜’蓋字之誤也。隸書‘工’字或作‘亙’,‘氐’字或作‘互’,二形相似,故‘江’誤爲‘泜’。淮南説林篇‘使工厭竅’,今本‘工’誤作‘氐’,是其例也。羅泌引大戴禮作‘泜’,則所見已是誤本。”(見經義述聞大戴禮記中)王説可信,羅氏當誤。

〔六五八〕大戴禮:“青陽降居泜水”,又誤以玄囂爲青陽也:彦按:以玄囂爲青陽,史記五帝本紀亦然。不知羅氏何以視而不見。唯唐司馬貞亦已疑之,史記索隱曰:“案:皇甫謐及宋衷皆云玄囂青陽即少昊也。今此紀下云‘玄囂不得在帝位’,則太史公意青陽非少昊明矣。而此又云‘玄囂是爲青陽’,當是誤也。謂二人皆黄帝子,並列其名,所以前史因誤以玄囂、青陽爲一人耳。”又大戴禮記帝繫“黄帝居軒轅之丘,娶于西陵氏之子,謂之嫘祖氏,産青陽及昌意”,黄懷信等集注引孔廣森曰:“國語曰:‘黄帝之子二十五人,唯青陽與夷鼓皆爲己姓。青陽,方雷氏之甥也;夷鼓,彤魚氏之甥也,其同生而異姓者。四母之子,别爲十二姓,姬、酉、祁、己、滕、葴、任、荀、僖、姞、儇、依是也。唯青陽與倉林氏同於黄帝,故皆爲姬姓。’若然,黄帝子有兩青陽。三統厤曰:‘少昊曰清,清者,黄帝之子青陽也。’是方雷氏所出,己姓青陽。此文嫘祖之子,是姬姓青陽,即玄囂也。”二子同名,違背情理,不足爲信。

〔六五九〕生帝嚳,是爲高辛氏:彦按:此謂帝嚳爲玄囂所生,不知何據。而史記五帝本紀以帝嚳父爲蟜極,太平寰宇記等書又以帝嚳父爲昌意,説各不同,孰非孰是,匆遽難下定論。參見前紀四蜀山氏注〔三二〕。

〔六六〇〕見後紀九帝嚳高辛氏。

〔六六一〕封于卞：卞，在今山東泗水縣東。

〔六六二〕郭璞：吳本"璞"譌"樸"。　　弄，一作‘卞’：各本皆作"卞，一作‘弔’"。彥按：各本皆誤。山海經大荒北經："黃帝生苗龍，苗龍生融吾，融吾生弄明。"郭璞"弄"字下注："一作‘卞’。"當即羅氏引文所本。今據以訂正。

〔六六三〕故司馬貞作"箅明"爾：箅明，喬本、四庫本、備要本"箅"作"算"，今從洪本及吳本。彥按：此所言司馬貞文，指史記匈奴列傳"周西伯昌伐畎夷氏"索隱。蓋羅氏所見文本如此。今中華書局1982年第2版史記則作"弄明"，文學古籍刊行社1955年版史記會注考證又作"并明"。

〔六六四〕史索作苗龍、融吾：史記匈奴列傳"周西伯昌伐畎夷氏"索隱引山海經云："黃帝生苗龍，苗龍生融吾，融吾生弄明，弄明生白犬。"　皆非：彥按：索隱作苗龍、融吾，與今本山海經同。羅氏稱其"皆非"，豈所見本山海經作"龍苗"、"吾融"邪？

〔六六五〕南裔：南方邊境地區。

〔六六六〕若前世之朱虎、熊羆、熊髡、龍圉：世，喬本作"氏"，蓋由音譌。今據餘諸本訂正。朱虎、熊羆，虞舜二臣名，見尚書舜典。熊髡、龍圉，夏后羿二賢臣名，見左傳襄公四年。各本"龙"皆譌"龍"，今訂正。　後代之史雞、堵狗、烏麀、犬子、豹奴、虎豚之類：史雞，其人不詳。堵狗，春秋鄭人，見左傳襄公十五年。四庫本"堵"作"猪"，吳本"狗"作"徇"，並誤。烏麀，即於菟，古楚人對虎之稱。春秋楚令尹子文，氏鬭，名穀於菟。左傳宣公四年："（鬭伯比）淫於䢵子之女，生子文焉。䢵夫人使弃諸夢中。虎乳之。……楚人謂乳‘穀’，謂虎‘於菟’，故命之曰鬭穀於菟。"陸德明釋文："於，音烏。菟，音徒。"犬子，漢文學家司馬相如小名。唐陸龜蒙小名錄卷上："司馬相如字長卿，父母名之曰犬子。長好讀書，學擊劍，慕藺相如，乃更名。"豹奴，晉江州刺史桓嗣小字，見世説新語排調。虎豚(tún)，晉黃門郎王彭之小字。小名錄卷上："王彭之字安壽，小字虎豚。"　非實犬也：實，吳本作"寔"。犬，洪本、吳本、四庫本譌"大"。

〔六六七〕槃瓠之説：後漢書南蠻傳："昔高辛氏有犬戎之寇，帝患其侵暴，而征伐不剋。乃訪募天下，有能得犬戎之將吳將軍頭者，購黃金千鎰，邑萬家，又妻以少女。時帝有畜狗，其毛五采，名曰槃瓠。下令之後，槃瓠遂銜人頭造

闕下,羣臣怪而診之,乃吳將軍首也。帝大喜,而計槃瓠不可妻之以女,又無封
爵之道,議欲有報而未知所宜。女聞之,以爲帝皇下令,不可違信,因請行。帝
不得已,乃以女配槃瓠。槃瓠得女,負而走入南山,止石室中。所處險絶,人迹
不至。於是女解去衣裳,爲僕鑒之結,著獨力之衣。帝悲思之,遣使尋求,輒遇
風雨震晦,使者不得進。經三年,生子一十二人,六男六女。槃瓠死後,因自相
夫妻。織績木皮,染以草實,好五色衣服,製裁皆有尾形。其母後歸,以狀白
帝,於是使迎致諸子。衣裳班蘭,語言侏離,好入山壑,不樂平曠。帝順其意,
賜以名山廣澤。其後滋蔓,號曰蠻夷。”

〔六六八〕式祀于行:式,用,施行。行,道路。

〔六六九〕本紀:指軒轅本紀。　始置防喪,今之方相也:防喪,看護屍體,
此指看護屍體的人。方相,上古傳説中能驅除疫鬼和山川精怪的神靈。周官
因設有方相氏,職掌驅除疫鬼和山川精怪。古代民間亦多以人扮演或以竹紙
紮製方相,用于某種場合以驅疫避邪。洪本“方”謁“万”。前蜀馮鑑續事始:
“黃帝周遊時,元妃嫘祖死於道,令次妃嫫姆護監,因置方相氏以護喪,亦曰
防喪。”

〔六七〇〕漢祀行神,以西陵氏死在江夏:行神,路神。死,洪本、吳本謁
“西”。漢書臨江閔王榮傳“榮行,祖於江陵北門”顏師古注:“昔黃帝之子纍祖
好遠游而死於道,故後人以爲行神也。”彥按:“子”當作“妃”。

〔六七一〕韋昭國語注云西陵氏即方雷:西陵氏,四庫本無“氏”字。國語
晉語四“夷鼓,彤魚氏之甥也”韋昭注:“方雷,西陵氏之姓。”

〔六七二〕大戴禮,西陵生玄囂:彥按:今本大戴禮記未見此文。　而人物
表西陵氏乃在方雷之後:人物表,指漢書古今人表。該表方雷氏在纍祖(所謂
西陵氏)前。

〔六七三〕蓋世以史記繆謂青陽爲玄囂,玄囂爲少昊:繆,四庫本作“謬”。
史記五帝本紀:“嫘祖爲黃帝正妃,生二子,……其一曰玄囂,是爲青陽。”司馬
貞索隱:“案:皇甫謐及宋衷皆云玄囂青陽即少昊也。”　遂以方雷爲儵祖爾:
爾,吳本、四庫本作“耳”。

〔六七四〕先蠶:傳説中最早教民養蠶之神。

〔六七五〕北齊季春祠先蠶黃帝氏:北齊,洪本“北”謁“比”。祠,四庫本作

“祀”。隋書禮儀志二:“後齊……每歲季春,穀雨後吉日,使公卿以一太牢祀先蠶黄帝軒轅氏於壇上。”

〔六七六〕後周皇后祭先蠶西陵氏:隋書禮儀志二:“後周制,皇后乘翠輅,率三妃、三妖、御媛、御婉、三公夫人、三孤内子至蠶所,以一太牢親祭,進奠先蠶西陵氏神。”

〔六七七〕唐月令以爲天駟:唐月令,唐玄宗李隆基删定,李林甫等撰注。天駟,星宿名,即房宿。

〔六七八〕天駟,馬祖:周禮夏官校人“春祭馬祖”鄭玄注:“馬祖,天駟也。孝經説曰:‘房爲龍馬。’”賈公彦疏:“馬與人異,無先祖可尋,而言祭祖者,則天駟也,故取孝經説‘房爲龍馬’,是馬之祖。春時通淫,求馬蕃息,故祭馬祖。”　非先蠶也:彦按:宋史禮志五亦曰:“先蠶之禮久廢,真宗從王欽若請,詔有司檢討故事以聞。……元豐詳定所言:‘季春吉巳,享先蠶氏。唐月令注以先蠶爲天駟。按先蠶之義,當是始蠶之人,與先農、先牧、先炊一也。……而郊祀録載先蠶祀文,有“肇興蠶織”之語,禮儀羅又以享先蠶無燔柴之儀,則先蠶非天駟星,明矣。’”

〔六七九〕先蠶猶先飯、先酒,皆祀其始造者:彦按:“先飯”費解,疑“先炊”之誤。先炊,炊事創始者,後祀以爲神。史記封禪書:“晉巫祠五帝、東君、雲中[君]、司命、巫社、巫祠、族人、先炊之屬。”張守節正義:“先炊,古炊母神也。”先酒,釀酒創始人,後祀以爲神。宋陸游寧德縣重修城隍廟記有“飲而祭先酒,畜而祭先牧”語。

〔六八〇〕且蠶:且,洪本作“目”,吴本、四庫本作“自”,皆非。

〔六八一〕漢世祠苑窳婦人與寓氏公主:喬本、四庫本“寓”誤爲“寓”,今據餘諸本訂正。漢衛宏漢官舊儀下中宫及號位:“春,桑生而皇后親桑於苑中,蠶室養蠶千薄以上,祠以中牢羊豕祭蠶神,曰苑窳婦人、寓氏公主,凡二神。”　亦後世之溢典耳:溢典,虚造的典故。喬本、洪本、備要本句末無“耳”字,語氣不完整,今從吴本、四庫本補。

〔六八二〕見後紀六帝鴻氏。

〔六八三〕封清,爲紀姓,是生小昊:清,地名。見國名紀二帝鴻後鰲姓國清。小昊,四庫本作“少昊”。

〔六八四〕見後紀七小昊青陽氏。

〔六八五〕彤魚氏:四庫本、備要本如此,與國語晉語四同,今從之。餘諸本"彤"作"肜"。下羅苹注"彤魚"之"彤"同。

〔六八六〕世:洪本譌"鼓"。

〔六八七〕皇甫謐謂夷鼓爲蒼林:史記五帝本紀"嫘祖爲黄帝正妃"司馬貞索隱引皇甫謐云:"次妃彤魚氏女,生夷鼓,一名蒼林。"

〔六八八〕唐表以揮爲少昊第五子:吴本"第"譌"著"。新唐書宰相世系表二下:"黄帝子少昊青陽氏第五子揮爲弓正,始制弓矢,子孫賜姓張氏。"

〔六八九〕蓋般爾:本書後紀七小昊青陽氏:"小昊青陽氏,……次妃生般,爲弓正,是制弓矢。"

〔六九〇〕揮次十五王:四庫本"王"作"子"。　造弧矢及司率罟:率罟,猶網罟。率(shuài),捕鳥的網。　受封于張:張,地名。見國名紀一黄帝後姬姓國張。

〔六九一〕陳子昂張氏銘:即唐故袁州參軍李府君妻清河張氏墓誌銘,見陳拾遺集卷六。　軒轅錫胤,弧矢崇威:錫胤,賜姓。矢,吴本、四庫本作"弓"。崇威,助威。

〔六九二〕姓書謂主張羅:張羅,謂張設羅網以捕鳥獸。古今姓氏書辯證卷一三陽韻上張:"出自姬姓,黄帝子少昊青陽氏第五子揮,爲弓正,始造弓矢,實張羅以取禽獸,主祀弧星,世掌其職,賜姓張氏。"　記謂爲弓之長而姓張:如宋章如愚羣書考索後集卷三四氏族曰:"黄帝之子能制弓矢,爲弓之長,因爲張氏。"

〔六九三〕李有玄悊、惟簡,玄悊見英華九百六十五:玄悊,四庫本作"元悊",當避清聖祖玄燁諱。下"玄悊"同。文苑英華卷九六五唐張説右豹韜衛大將軍贈益州大都督汝陽公獨孤公燕郡夫人李氏墓誌銘:"夫人諱某,字某,故代州東治府右果毅都尉、幽州高士李感之女也。本姓張,居於清河郡。大父玄悊,官至安東大都護長史,與太宗有故,賜姓李氏。"惟簡,唐人,憲宗朝官至鳳翔隴右節度使。父李寶臣,故范陽將張鎖高假子,故姓張,名忠志。安史之亂,初從叛,授恒州刺史、恒趙節度使,後舉地歸國,賜姓名曰李寶臣。事載新、舊唐書李寶臣傳。　灌夫,父張孟:史記魏其武安侯列傳:"灌將軍夫者,潁陰人也。夫父張孟,嘗爲潁陰侯嬰舍人,得幸,因進之至二千石,故蒙灌氏姓爲灌孟。”

〔六九四〕周代張羨:各本“代”皆作“氏”。彦按:“氏”當“代”字形譌。今訂正。新唐書宰相世系表二下:“河間張氏,漢常山景王耳之後,世居鄭縣。後周有司成中大夫、虞鄉定公張羨,賜姓叱羅氏。”

〔六九五〕子照復之:新唐書宰相世系表二下:“(張羨)賜姓叱羅氏。生照,照字士鴻,隋冀州刺史,復爲張氏。”

〔六九六〕朔:東方朔,西漢辭賦家,武帝時歷官太中大夫、常侍郎等職,以滑稽多智稱。

〔六九七〕太平廣記卷六神仙六東方朔:“東方朔,小名曼倩。父張氏名夷,字少平;母田氏。夷年二百歲,顏若童子。朔生三日而田氏死,死時漢景帝三年也。鄰母拾朔養之,時東方始明,因以姓焉。”

〔六九八〕洞冥記:全稱漢武帝別國洞冥記,舊題後漢郭憲撰。今本四卷,並非全書。　太白:星名,即金星。

〔六九九〕太平御覽卷三六〇引洞冥記曰:“東方朔,母田氏。寡居,夢太白星臨其上,因有娠,田氏歎曰:‘無夫而娠,人將棄我。’乃移向代(都)〔郡〕東方里爲居。五月旦,生朔,因以所居里爲氏,朔爲名。”

〔七〇〇〕時鏡新書:宋劉安靖撰,以四時分十二月各繫其事。

〔七〇一〕仙傳不得其緜而多妄説:緜,吳本、四庫本作“由”。説,吳本譌“諾”。

〔七〇二〕風俗通、姓纂云伏羲後:元和姓纂卷一東韻東方:“風俗通云,伏羲氏之後,帝出於震,以主東方,子孫因氏焉。”　云出女媧:不詳,待考。

〔七〇三〕采:地名。見國名紀一黃帝後姬姓國采。

〔七〇四〕見國語晉語四,今國語夷彭作夷鼓,“紀姓”作“己姓”。參見上注〔六二〇〕。

〔七〇五〕夷彭思宜:元和姓纂卷二脂韻夷鼓作“夷鼓德宜”。

〔七〇六〕姓氏英賢録:各本“姓氏”皆誤倒作“氏姓”,今據太平御覽卷首經史圖書綱目訂正。本書後紀八帝顓頊高陽氏“修及熙爲玄冥”注引書,作姓氏英賢録,不誤。　黃帝子夷彭之後:元和姓纂卷二脂韻夷鼓引英賢傳,“夷彭"作"夷鼓"。

〔七〇七〕史記五帝本紀"嫘祖爲黄帝正妃"司馬貞索隱引皇甫謐云："元妃西陵氏女,曰累祖;……次妃方雷氏女,曰女節;……次妃彤魚氏女;……次妃嫫母,班在三人之下。"

〔七〇八〕嫫姆:吴本、四庫本、備要本"姆"作"母"。

〔七〇九〕漢表、説文爲撫母:彦按:據今所見,漢書古今人表作"悔母",説文作"妻母"(見女部妻)。

〔七一〇〕兒惡德充,帝内之:惡,醜。充,説文儿部:"高也。"喬本、四庫本作"克",洪本、吴本、備要本譌"克"。"克"即"充"字俗寫,今訂作"充"。同樣情況,以下不煩一一指出。内,"納"之古字,謂娶。　屬女德而弗忘,與女正而弗衰,雖惡何傷:屬,"厲"字形譌。厲,勉勵。正,通"政"。衰,各本皆譌"襄",今訂正。彦按:此句實出吕氏春秋遇合,今吕氏文作:"故嫫母執乎黄帝,黄帝曰:'(屬)〔厲〕女德而弗忘,與女正而弗衰,雖惡奚傷?'"高誘注:"言勅(屬)〔厲〕女以婦德而不忘失,付與女以内正而不衰疏,故曰雖醜何傷,明説惡也。"畢沅曰:"'厲'舊作'屬',案'屬'與下'付與'意複,觀注以勅爲訓,則當作'厲'字,因形近而譌。"又陳奇猷以爲"内政謂宫中之政令"(見吕氏春秋校釋),均可信從。

〔七一一〕奚仲:夏禹車正,封于薛,相傳爲車之發明創造者。

〔七一二〕或作"萬":萬,喬本如此,餘諸本皆譌"萬"。　唐表作禹陽:新唐書宰相世系表三上:"任姓出自黄帝少子禹陽,受封於任,因以爲姓。"　繆:四庫本作"謬"。

〔七一三〕受封于任:任,在今山東微山縣魯橋鎮仲淺村。

〔七一四〕唐表又云顓帝少子陽封任:見新唐書宰相世系表三下。

〔七一五〕謝、章、舒、洛、昌、剋、終、泉、卑、遇:剋,本書國名紀一黄帝後姬姓國作"薊"。彦按:剋,同"薊",亦作"薊"。玉篇邑部剋:"周武王封黄帝後於剋,今作'薊'。"遇,四庫本如此,餘諸本作"禺"。彦按:據下羅苹注"遇即禺"及本書國名紀一黄帝後姬姓國,當以作"遇"爲是,今從四庫本。潛夫論志氏姓:"王季之妃大任,及謝、章、昌、采、祝、結、泉、卑、遇、狂大氏,皆任姓也。"汪繼培箋:"隱十一年左傳疏云:'世本氏姓篇云:"任姓,謝、章、薛、舒、吕、祝、

終、泉、畢、過。”言此十國皆任姓也。’路史後紀五黃帝紀‘謝、章’下‘昌’上有
舒、洛二國，……昌、吕、卑、畢、遇、過，皆字形相近，傳本各異。”彭鐸校正曰：
“鐸按：姓氏急就篇亦作‘吕、畢、過’，‘昌、卑、遇’蓋訛。”

〔七一六〕姓書謂泉出全暉封白水爲氏：全暉，三國吳右大司馬全琮孫，降
魏後食封白水（今湖北襄陽市一帶）。古今姓氏書辯證卷九仙韻泉：“本姓全
氏。全琮孫暉，封南陽侯，食封白水，改爲泉氏。”

〔七一七〕高麗王爲蓋蘇文氏殺，文乃泉氏：蓋蘇文氏，唐朝時高句麗國權
臣。新唐書二二〇高麗傳：“隋末，其王高元死，異母弟建武嗣。……有蓋蘇文
者，或號蓋金，姓泉氏，……殘凶不道，諸大臣與建武議誅之，蓋蘇文覺，悉召諸
部，紿云大閱兵，列饌具請大臣臨視，賓至盡殺之，凡百餘人，馳入宮殺建武，殘
其尸投諸溝。”彥按：蓋蘇文實姓淵氏，唐人避唐高祖李淵諱改之爲“泉”耳。

〔七一八〕禺京即禺彊：禺彊，也作“禺强”。莊子大宗師：“夫道，……禺强
得之，立乎北極。”成玄英疏：“禺强，水神名也，亦曰禺京。人面鳥身，乘龍而
行，與顓頊並軒轅之胤也。雖復得道，不居帝位而爲水神。水位北方，故位號
北極也。”

〔七一九〕字音虞，郭爲語龍切：莊子大宗師“禺强”陸德明釋文：“音虞，郭
（璞）語龍反。”

〔七二〇〕黃帝生偶號，偶號生偶京：今本山海經大荒東經作：“黃帝生禺
貌，禺貌生禺京。”郭璞注：“貌，一本作‘號’。”

〔七二一〕帝俊生禺號：見山海經海内經。帝俊，即舜。參見後紀九帝嚳
高辛氏注〔一〕。

〔七二二〕梁簡文：南朝梁簡文帝蕭綱，公元549—551年在位。莊子大宗
師“禺强”陸德明釋文：“簡文云：北海神也，一名禺京，是黃帝之孫也。”

〔七二三〕莊注：“玄孫也”：今本郭象莊子注，未見有此。

〔七二四〕京居北海，號處南海，是爲海司：山海經大荒東經則云：“禺京處
北海，禺貌（一本作禺號）處東海，是爲海神。”

〔七二五〕禺强氏：洪本脱“氏”字。

〔七二六〕大荒東經：强，北海神：强，即禺京。大荒東經原文實作禺京，見
上注〔七二四〕。

〔七二七〕海外經云："黑身首,乘兩龍"：見山海經海外北經。今本文作："北方禺彊,人面鳥身,珥兩青蛇,踐兩青蛇。"郭璞注："一本云：北方禺彊,黑身手足,乘兩龍。"

〔七二八〕穆王子筮卦於禺强：見莊子大宗師"禺强"陸德明釋文引歸藏。吴本、備要本"卦"譌"封"。

〔七二九〕見上注〔七一八〕。

〔七三〇〕即今儋人：儋,州名,即今海南儋州市。　黎：少數民族名,黎族。

〔七三一〕番禺：番音 pān。

〔七三二〕番禺南極海：番禺,此爲地名,指番禺(人名)之封地番禺。洪本"番"譌"悉"。極,至。

〔七三三〕建侯于薛：建侯,謂封侯建國。薛,在今山東滕州市南。

〔七三四〕禹陽十二世生奚仲：禹陽,各本皆譌"禹湯",今訂正。新唐書宰相世系表三上："任姓出自黄帝少子禹陽,受封於任,因以爲姓。十二世孫奚仲,爲夏車正,更封於薛。"

〔七三五〕見元和姓纂卷五侵韻任,原文作："黄帝廿五子,十二人各以德爲姓,一爲任氏,六代至奚仲,封薛。"　黄帝子弟：喬本、四庫本"弟"作"第",非是,今從餘諸本改。　十二人以德爲姓：各本"德"均作"薛",誤,今據姓纂訂正。　六世生奚仲：四庫本"生奚仲"作"奚仲生"。

〔七三六〕所説俱妄：吴本無"俱"字。

〔七三七〕太戊時臣扈,武丁時祖巳,皆國邳：太戊,商朝第九位國君。喬本、洪本"戊"譌"戌",今從餘諸本改。武丁,商朝第二十二位國君。邳,故址在今江蘇睢寧縣古邳鎮。各本皆作"薛"。彦按：據下引竹書"邳復遷于薛"及新唐書,"薛"當"邳"之誤,今訂正。新唐書宰相世系表三上："(奚仲)又十二世孫仲虺,爲湯左相。太戊時有臣扈,武丁時有祖巳,皆徙國於邳。"

〔七三八〕竹書：梁惠成三十一年,邳復遷于薛：梁惠成,即魏惠王魏罃,戰國魏國君,公元前369—前319年在位。竹書紀年卷下周顯王二十九年："邳遷于薛。"又水經注卷二五泗水："竹書紀年梁惠成王三十一年,邳遷于薛,改名徐州。"彦按：梁惠成王三十一年,亦即周顯王二十九年,時當公元前340年。

〔七三九〕歐文忠：即宋文學家、史學家歐陽修(謚文忠)。　薛簡肅銘：即資政殿學士尚書户部侍郎簡肅薛公墓誌銘,見文忠集卷二六。薛簡肅,北宋名臣薛奎(謚簡肅)。 奚仲遷邳:奚仲,各本皆作"虺"。彦按:據修文,"虺"當作"奚仲"。此蓋涉下文"仲虺"而譌,今訂正。修銘文曰:"薛氏之先,出於黄帝之後任姓。任姓之别爲十族,薛者奚仲之始封也。其後奚仲去遷邳,而仲虺留居薛。"

〔七四〇〕未詳:喬本此二字闕文;洪本作"未詔",費解;吴本作"末詔",當即"未詔"之譌;今從四庫本及備要本。

〔七四一〕祖巳七世,成遷爲摯:摯,在今河南汝南縣境。洪本譌"摯"。新唐書宰相世系表三上:"祖巳七世孫成侯,又遷于摯,亦謂之摯國。"

〔七四二〕有女歸周,是誕文王:歸,嫁。詩經大雅大明:"摯仲氏任,自彼殷商,來嫁于周,曰嬪于京。"又:"大任有身,生此文王。"

〔七四三〕新唐書宰相世系表三下:"祖巳七世孫曰成,徙國於摯,更號摯國。……至武王克商,復封爲薛侯。"

〔七四四〕後滅於楚:彦按:晉杜預春秋釋例卷九世族譜第四十五之下薛曰:"小國無記,世不可知,亦不知爲誰所滅。"羅氏此云"後滅於楚",不知何據。

〔七四五〕杜云:歷三代六十四世,齊威公時嘗紬爲伯:齊威公,即齊桓公,乃宋人避宋欽宗趙桓名諱追改。彦按:查杜氏春秋左氏經傳集解及春秋釋例,均無此語,唯新唐書宰相世系表三下曰:"齊桓霸諸侯,獨薛侯不從,黜爲伯。歷三代,凡六十四世。"蓋羅氏誤記。

〔七四六〕薛宰:薛國的主事官員。 薛之皇祖奚仲居薛,爲夏車正:左傳定公元年原文"爲"作"以爲"。皇祖,指稱君主之祖。 仲遷于邳,仲虺居薛:左傳原文"仲"作"奚仲"。

〔七四七〕則仲亦居邳:洪本"邳"譌"杯"。

〔七四八〕摯氏:洪本"摯"譌"摯"。

〔七四九〕廷珪本姓奚,江南賜:廷珪,指李廷珪。五代時製墨名家,爲徽墨之奠基人。江南,指南唐王朝。以建都金陵(今南京市),居長江南,故稱。清吴任臣十國春秋卷三二南唐十八李廷珪傳:"李廷珪工造墨,與父超自易水來江南,定居歙州。初姓奚,後賜姓李氏。"

〔七五〇〕光裔、光祚，乃薛昭簡子，隨母嫁徐延瓊，遂姓徐：薛昭簡，其人不詳，待考。徐延瓊，五代前蜀國主王建妻弟，以國戚授武德軍節度使，兼中書令，封趙國公。遂姓徐，洪本、吳本“徐”譌“不”。

〔七五一〕謝氏：洪本“氏”字連下文“謝”字空闕。竹書紀年卷上夏帝癸二十八年：“太史令終古出奔商。”又呂氏春秋先識：“夏太史令終古，出其圖法，執而泣之。夏桀迷惑，暴亂愈甚，太史令終古乃出奔如商。”

〔七五二〕後魏賜謝懿大野氏：謝懿，各本“懿”皆作“總”。彥按：“總”當“懿”字之譌。古今姓氏書辯證卷三一泰韻大野：“後魏龍驤將軍謝懿，亦賜姓大野氏。”又本書後紀四炎帝器“大野氏”羅苹注亦曰：“魏賜謝懿爲大野。”今據以訂正。

〔七五三〕周書閻慶傳：“閻慶字仁慶，河南河陰人也。……慶善於綏撫，士卒未休，未嘗先舍，故能盡其死力，屢展勳勞。累遷使持節、車騎大將軍、儀同三司、散騎常侍、驃騎大將軍、開府儀同三司、雲州大中正，加侍中，賜姓大野氏。”

〔七五四〕歐文忠謝絳銘：即尚書兵部員外郎知制誥謝公墓誌銘，見文忠集卷二六。洪本“文”譌“支”。　黃帝後任姓十族，謝其一也。至詩嵩高始言宣王使召公營謝以賜申伯，蓋始失國：吳本“申伯”譌“中伯”。修銘原文作：“（謝公）諱絳，字希深。其先出於黃帝之後，任姓之別爲十族，謝其一也。其國在南陽宛，三代之際，以微不見，至詩嵩高，始言周宣王使召公營謝邑以賜申伯。蓋謝先以失國，其子孫散亡，以國爲姓。”

〔七五五〕黃帝孫始均生北狄：山海經大荒西經原文作：“有北狄之國。黃帝之孫曰始均，始均生北狄。”始均，四庫本奪“均”字。

〔七五六〕漢書又以蒼林爲高陽，云昌意之子：四庫本奪“爲”字。彥按：漢書律曆志下曰：“顓頊帝，……蒼林昌意之子也。……天下號曰高陽氏。”然據同書古今人表，“㮃祖，黃帝妃，生昌意”，“悔母，黃帝妃，生倉林”，倉林即蒼林，則此“蒼林”二字當爲衍文。史記五帝本紀曰：“帝顓頊高陽者，黃帝之孫而昌意之子也。”也可證明漢志此文不當有“蒼林”二字。羅氏蓋誤讀漢志該句爲“蒼林，昌意之子也。……天下號曰高陽氏”，故有此說。

〔七五七〕結姓伯儵，封於南燕：結，新唐書作“姞”。儵，音 shū。新唐書宰相世系表四下：“吉氏出自姞姓。黄帝裔孫伯儵封於南燕，賜姓曰姞，其地東郡燕縣是也，後改爲吉。”東郡燕縣，治所在今河南延津縣東北。

〔七五八〕伯儵：各本“儵”均譌“爵”，今訂正。

〔七五九〕蹶父：周宣王卿士。　尹吉：指尹吉甫，周宣王大臣，著名政治家、軍事家、文學家。

〔七六〇〕衛孔氏出於姞：古今姓氏書辯證卷二一董韻孔：“春秋時衛有孔氏，出自姞姓，仕衛爲大夫。”

〔七六一〕密須、闞、允、蔡、光、敦、偪、燕、魯、儺、斷、密、雖，皆結分也：潛夫論志氏姓：“姞氏之別，有闞、尹、蔡、光、魯、雍、斷、密須氏。”清汪繼培箋曰：“詩都人士：‘謂之尹、吉’，鄭箋：‘吉，讀爲“姞”。尹氏、姞氏，周室昏姻之舊姓也。’（路史）後紀五、國名紀一‘尹’並作‘允’，誤。”又彭鐸校正曰：“隱五年左傳疏引世本：‘燕國，姞姓。’秦嘉謨世本輯補據之，謂此‘燕’誤作‘蔡’。又引‘光’作‘先’，謂與佚、姞同。復據文六年左傳：‘杜祁以君故，讓偪姞而上之’，杜注：‘偪姞，姞姓之女’，訂‘魯’爲‘偪’。蓋可從。”又曰：“詩韓奕傳：‘姞，蹶父姓也。’秦氏據訂‘斷’爲‘蹶’，宜亦可從。”

〔七六二〕一十四國：彥按：自密須而下至雖，凡十三國，再加上南燕，是爲“一十四國”。

〔七六三〕箴，濟及滑，箴姓分也：潛夫論志氏姓“箴”作“葴”，“濟”作“齊”，曰：“葴姓滑、齊，……此皆大吉之姓。”

〔七六四〕後各以國令氏：各本“各”均作“合”。彥按：“合”當“各”字形譌。路史書中“後各以國令氏”一語凡四見（卷十三、卷十四、卷十六、卷十九各一見），蓋羅氏習語，此句似亦不該變“各”爲“合”。今訂正。

〔七六五〕世本作段：備要本如此，餘諸本“段”字似作“叚”形。彥按：段、斷音近，當以作“段”爲是，今從之。

〔七六六〕其得資者：資，地名。見國名紀一黄帝後姬姓國資。　得鄋者：鄋（zhōu），地名。見國名紀一黄帝後姬姓國鄋。

〔七六七〕姓書又有琥，云黄帝後：琥，各本皆作“婋”。彥按：據下云“音虎”，又古今姓氏書辯證卷二四姥韻琥曰“黄帝之後”，今訂作“琥”。

〔七六八〕音虎：吳本、四庫本作：“婋，音虎。”

〔七六九〕得虔者：虔，地名。見國名紀一黃帝後姬姓國虔。

〔七七〇〕鄧名世以虔在十四人中：古今姓氏書辯證卷九仙韻虔："出自黃帝之子得姓者十四人，其一曰虔氏。"

〔七七一〕得寇者：寇，地名。見國名紀一黃帝後姬姓國寇。

〔七七二〕劉封本羅侯寇氏子，先主養之：劉封，東漢末劉備割據政權將領。先主，三國蜀漢開國皇帝劉備。三國志蜀志劉封傳："劉封者，本羅侯寇氏之子，長沙劉氏之甥也。先主至荊州，以未有繼嗣，養封爲子。"

〔七七三〕後魏賜寇儁口引氏，一曰若口引氏：寇儁，西魏車騎大將軍、儀同三司，加散騎常侍，後仕北周。各本"儁"皆譌"携"，今訂正。若口引氏，各本皆作"若口音辰"。彥按："音"爲"引"字音譌，"辰"爲"氏"字形譌，今訂正。周書寇儁傳："魏恭帝三年，賜姓若口引氏。"

〔七七四〕蘇忿生：周武王時司寇，名忿生，封于蘇，故稱。

〔七七五〕康叔：即衛康叔。名封，周武王同母弟，初封康，成王時任司寇，徙封衛。元和姓纂卷九候韻寇："蘇忿生爲司寇，子孫以官氏焉。又云，衛康叔爲周司寇，支孫以官爲氏。"

〔七七六〕國于酈者：酈，地名。見國名紀一黃帝後姬姓國酈。

〔七七七〕食其，玄孫賜；侍其，曾孫武：侍其，各本均譌"食其"，今訂正。曾，吳本作"胃"，餘諸本均作"胄"。彥按："胄""胃"皆"曾"字之譌，今訂正。武，賜曾孫。元和姓纂卷八志韻侍其："漢廣野君酈食其玄孫賜，以食其爲氏。曾孫武，平帝時爲侍中，改爲侍其氏焉。"蓋即羅氏所本。

〔七七八〕國于翟者：翟，地名。見國名紀一黃帝後姬姓國翟。

〔七七九〕于詹者：詹，地名。見國名紀一黃帝後姬姓國詹。　自詹移葛：葛，地名。見國名紀一黃帝後姬姓國葛。

〔七八〇〕葛伯：夏朝時葛國國君，夏末爲商湯所滅。

〔七八一〕英賢傳：詹葛，有熊氏之後：彥按：元和姓纂卷二魚韻諸葛曰："諸葛氏，夏、殷侯國葛伯之後。英賢傳云，舊居琅琊諸縣，後徙陽都。先有詹葛，時人謂之諸葛氏，因氏焉。風俗通云，葛嬰爲陳涉將軍，有功，非罪而誅，漢文追封子孫爲諸縣侯，因以爲氏。世本云，有熊氏之後爲詹葛氏。齊人語訛，以詹葛爲諸葛氏。"據此，則羅氏所引，當爲世本而非爲英賢傳，蓋草率而誤也。

〔七八二〕葛伯非嬴姓：<u>彦</u>按：<u>孟子滕文公</u>下"<u>湯居亳</u>，與<u>葛</u>爲鄰"<u>趙岐</u>注："<u>葛</u>，<u>夏</u>諸侯，<u>嬴</u>姓之國。"又<u>元和姓纂</u>卷一〇葛韻<u>葛</u>云："<u>夏</u>時<u>葛伯</u>，<u>嬴</u>姓國也，亦爲<u>葛氏</u>。"<u>羅氏</u>即針對此言。

〔七八三〕髦民：<u>四庫</u>本作"髭氏"，餘諸本均作"髭民"。<u>彦</u>按：據本書<u>國名紀</u>一黃帝後姬姓國，二字當作"髦民"，今訂正。

〔七八四〕後武王克商："後"字，<u>洪</u>本空白，<u>吳</u>本、<u>四庫</u>本俱無之。　薊：地在今<u>北京城</u>西南隅。

〔七八五〕<u>新唐書宰相世系表</u>五下亦云："<u>喬氏</u>出自姬姓，本<u>橋氏</u>也。"

〔七八六〕<u>蔡邕喬仁碑</u>云，黃帝子孫不在十二姓者以爲姓：<u>洪</u>本"以爲姓"譌"以爲姪"。<u>彦</u>按：<u>喬仁碑</u>乃<u>喬玄碑</u>之誤。<u>邕太尉橋公廟碑</u>曰："公諱<u>玄</u>，字<u>公祖</u>。……<u>橋氏</u>之先，出自<u>黃帝</u>。帝葬於<u>橋山</u>，子孫之不在十二姓者，咸以爲氏。"

〔七八七〕至後周始去木：<u>新唐書宰相世系表</u>五下："<u>漢</u>太尉（橋）<u>玄</u>六世孫<u>勤</u>，<u>後魏平原</u>內史，從<u>孝武</u>入關，居<u>同州</u>，生<u>朗</u>，<u>朗</u>生<u>達</u>，<u>後周文帝</u>命<u>橋氏</u>去'木'，義取高遠也。"

〔七八八〕蒼林氏、有熊氏、軒氏、軒轅氏：各本"軒轅氏"下尚有<u>陳氏</u>，與前重複，當爲衍文，今刪去。

〔七八九〕<u>元和姓纂</u>卷四元韻<u>軒</u>曰："<u>風俗通</u>，軒轅之後。"

〔七九〇〕<u>古今姓氏書辯證</u>卷三七屑韻<u>頡</u>云："黃帝史官<u>蒼頡</u>之後。"

〔七九一〕野：粗疏淺薄。

〔七九二〕二姓皆<u>鄭</u>出：二姓，指作爲黃帝後裔之<u>軒氏</u>、<u>軒轅氏</u>。<u>鄭</u>，指<u>鄭</u>地。本書<u>國名紀</u>一黃帝後姬姓國有熊曰："帝之開國，今<u>鄭</u>之<u>新鄭</u>。"是矣。

〔七九三〕軒轅彌明：<u>唐衡山</u>道士。見<u>韓愈石鼎聯句詩序</u>。　必不出之：之，指<u>鄭</u>。　後世依仿而託之：依仿，依稀仿佛，謂有近似或大概的印象。

〔七九四〕姓書，落氏爲皋落後：落氏，各本"落"皆作"洛"。<u>彦</u>按："洛"當"落"字之誤，今訂正。<u>古今姓氏書辯證</u>卷三八鐸韻<u>落</u>："<u>春秋赤狄皋落氏</u>，後單爲<u>落氏</u>。"蓋即<u>羅氏</u>所本。

〔七九五〕史：<u>史記</u>省稱。　監止：<u>春秋齊簡公</u>寵臣，與<u>田成子</u>爲左右相。<u>田成子</u>發動政變，<u>監止</u>與<u>簡公</u>同爲所殺。見<u>史記齊太公世家</u>及<u>田敬仲完世家</u>。

左傳作“闞止”（哀公六年、十四年）。

〔七九六〕舒之後又有舒子氏、紀氏：喬本、洪本“之後”二字闌入注文，今據餘諸本訂正。

〔七九七〕紀邁本姓舒：太平御覽卷四一一引宋躬孝子傳曰：“紀邁，廬江人，本姓舒。以五月五日生，母棄之，村人紀淳妻趙氏養之。”

〔七九八〕贊：吳本、四庫本、備要本作“贊曰”。

〔七九九〕稽古齊睿：稽古，考察古事。齊睿，敏捷聰慧。　崇黄紀雲：崇黄，即“色尚黄”之謂。紀雲，即“以雲紀，百官師長俱以雲名”之謂。

〔八〇〇〕秉籙御天：手執上天賜予的符命文書，統治天下。喬本作“秉籙□”，洪本作“秉籙尢”，吳本作“秉籙九”，四庫本作“秉籙缺九”，備要本作“秉籙光□”。彦按：此贊語爲四字句。“秉籙”之下二字當爲“御天”。蓋“御”字先脱，“天”字又譌爲“尢”或“九”。今訂正。“秉籙御天”典出文選南齊王元長（融）永明十一年策秀才文五首之一：“朕秉籙御天，握樞臨極。”

〔八〇一〕命中建極：即前文所謂“命天中，建皇極”。

〔八〇二〕體統陰陽：謂以陰陽爲綱紀。

〔八〇三〕史垂世勳，車陳大路：世勳，累代的功績。大路，即大輅。

〔八〇四〕鼎樂雲門，克諧調露：鼎樂，宋崇寧間，有魏漢津者自言師事唐仙人李良，受鼎樂之法。其法先鑄九鼎，次鑄鐘器，所謂“鑄鼎以起律，因律以制器”，因爲帝造大晟鐘樂。見宋史樂志四及方技下魏漢津傳。後因稱國樂爲“鼎樂”。調露，樂曲名。文選任彦昇（昉）奉答敕示七夕詩啓：“寧足以繼想南風，克諧調露。”李善注引宋均曰：“調露，調和致甘露也，使物茂長之樂也。”

〔八〇五〕城闉不闚：闉，吳本譌“閆”。不，喬本作“士”，洪本作“𡈼”，吳本、四庫本作“十”，備要本作“土”。彦按：字當作“不”，作“士”、作“𡈼”、作“土”、作“十”皆譌，今訂正。城闉不闚，即上文所言“城郭不闚”也。

〔八〇六〕以詆名已也：詆，詆毀，責罵。名，稱。已，甚。　厲人憐王：厲人，麻風病人。厲，通“癘”，即癩。戰國策楚策四作“瘋”。韓非子姦劫弑臣：“諺曰：‘厲憐王。’此不恭之言也。雖然，古無虛諺，不可不察也。此謂劫殺死亡之主言也。人主無法術以御其臣，雖長年而美材，大臣猶將得勢，擅事主斷，而各爲其私急。而恐父兄豪傑之士，借人主之力以禁誅於己也，故弑賢長而立幼弱,廢正嫡而立不義。……故屬雖癰腫疕瘍,上比於春秋,未至於絞頸射股也;下比於近世,未至餓死擢筋也。故劫殺死亡之君,此其心之憂懼,形之苦痛也,必甚於屬矣。由此觀之,雖'屬憐王'可也。"

〔八〇七〕未始不有以實其暉:暉,音yǔn,口,說。

〔八〇八〕凋匱:窮困潦倒。　募耕之夫:徵募之佚役及耕作之農人。　彊暴之秦:彊,通"彊"。吳本、四庫本作"彊"。

〔八〇九〕烏在乎勢位之凝哉:凝,穩固。洪本、吳本、備要本作"疑",通"凝"。

〔八一〇〕驪馬繻以胡公内之貝水;邴戎、閻職戕懿公于囿竹:貝水,與舊本國語同,今人校注國語者多以爲具水之誤。具水,水名,源出今山東臨朐縣沂山西麓。邴戎,與舊本水經注卷二六淄水同,國語及左傳(文公十八年)皆作邴歜。國語楚語下載楚葉公子高語曰:"昔齊驪馬繻以胡公入於具水,邴歜、閻職戕懿公於囿竹。"韋昭注:"驪馬繻,齊大夫也。胡公,齊太公玄孫之子胡公靖也。……胡公虐馬繻,馬繻弑胡公,内之具水。戕,殘也。歜、職皆齊臣。懿公,齊桓公之子商人也。爲公子時,與邴歜之父争田,弗勝。及即位,乃掘而刖之,而使歜僕納閻職之妻,而使職驂乘。魯文十八年,懿公遊于申池,二人弑公,而内諸竹中。"　李兌餓主父于沙丘,百日殺之:李兌,戰國趙臣。主父,即戰國趙武靈王雍。武靈王二十七年,讓國于次子何(惠文王),而自號主父。沙丘,宮名。在今河北廣宗縣西北。史記趙世家惠文王四年:"主父及王游沙丘,異宮,公子章即以其徒與田不禮作亂,……公子成與李兌自國至,乃起四邑之兵入距難,殺公子章及田不禮,滅其黨賊而定王室。公子成爲相,號安平君,李兌爲司寇。公子章之敗,往走主父,主父開之,成、兌因圍主父宮。公子章死,公子成、李兌謀曰:'以章故圍主父,即解兵,吾屬夷矣。'乃遂圍主父。令宮中人'後出者夷',宮中人悉出。主父欲出不得,又不得食,探爵鷇而食之,三月餘而餓死沙丘宮。"　淖齒擢湣王之筋于廟,一昔而死:淖齒,戰國楚將。淖,音zhuō。擢,抽出。湣王,也作閔王,戰國齊王田地。昔,通"夕",夜。四庫本作"夕"。史記田敬仲完世家齊湣王四十年:"燕、秦、楚、三晉合謀,各出銳師以伐,敗我濟西。王解而卻。燕將樂毅遂入臨淄,盡取齊之寶藏器。湣王出亡,……楚使淖齒將兵救齊,因相齊湣王。淖齒遂殺湣王而與燕共分齊之侵地鹵器。"戰國策秦策三:"淖齒管齊之權,縮閔王之筋,縣之廟梁,宿昔而死。"

〔八一一〕昭宗溺昏醉而妄喜怒,劉季述排攦以出,幽鋼之少陽院:昭宗,唐昭宗李曄。劉季述,唐末宦官。吳本"季"譌"李"。排攦(sǒng),推開。集韻腫韻:"攦,推也。"少陽院,唐代大明宮内院名。舊唐書昭宗紀光化三年:"(十一月)庚寅,左右軍中尉劉季述、王仲先廢昭宗,幽於東内問安宮,請皇太子裕監國。時昭宗委崔胤以執政,胤恃全忠之助,稍抑宦官。而帝自華還宮後,頗以禽酒肆志,喜怒不常。……至是,上獵苑中,醉甚,是夜,手殺黄門、侍女數人。庚寅,日及辰巳,内門不開。劉季述……即以禁兵千人破關而入,問訊中人,具知其故。即出與宰臣謀曰:'主上所爲如此,非社稷之主也。廢昏立明,具有故事,國家大計,非逆亂也。'即召百官署狀,……遂突入宣化門,行至思政殿,便行殺戮,徑至乞巧樓下。帝遽見兵士,驚墮牀下,起而將去,季述、仲先掖而令坐。……季述即出百官合同狀,曰:'陛下倦臨寶位,中外羣情,願太子監國,請陛下頤養於東宮。'帝曰:'吾昨與卿等歡飲,不覺太過,何至此耶!'皇后曰:'聖人依他軍容語。'即於御前取國寶付季述,即時帝與皇后共一輦,并常所侍從十餘内人赴東宮。入後,季述手自扃鎖院門,日於窗中通食器。"新唐書昭宗紀則曰:"十一月己丑,左右神策軍中尉劉季述王仲先、内樞密使王彦範薛齊偓作亂,皇帝居于少陽院。" 梁武泊宗廟而佞浮屠,侯景更欲捽縛之爲太平寺主:梁武,南朝梁武帝蕭衍。泊,棲止,停留。佞,迷惑,迷戀。浮屠,佛,佛教。洪本、吳本"浮"作"扶"。侯景,見前紀五有巢氏注〔四四〕。捽縛,抓縛,捆綁。捽(zuó),抓。太平寺,寺名。資治通鑑卷一五九胡三省注以爲"蓋在鄴(今河北臨漳縣)"。吳本"寺"譌"等"。南史侯景傳載景言于魏相高歡曰:"請兵三萬,横行天下;要須濟江縛取蕭衍老公,以作太平寺主。" 劉曜既役所事,晉懷青衫行酒:劉曜,十六國時前趙國君。彦按:劉曜當作劉聰,羅氏誤記。劉聰,十六國時漢國(後被改稱爲趙,史稱前趙)國君,曾先後派兵攻破洛陽、長安,俘虜並殺害晉懷帝、晉愍帝。所事,所役使的人。事,使用,役使。晉懷,指晉懷帝司馬熾。青衫,黑色衣服,漢以後多爲婢僕、差役所穿。晉書懷帝紀:"(永嘉五年六月丁酉)帝蒙塵于平陽,劉聰以帝爲會稽公。……七年春正月,劉聰大會,使帝著青衣行酒。" 而劉聰亦叱孝愍執戟前驅:孝愍,即晉愍帝司馬鄴。晉書愍帝紀建興五年:"冬十月丙子,……劉聰出獵,令帝行車騎將軍,戎服執戟爲導,百姓聚而觀之,故老或歔欷流涕,聰聞而惡之。”　是皆已甚,然亦未有不先詆其過甚矣,扼其吭者也:此句疑有脱文,其大意爲:以上這種對待人君之做法都很過分,然而没有不是先因人君行事過分,招致百姓責罵而巴不得卡死他的。吭(háng),咽喉。彦按:唐皮日休有原謗一文,言曰:“天之利下民,其仁至矣! 未有美於味而民不知者,便於用而民不由者,厚於生而民不求者。然而暑雨亦怨之,祁寒亦怨之,己不善而禍及亦怨之,己不儉而貧及亦怨之。是民事天,其不仁至矣! 天尚如此,況於君乎? 況於鬼神乎? 是其怨訾恨讟,葿倍於天矣! 有帝天下、君一國者,可不慎歟? 故堯有不慈之毁,舜有不孝之謗。殊不知堯慈被天下,而不在於子;舜孝及萬世,乃不在於父。嗚呼! 堯、舜,大聖也,民且謗之;後之王天下,有不爲堯舜之行者,則民扼其吭,捽其首,辱而逐之,折而族之,不爲甚矣!”羅氏此語,皮子之意存焉。

〔八一二〕隋煬汰侈荒淫,卒見雄于宇文化及,而掖庭人復棺之牀笫:汰侈,驕奢。雄,縊殺。宇文化及,喬本、洪本、吴本、備要本皆作“宇文士及”,非是,今從四庫本訂正。掖庭人,泛稱妃嬪、宫女。掖庭,宫中旁舍,妃嬪所居。牀笫(zǐ),牀鋪。洪本“笫”譌“第”。隋書煬帝紀下:“(義寧)二年三月,右屯衛將軍宇文化及,武賁郎將司馬德戡、元禮,監門直閣裴虔通……等,以驍果作亂,入犯宫闈。上崩于温室,時年五十。蕭后令宫人撤牀簀爲棺以埋之。”資治通鑑卷一八五記載其事頗詳:“德戡等引兵自玄武門入,帝聞亂,易服逃於西閣。虔通與元禮進兵排左閣,魏氏啓之,遂入永巷。裴虔通謂帝曰:‘百官悉在朝堂,陛下須親出慰勞。’進其從騎,逼帝乘之。……化及揚言曰:‘何用持此物出,亟還與手。’……於是引帝還至寢殿,虔通、德戡等拔白刃侍立。帝歎曰:‘我何罪至此?’文舉曰:‘陛下違棄宗廟,巡遊不息,外勤征討,内極奢淫,使丁壯盡於矢刃,女弱填於溝壑,四民喪業,盜賊蠭起;專任佞諛,飾非拒諫:何謂無罪!’帝曰:‘我實負百姓;至於爾輩,榮禄兼極,何乃如是! 今日之事,孰爲首邪?’德戡曰:‘溥天同怨,何止一人!’化及又使封德彝數帝罪,帝曰:‘卿乃士人,何爲亦爾?’德彝赧然而退。帝愛子趙王杲,年十二,在帝側,號慟不已,虔通斬之,血濺御服。賊欲弑帝,帝曰:‘天子死自有法,何得加以鋒刃! 取鴆酒來!’文舉等不許,使令狐行達頓帝令坐。帝自解練巾授行達,縊殺之。……蕭后與宫人撤漆牀板爲小棺,與趙王杲同殯於西院流珠堂。”

〔八一三〕唐莊褻習優猱,竟招射於俳郭門高,而五坊人又焚之樂器,所謂
"君以此始,亦以此終":唐莊,指五代後唐莊宗李存勗。褻習,猶褻狎,親近寵
幸。優猱,倡優猱雜,泛稱倡優。俳,俳優,古代以樂舞諧戲爲業的藝人。郭門
高,名從謙,門高爲其優名。雖以優進,而嘗有軍功,故以任從馬直指揮使。五
坊,唐、五代爲皇帝飼養獵鷹獵犬的官署。君以此始,洪本"君以"二字闌入注
文。新五代史郭從謙傳:"(同光)四月丁亥朔,……莊宗入食內殿,從謙自營
中露刃注矢,馳攻興教門,與黃甲軍相射。莊宗聞亂,率諸王衞士擊亂兵出門。
亂兵縱火焚門,緣城而入,莊宗擊殺數十百人。亂兵從樓上射帝,帝傷重,踣于
絳霄殿廊下,自皇后、諸王左右皆奔走。至午時,帝崩,五坊人善友聚樂器而焚
之。……傳曰:'君以此始,必以此終。'莊宗好伶,而弑於門高,焚以樂器。可
不信哉! 可不戒哉!"

〔八一四〕微則書人,示人之不可欺:微,謂君惡未至于甚。穀梁春秋文公
十六年"冬,十有一月,宋人弑其君杵臼"范甯集解:"秦曰:傳稱人者,衆辭。
衆之所同,則君過可知。又曰:稱國以弑其君,君惡甚矣。然則舉國重於書人
也。"　衆則書國,示民之不可違也:衆,謂國人皆欲殺君。春秋文公十八年
"莒弑其君庶其"公羊傳:"稱國以弑何? 稱國以弑者,衆弑君之辭。"何休解
詁:"一人弑君,國中人人盡喜,故舉國以明失衆,當坐絕也。"

〔八一五〕弑必書君:如春秋隱公四年"戊申,衞州吁弑其君完"是。洪本、
吳本作"弑書必君",誤。　而蔡侯、吳子則不君:春秋哀公四年:"春,王二月,
庚戌,盜殺蔡侯申。"杜預注:"賤者故稱盜,不言'弑其君',賤盜也。"又春秋襄
公二十九年:"閽弑吳子餘祭。"穀梁傳:"閽,門者也,寺人也。不稱名姓,閽不
得齊於人。不稱'其君',閽不得君其君也。禮:君不使無恥,不近刑人。"　忽
暴客,狎刑餘:忽,鄙視。暴客,強盜,盜賊。狎,看輕。刑餘,受過肉刑的人,特
指閽人。　濁斯濯足:典出孟子離婁上,孔子曰:"清斯濯纓,濁斯濯足矣。自
取之也。"以喻君有過,方被弑。　不戒履霜之漸也:戒,防備。履霜之漸,比喻
事態向著不好的方面逐漸發展。典出周易坤卦初六:"履霜堅冰至。"備要本
"霜"譌"霸"。

〔八一六〕禍福無不自己求之者:洪本、吳本此句上有"子曰"二字。四庫
本此句上有"孟子曰"三字。彥按:此語出孟子公孫丑上載孟子曰。

〔八一七〕以臣逐君：吴本“逐”譌“遂”。

〔八一八〕詳見後紀四炎帝参盧。

〔八一九〕“四海之間，善則吾蓄，不善則吾讐”，此尹逸所以戒成王也：尹逸，即尹佚，亦稱史佚，西周初年太史。尹佚語見淮南子道應，文作：“天地之間，四海之内，善之則吾畜也，不善則吾讎也。”

〔八二〇〕夫民今而後得反之，君無尤焉：此孟子答鄒穆公語。孟子梁惠王下：“鄒與魯鬨。穆公問曰：‘吾有司死者三十三人，而民莫之死也。誅之，則不可勝誅；不誅，則疾視其長上之死而不救，如之何則可也？’孟子對曰：‘凶年饑歲，君之民老弱轉乎溝壑，壯者散而之四方者，幾千人矣；而君之倉廩實，府庫充，有司莫以告，是上慢而殘下也。曾子曰：“戒之！戒之！出乎爾者，反乎爾者也。”夫民今而後得反之也。君無尤焉！’”反，回報，報復。尤，責備，怪罪。

〔八二一〕時日害喪？予及汝偕亡：時，通“是”，此。害，通“曷”，何時。尚書湯誓：“夏王率遏衆力，率割夏邑。有衆率怠弗協，曰：‘時日曷喪？予及汝皆亡！’”孔氏傳：“衆下……比桀於日，曰：‘是日何時喪？我與汝俱亡！’欲殺身以喪桀。”

〔八二二〕夫誰舍之：舍，通“赦”，寬恕。

〔八二三〕晉平公：春秋晉國國君姬彪。　　予無樂乎爲君也：彦按：“予”字依義宜不當有。韓非子難一：“晉平公與羣臣飲，飲酣，乃喟然歎曰：‘莫樂爲人君！惟其言而莫之違。’”

黄帝有熊氏紀跋文

子曰：“加我數年，五十以學易，可以無大過矣[一]。”五十者，知命之年；而易者，窮理至命之學也[二]。以知命之年，爲至命之學，可以無過矣。而必曰可無大過，是則小過者，聖人猶未敢自必其無也。是故過者，聖人之所不能免也。人誰無過？“見善則遷，有過則改”，此易之所修[三]。“聞義不能徙，不善不能改”，斯聖人之所憂也[四]。堯稽于衆，舍己從人；舜審于衆，予違汝弭[五]。豈若小人之恥過作非,又從而文之乎!君子之過也,如日月之食焉:過也,人皆見之;更也,人皆仰之[六]。非無過也,所過者化,不俟終日,茲聖人之所以爲聖人也。過而能改,善莫大焉[七]。食更而日愈明,過改而人益聖。此聖人之所以不貴無過而貴改過。善改過者,聖之資也[八]。始雖昧而今明,初雖愿而今臧,吾何尤[九]?一過改而一益起矣[一〇]。

昔者,太甲之自艾,猶夫人也,而周公贊之;衛獻公之復國,猶夫人也,而君子貴之:善補過也[一一]。若楚子虔聞右尹之言,乃揖而入,當饋不食,數日,不能以自克,以及於難,故孔子曰:“克己復禮,仁也。楚靈若能如是,豈其辱於乾溪乎[一二]?”右尹[一三],子革。子虔,靈王[一四]。

黃帝之初,志於求僊,養正命[一五],娛耳目,愛民而不戰。乃放萬機,舍宮寢,而肆志於昆臺;發軔紫宮之中,投策鍾山之下;登空同,陟王屋,陘鴻隄而入金谷,車轍馬迹半於天下[一六]。於是四帝共起而謀之,邊城日警,介胄不釋。當此之時,民幾再嫁而非黃帝之有矣。然而黃帝克自抑畏,劙迹遊馳[一七],即營壘,滅四帝,而有天下,則克己而已矣。

子曰:“一日克己復禮,天下歸仁焉[一八]。”夫世固有大無道,民心已離,一旦翻然克自抑悔,人猶懷之,至於死而不忘。漢武帝、唐德宗可謂迷復者矣[一九]!輪臺之命,奉天之詔,非必盡實也,一日而播告,上首之蟲靡不爲之感泣[二〇];而知戎寇之不足平,卒以自保其國。

言發乎身,加乎民;行發乎邇,著乎遠。匹夫爲不善,一念之悔,固有言未脫口而菑變爲之消弭者,況稱孤之客邪[二一]?易危之安,轉亡之存,夫又何難之有?易曰:“復自道,何其咎[二二]?”以黃帝之神聖,一念之差,猶幾至於不免,而代之人,乃至恥過飾非,聞諫則咈,曰“吾爲盡善”,豈不大悖乎[二三]?聞黃帝之事,其亦少知戒哉!

【校注】

〔一〕見論語述而。

〔二〕五十者,知命之年:論語爲政:“五十而知天命。” 而易者,窮理至命之學也:窮理至命,窮究事理,獲知命運。至,通“致”,取得,獲知。

〔三〕見善則遷,有過則改:周易益卦象辭:“風雷,益。君子以見善則遷,有過則改。” 此易之所修:喬本“易”作“義”,蓋由音譌,今據餘諸本改。修,遵循。

〔四〕論語述而:“子曰:德之不脩,學之不講,聞義不能徙,不善不能改,是吾憂也。”

〔五〕堯稽于衆,舍己從人:稽,考覈。尚書大禹謨:“帝(舜)曰:‘……稽于衆,舍己從人,不虐無告,不廢困窮,惟帝時克。’”孔氏傳:“帝謂堯也。”孔穎達疏:“爲人上者考於衆言,觀其是非,舍己之非,從人之是。” 舜審于衆,予違汝弼:審,審查。弼,輔佐,匡正。尚書益稷:“帝(舜)曰:‘……予違,汝弼。汝無面從,退有後言。’”孔氏傳:“我違道,汝當以義輔正我。無得面從我違,而退後有言我不可弼。”

〔六〕君子之過也,如日月之食焉:過也,人皆見之;更也,人皆仰之:論語子張載子貢語。如日月之食,洪本、吳本作“如日之有食”,則是“月”譌爲“有”,又與“之”字易位。

〔七〕過而能改,善莫大焉:此暗引左傳宣公二年晉大夫士季語。

〔八〕資:資質,稟賦。

〔九〕始雖昧而今明,初雖慝而今臧,吾何尤:昧,糊塗。明,明白。慝,邪惡。臧,美善。尤,怪罪,責備。

〔一〇〕一過改而一益起矣:洪本“益”作“惠”。

〔一一〕太甲之自艾,猶夫人也,而周公贊之:艾,通“乂”,儆戒,戒懼。夫人,這個人。夫(fú),指示代詞。孟子萬章上:“湯崩,太丁未立,外丙二年,仲壬四年,太甲顛覆湯之典刑,伊尹放之於桐。三年,太甲悔過,自怨自艾,於桐處仁遷義,三年以聽伊尹之訓己也,復歸于亳。”趙岐注:“太丁,湯之太子,未立而薨。外丙立二年,仲壬立四年,皆太丁之弟也。太甲,太丁子也,伊尹以其顛覆典刑,放之於桐邑。……治而改過,以聽伊尹之教訓己,故復得歸之於亳,反天子位也。”尚書無逸:“周公曰:‘嗚呼! 我聞曰,……其在(殷王)祖甲,不義惟王,舊爲小人。作其即位,爰知小人之依,能保惠于庶民,不敢侮鰥寡。肆祖甲之享國,三十有三年。’”孔氏于“舊爲小人”下傳:“湯孫太甲,爲王不義,久爲小人之行,伊尹放之桐。”于“不敢侮鰥寡”下傳:“在桐三年,思集用光,起就王位,於是知小人之所依。依仁政,故能安順於衆民,不敢侮慢悍獨。”又于“三十有三年”下傳:“太甲亦以知小人之依,故得久年。……殷家亦祖其功,故稱祖。”　衛獻公之復國,猶夫人也,而君子貴之:衛獻公,春秋衛國國君姬衎。喬本、洪本、吳本、備要本皆作“衛懿公”。彥按:考衛懿公無復國事,今從四庫本作衛獻公。史記衛康叔世家:“十八年,獻公戒孫文子、甯惠子食,皆往。日旰不召,而去射鴻於囿。二子從之,公不釋射服與之言。二子怒,……遂攻出獻公。獻公犇齊,齊置衛獻公於聚邑。孫文子、甯惠子共立定公弟秋爲衛君,是爲殤公。……獻公亡在外十二年而入。”是初衛獻公待臣無禮而被逐也。禮記檀弓下:“衛獻公出奔,反於衛,及郊,將班邑於從者而後入。(大史)柳莊曰:‘如皆守社稷,則孰執羈靮而從? 如皆從,則孰守社稷? 君反其國而有私也,毋乃不可乎!’弗果班。”又:“(柳莊)寢疾。公曰:‘若疾革,雖當祭必告。’公再拜稽首,請於尸曰:‘有臣柳莊也者,非寡人之臣,社稷之臣也。聞之死,請往。’不釋服而往,遂以襚之。與之邑裘氏與縣潘氏,書而納諸棺曰:‘世世萬子孫無變也。’”鄭玄注:“急弔賢者。……親賢也。……所以厚賢也。”是衛獻公復國尊賢而君子貴之也。

〔一二〕楚子虔:春秋楚靈王。　右尹:春秋戰國時楚國官名,蓋爲最高執政官令尹之副職。　楚靈:四庫本作“楚靈王”。　楚靈若能如是,豈其辱於乾溪乎:乾溪,即乾谿。春秋楚邑,在今安徽亳州市譙城區東南。楚靈昏暴,好興兵,滅陳、蔡,伐徐以恐吳。十二年次于乾谿,樂而不去,國人苦役,内外交怨。公子比等趁其率師在外,攻入郢都,殺死太子,自立爲王。靈王聞訊回師,部下叛散,乃自縊。此所謂“辱於乾溪”也。此前一年,左傳昭公十二年載:“楚子次于乾谿,……右尹子革夕,王見之,去冠、被、舍鞭,與之語,曰:‘昔我先王熊繹,與吕伋、王孫牟、燮父、禽父並事康王。四國皆有分,我獨無有。今吾使人於周,求鼎以爲分,王其與我乎?’對曰:‘與君王哉! 昔我先王熊繹,辟在荆山,

篳路藍縷以處草莽,跋涉山林以事天子,唯是桃弧棘矢以共禦王事。齊,王舅
也;晉及魯、衛,王母弟也。楚是以無分,而彼皆有。今周與四國服事君王,將
唯命是從,豈其愛鼎?’王曰:‘昔我皇祖伯父昆吾,舊許是宅。今鄭人貪賴其
田,而不我與。我若求之,其與我乎?’對曰:‘與君王哉!周不愛鼎,鄭敢愛
田?’王曰:‘昔諸侯遠我而畏晉,今我大城陳、蔡、不羹,賦皆千乘,子與有勞焉,
諸侯其畏我乎?’對曰:‘畏君王哉!是四國者,專足畏也,又加之以楚,敢不畏
君王哉?’……左史倚相趨過,王曰:‘是良史也,子善視之!是能讀三墳、五典、
八索、九丘。’對曰:‘臣嘗問焉,昔穆王欲肆其心,周行天下,將皆必有車轍馬迹
焉。祭公謀父作祈招之詩以止王心,王是以獲没於祇宫。臣問其詩而不知也。
若問遠焉,其焉能知之?’王曰:‘子能乎?’對曰:‘能。其詩曰:“祈招之愔愔,
式昭德音。思我王度,式如玉,式如金。形民之力,而無醉飽之心。”’王揖而
入,饋不食,寢不寐,數日,不能自克,以及於難。仲尼曰:‘古也有志:“克己復
禮,仁也。”信善哉!楚靈王若能如是,豈其辱於乾谿?”

〔一三〕自此“右尹”至下“靈王”八字,洪本闌入正文。

〔一四〕子虔,靈王:彦按:楚靈王名虔,而非子虔,此蓋因正文稱楚子虔而
誤斷。

〔一五〕正命:自然的壽命。孟子盡心上:“盡其道而死者,正命也;桎梏死
者,非正命也。”

〔一六〕投策鍾山之下:投策,丟下馬鞭。彦按:疑此句由附會山海經 西山
經“黄帝乃取峚山之玉榮,而投之鍾山之陽”而來,蓋山海經之“玉榮”有譌作
“玉策”者。　空同:喬本如此,餘諸本作“空桐”。

〔一七〕然而黄帝克自抑畏:抑畏,謙卑敬畏。尚書無逸:“厥亦惟我周 太
王、王季,克自抑畏。”孔氏傳:“言皆能以義自抑,畏敬天命。”　劃迹遊馳:劃
迹,絶迹。遊馳,縱馬遨游。

〔一八〕見論語顔淵。

〔一九〕迷復:迷路而回。語出周易 復卦上六:“迷復,凶,有災眚。”又象
辭:“迷復之凶,反君道也。”此謂迷途知返。

〔二〇〕輪臺之命:輪臺,地名。在今新疆 輪臺縣一帶。漢武帝一生致力
開拓西域,國力大損,晚年深悔之,遂棄輪臺之地,並下詔罪己,即所謂“輪臺之

命”,史稱輪臺罪已詔。　　奉天之詔:唐德宗李适興元元年在奉天行宫(今河南登封市北)下的罪己詔,中有“朕嗣服丕構,君臨萬邦,失守宗祧,越在草莽。不念率德,誠莫追於既往;永言思咎,期有復於將來。明徵其義,以示天下”云云。見舊唐書德宗紀上。　　上首之蟲靡不爲之感泣:上首之蟲,居于至尊地位的動物,泛稱人。四庫本“蟲”譌“蠱”。

〔二一〕稱孤之客:指帝王,君主。客,人。

〔二二〕復自道,何其咎:周易小畜初九爻辭。高亨今注:“復,返也。道,正路。人由正路返故居,有何咎哉,自爲吉矣。”

〔二三〕而代之人,乃至恥過飾非,聞諫則咈,曰“吾爲盡善”,豈不大悖乎:代,世,世上。吴本、四庫本、備要本作“後”,疑非原文。咈(fú),抵制,反對。尚書堯典“咈哉”蔡沈集傳:“咈者,甚不然之之辭。”悖,荒謬。

路史卷十五

後紀六

疏仡紀第二

黃帝紀下

帝鴻氏

帝鴻氏，釐姓。帝律生帝鴻，是爲帝休。山海經云："帝律生帝鴻〔一〕。"律，黃帝之字也。杜預以帝鴻爲黃帝，陋矣〔二〕。母方纍氏，即方雷，故鬱纍亦爲鬱雷〔三〕。詳少昊紀。感掖晶而生〔四〕，生而多祥。黃帝厭〔五〕，帝休是立，王寶革命論云："鴻、黃世及，以一民也；堯、舜内禪，體文德也。"〔六〕是帝鴻、黃帝爲世及者，顯矣，何得以爲黃帝哉？史記：黃帝"舉風后、力牧、常先、大鴻以治民。順天地之紀，幽明之占，生死之説"〔七〕。人物表序帝鴻于炎帝之前，則又失之〔八〕。正朔服度一仍黃帝之故〔九〕。故亡思亡爲，不慮不圖，而臻至治。治四十有七載，卒，葬雝。雝之鴻冢，是矣。在秦漢皆列祀典。鴻冢即大鴻冢，即帝鴻也。史、漢書説者更以爲鬼容丘，益非〔一〇〕。按：今冢在雝，以知所都亦不遠黃帝之都也。

生白民及嘻。嘻生季格。西荒經云：南岳娶州山氏曰女虔，生季格；季格生壽麻之國〔一一〕。嘻其南岳矣。季格生帝魁。有本紀言。

白民，銷姓，降居于夷，是爲白民之祖〔一二〕。汲冢書有白民之國，出乘黄〔一三〕。孔晁云是東南夷。與白州相接〔一四〕。天寶軍録云：日南厥山，連接不知幾千里，裸人所居，白民之後也〔一五〕；去前二齒，刺其胸爲花葩，以粉紫畫兩目下爲飾。其别爲防風氏，守封、禺之間〔一六〕，寰宇記：崱山在武康東南三十，輿地記古防風氏之都〔一七〕。釐姓；至商爲汪泫氏，漆姓。夏爲防風，釐姓；商爲汪泫。或云號鄹蠻，鄹蠻，漆姓；云即周之長狄，故文十一年“得臣敗狄”，傳遽以爲長狄，又云“僑瞞由是遂亡”，預謂“長狄種絶”，鄧氏辨證謂防風“子孫爲長狄大人”，妄也〔一八〕。外傳謂仲尼言：“周爲長狄，今爲大人〔一九〕。”謂今，非周而何？妄繆可笑如此。有汪氏、罔氏。汪泫，史作汪罔，説文作汪芒，姓苑云“汪芒，釐姓”，徽州圖經言“新安汪氏，按姓苑出汪罔氏”〔二〇〕。景德四年〔二一〕，西夏主趙德明之母罔氏卒。而縉雲氏亦帝之胄也〔二二〕。傳謂縉雲，黄帝之官〔二三〕。非。史註：縉雲氏，姜姓，炎帝之裔，黄帝時爲縉雲官〔二四〕。妄矣。蓋國也。處州縉雲山，舊本圖經又皆以爲黄帝氏，失之〔二五〕。詳國名紀〔二六〕。

妻士敬氏曰炎融，遺腹而生驩頭，爲堯司徒〔二七〕。汲冢書、博物志。弇義隱賊，好行凶慝，天下之人謂之棍伀，堯放之于崇山〔二八〕。崇山在澧之慈利縣〔二九〕，有驩兜冢。左傳云，帝鴻氏不才子。凡其後世，皆謂之子。驩頭者，驩兜也，以狐功輔繆亡其國〔三〇〕。狐功，驩兜之佞臣。

生三苗氏。北經云：“顓頊生驩頭，驩頭生苗民。苗民，釐姓。”〔三一〕苗民長齒，上下相冒〔三二〕。崇寧五年，蔡京修第於河北〔三三〕，得瓦棺十數。其骸皆長丈餘，顱骨不圓，而橢牙如犬牙，下冒其骸，時謂撩牙〔三四〕。按述異記：“苗氏長齒〔三五〕，上下相冒。”蓋當時自有此一種人〔三六〕。虞氏瓦棺〔三七〕，則其時所瘞也。高辛邦之。緇衣正義云：高辛之諸侯〔三八〕。嗒于飲食，冒于貨賄；侵欲崇侈，不可盈猒；聚斂積實，不知紀極；不分孤寡，不恤窮匱〔三九〕。天下之人以比三凶，謂之饕餮〔四〇〕；山海經：顓帝生驩頭。又云：鮌妻遺腹生驩頭，驩頭生苗民〔四一〕。故世以苗民顓帝之後。果以遺腹，則驩頭爲禹之弟，而苗民其猶子也〔四二〕。堯試舜時，禹纔十歲〔四三〕，何鮌有弟若姪暴恣爲亂？且苗民釐姓，明甚，而黄帝子姓第七爲釐〔四四〕；苗民爲驩頭之子，而驩頭爲帝鴻之後：則知驩頭、縉雲之爲釐姓，審矣。傳言三苗爲縉雲氏之子〔四五〕，蓋驩頭猶襲縉雲之號。往古之事，亦可知。堯竄之于三危〔四六〕。河西諸羌〔四七〕，俱其類也。三危在燉煌〔四八〕。詳國名記。傳三

苗與防風同出，是也。范曄西羌傳乃謂西羌本出三苗，姜姓之別，炎帝之後〔四九〕。姓纂
從之，繆矣。此河關西南羌也〔五○〕。隋書以党項、宕昌、白狼皆三苗後，益非〔五一〕。虞
之巽禹三載，苗民逆命，昏迷自賢，反道敗德，斷制五虐之刑曰
法〔五二〕。爰始淫爲劓、刵、椓、黥，以亂亡辜，練抑惟刑，民棄弗
保〔五三〕。天降之咎，俾禹徂征〔五四〕。而猶負固，帝乃誕敷文德，舞
干羽而苗格〔五五〕。遂分北之〔五六〕。其餘入于南海者，爲驩朱
國〔五七〕。朱、兜聲近。外國圖、郭璞詳矣〔五八〕。三苗之君蓋入仕堯朝，其國仍故，是
以既竄而苗復叛。傳言三苗所以不服者，衡山在南，岐山在北，左洞庭之波，右彭蠡之
水也〔五九〕。蓋江鄂之境〔六○〕。

　　後有鴻氏、洪氏、繢氏、繢雲氏、纂文要〔六一〕。驪氏、薗氏、瞞氏、
曼氏、蠻氏、曼、蠻同音，故説文音蠻爲薗〔六二〕。風俗通云：“瞞氏，荆蠻之後〔六三〕，本
姓蠻，其裔隨音轉改爲瞞也。”長狄氏、纂〔六四〕。防風氏、任昉云：吳越防風廟，土
木作龍首、牛耳、連眉、一目，其長三丈〔六五〕。南人姓防風氏，即其後，皆長大。越人祭
之，奏防風樂，截竹三尺，吹之如犬嗥，三人被髮而舞〔六六〕。危氏、元氏。竄三危，
後爲危氏。錢塘危氏改爲元〔六七〕。仔倡，全諷之子〔六八〕。

　　士有患博，非博之足患，所患者，寡要而已。適千里者，睨
遥途而惑；蹕道山者，見插架而澀〔六九〕。甚矣，書文之病人
也〔七○〕！噫！學者既病夫書文矣，余顧又欲病之邪？

　　帝鴻氏，繼黃帝者也，而説者以爲黃帝，何邪？以五帝位無
地以置之也。虞氏之先有幕〔七一〕，而惑於史記所敍之世者，無
地以置夫幕也，遂以爲之虞。思而不暇顧，是皆學者沈緜之意
病也〔七二〕。按春秋運斗樞以帝鴻、金天、高陽、高辛、唐虞爲五
代〔七三〕，而班氏人表既敍帝鴻于炎帝之前矣，豈得謂黃帝哉？
干令昇曰：“柏皇、㮚陸而前，爲而不有，應而不求，執大象也；
鴻黃世及，以一民也；堯舜内禪，體文德也；漢魏外禪，順大名
也。”〔七四〕是則鴻黃爲世及者，信矣。雖然，亦有以致其疑者。

　　昔者，文信侯引黃帝告顓頊之言曰：“大員在上，大矩在

下,汝能法之,爲民父母。"〔七五〕而鬻子謂顓頊十五而佐黄帝,二十而有天下〔七六〕。汲書亦云,黄帝死七年,其臣左徹乃立顓頊。三書世少見信,然史記亦言黄帝崩而昌意之子高陽立〔七七〕,少昊且無,況帝鴻耶?此鄭康成於書中候所以依運斗樞以帝鴻爲五帝,而乃指之爲黄帝也〔七八〕。勑省圖云德合五帝坐者稱之,今實六帝而云五者,以其俱合五帝坐星也〔七九〕。

　　余觀内簡黄帝經,黄帝後歷四世,乃至顓頊。設不之信,則少昊爲世八十有四載,顓頊何由事黄帝哉?此其不足疑者。然班氏置之炎帝之前,則又失之。

【校注】

〔一〕帝律生帝鴻:彦按:今山海經大荒東經作:"帝俊生帝鴻。"

〔二〕杜預以帝鴻爲黄帝:左傳文公十八年"昔帝鴻氏有不才子"杜預注:"帝鴻,黄帝。"

〔三〕鬱纍:即鬱壘,門神名。

〔四〕掖晶:掖,掖門的省稱,星名,在太微垣。史記天官書:"南宫朱鳥,……中,端門;門左右,掖門。"晶,精,精氣。

〔五〕黄帝厭:厭,謂厭世,死的婉辭。

〔六〕干寶革命論:干寶,吳本、四庫本"干"譌"于"。革命論,即晉武帝革命論,文載文選卷四九。　鴻、黄世及,以一民也:世及,世襲。父位傳子曰世,兄位傳弟曰及。一民,統一民心。　堯、舜内禪,體文德也:内禪,帝王傳位給自己内定的繼承人。

〔七〕黄帝"舉風后、力牧、常先、大鴻以治民。順天地之紀,幽明之占,生死之説":見史記五帝本紀。紀,法則。幽明,陰陽。占,運數。吳本、備要本譌"吕"。生死,史記作"死生"。

〔八〕人物表:指漢書古今人表。

〔九〕正朔服度一仍黄帝之故:服度,服御(服飾車馬器用之類)之制度。

〔一〇〕史、漢書説者更以爲鬼容丘:鬼容丘,即鬼臾區,黄帝臣。史記封禪書、漢書郊祀志上並曰:"鬼臾區號大鴻,死葬雍,故鴻冢是也。"

〔一一〕西荒經:指山海經大荒西經。　南岳娶州山氏曰女虔,生季格;季格生壽麻之國:山海經原文作:“有壽麻之國。南嶽娶州山女,名曰女虔。女虔生季格,季格生壽麻。”

〔一二〕山海經大荒東經:“有白民之國。……帝鴻生白民,白民銷姓。”

〔一三〕汲冢書有白民之國,出乘黃:乘黃,傳説中異獸名。逸周書王會:“白民乘黃。乘黃者,似(騏)〔狐〕,背有兩角。”山海經海外西經亦曰:“白民之國……有乘黃,其狀如狐,其背上有角,乘之壽二千歲。”

〔一四〕白州:州名。治在所今廣西博白縣。

〔一五〕天寶軍録:佚書,作者不詳。唐段成式酉陽雜俎前集卷八黥引,作天寶實録。　日南厖山:日南,郡、縣名。在今越南境内中部地區。厖山,山名。　裸人:不穿衣服的人。備要本如此,餘諸本“裸”均譌“裸”。

〔一六〕守封、禹之間:封,山名,在今浙江德清縣西南。禹,山名,即嵎山,在今浙江德清縣東南。

〔一七〕寰宇記:嵎山在武康東南三十,輿地記古防風氏之都:嵎山,各本“嵎”均譌“崿”,今據太平寰宇記卷九四湖州武康縣嵎山訂正。武康,縣名,治所在今浙江德清縣武康街道。輿地記,太平寰宇記作輿地志。

〔一八〕鄋蠻:即鄋瞞,春秋時狄的一支。　故文十一年“得臣敗狄”,傳遽以爲長狄:各本“故”字下有“鄧氏辨證”四字。彦按:此四字宜在下文“謂防風‘子孫爲長狄大人’”之上,今誤置于此,文不可讀,今訂正。得臣,叔孫得臣,春秋魯臣。春秋文公十一年:“冬十月甲午,叔孫得臣敗狄于鹹。”左傳作:“冬十月甲午,敗狄于鹹,獲長狄僑如。”　又云“鄋瞞由是遂亡”,預謂“長狄種絶”:鄋瞞,左傳作鄋瞞。文公十一年:“鄋瞞由是遂亡。”杜預注:“長狄之種絶。”　鄧氏辨證謂防風“子孫爲長狄大人”:見古今姓氏書辯證卷一四陽韻下防風,文曰:“禹合諸侯於塗山,執玉帛者萬國,防風後至,禹戮之。子孫爲長狄大人。”

〔一九〕外傳謂仲尼言:“周爲長狄,今爲大人”:見國語魯語下。吳本“傳”譌“商”。

〔二〇〕史作汪罔:見史記孔子世家。　説文作汪芒:見説文解字山部嵎。新安汪氏:新安,郡名,治所在今安徽歙縣。

〔二一〕景德:宋真宗趙恒年號(公元 1004—1007 年)。

〔二二〕胄:洪本作"仙",同。

〔二三〕左傳文公十八年"縉雲氏有不才子"杜預注:"縉雲,黃帝時官名。"

〔二四〕史記五帝本紀"縉雲氏有不才子"裴駰集解引賈逵曰:"縉雲氏,姜姓也,炎帝之苗裔,當黃帝時任縉雲之官也。"

〔二五〕處州縉雲山,舊本圖經又皆以爲黃帝氏,失之:"縉雲山"三字,各本原在"舊本圖經"之下,當爲倒文,今訂正。處州,州名,治所在今浙江麗水市蓮都區東南。彦按:本書國名紀二帝鴻後釐姓國縉雲亦曰:"今處州縉雲郡有縉雲山,是爲縉雲堂,縉雲氏之虛也。永初山川記永寧縣有縉雲堂,是矣。舊經圖記皆以爲黃帝之號、黃帝之蹤,失之。"可互參。

〔二六〕國名紀:四庫本如此,今從之。餘諸本"紀"作"記"。

〔二七〕妻土敬氏曰炎融,遺腹而生驩頭:彦按:此以炎融即土敬氏,爲驩頭之母,當誤,山海經明謂炎融爲土敬子也。大荒南經:"鯀妻土敬,土敬子曰炎融,生驩頭。"清吳任臣廣注云:"鯀以其子妻土敬而生融,以至兜。"似是。則土敬爲炎融父,炎融又爲驩頭父也。兜,驩兜,即驩頭。

〔二八〕弇義隱賊:壓制正義,陰險狠毒。　好行凶慝:凶慝,凶惡。　天下之人謂之倱伅:謂,吳本譌"𡭔"。倱伅,義猶今言"混蛋"。左傳作"渾敦",史記記作"渾沌"。左傳文公十八年:"昔帝鴻氏有不才子,掩義隱賊,好行凶德;醜類惡物,頑囂不友,是與比周。天下之民謂之渾敦。"又史記五帝本紀:"昔帝鴻氏有不才子,掩義隱賊,好行凶慝,天下謂之渾沌。"

〔二九〕澧之慈利縣:澧,州名。慈利縣,今屬湖南省。

〔三〇〕輔繆:繆,通"糾",督察。

〔三一〕北經:指山海經大荒北經。　顓頊生驩頭,驩頭生苗民:吳任臣云:"鯀祖顓頊,是兜亦顓頊之出,故曰顓頊生驩兜,驩兜生三苗。"(山海經大荒南經"土敬子曰炎融,生驩頭"廣注)彦按:是則此所謂"顓頊生驩頭"者,亦上文羅苹注所謂"凡其後世,皆謂之子"也。

〔三二〕上下相冒:謂上齒與下齒相遮蓋。

〔三三〕蔡京:宋徽宗朝太師。

〔三四〕橢牙:長圓形的牙。備要本"橢"譌"楷"。　撩牙:獠牙。

〔三五〕長齒：四庫本“齒”作“牙”。

〔三六〕蓋當時自有此一種人：洪本、吳本“蓋”作“盍”，通。

〔三七〕虞氏瓦棺：禮記檀弓上：“有虞氏瓦棺。”鄭玄注：“始不用薪也，有虞氏上陶。”

〔三八〕見禮記緇衣鄭玄注“高辛氏之末，諸侯有三苗者作亂”孔穎達正義，其文曰：“三苗是九黎之後，九黎於少昊之末而爲亂，三苗於高辛氏之末又爲亂，故此注云‘高辛’，以吕刑於此‘苗民’之下云‘皇帝清問下民’，又云‘乃命三后’，‘三后’謂伯夷之等，故以‘皇帝’爲帝堯，又以‘苗民’爲高辛氏之末也。”

〔三九〕嗿于飲食，冒于貨賄：嗿，音kǎn，通“歁”，貪，貪欲。冒，義同“歁”。貨賄，財物。備要本兩“于”字謁“干”。　侵欲崇侈，不可盈猒：侵欲，侵占的欲望。崇侈，高漲，大。盈猒，滿足。猒，“厭”之古字。　聚斂積實，不知紀極：積實，泛稱米穀錢財。紀極，限度。　不恤窮匱：恤，周濟，救助。

〔四〇〕天下之人以比三兇，謂之饕餮：三兇，指帝鴻氏之子驩兜、少皞氏之子共工，顓頊氏之子鯀。饕餮(tāo tiè)原爲傳説中一種貪殘的怪物，因常以喻貪殘之人。左傳文公十八年：“縉雲氏有不才子，貪于飲食，冒于貨賄，侵欲崇侈，不可盈厭，聚斂積實，不知紀極，不分孤寡，不恤窮匱，天下之民以比三凶，謂之饕餮。”

〔四一〕參見上注〔二七〕。

〔四二〕而苗民其猶子也：其，指禹。猶子，侄子。

〔四三〕禹纔十歲：洪本、吳本、四庫本“纔”作“才”。

〔四四〕第七：四庫本“第”作“弟”。

〔四五〕傳言三苗爲縉雲氏之子：書舜典“竄三苗于三危”孔氏傳：“三苗，國名。縉雲氏之後，爲諸侯，號饕餮。”

〔四六〕堯竄之于三危：竄，驅逐，流放。

〔四七〕河西：泛指黃河以西地區。

〔四八〕焞煌：即敦煌。

〔四九〕范曄西羌傳乃謂西羌本出三苗，姜姓之別，炎帝之後：三苗，吳本“三”謁“二”。後漢書西羌傳：“西羌之本，出自三苗，姜姓之別也。”

〔五〇〕河關:縣名,治所在今甘肅積石山保安族東鄉族撒拉族自治縣西北。

〔五一〕隋書以党項、宕昌、白狼皆三苗後:党項、宕昌、白狼,皆古族名,爲西羌之分支。吴本、四庫本"党項"譌"黨須"。隋書西域傳:"党項羌者,三苗之後也。其種有宕昌、白狼,皆自稱獼猴種。"

〔五二〕虞之巽禹三載,苗民逆命,昏迷自賢,反道敗德,斷制五虐之刑曰法:巽,通"遜",禪讓。逆命,違抗命令。昏迷,愚昧。自賢,謂自以爲高明,自視甚高。斷制,制訂並確定。虐,殘暴。四庫本譌"獄"。書大禹謨:"蠢兹有苗,昏迷不恭,侮慢自賢,反道敗德。"又吕刑:"(苗民)惟作五虐之刑曰法。"

〔五三〕爰始淫爲劓、刵、椓、黥,以亂亡辜:淫爲,濫用。刵(èr),割耳朵。椓,宫刑。喬本、吴本、四庫本作"椓",乃"椓"字俗譌,今從洪本及備要本訂正。黥,刺字面額,染以黑色。亂,危害,禍害。書吕刑:"苗民弗用靈,制以刑,……殺戮無辜,爰始淫爲劓、刵、椓、黥。"又曰:"(苗民)斷制五刑,以亂無辜。"　練抑惟刑:采取壓制,一味用刑。練,通"柬"(後作"揀"),選擇。

〔五四〕尚書大禹謨:"帝曰:'咨!禹,惟時有苗弗率,汝徂征。'禹乃會羣后,誓于師曰:'濟濟有衆,咸聽朕命。蠢兹有苗,……民棄不保,天降之咎,肆予以爾衆士,奉辭伐罪。'"

〔五五〕而猶負固,帝乃誕敷文德,舞干羽而苗格:負固,依恃險阻(進行抵抗)。誕,大,敷,傳布。格,至,到來。尚書大禹謨:"帝乃誕敷文德,舞干羽于兩階。七旬,有苗格。"

〔五六〕遂分北之:分北,分離。吴本"分"譌"合"。尚書舜典:"分北三苗。"孔穎達疏:"北,背也,善留惡去,使分背也。"

〔五七〕其餘入于南海者:餘,後裔。

〔五八〕外國圖、郭璞詳矣:外國圖,佚書,作者不詳。太平御覽卷七九〇引外國圖曰:"昔唐以天下授虞,有苗之君非之,苗之民浮黑水入南海,是爲三苗民。去九疑三萬三千里。"山海經海外南經"讙頭國,……或曰讙朱國"郭璞注:"讙兜,堯臣,有罪,自投南海而死。帝憐之,使其子居南海而祠之。"

〔五九〕彭蠡:又稱彭澤,古澤藪名。約當今長江北岸鄂東皖西一帶濱江諸湖。韓詩外傳卷三:"當舜之時,有苗不服。其不服者,衡山在南,岐山在北,左洞庭之波,右彭澤之水,由此險也。"

〔六〇〕蓋江鄂之境:江,江州,治所在今江西九江市潯陽區。鄂,鄂州,治所在今湖北武漢市武昌區。

〔六一〕纂文要:撰者何氏,名及時代不詳。吳本、四庫本無此三字。

〔六二〕説文解字网部:"网,平也。……讀若蠻。"

〔六三〕荆蠻:古代中原人對楚越或南人的稱呼。

〔六四〕纂:蓋指上文已見之纂文要。吳本、四庫本無此"纂"字。

〔六五〕見任昉述異記卷上。　任昉:洪本"任"譌"在"。　土木作龍首:土木作,洪本作"止木作",餘諸本均作"其神作"。彦按:今考任書,文實作"土木作其形"。據此可推,路史原文爲"土木作",洪本既譌"土"爲"止",遂不可解,後來本子乃臆改爲"其神作"。今訂正。　一目:洪本"目"譌"日"。　其長三丈:各本"其"均作"足"。彦按:"足長"當作"其長",今據任書訂正。

〔六六〕截竹三尺,吹之如犬嗥:犬嗥,述異記但作"嗥"。　三人被髮而舞:被,吳本、四庫本作"披",通。

〔六七〕錢塘危氏改爲元:錢塘,縣名,治所在今浙江杭州市。古今姓氏書辯證卷三支韻危:"危氏不著於隋唐之前。唐末,撫州南城人危全諷據郡爲節度使,其弟仔昌,爲信州刺史。仔昌失郡奔錢鏐,鏐惡其姓,改曰元氏。"

〔六八〕仔倡,全諷之子:彦按:古今姓氏書辯證以危仔昌爲危全諷弟,見上注。又新唐書鍾傳傳曰:"撫民危全諷間傳之去,竊州以叛,使弟仔昌據信州。"也以仔昌爲全諷弟。此稱"全諷之子",蓋誤。

〔六九〕適千里者:洪本"適"譌"適"。　躐道山者,見插架而懑:躐道山,喻治學。躐,登。插架,書架,借指書架上的書。懑,昏憒。

〔七〇〕書文之病人也:病,害。

〔七一〕虞氏之先有幕:左傳昭公八年:"自幕至于瞽瞍無違命。"杜預注:"幕,舜之先。"

〔七二〕思而不暇顧,是皆學者沈緜之意病也:顧,檢視。沈緜,深沉纏綿。意病,多疑之病。意,疑。

〔七三〕春秋運斗樞:洪本"秋"作"穐",同。　金天:金天氏,古帝少昊之稱號。

〔七四〕干令昇:即干寶(字令昇)。吴本、四庫本"干"譌"于"。此所引王氏語見文選卷四九晉武帝革命論。 爲而不有,應而不求,執大象也:爲而不有,謂有所作爲而不居功。應而不求,謂順應自然而無所求。大象,大道,大法。 漢魏外禪,順大名也:外禪,謂天子禪位于外姓。大名,美好高尚的名聲。

〔七五〕文信侯:即戰國末秦丞相吕不韋。不韋封文信侯。此所引文信侯言見吕氏春秋序意。 大員在上,大矩在下:大員,指天。員,"圓"之古字。吕氏春秋作"圜",同。大矩,指地。

〔七六〕見鬻子數始,原文作:"昔者帝顓頊年十五而佐黄帝,二十而治天下。"

〔七七〕然史記亦言黄帝崩而昌意之子高陽立:史記五帝本紀:"黄帝崩,葬橋山。其孫昌意之子高陽立,是爲帝顓頊也。"

〔七八〕孔氏尚書序云:"伏犧、神農、黄帝之書,謂之'三墳',言大道也。少昊、顓頊、高辛、唐、虞之書,謂之'五典',言常道也。"孔穎達疏:"鄭玄注中候,依運斗樞以伏犧、女媧、神農爲三皇,又云五帝坐,帝鴻、金天、高陽、高辛、唐虞氏。知不爾者,孔君既不依緯,不可以緯難之。"

〔七九〕勑省圖云德合五帝坐者稱之:勑省圖,尚書中候篇名。彦按:羅氏于此所謂"勑省圖云",實爲鄭玄注文所云。五帝坐,星座名,屬太微垣。坐,"座"之古字。史記天官書:"衡,太微,三光之廷。……其内五星,五帝坐。"禮記曲禮上"太上貴德"孔穎達疏:"'太上貴德'者,太上謂三皇五帝之世也。……其五帝者,鄭注中候勑省圖云,'德合五帝坐星者稱帝,則黄帝、金天氏、高陽氏、高辛氏、陶唐氏、有虞氏',是也。實六人而稱五者,以其俱合五帝坐星也。"

帝魁

帝魁氏,大鴻氏之曾孫也〔一〕。母曰任己,感神而生魁。己、姒二姓〔二〕,世多一之。孝經鉤命訣云:"任己感神,生帝魁〔三〕。"故康成云:"任己,帝魁之母。"而春秋鉤命訣作任姒,傳者繆也。夫任乃太昊之後,黄帝封之爲己姓;而姒氏,夏始有,非任之受姓〔四〕。又宋衷春秋傳云:魁,黄帝子孫。而康成、李善俱以爲神農之

名,尤疎〔五〕。蓋以炎帝後亦有魁爾。既云炎帝,俄復指爲神農,故御覽又引任己"生帝
鬼魁"〔六〕。古書之誤,大率如此。昔孔子求古史記,得黄帝玄孫帝魁之
書,是矣〔七〕。說者以爲神農,非也。

　　傳曰:"三王百世計神元書,五帝之受録圖,世有史記、從
政之録,帝魁以來訖於秦繆,除禮樂之書三千三百有四十
篇〔八〕。"夫子刪之,斷自舜始,所存者百篇而已。典有五而軼其
三,墳有三而不存其一〔九〕。則知記注之興,文字之務,時代有
之,其闕逸可勝慨邪〔一〇〕!一云:二千二百三十篇,斷遠取近,定可爲世法
者百二十篇,以百二篇爲尚書,十八篇爲中候〔一一〕。故漢張霸偽造尚書百兩篇,爲
緯者附之,鄭云:"異者其在大司徒、大僕正乎?事不經矣。"〔一二〕鄭依書緯,與白虎
義正同〔一三〕。

　　余爲此書,蓋未嘗勉爲之說而推合之,其足以垂示後
世〔一四〕,亦不苟求爲異也。昔者,夫子贊易,自羲炎而下;序書,
自堯舜而下;刪詩,自湯武而下;修春秋,自桓文而下:豈無意
邪〔一五〕?然自羲炎而上則有所不書,何邪?豈非羲炎堯舜者,
人道之極摯〔一六〕,而出乎其前者,即羲炎黄帝而可以知之歟?
抑其教多本於神明,懼後世不稱而有求歟?亦豈於世有所疑
歟?予爲此書以學,猶欲知也。予豈妄逆譁讕以誣於人也
哉〔一七〕?君子於其所不知,蓋闕如也〔一八〕。

　　予聞昆侖、矩縲、宛委、防山有黄帝之書,空同、祝融有唐帝
之碑,泰山、箕山、青城、海隅有古帝王文字,霍、瀟、嵩、岱、衡、
華、恒山、會稽、空同、雄耳、碣石等處皆有禹所記焉,天其使得
歷而訪之,以詔於當來乎〔一九〕!

【校注】

〔一〕大鴻氏:即帝鴻氏。

〔二〕己、姒二姓:吴本"姒"譌"似"。

〔三〕任己感神:彦按:"神"疑當作"龍"。太平御覽卷七八引孝經鉤命決,

作“任己感龍”。文選張平子(衡)東京賦“仰不睹炎帝、帝魁之美”李善注引孝經鉤命訣,作“佳巳感龍”。

〔四〕夫任乃太昊之後:吴本“乃”作“而”,非。　而姒氏,夏始有:吴本“姒”譌“襄”。

〔五〕而康成、李善俱以爲神農之名:彦按:以帝魁爲神農名者,三國吴薛綜也。文選張平子(衡)東京賦“仰不睹炎帝、帝魁之美”薛綜注:“帝魁,神農名。”又李善注引鄭玄曰,則稱:“魁,神名。”疑羅氏所見本,“神”作“神農”。

〔六〕太平御覽卷一三五引孝經鉤命決曰:“任姒感龍,生帝嵬魁。”下注:“嵬魁,神農名。”

〔七〕尚書序“討論墳典,……典、謨、訓、誥、誓、命之文凡百篇”孔穎達疏:“鄭(玄)作書論,依尚書緯云:‘孔子求書,得黄帝玄孫帝魁之書,迄於秦穆公,凡三千二百四十篇。’”

〔八〕見白虎通五經。　三王百世計神元書:三王,白虎通作“三皇”。計,通“記”。元書,即玄書,謂玄妙之書。白虎通作“玄書”。　五帝之受録圖:白虎通“之”下有“世”字。録圖,即圖録,指圖讖符命之書。録,通“籙”。　世有史記、從政之録:白虎通作“史記、從政録”。　帝魁以來訖於秦繆:秦繆,即秦穆公嬴任好,爲春秋五霸之一。白虎通作“帝魁已來”,無“訖於秦繆”四字。　除禮樂之書三千三百有四十篇:白虎通“三千三百有四十篇”作“三千二百四十篇也”。彦按:“三百”當爲“二百”之誤,尚書序孔穎達疏引鄭玄書論,亦作“三千二百四十篇”。

〔九〕典有五而軼其三,墳有三而不存其一:五典、三墳,見上帝鴻氏注〔七八〕。彦按:今傳世者但有唐、虞二典,即尚書之堯典、舜典,餘皆佚。

〔一〇〕則知記注之興,文字之務,時代有之:記注,指記録帝王言行之起居注。務,工作,事業。時代,世代。

〔一一〕見尚書序孔穎達疏引鄭玄書論。　二千二百三十篇:孔疏引鄭書論作“凡三千二百四十篇”。

〔一二〕故漢張霸僞造尚書百兩篇,爲緯者附之:尚書序孔穎達疏:“或云百二篇者,誤有所由。以前漢之時,有東萊張霸僞造尚書百兩篇,而爲緯者附之。”漢書儒林傳:“世所傳百兩篇者,出東萊張霸,分析合二十九篇以爲數十,又采左氏傳、書敍爲作首尾,凡百二篇。篇或數簡,文意淺陋。成帝時求其古文者,霸以能爲‘百兩’徵,以中書校之,非是。”　鄭云:異者其在大司徒、大僕正乎:洪本“云”譌“六”。其,各本皆作“二十”。彦按:書序孔疏引鄭云作“其”,此作“二十”誤。蓋“其”先漶漫而成“廿”,又變寫而成“二十”耳,今訂正。大司徒、大僕正,原並爲周代官名,此疑爲百兩篇尚書篇目。乎,各本皆譌“平”,今據孔疏改。　事不經矣:書序孔疏作“此事爲不經也”。不經,謂不見經典,没有根據。

〔一三〕鄭依書緯,與白虎義正同:書緯,漢人杜撰的用神學附會解釋尚書的系列緯書的統稱。白虎義,即白虎通義,喬本、備要本“白”譌“百”,今從餘諸本訂正。

〔一四〕其足以垂示後世:其,通“期”,希望,企求。

〔一五〕贊易:贊,通“纘”,編纂。　序書:序,編次。　删詩:删,節取,裁定。　修春秋,自桓文而下:修,編撰。桓文,指春秋齊桓公、晉文公。宋邵雍皇極經世書卷一一觀物篇五十六:“孔子贊易自羲軒而下,序書自堯舜而下,删詩自文武而下,修春秋自桓文而下。自羲軒而下,祖三皇也;自堯舜而下,宗五帝也;自文武而下,子三王也;自桓文而下,孫五伯也。”

〔一六〕人道之極摯:人道,爲人之道,指一定社會中人們遵循的道德規範。極摯,猶極致。洪本“摯”譌“摰”。

〔一七〕予豈妄逆謣讕以誣於人也哉:妄逆,隨便違背常理。謣讕(yú lán),胡説八道。誣,欺騙。

〔一八〕君子於其所不知,蓋闕如也:論語子路載孔子語。

〔一九〕予聞昆侖、矩繆、宛委、防山有黄帝之書:矩繆,即衡山。柳宗元零陵春望詩:“日晴瀟湘渚,雲斷岣嶁岑。”宋童宗説等注:“岣嶁,衡山別名,音矩繆。”(柳河東集注卷四三)宛委,山名。又稱玉笥山、天柱山。在今浙江紹興市東南。防山,即會稽山,在今浙江紹興市南。水經注卷四〇漸江水:“又有會稽之山,古防山也。”　空同、祝融有唐帝之碑:空同,山名,即崆峒。洪本、吳本、四庫本“同”作“桐”。下“空同”之“同”同。祝融,即祝融峯,衡山之最高峯。唐帝,即帝堯。初封于陶,後徙于唐,故稱。　青城:山名。吳本“城”譌“成”。　霍、灊、嵩、岱、衡、華、恒山、會稽、空同、雄耳、碣石等處皆有禹所記焉:霍,山名。即今安徽霍山縣西南之天柱山。灊(qián),山名。在今安徽潛山縣西北。恒山,喬本、吳本、備要本作"桓山"。彥按:"桓"當作"恒",此"嵩、岱、衡、華"與恒山合稱五嶽,作桓山則不類。又史記封禪書載舜巡狩五嶽,曰:"十一月,巡狩至北嶽。北嶽,恒山也。……五載一巡狩。禹遵之。"是禹曾至恒山矣。今從四庫本改。會稽,指會稽山。吳本"會"譌"入"。雄耳,見前紀二地皇氏注〔二〕。碣石,山名。在今河北昌黎縣西北。　以詔於當來乎:詔,告知。當來,將來,指後來者。

路史卷十六

後紀七

疏仡紀第三

小昊青陽氏

小昊青陽氏，少昊，幣文作"小"，周書亦作小顥。紀姓，世紀"青陽，姬姓"，古史攷云"窮桑氏，嬴姓"，非。春秋諸紀系出，可見。名質，周書云："乃命小昊清司馬鳥師，以正五帝之官，因名曰質[一]。"質、贄同。故史傳多云名摯[二]，而以爲高辛之子，誤矣。是爲挈[三]。世紀云："少皓名摯[四]。"亦見世本[五]。宜與"摯"通。即攷挈本作猰，乃契刻字，故季代曆云："少昊名猰，或云名契[六]。"漢氿志"猰"苦計切[七]。而契，刀文正作"猰"，汙簡直以"猰"爲"契"[八]。然"質"在周書，若果爲"贄"，往來音乎[九]？其父曰清，黃帝之第五子，方儡氏之生也[一〇]，累、儡、嫘間，本皆從畾以音靁，隸省從田。大戴禮：嫘祖生昌意，方雷生青陽[一一]。而史記，玄囂亦雷祖所生[一二]。然史以玄囂爲青陽，則非也[一三]。青陽，少昊之父也。故帝德攷云："青陽之子曰摯。"[一四]而曹植贊少昊云："青陽之裔。"[一五]則少昊爲青陽之子，信矣。蓋少昊亦號青陽。帝王年代紀以少昊爲帝青陽[一六]，故世誤以爲一人。辨見發揮[一七]。胙土于清，是爲青陽，清在鄆，故樂平[一八]。漢高帝封宮中同爲清侯，國[一九]。大戴禮：黃帝之子少昊曰清。又云：青地也，一曰青陽[二〇]。屬鄭，杜云滎陽中牟西清陽亭，是[二一]。按清有四，詳國名記。然雲陽本曰青陽，昔荆獻青陽以西于秦者，今長沙[二二]。蓋帝之始封，亦縣"清"音。二地一名，少昊父子同以爲號。或少昊襲先封之名以來雲陽，猶商亳、楚鄖重名者[二三]。今其後裔，猶曰青陽，可見。知少昊非黄帝子者,母異也〔二四〕。元爲紀姓。蓋初得紀,而爲姓〔二五〕。配于類氏曰娥,居河之湄〔二六〕。逆星流槎,奏便娟之樂,樂而忘歸,震而生質,白帝子也〔二七〕。見拾遺、寶櫝等記。曰:星娥,一作皇娥,處於璇宫,夜織,撫皋桐梓琴,與神童更倡〔二八〕。白帝子,太白也。因有“桑中”之目〔二九〕。多過實,故不摭〔三〇〕。既生,其渚爲陵〔三一〕。地有興廢,各因其時。休子云:少昊生於稚華之野,其渚一旦爲陵,鬱鬱葱葱焉〔三二〕。此亦關軸轉動而發者〔三三〕。有説,見餘論。

秀外龍庭,月縣通頤〔三四〕。襲青陽以處雲陽,故諼號以青陽,亦曰雲陽氏〔三五〕。攷古帝王皆兼所興之地以爲號。張晏云:“少昊之時,天下之號象其德;顓頊以來,天下之號因其名;高陽、高辛,始以所封之地〔三六〕。”則非也。以金寶歷,色尚白〔三七〕,邢昺論語疏云:女媧尚白,神農赤,黄帝黑,少昊白,高陽赤,高辛黑,陶唐白,有虞赤〔三八〕。此以三正言之,非五運之所尚。故又曰金天氏。金,西方之行,世以號之,如“西岳”之號也〔三九〕。洪慶善云:以金德王,白精之君〔四〇〕。惟能任道,不事心,不動力,遠憲大昊而乘西行,是稱少昊〔四一〕。南方火,北方水,水精火神,故夏曰神農,冬爲顓頊〔四二〕。東西二方,春秋二氣之中,其氣昊淑〔四三〕。故歐陽書四天:春蒼,夏昊;吕覽九野:東蒼,西顥〔四四〕。顥、皓、昊、暤同。昊者,高廣以和之謂也,有太少尔〔四五〕。尔雅春蒼、夏昊,特取其大。洽聞記言夏炎、冬昊,則差矣〔四六〕。禮志云,西方少昊〔四七〕。譙周云:“金天氏能修太昊之法,故曰少昊〔四八〕。”少者,小之文,古字只用小。

其即位也,五鳳適至,而乙遺書〔四九〕,田俟子云:少昊之時,赤燕一羽,而飛集户,遺其丹書〔五〇〕。五鳳,見春秋内傳〔五一〕。故爲鳥紀、鳥師而鳥名〔五二〕。後魏登國中嘗以鳥名官,故魏書美其“好尚淳樸,遠師少昊”者〔五三〕。夫魏興邊朔,少識典墳,鳥官創置,豈關郯子之言哉〔五四〕?乙鳥氏司分;伯趙氏司至;蒼鳥氏司啓;丹鳥氏司閉;而鳳鳥氏董之,以爲歷正〔五五〕。燕以春分來,秋分去,故司分。鵙以夏至鳴,冬至止,故司至。鶪以立春來,立夏去,故司啓〔五六〕。鷙以立秋來,立冬去,故司閉。鳳知天時,故歷正。五鳩,五雉,篤九扈之利〔五七〕。祝鳩氏司教,且鳩氏司制,尸鳩氏司空,爽鳩氏司寇,滑鳩氏司事〔五八〕。五鳩,糾民者也。司教則司徒,司制則司馬也。祝鳩,鵓鴣;孝,故司教〔五九〕。且鳩,王鴡;別,故司制〔六〇〕。尸鳩,鵠鵴;均,故司空〔六一〕。爽鳩爲鷹;摯,故司寇[六二]。滑鳩,鶻鵃;多聲,故司事[六三]。司事,納言之職[六四]。穎達以爲營繕之事,非也,營繕有司空矣[六五]。釋詁[六六]:"鳩,聚也。"民惡散,故以鳩名。五雉,用五工正,利器用,正度量,夷民者也[六七]。鷤雉,攻木之工;甾雉,搏埴之工;翟雉,攻金之工;希雉,皮工;鷷雉,設色之工[六八]。雉性介直[六九],故民可取平。九扈,爲九農正,教民事,戶民亡淫者也[七〇]。戶,止也;扈取其義[七一]。晉貨志云:"昔在金天,勤於民事,命春鳸以稼耕,召夏鳸以耘耡,秋鳸於焉收斂,冬鳸於焉蓋藏。"[七二]蔡氏云:春扈氏鳻鶞,趣民耕種;夏扈氏竊玄,趣民芸除;秋扈氏竊藍,趣民收斂;冬扈氏竊黃,趣民蓋藏;棘扈氏竊丹,爲果駈鳥;行扈氏唶唶,爲晝駈鳥;宵扈氏嘖嘖,爲夜駈獸;桑扈氏竊脂,趣民養蠶;老扈氏鷃鷃,趣民收麥,令不得晏起者:各隨時宜而督勸之[七三]。賈逵、樊光說同[七四]。獨斷云:少昊置九農之官[七五]。是也。鳻鶞,猶分循[七六]。**民事既正,乃法度量,調氣律,行二十有八宿**[七七],天祐紫微經云:少昊明二十八宿;顓頊立九寺九卿,以應上象也[七八]。**十二月以爲元,而民事定**[七九]。宋志云,黄帝、高辛、夏后以十三月爲正,少昊、唐、商以十二月,高陽、虞、周以十一月[八〇]。所謂三正之說。然以昏中攷之,則亦四時爲正爾[八一]。正在人,時在天,王者有改正之文,無改時之實,人事定也[八二]。有三正說,見發揮。

既處甘泉,甘泉,古之雲陽,在西;與西近,宜爲少昊之都[八三]。詳時紀雲陽氏[八四]。**于是興郊禪,崇五祀**,祭有其舉之,莫敢廢也[八五]。羲炎之郊禪,黄帝之五祀,後世惟以循守[八六]。董氏錢譜引世本云:少昊,黄帝之子。名契,字青陽。黄帝歿,契立,王以金德,號曰金天氏。同度量,調律呂,封泰山,作九泉之樂,以鳥紀官[八七]。**正都邑,肇車牛**[八八],古史攷云:黄帝作車;少昊略加以牛;禹時奚仲駕馬,更廣其制。然馬駕,黄帝有矣。肇車牛,謂服賈之車[八九]。**作布貨以制國用**[九〇]。李錢譜異布一種,長寸七分,肩廣一寸,足間六分,有好,面有巳、舌、𠂤三字[九一]。巳,化字;𠂤,少字;舌,金字[九二]。又董譜一種,面文川夊,"帝昊"字也;幕文作仝[九三]。董以"巳"爲"帝"字,非。**於是通窮拒瘝,老老慈幼,恤孤合獨,然後矜寡竄極、瘖聾跛躄、扁蹇握遞者,偕有所養;立史官**[九四],內則,五帝有史官。**尊耆老,修其方**[九五],**而天下治**。炎黄以來,皆有養老,記曰:"凡養老,五帝憲[九六]。"憲者,法其德義,養其氣體,而不乞言[九七]。

不釐景命，放準循繩〔九八〕。是故天用大戒，久而不亂；人亡疵厲，鬼亡靈響；百工法而亡僞，而奇術怪行亡敢煩言孟行以過其情、遇其上者〔九九〕。守故常，抱雌節；生而不有，爲而不恃〔一〇〇〕。是以垂象著瑞，后土錫符；長庚輝，日五色；山金鳴，澤銅益；諸福之物必至〔一〇一〕。體白帝也，故長庚曜明〔一〇二〕。尸子云：“日五色，至陽之精，象君德也。”“少昊金天氏邑於窮桑，日五色，互照窮桑〔一〇三〕。”按易傳：聖王在上，則日光明，五色具〔一〇四〕。禮斗威儀以爲，政太平則日五色〔一〇五〕。

爰書鸞鳳〔一〇六〕，見書斷、字源等。作鸞書。立建鼓，制浮磬，以通山川之風〔一〇七〕；通禮義纂云：建鼓，大鼓也。少昊作之，爲衆樂之節。大晟樂書云〔一〇八〕：少昊造，以節衆樂。夏后加之四足，曰足鼓〔一〇九〕。出隨音樂志〔一一〇〕。作大淵之樂，以諧人神，穌上下，是曰九淵，世紀：少昊樂曰九淵。文選、隨晉書、唐文集皆作九泉，避唐諱〔一一一〕。龍山、鳳水、日五色、雲從龍之章也。“日五色”，亦見田俅子〔一一二〕。故唐李程擢宏辭，以日五色賦，後浩虛舟亦以此〔一一三〕。龍山、鳳水，以龍鳳瑞，故作之。寶檀記謂有山屈如龍，妄矣。德廣遠而樂時節，是以遠服而邇不遷，鞮鞻旄人獻其羽裘、賨緤、苞柔，亡遠弗屆〔一一四〕。田俅子云：少昊都於曲阜，鞮鞻毛人獻其羽裘。渠挼之人服禹之德，獻其珍裘，毛出五采〔一一五〕。孫氏瑞圖云〔一一六〕：王者奉五行，教民種植以時，則渠挼來獻裘；德茂盛，不恥惡衣，則四夷獻其白裘。

在位八十有四載，落，世本〔一一七〕。年百有一，世紀：在位百年。葬於雲陽。見世紀、遁甲開山圖。蓋歸葬於始封之國。今在茶陵之露水鄉，攸縣界，生鐵成墳〔一一八〕。予游炎陵，訪之。圖諜俱云是黃帝陵〔一一九〕，鄉俗謂爲軒轅皇帝墳，不知也。其神降于長流之山，主祀於穭，是司反景，故傳又俙西皇〔一二〇〕。騷經云：“詔西皇使涉予〔一二一〕。”西山經云：積石之西二百里長流之山，其神白帝少昊居之，實惟員神魂氏之宮〔一二二〕。是神也，主司反景〔一二三〕。亦見世紀。今臨朐有熏冶泉，源麓之側有祠，曰冶泉祠〔一二四〕。廣雅以爲金神之祠，謂之清明〔一二五〕。斯少昊所降也。酈善長以爲古理官所葬，故昔人謂治獄參軍爲長流〔一二六〕。誤矣。家訓作“長留”，亦非〔一二七〕。都亏小顥。顥地也。故周書云：“命蚩尤宇于小顥〔一二八〕。”宜在西方梁雝之域，以故昊、皓、螵姓多出西方，然靡究其所。遠游章句云：

西皇所居,在西海津[一二九]。拾遺記:"窮桑者,西海之濱。"蓋近西也,故咸陽爲雲陽。漢甘泉宫,武帝立太畤。平王之元年,秦爲諸侯;至襄公,自以居西垂,主少昊之神,乃作西畤,祠白帝[一三〇]。後文公東獵汧渭,卜居之吉,乃夢黄虵自天而下,口屬于鄜衍,於是復作鄜畤,以三牢祭白帝[一三一]。**以宇窮桑,故亦曰窮桑氏**。見世紀。賈逵云:"處窮桑以登帝,天下號曰窮桑帝。"[一三二]寶櫝記:一曰窮桑氏,一曰金寶氏,一曰桑丘氏。是爲白帝。然非河圖所謂白帝朱宣也[一三三]。**或云曲阜,鹵是以云小昊之虚**[一三四]。曲阜無玟。世紀以爲都徐州,蒙、羽之野,奎、婁之次[一三五]。晉志云:"少昊始自窮桑,而遷都曲阜[一三六]。"因傳與世紀也。曲阜,魯城中小地名也。有空桑説,别見前紀。

元妃生倍伐,降處緡淵[一三七]。既封蒐,爲蒐氏[一三八]。夏后世衰,有緡爲桀所克[一三九]。有倍氏、緡氏。倍伐,或作"代"。見山海經。

次妃生般,音磐。**爲弓正,是制弓矢,主祀弧星[一四〇]。封于尹城,世掌宫職[一四一]。尹耆事唐,爲尹氏[一四二]。**周宰尹亦爲尹氏,非[一四三]。**有子曰昧,爲玄冥師,是生允格、臺駘,俱臣高陽[一四四]。**水經六注引左氏,以臺駘爲實沈後,非[一四五]。**駘宣汾、洮,障大澤,封于汾川;沈、姒、蓐、黄,實守其祀[一四六]。有臺氏、沈、姒、蓐、辱之氏。**沈、姒、蓐、黄,四國,故鄧名世云:"姒乃國名[一四七]。"**允格封都[一四八],**寰宇記、世本。允姓國。**有子都姓,虞帝投之幽州,是爲陰戎之祖。**姓纂云:允格後,金天氏之裔。詹桓伯云:先王居檮杌于四裔,故允姓之戎居于瓜州[一四九]。杜預以爲陰戎與三苗俱竄三危,後世因謂出于三苗[一五〇]。通典等以駒支爲瓜州允姓戎,非也[一五一]。按宣子語駒支云:"昔秦人迫逐乃祖吾離于瓜州",此自羌姓爲秦所逐者,左之繆[一五二]。**己氏、格氏、戎氏、允戎氏、戎州氏,皆允類也。**都,楚滅之。十道志云:戎本國號;己氏,其姓,今楚丘己氏城也[一五三]。輿地廣記云:謂昆吾後别在戎者,周衰,入居此[一五四]。僖廿二年,陸渾戎遷伊川,允姓戎遷渭汭[一五五]。傳以秦晉九州陸渾戎爲允戎之散,亦非也[一五六]。按國都記[一五七],魯衛間戎爲昆吾之後云。

重、熙、修、該[一五八],帝之四叔也,佐高陽氏。高辛氏衰,五官失守,堯乃復育重氏之後羲仲、羲叔[一五九],俾世守之。有羲氏、重氏。羲、和異出,世不能别。吕刑傳云[一六〇]:重即羲也,黎即和也。蓋羲和亦曰重黎,帝堯所命〔一六一〕。楚語云:"堯復育重、黎之後〔一六二〕。"孔安國、班固皆云羲和其後〔一六三〕。法言云:"羲近重,和近黎。"〔一六四〕羲,重後;和,黎後也。

帝之入立也,其屬有更于青陽者。厥後彊力,侵尋四伐,重氏苦之而遺之姝;或而不治,大臣爭棟,遠近相襲,而青陽遂分〔一六五〕。有青氏、青陽氏。漢有東海守青陽愔、東海王尉青陽精,蜀唐道襲母青陽氏〔一六六〕。風俗通云:黃帝子孫始姓之。六韜作"績陽",非。重氏,一作重丘氏,即重之國。

初,帝裔子取高陽氏之女曰修,生大業〔一六七〕。大業取少典氏女曰華,生繇。繇本再生者,今作陶,同〔一六八〕。本音由〔一六九〕。易林遜之既濟云:"兹基逢時,稷、契、皋陶。貞良得願,微子解囚〔一七〇〕。"而禮記"喜則斯猶",先儒亦爲"搖"讀,謂秦人"猶"、"搖"聲相近〔一七一〕。小顏漢書讀"繇"皆爲"由",惟"皋繇正五刑"爲弋昭切,未之攷爾〔一七二〕。繇生馬喙,忠信疏通,劼而敏事,漁于雷澤〔一七三〕。虞帝求旅,以爲士師〔一七四〕。繇一振褐,而不仁者遠〔一七五〕。繇生於曲皋。季代曆云〔一七六〕:少昊四世孫。世以秦紀言女修,遂謂高陽之後〔一七七〕。鄧名世猶以李、嬴出高陽,不知攷也〔一七八〕。馬口,見論衡,故今繪獄主爲馬頭〔一七九〕。淮南子作"鳥喙",元命苞云"鳥喙子",宜誤〔一八〇〕。乃立獄獄,造科律;聽獄執中,爲虞之氏而天下亡冤〔一八一〕。封之于皋,是曰皋陶〔一八二〕。風俗通云:"咎陶謨:'虞始造律。'蕭何成九章,關諸百王不易之道〔一八三〕。"故傅子曰:"律者,皋陶之遺訓,漢命蕭何廣之〔一八四〕。"後漢張敏議云:"皋陶造法律,原其本意,皆欲禁民爲非者也〔一八五〕。"急就篇云:"皋陶造獄。"〔一八六〕呂覽云:"皋陶作刑〔一八七〕。"而世本云陶制五刑,非也。六藝論言符瑞,與中候最詳〔一八八〕。如皋陶於洛見黑公等事,亦見詩疏;如解豸事〔一八九〕。有说,別見餘論〔一九〇〕。虞禪禹;禹巽之皋,辭焉。卒崩于皋,所謂公琴者。在今六安縣北十五,安豐芍陂中大冢也〔一九一〕。廣記:"即皋陶冢。楚人謂之公琴。"〔一九二〕寰宇記:六安北十三有二古城,一曰六合,一曰白沙;上有皋陶廟,冢在東五里〔一九三〕。酈元云:"楚人謂冢爲琴。"〔一九四〕皋克天德,自作元命,配享在下〔一九五〕。摯虞雜祀議云:"故事,祠皋陶於廷尉寺。"〔一九六〕故范滂至獄,獄吏請祭皋陶〔一九七〕。晉志:故事,祠皋陶廷尉,新禮祠律署,以同祭先聖大學〔一九八〕。故事,以社日,新禮改以孟秋,以應秋政〔一九九〕。摯以皋陶作士,國重其功,人思其當,是以獄官禮其神,郡縣遠方神祠各奉祠之〔二〇〇〕。

雜五行書〔二〇一〕:皋陶壬辰日死,不可刻罪人成罪。天寶二載,尊爲德明皇帝〔二〇二〕。有子三人:長伯翳,次仲甄,次封偃。爲偃姓。伯翳,大費也,少昊之後。史傳以爲伯益,而謂爲高陽後,妄甚〔二〇三〕。辨見發揮。偃、匽之後,有州、絞、貳、軫、謡、皖、參、鄶、阮、柴、鬲、酈、鄖、止、舒庸、舒鳩、舒龍、舒蓼、舒鮑、舒龔〔二〇四〕。州則鹵威之;絞,佼,則朱威之;舒、皖、貳、軫、鳩、庸、龍、蓼,則食於楚矣〔二〇五〕。後各以國命氏。史記:匽姓,皋陶後,莊帝母匽氏國〔二〇六〕。潛夫論,偃姓有舒庸、舒鳩、舒龍、舒共、止、酈、謡、參、鄶、六、阮、柴、高〔二〇七〕。高即皋也。偃或作"優",誤。釋例,舒蓼、舒鳩,亦偃姓也〔二〇八〕。按:蓼、舒及舒蓼,三國也。舒,黄帝後,任姓;蓼,庭堅後〔二〇九〕,姬姓;而舒蓼,偃姓也。杜皆以爲皋陶後,又以蓼爲即舒蓼,失之〔二一〇〕。詳高陽紀。

　　仲甄事夏,封六,其後分英,俱爲楚并。有甄氏、六氏、皋、咎、繇、罃、英、黥之氏。英、六、貳、軫,古皆皋地。並詳國名紀〔二一一〕。文五年,楚威之〔二一二〕。通典、寰宇,六,皋陶封;世本,六爲姬姓:非也。或以英、六、蓼,尤妄〔二一三〕。商有咎單,乃音爲"舊",恐非〔二一四〕。

　　伯翳大費,能馴鳥獸,知其話言〔二一五〕,以服事虞。夏始食于嬴,爲嬴氏〔二一六〕。盈暨功于洪,帝乃錫之皁斿、玄玉、姚女,而封之費〔二一七〕。費乃國名,古人多以大加國,如大唐、大彭、大封皆是,非字也〔二一八〕。嬴,盈也,庶物盈羨,而以爲封,即太山嬴縣也〔二一九〕。益、翳二人,書傳多以爲即伯益,故以嬴姓皋陶爲出高陽,而大廉、若木爲伯益子者〔二二〇〕。都城記:伯益二子,大曰大廉,封鳥俗氏;小曰若木,別爲費氏,居南裔,爲諸侯〔二二一〕。九真守谷朗碑:出自顓頊。益爲舜虞,賜姓嬴氏。至皐子封秦谷,爲氏〔二二二〕。皆繆。以益、翳聲近而職同尒。生大廉、若木、恩成。三人。

　　大廉事夏后啓,爲鳥俗氏、路俗氏。俗,史作"浴"〔二二三〕,一作"洛",非。後有孟虧、仲衍〔二二四〕。孟虧能帥翳者,作土于蕭,是爲蕭孟虧〔二二五〕。夏后氏衰,孟虧去之,而鳳皇隨焉。見括地圖。史作孟戲,云"大廉元孫"〔二二六〕。張華作"孟舒",誤〔二二七〕。仲衍臣商太戊,其裔戎胥軒内酈山氏,生仲潏。史以仲衍爲孟戲兄弟,以戎胥軒爲仲衍元孫〔二二八〕。夫孟戲當夏之中世,豈有母弟乃後出四五百年,而臣太戊哉〔二二九〕?且太戊至紂四百餘年,而革纔六世,遽事紂乎〔二三○〕?申侯曰:"仲衍以故親西周。"〔二三一〕西周,文王先世,蓋當太戊時。仲潏生處父。處父健步〔二三二〕,是爲蜚廉,生革暨季勝。革,惡來也,武王殺之〔二三三〕。見世家。紀云:"早死。"〔二三四〕

勝三世,造父封趙〔二三五〕。復七世,叔帶乃隸晉〔二三六〕。九世,而武立〔二三七〕。又六世,籍始命。復再世,而析晉;三世,主父益大〔二三八〕。又五世,邯鄲没秦,諸大夫立嘉于代〔二三九〕。六年,重刻于秦〔二四○〕。子公輔主西戎,西戎懷之,號趙王,世居天水〔二四一〕。史記屠岸賈滅趙,與程嬰、公孫杵臼保趙孤事最失實〔二四二〕。程嬰、杵臼墓在絳之太平南二十一里趙盾墓塋中,見元和郡縣志〔二四三〕。然邯鄲西十五亦有嬰、杵臼墓。事爲難信。隨圖經云:今洺州,趙氏數百家,每祭,則設客位以祀嬰、杵臼主,號曰祀祖〔二四四〕。此亦魏晉而後形影而爲之者〔二四五〕。辨見發揮。有張氏、狼氏、屏氏、訾辱氏、樓季氏、主氏、主父氏、康氏、馬服氏、馬氏、馬矢氏、馬適氏、莽氏、武成氏、周陽氏、邯氏、邯鄲氏,奢封馬服君〔二四六〕。援,馬服之後〔二四七〕。一云:趙官名,趙括號;馬服,服武事者〔二四八〕。風俗通:"平原君勝封武成,因氏焉〔二四九〕。"馬氏之後彙狀云〔二五○〕:出於嬴趙。漢封周陽由爲周陽氏〔二五一〕。馬何羅,後漢爲莽〔二五二〕。張遼,趙壹之後〔二五三〕。及叔帶、中衍、戎胥、冬日之氏。四姓見姓纂、姓苑等。英賢傳:齊大夫叔帶子莊〔二五四〕。又西魏趙肅賜氏乙弗,至隋而復〔二五五〕。采于眭者,又爲眭氏〔二五六〕。姓書又有朔氏、盧氏、嬰氏、嬰齊氏之類。以名爲姓,古未至若是野〔二五七〕。今絀。

革五世曰非子,孝王封之秦谷,使復嬴氏〔二五八〕。史記,非子邑於秦。谷朗碑與永寧侯相碑皆作扉子〔二五九〕。五世,襄公勤于平王,錫之岐、豐,以爲侯〔二六○〕。二十有九世,而趙政替周,號始皇帝〔二六一〕。隳天亂地,振古亡與〔二六二〕。二世而漢有之。始皇生於邯鄲,故號趙政。有秦氏、非氏、扉氏、處氏、房氏、旁氏、蜚氏、飛廉氏、廉氏、徵氏、寧氏、子桑氏、子車氏、車氏、仲行氏、鍼氏、侯麗氏、繆氏、謬氏、縶氏、整氏、庶長氏、不更氏、稻氏、谷氏、繞氏、將閭氏。王莽改嚴尤、廉丹皆爲徵,號二徵將軍,是也〔二六三〕。姓書爲丁、止二音,云皆出李徵者,妄〔二六四〕。將閭,秦公子將閭後〔二六五〕。姓纂引將閭莧,非,乃莊之蔣閭茝〔二六六〕。姓書秦後又有㙽、奚、穆、畜等氏,亦非,乃炎帝後。王功秦仲,既國襄,而復録其少子康,使有夏陽,爲梁伯〔二六七〕。秦溢之〔二六八〕。有梁氏、梁餘氏、梁于氏、將氏、將良氏。此乃少梁〔二六九〕。又西魏賜梁禦爲紇豆陵氏,至隨而復〔二七〇〕。漢莽以梁攘爲修遠伯,奉小昊祀,而又有運期氏〔二七一〕。梁鴻改名曜〔二七二〕。其食于運者爲運氏〔二七三〕。自運采掩,爲奄氏、掩氏、運奄氏;采鍾離者,吳滅之,爲鍾氏、離氏、鍾離氏、終黎氏〔二七四〕。世本作終犂。魯昭二十四年威〔二七五〕。尋、銜、汪、良、菟裘、不羹、灌東、東閭、脩魚、樗里、密如、高陵,附庸氏也〔二七六〕。凡十二氏。或云灌氏亦出灌東,非。秦鍼奔晉,封裵中,曰裵君〔二七七〕。即舊。唐表云:裵,非子支孫〔二七八〕。是也。傳謂平公封顓帝孫鍼爲裵君,故表又以爲顓帝風姓之後,妄矣〔二七九〕。六世陵遷解,爲解君〔二八〇〕。有裵氏、解氏、壘氏、履氏。釐王遷之〔二八一〕。苻堅時,梓潼守壘襲,一作裴〔二八二〕。而後趙録有壘澄,本作裴也〔二八三〕。集韻裵音非。後轉爲匪。又爲履,則爲斐也〔二八四〕。唐疏勒王裴氏號阿摩支〔二八五〕。

　若木事夏,襲翳之封。後有費昌,爲湯御右;費仲事紂〔二八六〕。當音吠,與䖈費别〔二八七〕。其立于淮者,爲嬴氏〔二八八〕。夏世有調,王命以徐伯,主淮夷〔二八九〕。三十二世君偃,一假仁義而賓國三十六〔二九〇〕。周王剡之〔二九一〕,偃即康王,乃穆王時〔二九二〕。都城記云:穆王西巡,聞其威德日遠,遣楚師襲破殺王偃〔二九三〕。後漢書、七諫、淮南子注以爲楚文威之〔二九四〕。楚文乃春秋時,誤。而録其子宗〔二九五〕。十一世,爲吳所滅〔二九六〕。宗北走彭城武原山,萬衆從之,因曰徐山〔二九七〕。昭三十年,吳子執鍾離,遂伐徐,防山水之〔二九八〕。章羽斷髮攜孥逆,吳子復之〔二九九〕。徐子奔楚,楚城夷而處之〔三〇〇〕。有徐氏、蟲氏、取慮氏、李氏。世勳本徐氏,賜〔三〇一〕。潛夫論,偃王後食邑取慮,故氏〔三〇二〕。十三州志音郰閭。

　恩成之伷世爲理,以命族〔三〇三〕。至紂時,理徵爲翼隸中吳伯,弗合以死〔三〇四〕。取契和氏逋難伊虛,爲李氏〔三〇五〕。李、理字通。辨見發揮。利貞生仲師、昌祖〔三〇六〕。家于苦,生彤德,其曾碩宗因采焉〔三〇七〕。康王命之。五世孫乾元杲爲周上御史〔三〇八〕,字元杲。

老子之父。玄妙内篇云："老子母無壻。"〔三〇九〕故范祖禹曰："老子父,書傳無見〔三一〇〕。"非也。胎刖且耼〔三一一〕,取洪氏曰嬰敷。前涼録,索綏云:元杲胎刖無耳,一目不明〔三一二〕。又云:生而孤單,年七十二無妻,與鄰人益壽氏野合而娠,十年而生〔三一三〕。儒道二家多言老母爲益壽氏,妄也。國臣記云:乾娶滕氏〔三一四〕。宜非一娶云。感飛星而震〔三一五〕。十有二年,副左而生儋〔三一六〕,宣王四十二年乙卯二月十五日生〔三一七〕。劉向列仙傳:生于商時〔三一八〕。妄。曰玄禄,集真録〔三一九〕:老子始生,母名之曰玄禄。是爲伯陽。甫生而能語,黄面皓首,故謂老子。耳七寸而參扇,故名耳,而字儋〔三二〇〕。即太史儋。世以爲二人,不知儋與耼同〔三二一〕。幹籍九尺,方童長眉,鼻雙柱,齒六八〔三二二〕;詳金箓、内經、朱韜、玉札等書〔三二三〕。仙傳云:生而能語,九日長九尺〔三二四〕。大抵傳記老子事至多,難稽云。邑于苦之賴〔三二五〕。賴乃萊也,故又曰老萊子。世以老萊子別一人,亦非。列女傳云:萊子逃世,耕蒙山之陽,楚王求之〔三二六〕。按高士傳,孔子至楚見老萊子,——時已二百餘歲,班衣戲母側,——所問答皆禮事〔三二七〕。知非二人。孔學禮時,年十七,當景王之十年〔三二八〕。老時二百五十餘歲,蓋弃仕矣〔三二九〕。以三十六瀍治心理性〔三三〇〕,究忠盡孝。桓莊世,柱下史;簡靈世,守藏吏〔三三一〕。一云:平王時爲太史,著道德經。孔子嘗學禮焉〔三三二〕。學禮之事,亦備禮記〔三三三〕。或謂孔子未嘗師之,蓋因劉向誤以老子爲商大夫老彭也〔三三四〕。孔没十九歲而儋入秦,西歷流沙八十餘土,化暨三千,九萬品戒〔三三五〕,云漢所獲大月氏復立經〔三三六〕。化胡成佛〔三三七〕。于闐西南五百里有比摩寺,記爲老子化胡之所〔三三八〕。彼人言老子於此昇天,與羣胡泣決〔三三九〕。而釋子諱之。夫佛特西土一聖胡爾,中國之人不知其繇〔三四〇〕,乃推而歸之不可知之神,愚陋之徒復肆爲詭誕之説而不可詰。大抵天下之事,惟近於人情者爲是〔三四一〕。西域諸國事佛,其言可得而攷。有化胡、恒星等辨,見發揮。壽四百有四十。見仙傳、太平廣記等。實不究所終。或云二百七十。然儋見秦獻公,在孔子後百餘年,故韋昭以爲非〔三四二〕。禮外傳云:壽者百二十,過此不死爲失歸祅怪。今鄠縣柳谷水面有老子墓,蘇鶚云冠劍〔三四三〕。儋生宗,邑段干,世濟其德〔三四四〕。至世民而興唐,傳世二十則少昊瘩,繇之德在人也〔三四五〕。宗,魏將軍,封段干,生注及司。注生宫〔三四六〕。宫生譜,見魏書〔三四七〕。

然自段干三世而譜見後魏，誤也。昇養於徐，爲徐氏〔三四八〕。既復李，有南唐〔三四九〕。三世而俘，以歸于京〔三五〇〕。世言昇，徐氏子，不知本姓李，養于溫。有理氏、里氏、相里氏、京氏、恩氏、利氏、儋氏、聃氏、耽氏、徵氏、崇氏〔三五一〕、段氏、段干氏、徵音止。崇、徵本皆姓李，遭亂改〔三五二〕。見程康傳〔三五三〕。三輔決録云："段出老子。段干木之子隱如入關，去'干'字。"〔三五四〕然段以字，段干以地，不可合也〔三五五〕。武士䕫娶相里氏〔三五六〕。老氏、老陽氏、柱氏、丙氏，及廣武、老萊、賀蘭、堅吾、大野、徒何之氏〔三五七〕。周大夫有老陽子〔三五八〕。宋老佐，左氏注以爲戴公子，非，佐去公甚遠也〔三五九〕。陵降匈奴，裔孫歸魏，見於丙殿，賜姓丙〔三六〇〕。周龍居縣公明，生粲——應國公，與高祖有舊，避世祖名，復爲李〔三六一〕。黠戛斯，古堅昆氏與，居賀蘭山下，皆自云陵後〔三六二〕。周書，賜李弼徒何氏〔三六三〕。魏書，賜李虎大野氏；諱之，高祖相周，復爲李〔三六四〕。江、黄、耿、弦、兹、蒲、時、白、郯、復、巴、寅、穀、麋、邔、葛、祁、譚，皆嬴國也〔三六五〕。秦本紀嬴姓十四，有白寅氏。姓書以爲復姓〔三六六〕，非，乃白與寅尒。郯則越威之；寅則徐威之；兹、蒲，周威之；沈、耿，晉威之；譚、穀入于齊；巴、復入于夔；而江、黄、邔、弦、時、麋、白威于楚矣〔三六七〕。後各以國令氏。威烈八年，越威郯〔三六八〕。傳云魯滅之，非也〔三六九〕。外紀簡王三年，明年僑如會伐之〔三七〇〕。或云宋滅之，尤非〔三七一〕。

　　沈逞奔楚，曾孫諸梁爲右司馬〔三七二〕，采于葉；爲葉氏、尹氏、諸梁氏、成八年，晉威沈〔三七三〕。沈子逞奔楚，字循之，爲沈氏。生嘉字惟良〔三七四〕，二子：尹丙、尹戌。戌字中達，爲右司馬〔三七五〕。生諸梁字子高及后臧〔三七六〕。子高菜葉，號葉公〔三七七〕。二子：尹射、尹文〔三七八〕。尹射爲令尹，旬日去〔三七九〕，隱華山。生尹朱、尹赤〔三八〇〕。姓書以爲出聃季載，又以葉諸梁出于楚，俱誤〔三八一〕。邔氏〔三八二〕。沈氏世次，唐表極爲差繆〔三八三〕。沈在汾川，與平輿之沈別〔三八四〕。沈約宋書以爲平輿者〔三八五〕，非也；其世序亦繆。表譜更以爲季載後，尤非。

　　周興，封帝之後於祁〔三八六〕，潛夫論，武王封少昊後；蓋古帝後皆封矣〔三八七〕。按：周封杞、宋爲二後，并陳以備三恪〔三八八〕。左氏説者更以黄帝、堯、舜後爲三恪〔三八九〕。而少昊不預。熊氏云："周之三恪，越少昊、高辛而遠存黄帝者，取其制作人。"〔三九〇〕非也。而置莒後興期〔三九一〕。于始都計；十一世兹丕歸莒；

至紀公，復紀姓〔三九二〕。世本紀同〔三九三〕。按：聲己、戴己皆莒女〔三九四〕。歷世三十，楚簡併之〔三九五〕。與曹姓莒别〔三九六〕。故名世猶以輿期爲陸終後，誤〔三九七〕。尸子：莒君好巫鬼，亡國〔三九八〕。有莒氏、萬氏、莒子氏〔三九九〕、萬，古"莒"同。漢有宿猾萬章，蘇林音矩〔四〇〇〕。傳謂黄帝子萬陽，非。急就章有萬段卿〔四〇一〕。兹丕氏、展輿氏、庶其氏、姓纂。郯氏、捷氏、裂氏，若犂比、林閭、渠丘、著丘、安丘、且于、務婁、無婁、菀羊之氏，與林氏、犂氏，氏以邑也〔四〇二〕。此成都林也。楊雄師林閭氏〔四〇三〕。

嬴之後，又有盈氏、鄒氏；姓苑又有劉。黄之後，又有胡氏。廣本黄氏，見語林〔四〇四〕。若巴後之巴公，白後之白侯、武安，蒲後之蒲侯、蒲餘與苻〔四〇五〕，洪是也〔四〇六〕。載記等以爲因家生蒲，妄〔四〇七〕。江後之析〔四〇八〕，析象本姓江，祖封析侯，因氏〔四〇九〕。後漢。譚後之覃、談、佼，三姓。姓源，覃音尋。耿後之簡、諫、柬，其衍也。蜀簡雍，本耿也〔四一〇〕。幽州多此姓。然諫亦音簡，詩云："是用大簡〔四一一〕。"周有簡師父〔四一二〕。晉滅耿〔四一三〕。姓纂以簡出狐鞠居，諫出周之司諫，杜謂皆姬姓國，失之〔四一四〕。又有昊、皓、星、金、桑、雉、芒、勾、瞫、皞、秋、伯，瞫、皞出武落鍾離山黑穴中，見蜀録〔四一五〕。姓書，勾氏出勾芒〔四一六〕。羊氏家傳：羊續娶星重女〔四一七〕。及西方、桑丘、空桑、龍丘、五鳩、有偃之氏。後趙將軍五鳩盧〔四一八〕。

贊〔四一九〕：邈矣西皇，小昊青陽。秀外龍庭，抱雌守常。五鳳既至，乃灋度量。通窮拒瘵，孤獨得養。惟能任道，人亡疵厲。德廣樂時，遠亡不至。降彼長流，是司反景〔四二〇〕。李趙隆興，於斯爲盛。

歷者，大中之符，聖人之所以順天命而經世者也〔四二一〕。其原出於天，其法成於人，有其數而無其文〔四二二〕。聖人之授受〔四二三〕，傳數而已。

昔者堯之爲世，欽若昊天，歷象日月星辰，敬授人時，故其耋而授舜曰："咨！女舜！天之歷數在爾躬，允執其中！"〔四二四〕

舜之受終也,在璿機玉衡以齊七政,故其旉而授禹曰:"咨! 女禹! 天之歷數在爾躬,允執其中!"〔四二五〕三聖之所授,執中而已。執中者,以歷數之本乎中也。是故,歷法作而中道著矣。班固之志歷也,亦以是爲堯之授舜者也〔四二六〕。

蓋聖人之爲治,不過欽天厚人而已。而先儒之言歷數,類皆歸於讖緯之言,非先王之正也〔四二七〕。

天生河圖,八卦之原也。地應龜書,九疇之寄也。八卦者,歷數之始也,而本於太極;太極者,至中也〔四二八〕。九疇者,歷數之成也,而本於皇極;皇極者,大中也。太極元氣,含三爲一,三才之所基也〔四二九〕。稽疑、庶徵,五福、六極,此鬼神之所同,故屬之天〔四三〇〕。五行、五事、八政,此百姓之所用,故屬之地〔四三一〕。而三德、五紀之與皇極,同居九位之中〔四三二〕。然則,聖人中道而立者,亦以保其在躬之歷數而已矣。律應鳳鳥,而歷數詳焉,此少昊氏之傳中也,豈惟欽天厚人哉〔四三三〕! 抑亦以保其在躬之歷數也。

嗟夫! 善言古者,必有驗乎今;善言天者,必有信於人。傳歷數,豈徒爲天哉? 以爲人也。豈徒爲古哉? 抑爲今也。

一晝一夜,一寒一暑,此衰盛之常變也〔四三四〕。乾用九,坤用六,用者,變之謂也〔四三五〕。九六者,陰陽之窮也〔四三六〕。窮者,未有不爲災。陽九百六,此其不知變者也〔四三七〕。亢之與戰,豈歷數之中哉〔四三八〕?

彼少昊之法,凝矣〔四三九〕。其所以與太昊氏兩立乎九閽之內而稱皇者,惟能任道〔四四〇〕,不事心,不動力,知所變而已矣。

少昊既假歷數,復於堯舜〔四四一〕。堯舜惟知變也,故惟九黎亂德,苗民逆命,而不抵於窮,垂衣裳而天下治〔四四二〕。則其所以取之乾坤者,用九六也〔四四三〕。

是故“易窮則變，變則通，通則久”〔四四四〕。變而通之，此歷數之所以長也。六而後窮，數止則起〔四四五〕。六六者〔四四六〕，一變之數也。以故夷昭不馭，幽厲失圖，頹亂惠遷，帶叛襄出，楚子問鼎，晉侯請隧，猶且三十六傳〔四四七〕。一變之數，先王定策之驗〔四四八〕，不可易也。

有用我者，吾爲東周，潛心文王，可變之謂也〔四四九〕。使其得文王之位而合其變，則東周之祚何止八百年哉〔四五〇〕？惜乎！執中之道不傳，至於窮不知變，不能盡當運之數也〔四五一〕。蒼既胸矣，而況秦漢而下不全其天者邪〔四五二〕？受命不知其數，傳國不知其符，係祚不永，豈惟歷數之微哉〔四五三〕？亦人謀之不臧也。

嗚呼！甌脫捃邊幅，沮桓化侯王，戎狄焉能舉華哉〔四五四〕？中國丘虛，生靈荼炭，可勝痛邪〔四五五〕？變而通之，此無窮之歷數也。

【校注】

〔一〕乃命小昊清司馬鳥師，以正五帝之官，因名曰質：見逸周書嘗麥，今本“小昊”作“少昊”、“因”作“故”。史記律曆志下：“少昊帝，考德曰少昊曰清。”彥按：劉師培讀“司”爲“嗣”，孫詒讓疑“馬”字當作“爲”（見黄懷信等逸周書彙校集注），均可從。又，小爾雅廣言、廣雅釋詁一並曰：“質，正也。”故以“正五帝之官”而名質。

〔二〕故史傳多云名摯：摯，喬本、洪本作“繫”，蓋非。餘諸本皆作“摯”，當是。左傳昭公十七年、史記律曆志下、孔子家語辨物即並作“摯”。今據改。

〔三〕是爲挈：彥按：“挈”當“摯”字形譌。本書發揮三辨玄囂青陽少昊作“摯”，不誤。然其誤當由來已久。下羅苹注乃據誤字爲説，以爲“宜與‘摯’通”，謬矣。

〔四〕少皓：即少昊。

〔五〕亦見世本：洪本、吳本“本”譌“木”。

〔六〕挈：同“契”。

〔七〕漢洫志“栔”苦計切：漢洫志，四庫本、備要本作“溝洫志”。彥按：此指漢書溝洫志。原文蓋作漢溝洫志，四庫本、備要本脱“漢”字，喬本、洪本、吳本脱“溝”字。栔，今考漢書溝洫志，原文作“挈”，曰：“今内史稻田租挈重，不與郡同。”顏師古注：“挈音苦計反。”

〔八〕而契，刀文正作“栔”：刀文，刀布文字，即古代之貨幣文。正，洪本、吳本、備要本誤“王”。説文㓞部：“栔，刻也。”段玉裁注：“按古經多作‘契’，假借字也。”　汗簡直以“栔”爲“契”：汗簡，古文字彙編著作，宋初郭忠恕撰。

〔九〕若果爲“贊”，往來音乎：往來音，指口頭交流之音。乎，喬本、四庫本作“呼”，費解，今從餘諸本作“乎”。

〔一〇〕其父曰清，黃帝之第五子，方儽氏之生也：方儽氏，即方纍氏。彥按：左傳昭公十七年“我高祖少皥摯之立也”杜預注：“少皥，金天氏，黃帝之子，己姓之祖也。”而羅泌則以少昊爲黃帝孫，本書發揮三辯玄囂青陽少昊亦曰：“魏曹子建之贊少昊也，亦稱祖自軒轅青陽之裔，則少昊爲黃帝之孫而青陽之後矣。”

〔一一〕大戴禮：嫘祖生昌意，方雷生青陽：彥按：查今本大戴禮記，未見此語。其帝繫篇曰：“西陵氏之子謂之嫘祖氏，産青陽及昌意。”意大不同。而帝王世紀稱：“（黃帝）元妃西陵氏女曰嫘祖，生昌意。次妃方雷氏女曰女節，生青陽。”説與此正合，此必羅氏誤記出處矣。

〔一二〕而史記，玄囂亦雷祖所生：雷祖，即嫘祖。史記五帝本紀作嫘祖。

〔一三〕史以玄囂爲青陽：史記五帝本紀：“嫘祖爲黃帝正妃，生二子，其後皆有天下：其一曰玄囂，是爲青陽。”

〔一四〕帝德攷：即考德。佚書，作者不詳。漢書律曆志下：“少昊帝，考德曰：‘少昊曰清。’”顏師古注：“考德者，考五帝德之書也。”　青陽之子曰摯：青陽，也作清陽。漢書律曆志下：“清者，黃帝之子清陽也，是其子孫名摯立。”

〔一五〕曹植少昊贊：“祖自軒轅，青陽之裔。”見曹子建集卷七。

〔一六〕帝王年代紀：宋史藝文志二有鄭伯邕帝王年代記三卷，疑即是書。

〔一七〕辨見發揮：吳本“辨”作“辯”。

〔一八〕清在鄆，故樂平：鄆，州名。樂平，縣名，治所在今山東聊城市西南。

〔一九〕漢高帝封宫中同爲清侯：宫中同，“窒中同”之誤。水經注卷五河水：“漯水又東北逕樂平縣故城東。縣，故清也。漢高帝八年封窒中同于清。”
“窒中同”或本作“宮中同”，朱謀㙔篓曰：“按史記功臣表，高祖八年封清簡侯
空中。漢功臣表作窒中同。徐廣曰，一作‘窒中’。索隱曰：窒中，姓也。無作
‘宮中’者，‘宮’字誤。”

　　〔二〇〕大戴禮：黃帝之子少昊曰清。又云：青地也，一曰青陽：彥按：今本
大戴禮無“黃帝之子少昊曰清”之語，或當作帝德攷。又，“青地”疑當作“清
地”。本書國名紀二少昊青陽氏後清曰：“帝德攷云，少昊曰清。清地也。一
曰青陽。”羅苹此注蓋取自彼，而倉遽誤録出處也。

　　〔二一〕屬鄭，杜云滎陽中牟西清陽亭：滎陽，郡名。中牟，縣名，今屬河南
省。晉杜預春秋釋例卷五土地名鄭地閔二年清：“滎陽中牟縣西有清陽亭。”

　　〔二二〕昔荊獻青陽以西于秦者，今長沙：史記秦始皇本紀：“荊王獻青陽
以西，已而畔約。”裴駰集解引蘇林曰：“青陽，長沙縣是也。”地在今湖南長
沙市。

　　〔二三〕猶商亳、楚郢重名者：商亳，商湯都城，相傳有三處，即：北亳、南亳
和西亳。尚書立政“三亳阪尹”孔穎達疏引皇甫謐曰：“三處之地，皆名爲亳，
蒙爲北亳，穀熟爲南亳，偃師爲西亳。”楚郢，春秋戰國時楚國都城。初都紀南
城，後歷遷郢、鄀、陳、鉅陽、壽春等地，亦均稱郢。史記楚世家：“（考烈王）二
十二年，與諸侯共伐秦，不利而去。楚東徙都壽春，命曰郢。”是也。

　　〔二四〕母異：指西王母神異傳（見拾遺記卷一少昊）。

　　〔二五〕紀：地名。在今山東壽光市南。

　　〔二六〕配干類氏曰娥：配，配偶，妃。干類氏，四庫本“干”譌“于”，吳本、
備要本又譌“於”。　居河之湄：湄，通“湄”，岸邊，水、草交際處。

　　〔二七〕逆星流槎：謂乘坐木筏，迎嚮金星。槎（chá），木筏。　奏便娟之
樂，樂而忘歸，震而生質：便娟，形容輕盈美好。各本“娟”譌“媚”，今據拾遺記
（見下注〔二九〕）訂正。震，通“娠”，懷孕。　白帝子：古代傳説以太白金星爲
白帝子。白帝，中國古代神話中五天帝之一，爲主西方之神。

　　〔二八〕處於璇宮，夜織，撫皋桐梓琴，與神童更倡：璇宮，美玉砌成的宮殿。
皋桐梓琴，泛稱善琴。桐、梓並爲製琴良材，又桐生江皋者稱皋桐。更倡，酬答
對唱。

〔二九〕因有"桑中"之目：目，名目，名稱，説法。拾遺記卷一少昊："少昊以金德王。母曰皇娥，處璇宫而夜織，或乘桴木而晝遊，經歷窮桑滄茫之浦。時有神童，容貌絶俗，稱爲白帝之子，即太白之精，降乎水際，與皇娥讌戲，奏嬥娟之樂，游漾忘歸。窮桑者，西海之濱，有孤桑之樹，直上千尋，葉紅椹紫，萬歲一實，食之後天而老。……帝子與皇娥並坐，撫桐峯梓瑟。皇娥倚瑟而清歌曰：'天清地曠浩茫茫，萬象迴薄化無方。涾天蕩蕩望滄滄，乘桴輕漾著日傍。當其何所至窮桑，心知和樂悦未央。'俗謂遊樂之處爲'桑中'也。"

〔三〇〕多過實，故不擷：多，吳本、備要本作"名"，誤。擷，取。

〔三一〕其渚爲陵：渚，水中的小塊陸地。陵，山。

〔三二〕休子：佚書，作者不詳。　少昊生於稚華之野，其渚一旦爲陵，鬱鬱葱葱焉：稚華之野，本書餘論四渚爲陵引休子言，作"稚華之渚"，與御覽同。渚，洪本、吳本譌"者"。太平御覽卷八七三引休子曰，作："少皥生於稚華之渚，渚一旦化爲山澤，鬱鬱葱葱焉。"

〔三三〕此亦關軸轉動而發者：關軸，機械裝置上的轉軸，喻指事物變化、陰陽轉化之樞紐。

〔三四〕秀外龍庭：外表俊秀，天庭（前額中央）隆起。　月縣通顋：謂額骨隆起如彎月狀直通耳門，蓋亦帝王異相。縣，"懸"之古字。顋，同"顧"，音kūn，耳門。備要本譌"鷗"。

〔三五〕雲陽：山名。在今湖南茶陵縣西十五里。　謖號以青陽：謖號，起號。

〔三六〕見史記五帝本紀"帝嚳高辛者"裴駰集解引張晏曰。其文原作："少昊以前，天下之號象其德。顓頊以來，天下之號因其名。高陽、高辛皆所興之地名；顓頊與嚳皆以字爲號：上古質故也。"

〔三七〕以金寶歷：金寶，黄金和珠寶。歷，行，謂流通、交易。

〔三八〕邢昺：北宋經學家。吳本"邢"譌"荆"。　高陽赤，高辛黑：喬本作"高辛赤，高陽黑"，洪本作"高陽赤，高陽黑"，並誤。今據餘諸本訂正。參見後紀二女皇氏注〔三五〕。

〔三九〕金，西方之行：行，德行，品性。西方于五行屬金。　如"西岳"之號也：西岳，上古稱西方諸侯之長。

〔四〇〕楚辭離騷“詔西皇使涉予”洪興祖補注:“少皞以金德王,白精之君,故曰西皇。”

〔四一〕惟能任道:任道,指可肩負道義上賦予的重任。　遠憲大昊,而乘西行,是稱少昊:憲,效法。乘,加,加上。

〔四二〕故夏曰神農:彥按:本書後紀三炎帝神農氏曰:“炎帝神農氏,……炎精之君也。”羅苹注:“乘火德。”夏于五行屬火,故“夏曰神農”。　冬爲顓頊:彥按:本書後紀八帝顓頊高陽氏曰:“(帝顓頊)黑精之君也,……紹小昊金天之政,乘辰而王,以水窮歷。”冬于五行屬水,故“冬爲顓頊”。

〔四三〕昊淑:浩大美好。

〔四四〕故歐陽書四天:春蒼,夏昊:歐陽,指藝文類聚之主編唐歐陽詢。“春蒼,夏昊”,各本皆誤倒作“春昊,夏蒼”,今訂正。彥按:藝文類聚卷一引爾雅曰:“穹蒼,蒼天也。春爲蒼天,夏爲昊天,秋爲旻天,冬爲上天。”是此“四天”出爾雅,非出歐陽,羅氏説欠妥。　吕覽九野:東蒼,西顥:吕氏春秋有始:“天有九野,……何謂九野?……東方曰蒼天,其星房、心、尾。……西方曰顥天,其星胃、昴、畢。”

〔四五〕有太少尔:太少,吴本、四庫本、備要本作“大小”。

〔四六〕洽聞記:吴本“洽”譌“治”。

〔四七〕禮志云,西方少昊:吴本“西”譌“四”。彥按:此引禮志,不詳何書。而漢書禮樂志載郊祀歌十九章,其四朱明有“西顥沆碭,秋氣肅殺”語,顔師古注引韋昭曰即稱:“西方少昊也。”

〔四八〕金天氏能修太昊之法,故曰少昊:左傳文公十八年杜預注“少皞,金天氏之號”孔穎達疏引譙周云,作:“金天氏能脩大皞之法,故曰少皞也。”

〔四九〕乙:燕子。

〔五〇〕田俅子:戰國齊人田鳩(即田俅子)撰。漢書藝文志著録田俅子三篇,入于墨家。　少昊之時,赤燕一羽,而飛集户,遺其丹書:羽,量詞,猶隻,用于鳥類。而,吴本、四庫本、備要本作“鳥”非。集,止,停留。

〔五一〕見下注〔五四〕。

〔五二〕故爲鳥紀、鳥師而鳥名:鳥紀,謂以鳥名紀官。鳥師,官以鳥名,因稱鳥師。

〔五三〕魏書官氏志："初,帝欲法古純質,每於制定官號,多不依周漢舊名,或取諸身,或取諸物,或以民事,皆擬遠古雲鳥之義。諸曹走使謂之鳧鴨,取飛之迅疾;以伺察者爲候官,謂之白鷺,取其延頸遠望。自餘之官,義皆類此,咸有比況。"　故魏書美其"好尚淳樸,遠師少昊"者:史通浮詞："如魏書稱登國以鳥名官,則云'好尚淳朴,遠師少皞'。"彦按:今本魏書查無此語,蓋逸文。

〔五四〕夫魏興邊朔,少識典墳:夫,吳本譌"大"。邊朔,北方邊地。典墳,泛指古代典籍。　鳥官創置,豈關郯子之言哉:郯子,春秋郯國國君。左傳昭公十七年:"秋,郯子來朝,公與之宴。昭子問焉,曰:'少皞氏鳥名官,何故也?'郯子曰:'吾祖也,我知之。……我高祖少皞摯之立也,鳳鳥適至,故紀於鳥,爲鳥師而鳥名:鳳鳥氏,歷正也;玄鳥氏,司分者也;伯趙氏,司至者也;青鳥氏,司啓者也;丹鳥氏,司閉者也;祝鳩氏,司徒也;鴡鳩氏,司馬也;鳲鳩氏,司空也;爽鳩氏,司寇也;鶻鳩氏,司事也。五鳩,鳩民者也;五雉,爲五工正,利器用、正度量,夷民者也。九扈,爲九農正,扈民無淫者也。'"

〔五五〕乙鳥氏司分;伯趙氏司至;蒼鳥氏司啓;丹鳥氏司閉;而鳳鳥氏董之,以爲歷正:乙鳥,即燕子。分,指春分、秋分。伯趙,即伯勞鳥,又稱鵙(jú)。至,指夏至、冬至。蒼鳥,指鶬鶊。啓,指立春、立夏。丹鳥,又稱鷩(bì),即錦雞。閉,指立秋、立冬。董,統率,主管。歷正,主管歷法的長官。洪本、吳本、四庫本"曆"作"歷"。下羅苹注"曆正"之"曆",吳本、四庫本亦作"歷"。

〔五六〕故司啓:備要本"故"譌"秋"。

〔五七〕五鳩、五雉,篤九扈之利:五鳩,即下文所云之治民五官——祝鳩氏、且(鴡)鳩氏、尸(鳲)鳩氏、爽鳩氏與滑(鶻)鳩氏。五雉,即下羅苹注所云之主管工務五官——鷷雉、鳺(鷯)雉、翟雉、希(鵗)雉、翬雉。洪本、吳本"雉"譌"稚"。篤,加強,增進。九扈(hù),即九扈,是主管農事的九個官員。扈,同"鳸"。左傳昭公十七年:"九扈,爲九農正。"杜預注:"扈有九種也。春扈鳻鶞,夏扈竊玄,秋扈竊藍,冬扈竊黃,棘扈竊丹,行扈唶唶,宵扈嘖嘖,桑扈竊脂,老扈鷃鷃。以九扈爲九農之號,各隨其宜以教民事。"利,作用。

〔五八〕且鳩氏:左傳作"鴡鳩氏"(見昭公十七年。下同)。　尸鳩氏:左傳作"鳲鳩氏"。　滑鳩氏:左傳作"鶻鳩氏"。

〔五九〕祝鳩,鳭鴀;孝,故司教:鳭鴀(fū fǒu)。喬本作"鳭鵐",洪本作"鳭碻",吳本作"鳭鴿",四庫本作"鵐鴿",備要本作"鳭鴿",皆誤。今訂正。鳭鴀,亦省作夫不。左傳昭公十七年"祝鳩氏,司徒也"孔穎達疏:"詩云:'翩翩者佳',毛傳云:'鵻,夫不也,一宿之鳥。'鄭玄云:'一宿者,一意於其所宿之木。'又云:'夫不,鳥之愨謹者,人皆愛之。'則此是謹愨孝順之鳥,故名司徒之官,教人使之孝也。"

〔六〇〕且鳩,王鴡;别,故司制:王鴡,洪本、吳本"鴡"譌"鳩"。左傳昭公十七年"鴡鳩氏,司馬也"孔穎達疏:"釋鳥云:'鴡鳩,王鴡。'……郭璞云:'鵰類,今江東呼之爲鶚,好在江渚山邊食魚。'毛詩傳曰'鳥鷙而有别。'則鴡鳩是鷙擊之鳥,又能雄雌有别也。司馬主兵,又主法制,擊伐又當法制分明,故以此鳥名官,使主司馬之職。"

〔六一〕尸鳩,鴶鵴;均,故司空:鴶鵴(jiá jú),喬本、洪本、吳本、備要本"鵴"作"鵴",蓋爲"鵴"字俗寫,今改從四庫本作"鵴"。司空,主管工程之官。左傳昭公十七年"鳲鳩氏,司空也"杜預注:"鳲鳩,鴶鵴也。鳲鳩平均,故爲司空,平水土。"孔穎達疏:"詩云:'鳲鳩在桑,其子七分。'毛傳云:'鳲鳩之養其子,朝從上下,莫從下上,平均如一。'是鳲鳩平均,故爲司空。"

〔六二〕爽鳩爲鷹;摯,故司寇:鷹,洪本譌"雁",吳本、四庫本譌"雁"。摯,洪本、吳本譌"摯"。左傳昭公十七年"爽鳩氏,司寇也"孔穎達疏:"鷹是鷙擊之鳥,司寇主擊盜賊,故爲司寇。"

〔六三〕滑鳩,鶻鵃;多聲,故司事:鶻鵃(gǔ zhōu),洪本、吳本、四庫本"鵃"譌"鵰"。左傳昭公十七年"鶻鳩氏,司事也"孔穎達疏:"釋鳥云:'鶻鳩,鶻鵃。'……郭璞云:'今江東亦呼爲鶻鵃,似山鵲而小,短尾,青黑色,多聲。'即是此也。……國家營事,繕治器物,一年之間,無時暫止,故以此鳥名司事之官也。"

〔六四〕納言:古官名。主出納王命。

〔六五〕穎達以爲營繕之事:左傳昭公十七年"鶻鳩氏,司事也"孔穎達疏:"司事謂營造之事,於六官皆屬司空。此司空、司事各爲一官者,古今代異,猶如舜典司空與共工各爲一官也。"彦按:孔説牽强,不合情理。

〔六六〕釋詁:爾雅篇名。洪本、吳本、四庫本"詁"譌"詰"。

〔六七〕五雉，用五工正，利器用，正度量，夷民者也：左傳昭公十七年文。雉，喬本、洪本、吳本譌“稚”，今從四庫本、備要本訂正。下羅苹注諸“雉”字同。用，左傳作“爲”。五工正，主管五工（詳下羅苹注）的官員。杜預注：“夷，平也。”孔穎達疏：“雉聲近夷，雉訓夷，夷爲平，故以雉名工正之官，使其利便民之器用，正丈尺之度、斗斛之量，所以平均下民也。樊光、服虔云：雉者，夷也；夷，平也，使度量、器用平也。”

〔六八〕鷯雉，攻木之工：鷯，音 zūn。攻木，加工木材。工，指官吏。下諸“工”義同。　䨄雉，搏埴之工：䨄雉，即鸛雉。搏埴，謂以黏土捏製陶器的坯。喬本、備要本“埴”作“植”，非是。今從餘諸本改。　翟雉：各本皆作“壽雉”。彥按：壽雉不見經傳，左傳杜注作“翟雉”，今據以訂正。　希雉：即鷂雉。設色：敷彩，著色。左傳昭公十七年“五雉，爲五工正”杜預注：“雉有五種，西方曰鷯雉，東方曰鶅雉，南方曰翟雉，北方曰鵗雉，伊洛之南曰翬雉。”

〔六九〕介直：耿介正直。

〔七〇〕九扈：備要本作“九扈”，與左傳同。　戶民亡淫者也：戶，通“扈”。左傳昭公十七年作“扈”，杜預注：“扈，止也。”

〔七一〕扈取其義：備要本“扈”作“扈”。

〔七二〕晉貨志：指晉書食貨志。　秋鳸於焉收斂：於焉，洪本、吳本、四庫本作“於（于）以”，晉書作“所以”。　蓋藏：儲藏。

〔七三〕蔡氏：指漢蔡邕。下所云見邕獨斷卷上。　春扈氏鳻鶞，趣民耕種：備要本“扈”作“扈”，與獨斷同。下八扈之“扈”同。鳻鶞，音 fén chūn。趣，音 cù，督促，催促。　夏扈氏竊玄，趣民芸除：竊玄，淺黑色。“竊”通“淺”，淡。芸除，謂除草。　爲果毆鳥：果，備要本譌“晨”。毆，同“驅”，驅趕。今本獨斷作“掌人百果”。　行扈氏唶唶：唶唶（jí jí），象鳥鳴聲。　爲晝毆鳥：今本獨斷作“晝爲民驅鳥”。　宵扈氏嘖嘖：嘖嘖，象鳥鳴聲。洪本作“嘖責”。爲夜毆獸：今本獨斷作“夜爲民驅獸”。　桑扈氏竊脂：爾雅釋鳥：“桑鳸，竊脂。”郭璞注：“俗謂之青雀，觜曲食肉，好盜脂膏，因名云。”彥按：竊玄、竊藍、竊黃、竊丹之“竊”取“淺”義，竊脂之“竊”取“盜”義，似未妥。今姑存疑。老扈氏鷃鷃：鷃鷃（yàn yàn），象鳥鳴聲。洪本作“鷃匕”。　令不得晏起者：今本獨斷無此語，疑爲佚文。晏起，晚起牀。　督勸：督促勸勉。

〔七四〕賈逵、樊光説同:樊光,東漢京兆(今陝西西安)人。官中散大夫。曾注爾雅,書今不傳。左傳昭公十七年"九扈,爲九農正"孔穎達疏:"賈逵云:'春扈分徇,相五土之宜,趣民耕種者也。夏扈竊玄,趣民耘苗者也。秋扈竊藍,趣民收斂者也。冬扈竊黄,趣民蓋藏者也。棘扈竊丹,爲果驅鳥者也。行扈唶唶,晝爲民驅鳥者也。宵扈嘖嘖,夜爲農驅獸者也。桑扈竊脂,爲蠶驅雀者也。老扈鷃鷃,趣民收麥,令不得晏起者也。'舍人、樊光注爾雅,其言亦與賈同。"

〔七五〕少昊置九農之官:各本"置"皆作"致"。彦按:今考獨斷卷上,原文本作:"至少昊之世,置九農之官如左。"則"致"蓋"置"字音譌,今訂正。

〔七六〕分徇:分別巡行。徇,通"巡"。

〔七七〕民事既正,乃法度量,調氣律,行二十有八宿:正,定。法,謂立法度,制訂標準。氣律,節氣與樂律。古人以爲樂律與節氣相應。行,視,觀察行迹(運行軌迹)。

〔七八〕天祐紫微經:佚書,作者不詳。　顓頊立九寺九卿:九寺,指九卿的官署。　以應上象也:星座亦有九卿之名。晉書天文志上:"三公北三星曰九卿内坐,主治萬事。九卿西五星曰内五諸侯,内侍天子,不之國也。"又:"天紀九星,在貫索東,九卿也,主萬事之紀,理怨訟也。"

〔七九〕十二月以爲元:元,元月,一年的第一個月。

〔八〇〕黄帝、高辛、夏后以十三月爲正:十三月,指農曆正月。各本皆譌作"十二月",今訂正。正,正月。　高陽、虞、周以十一月:十一月,吳本、四庫本、備要本並作"十二月",誤。宋書禮志一高堂隆議曰:"以前檢後,謂軒轅、高辛、夏后氏、漢皆以十三月爲正;少昊、有唐、有殷皆以十二月爲正;高陽、有虞、有周皆以十一月爲正。後雖百世,皆以前代三而復也。"

〔八一〕然以昏中攷之,則亦四時爲正爾:昏中,黄昏時之中星,即黄昏時南方天空所見的恒星。參見後紀五黄帝有熊氏注〔二六〇〕。

〔八二〕人事定也:謂由人爲所決定。

〔八三〕在西:在,喬本作"北",洪本作"扛"。彦按:"扛"當"扗"字之誤,扗即"在"字。"北"又"扛"字再譌。此從吳本、四庫本及備要本。

〔八四〕時紀:指循蜚紀。

〔八五〕祭有其舉之，莫敢廢也：舉，興，行。也，洪本、吳本譌“世”，與下“後世惟以循守”之“世”字互倒。禮記曲禮下：“凡祭，有其廢之，莫敢舉也；有其舉之，莫敢廢也。”鄭玄注：“爲其瀆神也。”

〔八六〕後世惟以循守：洪本、吳本“世”譌“也”。

〔八七〕作九泉之樂：彥按：北堂書鈔卷一七引帝王世紀：“少昊作樂曰九淵。”又，周禮春官大司樂“以樂舞教國子”賈公彥疏引皇甫謐曰：“少昊之樂曰九淵。”此之九泉，當唐人避李淵諱改稱之遺留。

〔八八〕肇車牛：肇，創始。

〔八九〕服賈：經商。服，行，進行。賈，音 gǔ，買賣。

〔九〇〕作布貨以制國用：布貨，貨幣。

〔九一〕李錢譜：指宋李孝美錢譜。　有好，面有巳、舌、夋三字：好，音 hǎo，指錢孔。面，指錢幣正面。夋，喬本如此，餘諸本均作“㓝”；下同。

〔九二〕夋，少字：少，喬本如此，餘諸本均作“厊”。　舌，金字：舌，洪本、吳本、四庫本作“古”，與上文不相呼應，誤。

〔九三〕又董譜一種，面文川畟：川，備要本作“日”。畟，吳本作“旻”，備要本作“旻”。　幕文作企：企，吳本、備要本作“企”，四庫本作“全”。

〔九四〕通窮拒瘃：上報民間疾苦，杜絕社會窮困。窮，窮困。瘃（huì），困頓。　老老慈幼：敬重老人，愛護小孩。　恤孤合獨：撫恤孤兒，牽合鰥寡。矜寡窶極：鰥夫寡婦及貧窮困頓之人。矜，通“鰥”。　瘖聾跛躄、扁蹇握遞：泛指有殘疾者。瘖聾，聾啞。聾，洪本、吳本、四庫本作“龍”。跛躄，跛脚。扁蹇（piān qú），“扁”通“偏”，謂偏枯，即半身不遂；蹇謂蹇蓐，指身體强直不能下俯。四庫本“蓐”作“籧”，通。握遞，兩手拳曲不能伸直。彥按：管子入國曰：“所謂養疾者，凡國都皆有掌養疾。聾盲喑啞，跛躄（偏）〔偏〕枯握遞，不耐自生者，上收而養之。”又曰：“所謂合獨者，凡國都皆有掌媒。丈夫無妻曰鰥，婦人無夫曰寡，取鰥寡而合和之，予田宅而家室之，三年然後事之。”又有“所謂通窮者”云云，路史頗取文于其中。

〔九五〕修其方：修，行，使用。

〔九六〕見禮記內則。

〔九七〕憲者，法其德義，養其氣體，而不乞言：乞言，討教。禮記內則：“凡養老,五帝憲,三王有乞言。五帝憲,養氣體而不乞言,有善,則記之爲惇史。"
孔穎達疏:"憲,法也。言五帝養老,法其德行。……奉養老人,就氣息身體,恐
其勞動,故不乞言,……老人有善德行,則記録之,使衆人法則,爲惇厚之史。"

〔九八〕丕釐景命:大福大命。釐(xī),福。　放準循繩:依循法度。放,吴
本譌"攽"。繩,各本皆作"黽"。彦按:"黽"當"繩"字形譌,今訂正。文子道
原引老子曰:"故聖人一度循軌,不變其故,不易其常,放準循繩,曲因其常。"淮
南子原道亦曰:"是故聖人一度循軌,不變其宜,不易其常,放準循繩,曲因其
當。"均稱"放準循繩",蓋古成語。

〔九九〕是故天用大戒,久而不亂:天,謂天下。用,由於。大戒,大法則,即
上所言之"放準循繩"。莊子人間世:"天下有大戒二:其一,命也;其一,義
也。"成玄英疏:"戒,法也。"久,吴本譌"义"。　人亡疵厲,鬼亡靈響:疵厲,
泛指災病。靈響,猶靈應。列子黄帝:"物無疵厲,鬼無靈響焉。"張湛注:"老
子曰:'以道涖天下者,其鬼不神。'"　百工法而亡僞,而奇術怪行亡敢煩言孟
行以過其情、遇其上者:百工,百官。法,謂守法。奇術怪行,奇異的法術、怪僻
的行爲。煩言孟行,絮煩的言辭、激烈的行爲。遇,對待。管子任法:"是故人
主有能用其道者,……羣臣無詐僞,百官無姦邪,奇術技藝之人莫敢高言孟行
以過其情、以遇其主矣。"

〔一〇〇〕守故常,抱雌節:抱雌節,謂保持柔弱之姿態。淮南子原道:"是
故聖人守清道而抱雌節。"高誘注:"雌,柔弱也。"　生而不有,爲而不恃:老子
語,見道德經第二章。

〔一〇一〕是以垂象著瑞,后土錫符:垂象著瑞,謂天顯示徵兆,明示瑞應。
后土錫符,謂地賜禎祥。符,徵兆,特指禎祥。　長庚輝,日五色:長庚,即金
星,也稱太白星。　山金鳴,澤銅益:益,"溢"之古字,流露,出現。

〔一〇二〕體白帝也:謂爲白帝遺體。

〔一〇三〕日五色,互照窮桑:照,吴本、四庫本作"炤",同。窮桑,指西海
濱之大桑樹。此"窮桑"不作地名視。參見上注〔二九〕。

〔一〇四〕按易傳:聖王在上,則日光明,五色具:彦按:漢書五行志下之下
云:"故聖王在上,總命羣賢,以亮天功,則日之光明,五色備具,燭燿亡主。"蓋
即羅氏引文所本。然此乃班氏之文,非出易傳。漢書上文所引京房易傳,語未

至此。

〔一〇五〕藝文類聚卷一引禮斗威儀,作:"政理太平,則時日五色。"

〔一〇六〕爰書鸞鳳:鸞鳳,指鸞鳳書,傳說中的一種書體。唐韋續墨藪五十六種書:"少昊金天氏作鸞鳳書。"

〔一〇七〕立建鼓,制浮磬,以通山川之風:浮磬,即磬。尚書禹貢:"泗濱浮磬。"孔穎達疏:"石在水旁,水中見石,似若水中浮然,此石可以爲磬,故謂之浮磬也。"原指泗水邊一種可製磬之石,此則借代指磬。山川,泛稱民間。風,聲音。廣雅釋言:"風,聲也。"國語晉語八:"夫樂,以開山川之風也。"韋昭注:"開,通也。"

〔一〇八〕大晟樂書:宋大中大夫劉昺撰。

〔一〇九〕夏后:洪本、吳本"夏"譌"亮"。

〔一一〇〕出隨音樂志:隨,通"隋",備要本作"隋"。隋書音樂志下:"革之屬五:一曰建鼓,夏后氏加四足,謂之足鼓。"

〔一一一〕隨晉書:隋書及晉書。備要本"隨"作"隋"。

〔一一二〕宋吳曾能改齋漫錄卷六事實賦日五色引田俅子云:"少昊金天氏,邑於窮桑,天開日五色,丕照窮桑。"

〔一一三〕故唐李程擢宏辭,以日五色賦:宏辭,科舉時代制科(臨時設置的考試科目)名目之一。新唐書李程傳:"李程字表臣,襄邑恭王神符五世孫也。擢進士宏辭,賦日五色,造語警拔,士流推之。" 後浩虛舟亦以此:浩虛舟,各本"舟"皆作"淵"。彥按:"淵"當作"舟"。唐孫光憲北夢瑣言卷七鄭綮相詩附李程、五代王定保唐摭言卷一三惜名、宋吳曾能改齋漫錄卷六事實賦日五色等載其事,皆作浩虛舟,今據以訂正。

〔一一四〕德廣遠而樂時節,是以遠服而遍不遷:時節,合時而知節制。國語晉語八:"夫德廣遠而有時節,是以遠服而遍不遷。" 鞮靬氏人獻其羽裘、賨縰、苞柴:鞮靬(jiān dī),古代海外國名。氏人,即毛人,古代對外國人的稱呼,取意類似胡人。羽裘,各本"裘"皆作"製"。彥按:"製"當爲"裘"字之譌。下羅苹注引田俅子,作"羽裘"是。今據以訂正。賨縰,指外國土產。賨,古代西南國名,在今四川渠縣東北。此引申借指外國。苞柴,即苞筐。苞,通"包",蒲包;柴,通"筐",竹器。包筐原爲裝納財物之物,此借代財物。

〔一一五〕渠搜之人服禹之德,獻其琛裘:渠搜,古西戎國名。搜,同“搜”。琛裘,珍貴的皮衣。琛,同“珍”。

〔一一六〕孫氏瑞圖:唐瞿曇悉達唐開元占經卷一一四、太平御覽卷六九四引此文,均但稱瑞應圖,不言孫氏。此所稱孫氏,疑指南朝梁孫柔之。隋書經籍志三“瑞圖讚二卷”注:“梁有孫柔之瑞應圖記、孫氏瑞應圖讚各三卷,亡。”或即其書,然隋書已言“亡”矣。待考。

〔一一七〕世本:洪本譌“世木”,吳本、四庫本、備要本均無此二字。

〔一一八〕攸縣:縣名。今屬湖南省。

〔一一九〕圖諜:圖籍。諜,通“牒”。

〔一二〇〕其神降于長流之山,主祀於穮,是司反景,故傳又偁西皇:穮,同“秋”。反景,落日,借指西方。偁,稱。彥按:郭璞山海經注以“日西入則景反東照,主司察之”釋“司反景”(見下注〔一二三〕),頗牽強,不可取。

〔一二一〕詔西皇使涉予:予,各本皆譌“事”,今訂正。王逸楚辭章句:“詔,告也。西皇,帝少皞也。涉,渡也。”

〔一二二〕積石之西二百里長流之山:積石,山名。即今青海東南部阿尼瑪卿山。長流之山,今本山海經西山經“流”作“留”。　其神白帝少昊居之:白帝少昊,各本“帝”譌“虎”。今據山海經訂正。　實惟員神磈氏之宮:惟,吳本、四庫本作“唯”。磈氏,各本“磈”皆作“隗”。彥按:山海經原文作“磈”,郭璞注:“音隗。”今訂正。宮,各本皆譌“官”,今並據山海經訂正。

〔一二三〕是神也,主司反景:郭璞注:“日西入則景反東照,主司察之。”

〔一二四〕臨朐:縣名。今屬山東省。　源麓:謂泉源所在山麓。

〔一二五〕廣雅釋天異祥:“金神謂之清明。”

〔一二六〕酈善長以爲古理官所葬,故昔人謂治獄參軍爲長流:酈善長,即水經注作者北魏酈道元(字善長)。葬,洪本作“扗”,吳本、四庫本、備要本作“在”。治獄參軍,官名,主刑獄。彥按:今本水經注不見相關記載,或爲佚文。

〔一二七〕家訓作“長留”:長留,今本顏氏家訓書證作“長流”。文云:“或問曰:‘何故名治獄參軍爲長流乎?’答曰:‘帝王世紀云:“帝少昊崩,其神降于長流之山,於祀主秋。”案周禮秋官,司寇主刑罰。長流之職,漢魏捕賊掾耳;晉宋以來,始爲參軍,上屬司寇,故取秋帝所居爲嘉名焉。’”

〔一二八〕自此而下至"武帝立太畤"一段文字,大抵意思又見於本書前紀三空桑氏跋語,兩者可以互參。

〔一二九〕在西海津:吳本"海"字與下文"至襄公"之"至"字互倒。

〔一三〇〕平王之元年,秦爲諸侯:周平王元年,時當秦襄公八年,公元前770年。史記秦本紀:"周避犬戎難,東徙雒邑,襄公以兵送周平王。平王封襄公爲諸侯,賜之岐以西之地。" 至襄公:吳本"至"譌"海"。 自以居西垂,主少昊之神,乃作西畤,祠白帝:史記封禪書:"秦襄公既侯,居西垂,自以爲主少皞之神,作西畤,祠白帝,其牲用騮駒、黃牛、羝羊各一云。"

〔一三一〕後文公東獵汧渭:汧渭,汧水與渭水的並稱。汧水,渭水支流。口屬于鄜衍:口,喬本譌"曰",今據餘諸本訂正。屬(zhǔ),接觸。鄜,地名。在今陝西富縣。衍,山坡。 三牢:以牛、羊、豕三牲爲祭品,稱三牢。史記封禪書:"其後十六年,秦文公東獵汧渭之間,卜居之而吉。文公夢黃蛇自天下屬地,其口止於鄜衍。文公問史敦,敦曰:'此上帝之徵,君其祠之。'於是作鄜畤,用三牲郊祭白帝焉。"

〔一三二〕左傳昭公二十九年"遂濟窮桑"杜預注:"窮桑,少皞之號也。"孔穎達疏:"賈逵云:'處窮桑以登爲帝,故天下號之曰窮桑帝。'"

〔一三三〕然非河圖所謂白帝朱宣也:彥按:太平御覽卷七九:"河圖曰:'大星如虹,下流華渚,女節氣感,生白帝朱宣。'宋均注云:'朱宣,少昊氏也。'"而羅氏不然之。本書後紀五黃帝有熊氏"四帝共起而謀之"注亦曰:"各以方色青、赤、白、黑爲號,起四方而僭亂者,若蚩尤爲赤帝,朱宣爲白帝之類。……説者以少昊之徒當之,非也。"

〔一三四〕或云曲阜,鹵是以云小昊之虛:鹵,通"魯"。史記魯周公世家:"封周公旦於少昊之虛曲阜,是爲魯公。"司馬貞索隱述贊:"元子封魯,少昊之墟。"

〔一三五〕蒙、羽之野,奎、婁之次:蒙,山名。在今山東蒙陰縣西南。羽,山名。在今山東郯城縣東北。奎、婁,二星宿名。分別爲西方白虎七宿的第一、第二宿。次,止留之所。

〔一三六〕見晉書地理志上。

〔一三七〕山海經大荒南經:"少昊生倍伐,倍伐降處緡淵。"緡淵,蓋即古有緡國地,在今山東金鄉縣東北。

〔一三八〕既封蒶:蒶,地名。在今山東泗水縣東。

〔一三九〕左傳昭公十一年:"桀克有緡,以喪其國。"

〔一四〇〕爲弓正,是制弓矢,主祀弧星:弓正,古官名,主管弓箭製作。弧星,古星名。又名弧矢、天弓。屬井宿。共九星,在天狼星東南,八星如弓形,外一星象矢,分屬于大犬、南船兩星座。

〔一四一〕封于尹城,世掌宮職:尹城,地名。在今河南宜陽縣西北。掌,吳本譌"堂"。宮職,指宮内官的職務。

〔一四二〕尹耆事唐:耆,洪本作"亝",吳本作"蒼",並誤。唐,陶唐,即堯。

〔一四三〕周宰尹亦爲尹氏:周宰尹,蓋指周宣王宰臣尹吉甫。古今姓氏書辯證卷二五準韻尹:"周宣王時,尹吉甫爲天子三公,東遷之後,世掌其職。尹武公、尹文公、尹言多、尹固、尹辛、尹圉,皆爲卿大夫,故詩言:'尹氏太師,惟周之氏。'春秋亦書'尹氏卒','尹氏立王子朝',以譏世卿。"

〔一四四〕左傳昭公元年:"昔金天氏有裔子曰昧,爲玄冥師,生允格、臺駘。"杜預注:"玄冥,水官。昧爲水官之長。"又宋書自序云:"臺駘能業其官,宣汾、洮,障大澤以處太原,帝顓頊嘉之,封諸汾川。"

〔一四五〕水經六注引左氏,以臺駘爲實沈後:六,喬本譌"云",今據餘諸本訂正。水經注卷六涑水:"鄭使子産問晉平公疾,平公曰:'卜云臺駘爲祟。史官莫知,敢問。'子産曰:'高辛氏有二子,長曰閼伯,季曰實沈,不能相容,帝遷閼伯于商丘,遷實沈于大夏。臺駘,實沈之後,能業其官,帝用嘉之,國于汾川。'"

〔一四六〕左傳昭公元年:"臺駘能業其官,宣汾洮,障大澤,以處大原。帝用嘉之,封諸汾川。沈、姒、蓐、黄,實守其祀。"杜預注:"宣,猶通也。汾、洮,二水名。"汾水在今山西中部,洮水在今山西絳縣南。又楊伯峻春秋左傳注:"汾川即汾水流域。"

〔一四七〕古今姓氏書辯證卷二一止韻姒:"又左傳載少昊子臺駘,'封諸汾川;沈、姒、蓐、黄,實守其祀'者,姒迺國名,非姓也。"

〔一四八〕鄁:在今河南淅川縣西。

〔一四九〕詹桓伯:周景王時大夫。吳本"伯"譌"舊"。　先王居檮杌于四裔,故允姓之戎居于瓜州:檮杌(táo wù),帝顓頊不才子,古惡人"四凶"之一。左傳昭公九年載詹桓伯語,作:"先王居檮杌于四裔以禦螭魅,故允姓之姦居于瓜州。"

〔一五〇〕杜預以爲陰戎與三苗俱竄三危:左傳昭公九年"先王居檮杌于四裔以禦螭魅"杜預注:"言檮杌,略舉四凶之一。下言四裔,則三苗在其中。"

〔一五一〕通典等以駒支爲瓜州允姓戎:通典卷一七四州郡四沙州:"昔舜流三苗於三危,即其地也。其後子孫爲羌戎,代有其地。古謂之瓜州,左傳所説'允姓之戎,居於瓜州'是也。"原注:"戎子名駒支也。"

〔一五二〕按宣子語駒支云:"昔秦人迫逐乃祖吾離于瓜州",此自羌姓爲秦所逐者:參見後紀四炎帝參盧"商周別爲赤白之狄——狄歷、廥咎、皋落、九州之戎"羅苹注。 左之繆:左,佐證,證明。繆,通"謬",謬誤。

〔一五三〕楚丘己氏城:楚丘,縣名。己氏城,楚丘縣治,故址在今山東曹縣東南。

〔一五四〕見輿地廣記卷七拱州楚丘縣,原文作:"春秋戎州己氏之邑,蓋昆吾之後別在夷狄者,周衰,入居于此。"

〔一五五〕僖廿二年,陸渾戎遷伊川,允姓戎遷渭汭:渭汭,渭水入黃河處,在今陝西潼關縣東北。後漢書西羌傳:"後九年,陸渾戎自瓜州遷于伊川,允姓戎遷于渭汭。"李賢于"陸渾戎自瓜州遷于伊川"下注云:"事見僖二十二年。"彦按:是年左傳文作:"秋,秦、晉遷陸渾之戎于伊川。"

〔一五六〕傳以秦晉九州陸渾戎爲允戎之散:彦按:此説不知何據。左傳昭公二十二年:"冬,十月丁巳,晉籍談、荀躒帥九州之戎及焦、瑕、溫、原之師,以納王于王城。"杜預注:"九州戎,陸渾戎。十七年滅,屬晉。"或據此乎?待考。

〔一五七〕國都記:即國都城記,南北朝(?)徐才宗撰。

〔一五八〕修:洪本、吴本、四庫本作"脩"。

〔一五九〕育:培養。

〔一六〇〕吕刑傳:吴本、四庫本"刑"譌"邢"。

〔一六一〕蓋羲和亦曰重黎,帝堯所命:尚書吕刑"乃命重、黎,絕地天通,罔有降格"孔氏傳:"重即羲,黎即和。堯命羲和世掌天地四時之官,使人神不

擾,各得其序。"孔穎達疏:"言羲是重之子孫,和是黎之子孫,能不忘祖之舊
業,故以重黎言之。"

〔一六二〕見國語楚語下。

〔一六三〕孔安國、班固皆云羲和其後:孔安國云,見上注〔一六一〕。班固
云,見漢書律曆志上,詳本書後紀七小昊青陽氏注〔四二六〕。

〔一六四〕法言重黎:"或問:'南正重司天,北正黎司地,今何僚也?'曰:
'近羲,近和。''孰重? 孰黎?'曰:'羲近重,和近黎。'"

〔一六五〕厥後彊力,侵尋四伐,重氏苦之而遺之姝:彊力,強大而有勢力。
四庫本"彊"作"疆",仍當讀"彊"。侵尋,漸進,逐漸發展。姝,美女。　或而
不治,大臣爭棅:或,通"惑",迷戀。棅,同"柄",權力。

〔一六六〕青陽惛:"惛"洪本作"倍",餘諸本作"偣"。彥按:古今姓氏書
辯證卷一七青韻青陽、通志卷二八氏族略四古天子名均作青陽惛,當是。蓋
"惛"先譌爲"偣",後又譌作"倍"。今訂正。　東海王:吳本"海"譌"陽"。
唐道襲:各本均脱"襲"字。道襲爲前蜀王氏樞密使,名著于史籍,今據古今姓
氏書辯證訂補。

〔一六七〕裔子:後代子孫。

〔一六八〕繇本再生者:吳本"本"譌"木"。再生,猶謂第二胎生。

〔一六九〕本音由:洪本、吳本"由"譌"巾"。

〔一七〇〕兹基逢時:兹基,即鎡基,古鋤田工具,也稱大鋤。孟子公孫丑
上:"齊人有言曰:雖有知慧,不如乘勢;雖有鎡基,不如待時。"　稷、契、皋陶:
稷,周之祖先棄。契(xiè),商之祖先。皋陶,虞舜時的司法官。各本皆譌作
"陶繇",今據易林本文訂正。　貞良得願:貞良,指忠良的人。各本皆譌"上
食",今據易林本文訂正。願,吳本、備要本譌"顧"。　微子解囚:洪本、吳本、
備要本"囚"譌"因"。

〔一七一〕而禮記"喜則斯猶":見禮記檀弓下。原文作:"人喜則斯陶,陶
斯咏,咏斯猶。"　先儒亦爲"搖"讀,謂秦人"猶"、"搖"聲相近:禮記檀弓下
"咏斯猶"鄭玄注:"猶當爲搖,聲之誤也。搖謂身動搖也,秦人猶、搖聲相近。"

〔一七二〕小顏漢書讀"繇"皆爲"由":小顏漢書,指顏師古漢書注,"漢
書"下宜有"注"字。由,洪本、吳本譌"肉"。彥按:小顏漢書注讀"繇"爲"由"

之例，如文帝紀“而列侯亦無繇教訓其民”、武帝紀“厥路亡繇”、宣帝紀“上亦亡繇知”，顏注並曰：“繇讀與由同。”然未至于“皆”，如高帝紀“高祖常繇咸陽”顏注即曰：“繇讀曰傜，古通用字。” 惟“皋繇正五刑”爲弋昭切：惟，吳本、四庫本作“唯”。刑，吳本譌“荆”。漢書百官公卿表上：“咎繇作士，正五刑。”顏師古注：“繇音弋昭反。”

〔一七三〕繇生馬喙：馬喙，馬嘴。 忠信疏通：疏通，通達。 訒而敏事：訒，同“讓”，口吃。吳本作“切”，誤。 漁于雷澤：雷澤，古澤名。在今山東菏澤市東北。

〔一七四〕虞帝求旃，以爲士師：旃，“之焉”之合聲。士師，古代執掌禁令刑獄的官名。

〔一七五〕振褐：猶振衣，謂抖衣去塵，整衣。晉書皇甫謐傳：“是以皋陶振褐，不仁者遠。”

〔一七六〕季代曆：季，四庫本作“年”，同；洪本、吳本、備要本作“季”，誤。

〔一七七〕世以秦紀言女修，遂謂高陽之後：史記秦本紀：“秦之先，帝顓頊之苗裔孫曰女脩。”張守節正義：“黃帝之孫，號高陽氏。”

〔一七八〕鄧名世猶以李、嬴出高陽：古今姓氏書辯證卷二一止韻李云：“出自嬴姓。顓帝高陽氏生大業。大業生女華。女華生皋陶，字庭堅，爲堯大理。生益。益生思成。歷虞、夏、商，世爲大理，以官命族，爲理氏。至紂之時，理徵字德靈，爲翼隸中吳伯，以直道不容於紂，得罪而死。其妻陳國契和氏與子利〔正〕〔貞〕逃難於伊侯之墟，食木子得全，遂改理爲李氏。”彥按：北史序傳、新唐書宗室世系表上、通志卷二八氏族略四以官爲氏李氏説同。

〔一七九〕馬口，見論衡：論衡骨相、講瑞並曰：“皋陶馬口。” 獄主：主管監獄者。

〔一八〇〕淮南子作“鳥喙”：淮，吳本譌“准”。鳥喙，今本淮南子脩務作“馬喙”，曰：“皋陶馬喙，是謂至信，決獄明白，察於人情。” 元命苞云“鳥喙子”：太平御覽卷二四引春秋元命苞曰：“堯爲天子，季秋下旬，夢白帝遺以鳥喙子。其母索扶始升高丘，白帝上有雲如虎，感己生皋陶。”

〔一八一〕乃立狴獄，造科律：狴獄，監獄。狴，同“犴”，音 àn，古時鄉亭的拘留所，後泛指監獄。科律，法令，法律。 聽獄：審理案件。

〔一八二〕封之于皋:皋,地名。在今安徽六安市。

〔一八三〕咎陶謨:'虞始造律':咎陶謨,即皋陶謨,尚書篇名。今本尚書不見"虞始造律"句,蓋佚文。　蕭何:漢初丞相,輔助漢高祖劉邦建立漢政權,曾參考秦律制定漢九章律。

〔一八四〕傅子:書名。晉傅玄撰。

〔一八五〕後漢張敏:東漢河間鄚(今河北任丘市)人,章帝時官尚書。皋陶造法律,原其本意,皆欲禁民爲非者也:見後漢書張敏傳,原文無"者"字。

〔一八六〕急就篇:漢史游撰。　皋陶造獄:見急就篇卷四。原文爲:"皋陶造獄法律存。"

〔一八七〕見君守篇。

〔一八八〕六藝論言符瑞,與中候最詳:六藝論,"藝"喬本、洪本作"蓺",誤;備要本作"蓺",與"藝"同。今從吳本、四庫本改。中候,即尚書中候。各本"候"均譌"侯",今訂正。

〔一八九〕如皋陶於洛見黑公等事,亦見詩疏:洛,吳本作"落",誤。黑公,膚色黝黑的漢子。各本皆作"黑書"。彦按:當作"黑公"。毛詩大雅文王序"文王,文王受命作周也"孔穎達疏:"又鄭於六藝論極言瑞命之事,云:太平嘉瑞,圖書之出,必龜龍銜負焉。黃帝、堯、舜、周公,是其正也。若禹觀河見長人,皋陶於洛見黑公,湯登堯臺見黑鳥,至武王渡河白魚躍,文王赤雀止於户,秦穆公白雀集於車,是其變也。"今據以訂正。　如解豸事:解豸(xiè zhì),神獸名。似鹿而一角,相傳能辨曲直,以角觸不直者。初學記卷二九羊:"王充論衡曰:解豸者,一角之羊也,性知有罪。皋陶治獄,其罪疑者,令羊觸之。"彦按:今本論衡是應文作:"儒者説云:'觟𧣾者,一角之羊也,性知有罪。皋陶治獄,其罪疑者,令羊觸之。有罪則觸,無罪則不觸。斯蓋天生一角聖獸,助獄爲驗,故皋陶敬羊,起坐事之。"

〔一九〇〕餘論:吳本"餘"作"虞",當由音譌。

〔一九一〕六安縣:在今安徽六安市。　安豐芍陂:安豐,縣名。洪本、吳本、四庫本"豐"作"豊"。芍陂,陂塘名。在今安徽壽縣南。

〔一九二〕見輿地廣記卷二一壽州安豐縣。

〔一九三〕見太平寰宇記卷一二九壽州六安縣皋陶冢。

〔一九四〕見水經注卷三二沘水，原文爲：“今縣都陂中有大冢，民傳曰公琴者，即皋陶冢也。楚人謂冢爲琴矣。”

〔一九五〕皋克天德，自作元命，配享在下：尚書吕刑：“典獄，……敬忌，罔有擇言在身。惟克天德，自作元命，配享在下。”曾運强正讀：“‘克’，肩也。‘自作元命’，猶言‘自求多福’也。‘配享’，言配天而享其禄矣。”彦按：肩，謂肩負。元，蓋訓善。

〔一九六〕摯虞雜祀議：摯虞，西晉文學家。晉書卷五一有傳。洪本、吴本“摯”譌“贄”。雜祀議，各本“祀”皆譌“記”，今據太平御覽訂正。　祠皋陶於廷尉寺：祠，祭祀。太平御覽卷五二六引摯虞雜祀議，作“祀”。廷尉寺，官署名，掌刑獄。

〔一九七〕故范滂至獄，獄吏請祭皋陶：范滂，東漢直臣。後漢書范滂傳：“牢脩誣言鉤黨，滂坐繫黄門北寺獄。獄吏謂曰：‘凡坐繫皆祭皋陶。’滂曰：‘皋陶賢者，古之直臣。知滂無罪，將理之於帝；如其有罪，祭之何益！’衆人由此亦止。”

〔一九八〕見晉書禮志上，原文作：“故事，祀皋陶於廷尉寺，新禮移祀於律署，以同祭先聖於大學也。”　律署：官署名，掌律令，級別低于廷尉寺。　大學：我國古代設于京城的最高學府。大，“太”之古字，四庫本作“太”。

〔一九九〕晉書禮志上原文作：“故事，祀以社日，新禮改以孟秋之月，以應秋政。”　社日：祭祀土神的日子，古時一般在立春、立秋後第五個戊日進行。孟秋：農曆七月。　秋政：秋天的政令。各本“秋”皆譌“社”。今據晉書訂正。

〔二〇〇〕摯以皋陶作士：摯，指摯虞。士，古代掌管刑獄的官，也稱士師。晉書禮志上即作“士師”。　郡縣遠方神祠各奉祠之：彦按：此句乃羅氏據意擬造，非晉書禮志上語。晉志原文作“繫者致其祭”。

〔二〇一〕雜五行書：佚書，作者不詳。

〔二〇二〕舊唐書玄宗紀天寶二年：“三月壬子，……尊咎繇爲德明皇帝。”

〔二〇三〕史傳以爲伯益，而謂爲高陽後：其例如：史記秦本紀“女華生大費”司馬貞索隱：“嬴姓之先，一名伯翳，尚書謂之伯益，系本、漢書謂之伯益，是也。尋檢史記上下諸文，伯翳與伯益是一人不疑。而陳杞系家即敍伯翳與伯益爲二,未知太史公疑而未決邪?抑亦謬誤爾?"漢書地理志下"秦之先曰柏益,出自帝顓頊"顏師古注:"伯益一號伯翳,蓋翳、益聲相近故也。"又後漢書蔡邕傳"昔伯翳綜聲於鳥語"李賢注:"伯翳即秦之先伯益也。"

〔二〇四〕皖:各本皆譌"皖",今據本書國名紀二少昊後偃姓國訂正。

〔二〇五〕州則鹵咸之:鹵,通"魯"。彥按:"州則鹵咸之",不知何據,其説可疑。本書國名紀二少昊後偃姓國州並不言爲魯所滅。漢語大詞典、部州義項⑥古國名之(2)曰:"偃姓。春秋時爲楚所滅。"疑是。待考。　絞,佼,則朱咸之:彥按:"朱"疑當作"邾"。路史此説蓋由左傳哀公二年"春,伐邾,將伐絞"杜預注"絞,邾邑"而來。然彼絞非偃姓國名之絞,羅氏誤混爲一,非是。本書國名紀二少昊後偃姓國絞曰:"佼也。楚伐取之。"則滅偃姓之絞者,楚也。參見該條及注文。　舒、皖、貳、軫、鳩、庸、龍、蓼,則食於楚矣:皖,喬本、四庫本、備要本譌"皖",此從洪本及吳本。鳩、庸、龍、蓼,指舒鳩、舒庸、舒龍、舒蓼。食,謂吞并。

〔二〇六〕史記:偃姓,皋陶後,莊帝母匽氏國:彥按:此説當自鄧名世古今姓氏書辯證而來。鄧書卷二五阮韻匽曰:"後漢孝莊帝母匽氏,諱明。史記曰:匽姓,皋陶之後。"然而其説有誤。後漢無所謂之"孝莊帝"。"孝莊帝"當作"孝桓帝"。後漢書孝桓帝紀:"母匽氏。"李賢注:"諱明,本蠡吾侯之媵妾。史記曰:匽姓,咎繇之後也。"至所以孝桓帝乃成"孝莊帝",則頗疑爲宋人避欽宗趙桓諱之遺留。又按:所謂之"史記曰",蓋指張守節史記正義説也。史記夏本紀:"封皋陶之後於英、六。"張守節正義:"英蓋蓼也。括地志云:光州固始縣,本春秋時蓼國。偃姓,皋陶之後也。"

〔二〇七〕潛夫論,偃姓有舒庸、舒鳩、舒龍、舒共、止、鄧、謠、參、會、六、阮、棐、高:見潛夫論志氏姓。舊本"偃姓"作"優姓",清汪繼培箋本據此路史羅苹注引改爲"偃姓"。又,今本潛夫論"止"作"止龍","謠"作"滛","阮"作"院","棐"作"葉"。汪繼培箋云:"文出世本,見文十二年左傳疏。(路史)後紀'止'下無'龍'字。按'止龍'當爲'舒鮑',左傳疏引世本有舒鮑,此下列鮑姓在鄧上可證。'共'世本作'龔',又别有舒蓼,'參'疑即'蓼'之誤。'滛'後紀作'謠',按當爲'繇',後漢書郅惲傳有西部督郵繇延,章懷注:'繇姓,咎繇之後。''院'後紀作'阮',當爲'皖',漢書地理志廬江郡(皖)[皖]縣在舒與龍

舒之後，國名紀二引地記：‘(皖)〔睆〕，偃姓，皋陶後。’‘白’（彦按：當作‘目’）
與‘自’偏旁形近之誤。‘高’當爲‘鬲’，即漢志平原郡之鬲，國名紀引郡國縣
道記云：‘古鬲國，偃姓，皋陶後。漢爲縣。’亦見國名紀六。‘葉’後紀作‘棐’，
王侍郎云：‘疑是“裴”。’廣韻十五灰‘裴’字注云：‘裴姓，伯益之後，封於萯鄉，
因以爲氏。後徙封解邑，乃去邑從衣。’”彭鐸校正曰：“按：‘蓼’誤作‘參’，秦
嘉謨説同。其上當據世本六舒補‘舒’字，而移至‘鬲’上。‘葉’程本作‘築’，
秦氏據僖十七年春秋‘齊人、徐人伐英氏’，及史記陳杞世家‘皋陶之後，或封
英、六’，謂‘築’當爲‘英’。考英即今湖北英山，六即今安徽六安，壤地相接；
若伯益乃嬴姓，而解邑在今山西，去偃姓諸國彌遠，則知王説謬而秦説是矣。
今輒正其文如下：‘偃姓舒庸、舒鳩、舒龍、舒共、舒鮑、舒蓼、鬲、縣、會、六、皖、
英、高國。’言此十三國皆偃姓也。”彦按：汪、彭二氏説多可從。路史卷二五國
名紀二少昊後偃姓國乃據傳本潛夫論志氏姓誤文敷衍，其中自多不實之處。

〔二〇八〕舒蓼：洪本此二字爲空闕，吴本、四庫本則脱其文。

〔二〇九〕庭堅：帝顓頊高陽氏八才子之一。

〔二一〇〕杜皆以爲皋陶後：左傳文公五年：“臧文仲聞六與蓼滅，曰：‘皋
陶、庭堅不祀忽諸。’”杜預注：“蓼與六，皆皋陶後也。”　又以蓼爲即舒蓼：春
秋釋例卷六土地名舒地：“文十二年羣舒：舒龍、舒蓼、舒庸、舒鳩。五名。廬江
六縣西南有龍舒城。蓼，安豐蓼縣。”

〔二一一〕見國名紀二少昊後偃姓國及少昊後嬴姓國。　國名紀：四庫本
如此，今從之。餘諸本“紀”作“記”非。

〔二一二〕春秋文公五年：“秋，楚人滅六。”

〔二一三〕或以英、六、蓼：吴本、四庫本“蓼”作“皋”。彦按：“或以英、六、
蓼（皋）”，語意未完，疑有脱文。

〔二一四〕商有咎單：史記殷本紀：“咎單作明居。”裴駰集解引馬融曰：“咎
單，湯司空也。”　乃音爲“舊”：尚書序“咎單作明居”陸德明音義：“咎，其九
反。”彦按：其九反即讀“舊”音。

〔二一五〕話言：吴本、四庫本作“語言”。

〔二一六〕夏始食于嬴，爲嬴氏：食，謂食禄，受封。嬴氏，喬本、洪本、吴本
“嬴”作“贏”，非。今據四庫本、備要本改。彦按：史記秦本紀曰：“大費……佐

舜調馴鳥獸,鳥獸多馴服,是爲柏翳。舜賜姓嬴氏。"則爲嬴氏在虞舜時,而非夏時。

〔二一七〕盈暨功于洪:"盈"字疑衍。暨,及。洪,洪水。　帝乃錫之皁斿、玄玉、姚女,而封之費:皁斿,黑色的旌旗。斿,同"旒",旌旒。玄玉,黑色的玉。姚女,喬本"女"譌"玄",今據餘諸本訂正。費,地名。見國名紀二少昊後嬴姓國費及注。史記秦本紀:"女華生大費,與禹平水土。已成,帝錫玄圭。禹受曰:'非予能成,亦大費爲輔。'帝舜曰:'咨爾費,贊禹功,其賜爾皁游。爾後嗣將大出。'乃妻之姚姓之玉女。"

〔二一八〕古人多以大加國:大,各本皆譌"人",今據上下文意訂正。　非字也:字,名,命名。

〔二一九〕盈羨:充足富餘。四庫本"羨"作"美",蓋形譌。　即太山嬴縣也:太山,即泰山,郡名。嬴縣,治所在今山東萊蕪市萊城區羊里鎮。吳本、四庫本無"也"字。

〔二二〇〕高陽:吳本"高"譌"矦"。　而大廉、若木爲伯益子者:大廉、若木,大費二子。史記秦本紀:"大費生子二人:一曰大廉,實鳥俗氏;二曰若木,實費氏。"

〔二二一〕都城記:即國都城記,南北朝(?)徐才宗撰。各本"城"均譌"成",今訂正。　爲諸侯:吳本"侯"譌"項"。

〔二二二〕出自顓頊。益爲舜虞,賜姓嬴氏。至扉子封秦谷,爲氏:虞,古代掌管山林川澤之官。扉子,即非子。周孝王時主管畜牧,以功封於秦,爲秦國始祖。四庫本作"非子"。秦谷,地名。在今甘肅張家川回族自治縣東。彥按:歐陽修集古錄卷四有吳九真太守谷府君碑,文曰:"府君諱朗,字義先。……其先出自顓頊。益爲舜虞,賜姓嬴氏。至於扉子,封於秦谷,因而氏焉。"

〔二二三〕史作"浴":史,指史記。史記秦本紀:"大費生子二人:一曰大廉,實鳥俗氏。"司馬貞索隱:"俗,一作'浴'。"

〔二二四〕孟虧、仲衍:史記秦本紀作孟戲、中衍。

〔二二五〕孟虧能帥翳者,作土于蕭:帥,遵循,繼承。作土,封地。作,通"柞",賜。蕭,在今安徽蕭縣西北。

〔二二六〕史作孟戲，云“大廉元孫”：元孫，四庫本作“玄孫”。史記秦本紀：“大廉玄孫曰孟戲、中衍。”

〔二二七〕張華作“孟舒”：見張華博物志卷二外國。

〔二二八〕史以仲衍爲孟戲兄弟，以戎胥軒爲仲衍元孫：四庫本“元孫”作“玄孫”。彦按：史記秦本紀實以中潏爲仲衍玄孫，戎胥軒爲仲衍曾孫。羅氏所言有誤。

〔二二九〕夫孟戲當夏之中世，豈有母弟乃後出四五百年，而臣太戊哉：彦按：羅苹據括地圖以孟戲當夏之中世，而史記秦本紀曰“大廉玄孫曰孟戲、中衍，鳥身人言。帝太戊聞而卜之使御，吉，遂致使御而妻之”，是太史公不以孟戲爲夏中世人，前提已自不同，駁之殊無道理。此等傳説古事，皆不得深究也。

〔二三〇〕而革纔六世，遽事紂乎：革，即惡來，中衍玄孫中潏之孫，商紂王臣，以勇力聞名，周武王伐紂，被殺。遽，通“詎”，豈。

〔二三一〕申侯：周孝王時申國國君。　仲衍以故親西周：彦按：此句文字疑有譌誤。史記秦本紀作“（中潏）以親故歸周”。

〔二三二〕健步：善于走路。洪本、吳本、四庫本“健”作“徤”，同。

〔二三三〕武王殺之：殺，喬本作“𢧌”，洪本、吳本、備要本作“投”，與史記不符，今從四庫本。史記秦本紀：“周武王之伐紂，并殺惡來。”又趙世家：“（惡來）事紂，爲周所殺。”

〔二三四〕史記秦本紀：“惡來革者，蜚廉子也，蚤死。”

〔二三五〕史記秦本紀：“季勝生孟增。孟增幸於周成王，是爲宅皋狼。皋狼生衡父，衡父生造父。造父以善御幸於周繆王。……徐偃王作亂，造父爲繆王御，長驅歸周，一日千里以救亂。繆王以趙城封造父，造父族由此爲趙氏。”

〔二三六〕史記趙世家：“自造父已下六世至奄父，……奄父生叔帶。叔帶之時，周幽王無道，去周如晉，事晉文侯，始建趙氏于晉國。”

〔二三七〕九世，而武立：彦按：“九世”當作“十世”。據史記趙世家，叔帶以下，五世而至趙夙。趙夙生共孟，爲六世；共孟生趙衰，爲七世；趙衰生趙盾，爲八世；趙盾生趙朔，爲九世；趙朔生趙武，是爲十世。

〔二三八〕復再世，而析晉：彦按：析晉事在成侯種時。史記趙世家：“（成侯）十六年，與韓、魏分晉。”　三世，主父益大：主父，即趙武靈王。武靈王二十七年,立王子何以爲王,是爲惠文王,而自號主父。彦按:此"三世"當爲"二世"。據史記趙世家,成侯子肅侯,肅侯子即主父,故但歷二世。

〔二三九〕又五世,邯鄲没秦,諸大夫立嘉于代:邯鄲,戰國趙都城,在今河北邯鄲市。代,地名。在今河北蔚縣代王城鎮。彦按:"五世"當作"四世"。據史記趙世家,主父子惠文王何,惠文王子孝成王丹,孝成王子悼襄王偃,悼襄王子幽繆王遷,而"(幽繆王遷)八年十月,邯鄲爲秦",是當主父後又四世也。又史記趙世家太史公曰:"悼襄王廢適子嘉而立遷。……秦既虜遷,趙之亡大夫共立嘉爲王。王代六歲,秦進兵破嘉,遂滅趙以爲郡。"

〔二四〇〕剡:音 yǎn,削,侵奪。

〔二四一〕天水:今甘肅天水市一帶。新唐書宰相世系表三下:"(遷)爲秦所滅,趙人立遷兄嘉爲代王,後降於秦。秦使嘉子公輔主西戎,西戎懷之,號曰趙王,世居隴西天水西縣。"

〔二四二〕史記屠岸賈滅趙,與程嬰、公孫杵臼保趙孤事:見史記趙世家。屠岸賈,春秋時晉景公司寇。程嬰,晉大夫趙朔門客。公孫杵臼,趙朔友人。趙孤,指朔被屠岸賈殺後,其妻遺腹子趙武。

〔二四三〕程嬰、杵臼墓在絳之太平南二十一里趙盾墓塋中:絳,州名。太平,縣名,治所在今山西襄汾縣汾城鎮。洪本、吴本、四庫本、備要本皆作"太甲",誤。趙盾,春秋晉卿大夫,趙朔父。

〔二四四〕隨圖經:即隋圖經集記。隋郎茂撰。隨,通"隋",備要本作"隋"。　今洺州,趙氏數百家,每祭,則設客位以祀嬰、杵臼主:洺州,州名,治所在今河北邯鄲市永年區廣府鎮。主,神主,牌位。　號曰祀祖:太平寰宇記卷五八河北道七洺州風俗引隋圖經,作"號曰祀客"。

〔二四五〕形影:謂捕風捉影。

〔二四六〕奢封馬服君:奢,趙奢,戰國趙國名將。四庫本譌"屠"。

〔二四七〕援,馬服之後:援,馬援,東漢初名將。後漢書馬援傳:"馬援字文淵,扶風茂陵人也。其先趙奢爲趙將,號曰馬服君,子孫因爲氏。"

〔二四八〕趙括:戰國趙馬服君趙奢子。死讀兵書,率兵攻秦而爲射斃,數十萬趙兵降秦而被坑殺。　服武事者:服,從事,致力于。

〔二四九〕平原君勝封武成:平原君勝,戰國趙宗室大臣趙勝,惠文王弟,

以賢能而爲戰國四公子之一。武成，即武城，在今山東武城縣西北。　因氏
焉：喬本、洪本、吳本、四庫本作"成因氏宮"，備要本作"成因氏官"。彥按："成
因氏宮（官）"，于文不通，當有譌誤。古今姓氏書辯證卷二三麌韻武、通志卷
二七氏族略三以邑爲氏趙邑武成氏引風俗通，並作"因氏焉"，今據以訂改。

　　〔二五〇〕馬氏之後彙狀：彙狀，行狀彙編。喬本"之後"與"彙狀"間有占
二字位之墨丁，洪本則留空白，未知是否存在闕文。

　　〔二五一〕漢封周陽由爲周陽氏：周陽由，西漢酷吏。史記周陽由傳："周
陽由者，其父趙兼以淮南王舅父侯周陽，故因姓周陽氏。"

　　〔二五二〕馬何羅，後漢爲莽：馬何羅，漢武帝時侍中，因謀殺武帝未遂被
斬。後漢，喬本作"漢後"，餘諸本均但作"後"字。彥按："漢後"蓋"後漢"倒
文，他本則疑脱"漢"字。古今姓氏書辯證卷二七蕩韻莽曰："前漢反者馬何
羅，後漢明德馬后耻與同宗，改爲莽氏。"是也。今據以訂正。

　　〔二五三〕張遼，趙壹之後：張遼，三國曹魏名將。彥按：趙壹乃聶壹之誤，
羅氏蓋誤記而誤説。三國志魏志張遼傳："張遼字文遠，雁門馬邑人也。本聶
壹之後，以避怨變姓。"太平御覽卷二三八、卷二六五引魏志，通志卷一一五下
張遼傳亦均作"聶壹"。

　　〔二五四〕元和姓纂卷一〇屋韻叔帶："英賢傳，趙叔帶之後。齊大夫有叔
帶子莊，爲莊公御。"

　　〔二五五〕周書趙肅傳："趙肅字慶雍，河南洛陽人也。……（西魏文帝大
統）十七年，進位車騎大將軍、儀同三司、散騎常侍，賜姓乙弗氏。"又古今姓氏
書辯證卷二五小韻趙："西魏……又賜清河公趙肅姓乙弗，隋初復舊，孫宏智
事唐。"

　　〔二五六〕采于眭者，又爲眭氏：眭（suī），地在今山西昔陽縣東冶頭鎮。
元和姓纂卷二支韻眭："趙大夫食采眭邑，因以爲氏。"

　　〔二五七〕野：粗俗。

　　〔二五八〕孝王封之秦谷，使復嬴氏：秦谷，在今甘肅清水縣東。史記秦本
紀："非子居犬丘，好馬及畜，善養息之。犬丘人言之周孝王，孝王召使主馬于
汧渭之間，馬大蕃息。……於是孝王曰：'昔伯翳爲舜主畜，畜多息，故有土，賜
姓嬴。今其後世亦爲朕息馬，朕其分土爲附庸。'邑之秦，使復續嬴氏祀，號曰

秦嬴。”

〔二五九〕谷朗碑與永寧侯相碑皆作扉子:洪本、吴本“作”譌“非”。歐陽修集古録卷四吴九真太守谷府君碑:“右谷朗者,事吴爲九真太守。碑無書撰人名氏,其序云:‘……其先出自顓頊。益爲舜虞,賜姓嬴氏。至於扉子,封於秦谷,因而氏焉。’……按秦本紀,韭子邑於秦。而此與朗子永寧侯相碑皆爲扉子,莫詳其義也。”

〔二六〇〕五世,襄公勤于平王,錫之岐、豐,以爲侯:岐,在今陝西岐山縣、鳳翔縣一帶。豐,在今陝西西安市長安區西北灃河以西地區。洪本作“豊”。史記秦本紀:“西戎犬戎與申侯伐周,殺幽王酈山下。而秦襄公將兵救周,戰甚力,有功。周避犬戎難,東徙雒邑,襄公以兵送周平王。平王封襄公爲諸侯,賜之岐以西之地。曰:‘戎無道,侵奪我岐、豐之地,秦能攻逐戎,即有其地。’與誓,封爵之。襄公於是始國。”

〔二六一〕趙政:即秦始皇嬴政。史記秦始皇本紀:“秦始皇帝者,秦莊襄王子也。……以秦昭王四十八年正月生於邯鄲。及生,名爲政,姓趙氏。”

〔二六二〕振古亡與:自古所無。振古,遠古,往昔。亡,無。與,相同,相匹。

〔二六三〕王莽改嚴尤、廉丹皆爲徵,號二徵將軍:嚴尤,新莽大司馬。廉丹,新莽更始將軍。漢書王莽傳下:“(莽)欲遣(嚴)尤與廉丹擊匈奴,皆賜姓徵氏,號二徵將軍。”

〔二六四〕姓書爲丁、止二音:各本“止”均作“丘”。彦按:徵無丘音,“丘”當“止”字之誤。古今姓氏書辯證卷一七蒸韻徵云:“仁宗皇帝嫌名,字與角徵之徵同。”五音角徵之徵即讀止音,唐吴兢貞觀政要卷九征伐:“文鋒既振,則宮徵自諧”,注云:“徵音止。”是也。又路史下文“有理氏、……徵氏”羅苹注:“徵,音止。”亦可爲證。今訂正。　云皆出李徵者:李徵,即理徵。見上注〔一七八〕。

〔二六五〕秦公子將閭:秦始皇子。二世誅諸公子,因拔劍自殺。見史記秦始皇本紀二世元年。

〔二六六〕姓纂引將閭莵:備要本“莵”作“菟”,與今本元和姓纂同,其卷五陽韻將閭云:“漢書藝文志云,將閭子名莵,著書,見莊子。”　乃莊子之蔣閭菮：蔣閭菮，見莊子天地篇。古今姓氏書辯證卷一四陽韻下將閭："出自秦公子將閭之後，以字爲氏。謹按：元和姓纂曰'漢藝文志有將閭子著書，名莬'，誤矣。此莊子所謂蔣閭菮者。林氏以'蔣'爲'將'，以'菮'爲'莬'。"

〔二六七〕王功秦仲，既國襄：秦仲，非子曾孫。史記秦本紀云："西戎反王室，滅犬丘大駱之族。周宣王即位，乃以秦仲爲大夫，誅西戎。西戎殺秦仲。"故有功周王室。襄，指秦仲孫秦襄公。國襄，謂周平王封秦襄公爲諸侯。見史記秦本紀。　　而復録其少子康，使有夏陽，爲梁伯：録，取用，任用。夏陽，地名。在今陝西韓城市南。宋章定名賢氏族言行類稿卷二三梁："姓纂：嬴姓伯益之後。秦仲有功，周平王封其少子康於夏陽，是爲梁伯。後爲秦所滅。子孫以國爲氏。"又清儲大文等纂山西通志卷六四氏族一梁（安定）："秦仲有功，封其少子康於夏陽，是爲梁伯。後爲秦所滅。子孫以國爲氏。唐上柱國梁思墓誌：'秦仲伐西戎有功，周平王東遷，封少子康於夏陽梁山，因而命氏。'"

〔二六八〕溘：音 kè，亡，滅。

〔二六九〕少梁：夏陽舊名。秦惠文王十一年（前 327），改少梁名夏陽。見水經注卷四河水。

〔二七〇〕又西魏賜梁禦爲紇豆陵氏：梁禦，西魏東雍州刺史。彥按：周書梁禦傳曰："梁禦字善通，其先安定人也。後因官北邊，遂家於武川，改姓爲紇豆陵氏。"北史梁禦傳、通志卷一五六梁禦傳同。均但稱改姓，不言賜姓，羅氏此説，不知何據。　　至隨而復：備要本"隨"作"隋"，改用本字。

〔二七一〕漢莽以梁攘爲修遠伯，奉小昊祀：梁攘，後漢書梁鴻傳作"梁讓"，曰："梁鴻字伯鸞，扶風平陵人也。父讓，王莽時爲城門校尉，封脩遠伯，使奉少昊後，寓於北地而卒。"　　而又有運期氏：後漢書梁鴻傳："因東出關，過京師，作五噫之歌，……肅宗聞而非之，求鴻不得。乃易姓運期，名燿，字侯光，與妻子居齊魯之閒。"

〔二七二〕梁鴻改名曜：曜，後漢書梁鴻傳作"燿"。

〔二七三〕食于運：運，地名。在今山西運城市鹽湖區。

〔二七四〕自運采掩：采，謂食采。掩，地名。在今山東曲阜市境。　　鍾離：地名。在今安徽鳳陽縣境。

〔二七五〕魯昭二十四年威：左傳昭公二十四年："吳人踵楚，而邊人不備，遂滅巢及鍾離而還。”

〔二七六〕不羹：羹，音 láng。喬本、洪本、吳本、備要本作“羮”，四庫本作
“羮”，皆“羹”字俗體。今訂作“羹”。　　樗里：各本“樗”皆譌“樿”，今據本書
國名紀二少昊後嬴姓國樗里訂正。

〔二七七〕秦鍼奔晉，封裴中，曰裴君：秦鍼，春秋秦桓公子，景公同母弟，
又稱秦后子。裴中，地名。在今山西聞喜縣東。裴君，喬本、洪本、吳本、備要
本“裴”皆作“棐”，非是。今據四庫本及新唐書宰相世系表一上裴氏、古今姓
氏書辯證卷五灰韻裴訂正。左傳昭公元年：“秦后子有寵於桓，如二君於景。
其母曰：‘弗去，懼選。’癸卯，鍼適晉，其車千乘。書曰‘秦伯之弟鍼出奔晉’，
罪秦伯也。”又古今姓氏書辯證卷五灰韻裴：“非子之支孫封䣙鄉，因以爲氏，
今聞喜䣙城是也。六世孫陵，當周僖王之世封爲解邑君，迺去‘邑’從‘衣’爲
裴。裴，衣長貌。一云晉平公封顓帝之孫鍼於周川之裴中，號裴君。疑不
可辨。”

〔二七八〕新唐書宰相世系表一上裴氏：“非子之支孫封䣙鄉，因以爲氏，
今聞喜䣙城是也。”

〔二七九〕傳謂平公封顓帝孫鍼爲裴君：新唐書宰相世系表一上裴氏：“一
云晉平公封顓頊之孫鍼於周川之裴中，號裴君。”古今姓氏書辯證卷五灰韻裴
引“一云”略同。　　故表又以爲顓帝風姓之後：新唐書宰相世系表一上裴氏：
“裴氏出自風姓。”

〔二八〇〕六世陵遷解：解，地名。在今山西臨猗縣西南。

〔二八一〕釐王：指周釐王姬胡齊。也作僖王。

〔二八二〕苻堅時，梓潼守壘襲，一作裴：苻堅，前秦世祖宣昭皇帝。喬本、
洪本、吳本、四庫本“苻”作“符”，非。今據備要本訂正。梓潼，郡名，治所在今
四川梓潼縣。喬本、洪本、四庫本、備要本作“梓橦”，吳本作“梓憧”，均誤。今
據資治通鑑卷一〇五訂正。

〔二八三〕而後趙録有壘澄，本作裴也：後趙録，北魏崔鴻撰。本，四庫本
譌“木”。裴，各本均作“斐”。彦按：作“斐”與正文不相應，當“裴”字之誤。
資治通鑑卷一〇五晉孝武帝太元九年“梓潼太守壘襲以涪城來降”胡三省注
引姓譜曰：“後趙録有壘澄，本姓裴氏。”正作“裴”。今據以訂正。

〔二八四〕又爲屨,則爲斐也:費解,疑文有誤。或“斐”當作“扉”。説文尸部云:“扉,履也。从尸,非聲。”若然,則屨之得姓,由裴之讀扉(音近),因扉而衍屨(義同),豈其然歟?

〔二八五〕唐疏勒王裴氏號阿摩支:疏勒,古西域國名。在今新疆維吾爾自治區喀什市一帶。其治疏勒城,即今疏勒縣。喬本、洪本“勒”譌“勤”,今從餘諸本改。阿摩支,四庫本“支”譌“支”。新唐書西域傳上疏勒:“疏勒一曰佉沙,……王姓裴氏,自號阿摩支,居迦師城。”

〔二八六〕後有費昌,爲湯御右;費仲事紂:御右,猶車右。古時車乘位在御者右邊的武士。彦按:史記作“御”,則是指駕車人。秦本紀曰:“(若木)其玄孫曰費昌,……費昌當夏桀之時,去夏歸商,爲湯御,以敗桀於鳴條。”司馬貞索隱:“殷紂時費仲,即昌之後也。”

〔二八七〕姒費:夏禹後之費。夏禹姒姓,故稱姒費。羅氏以爲禹後之費,音扶未切(見國名紀二少昊後嬴姓國費羅苹注。即音 fěi),而與少昊後之費別。

〔二八八〕淮:指淮河流域。

〔二八九〕夏世有調,王命以徐伯,主淮夷:淮夷,古代居于淮河流域的部族。彦按:此説出處不詳。太平寰宇記卷一六河南道十六泗州臨淮縣:“(若木)別爲費氏,居南裔爲諸侯。至夏氏末,其君費昌去夏歸商,佐湯伐桀有功,入爲卿士,以其本國爲畿内之采地,而湯更封費子之庶子于淮、泗之間徐地,以奉伯益之祀,復命爲伯,使主淮夷。”説與此異。

〔二九〇〕三十二世君偃,一假仁義而賓國三十六:一,盡,完全。假,憑藉,借助。賓國,賓服之國。賓,賓服,歸順。韓非子五蠹:“徐偃王處漢東,地方五百里,行仁義,割地而朝者三十有六國。”淮南子氾論篇及人間篇、説苑指武、論衡非韓均作“三十二國”。

〔二九一〕新唐書宰相世系表五下:“徐氏出自嬴姓。皋陶生伯益,伯益生若木,夏后氏封之於徐,其地下邳僮縣是也。至偃王三十二世爲周所滅。”

〔二九二〕偃即康王,乃穆王時:彦按:偃非康王,“康王”當作“徐王”。後漢書東夷列傳:“康王之時,肅慎復至。後徐夷僣號,乃率九夷以伐宗周,西至河上。穆王畏其方熾,乃分東方諸侯,命徐偃王主之。”

〔二九三〕太平御覽卷一六〇引都城記,文作:“周穆王末,徐君偃好行仁義,東夷歸之者四十餘國。穆王西巡,聞徐君威德日遠,遣楚襲其不備,大破之,殺偃王。其子遂北徙彭城,百姓從之者數萬。”

〔二九四〕後漢書、七諫、淮南子注以爲楚文威之:後漢書東夷傳:“偃王處潢池東,地方五百里,行仁義,陸地而朝者三十有六國。穆王後得驥騄之乘,乃使造父御以告楚,令伐徐,一日而至。於是楚文王大舉兵而滅之。”楚辭東方朔七諫沈江:“偃王行其仁義兮,荊文寤而徐亡。”彦按:考淮南子氾論“徐偃王被服慈惠,……然而身死國亡,子孫無類”高誘注:“偃王于衰亂之世,脩行仁義,不設武備,楚王滅之。”并未言楚文王。羅氏所見本異,抑或誤記,不可知也。

〔二九五〕新唐書宰相世系表五下:“至偃王三十二世爲周所滅,復封其子宗爲徐子。”

〔二九六〕新唐書宰相世系表五下:“宗十一世孫章禹,爲吳所滅,子孫以國爲氏。”

〔二九七〕宗北走彭城武原山,萬衆從之,因曰徐山:彦按:宗乃偃王之誤。晉張華博物志卷七異聞引徐偃王志云:“偃王既主其國,仁義著聞,……江淮諸侯皆伏從,伏從者三十六國。周王聞,遣使乘駰,一日至楚,使伐之。偃王仁,不忍鬬害其民,爲楚所敗,逃走彭城武原縣東山下。百姓隨之者以萬數,後遂名其山爲徐山。”後漢書東夷傳:“偃王仁而無權,不忍鬬其人,故致於敗。乃北走彭城武原縣東山下,百姓隨之者以萬數,因名其山爲徐山。”又水經注卷八濟水錄劉成國徐州地理志云徐偃王之異,唐韓愈衢州徐偃王廟碑載徐偃王事,也皆作偃王,可以爲證。彭城,郡名。武原,縣名。徐山,在今江蘇邳州市北。

〔二九八〕昭三十年,吳子執鍾離,遂伐徐,防山水之:防,堵塞。水,謂以水淹、灌。彦按:“鍾離”乃“鍾吾子”之誤。鍾吾爲小國名,在今江蘇新沂市境。鍾吾子,其君也。鍾離爲地名,在今安徽鳳陽縣境,與鍾吾並非同地異名。左傳昭公三十年:“冬十二月,吳子執鍾吾子。遂伐徐,防山以水之。”杜預注:“防壅山水以灌徐。”

〔二九九〕章羽斷髮攜孥逆,吳子復之:章羽,當作“章禹”,春秋徐國國君。孥,泛指妻兒。逆,迎接,迎候。左傳昭公三十年:“吳子怒。冬十二月,……遂

伐徐,防山以水之。己卯,滅徐。徐子章禹斷其髪,攜其夫人以逆吴子。吴子
唁而送之,使其邇臣從之,遂奔楚。"楊伯峻注:"哀七年傳云'仲雍嗣之,斷髪
文身赢以爲飾',十一年傳又云'吴髪短',則徐子之斷髪,示從吴俗爲吴民
也。"彦按:左傳不言復徐,羅氏言"吴子復之",非也。

〔三〇〇〕徐子奔楚,楚城夷而處之:夷,地名。在今安徽亳州市譙城區城
父鎮。左傳昭公三十年:"(徐子章禹)遂奔楚。楚沈尹戌帥師救徐,弗及,遂
城夷,使徐子處之。"

〔三〇一〕世勣本徐氏,賜:世勣,即唐初名將、重臣李勣。賜,謂賜李氏。
舊唐書李勣傳:"李勣,曹州離狐人也。……本姓徐氏,名世勣,永徽中以犯太
宗諱,單名勣焉。……武德二年,(李)密爲王世充所破,擁衆歸朝。其舊境東
至于海,南至于江,西至汝州,北至魏郡,勣並據之,未有所屬,謂長史郭孝恪
曰:'魏公既歸大唐,今此人衆土地,魏公所有也。吾若上表獻之,即是利主之
敗,自爲己功以邀富貴,吾所恥也。今宜具録州縣名數及軍人户口,總啓魏公,
聽公自獻,此則魏公之功也。'乃遣使啓密。使人初至,高祖聞其無表,惟有啓
與密,甚怪之。使者以勣意聞奏,高祖大喜曰:'徐世勣感德推功,實純臣也。'
詔授黎陽總管、上柱國、萊國公。尋加右武候大將軍,改封曹國公,賜姓李氏。"

〔三〇二〕潛夫論,偃王後食邑取慮,故氏:取慮,地名。在今安徽靈璧縣
高樓鎮。彦按:今本潛夫論不見此語,而元和姓纂卷五尤韻取慮有之,曰:"徐
偃王子食邑取慮,因氏焉。"不知其爲潛夫論佚文,抑或羅氏誤記。

〔三〇三〕恩成之仙世爲理:理,管理訴訟的法官。

〔三〇四〕至紂時,理徵爲翼隸中吴伯,弗合以死:翼,輔佐。隸,隸屬,附
屬。各本皆譌"肆",今訂正。中吴伯,紂時諸侯。參見上注〔一七八〕。

〔三〇五〕取契和氏逋難伊虚,爲李氏:取,通"娶"。此指所娶,即妻。伊
虚,即所謂伊侯之墟,蓋在今河南伊川縣一帶。參見上注〔一七八〕。

〔三〇六〕利貞生仲師、昌祖:利貞,理徵子。彦按:新唐書宗室世系表上
利貞子不見仲師,不知羅氏此説何據。

〔三〇七〕家于苦,生彤德,其曾碩宗因采焉:苦,地名。在今河南鹿邑縣。
各本皆譌"若",今據新唐書訂正。彤德,各本"彤"譌"肜",今據新唐書訂正。
新唐書宗室世系表上:"利貞亦娶契和氏女,生昌祖,爲陳大夫,家于苦縣。生

彤德,彤德曾孫碩宗,周康王賜采邑於苦縣。"

〔三〇八〕五世孫乾元杲爲周上御史:元杲,新唐書宗室世系表上作"元果",曰:"五世孫乾,字元果,爲周上御史大夫。"

〔三〇九〕玄妙内篇:古道家佚書名。妙,同"妙"。洪本、吳本、四庫本、備要本作"妙"。　老子母無堖:堖,夫堖,丈夫。

〔三一〇〕見唐鑑卷九玄宗中天寶二年。文曰:"三月,追尊周上御大夫爲先天太皇,皋繇爲德明皇帝。臣祖禹曰:老子之父,書傳無見焉。取方士附會之說而追尊加謐,不亦誣乎!"

〔三一一〕胎刵且眇:胎,先天,生來。刵,本義割去耳朵,此謂無耳。眇,同"眇",一目失明。

〔三一二〕前涼録:北魏崔鴻撰。　索綏:前涼學者,著作有涼春秋。

〔三一三〕與鄰人益壽氏野合而娠:鄰人,各本皆作"鄰氏人"。彦按:"氏"字當衍文,文淵閣四庫全書本十國春秋卷七五前涼録六索綏無"氏"字,今據以删。　十年而生:十年,四庫本前涼録作"八十年"。彦按:疑羅苹注"十"前脱"八"字。史記老子列傳"老子者,楚苦縣厲鄉曲仁里人也"張守節正義引朱韜、玉札及神仙傳云:"李母八十一年而生。"又引玄妙内篇,亦謂"李母懷胎八十一載"。前涼録作"八十年",舉其大數也。

〔三一四〕國臣記:佚書,作者不詳。

〔三一五〕感飛星而震:飛星,流星。震,通"娠",懷孕。

〔三一六〕副左而生儋:副(pì),剖分,破開。儋,老子字,史籍多作"聃"。史記老子列傳"老子者,楚苦縣厲鄉曲仁里人也"張守節正義引玄妙内篇云:"李母懷胎八十一載,逍遥李樹下,迺割左腋而生。"

〔三一七〕宣王四十二年乙卯:公元前786年。宣王,指周宣王。

〔三一八〕劉向列仙傳:生于商時:洪本、吳本無"劉"字。列仙傳卷上老子:"老子姓李,名耳,字伯陽,陳人也。生於殷時,爲周柱下史。"

〔三一九〕集真録:佚書,作者不詳。

〔三二〇〕耳七寸而參扇:寸,吳本、備要本誤"十"。參扇,三竅。參,通"三"。扇,"漏"之古字。淮南子修務:"禹耳參漏,是謂大通。"高誘注:"漏,穴也。"　故名耳,而字儋:儋,通"聃"。說文耳部:"聃,耳曼也。"段玉裁注:

“曼者,引也。耳曼者,耳如引之而大也。”

〔三二一〕世以爲二人:史記封禪書“周太史儋見秦獻公”司馬貞索隱:“孟康云,即老子也。韋昭案年表,儋在孔子後百餘年,非老聃也。”同書老子列傳:“自孔子死之後百二十九年,而史記周太史儋見秦獻公曰:‘始秦與周合,合五百歲而離,離七十歲而霸王者出焉。’或曰儋即老子,或曰非也,世莫知其然否。”又,漢書郊祀志“周太史儋見秦獻公”顏師古注:“孟康曰:‘太史儋,謂老子也。’師古曰:‘此亦周之太史名,非必老聃。老聃非秦獻公時。’” 不知儋與聃同:聃,喬本、洪本作“聃”,吳本、四庫本作“聃”,並誤,此從備要本。

〔三二二〕幹籍九尺:幹籍,軀幹所墊之木板,借指軀幹。籍,通“藉”。典出左傳昭公二十五年,宋元公曰:“若以羣子之靈,獲保首領以没,唯是楄柎所以藉幹者,請無及先君。” 方童長眉:童,通“瞳”,瞳人,瞳孔。 齒六八:六八,即四十八。彦按:常人但有牙齒三十二顆。

〔三二三〕詳金箓、内經、朱韜、玉札等書:金箓、朱韜、玉札,皆古道書名。各本“箓”均譌“蕭”,今據太平御覽訂正。太平御覽卷三六三引神仙傳曰:“玉札、金箓、内經皆云:老子黄色美鬚,廣額長耳,大目疎齒,方口厚脣,有參午達理,魚目虎鼻,純骨雙柱,耳有三門,足蹈二五,手把十丈。”史記老子列傳“老子者,楚苦縣屬鄉曲仁里人也”張守節正義:“朱韜、玉札及神仙傳云:‘老子,楚國苦縣瀨鄉曲仁里人。姓李,名耳,字伯陽,一名重耳,外字聃。身長八尺八寸,黄色美眉,長耳大目,廣額疏齒,方口厚脣,額有三五達理,日角月懸,鼻有雙柱,耳有三門,足蹈二五,手把十文。周時人,李母八十一年而生。’”

〔三二四〕仙傳:指劉向列仙傳。太平御覽卷九六八引列仙傳曰:“老子之母適到李樹之下而生老子。生而能語,指李樹曰:‘此以爲姓!’”

〔三二五〕邑于苦之賴:苦,縣名。在今河南鹿邑縣。賴,通“瀨”,鄉名。在今鹿邑縣東。

〔三二六〕列女傳:漢劉向撰。 萊子逃世,耕蒙山之陽,楚王求之:見列女傳卷二楚老萊妻。蒙山,即今湖北荆門市西郊的象山。

〔三二七〕按高士傳,孔子至楚見老萊子,——時已二百餘歲,班衣戲母側,——所問答皆禮事:班衣,花衣服。班,通“斑”。彦按:今本皇甫謐高士傳無此内容。藝文類聚卷二○引列女傳:“老萊子孝養二親,行年七十,嬰兒自娛,著五色采衣。嘗取漿上堂,跌仆,因臥地爲小兒啼。或弄烏鳥於親側。”又太平御覽卷六八九引孝子傳:“老萊子年七十,父母猶在,萊子常服斑爛衣爲嬰兒戲。”

〔三二八〕景王:周景王姬貴,公元前544—前520年在位。

〔三二九〕弃仕:吳本“弃”譌“弁”。

〔三三〇〕治心理性:修養心性。

〔三三一〕桓莊世,柱下史:桓莊,周桓王、周莊王。柱下史,周秦官名,掌文書及記事。因常侍立殿柱之下,故稱。　簡靈世,守藏吏:簡靈,周簡王、周靈王。守藏吏,周代負責收藏、管理國家圖籍的官員。臧,“藏”之古字,四庫本、備要本作“藏”。

〔三三二〕孔子嘗學禮焉:洪本“禮”作“理”,蓋音譌。

〔三三三〕禮記曾子問載孔子曰:“吾聞諸老聃曰:‘天子崩,國君薨,則祝取羣廟之主而藏諸祖廟,禮也。卒哭成事,而后主各反其廟。君去其國,大宰取羣廟之主以從,禮也。祫祭於祖,則祝迎四廟之主。主出廟入廟,必蹕。’老聃云。”又孔子曰:“昔者吾從老聃助葬於巷黨,及堩,日有食之,老聃曰:‘丘!止柩就道右,止哭以聽變。’既明反,而后行,曰:‘禮也。’反葬,而丘問之曰:‘夫柩不可以反者也。日有食之,不知其已之遲數,則豈如行哉!’老聃曰:‘諸侯朝天子,見日而行,逮日而舍奠。大夫使,見日而行,逮日而舍。夫柩不蚤出,不莫宿。見星而行者,唯罪人與奔父母之喪者乎!日有食之,安知其不見星也?且君子行禮,不以人之親痁患。’吾聞諸老聃云。”

〔三三四〕蓋因劉向誤以老子爲商大夫老彭也:老子,喬本、洪本、吳本、備要本皆作“孔子”,誤,今據四庫本訂正。彦按:論語述而:“子曰:‘述而不作,信而好古,竊比於我老彭。’”邢昺疏引世本云:“姓籛名鏗,在商爲守藏史,在周爲柱下史,年八百歲。……一云即老子也。”是有以老子爲老彭者。

〔三三五〕西歷流沙八十餘土,化暨三千,九萬品戒:品戒,猶戒律。品,法式,法則。廣韻寑韻:“品,式也,法也。”西陽雜俎前集卷二玉格:“老君西越流沙,歷八十一國。烏弋、身毒爲浮屠,化被三千國,有九萬品戒經,漢所獲大月支復立經是也。”

〔三三六〕大月氏:古族名。西漢文帝初年于嬀水北(今阿姆河北)建立政權。喬本、洪本作“太月氏”,此改從吳本、四庫本、備要本。

〔三三七〕化胡成佛:通志卷一九六四夷傳三西戎下于闐“俗傳老子化胡成佛之所也”注:“老子西行至此地,白日升天,與羣胡辭訣,言我暫游天上,尋當下生。其後出天竺國,化爲胡王太子,自稱曰‘佛’。”

〔三三八〕于闐西南五百里有比摩寺,記爲老子化胡之所:于闐,地名。在今新疆維吾爾自治區和田市西約特干遺址。西南,彥按:“南”字疑衍。魏書、隋書、北史三書之西域傳于闐國皆但作“西”,曰:“于闐西五百里有比摩寺,云是老子化胡成佛之所。”

〔三三九〕與羣胡泣決:決,通“訣”,辭別,告别。四庫本作“訣”。

〔三四〇〕繇:四庫本作“由”。

〔三四一〕惟近於人情者爲是:吳本、四庫本“惟”作“唯”。

〔三四二〕然儋見秦獻公,在孔子後百餘年,故韋昭以爲非:秦獻公,戰國秦國國君,名師隰,公元前384—前362年在位。參見上注〔三二一〕。

〔三四三〕今鄠縣柳谷水面有老子墓,蘇鶚云冠劍:鄠縣,即今陝西户縣。吳本、四庫本“鄠”譌“鄂”。蘇鶚,唐武功(今陝西武功縣)人,撰有蘇氏演義、杜陽雜編二書。冠劍,指冠劍墓(祇埋葬死者冠冕及佩劍的墳墓)。

〔三四四〕儋生宗,邑段干:段干,在今山西芮城縣境。喬本、洪本、吳本“段”作“叚”,非是。今據四庫本、備要本訂正。下“段氏”、“段干氏”之“段”及羅苹注中諸“段”字同。史記老子列傳:“老子之子名宗,宗爲魏將,封於段干。”裴駰集解:“此云封於段干,段干應是魏邑名也。”　世濟其德:濟,謂受益。

〔三四五〕至世民而興唐:世民,指唐太宗李世民。　傳世二十則少昊瘖:瘖,通“闇”,闇淡,衰落。新唐書太宗本紀贊曰:“唐有天下,傳世二十,其可稱者三君。”　繇之德在人也:繇之,仍舊。繇,通“猶”。

〔三四六〕史記老子列傳:“宗子注,注子宫,宫玄孫假。”

〔三四七〕宫生譜,見魏書:今本魏書未見,蓋佚文。

〔三四八〕昪養於徐,爲徐氏:昪,謂南唐烈祖李昪。新五代史南唐世家:“李昪字正倫,徐州人也。……昪少孤,流寓濠、泗間,楊行密攻濠州,得之,奇其狀貌,養以爲子。而楊氏諸子不能容,行密以乞徐温,乃冒姓徐氏,名知誥。”

〔三四九〕既復李,有南唐:吳本“唐”譌“虎”。新五代史南唐世家:“(天祚三年)十月,(楊)溥遣攝太尉楊璘傳位於昇,國號齊,改元昇元。……(二年四月)徐氏諸子請昇復姓,昇謙抑不敢忘徐氏恩,下其議百官,百官皆請,然後復姓李氏,改名曰昇。自言唐憲宗子建王恪生超,超生志,爲徐州判司;志生榮。乃自以爲建王四世孫,改國號曰唐。”

〔三五〇〕三世而俘,以歸于京:李昇死後,傳位子璟,是爲南唐中主,爲二世;璟死,傳位子煜,是爲南唐後主,爲三世。宋太祖開寶八年十二月,宋軍破南唐都城金陵,李煜降宋,翌年,俘至宋都汴京。

〔三五一〕崇氏:彥按:崇氏疑不當有。説見下注。

〔三五二〕崇、徵本皆姓李,遭亂改:彥按:此文有誤。“崇、徵本皆姓李”當作“徵崇本姓李”。三國志吳志程秉傳“秉爲傅時,率更令河南徵崇亦篤學立行云”裴松之注引吳録曰:“崇字子和,……本姓李,遭亂更姓,遂隱於會稽,躬耕以求其志。”徵崇本人名,姓徵而名崇,今誤倒而爲“崇徵”,路史乃衍爲二姓,故苹注又生出“皆”字。

〔三五三〕程康傳:彥按:“程康”當作“程秉”。程秉傳見三國志吳志。唐人避唐高祖李淵父昺嫌名,每追改史籍“秉”字作“康”(參見王彥坤歷代避諱字彙典38昺),疑此亦唐人避諱之遺留。

〔三五四〕三輔決録:漢趙岐撰。　段干木之子隱如入關,去‘干’字:段干木,戰國初年魏國名士,魏文侯以之爲師。

〔三五五〕古今姓氏書辯證卷三二换韻段:“三輔決録曰:‘段氏,李老君之自出。段干木之子隱如,入關去“干”字。’誤矣。段以字,段干以地,本爲二族,不可合爲一事也。”

〔三五六〕武士籚娶相里氏:武士籚(huò),即武士籦,唐武則天父。新唐書后妃傳上高宗則天武皇后:“始,士籦娶相里氏。”

〔三五七〕堅吾:按:當爲堅昆之誤。下羅苹注“黠戛斯,古堅昆氏與”,即針對此也,否則無的放矢。

〔三五八〕周大夫有老陽子:見左傳昭公十二年。

〔三五九〕宋老佐:春秋宋國大夫。　左氏注以爲戴公子:戴公,宋戴公,西周末宋國國君,姓子名白,公元前800—前766年在位。彥按:左傳成公十五年“華元使向戌爲左師，老佐爲司馬”杜預注：“老佐，戴公五世孫。”此稱“左氏注以爲戴公子”，當屬誤記。

〔三六〇〕陵降匈奴，裔孫歸魏，見於丙殿，賜姓丙：陵，李陵，西漢將領，率軍與匈奴作戰，兵敗投降。丙殿，宮殿名，漢時爲太子所居宮。新唐書宰相世系表二上：“漢騎都尉陵降匈奴，裔孫歸魏，見於丙殿，賜氏曰丙。”

〔三六一〕周龍居縣公明，生粲——應國公，與高祖有舊，避世祖名，復爲李：周龍居縣公明，漢李陵裔孫之後，姓丙。高祖，指唐高祖李淵。世祖，唐高祖李淵父，追尊世祖元皇帝李昺。吳本“世”謁“甘”。新唐書宰相世系表二上：“後周有信州總管龍居縣公明，明生粲，唐左監門大將軍、應國公，高祖與之有舊，以避世祖名，賜姓李氏。”

〔三六二〕黠戛斯，古堅昆氏與：古，各本皆作“右”。彥按：“右”當“古”字形謁。新唐書回鶻傳下：“黠戛斯，古堅昆國也。”今訂正。與，通“歟”。　賀蘭山：在今寧夏回族自治區西北部與内蒙古自治區交界處。

〔三六三〕周書，賜李弼徒何氏：李弼，西魏名將，歷官至太師，封趙國公。徒何氏，今本周書李弼傳作“徒河氏”，曰：“魏廢帝元年，賜姓徒河氏。”北史李弼傳作“徒何氏”。

〔三六四〕魏書，賜李虎大野氏：李虎，唐高祖李淵祖父。彥按：今本魏書未見記載。事見新、舊唐書高祖本紀。舊唐書高祖本紀曰：“皇祖諱虎，後魏左僕射，封隴西郡公，與周文帝及太保李弼、大司馬獨孤信等以功參佐命，當時稱爲‘八柱國家’，仍賜姓大野氏。周受禪，追封唐國公，謚曰襄。至隋文帝作相，還復本姓。”　諱之，高祖相周，復爲李：高祖，指唐高祖李淵。彥按：據新、舊唐書高祖本紀，復姓李氏當在隋文帝相周時。羅氏作“高祖相周”，誤。新唐書高祖本紀曰：“隋文帝獨孤皇后，高祖之從母也，以故文帝與高祖相親愛。文帝相周，復高祖姓李氏。”

〔三六五〕寊：各本均作“寊”。彥按：寊姓所未聞，觀下羅苹注“秦本紀嬴姓十四，有白寊氏。……乃白與寊尒”，則顯爲“寊”字之謁，今訂正。下“寊則徐威之”之“寊”同。

〔三六六〕姓書以爲復姓：復，通“複”，洪本、吳本脱，備要本作“複”。古今姓氏書辯證卷三九陌韻白寊：“史記秦本紀讚有白寊氏，蓋嬴姓十四氏之一也。”

〔三六七〕郯則越威之：郯，喬本、洪本、吳本、備要本皆作“剡”。彦按：作
“剡”與正文不能相應，今從四庫本。　㝬則徐威之：徐，古國名。地在今江蘇
泗洪縣南。周初建立，春秋時爲吳所滅。　巴、復入于夔：夔，古國名。地在今
湖北秭歸縣歸州鎮東，春秋時滅于楚。

〔三六八〕威烈八年，越威郯：威烈，周威烈王姬午，公元前 425—前 402 年
在位。威，洪本譌“威”。彦按：竹書紀年卷下周威烈王十二年：“於越子朱句
伐郯，以郯子鴣歸。”是郯之滅，在威烈王十二年。又水經注卷二五沂水：“竹
書紀年晉烈公四年，越子朱句滅郯，以郯子鴣歸。”其時當周威烈王十年。而
史記越王句踐世家“王翁卒”司馬貞索隱曰：“紀年於粤子朱句三十四年滅滕，
三十五年滅郯。”據竹書紀年，朱句立在周貞定王二十年，則三十五年，時當周
威烈王十一年。四説不同，未知孰是，待考。

〔三六九〕傳云魯滅之：此説不詳所自，待考。

〔三七〇〕外紀簡王三年，明年僑如會伐之：簡王，周簡王姬夷，公元前
585—前 572 年在位。僑如，叔孫僑如，春秋魯國卿大夫。彦按：“明年”二字疑
衍。查資治通鑑外紀，並無羅氏所説内容。而春秋成公八年曰：“叔孫僑如會
晉士燮、齊人、邾人伐郯。”魯成公八年，即周簡王三年也。

〔三七一〕或云宋滅之：太平寰宇記卷一七淮陽軍下邳縣：“古郯城，古郯
子國，在縣東北百五十里。故郯子國城，仲尼學官名於郯子，即此地也。宋滅
郯，以爲縣。”

〔三七二〕沈逞奔楚：新唐書宰相世系表四上：“沈氏出自姬姓。周文王第
十子聃叔季，字子揖，食采於沈，……春秋魯成公八年爲晉所滅。沈子生逞，字
循之，奔楚，遂爲沈氏。”　曾孫諸梁爲右司馬：右司馬，新唐書作“左司馬”。

〔三七三〕成八年，晉威沈：自此而下至“生尹朱、尹赤”，大抵撮取自新唐
書宰相世系表四上。今考左傳成公八年：“晉侵沈，獲沈子揖初。”但稱獲沈
子，本未言滅沈也。故春秋昭公二十三年又有：“（七月）戊辰，吳敗頓、胡、沈、
蔡、陳、許之師于雞父。胡子髠、沈子逞滅。”定公四年又有：“夏四月庚辰，蔡
公孫姓帥師滅沈，以沈子嘉歸，殺之。”至是，沈方爲蔡所滅。

〔三七四〕惟良：吳本、四庫本“惟”作“唯”。

〔三七五〕戌字中達，爲右司馬：新唐書“戌”作“戊”，“中達”作“仲達”，“右司馬”作“左司馬”，曰：“尹戊字仲達，奔楚隱於零山，爲楚左司馬。”

〔三七六〕生諸梁字子高及后臧：后臧，備要本“臧”字與下文“尹朱”之“朱”字于雙行夾注中恰好並列而誤相易位。新唐書言仲達子，不及后臧，而左傳定公五年有“葉公諸梁之弟后臧”語。

〔三七七〕菜：通“采”，卿大夫的封邑。吳本、四庫本、備要本作“采”。

〔三七八〕尹文：各本均脱“尹”字，今據新唐書訂補。

〔三七九〕旬日：十天，借指不長的時日。

〔三八〇〕尹朱：備要本“朱”譌“臧”。參見上注〔三七六〕。

〔三八一〕姓書以爲出聃季載：聃季載，周文王子。四庫本“聃”作“眈”。史記管蔡世家作“冄季載”，新唐書宰相世系表四上作“聃叔季”。元和姓纂卷七寑韻沈：“周文王第十子聃食采於沈，因氏焉。”　又以葉諸梁出于楚：元和姓纂卷二魚韻諸梁：“楚文子食邑諸梁，因氏焉。”

〔三八二〕邟氏：四庫本“邟”作“郊”。彦按：邟、郊均不見于字書，疑爲“邜”字之誤。邜，同“沈”。廣韻寑韻：“沈，國名。古作邜。亦姓。”路史論列姓氏，本不避異體字分條並出，故有此。

〔三八三〕唐表：指新唐書宰相世系表四上沈氏。

〔三八四〕沈在汾川，與平輿之沈別：汾川，指今山西中部的汾水流域。平輿，縣名，今屬河南省。

〔三八五〕沈約宋書以爲平輿者：宋書自序：“沈子國，今汝南平輿沈亭是也。”

〔三八六〕周興，封帝之後於祁：彦按：此説恐有誤。見下注。祁，在今山西祁縣。

〔三八七〕潛夫論，武王封少昊後：潛夫論五德志：“武王克殷，而封其後於杞，或封於繒。又封少皞之冑於祁。”汪繼培箋：“王先生云：‘祁’當作‘郯’。昭十七年左傳：‘郯子來朝，昭子問少昊氏鳥名官何故？郯子曰：“吾祖也，我知之。”’繼培按：路史國名紀二，少昊後有祁國，即承潛夫論誤本言之。”郯，在今山東郯城縣北。

〔三八八〕周封杞、宋爲二後，并陳以備三恪：三恪，周朝新立，封前代三王朝的子孫,給以王侯名號,以示敬重,稱三恪。恪,敬也(見爾雅釋詁下)。左傳襄公二十五年載鄭子產對晉人問曰:“昔虞閼父爲周陶正,以服事我先王。我先王賴其利器用也,與其神明之後也,庸以元女大姬配胡公,而封諸陳,以備三恪。”杜預注:“周得天下,封夏、殷二王後,又封舜後,謂之恪。并二王後爲三國,其禮轉降,示敬而已,故曰三恪。”孔穎達疏:“樂記云:‘武王克殷,……下車而封夏后氏之後於杞,封殷之後於宋。’……杜今以周封夏、殷之後爲二王後,又封陳,并二王後爲三恪。杜意以此傳言‘以備三恪’,則以陳備三恪而已。”

〔三八九〕左氏説者更以黄帝、堯、舜後爲三恪:彦按:左傳襄公二十五年“以備三恪”孔穎達疏:“樂記云:‘武王克殷,未及下車,而封黄帝之後於薊,封帝堯之後於祝,封帝舜之後於陳。下車而封夏后氏之後於杞,封殷之後於宋。’……鄭玄以此謂杞、宋爲二王之後,薊、祝、陳爲三恪。”羅氏所言,蓋即指此。然孔疏但引鄭説,並非贊同;而鄭氏此語,原非説左氏也。

〔三九〇〕熊氏:指熊安生,北朝經學家。周書有其傳。禮記郊特牲“尊賢不過二代”孔穎達疏:“熊氏云:‘周之三恪,越少昊、高辛,遠存黄帝者,取其制作之人,故易繫辭云:神農氏没,黄帝、堯、舜氏作。’義當然也。”

〔三九一〕而置莒後興期:興期,兹輿期。少昊後裔,周武王封之于莒,而爲莒國始祖。彦按:“後”字似不當有。晉杜預春秋釋例卷九世族譜莒曰:“莒國,嬴姓,少昊之後。周武王封兹輿期于莒。”

〔三九二〕于始都計:計,在今山東膠州市三里河街道城子村。 十一世兹丕歸莒:十一,各本皆作“二”。彦按:“二”當“十一”之譌。春秋釋例卷九世族譜莒曰:“周武王封兹輿期于莒。初都計,後徙莒,今城陽莒縣是也。世本:‘自紀公以下爲己姓。’不知誰賜之姓者。十一世兹丕公方見春秋。共公以下微弱,不復見,四世,楚滅之。”亦見春秋隱公二年“夏,五月,莒人入向”孔穎達疏。又,資治通鑑外紀卷五周紀三襄王十八年:“春,正月,魯僖公會莒兹丕公。兹丕公,兹輿期之十一世孫也。”文獻通考卷二六二封建考三春秋列國傳授本末事迹亦曰:“武王封輿期於莒;莒,夷君,無諡而有號。自兹輿期十一世至兹丕,始見於春秋。”蓋“十”字丢失豎劃,又與下“一”字誤混,遂成“二”字。今訂正。 至紀公,復紀姓:紀公,名庶其。見春秋左傳文公十八年。紀姓,春秋釋例卷九世族譜莒、春秋隱公二年“夏,五月,莒人入向”孔穎達疏引世本,並作“己姓”。

〔三九三〕世本紀同:紀,通“記”,記載。

〔三九四〕聲己、戴己:春秋魯卿孟穆伯之二妃。左傳文公七年:“穆伯娶于莒,曰戴己,生文伯;其娣聲己生惠叔。”

〔三九五〕楚簡:戰國楚簡王熊中,公元前431—前408年在位。史記楚世家:“簡王元年,北伐滅莒。”

〔三九六〕與曹姓莒別:喬本“與”譌“興”,今據餘諸本訂正。

〔三九七〕故名世猶以興期爲陸終後:陸終,帝顓頊曾孫。見後紀八帝顓頊高陽氏。宋鄧名世古今姓氏書辯證卷二三語韻莒:“出自曹姓陸終之後。周武王封兹興期於莒,是爲莒子。其國之子弟以國爲氏。”

〔三九八〕莒君好巫鬼,亡國:四庫本“君”譌“尹”。水經注卷二六沭水引尸子曰,作:“莒君好鬼巫而國亡。”

〔三九九〕萬氏:洪本、吳本“萬”譌“萬”。下羅苹注“萬,古‘莒’同”之“萬”同。

〔四〇〇〕漢有宿猾萬章,蘇林音矩:宿猾,老姦巨猾的人。蘇林,漢末魏初學者。漢書王尊傳:“長安宿豪大猾東市賈萬、城西萬章”,顏師古注引蘇林曰:“萬音矩。”

〔四〇一〕急就章有萬段卿:急就章,即急就篇,漢史游撰。萬段卿,各本皆譌作“萬改鄉”,今訂正。萬段卿見急就篇卷一,顏師古注:“段卿者,言其厚重如石之段,可爲卿也。”

〔四〇二〕挈氏:四庫本“挈”作“挈”,誤。

〔四〇三〕華陽國志卷一〇蜀郡士女:“林閭,字公孺,臨邛人也。善古學。古者,天子有輶車之使,自漢興以來,劉向之徒但聞其官,不詳其職。惟閭與嚴君平知之,曰:‘此使考八方之風雅,通九州之異同,主海内之音韻,使人主居高堂知天下風俗也。’揚雄聞而師之,因此作方言。”

〔四〇四〕廣本黃氏,見語林:廣,胡廣,東漢大臣,歷官三公,事安、順、沖、質、桓、靈六帝。語林,書名,晉裴啓撰,原書已佚,今世但有輯本。唐余知古渚宮舊事卷四亦載其事,曰:“胡廣爲南郡華容人,……父貢,交阯都尉。……或云:廣本黃氏子,以五月五日生,父母惡之,乃置之於瓠投江中。胡貢見瓠流下,聞有小兒啼,因取養之。"

〔四〇五〕巴後之巴公:巴公,其姓不詳,疑有誤。潛夫論志氏姓"鍾離、運掩、菟裘、尋梁、修魚、白寘、飛廉、密如、東灌、良、時、白、巴、公巴公巴、剡、復、蒲,皆嬴姓也。"彭鐸校正引張澍云,謂"公巴公巴"四字衍。清汪繼培箋曰:"'密如'以下,訛錯不可讀。(路史)國名紀二、後紀七並本此立説,然所見已是誤本,復以己意分合,不可據也。" 白後之白侯、武安:通志卷二五氏族略一氏族序曰:"白氏,舊國也。楚人取而邑之,以其後為白侯氏。"元和姓纂卷六麋韻武安云:"(漢)[秦]將白起封武安君,因氏焉。" 蒲後之蒲侯、蒲餘與苻:蒲侯,彥按:左傳襄公二十三年:"明日,先遇莒子於蒲侯氏。"杜預注:"蒲侯氏,近莒之邑。"羅氏蓋據此。然此為地名,非姓氏也。蒲餘,彥按:左傳昭公十四年:"蒲餘侯惡公子意恢,而善於庚輿。"杜預注:"蒲餘侯,莒大夫兹夫也。"羅氏蓋據此。然此蒲餘當以號為稱,亦非姓氏也。苻,備要本如此,是,今從之。餘諸本皆作"符"。

〔四〇六〕洪是也:洪,苻洪,前秦政權奠基者,追尊太祖惠武皇帝。洪初姓蒲,晉書苻洪載記載:"(晉穆帝)永和六年,……時有説洪稱尊號者,洪亦以讖文有'艸付應王',又其孫堅背有'艸付'字,遂改姓苻氏。"

〔四〇七〕載記等以為因家生蒲:蒲,多年生草本植物,又稱蒲草或香浦。生池沼中,高近兩米,葉狹長,可編蓆、製扇。晉書苻洪載記:"苻洪字廣世,略陽臨渭氐人也。……始其家池中蒲生,長五丈,五節如竹形,時咸謂之蒲家,因以為氏焉。"

〔四〇八〕江後之析:彥按:羅氏以為析有出江後者,疑誤。詳下注。

〔四〇九〕析象本姓江,祖封析侯,因氏:彥按:考後漢書方術傳云:"折像字伯式,廣漢雒人也。其先張江者封折侯,曾孫國為鬱林太守,徙廣漢,因封氏焉。"華陽國志卷一〇中廣漢士女亦云:"折像字伯式,雒人也。其先張江,為武威太守,封南陽折侯,因氏焉。"又卷一一後賢志附益梁寧三州先漢以來士女目錄載:"武威太守、南陽折侯張江"、"高士折象,字伯式"。"析象"並作"折象(像)","析侯"並作"折侯"。析、折形近易譌,未知孰是。而羅氏謂象本姓江,則當誤;其先實姓張,名江爾。

〔四一〇〕蜀簡雍，本耿也：簡雍，三國蜀漢時人，官拜昭德將軍，性簡傲，有辯才。三國志蜀志簡雍傳裴松之注：“或曰：雍本姓耿，幽州人語謂‘耿’爲‘簡’，遂隨音變之。”

〔四一一〕是用大簡：見詩經大雅板。今毛詩“簡”作“諫”，云：“猶之未遠，是用大諫。”左傳成公八年引詩，“諫”作“簡”。杜預注：“簡，諫也。詩大雅。言王者圖事不遠，故用大道諫之。”

〔四一二〕簡師父：周襄王時大夫。見左傳僖公二十四年。

〔四一三〕晉滅耿：時在春秋魯閔公元年，即公元前 661 年。左傳閔公元年：“晉侯作二軍。公將上軍，大子申生將下軍，趙夙御戎，畢萬爲右。以滅耿、滅霍、滅魏。”

〔四一四〕姓纂以簡出狐鞫居：狐鞫居，春秋晉大夫。封地在續，死後謚簡，故又稱續簡伯。左傳文公二年作“狐鞫居”。彦按：古今姓氏書辯證卷二五產韻簡云：“元和姓纂曰：‘晉大夫狐鞫居，食采續邑，號爲簡伯。’誤矣。師父、鞫居皆春秋時人，而師父在前，已爲簡氏。”蓋即羅氏所本。然考今本元和姓纂卷七產韻簡曰：“周大夫簡師父之後。”則與鄧説不同。而卷一〇燭韻續曰：“晉大夫狐鞫居食采於續，又姓續氏，是爲續簡。”岑仲勉校記：“是爲續簡，通志作‘故謂之續簡伯’，此奪‘伯’字。”似亦未言簡氏出狐鞫居也。　諫出周之司諫：司諫，周禮官名。主管督察吏民過失及選拔人才。元和姓纂卷九諫韻諫：“周禮有司諫，子孫以官爲氏。”　杜謂皆姬姓國：左傳閔公元年“以滅耿、滅霍、滅魏”杜預注：“平陽皮氏縣東南有耿鄉。永安縣東北有霍大山。三國皆姬姓。”

〔四一五〕瞫、睄出武落鍾離山黑穴中，見蜀録：武落鍾離山，山名。在今湖北長陽土家族自治縣西北。各本均無“離”字。彦按：後漢書南蠻傳，晉書李特載記，通典卷一八七邊防三南蠻上廩君種，通志卷一九〇載記五後蜀李特、卷一九七四夷傳四巴郡南郡蠻，太平寰宇記卷一七八四夷七南蠻三廩君，及它史書均作武落鍾離山，今據以訂補。蜀録，北魏崔鴻撰。後漢書南蠻傳：“巴郡南郡蠻，本有五姓：巴氏、樊氏、瞫氏、相氏、鄭氏。皆出於武落鍾離山。其山有赤黑二穴，巴氏之子生於赤穴，四姓之子皆生黑穴。”十六國春秋輯補蜀録一李特：“昔武落鍾離山崩，有石穴二所，其一赤如丹，一黑如漆。有人出於赤穴者，名曰務相,姓巴氏。有出於黑穴者,凡四姓,曰暉氏、樊氏、柏氏、鄭氏。"暉,廣韻上聲皓韻作"晥",晥即皞字。又古今姓氏書辯證卷二六皓韻皞:"蜀録有皞氏,出武落鍾離山黑穴中。"亦作"皞"。彦按:作爲武落鍾離山所出五姓之一,後漢書作"暉",蜀録或作"皞",依理至多唯可有其一,今路史並出之,恐未妥。

〔四一六〕元和姓纂卷五侯韻句:"句芒氏之後。"

〔四一七〕羊氏家傳:羊續娶星重女:羊續,東漢南陽太守。後漢書卷三一有傳。娶,各本皆譌"聚",今訂正。廣韻青韻:"又姓。羊氏家傳曰:南陽太守羊續,娶濟北星重女。"通志卷二九氏族略五平聲星氏、古今姓氏書辯證卷一七青韻星載同。

〔四一八〕古今姓氏書辯證卷二四姥韻五鳩:"少昊氏以五鳩爲鳩民之官。鳩,集也。其後以官爲氏。後趙有將軍五鳩盧。"亦見廣韻姥韻五及通志卷二八氏族略四以官爲氏五鳩氏。

〔四一九〕贊:吴本、四庫本作"贊曰"。

〔四二〇〕降彼長流:吴本、備要本"彼"譌"波"。

〔四二一〕歷者,大中之符:歷,用同"曆",曆法。大中,謂至中至正。符,規律,法則。吕氏春秋精諭:"故未見其人而知其志,見其人而心與志皆見,天符同也。"高誘注:"符,道也。"又文選陸士衡(機)辯亡論上:"戰守之道,抑有前符。"李善注:"符,猶法也。"

〔四二二〕有其數而無其文:數,指内在規律。文,指外表形式。

〔四二三〕授受:吴本"受"譌"愛"。

〔四二四〕昔者堯之爲世:爲世,治世。 欽若昊天,歷象日月星辰,敬授人時:欽若,敬順。欽,敬;若,順。歷象,推算觀測。人時,指與農事相關的時令季節。尚書堯典:"乃命羲、和,欽若昊天,厤象日月星辰,敬授人時。"蔡沈集傳:"人時,謂耕穫之候,凡民事早晚之所關也。" 故其耄而授舜:耄,老年,年老。洪本作"姪",吴本作"傳",並誤。 咨!女舜!天之歷數在爾躬,允執其中:歷數,歷運次第,特指繼承帝位的運數。允,誠實。執,執持。其中,指不偏不倚的中正之道。論語堯曰:"堯曰:'咨!爾舜!天之歷數在爾躬,允執其中!'"

〔四二五〕舜之受終也,在璿機玉衡以齊七政:受終,謂承受帝位。尚書舜典:“正月上日,受終于文祖。”孔穎達疏:“‘受終’者,堯爲天子,於此事終而授與舜,……‘終’言堯終舜始也。”在,觀察,審察。璿機玉衡,指北斗七星。一至四星名魁、爲璿璣;五至七星名杓,爲玉衡。機,通“璣”,四庫本作“璣”。齊七政,參見前紀五遂人氏注〔六三〕。　故其旄而授禹曰:旄,通“耄”,年老。

咨! 女禹! 天之歷數在爾躬,允執其中:論語堯曰:“堯曰:‘咨! 爾舜! 天之歷數在爾躬,允執其中! 四海困窮,天禄永終。’舜亦以命禹。”何晏集解:“孔曰:‘舜亦以堯命己之辭命禹。’”

〔四二六〕漢書律歷志上:“堯復育重、黎之後,使纂其業,故書曰:‘乃命羲、和,欽若昊天,歷象日月星辰,敬授民時。’……其後以授舜曰:‘咨! 爾舜! 天之曆數在爾躬。’舜亦以命禹。”

〔四二七〕讖緯:讖是秦漢間巫師或方士編造的預示吉凶的隱語,緯是漢代神學迷信附會儒家經義衍生出來的一類書。

〔四二八〕八卦者,歷數之始也:此“歷數”指歷法,與“天之歷數在爾躬”之“歷數”取義不同。參見上注〔四二四〕。

〔四二九〕太極元氣,含三爲一:參見發揮一論太極。

〔四三〇〕稽疑、庶徵,五福、六極:稽疑,謂用卜筮決疑。庶徵,各種徵候。五福,謂五種幸福。六極,謂六種極凶惡之事。尚書洪範:“五福:一曰壽,二曰富,三曰康寧,四曰攸好德,五曰考終命。六極:一曰凶短折,二曰疾,三曰憂,四曰貧,五曰惡,六曰弱。”彦按:“明用稽疑”、“念用庶徵”、“嚮(引導)用五福”、“威(通“畏”,恐嚇)用六極”,爲天賜禹洪範九疇中之四種。參見前紀八祝誦氏注〔七〕。　此鬼神之所同,故屬之天:同,吳本譌“冋”。屬,音 zhǔ,謂相聯繫。

〔四三一〕五事:指古代統治者修身的五件事,即貌恭、言從、視明、聽聰、思睿。尚書洪範:“五事:一曰貌,二曰言,三曰視,四曰聽,五曰思。貌曰恭,言曰從,視曰明,聽曰聰,思曰睿。”　八政:古代國家施政的八個方面,包括粮食、錢財、祭祀、土建、教育、治安、朝覲、軍事等。尚書洪範:“八政:一曰食,二曰貨,三曰祀,四曰司空,五曰司徒,六曰司寇,七曰賓,八曰師。”彦按:“敬用五事”、“農(努力)用八政”,爲天賜禹洪範九疇中之二種。

〔四三二〕而三德、五紀之與皇極,同居九位之中:三德,古代要求人君具有

的三種品德。尚書洪範:"三德,一曰正直,二曰剛克,三曰柔克。"孔穎達疏:
"此三德者,人君之德,張弛有三也。一曰正直,言能正人之曲使直;二曰剛克,
言剛强而能立事;三曰柔克,言和柔而能治。"五紀,古代稱五種紀時的曆算之
術。尚書洪範:"五紀;一曰歲,二曰月,三曰日,四曰星辰,五曰歷數。"孔穎達
疏:"凡此五者,皆所以紀天時,故謂之五紀也。"彦按:"乂(治)用三德"、"協
(合)用五紀"、"建用皇極",爲天賜禹洪範九疇中之三種。九位,術數家所指
的九個方位,即離、艮、兑、乾、坤、坎、震、巽八卦之方位,加上中央方位。

〔四三三〕律應鳳鳥,而歷數詳焉:歷數,指曆法。二句謂少昊氏之"調氣
律"、置曆正也(見上路史正文)。律關鳳鳴,曆起于律,此古人之識見也。漢
書律曆志上:"黄帝使泠綸,自大夏之西,昆侖之陰,取竹之解谷生,其竅厚均
者,斷兩節間而吹之,以爲黄鐘之宮。制十二箭以聽鳳之鳴,其雄鳴爲六,雌鳴
亦六,比黄鐘之宮,而皆可以生之,是爲律本。"又史記律書:"六律爲萬事根本
焉。"司馬貞索隱:"律曆志云'夫推曆、生律、制器,規圜矩方,權重衡平,準繩
嘉量,探賾索隱,鉤深致遠,莫不用焉',是萬事之根本。" 此少昊氏之傳中也,
豈惟欽天厚人哉:吴本、四庫本"惟"作"唯"。下文諸"惟"字同。彦按:"傳
中"謂傳授中正之道。乃呼應上文"聖人之授受,傳數而已"之"傳數"言。

〔四三四〕此衰盛之常變也:此,吴本誤"比"。衰盛,四庫本作"盛衰",吴
本誤"盛衷"。

〔四三五〕乾用九,坤用六:見後紀一太昊伏戲氏注〔九四〕。

〔四三六〕九六者,陰陽之窮也:窮,極,謂極端。四庫本作"盡",非。彦
按:古術數家以九爲老陽,六爲老陰,故有此言。周易乾"初九"孔穎達疏:"張
氏以爲陽數有七有九,陰數有八有六,但七爲少陽,八爲少陰,質而不變,爲爻
之本體;九爲老陽,六爲老陰,文而從變,故爲爻之別名。"

〔四三七〕陽九百六:古代術數家以四千五百六十歲爲一元,初入元一百零
六歲(即所謂"百六"),内有旱災九年,即所謂"陽九"。陽九百六乃陽極而不
知變,故爲旱災,係易九厄之一。漢書律曆志上:"易九厄曰:初入元百六,陽
九"。禮記王制"雖有凶旱水溢,民無菜色"孔穎達疏:"按律曆志云:十九歲爲
一章,四章爲一部,二十部爲一統,三統爲一元,則一元有四千五百六十歲。初
入元一百六歲有陽九,謂旱九年。"

〔四三八〕亢之與戰：亢，此針對易乾上九“亢龍，有悔”之“亢”言。孔穎達周易正義：“上九亢陽之至，大而極盛，故曰‘亢龍’。”戰，此針對易坤上六“龍戰于野，其血玄黃”之“戰”言。魏王弼周易注：“陰之爲道，卑順不盈，乃全其美。盛而不已，固陽之地，陽所不堪，故‘戰于野’。”孔穎達疏：“以陽，謂之龍。上六是陰之至極，陰盛似陽，故稱‘龍’焉。‘盛而不已，固陽之地，陽所不堪’，故陽氣之龍與之交戰，即説卦云‘戰乎乾’是也。戰於卦外，故曰‘于野’。陰陽相傷，故‘其血玄黃’。……固爲占固，陰去則陽來，陰乃盛而不去，占固此陽所生之地，故陽氣之龍與之交戰。”　豈歷數之中哉：歷數，此謂天道。尚書大禹謨：“予懋乃德，嘉乃丕績，天之歷數在汝躬，汝終陟元后。”孔氏傳：“歷數謂天道。”

〔四三九〕凝：確定。

〔四四〇〕九閡：中央及至八極之地，泛指天下。閡，通“垓”。　任道：謂遵從道。任，憑，依據。

〔四四一〕少昊既假歷數，復於堯舜：假，借助，依靠。復，重複，謂再現。

〔四四二〕故惟九黎亂德：九黎，上古部落名。亂德，謂破壞教化。國語楚語下：“及少皞之衰也，九黎亂德。”韋昭注：“九黎，黎氏九人，蚩尤之徒也。”禮記內則：“后王命冢宰，降德于衆兆民。”鄭玄注：“德，猶教也。”　苗民逆命：尚書大禹謨：“三旬，苗民逆命。”　而不抵於窮：抵，至。窮，困窘。　垂衣裳而天下治：周易繫辭下：“黃帝、堯、舜垂衣裳而天下治，蓋取諸乾、坤。”彥按：此雜糅黃帝、少皞、堯、舜時事以爲堯、舜事，古人行文，類多如此，未可較真。

〔四四三〕用九六：謂乾卦之“用九”與坤卦之“用六”。

〔四四四〕易窮則變，變則通，通則久：見周易繫辭下。

〔四四五〕數止則起：數，謂運數。止、起，猶終、始。

〔四四六〕六六：謂三十六。

〔四四七〕夷昭不馭：夷，周夷王姬燮。昭，周昭王姬瑕。不馭，失控，謂不能有效統治。史記楚世家：“當周夷王之時，王室微，諸侯或不朝，相伐。”又周本紀：“昭王之時，王道微缺。昭王南巡狩不返，卒於江上。”張守節正義引帝王世紀云：“昭王德衰，南征，濟于漢，船人惡之，以膠船進王，王御船至中流，膠液船解，王及祭公俱没于水中而崩。”　幽厲失圖：幽，周幽王姬宮湦。厲，周厲王姬胡。失圖，喪失領地。圖，版圖，吳本"失"譌"夫"。史記秦本紀："（秦襄公）七年春，周幽王用褒姒廢太子，立褒姒子爲適，數欺諸侯，諸侯叛之。西戎犬戎與申侯伐周，殺幽王酈山下。……周避犬戎難，東徙雒邑。"又周本紀："（厲）王行暴虐侈傲，國人謗王。召公諫曰：'民不堪命矣。'……王不聽。於是國莫敢出言，三年，乃相與畔，襲厲王。厲王出奔於彘。……召公、周公二相行政，號曰'共和'。共和十四年，厲王死于彘。"　頹亂惠遷：頹，王子頹，周惠王叔父。吳本"頹"譌"頹"。惠，周惠王姬閬。竹書紀年卷下周惠王二年："王子頹亂，王居于鄭。"　帶叛襄出：帶，王子帶，周惠王子，周襄王同母弟。襄，周襄王姬鄭。史記周本紀："（襄王）十六年，王絀翟后，翟人來誅，殺譚伯。……初，惠后欲立王子帶，故以黨開翟人，翟人遂入周。襄王出犇鄭，鄭居王于氾。子帶立爲王，取襄王所絀翟后與居温。"　楚子問鼎：楚子，指春秋楚莊王熊侶。鼎，指夏禹所鑄九鼎，于三代視爲國之重器。問鼎，有覬覦神器之意。左傳宣公三年："楚子伐陸渾之戎，遂至於雒，觀兵于周疆。定王使王孫滿勞楚子。楚子問鼎之大小、輕重焉。"杜預注："示欲偪周取天下。"　晉侯請隧：晉侯，指春秋晉文公重耳。隧，墓道。此指隧葬。左傳僖公二十五年："晉侯朝王，王饗醴，命之宥。請隧，弗許。"杜預注："闕地通路曰隧，王之葬禮也。諸侯皆縣柩而下。"孔穎達疏："天子之葬，棺重禮大，尤須謹慎，去壙遠而闕地通路，從遠地而漸邪下之。諸侯以下，棺輕禮小，臨壙上而直縣下之。故隧爲王之葬禮，諸侯皆縣柩而下，故不得用隧。晉侯請隧者，欲請以王禮葬也。"　猶且三十六傳：彦按：當代辭書如漢語大字典、漢語大詞典、鄭天挺等主編中國歷史大辭典等均以爲周朝共歷三十四王，八百多年。羅氏稱"三十六傳"者，欲附會"六六者，一變之數"耳。

〔四四八〕定策：制定方略。四庫本"策"作"筞"，同。

〔四四九〕有用我者，吾爲東周：論語陽貨載孔子曰："如有用我者，吾其爲東周乎？"何晏集解："興周道於東方，故曰'東周'。"　潛心文王：漢揚雄法言問神："昔乎，仲尼潛心於文王矣，達之。"宋咸注："文王演易，仲尼盡得其道而讚之，又曰'文王既殁，文不在兹乎'（彦按：論語子罕載孔子語），是達也。"

〔四五〇〕使其得文王之位而合其變：文王，洪本、吳本作"文公"誤。　則東周之祚何止八百年哉：祚，通"祚"，謂國運。備要本作"祚"。下"係祚"之

“胙”同。彥按：東周當作周，疑涉上文“吾爲東周”而衍“東”字。周朝八百餘年，舉起大數，則曰八百年。舊唐書楊綰傳、新唐書選舉志上并曰“周有天下八百年”，是也。然賅東、西周言之，非獨東周也。

〔四五一〕不能盡當運之數也：當運，指應有國運。

〔四五二〕蒼既朒矣：蒼，借代周。東觀漢記世祖光武帝紀：“自上即位，按圖讖，推五運，漢爲火德。周蒼漢赤，木生火，赤代蒼，故上都雒陽。”朒，nǜ，虧缺，不足。　而況秦漢而下不全其天者邪：不全其天，謂先天不足。洪本、吳本“天”譌“繼”。

〔四五三〕受命不知其數，傳國不知其符：數，運數，天命。符，徵兆。特指帝王受命的徵兆。漢書董仲舒傳：“臣聞天之所大奉使之王者，必有非人力所能致而自至者，此受命之符也。”　係胙不永：永，長久。吳本譌“求”。

〔四五四〕甌脱捃邊幅，俎桓化侯王：甌脱，古代少數民族屯戍或守望的土室，此借指少數民族的文化。喬本、備要本“甌”譌“甄”，今據餘諸本訂正。捃，取。邊幅，邊地。俎桓，古代祭祀所用器具，此借指華夏文明。俎，通“爼”，是用于陳置牲體或其他食物的禮器。吳本作“且”。桓，用于裝酒肉的祭器，其形似高足盤。彥按：二句言甌脱唯能占取邊地，爼豆乃可感化侯王。　戎狄焉能舉華哉：舉，動，動搖。廣韻語韻：“舉，動也。”

〔四五五〕中國丘虛，生靈荼炭，可勝痛邪：丘虛，廢墟。虛，“墟”之古字。吳本、四庫本、備要本作“墟”。荼炭，形容極爲困苦之境地，“荼”通“塗”。典出書仲虺之誥：“有夏昏德，民墜塗炭。”孔氏傳：“民之危險，若陷泥墜火。”邪，吳本、四庫本作“耶”。

路史卷十七

後紀八

疏仡紀第四

帝顓頊高陽氏

帝顓頊高陽氏，姬姓，古史攷以爲妘。姓纂則謂顓帝，帝風姓；故唐表韋氏、彭氏皆云出風姓顓帝之後[一]。俱妄。名曰顓頊，顓頊，厚養也。河圖云：瑤光貫月，正白，女樞感於幽房之宮，生黑帝，名顓頊[二]。均云[三]：日月失行，瑤光星精貫月。集韻云：頊，頭煩，音玉[四]。黃帝氏之曾孫。祖曰昌意，黃帝之震適也，行劣不似，遜于若水[五]。遜，謂降封之。史記：玄囂降居江水，昌意降居若水[六]。若即江之下流，皆在蜀。水經云：水出旄牛徼外，東南至故關，爲若水[七]。即昌意之封。又南過越嶲卭都，至朱提西瀘江水，則玄囂封處[八]。又九州要記云：嶲之臺登有奴諾川、鸚鵡山；黑水之間，若水出其下，即黃帝子昌意降居此[九]。杜預以謂昌意所封在都[一〇]。都乃襄州樂鄉矣[一一]。取蜀山氏，曰景媲。一作景僕，即史云昌樸[一二]。大戴禮爲昌濮[一三]。搜神記、世紀作景僕，云即女樞，又以爲昌意正妃，妄。生帝乾荒，即韓流[一四]。蓋乾荒之誤爲“韓流”[一五]。曰“帝”者，如漢山陽公之曰獻帝，唐孝敬、奉天、承天三皇帝追稱云[一六]。山海經丹朱、商均皆曰帝，亦若是也[一七]。劉知幾所以唱謂朱、均皆常爲帝，而舜、禹爲奪，不學之過[一八]。擢首而謹耳，豵喙而渠股[一九]。擢首，長咽[二〇]。謹耳，小耳。或作“擢耳謹首”，非。海內朝鮮紀云：謹耳，豕喙，鱗身，渠股[二一]。郭云：謹耳，未詳[二二]。渠，車輞，傳言大若車之渠[二三]。非也。渠，鉅也；謹，小也，相書：耳門不容麥，壽過百[二四]。是襲若水[二五]。文選:若水,顓帝所生[二六]。吕春秋云:"顓玉生自若水,實處空桑,乃登爲帝。"[二七]世紀作弱水,非[二八]。取蜀山氏曰樞,是爲河女,所謂淖子也[二九]。淖子感瑤光於幽防,而生顓項[三〇]。潛夫論云幽防宫也[三一]。世紀等云:"星貫月如虹。"詩含神霧云:"搖光蜺貫月,正白,感女樞。"[三二]注:"星光如虹蜺往貫月也。"渠頭併幹,通眉戴干[三三],元命苞云:"顓玉戴干,是謂清明[三四]。"干謂成"干"字[三五]。易乾鑿度云:"泰表戴干[三六]。"鄭氏云:"表者,人形體之彰識也。干,盾也[三七]。"王劭言隨文有龍顔戴干之表,指示羣臣[三八]。是也。宋忠注爲"干,盾",故世紀云:高陽首戴干戈[三九]。誤矣。本又作"帶午",言如"午"字,葉法善額有二"午"者[四〇]。或又作"帶牛",非。淵而有謀,疎以知遠[四一],年十五而佐小昊,封于高陽。涿郡有漢高陽縣,以在高水之陽名[四二]。本隸河間,今之順安軍[四三]。然浚儀亦有高陽故城[四四]。開封圖經云:高陽氏佐少昊有功,封于此[四五]。九域、寰宇從之。非也。蓋後都之,冒高陽之名于此爾。故郡國志云,汴之高陽城[四六],高陽氏之虚也。車頻秦書云:新平民耕,獲玉器[四七]。初,有金彫者,頗知圖記,王猛勸誅之[四八]。彫臨荆,表言:新平,古顓帝之虚,其故有白雞閭,記言此里應獲古帝王寶[四九]。至是果信[五〇]。都始孤棘,二十爰立[五一],乃徙商丘。以故柳城、衛僕,俱爲顓項之虚[五二]。古帝王於中國邊地,每有二都。孤棘,今營州柳城東南百七十棘城是。寰宇記云:顓帝之虚[五三]。通典云:號曰顓帝之虚,故慕容廆以大棘城,帝顓項之都,移都之,教農桑,制同中國[五四]。商丘,濮陽也,以帝居之,因曰帝丘,乃衛之都[五五]。故今澶之臨河東北三有顓項城[五六]。史記,顓項都帝丘,其地北至幽陵,——惑也[五七]。世紀云,自窮桑徙商丘,大行東北及兗,廣桑之野,豕韋之次[五八]。水經、晉志因之,非[五九]。兆迹高陽[六〇],故遂以高陽氏,黑精之君也。月令注[六一]。以名爲號,故後世或姓焉。神仙傳有太玄女顓項和[六二]。紹小昊金天之政,乘辰而王,以水窮歷,故外書皆稱玄帝[六三]。道書言玄帝者,皆高陽氏。莊疏云:十二冠,十五佐少昊,二十即位,亦曰玄帝[六四]。

祭餟牲用騂,薦玉以赤繒[六五]。載時以象天,養材以任地[六六]。依槐神而制義,治氣性以立教[六七]。自是,不克遠紀,始爲民師,而命以民事[六八]。釐改服度,符采尚赤[六九]。

乃立九寺九卿。少昊、顓帝官號，蓋因黃帝而益詳，故賈公彥云：高陽以前，略言於上〔七〇〕。成王言“唐虞稽古，建官惟百”〔七一〕，則上下百官之間。重、該、修、熙，少昊氏之四叔也〔七二〕，“叔出季處”之“叔”〔七三〕。傳以爲少昊裔子，妄〔七四〕。寔能金、木及水〔七五〕。乃俾重爲句芒，該爲蓐收〔七六〕，惠王十七年，虢公夢在廟，有神人面白毛、虎爪，執鉞立於西阿云云，覺，召史嚚占之，蓐收也，天之刑神〔七七〕。修及熙爲玄冥〔七八〕；姓氏英賢録云〔七九〕：玄冥爲水正，熙氏佐之。禮傳云：五官，古帝王子孫，有功之人。左正義言，五官在高陽之世，“居官有功，以功見祀，不是一時之人。修、熙代爲水正，非一時者〔八〇〕。”不然。蓋不知北方虚危無位，權衡、龜蛇皆是二物，與腎皆有左右之義〔八一〕。有説，別見。玄冥爲司寒，乃修之職，如言塹曰祝融〔八二〕。孫犂顯曜，乃命祝融；而炎帝氏有子句龍，俾爲后土：是謂五官。春秋傳云：句芒，春官，爲木正；蓐收，秋官，爲金正；祝融，夏官，爲火正；玄冥，冬官，爲水正；句龍，后土，中央，爲土正〔八三〕。愘共厥業，遂濟窮桑〔八四〕。帝立於窮桑，蓋亦有窮桑之號，故服傳云：窮桑，顓頊所居〔八五〕。杜氏以窮桑爲少昊之號，而先儒遂以五官爲少昊所命，非也〔八六〕。顓頊以來，不能紀遠，始爲民師。木正、火正，非鳥師之號。

上世人神異業，是以禍災不至，而求用不匱〔八七〕。小昊氏衰，玄都氏黎實亂天德：賢鬼而廢人，惟龜策之從；謀臣不用，喆士在外；家爲巫史，亡有要質；方不類聚，物不羣分；民匱于祀，神褻民狎；嘉生不降，龜策鬼神不足以舉勝，左右背鄉不足以專戰〔八八〕。乃命重、犂典司祝融，重獻上天以屬神，犂抑下地以屬民，以絶上下之通，以規三辰之行〔八九〕，隨天文志：高陽氏命北正犂司地〔九〇〕。按：楚語云：“九黎亂德，民神雜揉，不可方物。顓頊受之，命南正重司天以屬神，火正黎司地以屬民〔九一〕。”高陽之世。使復舊物，毋相侵瀆，民用安生〔九二〕。重爲南正，犂爲火正。火正，司馬。故齊職儀云〔九三〕：顓帝以司馬主火。應劭曰：“犂，陰官也。火數二，故火正司地以屬民〔九四〕。”鄭答趙商，與昭皆以爲：三皇至道，故舉南北、正夏冬，而春秋自正；五帝中道，故又命羲和於春秋夏，詳人事，乃合而一之〔九五〕。漢高可襄章之奏，以趙堯舉春，李舜舉夏，兒湯舉秋，貢禹舉冬，各職一官以舉時政〔九六〕。宣帝時，魏相請以明經通陰陽者四人，各主一時，時至明言所職〔九七〕。此後惟有司曆之官而已〔九八〕。月令，開明堂，布十二月之政，當作北墪，妄也〔九九〕。

於是窮四履，稱險易，申畫郊畿，以殿任賦；立勤人以職孤，爲正長以惠窮，置宰喪以恤亡；設射志以習雅，守獵耘秄以習移〔一〇〇〕。出内簡。乃碼名岡，倸大澤〔一〇一〕，制十等之幣以通有亡，曰權衡。見管子〔一〇二〕。高陽貨一種，作县刂舌一，幕文作全，高陽貨一金也〔一〇三〕。篆古“高”字正同〔一〇四〕。董譜，高陽金別種五等，或出長平異布〔一〇五〕。封演曰“面有科斗書”，是也〔一〇六〕。宿疇以成〔一〇七〕，泉幣亡滯。工賈時市、臣僕州里，俾母交爲〔一〇八〕。是以主虞而安，民樸而親；官亡邪吏，市亡型民；事分職正，而人反其故〔一〇九〕。然猶悷愸自持，惷心蛾伏，以從事於賢〔一一〇〕。謂功莫美於去惡而之善，皐莫大於沓惡而不變〔一一一〕。非惟善善，善因善也；非惟惡惡，惡緣惡也〔一一二〕。乃矞令曰：母慢制，母虐民〔一一三〕。貴臣驕而弗譴，男女不相辟於道者，拂之〔一一四〕。

四達之衢，文龍負圖〔一一五〕。於是書科斗，百辟作戒盈之器，室而著復禮之誃，詩以爲德則之術〔一一六〕。後周書武帝詔云“甲子乙卯，禮云不樂。昔周王受命，請聞顓帝之廟有戒盈之器，室與復禮之銘”者〔一一七〕。師於大款、赤民、柏夷父、柏亮父、淥圖之流，以瀋其明而畀其聖〔一一八〕。淥從水，見何氏姓苑〔一一九〕。傳多作緑圖，新序、晉紀又作録圖，皆非〔一二〇〕。謂至道不可過，至義不可易，而後治者復迹也〔一二一〕。故上緣黃帝之道而行之，修黃帝之道而賞之，弗或損益，而致治平〔一二二〕。見鶡子及賈氏新書〔一二三〕。祭法：“黃帝正名百物以明民共財，顓頊能修之〔一二四〕。”

乃注新歷，十三月以爲元，歲紀甲寅，上日乙巳，日月直艮維之初，而五星會于天廟〔一二五〕；天廟，營室也〔一二六〕。秦用顓帝歷，元用乙卯〔一二七〕。竊案歷法〔一二八〕，黃帝、顓帝、夏、商、周、魯凡六家，皆有元。顓帝歷術云：“天元正月乙巳朔旦立春，俱以日月起於天廟營室五度。”〔一二九〕與月令合。然秦歷以十月爲歲首，故説者謂顓帝歷首十月，非也。蓋秦遇閏則一切置之九月爲後九月，則是首十月，亦非以十月爲正也〔一三〇〕。按二世二年閏在酉，漢二年閏在巳，五年在寅，而皆書後九月，非法也。傳又云顓帝曆正月用寅朔，亦非。**冰始離，蟄始動，時雉三號而立春至；天曰作時，地曰作昌，人曰作樂，是以萬物應和而百事理，是爲曆宗**〔一三一〕。傳言：顓帝曆，正月朔旦，七曜直艮維之初；漢太初曆，冬至，七曜會于牽牛〔一三二〕。按金、水二星，常附日而行，故史記、漢書及荀悦紀皆記高帝元年十月，五星聚東井〔一三三〕。而魏高允以爲史之失〔一三四〕。按五星乃以前三月聚東井，非漢元年十月〔一三五〕。乃正出未〔一三六〕。

序：**惟天之合，正風乃行**〔一三七〕，律家皆謂顓帝始作渾儀，故後世尊用之，不能改〔一三八〕。益部傳：巴郡洛下閎改顓玉曆爲太初，云後八百年差一日〔一三九〕。隨顏慜楚上言，亦云〔一四○〕。又詳張胄玄傳〔一四一〕。按曆帝紀，顓頊造渾儀，黄帝爲蓋天〔一四二〕。以古未有歲差之法，如顓帝曆冬至日宿牛初，今宿斗六度；古正月建丑，又歲與歲合，今亦差一辰；且如堯典“日短星昴”，今則日短東璧矣〔一四三〕。其疎如此〔一四四〕。顓帝之渾儀，其法則實蓋爾，故劉氏曆正問云：“顓帝造渾儀，黄帝爲蓋天，皆以天象於蓋。”〔一四五〕非今之所謂渾也〔一四六〕。有排渾，别見。**熙熙鏘鏘**〔一四七〕。**帝好之，爰命鱓先爲倡，泊蜚龍稱八音，會八風之音以爲圭水之曲，以召氣而生物**〔一四八〕。方時金、石、絲、竹、匏、土、革、木之音備也〔一四九〕。後世有作，以八方之物全五聲者制爲八音，以召氣，以生物〔一五○〕。鱓先、蜚龍，蓋人名。倡，首也。大晟云〔一五一〕：“鱓鼓其腹。”吕氏之説怔〔一五二〕。**浮金效珍，於是鑄爲之鍾**〔一五三〕，大晟書云〔一五四〕：其金，聲震百里。**作五基、六莖之樂**〔一五五〕，**以調陰陽，享上帝，命曰承雲**。漢書作六莖、五英。樂緯動聲儀作六英、五莖〔一五六〕，於諸書獨不同，非也。按宣和古器有莖鍾，其銘凡六，其字作莖，銘云：“宋公成之莖鍾。”〔一五七〕所鑄，所謂六莖也，國家肇建鼎樂之際於應天得之〔一五八〕。制作雄偉，雙龍盤踞，篆其帶曰“黄鍾”〔一五九〕。夫宋乃微子始封之地，六莖乃高陽氏之樂。宋，二王之後，故得用之以祀〔一六○〕。則六鍾爲商制，而高陽之遺法也。故晉志曰：殷不綱，英莖之制已微〔一六一〕。元結亦誤矣〔一六二〕。劉恕以爲帝系譜、漢志、世紀放六樂撰其名，鄙哉〔一六三〕！

上緣黄帝，因事而憲功，文德錫之鍾磬，武德錫之干戈，而人知鄉方矣〔一六四〕。見淮南子。**惠浸萌生，信沾翔泳**〔一六五〕。**於是設蕭鬱，陳裸鬯；伏萬靈以信順，監衆神以道物；馭百氣，詔雷電；采羽山、葛嶧之銅鑄鼎，以藏天下之神主，諸著洞臺之山、陰宫之丘悉**

實之,移安息之石填焉〔一六六〕;詳陶弘景真誥〔一六七〕。設玉兆〔一六八〕,太卜三兆:玉兆,瓦兆,原兆〔一六九〕。顓帝玉兆,象其玉〔一七〇〕。帝堯瓦兆,象其瓦。疏云:卜筮,先王所作,伏羲時已有,未有玉、瓦、原之名爾,至顓帝以來始有〔一七一〕。囡晝景〔一七二〕。

乃乘結元之輦,巡四海以寧民:北燫幽陵,南摭交止,西際神沙,東跋蟠木〔一七三〕。四行天下,周旋八外〔一七四〕。動靜之物,小大之神,日芒所照,靡不砥屬〔一七五〕。集威成紀,以理陰陽〔一七六〕。處乎玄宫,搏心揖志〔一七七〕。不貪廣遠,故地大而不淫〔一七八〕。

在位七十有六,崩,韓愈云,年七十九;世紀云,九十八;二十一而立,或云三十六立:皆非〔一七九〕。按新序云:齊閭丘卬遮宣王曰:"昔帝顓頊十二而治天下。"〔一八〇〕故禮傳謂顓帝十二而冠。蓋因立而始加元服也〔一八一〕。葬東郡頓丘廣陽里,務頤之陽〔一八二〕。俗謂之商王陵,妄也。郡國志云:顓頊葬,俗名青冢山。皇覽冢墓記云:在濮陽縣頓丘城門外廣陽里中。崔鴻前趙録云,和苞諫劉曜曰:"堯葬穀林,市不改肆。顓帝葬廣陽,下不及泉。"〔一八三〕十道志:"鮒鰅,即廣陽山之别名也〔一八四〕。"寰宇記:在頓丘西北三十〔一八五〕。通其記,帝陵在相州臨河〔一八六〕。乾德四年,置先代帝王守陵户,高陽在臨河〔一八七〕。寰宇記,臨河東九里顓頊廟〔一八八〕。而九域志,順安高陽縣有顓頊陵〔一八九〕。縣故隸瀛;而臨河,濮陽地:相出入也〔一九〇〕。然顔真卿吳地記,烏程有顓頊陵,則非矣〔一九一〕。務頤,九域志與作鮒鰅,同。下不及泫,四它衛之〔一九二〕。上郡石穿,貳負乃見;漢陽索出,支祈始聞〔一九三〕。女媧神變,宜亦見而可知〔一九四〕。四虵衛之,何足深怪?昔漢丁姬與臨江王之葬,皆有鸄數千銜土投壙中,亦此類也〔一九五〕。象能耕,鳥能耘,却未必爲虞帝〔一九六〕。陸龜蒙辨之,非〔一九七〕。其陰,九嬪在焉。其范林方三百里〔一九八〕。經云:"爰有熊羆、文虎、離朱、鴟久、視肉、璿瑰〔一九九〕。"其立也,歲居豕韋;其崩也,歲在鶉火〔二〇〇〕。故傳以墮爲顓頊之族,非也〔二〇一〕。學者不曉此義,故信而不疑。夫墮,土族;而顓帝,水也〔二〇二〕。此學者之誤也。

取鄒屠氏、勝濆氏。

初,帝僇蚩尤,遷其民,善者于鄒屠,惡者于有北〔二〇三〕。鄒屠氏有女,履龜不踐,帝内之,是生禹祖及夢八人——蒼舒、伯益、檮演、大臨、龐江、霆堅、中容、叔達，是爲八凱〔二〇四〕。寶檀記云："一曰'八神'，一曰'八力'，一曰'八英'，言神力英明也。"又記云：夢日則生子，八夢日而生八子。故曰"夢"。帝崩而元子立〔二〇五〕，襲高陽氏，是爲孺帝。尋崩而帝嚳立。山海經所謂"孺帝顓頊"是也〔二〇六〕。

伯益之字隤敳，次居子族之三〔二〇七〕，益廟碑云：字隤敳，帝高陽第三子〔二〇八〕。亦見水經注。爲唐澤虞，是爲百蟲將軍〔二〇九〕。蟲，今鞏洛嵩山有百蟲將軍廟，是也〔二一〇〕。自漢有之。水經云：晉元康五年七月順人吳義復立〔二一一〕。佐禹治水，封之于梁〔二一二〕。舜嬗禹，禹舁于益，辭焉〔二一三〕。故韓、孟稱益之避啓，而張壽王謂化益爲天子代禹，差矣〔二一四〕。漢志謂之伊益，世本作化益，或宜"伯"字〔二一五〕。年過二百。南梁大敖，梁之析也〔二一六〕。有梁氏、敖氏、伯氏。見風俗通。伯益治水，封於梁，亦見尚書、春秋左傳〔二一七〕。故劉昭志云：董氏與梁同祖〔二一八〕。光和元年，有白衣入德陽殿門，稱梁伯夏〔二一九〕。亦見風俗通，云"顓頊大敖之後"是也。

霆堅封安，安既復分蓼，後俱威于楚，猶以國氏〔二二〇〕。安、蓼皆姬姓。故地理志云：安，姬姓國〔二二一〕。而世本蓼亦姬姓，則皆庭堅後也。杜預以庭堅爲皋陶之字，妄也〔二二二〕。魯文公五年秋，楚仲歸威六〔二二三〕；冬，公子燮威蓼。臧文仲曰："皋陶、庭堅不祀夫！"〔二二四〕皋陶乃少昊後四世，而庭堅則高陽之子，六乃皋陶之後，而蓼則庭堅之後也。預既誤以庭堅爲皋陶字，乃復以蓼爲皋陶後、偃姓，失之矣〔二二五〕。予嘗攷之，皋陶之後有舒蓼，而非蓼也。舒蓼，偃姓；而蓼則姬姓也。蓼威而舒蓼猶存，至宣公八年始威〔二二六〕。其地乃壽之霍丘，而蓼乃安豐，其地相邇也〔二二七〕。舒蓼與蓼，既自二國；而舒又自一國，乃黃帝之後，任姓。見潛夫論。預不知別有舒與蓼，而分皋陶後舒蓼爲二國，謂皆偃姓；正義以爲文五年蓼威復封，而楚復威之：俱繆〔二二八〕。按舒，僖公三年已威矣〔二二九〕。

勝奔氏曰淥，勝奔，即勝瀆也〔二三〇〕。埤蒼云〔二三一〕：淥，顓帝之妻名。世本、人表皆作女祿〔二三二〕。大戴禮：滕奔氏之子謂之女祿，生老童〔二三三〕。生伯僑、卷章、季禺三人〔二三四〕。僑字伯服，與卷章綿產〔二三五〕。昭二十五年疏引楚世家，及世本：顓頊生僑，僑生卷章〔二三六〕。季禺是生叔歜〔二三七〕。大荒西經，叔歜，顓頊之孫〔二三八〕。卷章取棞水氏曰嬌〔二三九〕，即所謂嬌媧者〔二四〇〕。一作橋極，皆非也。勝瀆，一作滕湟，一作勝其。棞水，見世本。一作即水，皆字畫之轉失。

卷章,史及<u>大荒經</u>作老童,<u>經</u>云"<u>顓頊</u>生老童",非也〔二四一〕。**生<u>犁</u>及<u>回</u>。**

<u>犁</u>爲祝融,淳曜敦芒,天明地德,臨照四海,是食火土〔二四二〕。生<u>長琴</u>及<u>噎</u>。<u>噎</u>處西極,以行日月〔二四三〕。太子<u>長琴</u>,居於<u>搖山</u>,寔始樂風〔二四四〕。<u>犁</u>卒,<u>帝嚳</u>以<u>回</u>代之。<u>楚語</u>及<u>史記</u>云:<u>共工</u>作亂,<u>帝嚳</u>命<u>祝融</u>誅之〔二四五〕。不盡,乃以庚寅日誅之,而以弟<u>回</u>爲<u>犁</u>後,復居火正<u>祝融</u>〔二四六〕。非也。

<u>回</u>食于<u>吳</u>,是曰<u>吳回</u>。生<u>陸終</u>。<u>唐韻</u>云:<u>陸終</u>,古天子。妄也。<u>楚</u>及<u>司馬氏</u>皆<u>陸終</u>、<u>吳回</u>之後也〔二四七〕。<u>司馬遷</u>乃以爲皆<u>重犁</u>之後,失之〔二四八〕。<u>重</u>、<u>犁</u>乃自二人。有辨,見<u>發揮</u>中。**取<u>鬼方氏</u>曰<u>嬇</u>。**<u>世本</u>、<u>帝系</u>:<u>鬼方</u>國君之妹<u>女嬇</u>〔二四九〕。音鬋。<u>人表</u>作<u>女潰</u>,故<u>集韻</u>音潰〔二五〇〕。<u>大戴</u>作<u>女隤</u>。一作<u>女嬛</u>,繆。<u>陸終</u>,<u>彭祖</u>之父也。<u>仙傳</u>云〔二五一〕:<u>彭祖</u>遺腹而生,三歲失母。妄也。<u>黃囊經</u>云:<u>彭祖</u>父墓坤山下,作癸向放坎入乾;坎峯高揖,五行相生〔二五二〕。**孕三年,生子六人,曰<u>樊</u>、曰<u>惠連</u>、曰<u>籛</u>、曰<u>求言</u>、曰<u>晏安</u>、曰<u>季連</u>〔二五三〕。以六月六日坼左而三人生,剖右而三人出〔二五四〕。**孿生坼讁〔二五五〕,世有是事。有説,在<u>餘論</u>。

<u>樊</u>爲己姓,封<u>昆吾</u>〔二五六〕。<u>昆吾</u>爲<u>夏</u>伯主,其後裔自臧而無譖,與<u>桀</u>同戚〔二五七〕。故<u>孔子</u>曰:"<u>堯</u>之有天下,允恭以持之,虛静以待下,是以百載而愈成,迄今而益章。<u>昆吾</u>自臧滿意,窮高而不衰,是以當時而虧,久而愈惡。'損''益'之道也。"〔二五八〕以乙卯日亡。<u>鄭語</u>云,<u>昆吾</u>爲<u>商</u>伯〔二五九〕。非。<u>世本</u>云,<u>昆吾</u>者,<u>衞</u>是〔二六〇〕。**後有<u>昆氏</u>、<u>吾氏</u>、<u>昆吾氏</u>。**<u>氏書</u>又有<u>吳氏</u>〔二六一〕。<u>戰國策楚</u>將<u>吾得</u>,注:"當爲'五'。"〔二六二〕非也〔二六三〕。**<u>顧</u>、<u>温</u>、<u>蘇</u>、<u>扈</u>、<u>廖</u>、<u>董</u>、<u>諸</u>、<u>斟</u>、<u>祝</u>、<u>産</u>,皆己分也。**祝、産見<u>國語</u>〔二六四〕。**<u>扈</u>則<u>啓</u>威之矣〔二六五〕,後有<u>户氏</u>、<u>扈氏</u>、<u>有扈氏</u>。**<u>前秦録</u>以<u>蒲氏</u>,<u>符氏</u>皆出于<u>扈</u>,妄也〔二六六〕。**<u>顧</u>則<u>商</u>威之〔二六七〕,<u>温</u>則<u>狄</u>威之;後有<u>顧氏</u>、<u>雇氏</u>、<u>温氏</u>、<u>宋氏</u>。**<u>詩</u>云:"<u>韋</u><u>顧</u>既伐,<u>昆吾</u><u>夏桀</u>〔二六八〕。"皆先<u>桀</u>威者。僖十<u>温</u>威,<u>温</u>子奔<u>衞</u>〔二六九〕。**<u>蘇伯吉利</u>,是世<u>祝融</u>,逮妻<u>搏頰</u>,死託于竈〔二七〇〕。**竈者,老婦之祭〔二七一〕。<u>許氏五經異義</u>云〔二七二〕:"<u>吉利</u>婦,姓<u>王</u>名<u>搏頰</u>。"而世立<u>祝庸</u>爲老婦者,妄〔二七三〕。**<u>紂王</u>欲伐<u>有蘇</u>,<u>蘇</u>以<u>妲</u>進,免;<u>紂寵</u>之而**

亡〔二七四〕。周威之,有蘇氏、司寇氏。平王時有蘇成公,好篪〔二七五〕。其支子封郜,又爲郜氏〔二七六〕。姓纂以爲忿生支子,己姓,青陽之後〔二七七〕。妄也。廖有叔安,異封于董〔二七八〕。董甫以豢龍事虞,封于鬷川,別爲鬷夷,更爲關龍〔二七九〕。音“豢龍”同。關龍逢,作平聲非〔二八〇〕。廖、董、關龍〔二八一〕,則夏威之;鬷,則商威之。後有廖氏、颴氏、颴氏、颴叔氏、董氏、董甫氏〔二八二〕、廣韻〔二八三〕。侯叟氏、風俗通。青史氏、鬷氏、鬷夷氏、融夷氏、豢氏、關龍氏、龍氏、李氏,關龍之轉又爲關氏〔二八四〕。唐李忠臣本董氏,從朱泚,誅秦〔二八五〕。青史氏,出英賢録〔二八六〕。關,上音豢,下如字。斟姓,灌、斟則夏威之,戈、介則商威之。後有斟氏、戈氏、斟戈氏、斟氏、尋氏、斟氏、斟尋氏、鄩氏、斟灌氏、灌氏、介氏〔二八七〕。周大夫有鄩肸〔二八八〕。又有斟氏,出姓纂。要諸斟之姓,世皆有之,而史伯謂斟無後,蓋在周無封土也〔二八九〕。史記遂以斟戈、尋爲禹後,賈逵以諸斟爲曹姓後,皆因史伯之言而誤之也〔二九〇〕。

惠連,妘姓,其封參胡〔二九一〕。參胡者,韓是。周之鄩子,其後也〔二九二〕。後有鄩氏、參氏。並見世本。鄩子,妘姓〔二九三〕。外傳謂參胡無後,亦非。故漢志以鄩子爲堯後,失之〔二九四〕。

籛之字鏗,封于彭,是爲大彭〔二九五〕。彭祖以斟雉養性,事放勛〔二九六〕。其彭祖事備黄山君彭祖經中〔二九七〕。仙傳以爲姓籛名鏗,此出世本〔二九八〕。籛乃古翦字,故虞翻云:名翦〔二九九〕。國都記:豕韋氏,彭姓國。祝融後陸終第三子曰翦,封於彭。今爲租姦切者,非〔三〇〇〕。唐韻音賤。夏之中興,別封其孫元哲于韋,是爲豕韋,迭爲夏伯〔三〇一〕。夏遷於商,老彭守官大夫〔三〇二〕。商王靮采女受術,籛始去之,終身不見〔三〇三〕。寰宇:“彭門記:殷之賢臣,顓帝之玄孫,至殷末〔三〇四〕。”壽七百六十七。莊子云:“彭祖得之,上及有虞,下及五伯。”〔三〇五〕如此而已。彭祖傳云“商王時,傳之三百歲”,已謬矣,仙傳乃云喪四十九妻、五十四子,或云壽七百,或云四百,皆妄〔三〇六〕。世本:鏗在商爲守藏史,周爲柱下史,子云老彭〔三〇七〕。蓋又誤爲老子也。潛夫論又謂顓帝師于老彭,尤乖〔三〇八〕。禿、暨、諸稽、舟人,皆彭分也〔三〇九〕。高辛師舟人〔三一〇〕。即此。晉有舟之僑〔三一一〕。暨、諸稽則商威之,禿姓舟人則周威之,韋則夏甲遷之矣〔三一二〕。左傳言孔甲以劉纍更豕韋後矣,而鄭語乃云"大彭、豕韋爲商伯",又云彭祖、豕韋則商威之,則二國至商方盛,豈劉纍遷魯之後而二國更復乎〔三一三〕? 然襄二十四年范宣子言其祖,又云"在商爲豕韋氏",豈復封乎〔三一四〕? 不然,何兩立也? 後有籛氏、錢氏、禿氏、舟氏、韋氏、豕韋氏、伯氏、霸氏、覽氏、壽氏、名氏、諸氏、諸稽氏、稽氏、暨氏、既氏、周氏〔三一五〕。上元中,賜暨佐時爲周氏〔三一六〕。暨音吉,又如字。錢鏐,當乾寧以十三州王吳越者〔三一七〕。百年,而俶朝于我〔三一八〕。姓纂有彭祖孫孚,爲周錢府大夫,因氏〔三一九〕。六一文云:錢氏,三代以來無顯者,初以士爲周官,久而以爲氏〔三二〇〕。

求言,邾姓,封於鄶,是爲鄶人,介於河、伊〔三二一〕。貪嗇威爵,上下不臨,重氏伐而亡之〔三二二〕。有鄶氏、鄅氏、會氏。即鄶也。鄭語云:"虢叔恃勢,鄶仲恃險〔三二三〕。"鄭武公威之〔三二四〕。徐廣云,在河南密縣〔三二五〕。杜佑云,在新密〔三二六〕。史以爲鄭,非〔三二七〕。僞、路、云、鄔、偪、夷,皆邾分也〔三二八〕。僞侯納仲任,貪冒愛咨,蔑賢簡耐,而威于鄭〔三二九〕。有僞氏、鄢氏、隝氏、焉氏〔三三〇〕。陸德明以鄔爲平上去三聲,非是〔三三一〕。詳見國名記。云近楚,若敖父子娶焉,後威之〔三三二〕。有云氏、員氏、雲氏、鄖氏、邧氏。邧又作涓、䝋〔三三三〕。唐書:員半千十世祖凝之,本彭城劉,仕宋,後奔魏,自比伍員,改爲員〔三三四〕。王淵切〔三三五〕。賓苹云〔三三六〕:唐人讀作運。此皆好異。按前涼録已有員敞〔三三七〕。芸閣姓苑云:員氏,南陽,與楚同族,顓頊之後〔三三八〕。令尹子文,鬬伯比之子,育於鄖公辛〔三三九〕。辛生鬬懷〔三四〇〕。員蓋辛之後。路、偪陽、夷侁諸則晉威之,後各以國爲氏〔三四一〕。魯襄十秊,威偪陽,以與向戌〔三四二〕。公羊作傅陽〔三四三〕。譜有偪陽姓〔三四四〕。

晏安封曹,爲曹姓〔三四五〕。朱婁、騶繹、倪、莒、小朱、根牟,皆曹分也〔三四六〕。武王得曹挾,復封之朱,曰朱婁〔三四七〕。朱友以父夷甫顏功封倪,三世居騶,從齊尊王,是爲小朱子〔三四八〕。圈稱、葛洪云:邾武公字伯顏,人謂顏公,子孫爲氏〔三四九〕。王儉云,未知〔三五〇〕。按邾婁顏公事,見公羊傳〔三五一〕。魯公家譜亦以邾言〔三五二〕。代北可朱渾亦爲朱,望河南〔三五三〕。小朱十四世而朱二十有九世，威于楚，封其君爲鉅鹿侯〔三五四〕。後有朱氏、侏氏、姓書，邾，春秋後八世威，爲朱氏〔三五五〕。然哀公時有齊大夫朱毛〔三五六〕。邾氏、婁氏、邾婁氏、兒氏、倪氏、郳氏、倪犂氏、鄒氏、驑氏、薗氏、翼氏、挾氏、無婁氏、庶其氏、楚且氏、鉏丘氏、茅成氏、茅夷氏、卑徐氏、茅地氏、夷氏、儀氏、夏父氏、挾氏、庚氏、蓬氏、繹氏、顏氏〔三五七〕。茅夷、卑徐、鉏丘、茅地、蓬、繹，皆以附邑爲氏，見姓纂者。顏氏，見圈稱陳留傳及葛洪集要〔三五八〕。皆云顏出于邾，而未知儉譜獨以爲出于伯禽之庶采于顏者非也，故魯公尚書譜亦謂之儉爲失据云〔三五九〕。仲尼之門，顏氏之達者八。路、回、僕、噲、何、祖、克、幸也〔三六〇〕。之推云：仲尼母族，故多賢〔三六一〕。蓋私言。根牟者，侔也，魯取之〔三六二〕。宣九年。後有根牟氏、牟氏、侔氏、牟孫氏。莒則周威之矣。非紀姓之莒。周威之，以封兹興期〔三六三〕。

伯禹定荊州，季芈寔居其地〔三六四〕。生附敍，始封于熊〔三六五〕，故其子爲穴熊。芈谷野，以名加姓〔三六六〕。附敍，史作附沮〔三六七〕。大戴："附祖氏產穴熊〔三六八〕。"季芈即季連〔三六九〕，芈姓也。荊，楚名也，夏有楚狐父〔三七〇〕。厥後鬻熊子者，師臣西伯。世有鬻子書，云：文王初見鬻子，年已九十。王曰："老矣！"對曰："君若以臣逐麋，則老矣；坐策國事，臣年尚少。"〔三七一〕史記及釋例云鬻熊子早卒，乃其子事文王云，繆也〔三七二〕。成王時，熊氏畔，乃復封子繹于荊，居丹陽，是爲楚〔三七三〕。十七世通祈周顯號，事抑，乃自稱之；子貲遷郢〔三七四〕。及槐爲秦詐留，子橫徙陳〔三七五〕。凡二十有五世而秦威之。始皇滅楚名爲秦郡，意亦以莊襄王母名改焉〔三七六〕。世家云以爲楚郡，失之〔三七七〕。後有荊氏、楚氏、熊氏、附氏、穴氏、粥氏、鬻氏、郢氏、逞氏、能氏、敍氏、序氏、沮氏。能，奴代反〔三七八〕。沮，音敍。古有楚老；左，趙孟家臣楚隆〔三七九〕。其公族氏，有成、啓、鬬、囊、貢、善、逯、禄、縣、逮、審、側、庇、次、連、莫、伒、昭、由、景、到、聲、夏、即、圍、尹、后、竟、秉、宜、繹、酒、保、枝、乘、春、陽、鈞、甲、環、卯、武、莊、霜、雪、蝸、舉、舉、穿、稱、僕、貴、嚴、徵、庚、奮、賀、列、監、減、韻、□、□、□、□、□、□、卒、度、陳、張、李〔三八〇〕。凡七十二氏。由余本出中國，而伍員後有王孫氏〔三八一〕。秦有班氏一，避地於樓煩〔三八二〕。而度尚碑云：度與熊同祖〔三八三〕。急就章有翠鴛鴦，乃景翠之後〔三八四〕。列出列宗，有禦寇〔三八五〕。風俗通云出古帝王列仙氏，妄。姓纂復姓又有列禦，繆矣〔三八六〕。姓氏之出，固多矣。潘本畢公後，又有出於楚者，故岳家風詩云"楚公族半姓之後潘崇，子尫生黨"也〔三八七〕。其複氏則有鬬耆、鬬乳、鬬穀、鬬強、鬬緡、鬬文、鬬班、鬬比、圍龜、彌牟、若敖、叔敖、堵敖、郟敖、越椒、罷敵、上官、三閭、五相、五參、諸將、太宰、公建、良臣、左尹、右尹、申叔、申公、楚季、楚宗、巫臣、列宗、子南、子期、子庚、子西、子建、子午、子重、子季、子乘、子干、子儀、子木、尹午、無鈎、無圍、無宇、無庸，餘推、涉其、慶父、襄老、王孫、成王、黑肱、舒堅、來纖、沉纖、邑由、利孫、白男、吉白、屈南、耆門、市南、伍參、慶父、嬰齊、弃疾、枝如、伯比、師初、熊卒、熊相、倚相、辛廖、接輿、季連、季融、仲雄、大心凡八十二氏，及籃、厤、箴、樂、芋、陵、權、莠、清、郊、工、連、囂之十三尹〔三八八〕。沈即寑〔三八九〕。屈南，一作"男"。仲雄，潛夫作"熊"，非。其氏於邑者，有馮、屈、閻、瓦、堂、棠、蔿、蓮、靳、卷、圈、柘、拳、養、包、椒、包、申、苟、穰、蒙、蕩、麻、白、渦、淖、慎、匡、訾、訾、棘、棗、龍、俞、園、艾、鑢、苗、聶、蔓、萬、万、利、郍、主、康〔三九〇〕，蔿與蓮，卷與圈、園，堂與棠，訾與訾，皆同也〔三九一〕。棗出于棘，萬出于蔓，匡出匡宰句須〔三九二〕。而李延昌本姓麻；張遼本姓聶；皇朝始以匡爲主，政和制不得以"主"爲姓，乃爲康〔三九三〕。姓書楚有鑢，音慮，去聲，然攷楚自有鑢〔三九四〕。及鄧陵、卜梁、魯陽、櫟陽、苞丘、吳丘、何丘、軒丘、商密、愈豆、英賢、武安、期思、田公、白公、涇陽、葉陽之氏〔三九五〕。□□□□□□□□□□□□□爲郴氏〔三九六〕。圈公者，始秦博士，避世商山〔三九七〕。□□□□□□分，非。發揮。

　　帝摯之世，九犁亂時，重犁失職，堯於是復育重犁之後，使復舊葉，是爲羲和〔三九八〕。命羲仲宅嵎夷，命羲叔宅南交，和仲宅西，和叔宅朔易〔三九九〕。和寔爲犁後，爲和氏〔四〇〇〕。易見。詳堯紀〔四〇一〕。班彪、干寶皆云：司馬，摯後〔四〇二〕。是也。世紀云：羲和四子——羲仲、羲叔、和仲、和叔，分掌四岳。

王安石以四岳爲一人，非也〔四〇三〕。商封之程〔四〇四〕。有程氏、司馬氏。周宣王時，程伯休父爲宣王司馬，掌六師，伐徐，爲氏〔四〇五〕。西京雜記云司馬出史佚〔四〇六〕，休父出史佚也，异之祖。又左傳，荀氏支子邑程，程鄭是〔四〇七〕。程元及靈洗是，具程祈之譜〔四〇八〕。談云：風姓有裔孫，程伯始啓土〔四〇九〕。失之。史遷既刻，作史記〔四一〇〕。下及懿、師，三世事魏，遂移其社〔四一一〕。爲晉四世，弃洛南渡〔四一二〕。又十一傳，而劉宋威之。西五十三年，東一百四年〔四一三〕。沈約晉書造奇，以元帝牛金之子，應牛繼馬之讖〔四一四〕。鄴中學者王邵、宋孝王等辨之〔四一五〕。魏收深疾南，幸收其短，著之司馬叡傳〔四一六〕。和仲孫宗處清素，爲素和氏〔四一七〕。左果毅誓狀云：“重黎誅共工，堯命其子和仲居春官，代爲岳牧。和仲孫宗處代，清素自守，百姓號曰‘素和’，子孫氏焉。”〔四一八〕

濮、羅、歸、越、賓、滇、麕、麋、芈、蠻，皆芈分也〔四一九〕。楚子取麕、麋以國其庶，已而取之。歸是夔。賓是宗。繹之適昆摯，以疾廢于夔，亦併于楚〔四二〇〕。鄭語注：摯乃繹元孫，有疾，自弃於夔；子孫有功，爲夔子〔四二一〕。世家不記〔四二二〕。有夔氏、歸氏、賓氏、宗氏。宗俱碑云：四岳之裔〔四二三〕。宗均、宗資，世皆作“宋”，非也〔四二四〕。羅，熊析也，後亦入楚。有羅氏、羅侯氏。初國宜城，後轉徙枝江〔四二五〕。衆周之東，乃定長沙〔四二六〕。滇祖莊蹻，百濮芈蠻，或竄或懷，世不絕也〔四二七〕。有濮氏、高氏。高氏，句麗〔四二八〕。後燕錄云：慕容雲，——祖和，高句麗之支，云高陽氏之後，故以高爲氏——爲慕容寶養子，後僭，即復爲高氏〔四二九〕。越徇芈姓〔四三〇〕，是爲南越。越裳、駱越、甌越、甌隉、甌人、且甌、供人、海陽、目深、扶摧、禽人、蒼吾、蠻揚、揚越、桂國、西甌、損子、産里、海癸、九菌、稽余、僕句、北帶、區吳，所謂百越也〔四三一〕。百濮亦自多種〔四三二〕。揚越即揚粵，是爲蠻揚。或作“揚雩”，非也。南海、桂林、象郡，皆古南越之地〔四三三〕。並詳國名記中。輿地志云東、南二越，而諸儒一之，疎矣。有駱氏、李氏。李嗣恩本姓駱〔四三四〕。

帝之後又有蒙氏、容氏、孺氏、若氏、雙氏、玉氏、項氏、虫氏、隤氏、凱氏、重氏、童氏、龐氏、檮氏、臨氏、蒼氏、蒼舒氏、達氏、叔達氏、陸終氏、淵氏、聖氏〔四三五〕、周大夫有叔達〔四三六〕。爲王恭曾孫孺興與陸終氏有惡^{〔四三七〕}。又姓韻:才子蒼舒諡淵,八凱隤敳諡聖,後爲氏^{〔四三八〕}。**彭祖氏**、**季連氏**、**高陽氏**、**商丘氏**。

　　贊^{〔四三九〕}:**玉子高陽**,精契摇光^{〔四四〇〕}。通眉戴干,是濟窮桑。履時象天,疏以知遠^{〔四四一〕}。上緣黄帝,通變不倦^{〔四四二〕}。集威成紀,悷慈自持。内戒屛室,外親客師^{〔四四三〕}。惠寖萌生,信沾翔泳^{〔四四四〕}。乘彼結元,范林何堋^{〔四四五〕}?

　　世無聖人,亦無愚人。非無愚人也,務學從師則愚者聖。非無聖人也,違師背學則聖者愚矣。

　　乾之九二,"見龍在田"。此龍,德而正中者也^{〔四四六〕}。而**孔子**發之曰:"君子學以聚之,問以辨之^{〔四四七〕}。"學問,從師之始也。

　　三皇五帝,固未有不自師以成者。而獨異**黄帝氏**、**高陽氏**之取師,何如是之勵且博邪^{〔四四八〕}?**黄**於諸臣**風后**、**刀牧**、**大填**、**封鉅**、**容蓋**、**岐伯**若**廣成**、**甯封**,一切師之^{〔四四九〕}。**高陽**之初,師於**淥圖**矣,師於**伯夷父**矣,師於**大款**矣,師於**赤民**、**柏亮父**矣,不憚下風,皇皇如有求而弗得,何邪^{〔四五〇〕}?至道無所底,失德不以聖,唯學然後知不足^{〔四五一〕}。**堯**爲御,**舜**爲左,而**伯禹**爲之右,入於夢而訪荷蓧,涉於津而訊淵客,聖亦豈必達哉^{〔四五二〕}?一人之智,固不若衆之愚也。

　　師者,人之斗極也^{〔四五三〕}。入人之家,則以重人之家;入人之國,則以重人之國^{〔四五四〕}。是故,古之聖人,世至治矣,政無爲矣,民悉仰化而天下之和舉至矣,猶且恐然,常若獸盜之將至而將不免者,尚友親師,常若不逮^{〔四五五〕}。故德愈隆,性愈徹^{〔四五六〕},世愈治,而後世愈不及也。

　　孔子師於**老儋**,師於**萇宏**,師於**孟蘇夔**、**靖叔**^{〔四五七〕}。而**老儋**且師**常樅**^{〔四五八〕}。是生知者,焉不學^{〔四五九〕}?然亦何常師之有〔四六〇〕？神農師瀀陰之老，黃帝拜空同之叟〔四六一〕，瀀翁、同叟，豈聖者邪？炎黃之聖，不自聖也。唐、虞、夏后，拜師稽古，垂衣裳而天下治。湯之於貸子相，高宗之於甘般，文王之於錫疇子斯，武王之於太公，周公之於庶秀，成王之於郭叔，此其憲也〔四六二〕。晉文公之咎犯、隨會，秦繆公之百里奚、公孫枝，楚莊之孫叔敖、沈申巫，闔閭之伍子胥、文之儀，句踐之范蠡、大夫種，若聖若賢，莫不尊師而重學〔四六三〕。子張，魯之鄙家；顏涿，梁父之大盜：而學孔子〔四六四〕。段干木，晉之大駔，而學子夏〔四六五〕。高何、縣子石，國之大暴，而學於子墨〔四六六〕。索盧參，東方之鉅狡，學於禽滑〔四六七〕。六人者，刑僇死辱之徒也〔四六八〕，而爲天下名士顯人，王公從而師禮之，以其壽盡，則得之師與學者，君人之所知也。

　　齊小白，伯者也，師於管仲而致其理〔四六九〕。齊人有士㬫也者，小白執質請見之三而弗得〔四七〇〕。嬖者曰："㬫也，膚臣，君國之賤士也，三往而弗得見，其可已矣〔四七一〕！"公曰："烏！是何言歟？吾聞：布韋之士不屑富貴，不輕身於萬乘之君；萬乘之君不事仁義，不下禮於布韋之士。夫子之不屑富貴則可矣，謂不穀置仁義，而可乎〔四七二〕？"五反而遂見之〔四七三〕。天下之諸侯聞之，爰胥帥而賓焉〔四七四〕。於是九合諸侯；不以兵車，一匡天下〔四七五〕。則自一賤士始也。詩曰："有覺德行，四國順之〔四七六〕。"其小白之謂乎〔四七七〕？

　　先朝講臣范祖禹嘗爲帝學八篇〔四七八〕，其槩曰：三代八十四王，歷年千九百三十，以學見者，禹、湯、高宗、文、武、成王而已。夏之啓與少康，商之祖甲、中宗、祖乙、般庚，周之康、宣，皆功烈並於詩書，非學不至〔四七九〕。漢唐之君，則蓋有矣；要之，少學而無師。夏癸、商受，昏德弃祀〔四八〇〕，豈性不足與爲善邪？繇不法先王〔四八一〕,不親賢,不問學也。祖禹之言,其不可戒哉!學者,聖之資;而師者,道之原也。是故曰:説義必稱師,聽從必盡力〔四八二〕。天子入學祭先聖,則以齒,嘗爲師者弗臣,所以尊師而敬學也〔四八三〕。學堯而堯,學跖而跖。途巷可以爲禹,而舜果人也〔四八四〕。繇此語之,治亂之分,師不師、學不學之一間爾〔四八五〕!郭隗之言,中虺之戒,其真有國者之龜鑑歟〔四八六〕!

【校注】

〔一〕姓纂則謂顓帝,帝風姓:今元和姓纂未見有此。　故唐表韋氏、彭氏皆云出風姓顓帝之後:云,各本皆作"妘"。彦按:"妘"當作"云",蓋涉上文"古史攷以爲妘"而誤。今訂正。新唐書宰相世系表四上云:"韋氏出自風姓。顓頊孫大彭爲夏諸侯,少康之世,封其別孫元哲于豕韋,其地滑州韋城是也。豕韋、大彭迭爲商伯,周赧王時,始失國,徙居彭城,以國爲氏。"

〔二〕瑤光貫月,正白:瑤光,北斗七星第七星名,此指瑤光之光芒。古代以爲象徵祥瑞。月,各本皆作"日"。彦按:"日"當作"月"。史記五帝本紀"高陽有聖悳焉"張守節正義引河圖作"月",又潛夫論五德志、宋書符瑞志上等亦作"月"。今據以訂正。正白,純白色。　女嫗感於幽房之宮,生黑帝,名顓頊:女嫗,史記五帝本紀"高陽有聖悳焉"張守節正義引河圖"嫗"作"樞",諸書皆同。幽房,黑暗房間。宮,室,屋舍。竹書紀年卷上帝顓頊高陽氏,沈約注:"母曰女樞,見瑤光之星貫月如虹,感己於幽房之宮,生顓頊於若水。"

〔三〕均:指宋均(一説本姓宗,作"宋"者乃傳寫之誤),東漢學者。

〔四〕集韻云:頊,頭煩:頭煩(zhěn),枕骨。各本"煩"皆譌"煩",今訂正。集韻燭韻原文作:"頊,人腦煩。"

〔五〕祖曰昌意,黄帝之震適也:震適,嫡長子。周易説卦:"震一索而得男,故謂之長男。"適,讀爲"嫡"。　行劣不似,遜于若水:不似,猶不肖。彦按:本書後紀五黄帝有熊氏則曰:"昌意就德,遜居若水。"二説不同,蓋由傳聞有異。然一書之中,時取此説,時取彼説,率意而行,總爲欠妥。

〔六〕昌意降居若水:洪本"降"譌"除"。史記五帝本紀:"嫘祖爲黄帝正妃,生二子,其後皆有天下:其一曰玄囂,是爲青陽,青陽降居江水;其二曰昌意,降居若水。”

〔七〕見水經卷三六若水。原文爲:“若水出蜀郡旄牛徼外,東南至故關,爲若水也。” 旄牛徼外:旄牛,縣名,治所在今四川漢源縣南大渡河南岸。徼,音jiào,邊界。

〔八〕越嶲卭都:越嶲,郡名。“嶲”喬本、備要本作“雋”,洪本作“嶲”,並誤。今從吳本及四庫本。卭都,縣名。爲越嶲郡治,治所在今四川西昌市東南。 朱提:縣名。在今雲南昭通市昭陽區。

〔九〕九州要記:晉樂資撰。 嶲之臺登有奴諾川、鸚鵡山:臺登,縣名,治所在今四川冕寧縣瀘沽鎮。奴諾川,各本“奴”皆作“雙”。彦按:太平御覽卷一六六、太平寰宇記卷八〇巂州臺登縣、明曹學佺蜀中廣記卷三五引九州要記,均作“奴諾川”。此“雙”字當“奴”之誤。蓋“雙”字俗寫作“双”,(字彙又部:“双,俗雙字。”)與“奴”形近,故“奴”先譌爲“双”,又轉而成“雙”。今訂正。 黑水之間,若水出其下,即黄帝子昌意降居此:黑水,一説即瀘水,亦即今四川、雲南二省間的雅礱江下流及與雅礱江匯合後流至雲南巧家縣的一段金沙江。一説即今雲南境内的瀾滄江。居此,吳本、四庫本作“居于此”。

〔一〇〕杜預以謂昌意所封在都:吳本、四庫本“謂”作“爲”。春秋釋例卷七附盟會圖疏都云:“世本云:‘允姓之國,昌意降居爲侯也,在襄州樂鄉縣也。’”

〔一一〕都乃襄州樂鄉矣:襄州,州名。樂鄉,縣名,治所在今湖北鍾祥市西北。

〔一二〕一作景僕,即史云昌樸:景僕,洪本、吳本、四庫本作“景樸”。昌樸,今本史記五帝本紀作“昌僕”。

〔一三〕大戴禮爲昌濮:見大戴禮記帝繫。吳本“濮”作“樸”,非。

〔一四〕山海經海内經:“昌意降處若水,生韓流。”郭璞注:“竹書云:‘昌意降居若水,産帝乾荒。’乾荒即韓流也。”

〔一五〕蓋乾荒之誤爲“韓流”:韓流,各本“韓”皆譌“乾”,今據上下文意訂改。

〔一六〕如漢山陽公之曰獻帝:漢山陽公,即東漢獻帝劉協。後漢書獻帝紀延康元年:“冬十月乙卯,皇帝遜位,魏王丕稱天子。奉帝爲山陽公。” 唐

孝敬、奉天、承天三皇帝追稱云：唐孝敬，唐高宗第五子李弘。初立爲皇太子，
未得繼位而死，高宗上元二年，追諡爲孝敬皇帝。奉天，唐玄宗長子、唐肅宗兄
李琮。先死，肅宗即位，詔追冊爲奉天皇帝。承天，唐肅宗第三子、唐代宗弟李
倓。因諫賜死，唐代宗大曆三年，追諡爲承天皇帝。

〔一七〕山海經丹朱、商均皆曰帝：商均，舜子名。吳本“均”譌“均”。彥
按：帝丹朱見山海經海內南經及海內北經。今本山海經不見商均曰帝。

〔一八〕劉知幾所以唱謂朱、均皆常爲帝，而舜、禹爲奪：唱，創説。常，通
“嘗”，曾經。史通卷一三外篇疑古第三曰：“堯典序又云：‘將遜于位，讓于虞
舜。’孔氏注曰：‘堯知子丹朱不肖，故有禪位之志。’按汲冢瑣語云：‘舜放堯於
平陽。’而書云：某地有城，以‘囚堯’爲號。識者憑斯異説，頗以禪授爲
疑。……據山海經謂放勛之子爲帝丹朱，而列君於帝者，得非舜雖廢堯，仍立
堯子，俄又奪其帝者乎？觀近有姦雄奮發，自號勤王，或廢父而立其子，或黜兄
而奉其弟，始則示相推戴，終亦成其篡奪。求諸歷代，往往而有。必以古方今，
千載一揆。斯則堯之授舜，其事難明；謂之讓國，徒虛語耳。”又曰：“舜廢堯而
立丹朱，禹黜舜而立商均。”

〔一九〕擢首而謹耳，豩喙而渠股：擢首，拔起腦袋，謂長脖子。豩喙，豬嘴。
渠股，即羅圈腿。渠，古代指車輪的外圈。下羅苹注釋渠股爲鉅股，即巨股，恐
非。山海經海內經：“韓流擢首謹耳，人面豕喙，麟身，渠股豚止。”

〔二〇〕長咽：猶長頸。

〔二一〕海內朝鮮紀：海內，指山海經海內經。　　麟身：麟，同“麟”，四庫本
作“鱗”，山海經原文作“麟”（見上注〔一九〕）。

〔二二〕郭云：謹耳，未詳：郭璞注原文“未詳”作“未聞”。

〔二三〕渠，車輞，傳言大若車之渠：車輞，車輪的外框。“大若”，各本皆作
“若大”。彥按：“若大”乃“大若”誤倒，今訂正。郭璞注原文作：“渠，車輞，言
蹄脚也。大傳曰：‘大如車渠。’”

〔二四〕謹，小也：彥按：此釋至確。謹之有小義，蓋由“謹小”一詞感染而
來。　　耳門不容麥，壽過百：耳門，謂耳孔。藝文類聚卷一七引樊氏相法曰：
“耳門不容麥，百歲。”太平御覽卷三六六亦引樊氏相法，“百歲”作“歲至百兼
富”。

〔二五〕襲:謂繼位。

〔二六〕文選:若水,顓帝所生:彥按:文選當作文選注。文選王元長(融)三月三日曲水詩序:"芳林園者,福地奧區之湊,丹陵若水之舊。"吕延濟注:"若水,水名。帝顓頊所生處也。"

〔二七〕吕春秋:吴本"吕"譌"品"。　顓玉生自若水,實處空桑,乃登爲帝:見吕氏春秋古樂,今本吕氏"顓玉"作"帝顓頊"。彥按:顓頊于古籍或作顓玉,疑"玉"當作"王",讀爲"頊"。集韻燭韻王音須玉切,與"頊"音近。

〔二八〕太平御覽卷一三五引帝王世紀曰:"昌意之妃,謂之女樞。金天氏末,生顓頊於弱水。"

〔二九〕取蜀山氏曰樞,是爲河女,所謂淖子也:河女,山海經海内經作"阿女",曰:"韓流……取淖子曰阿女,生帝顓頊。"

〔三〇〕淖子感瑶光於幽防:瑶光,喬本、洪本、備要本作"摇光",此從吴本及四庫本。幽防,幽房。"防"通"房"。

〔三一〕見潛夫論五德志,原文作:"瑶光如月正白,感女樞幽防之宫,生黑帝顓頊。"

〔三二〕詩含神霧:喬本、四庫本、備要本脱"詩"字,洪本、吴本脱"含"字,今訂正之。　摇光蜺貫月:蜺,副虹。月,吴本、四庫本作"日",誤。

〔三三〕渠頭併幹,通眉戴干:渠頭,大腦袋。併幹,猶"駢幹",謂脅骨相連。通眉,兩眉相連。戴干,謂頭部有肉突起如頂著盾牌。各本皆作"帶午"。彥按:"帶午"當作"戴干","帶"爲"戴"字音訛,"午"爲"干"字形訛。今訂正。

〔三四〕顓玉戴干:顓玉,洪本、吴本"玉"作"王"。戴干,喬本、四庫本、備要本作"帶午",洪本作"帶牛",吴本作"帶干",並誤,今訂正。太平御覽卷八〇、卷三五七兩引春秋元命苞,"顓玉"並作"帝俈",而白虎通聖人則作"顓頊"。

〔三五〕干謂成"干"字:備要本作"于謂成于字",誤。

〔三六〕泰表戴干:泰表,偉人的儀表。備要本"干"譌"于"。

〔三七〕表者,人形體之彰識也:表者,各本皆譌"泰者",今訂正。彰識,顯著標誌。隋書王劭傳:"乾鑿度曰:'泰表戴干。'鄭玄注云:'表者,人形體之彰識也。干,盾也。泰人之表,戴干。'"北史王劭傳同。

〔三八〕王劭言隨文有龍顔戴干之表,指示羣臣:王劭,隋代史學家,歷官著作郎、祕書少監,著有齊誌、齊書、隋書等。隨文,隋文帝楊堅。隨,通"隋"。戴干、喬本、備要本作"帶干",此從餘諸本。指示,用手指指出給人看。隋書王劭傳:"劭又言上有龍顔戴干之表,指示羣臣。"

〔三九〕故世紀云:高陽首戴干戈:戴,各本皆作"帶"。彦按:"帶"當作"戴"。藝文類聚卷一一、初學記卷九、太平御覽卷七九引帝王世紀,皆作"(顓頊)首戴干戈",今據以訂正。

〔四〇〕本又作"帶午":又,吳本、四庫本譌"文"。　言如"午"字,葉法善額有二"午"者:葉法善,唐代道士。太平廣記卷二六神仙葉法善:"葉法善字道元,本出南陽葉邑,今居處州松陽縣。四代修道,皆以陰功密行及劾召之術救物濟人。……弱冠身長九尺,額有二'午'。"

〔四一〕淵而有謀,疎以知遠:淵,深沉。疎,通達。知,謂見識。史記五帝本紀:"帝顓頊高陽者,……静淵以有謀,疏通而知事。"

〔四二〕涿郡有漢高陽縣,以在高水之陽名:高陽縣,今縣屬河北省。陽,水的北面。

〔四三〕本隸河間,今之順安軍:河間,郡名,治所在今河北河間市。順安軍,治所在今河北高陽縣。

〔四四〕浚儀:縣名,治所在今河南開封市。

〔四五〕太平御覽卷一五八州郡部四東京開封府:"圖經曰:浚儀有高陽故城。顓頊高陽氏佐少昊有功,封於此城。"

〔四六〕汴:指北宋國都汴京,今河南開封市。

〔四七〕車頻秦書:晉車頻撰,記前秦事。　新平民耕:新平,縣名,治所在今河南淮陽縣臨蔡鎮。耕,吳本、四庫本作"畊",同。

〔四八〕初,有金彤者,頗知圖記,王猛勸誅之:金彤,喬本、備要本"彤"作"雕",今從餘諸本,以與下文一致。圖記,圖讖。王猛,十六國時期前秦丞相。

〔四九〕彤臨荆:荆,同"刑"。洪本如此,喬本作"荆",吳本、四庫本作"刑",備要本作"荆"。彦按:原本當作"荆","荆"則"荆"字之譌。"荆"先譌爲"荆",再譌遂成"荆"。今訂正。　白雞間:里巷名。

〔五〇〕太平御覽卷七五六引車頻秦書,云:"苻堅建元十八年,新平縣民耕地,獲玉器。初有金彫者,頗知圖記,王猛以爲左道,勸堅誅之。彫臨死,表堅曰:‘新平地,古顓頊墟,其故有白鷄閭,記言此里應出古帝王寶。’至是果得之。”

〔五一〕二十爰立:爰,乃,于是。立,謂即君位。

〔五二〕以故柳城、衞僕,俱爲顓頊之虚:柳城,縣名,治所在今遼寧朝陽市。孤棘在其地。衞僕,即濮陽(縣名),在今河南濮陽市境,地近商丘。僕,通“濮”。

〔五三〕太平寰宇記卷七一營州柳城縣:“棘城,即顓頊之墟也,在郡東南一百七十里。”

〔五四〕見通典卷一九六邊防十二北狄慕容氏,文作:“庬以大棘城即帝顓頊之墟,元康四年乃移居之,教以農桑,法制同於中國。” 慕容庬:西晉時鮮卑慕容部酉長,前燕王朝建立者慕容皝父。庬音 wěi。 教農桑:吴本“桑”作“莱”,同。下“廣桑之野”之“桑”同。

〔五五〕商丘,濮陽也,以帝居之,因曰帝丘,乃衞之都:彦按:此説誤。商丘在今河南商丘市梁園區,帝丘即濮陽,在今河南濮陽市境,相近耳,非一地也。水經注卷二四瓠子河:“河水舊東決,逕濮陽城東北,故衞也,帝顓頊之墟。昔顓頊自窮桑徙此,號曰商丘,或謂之帝丘。”羅氏蓋本此。然其説實誤,熊會貞水經注疏已辯之。熊氏曰:“按左傳昭十七年,梓慎曰:‘衞,顓頊之虚,故爲帝丘。’杜注:‘衞,今濮陽縣。’續漢志:‘濮陽,古昆吾國。’通典,即昆吾之墟,亦曰帝丘。又左傳襄九年:闕伯居商丘,相土因之。杜注:商丘在宋地。是顓頊、昆吾居帝丘在衞,闕伯、相土居商丘在宋,渺不相涉。乃帝王世紀謂顓頊自窮桑徙商丘,於周爲衞;又謂相徙商丘,本顓頊之墟,故闕伯之所居;隨舉春秋傳文爲證,——俱引見御覽一百五十五。則混帝丘而一之,而以顓頊、昆吾與闕伯、相土所居爲一地矣,舛誤殊甚。以酈氏之好辨,竟承用皇甫説,不置一辭,不可解也。”

〔五六〕故今澶之臨河東北三有顓頊城:澶,州名。臨河,縣名,治所在今河南濬縣東北。三,謂三里。

〔五七〕史記,顓頊都帝丘,其地北至幽陵:幽陵,即幽州。相當於今北京市、河北北部及遼寧一帶。史記五帝本紀:“帝顓頊高陽者,黄帝之孫而昌意

之子也。……北至于幽陵,南至于交阯。"裴駰集解引皇甫謐曰:"都帝丘。今
東郡濮陽是也。"

〔五八〕世紀云,自窮桑徙商丘,大行東北及兖,廣桑之野,豕韋之次:大行,
指太行山。備要本"大"作"太"。豕韋,星宿名,即室宿。太平御覽卷一五五
引帝王世紀曰:"顓頊氏自窮桑徙商丘,於周爲衛,在禹貢冀州太行之東北,踰
常山及兖州,桑土之野,營室、東壁之分,豕韋之次。"

〔五九〕水經、晉志因之:水經注卷二四瓠子河:"河水舊東決,逕濮陽城東
北,故衛也,帝顓頊之墟。昔顓頊自窮桑徙此,號曰商丘。"晉書地理志上:"顓
頊始自窮桑,而徙邑商丘。"

〔六〇〕兆迹:猶發迹。兆,起始,發端。四庫本譌"逃"。

〔六一〕禮記月令孟冬之月:"其帝顓頊,其神玄冥。"鄭玄注:"此黑精之
君,水官之臣,自古以來,著德立功者也。"

〔六二〕神仙傳有太玄女顓頊和:見神仙傳卷四太玄女,文曰:"太玄女者,
姓顓[頊],名和。"

〔六三〕乘辰而王:乘辰,猶乘時。　以水窮歷:以,猶"與"。水,五行之
一。窮歷,終生。歷,指歷運。　故外書皆稱玄帝:外書,指道書。彥按:玄,黑
也,于五行屬水,故有此説。

〔六四〕見莊子大宗師"顓頊得之,以處玄宮"成玄英疏。其文曰:"顓頊,
(皇)[黄]帝之孫,即帝高陽也,亦曰玄帝。年十二而冠,十五佐少昊,二十即
位。"　冠:謂舉行冠禮(古代男子之成年禮)。

〔六五〕祭餲牲用騂:祭餲,祭祀。餲,音 shuì,集韻寘韻:"小祭也。"騂,音
xīng,赤色的牛羊等。　薦玉以赤繒:薦,襯,墊。通典卷五五禮十五歷代所
尚:"高陽氏尚赤,薦玉以赤繒。"

〔六六〕載時以象天,養材以任地:載時,謂依時令季節行事。載,行,施行。
象,效法。吴本譌"豢"。養材,謂養育材物,如栽培五穀、樹木等。任地,利用
土地。史記五帝本紀:"帝顓頊高陽者,……養材以任地,載時以象天。"

〔六七〕依槐神而制義,治氣性以立教:槐,"鬼"之俗字。制義,制宜。治,
調理。氣性,氣質性情。史記五帝本紀作:"依鬼神以制義,治氣以教化。"司
馬貞索隱:"謂理四時五行之氣,以教化萬人也。"義嫌牽强。

〔六八〕自是，不克遠紀，始爲民師，而命以民事：爲民師，設立管理民事之官。左傳昭公十七年載郯子曰：“昔者黃帝氏以雲紀，故爲雲師而雲名；炎帝氏以火紀，故爲火師而火名；共工氏以水紀，故爲水師而水名；大皞氏以龍紀，故爲龍師而龍名。我高祖少皞摯之立也，鳳鳥適至，故紀於鳥，爲鳥師而鳥名。……自顓頊以來，不能紀遠，乃紀於近，爲民師而命以民事，則不能故也。”杜預注：“顓頊氏，代少皞者，德不能致遠瑞，而以民事命官。”

〔六九〕釐改服度，符采尚赤：釐改，改革。服度，車服制度。符采，色彩。“符”通“浮”。文選張景陽（協）七命“浮彩豔發”李周翰注：“浮彩，謂色也。”

〔七〇〕少昊、顓帝官號，蓋因黃帝而益詳：因，因循，承襲。　故賈公彥云：高陽以前，略言於上：見周禮正義序。原文作：“自高陽已前官名，略言於上；至於帝嚳官號，略依高陽，不可具悉。”

〔七一〕成王言“唐虞稽古，建官惟百”：見尚書周官。備要本“惟”譌“帷”。

〔七二〕重、該、修、熙，少昊氏之四叔也：左傳昭公二十九年：“少皞氏有四叔，曰重、曰該、曰修、曰熙，實能金、木及水。使重爲句芒，該爲蓐收，修及熙爲玄冥，世不失職，遂濟窮桑，此其三祀也。”楊伯峻注：“此四叔疑少皞氏之弟輩。”

〔七三〕“叔出季處”之“叔”：“叔出季處”見左傳昭公元年，叔孫曰：“叔出季處，有自來矣，吾又誰怨？”彥按：叔指叔孫氏，季指季孫氏，爲春秋魯之二卿，與另一卿大夫孟孫氏合稱“三桓”（同出魯桓公後），共掌魯國大權。杜預注曰：“季孫守國，叔孫出使，所從來久，今遇此戮，無所怨也。”是矣。羅氏蓋誤解爲兄弟排行“伯、仲、叔、季”之“叔”，故引之以比少昊氏四叔之“叔”，謬矣。

〔七四〕傳以爲少昊裔子：禮記月令孟秋之月“其帝少皞，其神蓐收”鄭玄注：“蓐收，少皞氏之子，曰該，爲金官。”又左傳昭公二十九年“少皞氏有四叔”孔穎達正義曰：“少皞氏有四叔，四叔是少皞之子孫，非一時也，未知於少皞遠近也。四叔出於少皞耳，其使重爲句芒，非少皞使之。”

〔七五〕寔能金、木及水：寔，吳本、四庫本作“實”，與左傳同。杜預春秋左氏經傳集解云：“能治其官。”

〔七六〕乃俾重爲句芒，該爲蓐收：句芒，古五行官中之木正，亦爲東方之神。蓐收,古五行官中之金正,亦爲西方之神。

〔七七〕惠王十七年,虢公夢在廟,有神人面白毛、虎爪,執鉞立於西阿云云,覺,召史嚚占之,蓐收也,天之刑神:惠王,指周惠王。虢公,指春秋虢國國君姬醜。各本"公"皆譌"谷",今訂正。阿,屋翼,今稱飛檐。各本皆譌"河",今訂正。史嚚,虢太史。嚚,音yín,洪本作"嚚",餘諸本皆作"嚚",並誤,今訂正。占,洪本、吳本、四庫本、備要本作"古",非。刑神,主管刑殺之神。刑,吳本、四庫本、備要本作"刑",同。國語晉語二:"虢公夢在廟,有神人面白毛、虎爪,執鉞立於西阿,公懼而走。神曰:'無走!帝命曰:"使晉襲於爾門。"'公拜稽首。覺,召史嚚占之,對曰:'如君之言,則蓐收也,天之刑神也,天事官成。'"

〔七八〕修及熙爲玄冥:玄冥,古五行官中之水正,亦爲北方之神、司寒之神。

〔七九〕姓氏英賢録:又稱姓氏英賢傳,南朝梁賈執撰,書已佚。

〔八〇〕見左傳昭公二十九年"少皥氏有四叔"孔穎達正義。 不是一時之人:吳本"不"譌"必"。

〔八一〕蓋不知北方虛危無位:虛危,虛星和危星,爲北宮玄武七宿中之二宿。史記天官書:"北宮玄武,虛、危。"彥按:史記天官書曰:"故紫宮、房心、權衡、咸池、虛危列宿部星,此天之五官坐位也。"則虛危有五官之位,此稱"無位"者,蓋指不具神之名位。北方之神,名稱玄武,形爲龜、蛇。故龜、蛇乃具北方之神名位,而虛、危不具也。 權衡、龜蚘皆是二物,與腎皆有左右之義:權衡,權星和衡星,並屬南宮朱鳥星座羣中星宿。史記天官書:"南宮朱鳥,權、衡。"龜蚘,即玄武,北方之神。腎,吳本、四庫本作"賢",誤。中醫學説,腎臟于五行屬水,故引爲例。彥按:羅氏此論,意欲説明水正玄冥有二,修、熙同時任職,非先後也。

〔八二〕玄冥爲司寒:司寒,主管寒冬,爲冬神之職。 如言犁曰祝融:犁,亦作黎。祝融,古五行官中之火正,亦爲南方之神。國語鄭語:"夫黎爲高辛氏火正,以淳燿敦大天明地德,光照四海,故命之曰'祝融'。"韋昭注:"祝,始也。融,明也。"

〔八三〕見左傳昭公二十九年。原文作:"木正曰句芒,火正曰祝融,金正曰蓐收,水正曰玄冥,土正曰后土。”　玄冥:喬本、洪本“玄”作“元”,此從餘諸本改。

〔八四〕愙共厥業,遂濟窮桑:愙,恭敬。四庫本作“恪”,同。共,通“供”,謂供職、奉職。濟,助成。

〔八五〕服傳:服,指服虔,東漢經學家,有春秋左氏傳解誼等著作。傳,指服氏給春秋左傳作的注。

〔八六〕杜氏以窮桑爲少昊之號:杜氏,四庫本“杜”譌“柱”。左傳昭公二十九年“遂濟窮桑”杜預注:“窮桑,少皥之號也。”

〔八七〕求用:需求之用物、物資。

〔八八〕玄都氏黎實亂天德:玄都氏黎,少昊時諸侯。天德,天性,猶天命。　賢鬼而廢人,惟龜策之從:賢,尊崇。廢,不用。龜策,龜甲和蓍草,古代占卜之具,亦借指占卜。　謀臣不用,喆士在外:喆士,明智的人。喆,同“哲”。逸周書史記:“昔者玄都賢鬼道,廢人事天,謀臣不用,龜策是從,神巫用國,哲士在外,玄都以亡。”　家爲巫史,亡有要質:巫史,古代稱從事求神占卜等活動的人爲“巫”,稱掌管天文、星象、曆數、史册的人爲“史”。這些職務最初往往由一人兼任,統稱“巫史”。要質,指盟誓之誠信。要(yāo),誓約,盟約。質,信用,誠信。國語楚語下:“夫人作享,家爲巫史,無有要質。”韋昭注:“質,誠也。”　方不類聚,物不羣分:周易繫辭上“方以類聚,物以羣分”孔穎達疏:“方謂法術性行。”　民匱于祀,神褻民狎:褻、狎,皆輕慢而不莊重之義。喬本、四庫本“褻”作“褺”,誤。今據餘諸本訂正。國語楚語下:“及少皥之衰也,……民匱於祀而不知其福。”韋昭注:“言民困匱於祭祀,而不獲其福。”又楚語下:“烝享無度,民神同位。民瀆齊盟,無有嚴威。神狎民則,不蠲其爲。”即此所謂“神褻民狎”也。　嘉生不降,龜策鬼神不足以舉勝,左右背鄉不足以專戰:嘉生,泛稱瑞物。舉勝,取勝。背鄉,離心。專戰,專心應戰。彦按:“龜策”二句出韓非子飾邪,本義與立意均大不同,此活用其文以説玄都氏。

〔八九〕乃命重、犂典司祝融,重獻上天以屬神,犂抑下地以屬民,以絶上下之通,以規三辰之行:犂,史書多作“黎”。獻,獻祭,奉祀。屬(zhǔ),聯繫,聯絡。抑,安定。方言卷一三:“抑,安也。”規,謂使合乎規則。三辰,指日、月、星。國語楚語下:“顓頊受之,乃命南正重司天以屬神,命火正黎司地以屬民,使復舊常,無相侵瀆,是謂絕地天通。"韋昭注:"絕地民與天神相通之道。"

〔九〇〕隨天文志:高陽氏命北正犂司地:隨,通"隋"。吳本、四庫本作"隋"。北正,官名。犂,今本隋書天文志上作"黎"。

〔九一〕九黎亂德,民神雜揉,不可方物:黎,四庫本作"犂"。雜揉,即雜糅,混雜攪和。四庫本"揉"譌"探"。方物,識別並稱述。楚語下"不可方物"韋昭注:"方,猶別也。物,名也。"　命南正重司天以屬神:南正,官名。洪本、吳本譌"不正"。屬,吳本譌"屈"。

〔九二〕使復舊物:國語楚語下作"使復舊常"。　毋相侵瀆:侵瀆,侵犯侮慢。侵,吳本、四庫本作"浸"。瀆,通"嬻"。

〔九三〕齊職儀:南朝齊王珪之撰。

〔九四〕犂,陰官也。火數二,故火正司地以屬民:見史記曆書"命火正黎司地以屬民"裴駰集解引應劭曰,原文作:"黎,陰官也。火數二;二,地數也,故火正司地以屬萬民。"陰官,天爲陽,地爲陰,犂爲火正以司地,故稱陰官。火數二,此就五行之生數言。參見前紀六柏皇氏注〔五六〕。

〔九五〕鄭答趙商,與昭皆以爲:鄭,指東漢經學家鄭玄。趙商,鄭玄弟子。昭,指三國吳史學家韋昭。備要本譌"眧"。　舉南北、正夏冬:南北,指南正、北正。四庫本"北"譌"比"。　故又命羲和於春秋夏:吳本"夏"譌"憂"。彥按:"春秋夏"疑當作"春夏秋冬"。尚書堯典云:"乃命羲和,欽若昊天,歷象日月星辰,敬授人時。分命羲仲,宅嵎夷,曰暘谷。寅賓出日,平秩東作。日中,星鳥,以殷仲春。厥民析,鳥獸孳尾。申命羲叔,宅南交。平秩南訛,敬致。日永,星火,以正仲夏。厥民因,鳥獸希革。分命和仲,宅西,曰昧谷。寅餞納日,平秩西成。宵中,星虛,以殷仲秋。厥民夷,鳥獸毛毨。申命和叔,宅朔方,曰幽都。平在朔易。日短,星昴,以正仲冬。"備舉四時,此不得獨缺冬。

〔九六〕漢高可襄章之奏,以趙堯舉春,李舜舉夏,兒湯舉秋,貢禹舉冬,各職一官以舉時政:襄章,漢初朝臣,官大謁者。洪本作"章商",餘諸本皆作"章商"。彥按:事見漢書魏相傳,彼文原作"襄章"。蓋"襄"字音譌而成"商",或又形譌而成"商",加之誤倒,遂成"章商(商)"矣。今訂正。舉,主持,主管。兒湯,四庫本"兒"作"倪"。

〔九七〕宣帝時,魏相請以明經通陰陽者四人,各主一時,時至明言所職:魏相，漢宣帝時丞相。一時，一個季節。各本原均無此二字。彥按：此二字不可無，今據漢書魏相傳補。所職，主管之政務。

〔九八〕司曆：掌管曆法。

〔九九〕月令，開明堂，布十二月之政，當作北犂：洪本“北”作“比”。彥按：此文費解，疑有脱誤，待考。

〔一〇〇〕於是窮四履，稱險易，申畫郊畿，以殿任賦：四履，四境之界限。稱，衡量。險易，指土地之坎坷或平坦。洪本、吳本“險”作“儉”，仍讀“險”。申畫，重新劃分。郊畿，郊域與京畿。殿，定，評定。任賦，承擔的賦税。　立勤人以職孤，爲正長以惠窮，置宰喪以恤亡：勤人、正長、宰喪，並官名。職，主管。逸周書大聚：“立勤人以職孤，立正長以順幼，立職喪以卹死。”　設射志以習雅，守獵耘秄以習移：射志，箭靶。志，準的。雅，儀容。玉篇隹部：“雅，儀也。”守獵，打獵。守，通“狩”。耘秄，除草培土，泛指農耕。四庫本作“耘秄”，同。移，行動。逸周書大聚：“立鄉射以習容，春和獵耕耘以習遷行。”黄懷信集注引陳逢衡云：“獵耕耘以習遷行，謂於耕耘之隙以講武事。”又引朱右曾云：“習遷行者，習出入、坐起、隨行、鴈行之節。”

〔一〇一〕碼名岡，倮大澤：碼，同“毁”，毁壞。名岡，名山。倮（luǒ），裸露，此謂把水放乾。

〔一〇二〕見管子：今本管子未見，蓋佚文。

〔一〇三〕作悬𫝹舌一，幕文作全：喬本如此，洪本“舌”作“𠮷”，“全”作“𡈼”。餘本不盡相同。

〔一〇四〕纂古：唐崔希裕撰。是一本纂集古文字的書。

〔一〇五〕高陽金別種五等，或出長平異布：別，分。長平，地名。在今山西高平市西北。平，吳本作“𤙾”、備要本作“乎”，誤。

〔一〇六〕封演：唐人。有著作封氏聞見記、續錢譜等。

〔一〇七〕宿疇：猶宿昔，謂旦夕，比喻短時間内。

〔一〇八〕工賈時市，臣僕州里，俾母交爲：工賈，手工業者與商人。時市，管理市場的官吏。時，通“司”。臣僕，奴僕。州里，古代二千五百家爲州，二十五家爲里，本爲基層行政單位，此指州官、里官。母，“毋”之古字。交爲，雜亂行事。“俾母交爲”，欲其各居其位，各司其職。逸周書作雒：“凡工賈胥市，臣僕州里,俾無交爲。”

〔一○九〕是以主虞而安,民璞而親;官亡邪吏,市亡型民:虞,通“娱”,樂。璞,質樸。型民,受刑之民。型,通“刑”。管子七臣七主:“故主虞而安,吏肅而嚴,民樸而親,官無邪吏,朝無姦臣,下無侵争,世無刑民。”

〔一一○〕然猶悚慫自持,焦心蛾伏,以從事於賢:悚慫自持,謂心懷畏慎。悚慫(líng sǒng),惶恐。集韻蒸韻:“悚,怖也。”四庫本譌“悛”。焦,同“惟”,見字彙補。吴本、四庫本、備要本作“焦”,誤。蛾伏,俯身伏地,表示順從。蛾,“蟻”之古字。從事,追隨、奉事。

〔一一一〕謂功莫美於去惡而之善,皋莫大於沓惡而不變:去,吴本、四庫本作“厺”,同。沓,多次重複,反覆。

〔一一二〕非惟善善,善因善也;非惟惡惡,惡緣惡也:因善,謂依善而行之作爲。緣惡,謂依惡而行之作爲。漢賈誼新書脩政語上:“顓頊曰:‘功莫美於去惡而爲善,罪莫大於去善而爲惡。’故吾非善善而已也,善緣善也;非惡惡而已也,惡緣惡也。”

〔一一三〕乃夐令曰:母慢制,母虐民:夐,發布,頒布。慢,怠慢。制,詔命。虐,洪本作“濿”,當即“瀮”字省筆,取“侵奪”義。

〔一一四〕貴臣驕而弗譓,男女不相辟於道者,拂之:譓(huì),順服,服從。辟,“避”之古字。拂,通“弼”,糾正。

〔一一五〕四達之衢,文龍負圖:文龍,彦按:“文”疑“天”字之譌。唐瞿曇悉達開元占經卷一二○引瑞應圖曰:“王者承天命,而天道四通而悉達。”又引援神契曰:“天子孝,則天龍負圖也。”

〔一一六〕於是書科斗:唐韋續墨藪五十六種書云:“六,科斗書者,因科斗之名,故飾之以形。不知年代,或云顓頊高陽氏所作。” 百辟作戒盈之器,室而著復禮之詺,詩以爲德剽之術:百辟,百官。戒盈之器,警告驕傲自滿之器,如魯桓公廟之欹器。(荀子宥坐:“孔子觀於魯桓公之廟,有欹器焉。孔子問於守廟者曰:‘此爲何器?’守廟者曰:‘此蓋爲宥坐之器。’孔子曰:‘吾聞宥坐之器者,虚則欹,中則正,滿則覆。’”)詺,通“銘”,四庫本作“銘”。德剽,猶德刑,恩澤與刑罰。剽,同“黥”,古代刑法之一,即墨刑。術,通“述”,述説。

〔一一七〕後周書武帝詔云“甲子乙卯,禮云不樂。昔周王受命,請聞顓帝

之廟有戒盈之器,室與復禮之銘"者:見周書武帝紀。詔文原作:"甲子乙卯,
禮云不樂。……昔周王受命,請聞顓頊。廟有戒盈之器,室爲復禮之銘。矧伊
末學,而能忘此。宜依是日,省事停樂。"戒,吳本譌"成"。者,洪本、吳本、四
庫本作"者也"。

〔一一八〕以濬其明而畀其聖:濬,深,謂增加。畀,使。

〔一一九〕渌從水,見何氏姓苑:從,洪本、吳本作"以",蓋由"从"字譌。何
氏姓苑,即姓苑,南朝宋何承天撰。

〔一二〇〕傳多作渌圖:渌圖,喬本、備要本"渌"作"絲",洪本、吳本、四庫
本"圖"作"國"。彥按:"絲圖"、"渌國"均與"傳多見"事實不合,今訂作"渌
圖"。白虎通辟雍、通志卷二帝顓頊即作"渌圖"。　新序、晉紀又作録圖:今
本新序雜事五、晉書景帝紀均作渌圖。

〔一二一〕謂至道不可過,至義不可易,而後治者復迹也:過,超越。義,喬
本譌"易",今據餘諸本訂正。後治者,謂後來之統治者。復迹,復蹈前人之足
迹,謂遵循。新書脩政語上:"帝顓頊曰:'至道不可過也,至義不可易也。'是
故以後者復迹也。"

〔一二二〕故上緣黃帝之道而行之,修黃帝之道而賞之:賞,通"常"。鶡子
數始:"昔者帝顓頊年十五而佐黃帝,二十而治天下。其治天下也,上緣黃帝之
道而行之,學黃帝之道而常之。"

〔一二三〕見鶡子及賈氏新書:鶡子,洪本作"粥于",吳本作"粥子",非。
賈氏,指西漢政論家賈誼。

〔一二四〕黃帝正名百物以明民共財,顓頊能修之:顓頊,洪本、吳本脫
"頊"字。修,遵循。禮記祭法:"黃帝正名百物以明民共財,顓頊能脩之。"孔
穎達疏:"'以明民'者,謂垂衣裳,使貴賤分明得其所也。'共財'者,謂山澤不
鄣,教民取百物以自贍也。"

〔一二五〕乃注新歷:注,著,著述。歷,吳本作"曆"。　十三月以爲元:十
三月,指農曆正月。　歲紀甲寅,上日乙巳:上日,朔日,即農曆初一。　日月
直艮維之初,而五星會于天廟:直,遇,相逢。四庫本作"值"。艮維,猶艮隅,指
東北方。天廟,各本皆作"天歷"。彥按:"天歷"誤,當依晉書律曆志中作"天
廟",今訂正。下羅苹注"天廟"同。天廟,星宿名。

〔一二六〕天廟，營室也：營室，星宿名。即二十八宿中之室宿。宋朱熹以爲：“此星昏而正中，夏正十月也。於是時可以營制宮室，故謂之營室。”（詩鄘風定之方中“定之方中，作于楚宮”集傳）國語周語上“日月底于天廟”韋昭注：“天廟，營室也。”

〔一二七〕元用乙卯：元，指元年。

〔一二八〕竊案曆法：四庫本“案”作“按”。

〔一二九〕顓帝曆術：佚書。　天元正月乙巳朔旦立春：天元，謂曆之元年。以爲順合天道，故稱“天元”。吳本“天”譌“大”。乙巳，後漢書律曆志中“〔漢興〕（以）承秦，曆用顓頊，元用乙卯”劉昭注引蔡邕月令論，邕引顓頊曆術，作“己巳”。　俱以日月起於天廟營室五度：天廟營室，係一複語。吳本、四庫本“廟”譌“届”。彥按：蓋“廟”俗體作“庿”，與“届”形近，故譌。

〔一三〇〕亦非以十月爲正也：正，音 zhēng，正月。

〔一三一〕冰始離，蟄始動，時雉三號而立春至：離，散開，謂消融。雉，喬本、洪本、吳本作“**鳵**”，四庫本作“雞”，備要本作“鳷”。彥按：明孫瑴古微書卷二引路史，作“雉”，疑是，今從之。蓋“雉”音譌則成“鳷”，又形譌而成“**鳵**”；或以義近而作“雞”。三，吳本作“二”。　天曰作時，地曰作昌，人曰作樂：曰，爰，于是。作，始。時，蓋指四時運轉。　是以萬物應和而百事理，是爲曆宗：曆宗，曆法之祖。晉書律曆志中載魏臣董巴議曰：“顓頊以今之孟春正月爲元，其時正月朔旦立春，五星會于天廟，營室也，冰凍始泮，蟄蟲始發，雞始三號，天曰作時，地曰作昌，人曰作樂，鳥獸萬物莫不應和，故顓頊聖人爲曆宗也。”

〔一三二〕顓帝曆：吳本“曆”作“厤”。　七曜直艮維之初：喬本、洪本“曜”作“耀”非，此改從餘本。下“七曜”之“曜”同。　漢太初曆，冬至，七曜會于牽牛：太初曆，漢曆法名。漢武帝太初元年鄧平、落下閎等人所造。喬本、洪本、吳本、備要本“太”作“大”，此從四庫本。牽牛，星宿名，即牛宿。漢書律曆志上：“宦者淳于陵渠復覆太初曆晦朔弦望，皆最密，日月如合璧，五星如連珠。”顏師古注引孟康曰：“謂太初上元甲子夜半朔旦冬至時，七曜皆會聚斗、牽牛分度，夜盡如合璧連珠也。”

〔一三三〕故史記、漢書及荀悅紀皆記高帝元年十月，五星聚東井：荀悅紀，指荀悅漢紀。吳本“悅”譌“**祇**”。東井，星宿名。即井宿，二十八宿之一。

彥按：今查漢書、漢紀，確記其事；而史記則但稱“漢之興，五星聚于東井”（見天官書）、“漢王之入關，五星聚東井”（見張耳陳餘列傳），未言其在“高帝元年十月”。

〔一三四〕而魏高允以爲史之失：高允，北魏侍郎。

〔一三五〕按五星乃以前三月聚東井，非漢元年十月：五星，洪本、吳本“五”譌“老”。魏書高允傳：“時（崔）浩集諸術士，考校漢元以來日月薄蝕、五星行度，并譏前史之失，别爲魏曆，以示允。允曰：‘天文曆數不可空論。夫善言遠者必先驗於近。且漢元年冬十月，五星聚於東井，此乃曆術之淺。今譏漢史，而不覺此謬，恐後人譏今猶今之譏古。’浩曰：‘所謬云何？’允曰：‘案星傳，金水二星常附日而行。冬十月，日在尾箕，昏没於申南，而東井方出於寅北。二星何因背日而行？是史官欲神其事，不復推之於理。’……後歲餘，浩謂允曰：‘先所論者，本不注心，及更考究，果如君語，以前三月聚於東井，非十月也。’”

〔一三六〕乃正出未：正，正月。中國古曆指一年的第一個月。未，地支的第八位，代指農曆六月。

〔一三七〕序：通“敍”，述説，稱。彥按：此以一“序”字引出下文，語意欠完整，疑其上有脱文。　惟天之合，正風乃行：自此而下至“命曰承雲”一段文字，大抵取裁於吕氏春秋古樂。高誘吕氏春秋注：“惟天之合，德與天合。”正風，指合乎時令之正常之風。

〔一三八〕律家皆謂顓帝始作渾儀，故後世尊用之，不能改：渾儀，中國古代觀測天體位置的儀器。改，備要本譌“故”。

〔一三九〕益部傳：即益部耆舊傳，晉陳壽撰。　巴郡：備要本“郡”字與下文“疎”字錯易其位。

〔一四〇〕隨顏慜楚上言，亦云：隨，通“隋”。北史張胄玄傳：“内史通事顏慜楚上言曰：‘漢時落下閎改顓項曆，作太初曆，云：“後當差一日，八百年當有聖者定之。”計今相去七百一十年，術者舉其成數，聖者之謂，其在今乎！’”顏慜楚，隋書張胄玄傳作“顏敏楚”。

〔一四一〕又詳張胄玄傳：各本“張”皆譌“陰”，今訂正。張氏之傳見于北史、隋書。

〔一四二〕按歷帝紀,顓頊造渾儀,黃帝爲蓋天:歷帝紀,當即隋書經籍志二、舊唐書經籍志上、新唐書藝文志二所載之年曆帝紀,姚恭撰。書已佚。蓋天,中國古代觀測天象的儀器。隋書天文志上載晉侍中劉智云:"顓頊造渾儀,黃帝爲蓋天。然此二器,皆古之所制,但傳説義者,失其用耳。"

〔一四三〕以古未有歲差之法:歲差之法,計算歲差的方法。地球繞太陽運行之時,其自轉軸的方嚮在天球上緩慢地移動,春分點在黃道上亦隨之以每年50.2角秒的速度嚮西移行,這種現象稱爲歲差。吳本"差"譌"蓋"。　如顓帝曆冬至日宿牛初,今宿斗六度:冬至日,洪本"至"譌"圣"。宿,謂中星居于。牛,星宿名,二十八宿之一。初,指宿度(天空中標誌星宿位置的度數)之起始位置。斗,星宿名,又稱南斗,二十八宿之一。　古正月建丑,又歲與歲合,今亦差一辰:正月建丑,即以丑月(農曆十二月)爲正月(歲首)。合,對照。辰,星,星辰。　且如堯典"日短星昴",今則日短東璧矣:昴,星宿名,二十八宿之一。東璧,即東壁。星宿名,二十八宿之一。尚書堯典:"日短星昴,以正仲冬。"孔氏傳:"日短,冬至之日。"

〔一四四〕其疎如此:疎,粗疏,不精密。備要本與上文"郡"字誤倒。

〔一四五〕其法則實蓋爾:法則,取法。蓋,車蓋(古代車上遮雨蔽日的傘)。劉氏曆正問:佚書。疑爲晉侍中劉智撰。隋書天文志上:"晉侍中劉智云:'顓頊造渾儀,黃帝爲蓋天。'"吳本"正"譌"王"。

〔一四六〕非今之所謂渾也:渾,謂渾圓。宋書天文志上:"前儒舊説,天地之體,狀如鳥卵,天包地外,猶殼之裹黃也;周旋無端,其形渾渾然,故曰渾天也。"

〔一四七〕熙熙鏘鏘:象聲詞,象正風之聲。吕氏春秋古樂作:"其音若熙熙凄凄鏘鏘。"

〔一四八〕帝好之,爰命鱓先爲倡:彦按:"鱓"當作"鱓"。"鱓"同"鼉",即揚子鱷。"鱓"、"鱓"古或通用,但衹在作爲"鱔"的異體字時。下羅苹注以"鱓先"爲人名,此不取。吕氏春秋古樂作:"帝顓頊好其音,……乃令鱓先爲樂倡,鱓乃偃寢,以其尾鼓其腹,其音英英。"高誘注:"倡,始也。"陳奇猷校釋:"此鱓以尾鼓腹,顯然是一種化裝表演。蓋表演者化裝爲鱓形,置鼓於腹間,奏樂開始時,鱓先行偃寢,以其尾鼓其腹間之鼓,領導其他樂器開始演奏。……

此化裝爲鱓者,蓋以鱓之皮可以爲鼓也。”　洎蝥龍稱八音,會八風之音以爲圭水之曲,以召氣而生物:洎,及,與。蝥龍,吕氏春秋古樂作“飛龍”。稱,權衡,比較。八音,指金、石、絲、竹、匏、土、革、木八種不同質材所製樂器發出之音。會,結合。八風之音,謂八方之風聲(據許維遹吕氏春秋集釋)。召氣,謂招致八方之風。

〔一四九〕金、石、絲、竹、匏、土、革、木:洪本脱“土”字。

〔一五〇〕後世有作:吴本、四庫本“後”作“后”。　制爲八音:洪本“八”譌“人”。

〔一五一〕大晟:指宋劉昺大晟樂書。吴本、四庫本“大”作“太”。

〔一五二〕恠:喬本如此,餘諸本作“怪”,同。

〔一五三〕浮金效珍,於是鑄爲之鍾:浮金,相傳一種輕質的金屬,可浮于水上。效,獻,貢獻。拾遺記卷一顓頊:“有浮金之鐘,沈明之磬,以羽毛拂之,則聲振百里。”

〔一五四〕大晟書:洪本、吴本、四庫本“大”作“太”。

〔一五五〕六莖:洪本脱“六”字。莖,音 jīng。

〔一五六〕樂緯動聲儀:漢代緯書,已佚。

〔一五七〕按宣和古器有莖鍾:宣和,宋徽宗禁中殿名,爲藏古器書畫之所。宋王黼曾奉敕編纂宣和博古圖,著録此殿中收藏的古代青銅器。莖鍾,樂鍾。莖,洪本作“莖”,吴本作“莛”,俗體之譌。　宋公成之莖鍾:宋公成,春秋宋平公子成。

〔一五八〕國家肇建鼎樂之際於應天得之:肇建,創建,始造。鼎樂,即鐘鼎。樂,指樂鐘。應天,府名,治所在今河南商丘市梁園區南。宋史樂志四:“崇寧四年七月,鑄帝鼐,八鼎成。……庚寅,樂成,列於崇政殿。……九月朔,以鼎樂成,帝御大慶殿受賀。是日,初用新樂,……乃下詔曰:‘禮樂之興,百年於此。……鑄鼎以起律,因律以制器,按協於庭,八音克諧。’”

〔一五九〕雙龍盤踞:吴本、四庫本“踞”作“鋸”。　篆其帶曰“黄鍾”:篆,謂用篆體字銘刻。帶,鐘帶,又稱爲篆。周禮考工記鳧氏“鍾帶謂之篆”孫詒讓正義:“古鍾,鉦(彦按:指鍾身正面的上部)間每面爲大方圍一,以帶周眡其外,而内以二從帶中分之,從列橢方圍二。橢方圍中又以三横帶眡之,爲横列橢方圍五,大小相間,三大而二小。大者各容乳三,小者爲篆文回環其間,此帶篆所由名也。”

〔一六〇〕宋,二王之後:二王,指夏王、殷王。吴本、四庫本“二”作“三”,誤。彦按:具體而言,則宋爲殷王之後。毛詩序周頌振鷺:“振鷺,二王之後來助祭也。”鄭玄箋:“二王,夏、殷也。其後,杞也,宋也。”孔穎達正義:“樂記稱武王伐紂,既下車,封夏后氏之後於杞,投殷之後於宋,故知之也。”

〔一六一〕殷不綱,英莖之制已微:見晉書樂志上。原文作:“殷氏不綱,遺風餘孽,淫奏既興,雅章奔散,英莖之制,蓋已微矣。”不綱,喪失法度。吴本、四庫本“殷”譌“敦”。

〔一六二〕元結亦誤矣:元結,字次山,唐代文學家,有元次山集傳世。元次山集卷一補樂歌十首之五五莖序云:“五莖,顓頊氏之樂歌也。其義蓋稱顓頊得五德之根莖。”又之六六英序曰:“六英,高辛氏之樂歌也。其義蓋稱帝嚳能總六合之英華。”

〔一六三〕劉恕以爲帝系譜、漢志、世紀放六樂撰其名:六樂,謂黄帝、堯、舜、禹、湯、周武王六代的古樂。周禮地官大司徒:“以六樂防萬民之情,而教之和。”鄭玄注引鄭司農云:“六樂,謂雲門、咸池、大韶、大夏、大濩、大武。”劉恕資治通鑑卷一包犧以來紀:“樂緯云:‘顓頊樂曰五莖,帝嚳曰六英。’漢禮樂志云:‘顓頊作六莖,帝嚳作五英。’皆緯書。帝系譜、漢志、世紀放六樂撰其名,故多差異,非本稱也。”

〔一六四〕上緣黄帝,因事而憲功,文德錫之鍾磬,武德錫之干戈,而人知鄉方矣:憲功,彰顯功勳。憲,通“顯”。鄉方,前進的方向。鄉,“嚮”之古字。

〔一六五〕惠浸萌生,信沾翔泳:惠浸,謂恩澤施及。浸,滋潤。萌生,借代草木。信,誠實,真誠。沾,沾溉,喻使受益。翔泳,借代飛鳥、游魚。文選顏延年(顏延之)應詔讌曲水作詩之二:“惠浸萌生,信及翔泳。”

〔一六六〕於是設蕭鬱,陳祼鬯:蕭,香草名,即香蒿。詩經王風采葛“彼采蕭兮”孔穎達疏引陸璣云:“今人所謂荻蒿者是也。……可作燭,有香氣,故祭祀以脂爇之爲香。”吴本、四庫本譌“簫”。鬱,即鬱金香草。説文鬯部:“鬱,芳艸也。……一曰鬱鬯,百艸之華,遠方鬱人所貢芳艸,合釀之以降神。”祼鬯,用來灌地祭神的香酒。祼,音 guàn。　　伏萬靈以信順,監衆神以道物:伏,各本皆作“仗”。彥按:此二句出梁陶弘景真誥卷一二稽神樞二,明董斯張廣博物志卷九、錢穀吳都文粹續集卷二八王鏊高真堂記引真誥,並作“伏”,當是。“伏”通“服”,謂使服從。今本作“仗”者,當由形近而譌。今訂正。萬靈,衆生,泛稱一切人。信順,誠信溫順。監,率領,統領。廣韻銜韻:“監,領也。”道,通“導”,引導。物,泛指萬物。　馭百氣、詔雷電:馭,駕馭,控制。百氣,泛指自然氣候變化的種種現象。詔,徵召,召集。真誥卷一二稽神樞二作:“役御百氣,召致雷電。”　采羽山、葛嶧之銅鑄鼎,以藏天下之神主,諸著洞臺之山、陰宮之丘悉實之,移安息之石填焉:羽山,在今江蘇東海縣西北,與山東臨沭縣交界處。葛嶧,山名,即今江蘇邳州市西南之岠山。臧,“藏”之古字。神主,神之居處。史記黥布列傳“因太宰主之”裴駰集解引韋昭曰:“主,舍也。”説文丶部朱駿聲通訓定聲:“主,今字作‘住’。”吳本“主”譌“三”。著,附著,附有。洞臺,洞府丹臺,泛稱神仙居處。陰宮,陰涼的宮室,借指神仙居住之處。安息,伊朗高原古國名。各本“息”均作“德”。彥按:當依真誥作“息”。“德”異體字作“悳”,與“息”相近。蓋誤“息”爲“悳”,因而作“德”。今訂正。填,通“鎮”,謂壓住以使安定。真誥卷一二稽神樞二:“諸有洞臺之山,陰宮之丘,皆移安息之石,封而填之。鑄羽山之銅爲寶鼎,各獻以一於洞山神峯,不獨句曲一山而已。”明董斯張廣博物志卷九引真誥,“填”作“鎮”。

〔一六七〕真誥:各本“誥”均譌“告”,今訂正。

〔一六八〕設玉兆:玉兆,古代灼龜甲占卜吉凶時,其裂紋似玉之裂痕者,稱“玉兆”。此指占卜玉兆之法。周禮春官大卜:“大卜掌三兆之灋,一曰玉兆,二曰瓦兆,三曰原兆。”鄭玄注:“兆者,灼龜發於火,其形可占者。其象似玉、瓦、原之釁鏬,是用名之焉。上古以來,作其法可用者有三。……杜子春云:‘玉兆,帝顓頊之兆。瓦兆,帝堯之兆。原兆,有周之兆。’”

〔一六九〕瓦兆:灼龜之甲,其裂紋如陶瓦之裂紋者。此指占卜瓦兆之法。洪本、吳本“瓦”譌“互”。　原兆:灼龜之甲,其裂紋如田土之乾裂者。此指占卜原兆之法。儀禮士喪禮“占者三人在其南”鄭玄注:“占者三人,掌玉兆、瓦兆、原兆者也。”賈公彥疏:“原,原田也。”原田,即原野上的田地。

〔一七〇〕象其玉:其,猶彼。玉,洪本譌“王”。

〔一七一〕見周禮春官大卜“大卜掌三兆之灋,一曰玉兆,二曰瓦兆,三曰原兆"鄭玄注"上古以來,作其法可用者有三"孔穎達疏。原文作:"云'上古以來,作其法可用者有三'者,但卜筮是先聖王之所作,蓋伏犧時已有,其時未有此玉、瓦、原之名,至顓頊以來始有此名,故云然也。"

〔一七二〕囦晝景:囦,即"囩"字。"囩"同"模",見正字通。此通"摩",揣摩,研究。晝景,白晝的日光。彦按:此謂顓頊參日影定四時、造曆法事。

〔一七三〕乃乘結元之輂,巡四海以寧民:結元之輂,顓頊所乘車名。取義不詳,待考。輂,人拉的車。 北爌幽陵,南撫交止,西際神沙,東跂蟠木:爌,同"晃",照亮。漢書揚雄傳上甘泉賦:"北爌幽都,南煬丹厓。"顏師古注:"爌,古晃字。"撫,同"撫",安撫。交止,即交阯,泛指今五嶺以南地區。神沙,史記、大戴禮記、真誥並作流沙。跂,登。蟠木,傳說中的山名。章炳麟封建考以爲:"蟠木者,一曰榑木,則扶桑也。"四庫本"木"譌"水"。史記五帝本紀:"(帝顓頊)北至于幽陵,南至于交阯,西至于流沙,東至于蟠木。"大戴禮記五帝德:"(顓頊)乘龍而至四海,北至于幽陵,南至于交阯,西濟于流沙,東至于蟠木。"真誥卷一二稽神樞二:"(顓頊)於是乘結元之輂,北巡幽陵,南至交阯,西濟流沙,東至蟠木。"

〔一七四〕周旋八外:周旋,猶周游。八外,八方之外,指八方極遠之處。

〔一七五〕動静之物,小大之神,日芒所照,靡不砥屬:日芒,日光。照,各本皆作"誋",不可解,今據史記、大戴禮記、真誥訂作"照"。砥屬,平定歸服。史記五帝本紀:"動静之物,小大之神,日月所照,莫不砥屬。"裴駰集解引王肅曰:"砥,平也。四遠皆平而來服屬。"真誥卷一二稽神樞二作:"動静之類,小大之神,日月所照,莫不屬焉。"大戴禮記五帝德作:"動静之物,大小之神,日月所照,莫不祗勵。"王念孫曰:"祗勵,本作'祗屬'。祗,敬也。言四海之外莫不敬屬,猶皋陶謨(彦按:當作益稷)言'敢不敬應'也。此文言'莫不祗屬',下文言'莫不從順'、'莫不説夷'、'莫不賓服',皆凡有血氣莫不尊親之謂,無取於砥礪也。動静之物、大小之神,又不得言砥礪也。蓋'屬'、'厲'字形相似,因譌而爲'厲'(今本作'勵',又'厲'之俗書)。……且'屬'與'木'爲韻(此篇文多用韻,下文'莫不説夷',亦與'夷'、'回'爲韻),若作'厲'、'勵'、'礪',則皆失其韻矣。"(王引之經義述聞大戴禮記中引)

〔一七六〕集威成紀,以理陰陽:集威成紀,謂形成權威與法度。小爾雅廣詁:"集,成也。"紀,準則,法度。陰陽,天地,天下。太平御覽卷七九引春秋元命苞曰:"顓頊併幹,上法月參,集威成紀,以理陰陽。"

〔一七七〕處乎玄宮:玄宮,北方的宮殿。莊子大宗師:"夫道,……顓頊得之,以處玄宮。"陸德明釋文:"玄宮,北方宮也。"　搏心揖志:專心一志。搏,通"專",專一。揖,集,集中。史記秦始皇本紀:"普天之下,搏心揖志。"

〔一七八〕不貪廣遠,故地大而不淫:廣遠,廣大遼遠。不淫,不亂。

〔一七九〕韓愈云,年七十九:韓愈論佛骨表:"顓頊在位七十九年,年九十八歲。"　世紀云,九十八:初學記卷九引帝王世紀:"(顓頊)在位七十八年,年九十八歲。"而藝文類聚卷一一引帝王世紀,則曰:"顓頊在位七十八年;年九十一歲,歲在鶉火而崩。"

〔一八〇〕見新序雜事五。原文爲:"齊有閭丘卭,年十八,道遮宣王曰:'家貧親老,願得小仕。'宣王曰:'子年尚稚,未可也。'閭丘卭對曰:'不然。昔者顓頊行年十二而治天下。'"

〔一八一〕加元服:謂行加冠禮。元,首;元服,即冠。

〔一八二〕葬東郡頓丘廣陽里,務顒之陽:頓丘,縣名,治所在今河南清豐縣西南。廣陽里,里名。吳本"里"譌"望"。務顒(yú),山名。在今河南內黃縣南。

〔一八三〕崔鴻:北魏史學家,著作有十六國春秋。　和苞諫劉曜曰:和苞,十六國時前趙史官。洪本"曰"譌"目"。　市不改肆:市中店鋪不受影響。謂不擾民。肆,店鋪。

〔一八四〕廣陽山:洪本"陽"譌"暢"。

〔一八五〕見太平寰宇記卷五七澶州頓丘縣。　西北:洪本"北"譌"比"。

〔一八六〕相州臨河:相州,喬本、備要本"州"作"周",當由音譌。今從餘諸本改。臨河,縣名,治所在今河南濬縣東北。

〔一八七〕文獻通考卷一〇三宗廟十三:"(宋太祖乾德)四年詔曰:'歷代帝王,或功濟生民,或道光史載,垂於祀典,厥惟舊章。兵興以來,日不暇給,有司廢職,因循曠墮。或廟貌攸設,牲牷罔薦;或陵寢雖存,樵蘇靡禁。仄席興念,玆用惕然。其太昊、女媧、炎帝、黃帝、顓頊、高辛、唐堯、虞舜、夏禹、成湯、周文王武王、漢高祖、後漢世祖、唐高祖太宗十六帝各給守陵五户,蠲其他役,長吏春秋奉祀。’”“顓頊”下注：“葬臨河縣，在澶州。”

〔一八八〕太平寰宇記卷五七澶州臨河縣：“顓頊廟，在縣東九里。太和四年立，在顓頊城。”

〔一八九〕順安高陽縣：順安，順安軍。北宋時高陽縣爲順安軍治。

〔一九〇〕縣故隸瀛；而臨河，濮陽地：瀛，州名，治所在今河北河間市。地，吳本譌“十”。

〔一九一〕顏真卿：唐代名臣，著名書法家。　烏程：縣名，治所在今浙江湖州市吳興區。

〔一九二〕下不及泫，四它衛之：泫，同“泉”。它，“蛇”之古字。晉書劉曜載記：“顓頊葬廣陽，下不及泉。”山海經海内東經：“漢水出鮒魚之山，帝顓頊葬于陽，九嬪葬于陰，四蛇衛之。”

〔一九三〕上郡石穿，貳負乃見：貳負，古代傳説中天神名，人面蛇身。山海經海内西經：“貳負之臣曰危，危與貳負殺窫窳。帝乃梏之疏屬之山，桎其右足，反縛兩手與髮，繫之山上木。”郭璞注：“漢宣帝使人上郡發盤石，石室中得一人，跣踝被髮，反縛，械一足，以問羣臣，莫能知。劉子政（劉向）按此言對之，宣帝大驚，於是時人争學山海經矣。”　漢陽索出，支祈始聞：漢陽，縣名，治所在今湖北武漢市漢陽區。支祈，水怪名。又作支祁，或稱無支祁。四庫本“支”譌“支”。彥按：太平廣記卷四六七引唐韋絢戎幕閑談云：“永泰中，李湯任楚州刺史時，有漁人夜釣於龜山之下。其釣因物所制，不復出。漁者健水，疾沉於下五十丈，見大鐵鏁盤繞山足，尋不知極。遂告湯，湯命漁人及能水者數十獲其鏁，力莫能制。加以牛五十餘頭，鏁乃振動，稍稍就岸。時無風濤，驚浪翻湧，觀者大駭。鏁之末，見一獸，狀有如猿，白首長鬐，雪牙金爪，闖然上岸，高五丈許。蹲踞之狀若猿猴，但兩目不能開，兀若昏昧。目鼻水流如泉，涎沫腥穢，人不可近。久乃引頸伸欠，雙目忽開，光彩若電。顧視人焉，欲發狂怒。觀者奔走。獸亦徐徐引鏁拽牛，入水去，竟不復出。時楚多知名士，與湯相顧愕慄，不知其由。……至（元和）九年春，公佐訪古東吳，從太守元公錫泛洞庭，登包山，宿道者周焦君廬。入靈洞，探仙書，石穴間得古岳瀆經第八卷，文字古奇，編次蠹毁，不能解。公佐與焦君共詳讀之：禹理水，三至桐柏山，驚風走雷，石號木鳴，五伯擁川，天老肅兵，不能興。禹怒，召集百靈，搜命夔、龍。

桐柏千君長稽首請命,禹因囚鴻蒙氏、章商氏、兜盧氏、犁婁氏。乃獲淮渦水神,名無支祁,善應對言語,辨江淮之淺深,原隰之遠近。形若猿猴,縮鼻高額,青軀白首,金目雪牙;頸伸百尺,力踰九象,搏擊騰踔疾奔,輕利倏忽,聞視不可久。禹授之章律,不能制。授之烏木,由不能制。授之庚辰,能制。鴟脾、桓[胡]、木魅、水靈、山妖、石怪,奔號聚遶,以數千載。庚辰以戰逐去,頸鏁大索,鼻穿金鈴,徙淮陰之龜山之足下,俾淮水永安,流注海也。"此蓋即羅苹注文所本。然無支祁實鏁于淮陰之龜山足下,地在今江蘇盱眙縣東北,羅氏謂"漢陽索出",非也。漢陽也有龜山,然此龜山非彼龜山。

〔一九四〕女媧神變:山海經大荒西經:"有神十人,名曰女媧之腸,化爲神,處栗廣之野,橫道而處。"郭璞注:"或作女媧之腹。女媧,古神女而帝者,人面蛇身,一日中七十變,其腹化爲此神。"楚辭天問:"女媧有體,孰制匠之?"王逸章句:"傳言女媧人頭蛇身,一日七十化,其體如此,誰所制匠而圖之乎?"淮南子說林:"黃帝生陰陽,上駢生耳目,桑林生臂手,此女媧所以七十化也。"高誘注:"女媧,王天下者也。七十變造化。此言造化治世,非一人之功也。"

〔一九五〕昔漢丁姬與臨江王之葬,皆有鳶數千銜土投壙中:丁姬,西漢定陶恭王劉康妃,漢哀帝母。吳本"丁"譌"下"。臨江王,漢景帝子劉榮。土,吳本、四庫本譌"王"。壙,墓穴。漢書外戚傳:"哀帝崩,王莽秉政,使有司舉奏丁、傅罪惡。……公卿在位皆阿莽指,入錢帛,遣子弟及諸生、四夷,凡十餘萬人,操持作具,助將作掘平共王母、丁姬故冢,二旬間皆平。……時有羣燕數千,銜土投丁姬穿中。"同書景十三王傳:"臨江閔王榮,以孝景前四年爲皇太子。四歲,廢爲臨江王。三歲,坐侵廟壖地爲宮,上徵榮。……榮至,詣中尉府對簿。中尉郅都簿責訊王,王恐,自殺。葬藍田,燕數萬銜土置冢上。百姓憐之。"

〔一九六〕象能耕,鳥能耘,却未必爲虞帝:鳥,吳本、四庫本作"烏"。論衡書虛:"傳書言:舜葬於蒼梧,象爲之耕;禹葬會稽,鳥爲之田。蓋以聖德所致,天使鳥獸報祐之也。世莫不然。考實之,殆虛言也。"

〔一九七〕陸龜蒙辨之:陸龜蒙,唐代文學家、農學家,有笠澤叢書、耒耜經等著作。辨,吳本譌"辦"。笠澤叢書卷四象耕鳥耘辯曰:"世謂舜之在下也,田於歷山,象爲之耕,鳥爲之耘,聖德感召也如是。余曰:斯異術也,何聖德與?

孔子敍書,於舜曰:'濬哲文明,聖德止於是而足矣。'何感召之云云乎?然象耕鳥耘之説,吾得於農家,請試辯之。吾觀耕者,行端而徐,起坡欲深。獸之形魁者無出於象,行必端,履必深。法其端深,故曰象耕。耘者去莠,舉手務疾而畏晚。鳥之啄食,務疾而畏奪。法其疾畏,故曰鳥耘。試禹之績,大成而後薦之於天,其爲端且深,非得於象耕乎?去四凶,恐害於政,其爲疾且畏,非得於鳥耘乎?"

〔一九八〕其范林方三百里:山海經海外北經:"范林方三百里,在三桑東,洲環其下。"郝懿行箋疏:"范、汎通。太平御覽五十七卷引顧愷之啓蒙記曰:'汎林鼓于浪嶺。'注云:'西北海有汎林,或方三百里,或百里,皆生海中浮土上,樹根隨浪鼓動。'即此也。"彦按:范林浮汎于海中,與顓頊所葬之地不合。山海經此文之下雖緊接"務隅之山,帝顓頊葬于陽,九嬪葬于陰"云云,然疑各爲一條,路史混爲一談,恐誤。

〔一九九〕爰有熊羆、文虎、離朱、鴟久、視肉、璿瑰:文虎,即虎,以身有斑紋,故稱。離朱,吳本"朱"譌"未"。山海經海外南經袁珂校注:"離朱在熊、羆、文虎、蜼、豹之間,自應是動物名。……此動物維何?竊以爲即踆烏(三足烏)。文選張衡思玄賦:'前長離使拂羽兮。'注:'長離,朱鳥也。'書堯典:'日中星鳥,以殷仲春。'傳:'鳥,南方朱鳥七宿。'離爲火,爲日,故神話中此原屬於日後又象徵化爲南方星宿之朱鳥,或又稱爲離朱。"鴟久,即鴟鵂,貓頭鷹一類的鳥。山海經海外南經、海外北經均作"鴟久","鴟"同"鴟"。洪本"久"字作"久",餘諸本則作"又",並誤。今訂正。視肉,古傳説中獸名。山海經海外南經郭璞注:"聚肉形如牛肝,有兩目也。食之無盡,尋復更生如故。"璿瑰,次于玉之美石。各本"瑰"均譌"塊",今據山海經大荒北經訂正。

〔二〇〇〕其立也,歲居豕韋:歲,歲星,即木星。約十二年運行一周天,古人因將周天分爲十二分,稱十二次。歲星每年行經一次,稱"歲在(居)某星次"。豕韋,星宿名。室宿別稱,于星次屬娵訾,于十二支屬亥位。宋書符瑞志上:"顓頊受命,歲在豕韋。" 其崩也,歲在鶉火:鶉火,星次名。于十二支屬午位。各本"鶉"皆譌"鷻",今訂正。左傳昭公八年:"晉侯問於史趙曰:'陳其遂亡乎?'對曰:'未也。'公曰:'何故?'對曰:'陳,顓頊之族也,歲在鶉火,是以卒滅。陳將如之。'"杜預注:"顓頊氏以歲在鶉火而滅,火盛而水滅。"孔穎達疏:

“顓頊崩年,歲星在鶉火之次。”

〔二〇一〕故傳以墮爲顓頊之族:墮,同“陣”,通“陳”。左傳昭公九年:“夏四月,陳災。鄭裨竈曰:'五年陳將復封,封五十二年而遂亡。'子産問其故。對曰:'陳,水屬也。火,水妃也,而楚所相也。今火出而火陳,逐楚而建陳也。妃以五成,故曰五年。歲五及鶉火,而後陳卒亡,楚克有之,天之道也,故曰五十二年。'”水屬,左傳詁作“水族”。杜預注:“陳,顓頊之後,故爲水屬。”

〔二〇二〕夫墮,土族:左傳昭公九年“陳,水屬也”孔穎達疏:“陳,顓頊之後。顓頊以水德王天下,故爲水屬也。陳是舜後,舜是土德,不近言土屬,而遠繫顓頊爲水屬者,蓋裨竈知陳將欲復興,須取水爲占驗,假此以爲言耳。”

〔二〇三〕初,帝僇蚩尤,遷其民,善者于鄒屠,惡者于有北:蚩尤,喬本、洪本、吳本、備要本“尤”作“郵”,今從四庫本。鄒屠,其地不詳,疑在今山東鄒城市一帶。有北,當在北方。此詞出自詩小雅巷伯“取彼譖人,投畀豺虎。豺虎不食,投畀有北”,初未必爲具體地名。彥按:“帝”當作“黄帝”。戮蚩尤者黄帝,非顓頊。晉王嘉拾遺記高辛:“軒轅去蚩尤之凶,遷其民善者於鄒屠之地,遷惡者於有北之鄉。”本書國名紀六上世妃后之國鄒屠云:“昔黄帝戮蚩尤,遷民善者于鄒屠。”是也。

〔二〇四〕鄒屠氏有女,履龜不踐,帝内之,是生禹祖及夢八人:龜,疑“地”字之誤。王嘉拾遺記卷一高辛載其事,則以之屬帝嚳,曰:“帝嚳之妃,鄒屠氏之女也。……女行不踐地,常履風雲,游於伊、洛。帝乃期焉,納以爲妃。妃常夢吞日,則生一子,凡經八夢,則生八子。世謂爲'八神'。亦謂'八翌';翌,明也。亦謂'八英'。亦謂'八力'。言其神力英明,翌成萬象,億兆流其神睿焉。”　蒼舒、伯益、檮演、大臨、龎江、霆堅、中容、叔達,是爲八凱:伯益,左傳作隤敳。檮演,左傳作檮戭。龎江,左傳作尨降。霆堅,左傳作庭堅。中容,左傳作仲容。凱,通“愷”,和善溫順。左傳文公十八年:“昔高陽氏有才子八人:蒼舒、隤敳、檮戭、大臨、尨降、庭堅、仲容、叔達。齊、聖、廣、淵、明、允、篤、誠,天下之民謂之'八愷'。”杜預注:“愷,和也。”

〔二〇五〕元子:長子,謂蒼舒。

〔二〇六〕山海經所謂“孺帝顓頊”:見大荒東經。

〔二〇七〕伯益之字隤敳:敳(ái),喬本、洪本作“敨”,吳本、四庫本、備要

本皆作“凱”。彦按:“歘”字不見于字書,當爲“敳”字俗譌。今據左傳文公十
八年訂作“敳”。

〔二〇八〕益廟碑云:字隤敳,帝高陽第三子:敳,喬本、吳本、備要本皆作
“歘”,洪本作“歘”,四庫本作“凱”,今訂作“敳”。説見上注。第三子,彦按:
據上文八凱名次,則當作“第二子”。而水經注卷一五洛水載百蟲將軍顯靈碑,
亦以爲第二子,其文曰:“碑云:將軍姓伊氏,諱益,字隤敳,帝高陽之第二子伯
益者也。”楊守敬疏:“以伯益爲隤敳,又加以‘百蟲將軍’之號,俚俗妄談。而
羅泌路史信之,是謂無識。朱氏已辨其非。近梁玉繩史記志疑辨之尤詳審。”

〔二〇九〕爲唐澤虞,是爲百虫將軍:唐,指唐堯。澤虞,古官名,主管水澤。
虫,洪本、備要本作“虫”,四庫本作“蟲”,同。下羅苹注“虫”字同。

〔二一〇〕今鞏洛嵩山有百虫將軍廟:今,吳本譌“令”。鞏洛,本二縣名,
合稱泛指今河南鞏義市、洛陽市一帶地區。

〔二一一〕晉元康五年七月順人吳義復立:順,地名。其址不詳。水經注卷
一五洛水原文:“晉元康五年七月七日,順人吳義等建立堂廟。”

〔二一二〕梁:今河北辛集市地。

〔二一三〕舜嬗禹,禹畀于益:嬗,禪讓。畀,遜讓。吳本作“哭”,四庫本、
備要本作“巽”,同。

〔二一四〕故韓、孟稱益之避啓:韓非子外儲説右下載隱者潘壽語曰:“古
者禹死,將傳天下於益,啓之人因相與攻益而立啓。”又曰:“禹愛益而任天下於
益。已而以啓人爲吏。及老,而以啓爲不足任天下,故傳天下於益,而勢重盡
在啓也。已而啓與友黨攻益而奪之天下,是禹名傳天下於益而實令啓自取之
也。”孟子萬章上:“萬章問曰:‘人有言,“至於禹而德衰,不傳於賢而傳於子。”
有諸?’孟子曰:‘否,不然也。天與賢,則與賢;天與子,則與子。昔者,……禹
薦益於天,七年,禹崩,三年之喪畢,益避禹之子於箕山之陰。朝覲訟獄者不之
益而之啓,曰,“吾君之子也。”謳歌者不謳歌益而謳歌啓,曰,“吾君之子也。”
丹朱之不肖,舜之子亦不肖。舜之相堯、禹之相舜也,歷年多,施澤於民久。啓
賢,能敬承繼禹之道。益之相禹也,歷年少,施澤於民未久。舜、禹、益相去久
遠,其子之賢不肖,皆天也,非人之所能爲也。’”　而張壽王謂化益爲天子代
禹:張壽王,漢昭帝時太史令。化益,洪本、吳本作“代益”,餘諸本作“伯益”。

彦按：原文當同漢書，作“化益”。“化”因形近而譌“代”，“代益”無解，乃或改爲“伯益”。漢書律曆志上：“壽王言化益爲天子代禹”。顏師古注：“化益即伯益。”今據以訂正。

〔二一五〕漢志謂之伊益：彦按：今本漢書未見“伊益”字，而律曆志上有化益。　世本作化益：周易井陸德明音義：“世本云：‘化益作井。’宋衷云：‘化益，伯益也，堯臣。’”

〔二一六〕南梁大敖：南梁，地名。在今河南汝州市西南。大敖，猶言敖氏。古今姓氏書辯證卷一一豪韻敖云：“高陽氏別號大敖，其後有敖氏。”

〔二一七〕後漢書五行志五“其後張角稱黃天作亂，竟破壞”劉昭注引風俗通：“劭曰：尚書、春秋左傳曰，伯益佐禹治水，封於梁。”

〔二一八〕故劉昭志云：董氏與梁同祖：彦按：此實出後漢書五行志五“其後張角稱黃天作亂，竟破壞”劉昭注引風俗通應劭語。原文爲：“颺叔安有裔子曰董父，實甚好龍，龍多歸之。帝舜嘉之，賜姓董氏。董氏之祖，與梁同焉。”

〔二一九〕光和元年，有白衣入德陽殿門，稱梁伯夏：德陽，各本皆倒作“陽德”，今據後漢書訂正。後漢書五行志五：“光和元年五月壬午，何人白衣欲入德陽門，辭‘我梁伯夏，教我上殿爲天子’。”

〔二二〇〕安：古國名。在今安徽壽縣一帶。　蓼：古國名。在今安徽霍邱縣地。

〔二二一〕故地理志云：安，姬姓國：自此而下至“按舒，僖公三年已滅矣”，大抵撮取自本書國名紀三高陽氏後蓼下跋語。彼文亦云：“安、蓼皆姬國也。故班志云：安，姬姓國。”然今考漢書地理志，並未見有其説，疑此有誤。

〔二二二〕杜預以庭堅爲皋陶之字：左傳文公十八年“庭堅”杜預注：“庭堅即皋陶字。”

〔二二三〕楚仲歸滅六：滅，備要本譌“成”。六，古國名。在今安徽六安市市區北。吳本譌“云”。

〔二二四〕臧文仲：春秋魯國卿大夫，以賢稱。　皋陶、庭堅不祀夫：左傳文公五年“夫”作“忽諸”。杜預注：“蓼與六，皆皋陶後也。傷二國之君不能建德結援大國，忽然而亡。”楊伯峻注：“此猶言皋陶、庭堅忽焉不祀，惟忽焉作忽諸，倒置句末，故前人多不得其解。”彦按：羅苹路史注以句末語氣詞“夫”易左傳之“忽諸”,乃同義代替之法。“夫”猶“乎”,“忽諸”即“乎”字緩讀分音詞。杜、楊二氏以“忽然”“忽焉”釋“忽諸”,于詞爲可通,于句則牽强,恐非。

〔二二五〕預既誤以庭堅爲皋陶字,乃復以蓼爲皋陶後、偃姓:參見後紀七小昊青陽氏注〔二一〇〕。

〔二二六〕蓼威而舒蓼猶存:洪本“威”譌“威”。　至宣公八年始威:春秋宣公八年:“楚人滅舒蓼。”

〔二二七〕其地乃壽之霍丘,而蓼乃安豐:壽,州名。霍丘,縣名。即今安徽霍邱縣。安豐,縣名,治所在今安徽壽縣安豐鎮。洪本、吳本“豐”作“豐”。

〔二二八〕預不知別有舒與蓼,而分皋陶後舒蓼爲二國,謂皆偃姓:左傳宣公八年:“楚爲衆舒叛故,伐舒蓼,滅之。”杜預注:“舒、蓼,二國名。”　正義以爲文五年蓼威復封,而楚復威之:孔穎達正義原文:“‘舒蓼二國名’者,蓋轉寫誤,當云‘一國名’。案釋例土地名有舒、羣舒、舒蓼、舒庸、舒鳩,以爲五名,則與文五年滅蓼同。蓋蓼滅後更復,故楚今更滅之。”

〔二二九〕春秋僖公三年:“徐人取舒。”

〔二三〇〕勝奔:洪本、吳本、四庫本但作“奔”,脱“勝”字。

〔二三一〕埤蒼:字書名。三國魏張揖撰。已佚。

〔二三二〕漢書古今人表:“女祿,顓頊妃,生老童。”

〔二三三〕滕奔氏之子謂之女祿,生老童:見大戴禮記帝繫。吳本、四庫本路史“滕奔氏”作“勝奔氏”。彥按:滕奔氏,又作勝奔氏、勝濆氏,滕、勝形近,奔、濆音近,孰正孰譌,紛紜難斷,今姑從路史原文,不事臆訂。

〔二三四〕生伯偁、卷章、季禹三人:伯偁,喬本、備要本“偁”作“稱”。今從餘諸本改,以與下“偁字伯服”一致。彥按:伯偁即稱。此以伯偁與卷章爲兄弟,不知何據,而史記楚世家則以稱與卷章爲父子,其文云:“楚之先祖出自帝顓頊高陽。……高陽生稱,稱生卷章。”

〔二三五〕綿産:謂雙胞胎先後接連生出。

〔二三六〕昭二十五年疏引楚世家:彥按:孔穎達春秋左傳正義曾四次引楚世家此一記述,一次在左傳僖公二十六年,另三次分別在左傳昭公九年、十八年及二十九年,此稱“昭二十五年”,當屬誤記。　顓頊生偁,偁生卷章:顓頊,洪本、吳本作“顓王”。偁,孔疏四引楚世家,皆作“稱”。偁、稱通用。

〔二三七〕叔歜：歜，音 chù。

〔二三八〕大荒西經，叔歜，顓頊之孫：彥按：大荒西經，當作大荒北經。山海經大荒北經：“有叔歜國。顓頊之子，黍食，使四鳥：虎、豹、熊、羆。”清吳任臣廣注：“任臣案：顓頊之妻娽生伯偁、卷章、季禺。季禺是生叔歜。古謂其所出者皆爲子。”

〔二三九〕卷章取棍水氏曰嬌：棍，“根”字俗體。洪本作“梐”，同；吳本、備要本作“梐”，四庫本作“枪”，誤。下羅苹注“棍水”之“棍”同。

〔二四〇〕即所謂嬌媧者：嬌媧，洪本、吳本、四庫本“媧”譌“禍”。

〔二四一〕卷章，史及大荒經作老童：老童，各本“童”皆作“章”。彥按：“章”當“童”字形譌。史書如漢書古今人表、新唐書宰相世系表五下，及山海經，均作老童，不作老章。而下引經云，亦作老童，尤爲明證。今據以訂改。經云“顓頊生老童”：見山海經大荒西經。　非也：彥按：史記楚世家：“高陽生稱，稱生卷章，卷章生重黎。”裴駰集解引譙周曰：“老童即卷章。”又司馬貞索隱曰：“卷章名老童，故系本云‘老童生重黎’。”説並與羅氏異。

〔二四二〕犁爲祝融，淳曜敦芒，天明地德，臨照四海：淳曜，光耀，光輝。淳，通“焞”（音 tūn）。敦芒，大放光芒。此用爲使動詞，謂“使……大放光芒”。天明，天道。國語鄭語：“夫黎爲高辛氏火正，以淳燿敦大，天明地德，光照四海，故命之曰‘祝融’，其功大矣。”韋昭注：“言黎爲火正，能理其職，以大明厚大，天明地德，……大明天明，若歷象三辰也。厚大地德，若敬授民時也。光昭四海，使上下有章也。”　是食火土：食，謂祭祀時配享。火土，指火星及土星。周禮春官大宗伯“以血祭祭社稷、五祀、五嶽”鄭玄注：“顓頊氏之子曰黎，爲祝融、后土，食於火土。”左傳襄公九年：“古之火正，或食於心，或食於咮。”杜預注：“謂火正之官，配食於火星。”

〔二四三〕嘻處西極，以行日月：西極，西方極遠之處。行，視，察看。山海經大荒西經：“（黎）下地，是生噎，處於西極，以行日月星辰之行次。”

〔二四四〕太子長琴，居於搖山，寔始樂風：搖山，山海經作榣山，爲傳説中山名。郭璞以爲此山多榣木，因名云耳。寔，吳本、四庫本作“實”。樂風，樂曲，歌曲。山海經大荒西經：“祝融生太子長琴，是處榣山，始作樂風。”郭璞注：“創制樂風曲也。”

〔二四五〕楚語及史記云:共工作亂,帝嚳命祝融誅之:帝嚳,洪本"嚳"作"嚳"。祝融,即犁。彥按:今本國語未見此文。史記楚世家"祝融"作"重黎"。

〔二四六〕不盡,乃以庚寅日誅之:之,指代祝融。 而以弟回爲犁後,復居火正祝融:"後"字各本原脱,今據史記補。史記楚世家:"共工氏作亂,帝嚳使重黎誅之。而不盡,帝乃以庚寅日誅重黎,而以其弟吳回爲重黎後,復居火正,爲祝融。"

〔二四七〕楚及司馬氏皆陸終、吳回之後也:喬本、四庫本、備要本"皆"下有"云"字,而洪本、吳本無。無"云"者義長,今從之。後,喬本、洪本、備要本作"后",今從吳本及四庫本。

〔二四八〕司馬遷乃以爲皆重犁之後:彥按:此説與事實出入。史記楚世家:"吳回生陸終。陸終生子六人,……六曰季連,羋姓,楚其後也。"是史遷亦以楚爲陸終、吳回後也。唯太史公自序曰:"昔在顓頊,命南正重以司天,北正黎以司地。唐虞之際,紹重黎之後,使復典之,至於夏商,故重黎氏世序天地。其在周,程伯休甫其後也。當周宣王時,失其守而爲司馬氏。"蓋以司馬氏出重黎後矣,然似亦未以重、黎爲一人也。司馬貞索隱曰:"案:重司天而黎司地,是代序天地也。據左氏,重是少昊之子,黎乃顓頊之胤,二氏二正,所出各別,而史遷意欲合二氏爲一,故總云'在周,程伯休甫其後',非也。然案後彪之序及干寶皆云:司馬氏,黎之後。是也。今總稱伯休甫是重黎之後者,凡言地即舉天,稱黎則兼重,自是相對之文,其實二官亦通職。然休甫則黎之後也,亦是太史公欲以史爲己任,言先代天官,所以兼稱重耳。"

〔二四九〕帝系:即帝繫。大戴禮記篇名。 鬼方國君之妹女嬇:鬼方,上古種族名。殷、周時活動于今陝西省西北部。妹,吳本左旁磨滅,作"末"。

〔二五〇〕人表作女潰:各本"潰"皆作"嬇"。彥按:作"嬇"則與下文義不相屬。今據漢書古今人表訂改作"潰"。

〔二五一〕仙傳:指晉葛洪神仙傳。

〔二五二〕彭祖父墓坤山下:坤山,八卦方位居于坤位(西南)之山。 作癸向放坎入乾:蓋謂彭祖父墓之朝向,向北而偏西。癸向,北向。癸,天干第十位,代表北方。放,猶望。坎入乾,謂北而偏西。八卦方位,坎居北方,乾居西北。入,吳本譌"八",備要本譌"人"。 坎峯高揖:坎峯,謂北峯。高揖,謂高聳而向下俯視。　五行相生:"坎入乾",坎于五行屬水,乾于五行屬金,金水相生,故云。

〔二五三〕䏔:同"孕"。　曰樊、曰惠連、曰籛、曰求言、曰晏安、曰季連:籛,音jiān。晏安,大戴禮記帝繫、史記楚世家司馬貞索隱引系本,皆作"安"。史記楚世家作"一曰昆吾,二曰參胡,三曰彭祖,四曰會人,五曰曹姓,六曰季連"。漢書古今人表"會人"作"會乙",餘與史記楚世家同。彦按:稱其國則曰昆吾、參胡、會(鄶)人,稱其名則曰樊、惠連、求言;據其封則曰彭祖(封于大彭,爲彭姓祖),稱其姓則曰籛(據姓苑,彭祖姓籛名鏗)、曹姓,稱其名則曰晏安(安)。故大戴禮記帝繫曰:"其一曰樊,是爲昆吾;其二曰惠連,是爲參胡;其三曰籛,是爲彭祖;其四曰萊言,是爲云鄶人;其五曰安,是爲曹姓;其六曰季連,是爲芈姓。"

〔二五四〕以六月六日坼左而三人生,剖右而三人出:坼、剖,並謂割裂,剖開。史記楚世家:"陸終生子六人,坼剖而產焉。"

〔二五五〕孿生坼疈:孿,同"攣"。坼疈(pì),割裂,剖開。謂剖腹産。坼,洪本、吴本、四庫本譌"圻"。疈,剖開。四庫本作"疈",宜爲錯字。

〔二五六〕昆吾:地在今河南濮陽縣西南。

〔二五七〕昆吾爲夏伯主,其後裔自臧而無譐:伯主,霸主。伯,通"霸"。自臧,自以爲是。臧,善。無譐(zǔn),謂禁止民衆議論。譐,同"噂"。説文口部:"噂,聚語也。"

〔二五八〕堯之有天下,允恭以持之,虛静以待下:允恭,誠信而肅敬。持,謂堅守。虛静,謙虛平易。　是以百載而愈成,汔今而益章:成,通"盛"。汔,通"迄",至,到。章,今字作"彰",顯赫。　昆吾自臧滿意,窮高而不衰:滿意,謂心滿意足,沾沾自喜。窮高,達到頂點。　久而愈惡:惡,糟糕,嚴重。"損""益"之道也:"損""益",六十四卦之二卦名。説苑敬慎載孔子語,作:"昔堯履天子之位,猶允恭以持之,虛静以待下,故百載以逾盛,迄今而益章。昆吾自臧而滿意,窮高而不衰,故當時而虧敗,迄今而愈惡。是非'損''益'之徵與?"

〔二五九〕鄭語云,昆吾爲商伯:彦按:國語鄭語曰:"祝融亦能昭顯天地之光明,以生柔嘉材者也,其後八姓於周未有侯伯。佐制物於前代者,昆吾爲夏伯矣,大彭、豕韋爲商伯矣。當周未有。"羅氏蓋誤記。

〔二六〇〕昆吾者,衛是:謂古之昆吾,於周爲衛國。衛是,"是"通"氏"。大戴禮記帝繫作:"昆吾者,衛氏也。"黄懷信彙校引戴震曰:"案'氏'世本作'是',合下其六'氏'字並同。古'是'、'氏'字通。"

〔二六一〕氏書又有吴氏:彦按:"氏書"上疑脱一"姓"字。

〔二六二〕戰國策楚將吾得:見西周策。 注:"當爲'五'":洪本、吴本脱"注"字。

〔二六三〕非也:四庫本無"也"字。

〔二六四〕祝、産見國語:彦按:今本國語未見有祝、産二氏。

〔二六五〕扈則啓威之矣:啓,指夏后啓。史記夏本紀:"有扈氏不服,啓伐之,……遂滅有扈氏。"

〔二六六〕前秦録以蒲氏、符氏皆出于扈:前秦録,北魏崔鴻撰。符氏,"符"字當作"苻"。前秦録卷一苻洪:"苻洪字廣世,略陽臨渭氐人也。其先蓋有扈氏之苗裔,子孫强盛,世爲西戎酋長。其後家池中生蒲,長五丈,節如竹形,時咸異之,謂之蒲家,因以爲氏焉。……永和六年,帝以洪爲征北大將軍,都督河北諸軍事,冀州刺史,廣川郡公。時姚弋仲亦圖據關中,恐洪先之,遣子襄率衆五萬來伐洪,洪逆擊敗之。於是安定梁楞等並關西民望説洪曰:'今胡運已終,中原喪亂,明公神武自天,必繼蹤周漢,宜稱尊號,以副四海之望。'洪亦以讖文有'草付應王',又其孫堅之生,背有'草付'字,遂改姓苻氏,自稱大將軍、大單于、三秦王。"

〔二六七〕顧則商威之:各本"顧"下有"温"字。彦按:下既云"温則狄威之",則此不當重出"温",當爲衍文,今删去。

〔二六八〕韋顧既伐,昆吾夏桀:見詩商頌長發。陸德明音義:"韋、顧,二國名也。"

〔二六九〕僖十温威,温子奔衛:僖十,四庫本作"僖十一年",誤。春秋僖公十年:"狄滅温。温子奔衛。"

〔二七〇〕逮妻摶頰,死託于竈:逮,及至。南朝梁宗懍荆楚歲時記:"十二月八日爲臘日。……其日,並以豚酒祭竈神。"隋杜公瞻注引許慎五經異義云:"顓頊有子曰黎,爲祝融,火正也,祀以爲竈神,姓蘇名吉利,婦姓王,名搏頰。”

〔二七一〕竈者,老婦之祭:風俗通義卷八祀典竈神引禮器記云:“竈者,老婦之祭也,故盛於盆,尊於瓶。”彦按:今本禮記禮器“竈”作“奥”。鄭玄注:“‘奥’當爲‘爨’,字之誤也。或作‘竈’。”孔穎達疏:“奥者,正是竈之神,常祀在夏,以老婦配之。”

〔二七二〕許氏:指東漢文字學家許慎。

〔二七三〕而世立祝庸爲老婦者,妄:祝庸,即祝融,竈神名。彦按:漢世鄭玄亦以竈神祝融爲老婦,而許慎、應劭則非之。太平御覽卷五二九引五經異義曰:“大戴説禮器云:‘竈者,老婦之祭。’許君按:月令孟夏之月,其祀竈。五祀之神,王者所祭,非老婦也。鄭玄曰:竈神祝融是老婦。”又風俗通義卷八祀典竈神:“謹按:明堂月令孟夏之月,其祀竈也。五祀之神,王者所祭,古之神聖,有功德於民,非老婦也。”

〔二七四〕紂王欲伐有蘇,蘇以妲進:有蘇,古國名。故址在今河北沙河市西北。妲,即妲己,有蘇國君之女。國語晉語一:“殷辛伐有蘇,有蘇氏以妲己女焉。妲己有寵,於是乎與膠鬲比而亡殷。”韋昭注:“殷辛,湯三十一世帝乙之子殷紂也。有蘇,己姓之國;妲己,其女也。”

〔二七五〕平王時有蘇成公,好篪:篪(chí),古代竹製管樂器。像笛,横吹。風俗通義卷六聲音篪:“謹按:世本:‘蘇成公作篪。’管樂,十孔,長尺一寸。詩云:‘伯氏吹埙,仲氏吹篪。’”又太平御覽卷五八〇引世本曰:“蘇成公造篪,吹孔有觜如酸棗。蘇成公,平王時諸侯也。”

〔二七六〕其支子封郜:支子,四庫本“支”譌“支”。下羅苹注“支子”之“支”同。郜,地名。在今河南沁陽市西南。

〔二七七〕元和姓纂卷二脂韻郜云:“出自己姓,青陽氏之後。蘇忿[生]支孫封郜邑,因氏焉。”

〔二七八〕廖有叔安:廖,即飂,古國名。叔安,飂君之名。元和姓纂卷九宥韻廖引風俗通:“古有廖叔安,左傳作‘飂’,蓋其後也。”　異封于董:異,猶别。董,地名。在今山西萬榮縣西南。

〔二七九〕董甫以拳龍事虞,封于鬷川,别爲鬷夷:董甫,左傳作董父,同。鬷川,地名。在今山東菏澤市定陶區北。鬷,音 zōng。左傳昭公二十九年:

“昔有飂叔安,有裔子曰董父,實甚好龍,能求其耆欲以飲食之,龍多歸之。乃擾畜龍,以服事帝舜。帝賜之姓曰董,氏曰豢龍,封諸鬷川。鬷夷氏,其後也。”

〔二八〇〕關龍逢,作平聲非:此謂關龍逢之“關”當讀去聲“豢”,不讀平聲“關”。

〔二八一〕關龍:洪本、吳本“關”譌“閿”。

〔二八二〕董甫氏:喬本“董甫”二字但見一墨丁,洪本則脫“甫”字而與上文“董氏”重複,今據餘諸本訂正。

〔二八三〕廣韻:吳本、四庫本“韻”譌“負”。彥按:廣韻董韻董曰:“又姓。飂叔安裔子董父,實甚好龍,帝舜嘉焉,賜姓曰董。”但言董姓,並未及羅氏所謂之董甫氏。

〔二八四〕關龍氏:四庫本作“關韻氏”,誤。　龍氏:洪本脫“龍”字,吳本、四庫本二字並脫。　關龍之轉又爲關氏:關龍,各本均無“龍”字。彥按:“龍”字當有,否則文不成義,蓋脫文也。下羅苹注“關,上音豢,下如字”即分別就此關龍之“關”及關氏之“關”之讀音言。今訂正。

〔二八五〕唐李忠臣本董氏,從朱泚,誅秦:朱泚,唐德宗時涇原節度使,叛,稱大秦皇帝,既又改國號漢,唐軍攻破長安,逃竄中爲部下所殺。備要本“泚”譌“改”。秦,李忠臣本名。舊唐書李忠臣傳:“李忠臣本姓董,名秦,平盧人也。……拜濮州刺史、緣河守捉使,移鎮杏園渡。及史思明陷汴州,節度使許叔冀與忠臣並力屈降賊。……數日,忠臣夜以五百人斫其營,突圍歸,李光弼以聞,……召至京師,賜姓李氏,名忠臣,封隴西郡公。……及朱泚反,以爲僞司空、兼侍中。……泚敗,忠臣走樊川別業,李晟下將士擒忠臣至,繫之有司。興元元年,并其子並誅斬之。”

〔二八六〕古今姓氏書辯證卷一七青韻青史云:“英賢傳云:晉太史董狐之子受封于青史,因氏焉。”

〔二八七〕曘氏:曘字不見于字書。疑即“曘”字之譌變。

〔二八八〕周大夫有鄩肸:見左傳昭公二十二年。肸,音 xī,左傳作“肸”,同。路史喬本、四庫本作“肹”,洪本作“眒”,吳本作“賆”,並誤。此從備要本。

〔二八九〕而史伯謂斟無後:見國語鄭語。史伯,周太史。

〔二九〇〕史記遂以斟戈、尋爲禹後:斟戈、尋,謂斟戈、斟尋。史記夏本紀太史公曰:"禹爲姒姓,其後分封,用國爲姓,故有夏后氏、有扈氏、有男氏、斟尋氏、彤城氏、襃氏、費氏、杞氏、繒氏、辛氏、冥氏、斟戈氏。"　賈逵以諸斟爲曹姓後:古今姓氏書辯證卷一九侵韻斟:"國語曰:祝融之後,侯伯八姓,斟姓無後。賈逵注云:斟,曹姓之後也。"四庫叢書本"八姓"下有注曰:"案鄭語,史伯曰:'黎爲高辛氏火正,故命之曰祝融。其後八姓,於周未有侯伯。'此脱'未有'二字。"

〔二九一〕參胡:古國名。在今陝西韓城市一帶。

〔二九二〕郙子:郙國國君。郙(yǔ),西周、春秋國名。在今山東臨沂市市區北。

〔二九三〕左傳昭公十八年:"六月,郙人藉稻。"杜預注:"郙,妘姓國也。"

〔二九四〕故漢志以郙子爲堯後:"故漢志"不詳所指,今漢書未見此説。

〔二九五〕封于彭:彭,夏、商方國名。在今江蘇徐州市。

〔二九六〕彭祖以斟雉養性,事放勋:彭祖,即籛鏗,又稱彭鏗。斟雉,調治雉羹。放勋,帝堯名。尚書堯典:"曰若稽古,帝堯曰放勋。"楚辭天問:"彭鏗斟雉,帝何饗?"王逸注:"彭鏗,彭祖也,好和滋味,善斟雉羹,能事帝堯,堯美而饗食之。"

〔二九七〕黄山君彭祖經:晉葛洪神仙傳卷一黄山君云:"黄山君者,修彭祖之術,年數百歲,猶有少容。亦治地仙,不取飛昇。彭祖既去,乃追論其言,爲彭祖經。"

〔二九八〕仙傳以爲姓籛名鏗:舊題劉向列仙傳卷上彭祖:"彭祖者,殷大夫也。姓籛,名鏗,帝顓頊之孫,陸終氏之中子。"又葛洪神仙傳卷一彭祖:"彭祖者,姓籛名鏗,帝顓頊之玄孫。"

〔二九九〕故虞翻云:名翦:見史記楚世家"陸終生子六人,……三曰彭祖"三家注引虞翻云。虞翻,三國吳學者兼官員,曾爲周易、老子、論語、國語等典籍作注。

〔三〇〇〕今爲租姦切者,非:吳本、四庫本"租"作"祖",誤。羅氏以爲籛當讀"翦"之音,上聲(即 jiǎn),今人讀爲平聲(即 jiān),非是。

〔三〇一〕別封其孫元哲于韋:韋,夏、商方國名。在今河南滑縣東南。是爲豕韋,迭爲夏伯:迭,輪流。彦按:夏伯,疑"商伯"之誤。新唐書宰相世系

表四上即作“豕韋、大彭迭爲商伯”。又本書國名紀三高陽氏後韋云：“彭姓，商伯，元喆之封，豕韋也。”也作“商伯”。

〔三〇二〕夏遷於商，老彭守官大夫：老彭，殷賢大夫。路史以爲即彭祖。

〔三〇三〕商王軿采女受術，籛始去之，終身不見：軿（píng），又稱衣車，古代貴族婦女所乘的一種前面開門後面用帷幕遮蔽的車子。此謂使（采女）乘軿車。各本皆譌“拼”，今訂改。采女，仙女名。神仙傳卷一彭祖曰：“又有采女者，亦少得道，知養形之方，年二百七十歲，視之年如十五六。王奉事之於掖庭，爲立華屋紫閣，飾以金玉。乃令采女乘輕軿而往，問道於彭祖。……采女具受諸要以教王，王試爲之，有驗，欲祕之，乃令國中有傳彭祖道者誅之，又欲害彭祖以絶之。彭祖知之，乃去，不知所在。”

〔三〇四〕彭門記：殷之賢臣，顓帝之玄孫，至殷末：彭門記，作者不詳，待考。至殷末，吳本譌作“天斁末”。此之所引，見太平寰宇記卷一五徐州彭城縣，原文爲：“按彭門記云：殷之賢臣彭祖，顓頊之玄孫，至殷末，壽及七百六十七歲。”

〔三〇五〕莊子大宗師：“夫道，……彭祖得之，上及有虞，下及五伯。”成玄英疏：“五伯者，昆吾爲夏伯，大彭、豕韋爲殷伯，齊桓、晉文爲周伯，合爲五伯。”彦按：“上及有虞，下及五伯”，謂其長壽。五伯疑指春秋時之五伯，即齊桓公、晉文公、宋襄公、楚莊王、秦穆公。

〔三〇六〕仙傳乃云喪四十九妻、五十四子：見葛洪神仙傳卷一彭祖。

〔三〇七〕鏗在商爲守藏史，周爲柱下史，子云老彭：守藏史，也稱守藏吏，是負責國家圖籍收藏保管的官員。柱下史，主管文獻典籍、朝廷檔案、四方文書的官員。子，指孔子。參見後紀七小昊青陽氏注〔三三四〕。

〔三〇八〕潛夫論讚學：“顓頊師老彭。”

〔三〇九〕禿、暨、諸稽、舟人，皆彭分也：吳本、四庫本“暨諸”二字誤倒作“諸暨”。彦按：古今姓氏書辯證卷一六庚韻彭曰：“出自顓帝高陽氏之後，……大彭氏謂之彭祖，其後別封豕韋、諸稽、舟人三國。商之中世，大彭、豕韋皆伯諸侯，而豕韋之裔別爲韋氏，諸稽之後無聞，舟人後自爲禿姓，唯大彭常爲彭姓。”彭氏之後，不及暨氏。羅氏有之，不知何據。

〔三一〇〕高辛師舟人：彦按：本書後紀九帝嚳高辛氏又曰：“於是致學柏

昭而師于赤松、舟人,授書于鍾山而拜師于牧德。”其説不詳所自。

〔三一一〕晉有舟之僑:有,洪本、吴本譌“自”。舟之僑,春秋虢國大夫,後奔晉。事迹散見于左傳閔公二年、僖公二十八年,國語晉語二,戰國策秦策,説苑復恩、辨物等書篇。吴本“舟”譌“周”。

〔三一二〕暨、諸稽則商威之,禿姓舟人則周威之:國語鄭語:“彭姓彭祖、豕韋、諸稽,則商滅之矣。禿姓舟人,則周滅之矣。”彦按:鄭語亦不及暨。　韋則夏甲遷之矣:夏甲,夏朝君主孔甲。

〔三一三〕左傳言孔甲以劉纍更豕韋後矣:左傳昭公二十九年:“及有夏孔甲,擾于有帝,帝賜之乘龍,河、漢各二,各有雌雄。孔甲不能食,而未獲豢龍氏。有陶唐氏既衰,其後有劉纍,學擾龍于豢龍氏,以事孔甲,能飲食之。夏后嘉之,賜氏曰御龍,以更豕韋之後。”　則二國至商方盛:四庫本“二”譌“三”。

豈劉纍遷魯之後而二國更復乎:魯,古邑名。在今河南魯山縣。左傳昭公二十九年“夏后……以(劉纍)更豕韋之後”杜預注:“以劉纍代彭姓之豕韋。纍尋遷魯縣,豕韋復國,至商而滅。纍之後世,復承其國爲豕韋氏,在襄二十四年。”

〔三一四〕然襄二十四年范宣子言其祖,又云“在商爲豕韋氏”:范宣子,春秋晉卿大夫,名匄。左傳襄公二十四年載范宣子語曰:“昔匄之祖,自虞以上爲陶唐氏,在夏爲御龍氏,在商爲豕韋氏。”杜預于“御龍氏”下注曰:“謂劉纍也。”參見上注。

〔三一五〕錢氏:備要本“錢”譌“籛”,而與前重出。

〔三一六〕上元中,賜暨佐時爲周氏:上元,唐肅宗李亨年號。古今姓氏書辯證卷三七迄韻暨:“暨佐時,上元中准制改爲周氏。”又見通志卷三〇族略六改氏。

〔三一七〕錢鏐,當乾寧以十三州王吴越者:錢鏐(liú),五代時吴越王。乾寧,唐昭宗李曄年號。吴越,五代十國之一,據有今江蘇省西南部、浙江省全部和福建省東北部。

〔三一八〕百年,而俶朝于我:百年,此約舉大數,實祇有八十年左右。俶,錢俶,吴越忠懿王,錢鏐孫。我,指趙宋王朝。

〔三一九〕姓纂有彭祖孫孚,爲周錢府大夫,因氏:孚,洪本作“孚”,餘本皆作“子”。彥按:宋章定名賢氏族言行類稿卷一七引姓纂作“孚”,又古今姓氏書辯證卷九仙韻錢、資治通鑑卷六三漢獻帝建安四年“烏程鄒佗、錢銅”胡三省注引姓譜、明王鏊姑蘇志卷三五氏族錢氏亦均作“孚”,今據以訂正。錢府大夫,上引諸書均作“錢府上士”,蓋爲掌管國家財庫之官。因氏,洪本、吳本、四庫本並譌“周氏”。

〔三二〇〕六一文云:錢氏,三代以來無顯者,初以士爲周官,久而以爲氏:六一,指宋歐陽修。修晚年自號六一居士,故稱。士,喬本、備要本譌“上”,洪本譌“土”,今據吳本、四庫本改。歐陽修尚書屯田員外郎贈兵部員外郎錢君墓表:“錢姓出陸終,蓋顓頊之苗裔。始以士爲周官,久而以爲姓。自三代以來無甚顯者。”

〔三二一〕求言,妘姓,封於鄶,是爲鄶人:求言,吳本、四庫本“求”譌“來”。鄶,即鄶,在今河南新密市東。鄶人,方國名。　介於河、伊:河,黃河。伊,伊水,在今河南省西部。

〔三二二〕貪嗇威爵,上下不臨,重氏伐而亡之:貪嗇,貪心而吝嗇。威爵,四庫本“威”作“滅”。彥按:字當作“滅”,蓋因形近譌“滅”,從而作“威”。滅爵,謂降低爵禄。君吝嗇,故降臣之爵,滅臣之禄。臨,接近,親近。竹書紀年卷上帝嚳高辛氏十六年:“帝使重帥師滅有鄶。”逸周書史記:“昔有鄶君嗇儉,(滅)[減]爵損禄,羣臣卑讓,上下不臨。後□小弱,禁罰不行,重氏伐之,鄶君以亡。”又潛夫論志氏姓:“鄶在河、伊之間,其君驕貪嗇儉,滅爵損禄,羣臣卑讓,上下不臨。詩人憂之,故作羔裘,閔其痛悼也;匪風,冀君先教也。鄶仲不悟,重氏伐之,上下不能相使,禁罰不行,遂以見亡。”汪繼培箋:“按重氏滅鄶,在高辛十六年,見竹書紀年,非鄭語及詩所云也。此合言之,誤。(路史)後紀八高陽紀亦誤仍之。……此説羔裘、匪風,蓋本之三家詩序。”

〔三二三〕虢叔恃勢,鄶仲恃險:虢叔,春秋時東虢國君。喬本、洪本、吳本、四庫本皆作“虢仲”,備要本作“虢仲”,皆誤。今據鄭語訂正。勢,指地勢。鄶仲,春秋時鄶國國君。國語鄭語“虢叔恃勢,鄶仲恃險”韋昭注:“此虢叔,虢仲之後。叔、仲皆當時二國君之字。”

〔三二四〕鄭武公娶之:鄭武公,春秋鄭國君,名掘突,公元前771—前744年在位。國語周語中“鄶由叔妘”韋昭注:“鄶,妘姓之國。叔妘,同姓之女爲酈夫人。唐尚書云：‘亦鄭武公滅之，不由女亡也。’昭謂：公羊傳曰：‘先鄭伯有善乎酈公者，通于夫人以取其國。’此之謂也。”

〔三二五〕徐廣云，在河南密縣：徐廣，字野民，東晉官員兼學者，歷官至祕書監，著作有晉紀、史記音義等，均佚。河南，郡名。密縣，治所在今河南新密市東南。史記鄭世家“地近虢、酈”裴駰集解引徐廣曰：“虢在成皋，酈在密縣。”

〔三二六〕杜佑云，在新密：新密，在今河南新密市東南。通典卷一七七河南府密縣：“古密國，亦古酈國。左傳魯僖公六年‘圍新密’是也。”

〔三二七〕史以爲鄭：史，指史籍。鄭，在今河南新鄭市。史記楚世家“四曰會人”司馬貞索隱引系本云：“酈人者，鄭是。”又引宋忠曰：“酈國也。”張守節正義引括地志云：“故酈城在鄭州新鄭縣東北二十二里。”

〔三二八〕鄔：吳本、四庫本如此，餘諸本作“鄢”。彥按：本書國名紀三高陽氏後作“鄔”，今據以訂正。

〔三二九〕僞侯納仲任：僞侯，潛夫論作“鄢侯”，同。仲任，喬本、備要本“任”譌“仁”，今據餘諸本改。　貪冒愛吝：貪婪吝嗇。　蔑賢簡耐：輕慢賢能。蔑，輕視。喬本、備要本作“篾”，此從餘諸本。簡，簡慢、怠慢。耐，通“能”。潛夫論志氏姓：“鄢取仲任爲妻，貪冒愛恡，蔑賢簡能，是用亡邦。”又國語周語中：“昔鄢之亡也由仲任。”韋昭注：“鄢，妘姓之國，取仲任氏之女爲鄢夫人。唐尚書曰：‘鄢爲鄭武公所滅，非取任氏而亡也。’”

〔三三〇〕鄢氏：備要本作“鄔氏”，與前重出，誤。

〔三三一〕陸德明以鄢爲平上去三聲：春秋隱公元年：“夏五月，鄭伯克段于鄢。”陸德明音義：“鄢，於晚反，又於建反，又於然反。”彥按：於晚反爲上聲；於建反爲去聲；於然反爲平聲。

〔三三二〕云近楚，若敖父子娶焉：云，即鄖，亦作鄖。在今湖北安陸市。若敖，春秋楚國國君熊儀，號若敖。左傳宣公四年：“初，若敖娶於鄖，生鬬伯比。若敖卒，從其母畜於鄖，淫於鄖子之女，生子文焉。……（鄖子）以其女妻伯比。”

〔三三三〕鄖又作溳、䢵：又，吳本譌“文”。䢵，洪本、吳本譌“䩵”。

〔三三四〕員半千十世祖凝之，本彭城劉，仕宋，後奔魏，自比伍員，改爲員：

員半千,唐代賢能之臣,歷仕武后、中宗、睿宗三朝。備要本"千"譌"于"。凝之,洪本、吳本、備要本"凝"譌"疑"。伍員,春秋末吳大夫、軍事家,字子胥。本楚人,楚平王殺其父兄,因亡至吳,成吳王闔閭重臣,助吳攻楚,入郢都,掘楚平王墓,鞭屍三百,以報讎。後勸吳王夫差滅越、殺越王句踐,夫差不聽,反信讒賜劍令自殺。吳終爲越所滅。新唐書員半千傳:"員半千字榮期,齊州全節人。其先本彭城劉氏,十世祖凝之,事宋,起部郎,及齊受禪,奔元魏,以忠烈自比伍員,因賜姓員。"彥按:羅氏本條注文自此而下,全自宋吳曾能改齋漫録卷三辨誤員姓之始移改而來,非己見也。

〔三三五〕王淵切:今音讀 yuán。

〔三三六〕竇苹:字子野,北宋時人,撰有新唐書音訓四卷,已佚。備要本"竇"譌"賣"。

〔三三七〕按前涼録已有員敞:能改齋漫録:"按前涼録已有金城員敞,此姓似不始于凝之。"即爲羅氏所本。而中華書局 1994 年版元和姓纂卷三文韻員引前涼録,"員敞"作"員敞"。岑仲勉校記:"'敞',庫本作'敞',備要、通志同。"

〔三三八〕芸閣姓苑:佚書,撰者不詳。 南陽:地名。在今河南南陽市宛城區。

〔三三九〕令尹子文,鬭伯比之子,育於䢵公辛:子文,春秋楚成王時令尹。䢵公辛,楚䢵縣大夫鬭辛。洪本、吳本、四庫本作"鄭公",誤。左傳宣公四年:"(鬭伯比)淫於䢵子之女,生子文焉。䢵夫人使棄諸夢中。虎乳之。䢵子田,見之,懼而歸。夫人以告,遂使收之。……實爲令尹子文。"

〔三四〇〕辛生鬭懷:彥按:鬭懷爲䢵公辛弟,見左傳定公四年。此謂"辛生鬭懷",乃誤襲能改齋漫録之過。

〔三四一〕路、偪陽、夷倄諸則晉威之:路,即潞。潛夫論志氏姓:"路子嬰兒娶晉成公姊爲夫人,酆舒爲政而虐之。晉伯宗怒,遂伐滅路。"左傳宣公十五年"路"作"潞","晉成公"作"晉景公","虐"作"殺"。偪陽,西周春秋東夷小國,妘姓,在今山東棗莊市臺兒莊區張山子鎮境。其爲晉滅,詳下注。倄諸,即詭諸。左傳莊公十六年:"初,晉武公伐夷,執夷詭諸。蒍國請而免之。既而弗報,故子國作亂,謂晉人曰:'與我伐夷而取其地。遂以晉師伐夷,殺夷詭諸。"杜預注:"夷詭諸,周大夫。夷,采地名。"

〔三四二〕魯襄十秊,威偪陽,以與向戍:秊,洪本譌"季";吳本、四庫本、備要本作"年",同。向戍,春秋宋國大夫。喬本、洪本、吳本、備要本"戍"譌"戌",今據四庫本訂正。春秋襄公十年:"夏,五月甲午,遂滅偪陽。"杜預注:"偪陽,妘姓國,今彭城傅陽縣也。"同年左傳:"晉荀偃、士匄請伐偪陽而封宋向戍焉。"杜預注:"以宋常事晉,而向戍有賢行,故欲封之爲附庸。"

〔三四三〕公羊作傅陽:傅陽,吳本"陽"譌"賜"。彥按:今本公羊亦作"偪陽",而穀梁則作"傅陽"。羅氏所見本如此抑或誤記,未可知也。

〔三四四〕譜:指姓譜。

〔三四五〕晏安封曹:曹,即"曹"字。曹地在今河南滑縣東。

〔三四六〕朱婁:即邾婁,亦即邾國。在今山東曲阜市東南。　驪繹:即驪,亦稱繹。見國名紀三高陽氏後驪。　倪:亦作兒。見國名紀三高陽氏後兒。　小朱:即小邾。見國名紀三高陽氏後小邾。　根牟:春秋國名。在今山東莒縣西南、沂南縣東南。

〔三四七〕武王得曹挾,復封之朱,曰朱婁:朱,即邾。古今姓氏書辯證卷一一豪韻曹:"出自高陽之後,陸終第六子安,爲曹姓。裔孫曹挾,周武王封之於邾,其地魯國鄒縣是也。"

〔三四八〕朱友以父夷甫顏功封倪,三世居驪,從齊尊王,是爲小朱子:朱友,即邾友。夷甫顏,亦作夷父顏。倪,即郳。小朱子,亦作小邾子。春秋釋例卷九世族譜第四十五之下小邾:"小邾國,邾挾之後也。夷父顏有功于周,其子友別封爲附庸,居郳。曾孫犂來始見春秋,附從齊桓以尊周室,命爲小邾子。"

〔三四九〕圈稱、葛洪云:邾武公字伯顏,人謂顏公,子孫爲氏:圈稱,東漢議郎。撰有陳留耆舊傳、陳留風俗傳,均佚。元和姓纂卷四刪韻顏:"顓頊之後。陸終第五子曰安,爲曹姓。裔孫挾,周武王封邾。至武公,字顏,公羊謂之顏公,子孫因以爲氏。出圈稱陳留風俗傳及葛洪要字。"

〔三五〇〕王儉云,未知:王儉,南朝齊目錄學家,著作有七志、宋元徽元年四部書目錄等,均佚。彥按:此句疑有脫文。元和姓纂卷四刪韻顏曰:"又王儉譜云:出自魯侯伯禽支庶,食采顏邑,因氏焉。真卿尚書譜云:未驗何所憑。"古今姓氏書辯證卷八刪韻顏引元和姓纂,作"王儉譜云。未知儉何所據",蓋即羅氏所本。

〔三五一〕按邾婁顔公事,見公羊傳:彦按:在魯昭公三十一年。古今姓氏書辯證卷八删韻顔曰:"謹按:顔邑不見於經傳,而邾婁顔公事見公羊傳。"羅氏實襲此。

〔三五二〕魯公家譜亦以邾言:魯公,指唐代書法家顔真卿。真卿于代宗時官至吏部尚書、太子太師,封魯郡公,後世稱顔魯公。古今姓氏書辯證卷八删韻顔:"魯公自爲家譜亦以邾言,其近也。"

〔三五三〕代北可朱渾亦爲朱,望河南:可朱渾,三字複姓。元和姓纂卷二虞韻朱:"河南:官氏志,渴燭渾、可朱渾氏並改爲朱氏。"

〔三五四〕小朱十四世而朱二十有九世,威于楚,封其君爲鉅鹿侯:彦按:古今姓氏書辯證卷一一豪韻曹曰:"陸終第六子安,爲曹姓。裔孫曹挾,周武王封之於邾。……十四代孫文公遷於繹。至戰國時,距挾凡三十九世而楚滅之,封其君爲鉅鹿侯。"蓋即羅氏所本。然則所謂"小朱十四世"失據,小朱即小邾,由邾友別封于郳而稱,非自曹挾始也。而"二十有九世"疑當作"三十有九世"。

〔三五五〕姓書,邾,春秋後八世威,爲朱氏:朱氏,洪本、吳本"氏"謂"世"。通志卷二六氏族略二以國爲氏周異姓國邾氏曰:"邾自桓公革以下,春秋後八世而楚滅之。"又朱氏曰:"本邾也。……邾既失國,子孫去'邑',以朱爲氏。"

〔三五六〕見左傳哀公六年。

〔三五七〕邾氏:洪本、吳本、四庫本作"侏氏",與上重複,誤。 蓄氏:洪本"蓄"作"畜",吳本、四庫本遂謂爲"畜"。 楚且氏:彦按:"楚且"非氏,疑爲"楚丘"之誤。 鉏丘氏:各本均作"鉏從氏"。彦按:下羅苹注作"鉏丘氏",此之"從"字當爲"丘"字之謂,今訂正。丘字篆書作𠊓,與"从"形近,蓋先謂作"从",又變爲"從"。然鉏丘氏,亦所未聞,疑非是。左傳昭公二十三年有"徐鉏、丘弱、茅地曰"語,杜預注:"三子,邾大夫。"豈因誤將"鉏丘"連讀而杜撰出鉏丘氏耶? 卑徐氏:未聞,疑亦出于杜撰。 挾氏:未聞。疑由庚氏"庚"字謂誤附會而來。

〔三五八〕顔氏,見圈稱陳留傳及葛洪集要:彦按:元和姓纂卷四删韻顔稱"出圈稱陳留風俗傳及葛洪要字"。見上注〔三四九〕。要字者,要用字苑之簡稱也。葛洪著有要用字苑,見舊唐書經籍志上及新唐書藝文志一。此稱集要,誤。

〔三五九〕皆云顏出于邾,而未知儉譜獨以爲出于伯禽之庶采于顏者非也:而未知,各本"未"皆譌"朱",今訂正。獨,備要本譌"濁"。采,古代卿大夫的封邑。洪本、吳本作"菜",通。　故魯公尚書譜亦謂之儉爲失據云:見上注〔三五〇〕。

〔三六〇〕路、回、僕、噲、何、祖、克、幸也:八人皆孔子弟子。路,顏路,即顏無繇。字路,顏回父。回,顏回。僕,顏之僕。噲,顏噲。各本均作"會",今據史記仲尼弟子列傳、孔子家語七十二弟子解訂改。何,顏何。克,顏克,見孔子家語曲禮子貢問,史記孔子世家作顏刻。幸,顏幸。各本均作"辛",今據史記仲尼弟子列傳、孔子家語七十二弟子解訂改。

〔三六一〕之推:指北齊顏之推。　仲尼母族,故多賢:孔子母族顏氏,母名徵在。見孔子世家本姓解。

〔三六二〕根牟者,侔也,魯取之:取,吳本作"耴",乃俗體;四庫本作"肵",誤。春秋宣公九年:"秋,取根牟。"

〔三六三〕周威之,以封兹興期:之,指顓頊之後,曹姓之莒。兹興期,小昊之後,紀姓之莒始祖。參見國名紀二少昊後紀姓國莒、國名紀三高陽氏後莒。

〔三六四〕伯禹定荊州:荊州,古"九州"之一,在荊山(今湖北南漳縣西)、衡山(今湖南衡山縣西)之間。大禹治洪水,平定九州,荊州屬其一。　季芈寔居其地:季芈,即季連。各本"芈"皆譌"芊",今訂正。下路史及羅苹注諸"芈"字,各本亦多譌"芊",並徑訂正,不予一一指出。寔,吳本、四庫本作"實"。

〔三六五〕熊:在今河南新鄭市。

〔三六六〕芈谷野,以名加姓:芈谷野,疑爲人名。待考。彥按:通志卷二六氏族略二以國爲氏周異姓國曰:"臣又按:以王父字爲氏者,古之道也,然亦有以名爲氏者。楚以鬻熊之故世稱熊氏,女子則稱芈焉。""以名爲氏","楚……女子則稱芈",蓋即此"芈谷野,以名加姓"之謂。

〔三六七〕附敍,史作附沮:見史記楚世家。裴駰集解引孫檢曰:"(沮)一作'祖'。"吳本、四庫本路史"附沮"作"附祖"。元梁益詩傳旁通卷一四:"楚,

芈姓,子爵。……陸終之第六子曰季連。季連姓芈氏,曰季芈,居荆州。生子
曰附敍。”

〔三六八〕見大戴禮記帝繫。

〔三六九〕季芈即季連:洪本、吳本、四庫本“連”作“蓮”。

〔三七〇〕夏有楚狐父:狐父,即弧父。吳越春秋句踐陰謀外傳:“黄帝之
後,楚有弧父。弧父者,生於楚之荆山,生不見父母。爲兒之時,習用弓矢,所
射無脱。以其道傳於羿。”

〔三七一〕見鬻子卷首唐逢行珪序。

〔三七二〕史記及釋例云鬻熊子早卒,乃其子事文王云,繆也:早卒,洪本、
吳本“早”譌“芊”。繆也,吳本、四庫本無“也”字。各本“繆(也)”原在“早卒”
後、“乃其子事文王云”前,于文不暢,當爲誤倒,今訂正。春秋釋例卷九世族譜
第四十五之下楚云:“楚國,芈姓,顓頊之後也。其後有鬻熊,事周文王。早
卒。”但稱鬻熊早卒,不及其子。而史記楚世家則云:“周文王之時,季連之苗
裔曰鬻熊。鬻熊子事文王,蚤卒。”羅氏説蓋據後者。然瀧川資言史記會注考
證曰:“藝文類聚引史無‘子’字。”今謂今本史記“子”字當爲衍文。事文王者
乃鬻熊,非其子也。

〔三七三〕成王時,熊氏畔,乃復封子繹于荆,居丹陽:畔,通“叛”。子繹,
彦按:據史記楚世家“鬻熊(子)事文王,蚤卒。其子曰熊麗。熊麗生熊狂,熊
狂生熊繹”,則熊繹爲鬻熊之曾孫。吳本“子”譌“予”。丹陽,地名。在今湖北
秭歸縣東南。

〔三七四〕十七世通祈周顯號,事抑,乃自稱之:通,春秋楚武王熊通。史
記楚世家:“(武王)三十五年,楚伐隨。隨曰:‘我無罪。’楚曰:‘我蠻夷也。今
諸侯皆爲叛相侵,或相殺。我有敝甲,欲以觀中國之政,請王室尊吾號。’隨人
爲之周,請尊楚;王室不聽,還報楚。三十七年,楚熊通怒曰:‘吾先鬻熊,文王
之師也,蚤終。成王舉我先公,乃以子男田令居楚,蠻夷皆率服,而王不加位,
我自尊耳。’乃自立,爲武王。”　子貲遷郢:貲,楚文王熊貲。郢,地名。在今
湖北荆州市荆州區。

〔三七五〕及槐爲秦詐留,子横徙陳:槐,戰國楚懷王熊槐。各本皆譌
“魏”,今訂正。横,楚頃襄王熊横。洪本作“撗”,俗訛字。陳,在今河南淮陽

縣。史記楚世家："(懷王)三十年,秦復伐楚,取八城。秦昭王遺楚王書曰:
'……寡人願與君王會武關,面相約,結盟而去,寡人之願也。敢以聞下執事。'
楚懷王見秦王書,患之。欲往,恐見欺;無往,恐秦怒。……懷王子子蘭勸王
行,曰:'奈何絕秦之驩心!'於是往會秦昭王。昭王詐令一將軍伏兵武關,號爲
秦王。楚王至,則閉武關,遂與西至咸陽,朝章臺,如蕃臣,不與亢禮。楚懷王
大怒,悔不用昭子言。秦因留楚王,要以割巫、黔中之郡。楚王欲盟,秦欲先得
地。楚王怒曰:'秦詐我而又彊要我以地!'不復許秦。秦因留之。"又:"(頃襄
王)二十一年,秦將白起遂拔我郢,燒先王墓夷陵。楚襄王兵散,遂不復戰,東
北保於陳城。"

〔三七六〕始皇滅楚名爲秦郡:"滅"字各本原脱,今據史記楚世家補。史
記楚世家曰:"(王負芻)五年,秦將王翦、蒙武遂破楚國,虜楚王負芻,滅楚名
爲(楚)郡云。"裴駰集解引孫檢曰:"秦虜楚王負芻,滅去楚名,以楚地爲三
郡。"　意亦以莊襄王母名改焉:彦按:"母"字不當有。始皇父莊襄王名子楚,
羅氏意謂始皇因避諱而改楚之名也。

〔三七七〕世家云以爲楚郡:清梁玉繩、王鳴盛、錢大昕皆以爲楚世家"楚
郡"之"楚"字爲衍文(見瀧川資言史記會注考證),當是。

〔三七八〕能,奴代反:今音 nài。

〔三七九〕古有楚老:楚老見晉書謝萬傳:"(萬)工言論,善屬文,敍漁父、
屈原、季主、賈誼、楚老、龔勝、孫登、嵇康四隱四顯爲八賢論。"　左,趙孟家臣
楚隆:見左傳哀公二十年。趙孟,即趙襄子,名無恤。春秋末晉卿,戰國趙國創
立者。

〔三八〇〕㬢:音 huǎn。洪本作"㬢",吳本、備要本作"晏"。彦按:㬢當即
"㬢"字訛體。通志氏族略五:"㬢氏,……望出荆州。今江陵多此姓。"又氏族
略三:"晏氏,或云齊公族。……望出齊國。"當以作"㬢"爲是,作"晏"者
誤。　羋、羋:彦按:二"羋"重出,其一當衍或譌。　□、□、□、□、□、□:彦
按:據下羅苹注言"伍員後有王孫氏","秦有班氏一","急就章有翠鴛鴦",
"潘……又有出於楚者",疑此六字闕文中有四字爲"伍、班、翠、潘"。

〔三八一〕由余本出中國:由余,春秋時人,投秦,穆公任以上卿,用其謀以
伐戎,益國十二,開地千里,遂霸西戎。喬本、洪本、吳本、備要本"余"作"餘",

此從四庫本。史記秦本紀:"戎王使由余於秦。由余,其先晉人也,亡入戎,能晉言。" 而伍員後有王孫氏:伍員,洪本"員"字爲墨丁。吳本作"伍氏"。王孫氏,各本均作"孫氏"。彥按:"孫氏"當作"王孫氏"。古今姓氏書辯證卷一四陽韻下王孫曰:"伍員自吳使齊,託其子於齊,爲王孫氏。"通志卷九二吳伍員傳亦曰:"(伍員)使於齊,屬其子於鮑氏,爲王孫氏。"今據以訂補。

〔三八二〕秦有班氏一,避地於樓煩:班氏一,即班壹。各本"氏"皆譌"民",今訂正。於,各本原皆作"爲",今據漢書訂"於"。樓煩,古部落名。地在今山西代縣一帶。四庫本"樓"譌"摟"。漢書敍傳上:"班氏之先,與楚同姓。……始皇之末,班壹避墜於樓煩。"顏師古注:"樓煩,鴈門之縣。"

〔三八三〕而度尚碑云:度與熊同祖:度尚,東漢荆州刺史。宋洪适隸釋卷七載其碑文曰:"君諱尚,字博平。其先出自顓頊,與楚同姓,熊嚴之後。"

〔三八四〕急就章有翠鴛鷥,乃景翠之後:景翠,戰國楚威王、楚懷王時大將。急就篇卷一"翠鴛鷥"顏師古注:"翠氏,楚景翠之後也。避入關之遷,懷土逃匿,改姓爲翠。"

〔三八五〕列出列宗,有禦寇:列宗,複姓。潛夫論志氏姓:"羋姓之裔熊嚴,成王封之於楚,……公族有楚季氏、列宗氏……,皆羋姓也。"禦寇,列禦寇,即戰國著名思想家、道家代表人物列子。

〔三八六〕姓纂復姓又有列禦:見元和姓纂卷一〇薛韻。洪本"復"作"複"。古今姓氏書辯證卷三八薛韻列禦曰:"元和姓纂曰'鄭穆公時列禦寇之後,著書八篇',誤矣。謹按列子,名禦寇,謂之子列子。如曰'禦寇伏地汗流至踵',則單姓列明矣。"

〔三八七〕潘本畢公後:畢公,周文王庶子姬高。封于畢,故稱畢公高。元和姓纂卷四桓韻潘:"周文王子畢公高之後,子伯季,食采於潘,因氏焉。"岑仲勉校記:"'伯季',廣韻、姓解、通志俱作'季孫',類稿一六、備要一四、新書六亦均引作'季孫'。" 又有出於楚者,故岳家風詩云"楚公族羋姓之後潘崇,子尪生黨"也:岳,潘岳,字安仁,西晉文學家。家風詩,吳本、四庫本作"家風也詩",誤。彥按:世說新語文學載:"夏侯湛作周詩成,示潘安仁。安仁曰:'此非徒溫雅,乃別見孝悌之性。'潘因此遂作家風詩。"劉孝標注:"岳家風詩載其宗祖之德及自戒也。"然考明馮惟訥古詩紀卷三八所載岳家風詩,文曰:"綰髮縮髮,髮亦鬒止。日祗日祗,敬亦慎止。靡專靡有,受之父母。鳴鶴匪和,析薪弗荷。隱憂孔疚,我堂靡構。義方既訓,家道穎穎。豈敢荒寧,一日三省。"則與世說及劉注不合,疑非其全。又元和姓纂卷四桓韻潘則作"岳家譜云",或是。芈,吳本作"羊",誤。潘崇,春秋楚穆王太師。尪,潘尪,春秋楚莊王時大夫。左傳成公十六年"潘尪之黨",杜預注:"黨,潘尪之子。"

〔三八八〕複氏:喬本、備要本"複"作"復"。此從餘諸本。　五相、五參:古今姓氏書辯證卷二四姥韻作"伍相"、"伍參"。　子干:喬本、四庫本、備要本作"子千",吳本作"子芊"。彥按:古今姓氏書辯證卷二二止韻下子干曰:"謹按:左傳楚公子比字子干,嘗奔晉,又歸楚自立,棄疾脅之,自殺。後世必有以字爲氏者。"當即此氏,今據以訂正。　尹午:洪本作"尹干",吳本作"尹千",俱誤。　伍叁、慶父:彥按:上已有五參,即伍參也,此又見伍參,一姓而重出。又,上已見慶父,此又見之,亦重出。　季融:備要本"季"譌"李"。　及籃、廄、箴、樂、芋、陵、權、莠、清、郊、工、連、囂之十三尹:楚十三官,後世以官爲氏,遂有藍尹、廄尹、箴尹等十三複姓。籃,當作"藍"。春秋楚有大夫藍尹亹,見左傳定公五年及國語楚語下。芋,四庫本作"芊",誤。

〔三八九〕沈即寢:彥按:此謂十三尹外,尚有沈尹氏,沈尹氏又作寢尹氏。元和姓纂卷七寢韻沈尹曰:"楚有沈尹戌、沈尹赤、沈尹壽、沈尹射,子孫以官爲氏。"左傳宣公十二年"沈尹將中軍"杜預注:"沈或作寢。寢,縣也,今汝陰固始縣。"

〔三九〇〕其氏於邑者:謂以邑名爲氏者。喬本、備要本"氏"作"食",非。今從餘諸本。　蔿、蒍:俱音 wěi。　包、椒、包:彥按:"包"字重出。疑下"包"字當作"苞"。古今姓氏書辯證卷一一肴韻有包、苞二姓,可爲參考。　苟:吳本作"𦱃",誤。　淖:音 zhuō。喬本、洪本作"淖",誤。此從餘本。　𧶔:洪本、吳本缺文。　鑢:音 lǜ。

〔三九一〕蔿與蒍:蒍,四庫本譌"蓮"。通志卷二七氏族略三以邑爲氏楚邑:"蒍氏,亦作蔿,芈姓,楚蚡冒之後。蒍章食邑于蒍,故以命氏。"　卷與圈、圜:元和姓纂卷六阮韻卷:"陳留風俗傳云,陳留太守琅琊卷焉,本姓圈氏,因避仇改,去'囗'。"宋黃伯思東觀餘論卷下跋四皓碑後:"又圜公,石刻乃爲圈公。蓋二字音文爲近,或册牘傳寫之差,亦當以圈爲是。……姓氏書多以圈爲

園公之後,此又可證云。”然清黃生已辯其誤,其義府卷下金石録四皓神位刻
石條云:“四皓之園公,此石作圈公。……蓋因圈姓極爲希僻,而‘園’字形聲
並近,遂冒認四皓爲鼻祖,妄稱公爵,以爲門祚光,豈知即此二字自顯其逗漏
耶? 又王劭陳留志以爲,園公姓唐名秉字宣明。劭與稱同述陳留郡人物,不應
兩相牴牾如此。按史記索隱謂:‘諸人姓名,乃王劭據諸家世譜爲説。’予因悟
必六朝人崇尚譜牒,妄引古人以自重爾。夫園公之爲園也,唐氏且竊祖之矣,
況形聲相近之圈,又何足怪。故予斷此石刻亦即圈氏所僞造,意在欺後世以售
其妄。”　堂與棠:宋邵思姓解卷三堂:“風俗通:楚伍尚爲棠邑大夫。即棠谿
也。……伍尚時有以棠爲氏者,後人寫字訛,乃有堂姓。”　訾與貲,皆同也:彦
按:貲氏不詳,疑亦由“訾”字形誤。

　　〔三九二〕棘出于棘:晉書棘據傳:“棘據字道彦,潁川長社人也。本姓棘,
其先避仇改焉。”　萬出于蔓:洪本“萬”作“蔓”,當非原文。彦按:考宋章定名
賢氏族言行類稿卷四五蔓,亦謂:“左傳,楚有鬭成然,食采於蔓,又爲萬氏。”説
與羅苹注同。然今本之“萬氏”,顯然“蔓氏”之誤,以其章目爲蔓也,元和姓纂
卷九願韻蔓正作“後爲蔓氏”,頗疑“萬出于蔓”之説有誤。　匡出匡宰句須:
句須,各本皆作“須句”。彦按:“須句”二字誤倒。左傳成公十七年:“施氏卜
宰,匡句須吉,……與匡句須邑,使爲宰。”今據以訂正。

　　〔三九三〕而李延昌本姓麻:李延昌,吳本“昌”譌“呂”。宋謝維新古今合
璧事類備要續集卷一八類姓門麻:“後唐功臣左金吾大將軍、涼國公麻嗣宗,
賜姓李氏,改名延昌。”　張遼本姓聶:張遼,三國時曹魏名將。三國志魏志張
遼傳:“張遼字文遠,雁門馬邑人也。本聶壹之後,以避怨變姓。”　皇朝始以
匡爲主:此謂趙宋王朝避太祖趙匡胤諱,改匡氏爲主氏。備要本“匡”譌“主”。

　　政和制不得以“主”爲姓,乃爲康:古今姓氏書辯證卷一四陽韻下匡:“太祖
皇帝諱上一字。其地乃孔子所畏者。宋改爲主氏。政和中多忌諱,官文書不
得以‘主’爲人姓,又改曰康氏。”

　　〔三九四〕姓書楚有鑢:洪本、吳本“鑢”譌“鑪”。下“楚自有鑢”之“鑢”
同。　音慮,去聲:各本均無“慮”字。彦按:“音”下當脱一標示“鑢”字讀音之
字。古今姓氏書辯證卷三〇御韻鑢曰:“音慮。左傳楚大夫鑢金之後。”今據
以補“慮”字。　然攷楚自有鑢:洪本、吳本“自”作“目”。彦按:此句費解,疑

文字有譌誤。

〔三九五〕愈豆：彥按："愈"疑當作"俞"。通志卷二七氏族略三以亭爲氏云："俞豆氏，芈姓。楚公子食采於南陽俞豆亭，因氏焉。"又明王世貞弇州四部稿卷一六七亦云："楚，芈姓，其後爲鬻，爲熊，……爲俞豆，爲若敖。"並作俞豆。

〔三九六〕□□□□□□□□□□□□□爲郴氏：彥按：元和姓纂卷五侵韻郴云："其先楚懷王孫心，號義帝，都郴，子孫氏焉。"此闕文十三字，或即是"懷王孫心，號義帝，都郴，子孫氏焉"。

〔三九七〕圈公者，始秦博士，避世商山：商山，山名。在今陝西丹鳳縣商鎮南。本書發揮四辨四皓作"南山"。唐顏師古匡謬正俗卷八引圈稱陳留風俗傳自序，亦作"南山"，云："圈公爲秦博士，避地南山。漢祖聘之，不就。惠太子即位，以圈公爲司徒。"而顏氏疑之，曰："按班書述四皓，但有園公，非圈公也。公當秦之時，避地而入商洛深山，則不爲博士明矣。又漢初不置司徒，安得以圈公爲之乎？且呼惠帝爲'惠太子'，無意義。孟犨之説，實爲鄙野。"顏説有理。清黃生辯之益明，參見上注〔三九一〕。

〔三九八〕帝摯之世，九犂亂時，重犂失職，堯於是復育重犂之後，使復舊葉，是爲義和：帝摯，帝嚳長子，繼嚳之後稱帝，後弟帝堯復代其位。"摯"洪本作"摯"，吳本作"𡠜"，俱誤。九犂，即九黎。葉，世。義和，義氏與和氏的並稱。

〔三九九〕命義仲宅嵎夷，命義叔宅南交，和仲宅西，和叔宅朔易：見尚書堯典。嵎夷，地名，在東方極遠處，一説在今山東東部濱海之地。南交，地名，在南方極遠處。朔易，蓋以朔方易水指代北地。堯典作"朔方"，地名，在北方極遠處。

〔四〇〇〕和寔爲摯後：吳本、四庫本"寔"作"實"。

〔四〇一〕詳堯紀：堯紀，指史記五帝本紀帝堯。彥按：此實見堯紀"乃命義、和"裴駰集解及張守節正義。集解曰："孔安國曰：'重黎之後，義氏、和氏世掌天地之官。'"正義曰："吕刑傳云：'重即義，黎即和，雖別爲氏族，而出自重黎也。'"

〔四〇二〕班彪、干寶皆云：司馬，摯後：班彪，東漢史學家、文學家。干寶，

洪本"干"作"千",吴本、四庫本作"于",俱誤。史記太史公自序："昔在顓頊,
命南正重以司天,北正黎以司地。唐虞之際,紹重黎之後,使復典之,至于夏
商,故重黎氏世序天地。其在周,程伯休甫其後也。當周宣王時,失其守而爲
司馬氏。"張守節正義引司馬彪序云："南正黎,後世爲司馬氏。"司馬貞索隱亦
云："按後彪之序及干寶皆云:司馬氏,黎之後。是也。"

〔四○三〕王安石以四岳爲一人:彦按:此説不知何據。而安石臨川文集
卷六八論議鯀説曰："堯咨孰能治水,四岳皆對曰:'鯀。'"云"四岳皆對",則顯
然非以一人視之。

〔四○四〕商封之程:程,地名。在今河南洛陽市東。

〔四○五〕徐:周代方國名。在今江蘇泗洪縣南。晉書宣帝紀："其先出自
帝高陽之子重黎,爲夏官祝融。……及周,以夏官爲司馬。其後程伯休父,周
宣王時以世官克平徐方,錫以官族,因而爲氏。"

〔四○六〕西京雜記云司馬出史佚:西京雜記,舊題漢劉歆撰,晉葛洪輯。
史佚,周初賢太史。西京雜記卷六："司馬氏,本古周史佚後也。"

〔四○七〕又左傳,荀氏支子邑程,程鄭是:四庫本"支"譌"支"。程鄭,春
秋晉國大夫。彦按:徧查左傳,並無是説。唯杜預注及之。左傳成公十八年
"程鄭爲乘馬御"注:"程鄭,荀氏別族。"又襄公二十三年"程鄭嬖於公"注:"鄭
亦荀氏宗。"又,古今姓氏書辯證卷一六清韻程曰:"謹案左氏傳,晉荀氏支子
食邑於程,以邑爲氏。晉下卿程鄭,大夫程滑。"羅氏蓋襲自彼,因沿其誤。

〔四○八〕程元及靈洗是,具程祈之譜:古今姓氏書辯證卷一六清韻程:
"謹案左氏傳,晉荀氏支子食邑於程,以邑爲氏。……文中子弟子程元,陳鎮西
將軍、重安忠壯公靈洗,詳具尚書郎番陽程祁忠彦所撰世譜。"

〔四○九〕談:疑指司馬遷父司馬談,待考。

〔四一○〕史遷既劋,作史記:劋,通"栞",謂宫刑。洪本如此。喬本、四庫
本作"刑",吴本、備要本作"剉"。彦按:作"劋"當爲路史原文。漢將李陵戰敗
投降匈奴,史遷替他説話,得罪武帝,慘遭宫刑,用"劋"字正合適。作"剉"者,
乃"劋"字刑譌;至于作"刑",恐是臆改。今從洪本。

〔四一一〕下及懿、師:懿,三國魏太傅、晉追尊宣皇帝司馬懿。師,司馬懿
長子、魏大將軍、晉追尊景皇帝司馬師。　三世事魏,遂移其社:司馬懿孫、晉

武帝司馬炎代魏建立晉皇朝,自懿至炎,爲三世。

〔四一二〕爲晉四世,弃洛南渡:晉自武帝司馬炎創建,歷惠帝司馬衷、懷帝司馬熾,至愍帝司馬鄴,四世而亡,是稱西晉。晉王室放弃京師洛陽,南渡長江,擁立司馬懿曾孫、晉元帝司馬睿重建政權于建康(今江蘇南京市),是爲東晉。

〔四一三〕西五十三年:彥按:西晉王朝自三國魏咸熙二年(265)司馬炎代魏稱帝始,至晉愍帝司馬鄴建興四年(316)滅亡,首尾凡52年。此謂“五十三年”誤。

〔四一四〕沈約晉書造奇,以元帝牛金之子,應牛繼馬之讖:元帝,指晉元帝。見上注〔四一二〕。牛金,三國魏後將軍。彥按:沈約晉書已佚,無法見其原文。而唐房玄齡等撰晉書,其元帝紀曰:“初,玄石圖有‘牛繼馬後’,故宣帝深忌牛氏,遂爲二榼,共一口,以貯酒焉,帝先飲佳者,而以毒酒鴆其將牛金。而恭王妃夏侯氏竟通小吏牛氏而生元帝,亦有符云。”當于沈書有所承襲。

〔四一五〕鄴中學者王劭、宋孝王等辨之:鄴中,此指代北齊。以北齊都鄴(今河北臨漳縣),故稱。王劭,即王劭,北齊中書舍人,入隋官祕書監,撰有齊志。宋孝王,北齊北平王高仁堅文學,撰有關東風俗傳。唐劉知幾史通卷五內篇採撰注引王劭語:“沈約晉書造奇説,云瑯琊國姓牛者與夏侯妃私通,生中宗,因遠敍宣帝以毒酒殺牛金,符證其狀。(魏)收因此乃云司馬叡,晉將牛金子也。”又引宋孝王曰:“(魏)收以叡爲金子,計其年全不相干。”

〔四一六〕魏收深疾南,幸收其短,著之司馬叡傳:魏收魏書僭晉司馬叡傳:“僭晉司馬叡,字景文,晉將牛金子也。初晉宣帝生大將軍、琅邪武王伷,伷生冗從僕射、琅邪恭王覲。覲妃譙國夏侯氏,字銅環,與金姦通,遂生叡,因冒姓司馬,仍爲覲子。”史通卷一七外篇雜説中:“近者沈約晉書,喜造奇説。稱元帝牛金之子,以應牛繼馬後之徵。鄴中學者王劭、宋孝王言之詳矣。而魏收深嫉南國,幸書其短,著司馬叡傳,遂具録休文所言。”休文,沈約字。

〔四一七〕和仲孫宗處清素,爲素和氏:清素,清正廉潔。各本“清素”作“清纍”,“素和氏”作“纍和氏”。彥按:據下羅苹注文,兩“纍”字皆當作“素”,蓋由形近致譌,今並訂正。

〔四一八〕左果毅誓狀:古今姓氏書辯證卷三〇暮韻素和作唐嘉善府左果

毅都尉誓狀。　重黎誅共工,堯命其子和仲居春官,代爲岳牧:其,指重黎。和仲,四庫本作“和中”。代,世。岳牧,主持一方疆域政務之長官。相傳堯舜時有四岳十二牧。

〔四一九〕濮、羅、歸、越、賓、滇、麋、麇、芉、蠻:歸,即夔,吳本脱。滇:吳本作“滇滇”,衍一“滇”字。蠻:古族名,分布於長江中游及其以南地區。餘詳見國名紀三高陽氏後。　皆芉分也:芉,季芉,即季連。

〔四二〇〕繹之適昆摯:適,“嫡”之古字,嫡系。吳本譌“適”。昆,後裔。摯,洪本譌“摯”。下羅芉注之“摯”同。

〔四二一〕國語鄭語“芉姓夔越,不足命也”韋昭注:“夔越,芉姓之別國。楚熊繹六世孫曰熊摯,有惡疾,楚人廢之,立其弟熊延。摯自棄於夔,其子孫有功,王命爲夔子。”

〔四二二〕世家不記:世家,指史記楚世家。洪本“世”譌“出”。記,四庫本作“紀”。

〔四二三〕宗俱碑云:四岳之裔:宗俱,漢靈帝時司空。四岳,指堯時分掌四方諸侯之羲、和四子。吳本“四”譌“西”。

〔四二四〕宗均、宗資,世皆作“宋”,非也:宗均,見前紀一初三皇紀注〔四七〕。宗資,均孫,漢桓帝時中郎將。宋趙明誠金石録卷一八漢司空宗俱碑云:“右漢司空宗俱碑,云:‘公諱俱,字伯儷,南陽安衆人也。’而其額題‘漢故司空宗公之碑’。案後漢書宋均傳:均族子意;意孫俱,靈帝時爲司空。余嘗得宗資墓前石獸膊上刻字,因以後漢帝紀及姓苑、姓纂等諸書參考,以謂自均而下,其姓皆當作‘宗’,而列傳轉寫爲‘宋’,誤也。後得此碑,益知前言之不謬。”

〔四二五〕初國宜城,後轉徙枝江:宜城,縣名。即今湖北宜城市。吳本“宜”譌“宣”,備要本譌“宜城”。枝江,縣名。即今湖北枝江市。左傳桓公十二年“羅人欲伐之”杜預注:“羅,熊姓國,在宜城縣西山中,後徙南郡枝江縣。”孔穎達正義:“‘羅,熊姓’,世本文也。”

〔四二六〕衆周之東:指周末。之,往。史記周本紀:“周君、王赧卒,周民遂東亡。……後七歲,秦莊襄王滅東(西)周,東西周皆入于秦。”　乃定長沙:通志卷二六氏族略二以國爲氏周異姓國:“羅氏:子爵,熊姓。一曰祝融之後,妘姓。初封宜城,徙枝江,爲楚所滅。周末,居長沙。”

〔四二七〕滇祖莊蹻：史記西南夷列傳："始楚威王時，使將軍莊蹻將兵循江上，略巴、(蜀)黔中以西。莊蹻者，故楚莊王苗裔也。蹻至滇池，(地)方三百里，旁平地，肥饒數千里，以兵威定屬楚。欲歸報，會秦擊奪楚巴、黔中郡，道塞不通，因還，以其衆王滇，變服，從其俗，以長之。"　百濮半蠻，或竄或懷：百濮，即濮。因支族甚多，故稱百濮。懷，來，謂前來歸附。爾雅釋詁上："懷，至也。"又釋言："懷，來也。"

〔四二八〕句麗：也稱高句麗，古國名。地在今朝鮮境内。

〔四二九〕後燕録：北魏崔鴻撰。　慕容雲：北燕惠懿帝，公元407—409年在位。　慕容寶：後燕惠愍帝，公元396—398年在位。

〔四三〇〕徇：從。吳本、四庫本作"狥"，同。

〔四三一〕參見國名紀三高陽氏後。　越裳：國名紀三高陽氏後作"越常"。　扶攜：國名紀三高陽氏後作"攜扶"，未知孰是。　蠻揚、揚越：國名紀三高陽氏後"揚越"作"揚雩"，又以蠻揚即揚雩。　稽余：漢書地理志下、後漢書郡國志五，交趾郡有稽徐縣（在今越南海興省境），蓋即其地。　北帶：各本皆作"比帶"。彥按：國名紀三高陽氏後作"北帶"。又漢書地理志下、後漢書郡國志五，交趾郡有北帶縣（在今越南河内市東），當即其地。今據以訂正。逸周書王會解："正南，甌鄧、桂國、損子、産里、百濮、九菌。"孔晁注："六者，南蠻之别名。"

〔四三二〕百濮：四庫本"濮"譌"僕"。

〔四三三〕南海、桂林、象郡：皆秦、漢郡名。南海，治所在今廣東廣州市。桂林，治所在今廣西桂平市西南。象郡，治所在今廣西崇左市江州區。

〔四三四〕李嗣恩本姓駱：李嗣恩，五代後唐將領。各本皆譌作李嗣興，今據新、舊五代史本傳訂正。駱，吳本、四庫本譌"洛"。新五史義兒傳李嗣恩："嗣恩，本姓駱，吐谷渾部人也。少事太祖，能騎射，爲鐵林軍將，稍以戰功遷突陣指揮使，賜姓名，以爲子。"

〔四三五〕雙氏：吳本"雙"譌"獲"。　虫氏：四庫本"虫"作"蟲"，是爲俗體。

〔四三六〕周大夫有叔達：彥按：通志卷二八氏族略四名字未辨叔達氏："八凱叔達之後，公羊有叔達叚，爲景王大夫。"蓋即羅氏所本。今本春秋公羊傳無此内容。

〔四三七〕爲王恭曾孫孺興與陸終氏有惡：彦按：此句不但文字有誤，説法也未允。"爲"字似不當有，而"王恭"當作"王莽"，"曾孫"當作"曾祖"，"孺興"當作"翁孺"。元和姓纂卷五蒸韻陵終曰："王莽曾孫翁孺，與東平陵終氏有惡。"注："案：莽曾祖翁孺。此作孫，誤。"説本漢書元后傳。然漢書元后傳曰："文、景間，安孫遂字伯紀，處東平陵，生賀，字翁孺。"又曰："翁孺既免，而與東平陵終氏爲怨。"則此東平陵爲地名，終氏爲單姓，"陵終"不連讀，自非複姓，姓纂之説，顯然有誤。而鄧名世古今姓氏書辯證卷三五屋韻陸終引元和姓纂，竟又誤作"王莽曾孫孺興與東平陵終氏有惡"，又曰："謹按：古有陸終氏，然陵、陸偏旁相近，必陸訛而爲陵也。"可謂謬甚！此當即羅苹所本。

〔四三八〕又姓韻：才子蒼舒謚淵，八凱隤斁謚聖，後爲氏：姓韻，即姓源韻譜。隤斁，各本"斁"皆訛"欵"，今據左傳文公十八年訂正。謚，四庫本作"謐"，誤。古今姓氏書辯證卷九先韻淵引姓源韻譜："出自高陽氏。才子八人，其一曰蒼舒，謚淵，後以謚爲氏。"又卷三四勁韻聖引姓源韻譜："八愷隤斁謚聖，後世氏焉。"

〔四三九〕贊：吴本、四庫本作"贊曰"。

〔四四〇〕玉子高陽：謂帝顓頊。顓頊于古籍又作顓玉，故此稱顓頊爲玉子。參見上注〔二七〕。　精契揺光：契，合。吴本、四庫本作"氣"，蓋誤。揺光，即瑶光。

〔四四一〕履時象天，疏以知遠：履時，順時。孔子家語五帝德："（顓頊）淵而有謀，疏通以知遠，養財以任地，履時以象天。"

〔四四二〕通變不倦：謂致力于流通與交易。此乃針對上文"制十等之幣以通有亡，……泉幣亡滯"言。

〔四四三〕内戒罌室：即上文所謂"百辟作戒盈之器，室而著復禮之銘"。罌，即"器"字。備要本作"罍"，同；四庫本作"罌"，訛。同樣情況，以下不煩一一指出；其底本訛"罌"者，直接改訂作"罍"。　外親客師：即上文所謂"師於大款、赤民、柏夷父、柏亮父、渌圖之流"。客師，猶賓師，古指不居官職而君主尊以爲師者。

〔四四四〕惠寖萌生：寖，同"浸"。吴本、四庫本訛"寝"。

〔四四五〕乘彼結元,范林何堋:堋(bèng),葬時下棺于壙中。備要本譌"捌"。參見上注〔一七三〕、〔一九八〕。

〔四四六〕此龍,德而正中者也:易乾文言引孔子語。高亨周易大傳今注:"此言'在田'之龍乃比喻有才德而行正中之道之大人也。文言此釋乃以九二之爻象爻位爲據。九二爲陽爻,居下卦之中位,象大人行正中之道。"

〔四四七〕君子學以聚之,問以辨之:易乾文言語,"辨"作"辯"。高亨周易大傳今注:"此數句釋九二爻辭。辯讀爲辨。君子學以聚積知識,問以辨明是非。"

〔四四八〕何如是之勵且博邪:勵,"勤"字俗書。四庫本作"勵",非。

〔四四九〕刀牧:洪本、吳本如此,餘諸本作"力牧"。今訂作"刀牧",以見路史原文。説詳後紀四炎帝參盧注〔七〕。

〔四五〇〕伯夷父:洪本、吳本、四庫本作"柏夷父"。　不憚下風,皇皇如有求而弗得:下風,比喻處于下位,卑位。皇皇,惶恐貌,彷徨不安貌。皇,通"惶"。

〔四五一〕至道無所底:最高深的學問没有止境。底,止。　失德不以聖:犯錯誤不因爲聰明就不發生。失德,過錯,失誤。聖,聰明睿智。

〔四五二〕堯爲御,舜爲左,而伯禹爲之右,入於夢而訪荷蓧,涉於津而訊淵客,聖亦豈必達哉:御,御者,駕車人。左,指車左(古時車乘,位在御者左邊的人,通常爲將吏)。右,指車右(古時車乘,位在御者右邊的人,通常爲武士)。夢,即雲夢,古澤藪名。在今湖北潛江市一帶。荷蓧,扛著蓧(古代一種除草農具)。此借指農夫。典出論語微子:"子路從而後,遇丈人以杖荷蓧。"涉於津,謂渡水。淵客,船夫。達,通曉。

〔四五三〕斗極:北斗星與北極星,喻指爲天下所敬仰的人。

〔四五四〕重:加重,增强,使殷實强盛。

〔四五五〕民悉仰化而天下之和舉至矣:悉,洪本、吳本譌"息"。舉,皆,畢。　尚友親師,常若不逮:尚,尊崇。不逮,不及,不足。

〔四五六〕德愈隆,性愈徹:隆,高尚。徹,清明。洪本作"澈",通。

〔四五七〕孔子師於老儋,師於萇宏,師於孟蘇夒、靖叔:老儋,即老聃,世稱老子。萇宏,周大夫。吳本、四庫本作"萇弘"。孟蘇夒,各本"孟"皆譌"盂",

今據呂氏春秋訂正。呂氏春秋當染:"孔子學於老聃、孟蘇夔、靖叔。"高誘注:
"三人皆體道者,亦染孔子。"

〔四五八〕而老僊乃師常樅:常樅,説苑作"常摐"。文子上德:"老子曰:
'學於常樅,見舌而守柔;仰視屋樹,退而因川;觀影而知持後。'"説苑敬慎:
"常摐有疾,老子往問焉,曰:'先生疾甚矣,無遺教可以語諸弟子者乎?'常摐
曰:'子雖不問,吾將語子。'常摐曰:'過故鄉而下車,子知之乎?'老子曰:'過
故鄉而下車,非謂其不忘故耶?'常摐曰:'嘻! 是已。'常摐曰:'過喬木而趨,
子知之乎?'老子曰:'過喬木而趨,非謂敬老耶?'常摐曰:'嘻! 是已。'張其口
而示老子,曰:'吾舌存乎?'老子曰:'然。''吾齒存乎?'老子曰:'亡。'常摐
曰:'子知之乎?'老子曰:'夫舌之存也,豈非以其柔耶? 齒之亡也,豈非以其
剛耶?'常摐曰:'嘻! 是已。天下之事已盡矣,無以復語子哉!'"

〔四五九〕是生知者:謂不待學而知之者。語本論語季氏:"生而知之者,
上也。"

〔四六〇〕論語子張:"夫子焉不學? 而亦何常師之有?"

〔四六一〕神農師澀陰之老,黄帝拜空同之叟:澀陰,澀水(今河南登封市
西北潁水三源中之中源)南岸地區。空同,洪本、吴本、四庫本"同"作"桐"。
下"同叟"之"同"同。

〔四六二〕湯之於貸子相,高宗之於甘般,文王之於錫疇子斯,武王之於太
公,周公之於庶秀,成王之於郭叔,此其憲也:甘般,殷高宗武丁相。四庫本作
"甘盤"。尚書説命下:"王曰:'來,汝説! 台小子舊學于甘盤。'"孔氏傳:"甘
盤,殷賢臣有道德者。"又竹書紀年卷上殷小乙六年:"命世子武丁居于河,學于
甘盤。"太公,姜太公。郭叔,他書或作虢叔。憲,典範,榜樣。彦按:古聖賢之
師,説各不同。韓詩外傳卷五曰:"湯學乎貸子相,文王學乎錫疇子斯,武王學
乎太公,周公學乎虢叔,仲尼學乎老聃。"潛夫論讚學曰:"湯師伊尹,文、武師
姜尚,周公師庶秀,孔子師老聃。"又新序雜事五曰:"湯學乎威子伯,文王學乎
鉸時子斯,武王學乎郭叔,周公學乎太公,仲尼學乎老聃。"不外各記所聞而已。

〔四六三〕晉文公之咎犯、隨會:咎犯,又稱舅犯,即狐偃。晉文公重耳之
舅。隨重耳逃亡國外十九年,挾輔重耳,使最終得以返回晉國,登君位,成霸
主。隨會,又稱士會,史稱范武子。晉國卿大夫,以賢良稱。彦按:隨會主要事

迹、功績見于<u>文公</u>之後，<u>文公</u>時並無突出貢獻。<u>路史</u>此乃沿襲<u>呂氏春秋尊師</u>之説，恐誤。<u>墨子所染</u>、<u>呂氏春秋當染</u>作<u>郭偃</u>，當是。　秦繆公之百里奚、公孫枝：<u>秦繆公</u>，即<u>秦穆公</u>，春秋<u>秦國</u>君。<u>百里奚</u>，原爲<u>虞</u>大夫，<u>虞</u>亡爲<u>晉</u>所俘，而作爲<u>晉獻公</u>女媵臣陪嫁至<u>秦</u>，逃<u>楚</u>又爲<u>楚</u>人所執，<u>秦穆公</u>聞其賢，用五張羊皮將其贖回，授以國政，遂佐<u>穆公</u>創立霸業。<u>公孫枝</u>，<u>秦</u>大夫。能知人舉善，<u>百里奚</u>爲<u>秦穆公</u>重用，即其力薦。　楚莊之孫叔敖、沈申巫：<u>孫叔敖</u>，<u>楚莊王</u>時令尹，以賢能稱。<u>沈申巫</u>，<u>楚申</u>縣大夫（據<u>呂氏春秋尊師高誘注</u>）。其名于典籍中多有不同，或作<u>沈尹蒸</u>、<u>沈尹筮</u>、<u>沈尹莖</u>、<u>沈尹華</u>、<u>沈尹竺</u>，不一而足，莫衷一是。今姑仍其舊。　閭閻之伍子胥、文之儀：<u>閭閻</u>，春秋<u>吳王</u>。<u>伍子胥</u>，即<u>伍員</u>。見上注〔三三四〕。<u>文之儀</u>，<u>吳</u>大夫。　句踐之范蠡、大夫種：<u>句踐</u>，春秋<u>越王</u>。<u>范蠡</u>、<u>大夫種</u>，皆<u>句踐</u>謀臣。<u>句踐</u>興<u>越</u>滅<u>吳</u>，全藉二人之助。　若聖若賢：若，或，或者。<u>呂氏春秋尊師</u>："<u>晉文公</u>師<u>咎犯</u>、<u>隨會</u>，<u>秦穆公</u>師<u>百里奚</u>、<u>公孫枝</u>，<u>楚莊王</u>師<u>孫叔敖</u>、<u>沈申巫</u>，<u>吳王闔閭</u>師<u>伍子胥</u>、<u>文之儀</u>，<u>越王句踐</u>師<u>范蠡</u>、<u>大夫種</u>。"

〔四六四〕子張，魯之鄙家；顏涿，梁父之大盜：自此而下一段文字，出自<u>呂氏春秋尊師</u>而略有出入。鄙家，地位低微的人家。<u>顏涿</u>，<u>呂氏春秋尊師</u>作"<u>顏涿聚</u>"。<u>彥</u>按："<u>顏涿</u>"非複姓，"聚"字須當有。<u>子張</u>、<u>顏涿聚</u>，皆<u>孔子</u>學生。

〔四六五〕段干木，晉之大駔，而學子夏：<u>段干木</u>，喬本"段"譌"叚"，今據餘諸本訂正。大駔（zǎng），撮合買賣的居間人。<u>子夏</u>，即<u>孔子</u>學生<u>卜商</u>（字<u>子夏</u>）。

〔四六六〕高何、縣子石，國之大暴，而學於子墨：<u>高何</u>，<u>陳奇猷呂氏春秋校釋</u>疑即<u>墨子耕柱</u>之<u>高石子</u>，曰："蓋<u>高</u>其姓，<u>何</u>其名，<u>石子</u>其字也。"<u>縣子石</u>，<u>墨子耕柱</u>作<u>縣子碩</u>。大暴，極其暴虐之人。<u>子墨</u>，<u>子墨子</u>，即<u>戰國</u>思想家、<u>墨家</u>學派創始人<u>墨翟</u>。

〔四六七〕索盧參，東方之鉅狡，學於禽滑：鉅狡，極狡猾的人。<u>陳奇猷呂氏春秋校釋</u>以爲"'鉅狡'者猶今語'大騙子'也"。<u>吳</u>本"鉅"譌"柜"。<u>禽滑</u>，指<u>禽滑釐</u>（見<u>史記儒林傳</u>），<u>呂氏春秋尊師</u>作<u>禽滑黎</u>，同。<u>墨子</u>學生。<u>禽滑</u>爲複姓。各本"禽"皆譌"篇"，今訂正。

〔四六八〕刑僇死辱之徒也：刑僇，受刑罰或被處死。僇，通"戮"。死辱，謂或死或辱。

〔四六九〕師於管仲而致其理：致其理，得其道。

〔四七〇〕齊人有士嬰也者,小白執質請見之三而弗得:此下一段内容,見于吕氏春秋下賢、韓非子難一、韓詩外傳卷六、新序雜事五等書篇,文字不盡相同。嬰,音ji。吕氏春秋、韓非子、新序並作小臣稷。質,通“贄”。古代相見時所送的禮物。

〔四七一〕嬰也,麿臣,君國之賤士也:麿臣,小臣,小民。麿(mǒ),微小。賤,吴本譌“賦”。 其可已矣:已,作罷。

〔四七二〕布韋之士:指貧寒或未入仕途之文士。布韋,布衣韋帶(皮帶子),貧寒之士的服飾。 置仁義:置,廢棄。

〔四七三〕吕氏春秋下賢:“齊桓公見小臣稷,一日三至弗得見。從者曰:‘萬乘之主見布衣之士,一日三至而弗得見,亦可以止矣。’桓公曰:‘不然。士驚禄爵者,固輕其主;其主驚霸王者,亦輕其士。縱夫子驚禄爵,吾庸敢驚霸王乎?’遂見之,不可止。”韓非子難一:“齊桓公時,有處士曰小臣稷,桓公三往而弗得見。桓公曰:‘吾聞布衣之士不輕爵禄,無以易萬乘之主;萬乘之主不好仁義,亦無以下布衣之士。’於是五往乃得見之。”

〔四七四〕爰胥帥而賓焉:各本“帥”皆作“師”。彦按:“師”當“帥”字形譌。韓詩外傳卷六、新序雜事五作“於是相率而朝”,“胥帥”即“相率”也。今據以訂正。賓,服從,歸順。爾雅釋詁一:“賓,服也。”

〔四七五〕一匡天下:謂使天下一切不合理的事物得到匡正。一,盡,一切。匡,洪本作“康”。彦按:宋人避宋太祖趙匡胤諱,每以“康”字代“匡”。路史此處原文或者作“康”,極有可能。

〔四七六〕有覺德行,四國順之:見詩經大雅抑。覺,大,高大。廣雅釋詁一:“覺,大也。”洪本作“桔”。彦按:“桔”通“覺”。禮記緇衣引詩,亦作“有桔德行”。疑路史原文作“桔”,後人或據詩經而改作“覺”。

〔四七七〕韓詩外傳卷六:“齊桓公見小臣,三往不得見。左右曰:‘夫小臣,國之賤臣也,君三往而不得見,其可已矣。’桓公曰:‘惡!是何言也?吾聞之:布衣之士不欲富貴,不輕身於萬乘之君;萬乘之君不好仁義,不輕身於布衣之士。縱夫子不欲富貴,可也;吾不好仁義,不可也。’五往而得見也。天下諸侯聞之,謂桓公猶下布衣之士,而況國君乎?於是相率而朝,靡有不至。桓公之所以九合諸侯,一匡天下者,此也。詩曰:‘有覺德行,四國順之。’”新序雜事五："齊桓公見小臣稷,一日三至,不得見也。從者曰:'萬乘之主,布衣之士,一日三至而不得見,亦可以止矣。'桓公曰:'不然。士之傲爵禄者,固輕其主。其主傲霸王者,亦輕其士。縱夫子傲爵禄,吾庸敢傲霸王乎?'五往而後得見。天下聞之,皆曰:'桓公猶下布衣之士,而況國君乎?'於是相率而朝,靡有不至。桓公所以九合諸侯,一匡天下者,遇士於是也。詩云:'有覺德行,四國順之。'桓公其以之矣。"

〔四七八〕講臣:爲皇帝經筵進講之臣。

〔四七九〕夏之啓與少康:參見後紀十四夏帝啓、夏帝少康。　商之祖甲、中宗、祖乙、殷庚:祖甲,商王載之廟號。中宗,即商王密,廟號太戊。因在位時"殷復興,諸侯歸之,故稱中宗"(見史記殷本紀)。祖乙,商王滕之廟號。殷庚,又作盤庚,商王旬之廟號。四庫本"殷"作"盤"。　皆功烈並於詩書:功烈,吳本、四庫本作"功業",義同。並,謂進入其中。

〔四八〇〕昏德弃祀:昏德,昏亂不仁之德,惡德。弃祀,謂亡國。

〔四八一〕繇:四庫本作"由"。下"繇此語之"之"繇"同。

〔四八二〕説義必稱師,聽從必盡力:吕氏春秋尊師:"君子之學也,説義必稱師以論道,聽從必盡力以光明。"陳奇猷校釋:"此文義讀爲議,議猶言家法,即該家之道。……所謂'説義'者,謂對人説其議,亦即謂對人説其家法。"又曰:"'聽從必盡力以光明',猶言聽師之言而從其言以行則必盡力爲之,蓋所以發揚光大師之所言也。"

〔四八三〕天子入學祭先聖,則以齒,嘗爲師者弗臣,所以尊師而敬學也:學,學校。先聖,先世聖人。以齒,依年齡爲次。齒,年齡。師,各本誤"臣",今訂正。吕氏春秋尊師:"天子入太學祭先聖,則齒,嘗爲師者弗臣,所以見敬學與尊師也。"

〔四八四〕途巷可以爲禹:途巷,街坊,里巷。此借指居于途巷之普通人。荀子性惡:"'塗之人可以爲禹。'曷謂也? 曰:凡禹之所以爲禹者,以其爲仁義法正也。然則,仁義法正,有可知可能之理。然而,塗之人也,皆有可以知仁義法正之質,皆有可以能仁義法正之具。然則,其可以爲禹,明矣。"　而舜果人也:果,終究,畢竟。孟子離婁下:"舜,人也;我,亦人也。舜爲法於天下,可傳於後世,我由未免爲鄉人也,是則可憂也。"

〔四八五〕一間:一點兒差別。間(jiàn),間隙,距離。

〔四八六〕郭隗之言:郭隗,戰國賢士,燕昭王尊以爲師。説苑君道載郭隗對燕昭王曰:"帝者之臣,其名臣也,其實師也;王者之臣,其名臣也,其實友也;霸者之臣,其名臣也,其實僕也;危國之臣,其名臣也,其實虜也。今王將東面,目指氣使以求臣,則厮役之材至矣;南面聽朝,不失揖讓之禮以求臣,則人臣之材至矣;西面等禮相亢,下之以色,不乘勢以求臣,則朋友之材至矣;北面拘指逡巡而退以求臣,則師傅之材至矣。如此則上可以王,下可以霸,唯王擇焉。"

中虺之戒:中虺,即仲虺,商湯左相。尚書仲虺之誥載仲虺誥曰:"德日新,萬邦惟懷。志自滿,九族乃離。王懋昭大德,建中于民,以義制事,以禮制心,垂裕後昆。予聞曰:'能自得師者王,謂人莫己若者亡。好問則裕,自用則小。'嗚呼!慎厥終,惟其始。殖有禮,覆昏暴。欽崇天道,永保天命。"　龜鑑:龜可卜吉凶,鑑即鏡,能別美醜,因以比喻可供人對照學習或引以爲戒的經驗教訓。

附:渾天儀圖説〔一〕

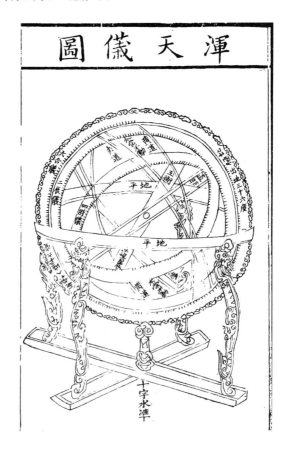

　　朱紫陽曰[二]：渾天儀，古必有其法。遭秦而滅。至漢武帝時，洛下閎始經營之。鮮于妄人又量度之。至宣帝時，耿壽昌始鑄銅而爲之象[三]。宋錢樂爲鑄銅作渾天儀：衡長八尺，孔徑一寸，璣徑八尺，圍周二丈五尺强[四]。轉而望之，以知日月星辰之所在。即璿璣玉衡之遺法也。歷代以來，其法漸密。宋朝因之，爲儀三重。其外曰六合儀；以其上下四方於是可考，故曰六合。次其内曰三辰儀；以其日月星辰於是可考，故曰三辰儀。其最在内曰四遊儀；以其南北東西無不周徧，故曰四遊。此其大略也。

【校注】

　　〔一〕此圖説，僅見于吳本及四庫本，而爲喬本、洪本及備要本所無。又，標題爲筆者所加。

　　〔二〕朱紫陽：即南宋理學家朱熹。　渾天儀，古必有其法：自此而下至“此其大略也”，見朱熹訂正門人蔡沈書集傳卷一舜典“在璿璣玉衡，以齊七政”集傳，略有删省，文字亦不盡相同。

　　〔三〕耿壽昌：漢宣帝時大司農中丞、天文學家。揚雄法言重黎：“或問‘渾天’。曰：‘洛下閎營之，鮮于妄人度之，耿中丞象之，幾乎！幾乎！莫之能違也。’”

　　〔四〕錢樂：彥按：其人姓錢名樂之，南朝宋文帝時太史令。此遺“之”字。
　　衡長八尺，孔徑一寸，璣徑八尺，圍周二丈五尺强：彥按：此言渾天儀尺寸，與宋書天文志一、隋書天文志上所載並不相同，不知何據。宋書天文志一云：“文帝元嘉十三年，詔太史令錢樂之更鑄渾儀，徑六尺八分少，周一丈八尺二寸六分少……。十七年，又作小渾天，徑二尺二寸，周六尺六寸……。”隋書天文志上所載，尺寸與宋書天文志同。

路史卷十八

後紀九

疏仡紀第五

高辛紀上

帝嚳高辛氏

帝嚳高辛氏，姬姓，古史攷云"或云房姓"，妄也。一云妘姓。曰嚳，一作俈。集韻：高辛號，通作嚳。一曰逡。見世紀。一作"夋"。山海經作"俊"，言帝俊處甚多，皆謂嚳。郭景純皆以爲舜，謂舜、俊聲相近[一]。失所攷矣。嚳之字曰亡斤，黄帝氏之子曰玄枵之後也。世本：嚳[二]，黄帝之曾孫。漢志言：顓帝，蒼林昌意之子；帝嚳，青陽玄囂之子[三]。皆並二人而言，繆亂如此！外紀：玄囂，雷祖之子。是。父僑極，大戴禮：蟜極[四]。取陣豐氏曰裒[五]，高堂隆北郊表曰："握裒履巨迹。"[六]是也。履大迹而傮[七]，生嚳。方嚳之生，握裒莫覺，生而神異，自言其名，遂以名。見大戴禮、世紀。故曹植贊及張顯析言云"高辛氏初生，自言其名。其君民終無迷繆"也[八]。

方頤，龐䫏，珠庭，仳齒，戴干[九]。河圖矩起及白虎通云："帝俈駢齒，上法日參。秉度成紀，以理陰陽[一〇]。"帝系亦云："方頤駢齒。"元命苞云："帝俈戴干，是謂清明。發節移度，蓋像招搖[一一]。"注云："干，楯也。招搖爲天戈。戈楯相副戴之像見天中，以爲表[一二]。"干，或作"辛"。古辛作干，干作干，二字相似云[一三]。厥德

神靈，厥行祇肅，年十有五而佐高陽氏，受封於辛爲侯國〔一四〕。土
道志，襄邑有高辛城〔一五〕。地志云下邑，梁國也〔一六〕。今碭山縣〔一七〕。下邑，今隸南
京〔一八〕。帝系譜云：“帝俈年十五，佐顓頊有功〔一九〕，封爲諸侯，邑於高辛。”九域志有高
辛城、廟。

高陽崩而譽是立，以木紀德，色尚黑，正朔、服度惟時之宜。
十三月爲正。三正記云：“正朔三而改，文質再而復。”〔二〇〕禮記正義云：夏以上以此推，
正朔皆三而改矣〔二一〕。鄭説“三帛”，謂高陽氏用赤繒，高辛以黑，其餘諸侯用白
繒〔二二〕。以此却推，舜以十一月爲正，尚赤；堯以十二月，尚白，——“餘諸侯用白繒”；
高辛以十三月，尚黑，故用黑繒；高陽氏以十一月，尚赤，故云以赤繒；少昊以十二月，尚
白〔二三〕。又謂黃帝以十三月〔二四〕，尚黑；神農以十一月，尚赤；女媧以十二月，尚白；伏
羲而上，未聞。易言“帝出乎震”，則當以伏羲爲始〔二五〕。後世如漢，循秦用十月，太初
始用夏正；魏景初之建丑；唐載初之建子〔二六〕。仁而威，惠而信〔二七〕。其色
郁郁，其德嶷嶷〔二八〕。其動也時，其服也士〔二九〕。聰明濬武，嶷嶷
浼浼〔三〇〕。倪衣服而不駏，冬輕以暖，夏輕而清；宴貏其屋室，土
事不文，木事不飾：以示民之節〔三一〕。謂德莫高於博愛人，政莫高
於博利人，故政莫大於信，治莫大於仁，吾慎此而已〔三二〕。約身博
施，惟愛人利物是圖。謂黃帝之言曰“道若川水，其出亡已，其流
亡止”，是以服人而不爲仇，分人而不爲譖，順天之義，知民之急，
修身而天下服〔三三〕。故達于天下而不忘緣巧者之事、行仁者之
操，上緜黃帝之道而明之，守高陽之庸而正之，節仁之器，以修其
財，而身專其美矣〔三四〕。

於是敍三辰以著衆，歷日月而迎送之，以順天之則，謂“寅賓
出日”、“寅餞納日”〔三五〕。魯語云：俈能次序三辰，以治歷明時，
教民稼穡，以固民也〔三六〕。命重爲木正，犂爲火正〔三七〕，該爲金
正，修及熙爲水正，句龍爲土正。是爲五官，分職諸國，封爲上公；
社稷五祀，是尊是奉〔三八〕。五官，顓帝所命，高辛從而任之。昭公十七年傳“顓
頊”之下服注曰：“春官爲木正，夏官爲火正，秋官爲金正，冬官爲水正，中官爲土正。高
辛因之。”〔三九〕此五人神，而配五行之神者。勾芒、祝融之徒，乃五行之神名，非重、熙之

徒,雖非其名,以其名以配食[四〇],故亦得名之。如社稷本五穀之神,配食者亦曰社稷,所謂尊奉也[四一]。<u>黎氏</u>克官,説天文,卬下地,火紀昭融,而世賴之[四二]。賈逵云:"祝,甚也。融,朗也[四三]。"亦以□□,雖與杜異,然與鄭語俱以縣人生其名也[四四]。逮其繼世,失遺其業守[四五]。乃命弟<u>回</u>嗣綏厥職,昭顯天地之光,以生柔嘉材[四六]。爰封之<u>吳</u>。謹農,祥乩,欲傺,故六氣正而天道平,五正建而人事理[四七]。春秋文耀鉤云:"<u>高辛</u>受命,<u>重犁</u>説天文。"[四八]昭二十九年傳,蔡墨曰"遂濟<u>窮桑</u>"[四九],<u>顓頊</u>所居。然<u>犁</u>乃<u>顓頊</u>之孫,其世相及,故鄭語謂"<u>犁</u>爲<u>高辛</u>氏火正"。堯典注謂"<u>高辛</u>世,命<u>重</u>爲南正司天,<u>犁</u>爲火正司地"[五〇]。周禮疏序謂<u>高辛</u>與<u>顓頊</u>相繼無隔[五一],故<u>重</u>、<u>黎</u>事<u>顓頊</u>,又事<u>高辛</u>,如<u>稷</u>、<u>契</u>事<u>堯</u>,又事<u>舜</u>也。

乃闢閭塞,履龍斷,委關貸;賑亡益,恤遠人;盍閭連墓,使人相親[五二]。故飲食相與,守望相助,而疾病相扶持[五三]。捔其民力,更相爲師;因其土宜,以爲民贄[五四]。故生亡乏用,而死亡傳尸[五五]。貴賤賤貴,以通其器;耕以自養,而以其餘應于上,故平[五六],管云"應良天子"、"耕以"云云[五七]。工賈以通[五八]。故關夷而市平,財亡鬱廢,而愚亡不教[五九]。修其禮樂,正其兵農,故陞降得以有數,長幼得以有敍,而班白者不負戴矣[六〇]。

粵命<u>臺駘</u>,宣<u>汾洮</u>,鄣大澤,道演擊汰,而民離湮決之患[六一]。帝用嘉之,封之<u>汾川</u>,以處<u>太鹵</u>[六二]。封<u>允格</u>,賞師昧,而下以穌[六三]。<u>允格</u>封<u>都</u>。以日至設丘兆于南郊,以祀上帝,日月、星辰、先王偕食[六四]。絜其祭服,備其帷帳,陳之圭幣,薦之黑繒[六五]。右社稷,而左宗廟[六六]。制其谿陵,明鬼神而敬祭[六七]。爲之數薦,所以重本也。二儀實録云[六八]:帝佶始制帷帳。命<u>咸黑</u>典樂,爲聲歌,作九招,制六列、五營[六九],樂緯及潛夫論等皆作六英。竇苹以六英爲少昊樂,誤。享上帝以中營。即中英。命<u>柞卜</u>柞卜,吕氏傳、世紀咸作倕。世紀云:譽命倕作鞞[七〇]。先儒,小鼓有柄曰鞀,大鞀謂之鞞[七一]。作鼖鼓,制笭筦塤箎、祥金之鍾、沉鳴之磬[七二]。伶人咸抃,鳳皇、天翟舞之,以康帝

功[七三]。鼓奏以觀聲,歌奏以觀龢,舞奏以觀禮[七四]。禮以樂龢,
政是以成,命曰九招[七五]。咸黑爲頌,以歌九招之就[七六]。劉勰文
心雕龍云:“帝佶之世,成累爲頌。”[七七]咸黑,見吕氏春秋。作成累,字之誤也。兔園策
引吕春秋:“咸墨爲九歌、六英,以康帝功。”[七八]樂緯:黄帝曰咸池;顓頊曰六莖;帝佶,
六英,堯,大章,舜,大招,湯,大濩;周曰酌[七九]。是以清和上升,天下樂其風俗[八〇]。
白虎通云:“樂者,所以象德表功,而殊名也。”[八一]記曰:“顓帝樂曰六莖[八二]”“六莖,
言和律吕以調陰陽、著萬物也[八三]”“帝佶曰五韺[八四],言能調和五聲,以養萬物,調其
英華也。”注:志謂顓項作六莖,帝佶五英[八五]。英者,英茂;莖者,根莖[八六]。羿以善
射服事先王,乃命司衡賜以素矰、彤弓、蒿矢[八七]。郭云:素矰,矢名,
以白羽爲之[八八]。大傳云“白羽之矰”,是也[八九]。或作“繒”,非。羿是以去下地
之白難,而民得以佚[九〇]。白難,兇頑爲亂之人,如封豕、長虵之類,皆其號名
爾[九一]。以故羿死,託於宗布[九二]。鴻烈解云:羿死,託祀于宗布[九三]。布,祭
名也[九四]。説者以爲夏之窮羿,失之[九五]。夫窮羿非若蚩尤能作兵器,徒能僭叛爲盜
爾,豈宜有祀[九六]?按:字書有羿,云古之射人。廣韻云:“羿,古諸侯。一云射
官[九七]。”而説文乃云“羿,佶時射官,少康滅之”[九八],則似以羿爲之後世矣。故世紀以
爲:帝佶之世掌射,加賜弓矢,封之於鉏;爲帝司射,歷唐及虞[九九]。而賈逵云:佶賜弓
矢者,羿之先祖[一〇〇]。皆失所攷。

　　於是盡地之制,受小昊、高陽之經理,卒創九州,以統理下
國[一〇一]。正畂均賦,以調民人[一〇二]。水中之可居者曰州,川有所擁
也[一〇三]。後世加水,故共工幽洲作“洲”[一〇四]。而蘇子遂云“北裔水中”,非也[一〇五]。
九州之制,久矣!伯禹作九賦爾,而説者乃謂禹始分九州,妄也[一〇六]。炎黄已九州矣。
通典等謂帝佶九州,蓋皆定其疆理,欲其支脉貫通得所爾,非剙之也,非若後世率意割
南益北、斷手屬足而不顧其地理者也[一〇七]。龢以仁義,持以信禮,爲亡爲,
事亡事,混美於下,故卿而不理[一〇八],管子[一〇九]:“静也。”動而民罔
不欽,言而民罔不勸。男有分,女有歸;壯有用,老有終[一一〇]。涼
風至而陳麾,太白高而轉戰,然後倔強惠命[一一一]。因其時而誨其
民,修其方而天下定[一一二]。守高陽之道,而不務乎其前;任智守
數,以道其常;周聽廣莫,以緝其明[一一三]。

　　於是致學柏昭而師于赤松、舟人，授書于鍾山而拜師于牧德[一一四]。記言，帝嚳拜師牧德。按：四極明科謂九天真王於牧德之臺授嚳以靈寶內文；帝以道治世，遂祕之鍾山[一一五]。而太霄琅書謂：靈寶祕文內符，九天真王等以授帝嚳，藏之鍾山北阿[一一六]。劍經則言玉子詣鍾山[一一七]，授九化十變之書，隱遯日月，游行星辰。其言難攷。李膺紀青城，有天皇受帝嚳五符文於此山[一一八]。牧德之臺今在。發節移數，順天思序，以道御世，秉度成紀[一一九]；行星辰，遯日月，以從天地之固然。故山不童而用贍，澤不弊而養足，不出百里而求足[一二〇]。管子。舉星畢，曳雲稍，春乘馬而秋登龍，黃斧絑衣，溉執中而獲天下[一二一]。大戴禮云："春夏乘馬，秋冬乘龍[一二二]。"龍，馬八尺者[一二三]。充亂龍云："古者畜龍，乘車駕龍，故今畫之。"[一二四]非也。法尚乎一而政貴乎信[一二五]，故下服度。不備待而得穌，故民反素[一二六]。皇道炳燠，萬流仰鏡[一二七]。牛馬之牧不相及，人民之俗不相知[一二八]。管子侈靡。霜雹所沾，日月所監，亡不尊親[一二九]。地寶天瑞，應誠而至。

　　於是省方以齊民之物，而登封以報其政之成[一三〇]。是以四海同風，九州共貫[一三一]，天下歸往，而人以樂生。

　　都於亳殷[一三二]。亳殷辛[一三三]，其始國，故號曰高辛氏。或謂河南偃師城西二十里尸鄉，春秋之尸氏，今睢陽治宋城之地[一三四]。秦再思云：周封商後於宋，太祖皇帝初作，鎮於此；及有天下，號大宋，叶於皇考之諱[一三五]。又宋主大火，而德復在火，可謂符契[一三六]。今高辛陵廟去宋城三十里。是爲玉子者[一三七]。道書謂帝嚳爲玉子。帝生三十而御天；六十有三載崩，葬頓丘城臺陰野之秋山，所謂頓丘臺也[一三八]。山在魏之頓丘[一三九]。元和志，頓丘西北三十五有秋山，縣北三十有帝嚳墓[一四〇]。寰宇記，秋山冢見存[一四一]。皇覽云：在頓丘城南。唐以仲春祀帝嚳於頓丘，三年一享。藏景録形神經云[一四二]："玉子曾詣鍾山，獲九化十變經。一旦疾崩，營冢渤海山，即秋山也。"山經、九域志皆作狄，云：山陰，今陵見存[一四三]。又云：夏中衰，有人發渤海山玉子墓。室中無有，惟一劍在北寢上[一四四]，作龍鳴數聲。人不敢近。蓋仙者言解去[一四五]，多以劍自代也。後失所在云[一四六]。

　　四后。胄后則一爲正，三爲妃[一四七]。論者以爲四妃並列，妄。故隨主欲立五后,<u>辛彦之</u>曰:"后與天子匹躰齊尊,不宜有五。"〔一四八〕而博士<u>何妥</u>駁之〔一四九〕,謂<u>俈</u>四妃、<u>舜</u>二妃,何有常數? 不學之失〔一五〇〕。**上妃有駘氏曰姜嫄**〔一五一〕,<u>鄭玄</u>云:"<u>俈</u>立四妃,以象后妃四星,一明者爲正,三小爲次。<u>帝堯</u>因之。"〔一五二〕夫<u>姜嫄</u>既曰上妃,則爲后矣。<u>劉瑜</u>疏"古天子一娶九女,姪娣有序,河圖授嗣,正在九房",以此〔一五三〕。**清净專一,而好稼穡**〔一五四〕。<u>列女</u>〔一五五〕。**衣帝衣,履帝敏,居期而生弃**〔一五六〕。<u>山海經</u>云:<u>后稷</u>生于巨迹〔一五七〕。<u>列子</u>因之,<u>太史公</u>、<u>褚先生</u>、<u>鄭康成</u>記之〔一五八〕。是説也,先諸<u>詩</u>而有也。<u>春秋元命苞</u>曰:"<u>姜嫄</u>游閟宫,其地扶桑,履大人迹而生<u>稷</u>〔一五九〕。"又云:蒼神精感<u>姜嫄</u>而生,卦之,得震,故<u>周</u>蒼代<u>商</u>〔一六〇〕。蒼神謂<u>俈</u>,木王者也。<u>論衡</u>曰:<u>嫄</u>衣帝<u>俈</u>之衣,坐息帝所而姙,故怪之〔一六一〕。<u>詩</u>言"履帝武敏",或問予曰:"<u>歐永叔</u>、<u>蘇明允</u>、<u>洪駒父</u>輩皆辨無是事。"〔一六二〕予曰:"神理所在,居於忽恍汗漫之間,氤氳通行,蓋有難廢者〔一六三〕。今<u>齊</u>之<u>章丘縣龍盤山</u>上有神迹祠焉〔一六四〕,<u>皇覽</u>云,即<u>姜嫄</u>所履者。亦見<u>十道志</u>及<u>述征記</u>〔一六五〕。<u>伏琛齊地記</u>:<u>宋濟南</u>太守<u>蕭承之</u>立祠於山,妻學履之,是生<u>齊帝</u>〔一六六〕。亦見<u>本史</u>〔一六七〕。則<u>列子</u>之言,未可遽非〔一六八〕。"

弃惟元子,披頤象亢〔一六九〕。<u>潛夫論</u>云:<u>后稷</u>披頤。<u>元命苞</u>曰:"<u>稷</u>歧頤自求,是謂好農。蓋象角亢,載土食穀〔一七〇〕。"注云:"面皮有土象。頤面爲下部,下部爲地,乃地利也〔一七一〕。"**弃之每異,嫄乃收之**〔一七二〕,**爰名曰弃,而字之曰度辰。**<u>世本</u>:<u>嫄</u>爲上妃。<u>天問</u>"<u>稷</u>維元子"〔一七三〕,元妃之子也。<u>真源賦</u>云:帝未立時,有<u>姜嫄</u>履大迹而生男,恥之,三弃草野,有異。帝聞<u>姜嫄</u>有聖子,乃詔爲妃,賜姓姬,名曰<u>弃</u>。名<u>弃</u>,亦<u>偕芮司徒</u>女名<u>弃</u>——赤而毛,弃之,<u>恭姬</u>之妾取以入,而名<u>弃</u>〔一七四〕。<u>寒朗伯奇</u>生,弃荆棘,數日兵散,乃收養之〔一七五〕。<u>王充</u>云:或時<u>禹</u>、<u>稷</u>之母欲姙,適吞薏乙、履迹邪〔一七六〕? 古今好怪,謂不見怪則亦不異爾〔一七七〕。**性敷而仁,戲惟稷黍**〔一七八〕。<u>列女傳</u>云:性敷而仁,<u>簡狄</u>教之,時藝桑麻〔一七九〕。**長研耕稼,爲<u>唐</u>天官。及事<u>虞</u>、<u>夏</u>,以耕織爲本。教發畜糞土,別五土之宜;教民時萩嘉穀,致飴有相之道**〔一八〇〕。<u>書刑德放</u>云〔一八一〕:<u>堯</u>使<u>稷</u>爲司馬。<u>文子</u>云,爲大農師〔一八二〕。<u>齊職儀文</u>云:<u>堯</u>命<u>羲叔</u>爲司馬,夏官也。<u>虞</u>、<u>夏</u>以司馬爲夏官,<u>弃</u>居其職。<u>孔穎達</u>云:<u>舜</u>命羣官,使<u>禹</u>宅百揆,天官也;<u>契</u>敷五教,地官也;<u>伯夷</u>秩宗,春官也;<u>咎陶</u>爲士,秋官也;<u>垂共工</u>,冬官也。惟夏官不言命。然上言<u>禹</u>遜于<u>稷</u>、<u>契</u>,帝曰:"汝<u>后稷</u>,播時百穀!"不言命官,明是<u>稷</u>爲司馬,夏官也〔一八三〕。故<u>鄭詩箋</u>云:<u>稷</u>居稷官,民賴其功。後雖爲司馬,天下猶以"后稷"稱焉〔一八四〕。<u>穎達</u>不知"后稷"乃官也。

鄭氏昏禮謁文讚云〔一八五〕:稷爲天官。故齊職儀云〔一八六〕:弃授人時,尊爲天官。則稷實天官〔一八七〕,又非司馬矣。麥犧天降,故云周有麥瑞〔一八八〕。后稷始貽民以麥種,若□皇朝賦占城禾也〔一八九〕。絳郡有稷山,隨圖經云:稷播種百穀於此〔一九○〕。寰宇云:山西南去安邑六十七里〔一九一〕。唐之稷山,今屬河中〔一九二〕。按:後魏稷山乃高涼山,隨已後改曰稷山〔一九三〕。修封壇,爲田,順土造區,迪民降炎〔一九四〕。而後□□□□□□□云:稷始爲甽田,以二耜爲耦〔一九五〕。□□□□□□□一甽,一夫三百甽,而播種於□□〔一九六〕。□□□□后稷,天下之爲烈也,豈一手一足哉〔一九七〕! 虞帝乃國之漦,號后稷〔一九八〕。與台、邰同。一作駘。昔景王使詹桓責晉曰:我自后稷,駘、芮、岐、畢,吾西土也〔一九九〕。注:武功邰城〔二○○〕。是。十三州志云:古文作"台"。然稷之母有駘氏,傳皆作"漦"〔二○一〕。其地在齊,世不知也〔二○二〕。勵百穀而山死〔二○三〕。山海經云:后稷死於黑水之山〔二○四〕。國語展禽之言〔二○五〕。世紀云:死於黑水潢渚之野〔二○六〕。五行書云:以癸巳日死。

取姞人,是生漦璽,世濟其德〔二○七〕。漦璽生叔均,是代其父及稷播穀,是爲田祖〔二○八〕。自商以來祀之,五行書云:田祖以甲寅日生,田主以乙巳日死,辛亥葬〔二○九〕。大司徒注云:田主,田神,后土及田正之神所依〔二一○〕。疏:弃爲堯稷官,立稼穡,死配稷,名爲田正〔二一一〕。詩人謂之田祖〔二一二〕。籥師注云,田祖謂神農〔二一三〕。以神農爲造田之祖,而后稷亦有田功,故傳謂有事於尊,可以及卑,祭田祖則后稷、田正、后土亦在焉〔二一四〕。然此經言叔均爲田祖,則自是一人;知其仇田者眾〔二一五〕,不得指云神農、后稷,先嗇、司嗇,田祖當別人也。世爲后稷。及夏之衰,有不窋者失其官守〔二一六〕,竄居于尉李,不窋非稷之子,乃夏末時人〔二一七〕。國語云:不窋事虞、夏〔二一八〕。非也。而史記、世本、世紀遂以爲稷所生,妄也〔二一九〕。有辨,見發揮。尉李,即春秋義渠之地,成相篇砥石是也〔二二○〕。今慶州有不窋城〔二二一〕。生鞠,是爲鞠陶。生公劉。公劉能修后稷之業,民保歸焉,周道繇興〔二二二〕。生慶節,始國于邠〔二二三〕。生皇僕。皇僕生弗差〔二二四〕。弗差生偽隃〔二二五〕。偽隃生公非。公非生辟方。辟方生高圉。高圉能帥稷者,周人報焉〔二二六〕。生侯牟。侯牟生亞圉。亞圉卒,弟雲都立。生叔組紺,是爲祖類。祖類生諸盩〔二二七〕,是爲泰公。生亶父,是爲古公泰王。不窋周家之世最爲繆亂。

世本云:公非,辟方,高圉,侯牟,亞圉,雲都,祖紺,諸盩,太公。如此而已。班氏表乃云:辟方,公非子;高圉,辟方子;夷竢,高圉子;雲都,亞圉弟〔二二八〕。其世顯甚。然史記乃無辟方、侯牟、雲都、諸盩,故皇甫謐遂以爲公非、高圉、亞圉、祖紺之字〔二二九〕。吾知其牽於單穆公之言而合之也,故遂詳之〔二三〇〕。釋例亦云:"高圉,僕窑九世孫。"〔二三一〕而索隱謂辟方、侯牟皆二人,爲得之〔二三二〕。侯牟或作夷歧〔二三三〕。僞隃即毀隃;祖紺即公叔祖類,人表曰公祖,世表曰叔類也〔二三四〕。避熏育,居歧陽,實始剪商〔二三五〕。復取于駘,曰泰姜〔二三六〕。生泰伯、仲雝、季歷。

季歷居程〔二三七〕,見周書、世紀。古公屬焉〔二三八〕。泰伯闞知,及弟仲雝竄于荆曼,居梅里〔二三九〕。荆人義而君之,號勾吳〔二四〇〕。古公薨,計於近郊而還于番離〔二四一〕。亦稱越梅里,在盍閭城北五十里〔二四二〕。世本居篇云:"孰哉居番離,孰姑徙勾吳。"〔二四三〕史云"自號勾吳",是也〔二四四〕。伯卒仲繼,剪髮文身,羸以爲俗,是爲孰哉虞仲〔二四五〕。史記謂太伯斷髮文身〔二四六〕,非也,乃仲雍也。左傳及潛夫論詳之〔二四七〕。王充亦云:太伯教吳冠帶,孰與隨其俗而與之俱倮也〔二四八〕?故吳之知禮義,太伯改之也〔二四九〕。此與左氏"端委以治周禮,仲雍嗣之,斷髮文身"〔二五〇〕。陸氏吳地記:雍冢在常熟虞山上,與言偃冢並〔二五一〕。武王封其曾孫仲於夏虛,爲西吳,亦曰虞仲〔二五二〕。十二世而晉滅之〔二五三〕。仲支孫卿于周,封樊,爲樊氏、樊仲氏、卿氏、皮氏、虞氏、万紐于氏〔二五四〕。僖五年,滅虞〔二五五〕。定五年,於越入吳〔二五六〕。虞威,吳始大〔二五七〕,二十四世而越威之。有燭庸、厥繇、常壽、夫餘、鳧臾、胥門、慶忌、慶師、公冶、公祖、公劉、泰伯、漆雕〔二五八〕,以上復姓〔二五九〕。及夢、餘、句、壽、延、番、夫、槩、冶、延、閭、戾、逸、常、開、周、古、蠡、禽、頗之氏〔二六〇〕。其以邑氏者,偃州、州來、延陵、棠谿、堂溪、唐谿、郁閭及郁鄭、或柯之氏〔二六一〕。潛夫論又有成氏、梁氏、公氏〔二六二〕。延出延陵,與州來爲二〔二六三〕。姓纂又有延州氏,誤〔二六四〕。越威吳,流其三子。長曰鴻,流婺源,葬焉〔二六五〕。寰宇記:婺源西七十五村,葬處名吳山〔二六六〕。倭、鄆、無錫,皆吳分也〔二六七〕。周處云:武王追封周章於吳,乃封章之子竍於無錫〔二六八〕。魏略云:倭王自稱太伯後。

季歷再世而興周,即王季〔二六九〕。子思云:帝乙時,王季以九命作伯〔二七〇〕。**文王因之**〔二七一〕。故小戎圖云:帝乙命王季爲西伯,又命文王典治南國〔二七二〕。史記:紂以西伯爲三公,賜之弓矢鈇鉞,得專征伐〔二七三〕。**又再世,康王一晏朝而暴公作關雎之詩以諷**〔二七四〕。史遷云:周道衰,詩人本之衽席而關雎作〔二七五〕。幽、厲之闕,始於衽席,故曰"關雎之亂,以爲風始"〔二七六〕。齊、魯、韓三家則云:康王政衰詩也〔二七七〕。楊雄亦云:周康之時,關雎作乎上〔二七八〕。陸云:康王晚朝,關雎作刺也〔二七九〕。**又再世,穆王耄荒,訓夏贖刑,而書不續**〔二八〇〕。**又再世,懿益衰,詩人遂刺**〔二八一〕。**又五世,幽王不道,死於驪山之下,申侯立平王而東遷,黍離遂作**〔二八二〕。世謂孔子降王風,妄也〔二八三〕。夫風者,風土之謂爾,黍離自是東周之土風〔二八四〕。東遷之後,政僅施於圻内,不能形於四方〔二八五〕,故國人隨其土風如此,非謂降也。若以黍離爲降,則七月何爲列于風邪〔二八六〕?且雅亦有東周之詩,世不知爾。節南山、十月之交及桓莊之詩,亦可謂降雅乎〔二八七〕?曰王風者,春秋書"王"之意也〔二八八〕。然新序又以爲衛宣公之子壽閔其兄伋而作,韓詩及曹植惡鳥論以爲伯封作,學者宜勿妄談〔二八九〕。**王政陵遲,至魯惠公遂請郊廟之禮**〔二九〇〕。**未與而顧用之,於是禮樂、征伐不繇于天子**〔二九一〕。**故孔子傷之,而春秋作。又十三世,而敬王丐立。子朝之難,遂止成周**〔二九二〕。**三十有八年,有星孛于東方**〔二九三〕。**明年而西狩獲麟,聖人於是絕筆春秋**〔二九四〕。**而書亦終于秦誓,吾知秦之必蹶周也**〔二九五〕。**故十一世王**〔二九六〕,**然而周卒亡,秦卒有天下。於呼!** 王者之迹熄而詩亡,詩亡而後春秋作〔二九七〕。詩亡謂孔子時。説者云,詩亡於陳靈公〔二九八〕。謬哉〔二九九〕!靈公之殺,乃魯宣之十年,春秋之作百二十一年矣〔三〇〇〕。絕筆獲麟,有二論,見發揮四。

　　贊〔三〇一〕:**帝逴高辛,厥德神靈。生而有異,自言其名。其色郁郁,倪衣蘴屋。次序三辰,六蓄遮育**〔三〇二〕。**工賈以通,拜師牧德。樂作五營,鳳皇天翟。法尚乎一,政貴乎信。霜雹所沾,孰不尊親?**

【校注】

　　〔一〕郭景純皆以爲舜,謂舜、俊聲相近:郭景純,即晉代訓詁學家郭璞(字

景純)。山海經大荒東經:“帝俊生中容。”郭璞注:“俊亦舜字假借音也。”郝懿
行箋疏:“初學記卷九引帝王世紀云:‘帝嚳生而神異,自言其名曰夋。’疑夋即
俊也,古字通用。郭云俊亦舜字,未審何據。南荒經云:‘帝俊妻娥皇。’郭蓋本
此爲説。然西荒經又云:‘帝俊生后稷。’大戴禮帝繫篇以后稷爲帝嚳所産,是
帝俊即帝嚳矣。但經内帝俊疊見,似非專指一人。此云帝俊生中容,據左傳文
十八年云,高陽氏才子八人,内有中容,然則此經帝俊又當爲顓頊矣。經文踳
駁,當在闕疑。”袁珂校注曰:“珂案:郝説帝俊即帝嚳,是也;然謂‘郭云俊亦舜
字,未審何據’,則尚有説也。大荒南經‘帝俊妻娥皇’同於舜妻娥皇,其據一
也。海内經‘帝俊生三身,三身生義均’,義均即舜子商均(路史後紀十一:‘女
罃(女英)生義均,義均封於商,是爲商均。’説雖晚出,要當亦有所本),其據二
也。大荒北經云:‘(衛)丘方圓三百里,丘南帝俊竹林在焉,大可爲舟。’而舜
二妃亦有關於竹之神話傳説,其據三也。餘尚有數細節足證帝俊之即舜處,此
不多贅。是郭所云實無可非議也。至於帝俊神話之又或同於顓頊神話者,是
部分神話偶然相同,非可以謂帝俊即顓頊也。”

〔二〕嚳:洪本作“嚳”,乃俗體。下“帝嚳”之“嚳”同。

〔三〕漢志言:顓帝,蒼林昌意之子;帝嚳,青陽玄囂之子:見漢書律曆志
下,“青陽”作“清陽”。

〔四〕大戴禮記五帝德:“宰我曰:‘請問帝嚳。’孔子曰:‘玄囂之孫、蟜極之
子也,曰高辛。’”

〔五〕取陳豐氏曰裒:陳,通“陳”。裒,同“裒”。

〔六〕高堂隆:三國魏天文學家,歷官至光禄勳。　握裒履巨迹:彦按:初
學記卷九帝王部“手握裒”引孝經援神契曰:“舜龍顔大口,手握裒。”又引宋均
注:“握裒,手中有‘裒’字,喻從勞苦受裒飾,致大祚也。”而明陳士元名疑卷一
曰“帝嚳,……母陳豐氏名裒。……裒,一作握裒,見高堂隆北郊表。”以“握
裒”爲帝嚳母名,顯屬附會之辭。

〔七〕傴:同“嫦”,音 chú。説文女部:“嫦,婦人妊身也。”

〔八〕故曹植贊及張顯析言云“高辛氏初生,自言其名。其君民終無迷繆”
也:贊,指帝嚳贊。張顯,晉議郎。君民,各本“民”皆譌“氏”,今據太平御覽訂
正。御覽卷八〇:“張顯析言曰:‘高辛氏初生,自言其名。其君民終無迷謬。’

魏陳王曹植帝嚳贊曰：‘祖自軒轅，玄囂之裔，生言其名，木德帝世。’”

〔九〕方頤：面頰方正。　龐覭：眉間寬廣。覭，音 míng。字彙見部：“覭，眉目之間。”　珠庭：天庭飽滿。　仳齒：猶駢齒，謂牙齒重疊。仳，通“比”，並。竹書紀年卷上帝嚳高辛氏，沈約注：“生而駢齒，有聖德。”

〔一〇〕河圖矩起：亦稱河圖握矩記。漢代緯書，河圖緯之一種。　帝佶駢齒，上法日參。秉度成紀，以理陰陽：日參，今本白虎通聖人作“月參”。參，星名。二十八宿之一。秉度，執持法度，把握分寸。今本白虎通聖人作“康度”，疑因唐人避唐高祖李淵父昺嫌名追改。成紀，形成準則。以理陰陽，今本白虎通聖人作“取理陰陽”。

〔一一〕發節移度，蓋像招搖：招搖，星名，即北斗第七星搖光。此借指北斗星。北斗星在不同的季節和夜晚不同的時間，出現于天空不同的方位，古人即根據初昏時斗柄所指的方嚮來決定季節：斗柄指東，天下皆春；斗柄指南，天下皆夏；斗柄指西，天下皆秋；斗柄指北，天下皆冬。所謂“發節移度”，原指北斗星于每一季節開始，斗柄指向發生移易，此以比喻順時施政。

〔一二〕招搖爲天戈：天戈，星名。吳本、備要本“天”譌“大”。彥按：宋史天文志二曰：“天戈一星，又名玄戈，在招搖北，主北方。”則以招搖、天戈爲二星，與宋均説不同。　戈楯相副戴之像見天中，以爲表：此蓋謂帝佶以戴干爲表，有如“戈楯相副戴之像見天中”。“副”疑假爲“覆”。周禮天官追師：“追師掌王后之首服，爲副、編、次、追、衡、笄。”鄭玄注：“玄謂副之言覆，所以覆首爲之飾，其遺象若今步繇矣。”覆戴爲同義複詞。“相副戴”，謂相加。

〔一三〕古辛作干，干作干，二字相似云：備要本末一“干”字作“千”。彥按：兩“作”字後之“干”，形當有別，今乃相同，蓋由版刻之誤。據后母辛鼎“辛”字作𨑔，干氏叔子盤“干”字作𢆉，蓋所謂“相似”云。

〔一四〕厥德神靈，厥行祗肅：德，謂本性。神靈，聖明。祗肅，恭謹而嚴肅。受封於辛爲侯國：辛，即下羅莘注所謂高辛城。

〔一五〕襄邑有高辛城：襄邑，縣名，治所在今河南睢縣。洪本“高”字闕文。

〔一六〕地志云下邑，梁國也：下邑，縣名，治所在今安徽碭山縣。梁國，漢代封國名。西漢時下邑縣屬梁國。彥按：此説疑有誤。元和郡縣圖志卷七河南道三宋州穀熟縣曰：“高辛故城，在縣西南四十五里。帝嚳初封於此。”太平寰宇記卷一二宋州穀熟縣亦曰：“故高辛城，在縣西南四十五里。地理志云：‘梁國穀熟縣西南有高辛城。’帝系譜：‘帝嚳年十五，佐顓頊有功，封爲諸侯，邑于高辛。’即此城也。”皆以穀熟縣當高辛故地，此云下邑，蓋因二書該段文字之下即緊接下邑縣，羅氏或誤栽之。穀熟縣治所在今河南虞城縣穀熟鎮。

〔一七〕碭山縣：今屬安徽省。喬本、吳本、四庫本“碭”皆譌“碭”，今據洪本、備要本訂正。

〔一八〕南京：宋真宗大中祥符七年（1014）以應天府爲南京，治所在今河南商丘市睢陽區。

〔一九〕佐顓頊有功：洪本“佐”譌“作”。

〔二〇〕三正記：禮記逸篇名。　正朔三而改：蓋謂三正（夏正、殷正、周正）迭用，至三爲一循環，乃又復始。　文質再而復：禮記檀弓上“夏后氏尚黑，……牲用駵”孔穎達正義：“‘文質再而復’者，文質法天地，質法天，文法地。周文法地而爲天正，殷質法天而爲地正者，正朔文質不相須，正朔以三而改，文質以二而復，各自爲義，不相須也。”彥按：天正指以建子之月（農曆十一月）爲歲首，古人以爲得天之正。地正指以建丑之月（農曆十二月）爲歲首，古人以爲得地之正。此謂文質（天正與地正）迭用，周而復始。

〔二一〕夏以上以此推，正朔皆三而改矣：見禮記檀弓上“夏后氏尚黑，……牲用駵”孔穎達正義。原文作：“以此推之，自夏以上，皆正朔三而改也。”

〔二二〕鄭説“三帛”，謂高陽氏用赤繒，高辛以黑，其餘諸侯用白繒：見史記五帝本紀“脩五禮，五玉三帛二生一死爲摯”裴駰集解引鄭玄曰，亦見禮記檀弓上“夏后氏尚黑，……牲用駵”孔穎達正義引鄭注尚書。三帛，指赤繒、黑繒、白繒。

〔二三〕此段文字至下“則當以伏羲爲始”，節引自禮記檀弓上“夏后氏尚黑，……牲用駵”孔穎達正義。　高辛以十三月：今本禮記正義“十三月”作“十二月”，誤。

〔二四〕又謂黃帝以十三月：十三月，各本均作“十月”，脱“三”字，今據孔穎達禮記正義補。

〔二五〕易言“帝出乎震”，則當以伏羲爲始：孔穎達禮記正義原文作：“易説卦云‘帝出乎震’，則伏羲也，——建寅之月，又木之始。其三正當從伏羲以下。”易説卦“帝出乎震”高亨大傳今注云：“‘帝出’下省萬物二字。帝，天帝也。帝出乎震，謂天帝出萬物於震，非天帝自出於震也。”又于下文“萬物出乎震。震東方也”注云：“説卦以八卦配四時。古代曆法，約言之，一年四時共三百六十日。用八除之，得四十五日。説卦分一年爲八季節，每卦配一季節，占四十五日。震爲正春四十五日之季節。此季節萬物皆生出，故曰：‘萬物出乎震。’説卦又以八卦配八方，震爲東方，故曰：‘震，東方也。’（兩者有聯繫）”

〔二六〕太初始用夏正：夏正，夏曆正月。彦按：漢武帝太初元年五月改曆，以建寅之月（即夏正）爲歲首。　魏景初之建丑：景初，三國魏明帝曹叡年號。之，猶“則”。彦按：景初改元，同時改曆，以建丑之月（農曆十二月）爲正月。　唐載初之建子：載初，唐則天后武曌年號。彦按：載初改元，在永昌元年十一月，以是月爲載初元年正月，遂起用子正。

〔二七〕自此而下至“其服也士”，撮取自史記五帝本紀。亦見于大戴禮記五帝德及孔子家語五帝德，文字不盡相同。

〔二八〕其色郁郁，其德嶷嶷：郁郁，莊敬之貌。嶷嶷，形容道德高尚。史記五帝本紀司馬貞索隱：“郁郁猶穆穆也。嶷嶷，德高也。”

〔二九〕其動也時，其服也士：史記五帝本紀司馬貞索隱：“舉動應天時，衣服服士服，言其公且廉也。”

〔三〇〕聰明濬武：濬武即俊武，英俊勇武。濬，通“俊”。　嶷嶷涘涘：嶷嶷，形容聰明。涘涘，形容俊武。彦按：集韻職韻：“嶷，説文：‘小兒有知也。’”是本謂年幼聰慧，引申之則可形容聰慧。説文水部：“涘，水厓也。”是本爲厓岸義，引申之則可形容人之俊武。

〔三一〕侻衣服而不驅，冬輕以暖，夏輕而清：侻（tuō），簡易。驅，通“麤”（音 chǔ），鮮豔，華麗。暖，同“暖”，暖和。清，涼快。　寠藪其屋室，土事不文，木事不飾：寠藪（jù wō），破舊且髒。藪，污，髒。土事，指屬于泥水匠從事之工程。木事，指屬于木匠從事之工程。　以示民之節：節，謂節儉。晏子春秋內篇諫下：“是故明堂之制，……土事不文，木事不鏤，示民知節也。”

〔三二〕賈誼新書脩政語上：“帝嚳曰：‘德莫高於博愛人，而政莫高於博利人,故政莫大於信,治莫大於仁。吾慎此而已矣。'"

〔三三〕分人而不爲譖:分人,謂分人之國。譖,同"噂",音 zǔn,紛紛議論,此指非議。新書脩政語上:"黄帝曰:'道若川谷之水,其出無已,其行無止。'故服人而不爲仇,分人而不譖者,其惟道矣。"　修身而天下服:史記五帝本紀帝嚳:"順天之義,知民之急;仁而威,惠而信,脩身而天下服。"大戴禮記五帝德"急"作"惪"。

〔三四〕故達于天下而不忘緣巧者之事、行仁者之操:達,顯貴。緣,依循。巧者,有技能的人。　上繇黄帝之道而明之,守高陽之庸而正之:繇,四庫本作"由"。庸,法度。　節仁之器,以修其財,而身專其美矣:節,猶準。荀子性惡"故善言古者,必有節於今"楊倞注:"節,準。"器,猶性。淮南子説山"善且由弗爲,況不善乎,此全其天器者"高誘注:"器,猶性也。孟子曰:'人性善。'故曰全其天性。"財,當爲"躬"字譌文,盧文弨抱經堂本新書作"躬"。專,獨享。新書脩政語上:"帝嚳曰:'緣道者之辭而與爲道已,緣巧者之事而學爲巧已,行仁者之操而與爲仁也。'故節仁之器以脩其躬,而身專其美矣。故(士)〔上〕緣黄帝之道而明之,學帝顓頊之道而行之,而天下亦平矣。"

〔三五〕於是敍三辰以著衆:敍三辰,謂據三辰(日、月、星)以序列節候。著,明示。禮記祭法:"帝嚳能序星辰以著衆。"孔穎達疏:"'帝嚳能序星辰以著衆'者,嚳能紀星辰序時候以明著,使民休作有期,不失時節,故祀之也。"　曆日月而迎送之,以順天之則:曆,謂推算日月星辰運行軌迹以定歲時節氣。迎送,吴本、四庫本作"送迎"。史記五帝本紀帝嚳:"曆日月而迎送之,明鬼神而敬事之。"大戴禮記五帝德同。張守節史記正義曰:"言作曆弦、望、晦、朔,日月未至而迎之,過而送之,上'迎日推策'是也。"　謂"寅賓出日"、"寅餞納日":尚書堯典:"分命羲仲,宅嵎夷曰暘谷,寅賓出日,平秩東作。"孔氏傳:"寅,敬。賓,導。"又:"分命和仲,宅西曰昧谷,寅餞納日,平秩西成。"孔氏傳:"餞,送也。日出言導,日入言送,因事之宜。"

〔三六〕魯語云:佶能次序三辰,以治曆明時,教民稼穡,以固民也:治曆,制定曆法。洪本、吴本"治"譌"治"。明時,闡明時令。固,各本皆譌"因",今據國語訂正。國語魯語上:"帝嚳能序三辰以固民。"韋昭注:"固,安也。……謂能次序三辰,以治曆明時、教民稼穡以安也。"

〔三七〕犂爲火正:四庫本"犂"作"黎"。

〔三八〕是爲五官,分職諸國,封爲上公;社稷五祀,是尊是奉:喬本、洪本"官分"二字闌入注文,今據餘諸本訂正。左傳昭公二十九年:"故有五行之官,是謂五官,實列受氏姓,封爲上公,祀爲貴神。社稷五祀,是尊是奉。"杜預注:"五官之君長能脩其業者,死皆配食於五行之神,爲王者所尊奉。"

〔三九〕服注:指服虔春秋左氏傳解誼。　高辛因之:賈公彦周禮正義序引服注,作"高辛氏因之"。

〔四〇〕以其名以配食:喬本、洪本"以配食"作"以其配食",衍一"其"字。今從吳本、四庫本、備要本删。

〔四一〕如社稷本五穀之神,配食者亦曰社稷,所謂尊奉也:配食者,四庫本作"配食黎者","黎"字乃由下之正文闌入者。尊奉,四庫本作"尊本",注文與正文不相呼應,非是。

〔四二〕黎氏克官:黎氏,即上文之"犂爲火正"之犂,也即黎。四庫本作"黎"而闌入上面正文。克官,勝任官職。　説天文:説,解説,闡釋。太平御覽卷二引文耀鈎曰:"高辛受命,重黎説天文。"　印下地:印,各本皆作"卯"。彦按:作"卯"不可解,今訂作"印"。"印"同"抑"(見羅振玉增訂殷虚書契考釋),方言卷一三:"抑,安也。"蓋其字手寫作"卬",形近譌爲"卯"。下地,猶下土,謂天下。國語楚語下:"重寔上天,黎寔下地。"韋昭注:"言重能舉上天,黎能抑下地。"當即路史所本。　火紀昭融:火紀,指司火之事。廣韻止韻:"紀,事也。"昭融,光大發揚。

〔四三〕見左傳昭公二十九年"火正曰祝融"孔穎達疏引賈逵云。

〔四四〕亦以□□,雖與杜異,然與鄭語俱以縣人生其名也:喬本如此,吳本、四庫本、備要本未見此二十字。洪本則"亦以□□,雖與杜異"作"亦以□□□□□與杜異"(原書"□□□□□"爲墨丁)。彦按:喬本所闕二字疑爲"夏氣",洪本所闕五字疑爲"夏氣爲名雖"。左傳昭公二十九年"火正曰祝融"杜預注:"祝融,明貌。"孔穎達疏:"杜不解祝,則謂祝融二字共爲明貌也。賈逵云:'夏,陽氣明朗。祝,甚也。融,明也。'亦以夏氣爲之名耳。鄭語云:'黎爲高辛氏火正,以焞燿敦大,光照四海,故命之曰祝融。'如彼文,又似由人生名者。彼以其官掌夏,德又稱之,故以夏氣昭明命之耳。"

〔四五〕逮其繼世,失遺其業守:繼世,猶言下一代。失遺,丟棄。吳本"失"謂"夫"。業守,祖先遺留下來的事業。

〔四六〕乃命弟回嗣綏厥職,昭顯天地之光,以生柔嘉材:嗣綏,繼承。綏,通"綾",爾雅釋詁上:"綾,繼也。"喬本、洪本、吳本、備要本作"綵",當即"綏"字俗體,今從四庫本作"綏"。昭顯,顯揚。柔嘉,柔和美好。材,吳本謂"林"。國語鄭語:"祝融亦能昭顯天地之光明,以生柔嘉材者也。"韋昭注:"柔,潤也。嘉,善也。善材,五穀材木也。"

〔四七〕謹農:勤于農事。謹,通"勤"。　祥乩:詳知占卜。祥,通"詳"。廣韻陽韻:"詳,審也。"　欿際:彥按:其義費解。楚辭九辯有"收恢台之孟夏兮,然欿際而沈藏"句,義訓"陷止"(見呂延濟注),然于此不合。疑此"際"當作"祭",而"欿"通"坎",欿祭即坎祭,泛指坎(穴地)壇(築壇)而祭。禮記祭法:"相近於坎壇,祭寒暑也。"鄭玄注:"相近,當爲'禳祈',聲之誤也。禳,猶卻也。祈,求也。寒暑不時,則或禳之,或祈之。寒於坎,暑於壇。"唯其祭寒暑,故下文云"故六氣正而天道平"也。　故六氣正而天道平,五正建而人事理:六氣,指陰、陽、風、雨、晦、明六種自然氣候變化現象。天道,指天象。平,平和。五正,五行之官長,即木正、火正、土正、金正、水正。

〔四八〕春秋文耀鉤:漢代緯書,春秋緯之一種。"耀"亦作"曜"。　重犂説天文:吳本、四庫本"犂"作"黎"。下諸"犂"字同。

〔四九〕蔡墨曰"遂濟窮桑":喬本、四庫本此下空一字之位;吳本乃作"顓",遂與下"顓頊"字重;備要本作"口",則當由"□"號謳變而來。

〔五〇〕堯典注謂"高辛世,命重爲南正司天,犂爲火正司地":世,四庫本作"氏"。彥按:此堯典注指鄭玄之注。尚書堯典孔穎達疏引鄭玄注,"高辛世"作"高辛氏世"。

〔五一〕周禮疏序:即賈公彥周禮正義序。

〔五二〕乃闓閡塞:闓,開啓,疏通。閡塞,閉塞,指耳目不靈,未能察知輿情。　履龍斷:踏勘高地。龍,通"壟"。　委關貸:委,謂委迤,緩步徐行。貸,疑當作"岱",本義泰山,此泛指山。關岱猶關山。"履龍斷,委關岱"二句,謂巡狩天下,乃"闓閡塞"之舉措。　賑亡益,恤遠人:賑、恤,救濟,資助。亡益,謂孤立無助之人。戰國策秦策二"於是出私金以益公賞"高誘注:"益,助也。"

遠人,謂遠行在外之人。　盍閭連墓:家庭聚居,墳墓相連。盍,合,聚合。閭,指住宅。廣雅釋詁二:"閭,居也。"

〔五三〕故飲食相與:與,贈與。　守望相助:謂彼此協力,共同防禦。守望,看守與瞭望。　而疾病相扶持:扶持,服侍,照顧。孟子滕文公上:"死徙無出鄉,鄉田同井,出入相友,守望相助,疾病相扶持,則百姓親睦。"

〔五四〕揖其民力:揖,通"集",聚集。　更相爲師:謂彼此學習。　因其土宜,以爲民贄:贄,同"賴",依靠,憑藉。彦按:此文出逸周書大聚。逸周書原文作:"揖其民力,相更爲師。因其土宜,以爲民資。""資"與"師"及下文"尸"韻。路史作"贄",失韻,蓋爲"資"字形誤。

〔五五〕故生亡乏用,而死亡傳尸:傳,猶轉,謂移置,丟棄。逸周書大聚:"則生無乏用,死無傳尸。"孔晁注:"傳於溝壑。"

〔五六〕貴賤賤貴,以通其器:貴賤,使價廉者升價。賤貴,使價貴者降價。器,器具,此泛指器物,物資。逸周書大聚:"外商資貴而來,貴物益賤。資賤物、出貴物,以通其器。"　故平:平,安定,太平。備要本譌"乎"。

〔五七〕管子侈靡:"偌、蟯之時,混吾之美在下,其道非獨出人也。山不童而用贍,澤不弊而養足。耕以自養,以其餘應良天子,故平。"

〔五八〕工賈以通:謂工商業者往來無礙。

〔五九〕故關夷而市平:謂關卡集市之賦税徵收公平合理。備要本"關"譌"闕"。　財亡鬱廢,而愚亡不教:鬱廢,積滯,不流通。逸周書大聚:"夫然,則關夷市平,財無鬱廢,商不乏資,百工不失其時,無愚不教。"

〔六〇〕正其兵農:謂使軍人、農夫各安己職。　故陞降得以有數:數,次序,道理。

〔六一〕道演擊汰:引導水流,拍擊水波。説文水部:"演,長流也。"廣雅釋水:"汰,波也。"　而民離湍決之患:湍決,急流沖破堤防。

〔六二〕太鹵:地名。在今山西太原市一帶。吴本、備要本作"大鹵"。

〔六三〕師昧:各本皆作"帥昧"。彦按:"帥昧"當"師昧"之譌。本書後紀七小昊青陽氏曰:"有子曰昧,爲玄冥師。"左傳昭公元年、史記鄭世家亦曰:"昔金天氏有裔子曰昧,爲玄冥師。"此之師昧,即彼之玄冥師昧也。

〔六四〕以日至設丘兆于南郊,以祀上帝,日月、星辰、先王偕食:日至,指夏至或冬至。丘兆,祭壇。偕食,謂一同配享。逸周書作雒:"乃設丘兆于南郊,以[祀]上帝,配[以]后稷,日月、星辰、先王皆與食。"

〔六五〕絜其祭服,備其帷帳,陳之圭幣,薦之黑繒:絜,"潔"之古字。圭幣,古代祭祀時用的圭玉(玉製禮器,長條形,上尖下方)和束帛。薦,襯,墊。通典卷五五禮十五歷代所尚:"高辛氏尚黑,薦玉以黑繒。"

〔六六〕社稷:指社稷壇。

〔六七〕谿陵:谿谷山陵。爲敬祭鬼神之所。

〔六八〕二儀實録:唐劉孝孫撰。喬本"儀"作"義",吳本"實"作"寔",俱非。此從餘諸本。

〔六九〕聲歌:歌曲。吕氏春秋古樂:"帝嚳命咸黑作爲聲歌——九招、六列、六英。"

〔七〇〕磬:洪本作"奢"。

〔七一〕鞀:音 táo,同"鼗"。

〔七二〕作鼙鼓,制笒筦塤箎、祥金之鍾、沉鳴之磬:鼙鼓,小鼓和大鼓。笒,通"笙"。筦,同"管"。古代一種竹製管樂器,似篪而小,六孔,並兩而吹。箎,音 chí,古代一種竹製管樂器,似笛,八孔,横吹。祥金,精銅。爾雅釋詁上:"祥,善也。"沉鳴,響聲深沉。吕氏春秋古樂:"有倕作爲鼙鼓鐘磬(吹)(苓)[笒]管塤箎(鞀椎鍾)。"

〔七三〕伶人咸抃,鳳皇、天翟舞之,以康帝功:伶人,樂人。抃(biàn),鼓掌,拍手。天翟,錦雞。康,褒揚。吕氏春秋古樂:"帝嚳乃令人抃或鼓鼙,擊鐘磬,吹苓展管箎。因令鳳鳥、天翟舞之。帝嚳大喜,乃以康帝德。"陳奇猷新校釋以爲"或"字乃衍文,"展"爲"塤"之譌,云:"此文當作'帝嚳乃令人抃鼓鼙(句)擊鐘磬(句)吹苓塤管箎(句)'。此乃承上文'有倕作爲鼙鼓鐘磬苓管塤箎'言之,故曰'抃鼓鼙、擊鐘磬、吹苓塤管箎'也。高誘誤讀'抃'字句絶,而以'抃'爲兩手相擊,則'抃'字與'鼓鼙'無關,而'鼓'字遂變而爲動詞,後人因加'或'字以足句也。'塤'屬真部,'展'屬元部,真、元通轉,故'塤'以音近誤爲'展'。由於'塤'誤爲'展',遂以'展'爲動詞,而讀'吹苓'二字爲句(許維遹集釋如此讀),殊不知'展管箎'之不可解也。"又指出"鳳皇、天翟舞之"云云"係化裝表演"。彦按:陳氏説是。路史"伶人咸抃"之語,蓋由誤本吕氏而來。

〔七四〕鼓奏以觀聲,歌奏以觀龢,舞奏以觀禮:聲,指聲勢。龢,和諧,協調。禮,禮儀。

〔七五〕九招:吳本“九”譌“尤”。

〔七六〕就:完成,成功。

〔七七〕劉勰:南朝梁通事舍人、文學評論家。洪本“勰”作“勰”,譌。　帝佸之世,成累爲頌:見文心雕龍頌讚。今本“成累”作“咸墨”,唐寫本作“咸黑”。

〔七八〕兔園策:唐杜嗣先撰。　吕春秋:吳本、四庫本、備要本作吕氏春秋。　咸墨:吳本、四庫本、備要本作“咸黑”。

〔七九〕六莖:藝文類聚卷四一引樂緯,作“五莖”。　大招:藝文類聚卷四一引樂緯,作“簫韶”。　大濩:藝文類聚卷四一引樂緯,但作“濩”。

〔八〇〕是以清和上升,天下樂其俗:各本原皆無“樂其風俗”四字,句意不完,今據藝文類聚卷四一引樂緯補。

〔八一〕見白虎通禮樂。　象德:謂體現德行。

〔八二〕顓帝樂曰六莖:今本白虎通禮樂“顓帝”作“顓頊”。

〔八三〕六莖,言和律吕以調陰陽、著萬物也:和律吕,喬本、洪本作“律歷”,吳本、備要本作“律曆”。彥按:“律歷(曆)”當“律吕”之誤,且上脱“和”字。今本白虎通禮樂作:“顓頊曰六莖者,言和律吕以調陰陽,莖著萬物也。”今據以訂正。著,立。

〔八四〕帝佸曰五韺:今本白虎通禮樂句末有“者”字。

〔八五〕注……帝佸五英:洪本“注”作“非”,“五英”作“王英”,俱誤。

〔八六〕莖者,根莖:喬本作“莖者,莖根”,洪本作“莖,根莖。根莖言”,吳本、備要本作“莖,根莖”,此姑從四庫本。

〔八七〕乃命司衡賜以素矰、彤弓、蒿矢:司衡,宰衡,猶後世之宰相。素矰,綴有白色羽毛的箭。各本“素”均譌“累”,今據山海經訂正。下羅苹注“素矰”之“素”同。彤弓,朱漆的弓。蒿矢,一種箭杆用禾秆製作的箭。蒿,音gǎo。山海經海内經:“帝俊賜羿彤弓素矰。”

〔八八〕見山海經海内經“帝俊賜羿彤弓素矰”郭璞注。原文作:“矰,矢名,以白羽羽之。”

〔八九〕大傳云“白羽之矰”：彥按：大傳當作外傳。外傳指國語，即所謂春秋外傳。國語吳語：“皆白裳、白旂、素甲、白羽之矰，望之如荼。”又山海經海内經“帝俊賜羿彤弓素矰”郭璞注：“外傳‘白羽之矰，望之如荼’也。”蓋即羅氏所本，而外傳誤成大傳矣。

〔九〇〕佚：安逸，安樂。

〔九一〕封豕、長虵：比喻貪暴之人。封豕，本義爲大豬。

〔九二〕宗布：傳說中被除災害之神。淮南子氾論劉文典集解引孫詒讓云：“竊疑即周禮黨正之祭禜，族師之祭酺。鄭注云：‘禜謂雩禜，水旱之神。酺者，爲人物菑害之神也。’（禜、宗，酺、布，聲近字通。禮記祭法雩禜，禜亦作宗。）禜、酺並禳除菑害之祭，羿能除害，故託食於彼，義亦正相應也。”

〔九三〕鴻烈解云：羿死，託祀于宗布：見淮南子氾論。原文作：“羿除天下之害，而死爲宗布。”高誘注：“有功於天下，故死託祀於宗布。”

〔九四〕爾雅釋天：“祭星曰布。”

〔九五〕夏之窮羿：指夏時諸侯，有窮國君羿。相傳夏太康沉湎于游樂，羿逐之，自立爲君。後因喜狩獵，不理民事，又爲其相寒浞所殺。詳見後紀十四夷羿傳。

〔九六〕夫窮羿非若蚩尤能作兵器：吳本、四庫本、備要本“能”作“僅”，非。　徒能僭叛爲盜爾：僭叛，越禮反叛。盜，篡奪。

〔九七〕見廣韻霽韻羿。原文作：“古諸侯也。一曰射師。”

〔九八〕説文乃云“羿，佶時射官，少康滅之”：羿，説文作“羿”，同。説文弓部：“羿，帝嚳躲官，夏少康滅之。”

〔九九〕故世紀以爲：帝佶之世掌射，加賜弓矢，封之於鉏；爲帝司射，歷唐及虞：鉏，地名。在今河南滑縣東。彥按：太平御覽卷八二引帝王世紀，作：“羿有窮氏，未聞其姓，其先帝嚳以世掌射故，於是加賜以弓矢，封之於鉏，爲帝司射。歷唐及虞、夏，至羿，學射於吉甫。”羅苹注文割裂文字，遂似羿于帝佶之世即已掌射，而歷唐、虞。

〔一〇〇〕而賈逵云：佶賜弓矢者，羿之先祖：吳本“之”譌“者”。彥按：左傳襄公四年“（后羿）恃其射也，不脩民事而淫于原獸”杜預注：“羿善射。”孔穎達疏引賈逵云：“羿之先祖，世爲先王射官，故帝嚳賜羿弓矢，使司射。”亦見尚書五子之歌疏。則此羅苹注文與賈逵之意亦不相符。

〔一〇一〕受小昊、高陽之經理：經理，治理。此指治理之理念及做法。
統理：統治。

〔一〇二〕正甽均賦：整治田地，平均賦税。甽，同"畎"。集韻迴韻："畎，
田畞也。"　以調民人：調，調和，協調。

〔一〇三〕水中之可居者曰州，川有所擁也：擁，雍塞，阻塞。吴本、備要本
無"也"字。

〔一〇四〕幽洲作"洲"：洪本作"幽州作洲"，餘諸本均作"幽州作州"。彦
按：既稱"後世加水"，自當作"洲"。尚書舜典："流共工于幽洲。"正作"洲"
字。今據以訂正。

〔一〇五〕而蘇子遂云"北裔水中"：彦按：尚書舜典"流共工于幽洲"蘇軾
傳："幽洲，北裔。洲，水中可居者。"其説實本書孔氏傳。

〔一〇六〕伯禹作九賦爾：備要本"禹"譌"禺"。下"謂禹始分九州"之
"禹"字同。九賦，即九貢，指徵收貢物的九種類别。尚書有禹貢篇，孔氏傳：
"禹制九州貢法。"

〔一〇七〕通典等謂帝佶九州：洪本"佶"譌"浩"。通典卷一七一州郡一州
郡序："昔黄帝方制天下，立爲萬國。……及少皥氏之衰，其後制度無聞矣。若
顓頊之所建，帝譽受之，創制九州，統領萬國。"　蓋皆定其疆理，欲其支脉貫通
得所爾：疆理，疆域。支脉，分支，指分支系統。貫通，洪本作"貫食"誤。　非
刱之也，非若後世率意割南益北、斷手屬足而不顧其地理者也：刱，同"創"，創
始，初創。非若，洪本作"又若"非。率意，四庫本如此，餘諸本"率"均譌"卒"。
今訂正。屬(zhǔ)，連接。顧，四庫本譌"預"。

〔一〇八〕混美於下：混美，謂昆吾之美金玉。混(kūn)，通"昆"。管子侈
靡："佶、堯之時，混吾之美在下，其道非獨出人也。"郭沫若等集校引孫詒讓曰：
"'混吾'疑即'昆吾'。'美'謂美金也。山海經中山經云'昆吾之山，其上多
赤銅'。文選子虚賦'琳瑉昆吾'，張揖注云'昆吾，山名也，出美金'。尸子曰
'昆吾之金'。此言帝譽與堯之時崇尚儉樸，弗貴美金，故在下也。"又引姚永
概曰："案史記司馬相如傳'琳瑉混珸'，司馬彪云'石之次玉者'，索隱云'字或
作昆吾'，則此句或謂美玉埋藏地下，不發取之，以見當時風氣淳質，不事侈

靡。”　故卿而不理:管子侈靡:“故卿而不理,静也。”郭沫若等集校引丁士涵云:“‘卿’乃‘鄉’字誤。天子南鄉,即恭己正南面之意。”又曰:“沫若案:‘卿’即古‘鄉’字。古卿、鄉無別,鄉字後起。丁士涵謂‘天子南鄉(向)’,是也。‘而’即‘南’字之壞。”

〔一〇九〕管子:洪本作“管人”,吳本、四庫本、備要本作“管云”。

〔一一〇〕男有分,女有歸;壯有用,老有終:分,職分,職位。歸,夫家。禮記禮運:“大道之行也,天下爲公,⋯⋯使老有所終,壯有所用,幼有所長,矜寡孤獨廢疾者皆有所養。男有分,女有歸。”

〔一一一〕涼風至而陳麾,太白高而轉戰:涼風,秋風。陳麾,列陣麾軍。陳,“陣”之古字。太白,星名,即金星。秋氣肅殺,金星亦主殺伐,故有陳麾、轉戰之舉。　然後倔强惠命:倔强,指强硬直傲而不馴服之人。惠命,服從命令。爾雅釋言:“惠,順也。”

〔一一二〕修其方:修,遵循。方,道,法則。

〔一一三〕任智守數,以道其常:智,指智者。數,謂道,法則。道,遵循。周聽廣莫,以緟其明:周聽,多方面聽取意見。廣莫,廣泛咨詢商議。莫,通“謨”,謀,謀議。緟,同“補”,補助,裨益。

〔一一四〕於是致學柏昭而師于赤松、舟人,授書于鍾山而拜師于牧德:致學,受學,求學。授,通“受”,接受。鍾山,山名。牧德,臺名。

〔一一五〕四極明科謂九天真王於牧德之臺授倍以靈寶内文;帝以道治世,遂祕之鍾山:九天真王,道教神仙名。明董斯張廣博物志卷一二靈異一引真仙通鑑曰:“昇天之僊凡有九品,第一上僊,號九天真王。”靈寶内文,道經名。祕,隱藏。備要本作“佖”,非。

〔一一六〕太霄琅書:道經名。又稱太上太霄琅書。　靈寶祕文内符,九天真王等以授帝倍,藏之鍾山北阿:靈寶祕文内符,道經名,蓋即靈寶内文。阿,山坡。各本皆作“河”。彦按:太平御覽卷六七二引太上太霄琅書,作“阿”,當是。今據以訂正。

〔一一七〕玉子:各本皆作“王子”。彦按:“王子”當作“玉子”。劍經已佚,文不可考。而陶氏所著另一部書真誥,其卷一四稽神樞第四曰:“玉子者,帝倍也。曾詣鍾山,獲九化十變經,以隱遁日月,遊行星辰。”其事又見雲笈七籤卷八四尸解，亦作“玉子”。今據以訂正。

〔一一八〕李膺：南朝梁益州別駕，有著作益州記。　帝嚳：洪本“嚳”作“奢”，吳本、四庫本作“帝佶”。

〔一一九〕發節移數：猶“發節移度”。數，指星象的度數。參見上注〔一一〕。　順天思序：謂順應自然來考慮施政之先後緩急。　以道御世：依照規律治理天下。　秉度成紀：見上注〔一〇〕。

〔一二〇〕故山不童而用贍，澤不弊而養足，不出百里而求足：見管子侈靡。其文曰：“佶、堯之時，……山不童而用贍，澤不弊而養足。……不出百里而來足。”“求足”作“來足”。尹知章注：“山無草木曰童。”又曰：“行者不出百里，而來者所求足故也。”彥按：此以作“求足”義長。“不出百里而求足”者，謂百里之內可以自給自足，宜無關乎來者。今管子作“來”，當爲“求”字形譌。蓋唐本已有誤者，故房氏注文牽強如此。清王念孫、日人豬飼彥博並主此説（見郭沫若等管子集校），黎翔鳳乃謂“生活資料不需要從百里外來而自足，改‘來’爲‘求’，其義反淺”（見管子校注），可謂不知類。

〔一二一〕舉星畢，曳雲稍：此二句爲唐崔融嵩山啓母廟碑中語。舉，謂祭祀。禮記王制“山川神祇，有不舉者爲不敬”鄭玄注：“舉，猶祭也。”星畢，畢星，二十八宿之一。史記周本紀：“九年，武王上祭于畢。”司馬貞索隱：“畢星主兵，故師出而祭畢星也。”曳，搖曳，飄蕩。雲稍，繪有雲彩的旌旗。稍，通“旓”。玉篇㫃部：“旓，旌旗之斿。”又泛指旌旗。　春乘馬而秋登龍，黃斧絀衣，溉執中而獲天下：黃斧絀衣，繡有黃色斧形圖案的禮服。絀，通“黻”。黻衣，本爲繡有青黑色花紋的禮服，此泛稱禮服。溉，通“概”，平允。大戴禮記五帝德：“宰我曰：‘請問帝嚳。’孔子曰：‘玄嚚之孫、蟜極之子也，曰高辛。……春夏乘龍，秋冬乘馬，黃黼黻衣，執中而獲天下。’”又史記五帝本紀：“帝嚳溉執中而徧天下，日月所照，風雨所至，莫不從服。”洪頤煊讀書叢錄史記溉執中：“案溉，古通作概字。概，平也，言平執中以徧及於天下。”

〔一二二〕春夏乘馬，秋冬乘龍：今本大戴禮記五帝德作：“春夏乘龍，秋冬乘馬。”

〔一二三〕周禮夏官廋人：“馬八尺以上爲龍。”

〔一二四〕充亂龍：充，指東漢王充。亂龍，王充論衡篇名。　古者畜龍，乘車駕龍,故今畫之:今本論衡亂龍無“故今畫之”語,黃暉論衡校釋以爲“不當有”。

〔一二五〕法尚乎一而政貴乎信:洪本“貴”譌“責”。

〔一二六〕不備待而得穌,故民反素:備待,防備,戒備。國語周語中“其何以待之”韋昭注:“待,猶備也。”反素,返歸樸素。各本“素”皆譌“累”,今據管子訂正。管子七臣七主:“不備待而得和,則民反素也。”

〔一二七〕皇道炳燠:皇道,指帝王治國的法則。炳燠(yù),光明而温暖。萬流仰鏡:語出文選顔延之皇太子釋奠會作詩“庶士傾風,萬流仰鏡”,李周翰注:“言衆士萬人皆傾慕其風,仰之以爲鑒鏡。”

〔一二八〕牛馬之牧不相及,人民之俗不相知:及,各本皆譌“反”,今據管子侈靡訂正。尹知章管子注:“各自足,則不相及也。人至老死不相往來,故不相知。”

〔一二九〕日月所監:監,“鑑”之古字,照。

〔一三〇〕於是省方以齊民之物,而登封以報其政之成:齊,平均。報,報答。

〔一三一〕是以四海同風,九州共貫:同風,謂同受天子之教化。古今韻會舉要東韻:“風,王者之聲教也。”共貫,貫通,謂無阻礙。漢書王吉傳:“春秋所以大一統者,六合同風,九州共貫也。”

〔一三二〕都於亳殷:彦按:諸書均稱帝嚳都亳,不稱亳殷。如:書帝告釐沃序“湯始居亳,從先王居”傳云:“契父帝嚳都亳,湯自商丘遷焉,故曰‘從先王居’。”初學記卷二四居處部都邑第一引帝王世紀曰:“帝嚳都亳。”唯水經注卷一六穀水云:“陽渠水又東逕亳殷南,昔盤庚所遷,改商曰殷此始也。班固曰:尸鄉,故殷湯所都者也。故亦曰湯亭。薛瓚漢書注、皇甫謐帝王世紀,竝以爲非,以爲帝嚳都矣。”似謂帝嚳都亳殷,蓋即此路史所本。然其語嫌模糊,而於下文又明白稱:“皇甫謐曰:帝嚳作都于亳,偃師是也。”要之,此亳殷宜作亳。地則在今河南商丘虞城縣穀熟鎮。

〔一三三〕亳殷辛:地在今河南商丘市睢陽區高辛鎮。蓋以亳殷爲大名,辛爲小名。

〔一三四〕或謂河南偃師城西二十里尸鄉,春秋之尸氏:河南,郡名。偃師,縣名,治所即今河南 偃師市。尸鄉,各本皆作“乃鄉”。春秋,各本皆作“春氏”。彥按:“乃鄉”乃“尸鄉”之誤。水經注卷二三汳水:“亳本帝嚳之墟,在禹貢豫州河、洛之間,今河南 偃師城西二十里尸鄉亭是也。”“春氏”當作“春秋”,作“氏”蓋涉下文“尸氏”而譌。後漢書郡國志一河南尹曰:“偃師有尸鄉,春秋時曰尸氏。”今並訂正。　今睢陽治宋城之地:睢陽,縣名。宋城,在今河南 商丘市睢陽區。

〔一三五〕秦再思:北宋時人,有著作洛中記異。　太祖皇帝初作:太祖皇帝,指宋太祖 趙匡胤。吳本“太”作“大”。初作,初始,起初。　叶於皇考之諱:叶,同“協”,符合。皇考,指宋太祖 趙匡胤父趙弘殷。彥按:此謂不稱亳殷而稱宋城,有避諱意。

〔一三六〕宋主大火:大火,星宿名,二十八宿之一,即心宿。此句謂宋以大火爲祭祀主星。左傳襄公九年:“陶唐氏之火正閼伯居商丘,祀大火而火紀時焉。相土因之,故商主大火。”孔穎達疏:“祀大火者,閼伯祀此大火之星,居商丘而祀火星也。相土因之,復主大火,是商丘之地,屬大火也。……傳言‘商主大火’,商謂宋也。宋主大火耳,成湯不主火也。宋是商後,故謂宋爲商。”　德復在火:明楊慎丹鉛總錄卷一九宋人多議論可厭云:“程伊川謂……宋爲火德,故多水患。”　符契:相符,合拍。

〔一三七〕是爲玉子者:玉子,各本均作“王子”,非是。今訂正。下羅苹注“玉子”、“玉子墓”之“玉子”同。參見上注〔一一七〕。

〔一三八〕頓丘城臺陰:各本皆作“頓丘臺城陰”。彥按:此必“城臺”二字誤倒。水經注卷九淇水引皇覽曰:“帝嚳冢在東郡 濮陽 頓丘城南臺陰野中者也。”又本書後紀二女皇氏“乾德四年,詔置守陵五户,春醮少牢”羅苹注亦曰:“高辛:頓丘城南臺陰城。”今據以訂正。

〔一三九〕魏之頓丘:魏,州名。頓丘,縣名,治所在今河南 清豐縣西南。

〔一四〇〕見元和郡縣圖志卷一六澶州頓丘縣。

〔一四一〕見太平寰宇記卷五七澶州頓丘縣。

〔一四二〕藏景錄形神經:各本皆作“藏景錄及形神經”。彥按:藏景錄形神經係一道書之名,太平御覽卷六六五曾引之,全稱爲太極真人石精金光藏景錄形神經。“及”字當爲衍文,今刪去。

〔一四三〕山經、九域志皆作狄:狄,喬本、洪本譌"秋",此從餘諸本改。
云:山陰,今陵見存:山海經海外南經曰:"狄山,帝堯葬于陽,帝嚳葬于陰。"又
元豐九域志卷二潭州曰:"狄山,山海經:帝嚳葬于狄山之陰。今陵見存。"

〔一四四〕惟一劍在北寢上:惟,吳本、四庫本作"唯"。寢,寢室。

〔一四五〕蓋仙者言解去:解去,道教語。謂修道者死後,魂魄脱離形骸而
成仙。洪本、吳本、四庫本、備要本作"解法",誤。

〔一四六〕真誥卷一四稽神樞第四、雲笈七籤卷八四尸解釋石精金光藏景
録形法並載其事。

〔一四七〕胄后則一爲正,三爲妃:胄后,后妃。吳本、備要本"胄"譌"胃"。
三,洪本譌"王"。

〔一四八〕故隨主欲立五后:隨,通"隋"。彥按:欲立五后,乃后周宣帝宇
文贇事,不關隋主,蓋因文載隋書,羅氏粗疏而致誤。　辛彥之曰:后與天子匹
躬齊尊:辛彥之,北周儒者,官少宗伯。匹,四庫本譌"亡"。躬,吳本作"體",
四庫本、備要本作"軆",同。

〔一四九〕而博士何妥駁之:何妥,"妥"洪本作"㚢",餘本本皆作"安"。彥
按:其事備載隋書及北史何妥傳,字當作"妥",今訂正。駁,喬本譌"馭",今從
餘諸本改。

〔一五〇〕失:過錯。

〔一五一〕姜嫄:洪本、吳本"嫄"作"原"。下羅苹注"姜嫄"之"嫄"同。

〔一五二〕鄭玄云:"偕立四妃,以象后妃四星,一明者爲正,三小爲次。帝
堯因之":見禮記檀弓上"舜葬於蒼梧之野,蓋三妃未之從也"鄭玄注,文字稍
有出入。自此而下至"以此",洪本闌入正文。后妃四星,蓋在北斗星附近。史
記天官書"後句四星,末大星正妃"司馬貞索隱引援神契云:"辰極横,后妃四
星從,端大妃光明。"辰極,北斗。

〔一五三〕劉瑜:東漢時人,桓帝朝舉賢良方正。　古天子一娶九女,姪娣
有序,河圖授嗣,正在九房:見後漢書劉瑜傳上書陳事。姪娣,古諸侯、貴族之
女出嫁,以侄女和妹妹從嫁爲媵妾者之合稱。劉瑜傳作"娣姪"。序,各本皆作
"寢",今據劉瑜傳改。

〔一五四〕漢劉向列女傳母儀傳棄母姜嫄:"姜嫄之性,清静專一,好種

稼穑。”

〔一五五〕列女:洪本此二字闌入正文。

〔一五六〕履帝敏,居期而生弃:敏,通“拇”,足大趾。吳本、備要本作“履”。期(jī),一周年。弃,即周之先祖后稷。

〔一五七〕山海經云:后稷生于巨迹:今本山海經無是語。于,喬本、洪本、吳本、備要本皆譌“子”,今從四庫本改。

〔一五八〕列子因之:列子天瑞:“后稷生乎巨迹。” 太史公、褚先生、鄭康成記之:褚先生,指褚少孫,西漢博士,曾爲司馬遷史記中的若干篇寫了續補文字。太史公記見史記周本紀,褚先生記見史記三代世表,鄭康成記見毛詩大雅生民箋。

〔一五九〕姜嫄游閟宫,其地扶桑:閟宫,神廟。扶,靠近。釋名釋言語:“扶,傅也,傅近之也。”桑,指桑林。

〔一六〇〕卦之,得震,故周蒼代商:周蒼,即周。彦按:震爲東方之卦,五行屬木,其色則蒼。又宋章如愚羣書考索卷二七引元命包云:“夏,白帝之子;殷,黑帝之子;周,蒼帝之子。是其王者皆感太微五帝之精而生。”故稱周蒼。

〔一六一〕嫄衣帝俈之衣,坐息帝所而姙,故怪之:見論衡吉驗篇,原文作:“后稷之母,履大人迹,或言衣帝嚳之服,坐息帝嚳之處,姙身,怪而棄之隘巷。”坐息,坐著休息。各本“息”皆譌“德”。彦按:“德”字亦作“悳”,與“息”相近,蓋先誤認“悳”,因又譌作“德”。今訂正。姙,吳本譌“婬”。

〔一六二〕詩言“履帝武敏”:見詩大雅生民。武敏,足迹的拇趾印。 歐永叔、蘇明允、洪駒父輩皆辨無是事:歐永叔,即北宋政治家、文學家歐陽修(字永叔)。其說見所著詩本義卷一〇生民。蘇明允,即北宋文學家蘇洵(字明允)。其說見所著嘉祐集卷九譽妃論。洪駒父,宋代詩人洪芻(字駒父)。其說出處不詳。

〔一六三〕神理所在,居於忽恍汗漫之間,氤氳通行,蓋有難廢者:忽恍,模糊。洪本“恍”譌“㤞”。吳本、四庫本、備要本作“恍忽”。汗漫,渺茫。氤氳,天地陰陽交合之氣。廢,通“發”,揭示,闡發。

〔一六四〕齊之章丘縣龍盤山:齊,州名。章丘縣,治所在今山東章丘市綉惠街道。龍盤山,四庫本“盤”作“蟠”。

〔一六五〕述征記:晉郭緣生撰。

〔一六六〕伏琛齊地記:宋濟南太守蕭承之立祠於山,妻學履之,是生齊帝:伏琛,南朝時人,餘不詳。喬本“琛”誤“探”,今據餘諸本訂正。太守,吳本“太”作“大”。齊帝,指南朝齊高帝蕭道成。

〔一六七〕彥按:南齊書不載其事,此説不詳所指,疑有誤。

〔一六八〕未可遽非:洪本“非”作“信”誤。

〔一六九〕披頤象亢:披頤,謂頭骨呈岐出狀隆起。亢,高起,隆起。潛夫論五德志:“後嗣姜嫄,履大人迹生姬棄。厥相披頤。”汪繼培箋:“‘披頤’,宋書符瑞志作‘枝頤’。按披、枝並‘岐’之誤。御覽三百六十八引春秋元命苞云:‘后稷歧頤自求,是謂好農。蓋象角亢,載(上)〔土〕食穀。’王先生云:‘按詩大雅生民:“克岐克嶷”,“岐嶷”即“岐頤”也。岐者,頭骨隆起而岐出,嶷嶷然高,故象角亢。’”彭鐸校正曰:“鐸按:馬瑞辰毛詩傳箋通釋二十五云:‘元命苞“岐頤”,潛夫論“披頤”,皆即詩“岐嶷”之轉借,或本三家詩。’”

〔一七〇〕稷歧頤自求:吳本、四庫本“歧”作“岐”,通。自求,自得,謂天生。　蓋象角亢,載土食穀:角,額骨。載,四庫本作“戴”。土,洪本誤“上”。

〔一七一〕面皮有土象:此釋“載土”二字。　頤面爲下部:此謂頤于面部,居其下位。蓋宋均注以“頤”爲下巴解。　乃地利也:各本皆作“巧於利也”,義不可解。古微書卷六春秋緯春秋元命包引宋注,作“乃地利也”,文通字順,今據以改。

〔一七二〕弃之每異,嫄乃收之:史記周本紀:“姜原出野,見巨人迹,心忻然説欲踐之,踐之而身動如孕者。居期而生子,以爲不祥,弃之隘巷,馬牛過者皆辟不踐;徙置之林中,適會山林多人,遷之;而弃渠中冰上,飛鳥以其翼覆薦之。姜原以爲神,遂收養長之。”説本詩經大雅生民:“誕寘之隘巷,牛羊腓字之。誕寘之平林,會伐平林。誕寘之寒冰,鳥覆翼之。”

〔一七三〕天問:楚辭篇名,屈原所作。

〔一七四〕名弃,亦偕芮司徒女名弃:偕,同。各本皆作“借”。彥按:作“借”費解,字當爲“偕”,形近致譌。今訂正。芮司徒,春秋宋大夫。吳本、四庫本“芮”作“芮”,誤。女,各本皆作“少”,今據左傳訂“女”。　赤而毛,弃之,恭姬之妾取以入,而名弃:恭姬,左傳作“共姬”,宋共公夫人。妾,女僕。左傳襄公二十六年:"初,宋芮司徒生女子,赤而毛,棄諸堤下。共姬之妾取以入,名之曰棄。"

〔一七五〕寒朗伯奇生,弃荆棘,數日兵散,乃收養之:寒朗,各本皆作"韓郎"。彦按:"韓郎"當作"寒朗"。"寒"音訛作"韓","朗"形訛成"郎"。宋人避聖祖玄朗諱,"朗"缺筆作"朗",因訛而成"郎"。後漢書寒朗傳:"寒朗字伯奇,魯國薛人也。生三日,遭天下亂,弃之荆棘;數日兵解,母往視,猶尚氣息,遂收養之。"今據以訂正。

〔一七六〕王充云:或時禹、稷之母欲姙,適吞薏乙、履迹邪:見論衡奇怪,原文作:"或時禹、契、后稷之母適欲懷姙,遭吞薏苡、燕卵,履大人迹也。"王充,喬本"充"訛"允",今據餘諸本訂正。薏,薏苡。此指苡仁。乙,即後"鳦"字,燕子。此指燕卵。彦按:舊傳禹母吞薏苡而生禹,离母吞燕卵而生离(亦作契,商之始祖),后稷母履大人迹而生后稷,王充之語即針對此言。今羅注引文既及吞乙,而遺言离,欠妥。

〔一七七〕論衡奇怪:"世好奇怪,古今同情。不見奇怪,謂德不異。"

〔一七八〕性敷而仁,戲惟稷黍:戲,游戲。彦按:"性敷而仁"蓋撮取劉向列女傳而來,"敷"疑"聰"字之誤。説詳下注。

〔一七九〕列女傳云:性敷而仁,簡狄教之,時藝桑麻:此十六字,洪本闌入正文。簡狄,商族始祖契母。藝,種植。彦按:此述弃事,不關乎簡狄,"簡狄"當作"姜嫄"。又"敷"疑"聰"字之訛。考列女傳母儀傳棄母姜嫄文云:"姜嫄……好種稼穡。及棄長,而教之種樹桑麻。棄之性,明而仁,能育其教,卒致其名。"張敬今註今譯引陳奐曰:"'明'上疑脱'聰'字。"張濤譯注引王筠曰:"'性'字下似脱'聰'字。此三句與契母簡狄篇同,彼固有之。"諸家所言甚是。蓋列女傳原文作"棄之性,聰明而仁",路史及注撮取其意,但稱"性聰而仁",而今本"聰"字皆訛而成"敷",遂相失。

〔一八〇〕教發菑糞土,別五土之宜:發菑(zī),開墾耕作。糞土,給田地施肥。五土,指山林、川澤、丘陵、肥沃平曠之地、廣平低濕之地等五種土地。孔子家語相魯:"乃別五土之性,而物各得其所生之宜。"王肅注:"五土之性,一曰山林,二曰川澤,三曰丘陵,四曰墳衍,五曰原隰。"淮南子泰族:"后稷墾草發菑,糞土樹穀,使五種各得其宜,因地之勢也。"　教民時菽嘉穀,致飴有相之

道:時萩,同義複合詞,種植。時,通"蒔"。萩,同"藝"。喬本、洪本譌"執",今
據餘諸本訂正。致飴,贈予,給予。飴,通"貽",吳本、四庫本、備要本作"貽"。
詩經大雅生民:"誕后稷之穡,有相之道。"毛亨傳:"相,助也。"鄭玄箋:"大矣,
后稷之掌稼穡,有見助之道。謂若神助之力也。"

〔一八一〕書刑德放:漢代緯書,尚書緯之一種。放,喬本、洪本、備要本作
"攷",吳本、四庫本作"考"。彥按:"攷"乃"放"字形譌,"考"則由"攷"而來。
今訂正。

〔一八二〕文子云,爲大農師:彥按:今本文子無是語,而自然篇曰:"后稷
爲田疇。"而吳越春秋吳太伯傳則有"(堯)乃拜棄爲農師"之記載。

〔一八三〕此上孔穎達語,見於毛詩魯頌閟宮正義述尚書堯典文末説舜命
羣官事,文字略有異同。　禹宅百揆:宅,居(官),任(職)。百揆,總理國政之
官。　契敷五教:敷,傳布。五教,指父義、母慈、兄友、弟恭、子孝五種倫理道
德的教育,即所謂五常之教。參見後紀十一帝堯陶唐氏注〔一六四〕。　伯夷
秩宗:秩宗,掌管宗廟祭祀的官。　咎陶爲士:士,掌管刑獄的官。　垂共工:
共工,掌管百工事務的官。

〔一八四〕見毛詩魯頌閟宮"是生后稷,降之百福"鄭玄箋。原文作:"后稷
生而名弃,長大,堯登用之,使居稷官,民賴其功。後雖作司馬,天下猶以'后
稷'稱焉。"后稷,農官名。

〔一八五〕昏禮謁文:漢鄭玄撰。原書已佚。清王仁俊玉函山房輯佚書續
編輯得佚文一卷存世。

〔一八六〕齊職儀:洪本"職"作"滅",誤。吳本"職"作"戩",乃"職"字
省文。

〔一八七〕稷實天官:吳本"實"作"寔"。

〔一八八〕麥麰天降,故云周有麥瑞:麥麰,泛稱大小麥。麰,大麥。詩經
周頌思文:"貽我來牟,帝命率育。"鄭玄箋:"此謂遺我來牟,天命以是循存后
稷養天下之功,而廣大其子孫之國。"又臣工:"於皇來牟,將受厥明。明昭上
帝,迄用康年。"鄭玄箋:"於美乎! 赤烏以牟麥俱來,故我周家大受其光明。
謂爲珍瑞,天下所休慶也。此瑞乃明見於天,至今用之有樂歲,五穀豐熟。"孔
穎達疏:"於美乎,歎其受麥瑞而得豐年也。……此瑞本自天來,而云見於天

者,見天人相因,以爲人見天瑞而歸之,天見人歸而降福,美此周德,賜之豐年。”

〔一八九〕后稷:洪本“后”譌“國”。　若□皇朝賦占城禾也:洪本作“若□皇朝□古□禾也”。吳本、四庫本、備要本則均無此九字。賦,授予,分給。占城,古國名。在今越南中南部。宋高承事物紀原卷一〇草木花菓部五十四占稻曰:“江淮之間有稻,粒稍細,耐水旱而成實早,作飯差硬,土人謂之占城米。真宗嘗植於苑中。始自占城國傳其種,遂植南方也。宋朝會要曰:大中祥符五年五月,遣使福建,取占城禾分給江淮、兩浙漕,并出種法,令擇民田之高者分給種之。僧文瑩湘山野録曰:真宗聞占城稻耐旱,遣使以珍貨求其種播之,始植於後苑也。”

〔一九〇〕絳郡有稷山:絳郡,治所在今山西新絳縣。洪本“郡”譌“都”,吳本、備要本又譌“若”。稷山,山名。又稱稷神山、稷王山,在今山西稷山縣南。
稷播種百穀於此:喬本“穀”作“谷”,此從餘諸本改。

〔一九一〕山西南去安邑六十七里:六十七,吳本、四庫本、備要本並作“六十”。彥按:據太平寰宇記卷四六解州安邑縣“稷山,在縣東北六十七里”,則當以喬本、洪本爲是。

〔一九二〕唐之稷山,今屬河中:稷山,縣名。今屬山西省。河中,府名。

〔一九三〕按:後魏稷山乃高涼山,隨已後改曰稷山:吳本、四庫本、備要本均無此十六字。而洪本則“按”、“魏曰”、“稷山”諸字泯滅。高涼山,洪本如此,喬本作“高梁山”。彥按:太平御覽卷四五地部十稷山云:“後魏曰高涼山,隋已後又爲稷山。”當即羅氏所據,今訂從洪本。

〔一九四〕修封壃,爲田:謂整治疆界,開墾田地。修,洪本此字泯滅。　順土造區:吳越春秋吳太伯傳曰:“堯遭洪水,人民泛濫,(遂)〔逐〕高而居。堯聘棄,使教民山居,隨地造區,研營種之術。”此之“順土造區”猶彼之“隨地造區”。　迪民降岌:謂引導百姓走下高山。岌,本形容山高,此借代高山。

〔一九五〕稷始爲甽田,以二耜爲耦:甽,田間小水溝。爲甽田,謂爲甽于田,即開小水溝于田間。耦,二人並肩而耕。漢書食貨志上:“后稷始甽田,以二耜爲耦。”

〔一九六〕□□□□□□□□一甽,一夫三百甽,而播種於□□:一甽,疑

“一”當作“三”。又句末兩字闕文疑爲“畎中”。漢書食貨志上:“廣尺深尺曰畎,長終畮。一畮三畎,一夫三百畎,而播種於畎中。”

〔一九七〕后稷,天下之爲烈也,豈一手一足哉:禮記表記載孔子語。鄭玄注:“烈,業也。言后稷造稼穡,天下世以爲業。豈一手一足,喻用之者多,無數也。”洪本“后稷天下”四字泯滅。

〔一九八〕虞帝乃國之駘:駘(tāi),在今陝西武功縣境。

〔一九九〕昔景王使詹桓責晉曰:我自后稷,駘、芮、岐、畢,吾西土也:景王,周景王。詹桓,詹桓伯,周大夫。芮,在今陝西大荔縣東南。喬本、洪本、吳本、四庫本譌“芮”,今從備要本訂正。岐,喬本、洪本、備要本作“歧”,今從吳本及四庫本。畢,在今陝西咸陽市西北畢原。西土,洪本“土”譌“上”。彦按:“駘”上疑脱“魏”字。左傳昭公九年:“晉梁丙、張趯率陰戎伐潁。王使詹桓伯辭於晉,曰:‘我自夏以后稷,魏、駘、芮、岐、畢,吾西土也。”本書國名紀三高辛氏後魏載其事,亦有魏。

〔二〇〇〕注:武功郿城:今考杜預注,文作:“駘在始平武功縣所治釐城。”

〔二〇一〕傳皆作“駘”:彦按:今書傳所見,實多作“邰”。“駘”疑當作“邰”。

〔二〇二〕其地在齊:彦按:此邰爲春秋魯地,在今山東費縣東南。左氏春秋襄公十二年:“春,王三月,莒人伐我東鄙,圍台。”杜預注:“琅邪費縣南有台亭。”台即邰,穀梁春秋作“邰”,乃其地。

〔二〇三〕勵百穀而山死:勵,“勤”字俗書。國語魯語上載展禽曰:“稷勤百穀而山死。”韋昭注:“稷,周棄也,勤播百穀,死於黑水之山。毛詩傳云。”

〔二〇四〕山海經云:后稷死於黑水之山:見山海經海内經。原文作:“西南黑水之閒,有都廣之野,后稷葬焉。”袁珂校注:“曹學佺蜀中名勝記謂在今成都附近雙流縣境。”

〔二〇五〕展禽:即柳下惠。見前紀七葛天氏注〔四六〕。

〔二〇六〕世紀云:死於黑水潢渚之野:潢渚,洪本、吳本、備要本“渚”作“者”。太平御覽卷五五引帝王世紀,作:“棄恤民勤稼,蓋封地方百里,巡教天下,死於黑水之閒潢渚之野。”

〔二〇七〕世濟其德:濟,沾溉。

〔二〇八〕是代其父及稷播穀:稷,指其祖后稷。

〔二〇九〕田主以乙巳日死:洪本無"日"字。

〔二一〇〕見周禮地官大司徒"設其社稷之壝而樹之田主"鄭玄注。原文作:"田主,田神,后土、田正之所依也,詩人謂之田祖。"

〔二一一〕弃爲堯稷官,立稼穡,死配稷,名爲田正:弃,四庫本譌"弁"。立,疑"主"字之誤。傳世本周禮注疏已作"立",非自羅氏始,然四庫全書本周禮注疏則作"主",當不誤。死配稷,此稷謂五穀之神。賈公彦疏原文作:"棄爲堯時稷官,(立)[主]稼穡之事,有功於民,死乃配稷而食,名爲田正也。"

〔二一二〕詩人謂之田祖:此亦出周禮鄭玄注語。見上注〔二一〇〕。詩人,指詩經作者。

〔二一三〕籥師注云,田祖謂神農:彦按:"籥師"當作"籥章"。周禮春官籥章"凡國祈年于田祖,龡豳雅,擊土鼓,以樂田畯"鄭玄注:"田祖,始耕田者,謂神農也。"

〔二一四〕詩經小雅甫田:"琴瑟擊鼓,以御田祖。"毛亨傳:"田祖,先嗇也。"孔穎達疏:"以神農始造田謂之田祖,而后稷亦有田功,又有事於尊可以及卑,則祭田祖之時,后稷亦食焉。后土則五穀所生,本云句龍能平之,則句龍亦在祭中。而籥章云'以樂田畯',尚及典田之大夫,明兼后土、后稷矣。故大司徒注云:'田主,田神,后土及田正之神所依也,詩人謂之田祖。'以句龍爲后土,后稷爲田正,而言'詩人謂之田祖',則田祖之文,雖主於神農,而祭尊可以兼卑,其祭田祖之時,后土、田正皆在焉。"

〔二一五〕仂田:謂努力耕田,勤于農事。仂,通"力",洪本譌"仍"。

〔二一六〕不窋:窋,音 zhú。

〔二一七〕乃夏末時人:洪本"乃"譌"及"。

〔二一八〕國語云:不窋事虞、夏:彦按:國語周語上載祭公謀父曰:"昔我先王世后稷,以服事虞、夏。及夏之衰也,棄稷不務,我先王不窋用失其官,而自竄于戎、狄之閒。"此羅氏所謂"不窋事虞、夏",並非國語原來文意。

〔二一九〕而史記、世本、世紀遂以爲稷所生:世本,吳本、四庫本、備要本脫"世"字。史記三代世表:"后稷生不窋。"又周本紀曰:"后稷卒,子不窋立。"司馬貞索隱引帝王世紀云:"后稷納姞氏,生不窋。"世本帝王世本周:"后稷生不

（窟）［窑］。”

〔二二〇〕春秋義渠之地：在今甘肅慶陽市西峯區一帶。義渠，古民族名。成相篇砥石是也：成相篇，荀子篇名。

〔二二一〕今慶州有不窑城：慶州，治所在今甘肅慶城縣。不窑城，備要本“窑”譌“窟”。

〔二二二〕公劉能修后稷之業，民保歸焉，周道縣興：修，遵循。保歸，歸附。縣，四庫本作“由”。史記周本紀：“公劉雖在戎狄之閒，復脩后稷之業，……民賴其慶。百姓懷之，多徙而保歸焉。周道之興自此始。”

〔二二三〕始國于邠：邠，同豳，在今陝西彬縣。史記周本紀作“國於豳”。

〔二二四〕弗差：史記周本紀、漢書古今人表均作“差弗”。

〔二二五〕偽隃：史記周本紀、漢書古今人表均作“毀隃”。

〔二二六〕高圉能帥稷者，周人報焉：帥，遵循。報，古祭名。爲答謝神恩而舉行的祭祀。

〔二二七〕諸盞：盞，“盞”字省文，同“戾”。

〔二二八〕班氏表：指班固漢書古今人表。　夷竢：吳本、備要本“竢”譌“竣”。

〔二二九〕然史記乃無辟方、侯牟、雲都、諸盞，故皇甫謐遂以爲公非、高圉、亞圉、祖紺之字：諸盞，備要本“諸”譌“者”。以爲，吳本、四庫本“爲”譌“高”。彥按：史記周本紀“毀隃卒，子公非立”司馬貞索隱：“皇甫謐云‘公非，字辟方’也。”又“高圉卒，子亞圉立”裴駰集解：“皇甫謐云：‘雲都，亞圉字。’”皆與羅苹説符。然史記周本紀“亞圉卒，子公叔祖類立”司馬貞索隱：“皇甫謐云‘公祖，一名組紺諸盞，字叔類，號曰太公’也。”則皇甫謐未以諸盞爲祖紺（組紺）字，而以其字爲叔類也。

〔二三〇〕吾知其牽於單穆公之言而合之也：單穆公，周景王大夫單旗。單，音 shàn。元梁益詩傳旁通卷一引路史（彥按：應是路史羅苹注），作“蓋牽於單穆公十四世之説而合二人爲一爾”。彥按：本書發揮四周世攷曰：“雖然，單穆公言‘后稷勤周，十五世而興’，是則世本、史記所爲信者夫？亦知夫所謂興者，有非文王，而不正爲公劉也邪？即稽世本，不窑而下至于季歷，猶一十有七世矣，一十五世而得邃而盡之哉？甚矣，系牒之難理也！”是所謂“單穆公之言"者,必指"后稷勤周,十五世而興"矣。然考國語周語下,此乃衛大夫彪傒對單穆公所言(原文"十五世"作"十有五世"),而並非單穆公語。羅氏誤混之矣。

〔二三一〕釋例亦云:"高圉,僕窋九世孫":僕窋,即不窋。詩傳旁通卷一引路史,作:"杜預釋例云:'高圉,不窋九世孫。'"彥按:今本春秋釋例卷八世族譜第四十五之上周作"僕不窋九世孫",疑衍一"僕"或"不"字。或者釋例原作僕窋,而人但知有不窋,乃于"僕"下側旁注一"不"字,遂闌入正文也。

〔二三二〕史記周本紀"高圉卒,子亞圉立"司馬貞索隱:"漢書古今表曰:'雲都,亞圉弟。'按:如此説,則辟方侯侔亦皆二人之名,實未能詳。"

〔二三三〕夷歧:吴本、四庫本"歧"作"岐"。

〔二三四〕人表曰公祖,世表曰叔類也:人表,指漢書古今人表。世表,指史記三代世表。叔類,今考史記三代世表,原文實作"公祖類"。

〔二三五〕避熏育,居歧陽,實始剪商:熏育,即獯鬻,我國古代北方少數民族名。夏、商時稱獯鬻,周時稱獫狁,秦、漢稱匈奴。歧陽,在今陝西岐山縣東北岐山南麓。吴本、四庫本"歧"作"岐"。剪,翦除,消滅。洪本譌"前"。

〔二三六〕復取于駘:取,娶妻,今字作"娶"。

〔二三七〕程:在今陝西咸陽市東北。

〔二三八〕屬:音 zhǔ,寄託。

〔二三九〕泰伯闞知,及弟仲雝竄于荆曼,居梅里:闞知,探知,了解。闞,同"闞"。吴本、四庫本、備要本作"闞"。于,洪本譌"干"。荆曼,荆蠻,古代中原人對楚越其地或人之稱。"曼"疑"蠻"字音譌。梅里,在今江蘇無錫市新吴區梅村街道。史記吴太伯世家:"季歷賢,而有聖子昌,太王欲立季歷以及昌,於是太伯、仲雍二人乃犇荆蠻,文身斷髮,示不可用,以避季歷。"

〔二四〇〕勾吴:洪本"勾"譌"互"。史記吴太伯世家:"太伯之犇荆蠻,自號句吴。荆蠻義之,從而歸之千餘家,立爲吴太伯。"

〔二四一〕計於近郊而還于番離:郊,交通要衝之地。漢書汲黯傳"上以爲淮陽,楚地之郊也"顏師古注:"郊謂交道衝要之處也。"番離,又作蕃離,即梅里。

〔二四二〕盍閭城:即闔閭城。包括大、小二城。大城位于今之江蘇常州市武進區雪堰鎮城里村，小城位于今之江蘇無錫市濱湖區馬山街道湖山社區。喬本作“盍離閭城”，當衍一“離”字，今從餘諸本訂正。

〔二四三〕世本居篇云：吳本、四庫本、備要本均無“居篇”二字，當爲脱文。喬本、洪本“居”字上有一墨丁，然對照司馬貞史記索隱所引（見下），當非闕文。　孰哉居番離：史記吳太伯世家“太伯弟仲雍”司馬貞索隱：“系本曰‘吳孰哉居蕃離’，宋忠曰‘孰哉，仲雍字。蕃離，今吳之餘暨也’。解者云雍是孰食，故曰雍字孰哉也。”　孰姑徙勾吳：吳本、四庫本、備要本此五字奪。孰姑，春秋吳王壽夢字。徙，喬本、洪本均譌作“徒”，今訂正。勾吳，洪本“勾”譌“曰”。史記吳太伯世家“太伯之犇荆蠻，自號句吳”司馬貞索隱引系本居篇曰：“孰哉居蕃離，孰姑徙句吳。”

〔二四四〕史云“自號句吳”，是也：吳本、四庫本、備要本奪此八字。洪本“史云”二字爲墨丁，“句”譌“可”。

〔二四五〕伯卒仲繼：史記吳太伯世家：“太伯卒，無子，弟仲雍立，是爲吳仲雍。”　剪髮文身，臝以爲俗，是爲孰哉虞仲：臝，同“裸”，赤身露體。洪本作“贏”，吳本作“羸”，皆誤。以爲，洪本、吳本“爲”譌“惠”。是爲，吳本、四庫本“爲”作“謂”。

〔二四六〕史記謂太伯斷髮文身：史記，吳本“記”譌“謂”，因與下“謂”字重。太伯，吳本、四庫本作“泰伯”。參見上注〔二三九〕。

〔二四七〕左傳哀公七年：“大伯端委以治周禮，仲雍嗣之，斷髮文身，臝以爲飾。”潛夫論志氏姓：“太伯君吳，端垂衣裳，以治周禮。仲雍嗣立，斷髮文身，倮以爲飾。”

〔二四八〕太伯教吳冠帶，孰與隨其俗而與之俱倮也：見論衡譴告。冠帶，戴帽子束腰帶。孰與，洪本如此，與論衡同，餘諸本皆譌“孰哉”。今訂正。隨其俗而，論衡原文作“隨從其俗”。

〔二四九〕論衡原文作：“故吳之知禮義也，太伯改其俗也。”

〔二五〇〕與：如同。　端委：古代禮服。此用如動詞。參見上注〔二四七〕。

〔二五一〕陸氏吳地記：陸氏，指唐陸廣微。吳地記，喬本脱“記”字，今據餘諸本補。　雍冢在常熟虞山上，與言偃冢並：常熟，縣名。虞山，山名。在今江蘇常熟市虞山鎮西北。言偃冢，四庫本“冢”譌“家”。

〔二五二〕武王封其曾孫仲於夏虛,爲西吳,亦曰虞仲:夏虛,在今山西太原市西南。西吳,即西虞。史記吳太伯世家:“仲雍卒,子季簡立。季簡卒,子叔達立。叔達卒,子周章立。是時周武王克殷,求太伯、仲雍之後,得周章。周章已君吳,因而封之。乃封周章弟虞仲於周之北故夏虛,是爲虞仲,列爲諸侯。”

〔二五三〕春秋釋例卷九世族譜第四十五之下吳:“(武王)又別封章弟虞仲于虞。自太伯五世而得封,十二世而晉滅虞。”

〔二五四〕仲支孫卿于周,封樊:喬本、洪本、四庫本“支”譌“支”,今從吳本、備要本改。樊,在今陝西西安市長安區東南。元和姓纂卷四元韻樊:“周太王子虞仲支孫爲周卿士,食采於樊,因命氏,今河内陽樊是也。”　万紐于氏:各本“万”皆作“方”。彦按:姓書無“方紐于”姓,“方”當作“万”。万紐于見古今姓氏書辯證卷三二願韻。而北周唐瑾、樊琛並賜姓万紐于氏,更見于北史本傳。今據以訂正。

〔二五五〕左傳僖公五年:“冬,十二月丙子,朔,晉滅虢,虢公醜奔京師。師還,館于虞,遂襲虞,滅之。”

〔二五六〕定五年,於越入吳:於越,即春秋越國。於,音 yú,吳本、四庫本作“于”。春秋定公五年:“於越入吳。”杜預注:“於,發聲也。”

〔二五七〕虞威,吳始大:春秋釋例卷九世族譜第四十五之下吳云:“虞滅而吳始大。”

〔二五八〕厥繇:吳本、四庫本作“厥由”。彦按:姓書未見此姓,然當出自春秋吳王餘祭弟蹶由(見左傳昭公五年)也。　泰伯:元和姓纂卷八泰韻作“太伯”,云:“周古公之子吳太伯之後。”

〔二五九〕以上復姓:洪本脱“姓”字。

〔二六〇〕屄:音 hé。　㲸:“兒”之古文。見玉篇。　蠱:彦按:“蠱”當作“蠱”。潛夫論志氏姓曰:“古漆雕開、公冶長,前人書‘雕’從易,渻作‘周’,書‘冶’復誤作‘蠱’,後人又傳作‘古’,或復分爲古氏、成氏、堂氏、開氏、公氏、冶氏、漆氏、周氏。此數氏者,皆本同末異。凡姓之離合變分,固多此類。”“書‘冶’復誤作‘蠱’”,舊本譌作“書治漢誤作蠱”,清汪繼培訂正之,箋曰:“按蠱、冶古字通,史記貨殖傳:‘作巧姦冶’,徐廣曰:‘一作“蠱”。’後漢書馬融傳:

‘田開、古蠱’，章懷注：‘蠱，音冶。晏子春秋曰：“公孫捷、田開疆、古冶子，事景公以勇。”“蠱”與“冶”通。’説甚磄。路史此“蠱”蓋據舊本潛夫論爲説，實當作“蠱”也。

〔二六一〕棠谿：洪本“谿”作“㵎”。四庫本“谿”作“谿”，下“唐谿”之“谿”同。　或柯：吳本、四庫本作“彧柯”。彥按：“彧柯”、“彧柯”均不見書傳，疑有誤。

〔二六二〕潛夫論又有成氏、梁氏、公氏：見潛夫論志氏姓。彥按：梁氏，汪繼培潛夫論箋訂作“漆氏”，曰：“‘漆’舊作‘梁’。按廣韻五質：‘漆，俗作“柒”。’柒、梁形近之誤。”

〔二六三〕延出延陵：古今姓氏書辯證卷九仙韻延：“謹案：吳公子札食采延陵及州來，左傳稱延州來季子，則已去‘陵’稱‘延’，延氏宜出於此。”

〔二六四〕姓纂又有延州氏，誤：洪本“纂”譌“纂”。元和姓纂卷五仙韻延州：“吳季札封延州來，氏焉。”而宋鄧名世非之，曰：“誤矣。‘延’，延陵也，與‘州來’爲二邑，後世無以‘延州’爲氏者。”見古今姓氏書辯證卷九仙韻延州。

〔二六五〕婺源：縣名。今屬江西省。

〔二六六〕婺源西七十五村，葬處名吳山：村，指吳村。吳山，當作“吳山里”。文見太平寰宇記卷一〇四歙州婺源縣，原作：“吳村，在縣西七十五里。昔吳王爲越所滅，勾踐流其三子，而長子鴻處此死，因葬焉，遂名葬處爲吳山里。”

〔二六七〕倭、鄖、無錫：倭，我國古代對日本的稱呼。鄖（yún），古國名，地在今湖北安陸市。

〔二六八〕周處：三國東吳、西晉時人，有著作風土記。　武王追封周章於吳：武王，備要本“王”譌“正”。周章，仲雍曾孫。見上注〔二五二〕。　乃封章之子斌於無錫：斌，各本均作“越”。彥按：“越”當“斌”字之誤。太平御覽卷一七〇引周處風土記：“周武王追封周章於吳，又封章小子斌於無錫也。”作“斌”。又本書國名紀三高辛氏後安陽引風土記，亦作“斌”。今據以訂正。

〔二六九〕季歷再世而興周：再世，謂其後兩代，即周武王。

〔二七〇〕子思云：帝乙時，王季以九命作伯：此十三字，洪本闌入正文。子思，孔子嫡孫孔伋字。九命，殷周官爵九個等級之最高一級。孔叢子居衛：“子思曰：‘吾聞諸子夏：殷王帝乙之時，王季以功，九命作伯，受珪瓚秬鬯之賜，故文王因之，得專征伐。’”宋咸注：“禮九命：一命受職，再命受服，三命受位，四命受器，五命受則，六命受官，七命受國，八命受牧，九命作伯。”

〔二七一〕文王因之：因，因循，繼承。

〔二七二〕故小戎圖云：自此而下至“得專征伐”整段羅苹注文，洪本並闌入正文。吳本、四庫本無“故”字。小戎圖，佚書，作者不詳。吳本、四庫本“圖”作“罟”，同。　帝乙命王季爲西伯，又命文王典治南國：西伯，西方諸侯之長。典治，管理。南國，泛指南方之諸侯國。

〔二七三〕史記殷本紀：“紂囚西伯羑里。西伯之臣閎夭之徒求美女奇物善馬以獻紂，紂乃赦西伯。西伯出而獻洛西之地，以請除炮格之刑。紂乃許之，賜弓矢斧鉞，使得征伐，爲西伯。”

〔二七四〕康王一晏朝而暴公作關雎之詩以諷：晏朝，猶晚朝，謂帝王未按時上朝聽政。晏，晚，遲。關雎，詩經周南篇名，既是國風之首篇，也是全書之首篇。彦按：暴公爲周幽王卿士，距康王甚遠，當非其人。東漢張超誚青衣賦曰：“周漸將衰，康王晏起，畢公喟然，深思古道，感彼關雎，性不雙侶，願得周公，妃以窈窕，防微消漸，諷諭君父。”則稱畢公。畢公高爲周武王弟，歷輔武王、成王、康王三朝，其説可從。蓋即路史所本，唯謂“畢”爲“暴”耳。

〔二七五〕史遷云：周道衰，詩人本之衽席而關雎作：見史記十二諸侯年表。原文作：“周道缺，詩人本之衽席，關雎作。”自此“史遷云”而下至“關雎作刺也”，整段羅苹注文，洪本並闌入正文。本，從……出發。衽席，卧席，引申指寢室之私生活，又借指夫婦之道。關雎，洪本“關”譌“闋”。

〔二七六〕幽、厲之闕，始於衽席，故曰“關雎之亂，以爲風始”：亂，樂曲之末章。風，指詩經中之國風，凡十五國風，一百六十篇。史記孔子世家：“古者詩三千餘篇，及至孔子，去其重，取可施於禮義，上采契、后稷，中述殷、周之盛，至幽、厲之缺，始於衽席，故曰‘關雎之亂以爲風始……’。”

〔二七七〕齊、魯、韓三家則云，康王政衰詩也：此本宋歐陽修詩本義説（見詩本義卷一四時世論）。齊、魯、韓三家，指西漢時立于學官的齊人轅固所傳的齊詩、魯人申培所傳的魯詩，燕人韓嬰所傳的韓詩。

〔二七八〕楊雄：即揚雄。　周康之時，關雎作乎上：洪本“關”譌“闋”。揚雄法言孝至:“周康之時,頌聲作乎下,關雎作乎上,習治也。”

〔二七九〕陸云:康王晚朝,關雎作刺也:洪本、吳本“陸”作“睦”,當爲譌
字。彦按:此“陸云”之陸,蓋指唐陸德明。然查陸氏毛詩音義,並未見有是
語。而後漢書皇后紀序云:“故康王晚朝,關雎作諷。”頗疑羅氏誤記出處矣。

〔二八〇〕穆王耄荒,訓夏贖刑:耄荒,年老。參見後紀四炎帝戲注〔六
四〕。　而書不續:嗣後書傳再無此類記載,謂其事之難得。

〔二八一〕懿益衰,詩人遂刺:史記周本紀:“懿王之時,王室遂衰,詩人
作刺。”

〔二八二〕幽王不道,死於驪山之下,申侯立平王而東遷,黍離遂作:申侯,
西周末申國國君。黍離,詩經王風篇名。毛詩序曰:“黍離,閔宗周也。周大夫
行役,至於宗周,過故宗廟宮室,盡爲禾黍,閔周室之顛覆,徬徨不忍去而作是
詩也。”史記周本紀:“幽王以虢石父爲卿,用事,國人皆怨。石父爲人佞巧善
諛好利,王用之。又廢申后,去太子也。申侯怒,與繒、西夷犬戎攻幽王。幽王
舉烽火徵兵,兵莫至。遂殺幽王驪山下,虜褒姒,盡取周賂而去。於是諸侯乃
即申侯而共立故幽王太子宜臼,是爲平王,以奉周祀。平王立,東遷于雒邑,辟
戎寇。”

〔二八三〕孔子降王風:謂孔子編黍離入王風中。詩經王風黍離鄭玄箋:
“幽王之亂而宗周滅,平王東遷,政遂微弱,下列於諸侯,其詩不能復雅而同於
國風焉。”

〔二八四〕夫風者,風土之謌爾:吳本、四庫本“謌”作“歌”,“爾”作“耳”。
黍離自是東周之土風:土風,鄉土歌謠。

〔二八五〕政僅施於圻内,不能形於四方:僅,洪本譌“漌”。形,顯示,謂影
響。吳本、四庫本作“刑”。

〔二八六〕則七月何爲列于風邪:七月,詩經豳風篇名。毛詩序曰:“七月,
陳王業也。周公遭變,故陳后稷先公風化之所由,致王業之艱難也。”孔穎達
疏:“此詩主意於豳之事,則所陳者,處豳地之先公公劉、大王之等耳,不陳后稷
之教。今輒言后稷者,以先公脩行后稷之教,故以后稷冠之。”

〔二八七〕節南山、十月之交及桓莊之詩,亦可謂降雅乎:節南山、十月之
交,並詩經小雅篇名。毛詩序曰:“節南山,家父刺幽王也。”又曰:“十月之交,

大夫刺幽王也。"鄭玄箋:"當爲刺厲王。"及,各本皆作"乃"。彥按:節南山、十月之交二詩並非作于周桓王、周莊王時,"乃"字顯誤,宜當作"及"。"及""乃"二字形近,典籍中時見互譌之例。今訂正。桓莊之詩,如:王風兔爰,毛詩序曰:"兔爰,閔周也。桓王失信,諸侯背叛,構怨連禍,王師傷敗,君子不樂其生焉。"王風丘中有麻,毛詩序曰:"丘中有麻,思賢也。莊王不明,賢人放逐,國人思之,而作是詩也。"

〔二八八〕曰王風者,春秋書"王"之意也:春秋桓公三年"春,正月,公會齊侯于嬴"杜預注:"經之首時必書'王',明此歷,天王之所班也。"是則"曰王風者",明此地,天王之所居,即王畿也。

〔二八九〕然新序又以爲衛宣公之子壽閔其兄伋而作:新序節士:"衛宣公之子,伋也,壽也,朔也。伋,前母子也。壽與朔,後母子也。壽之母與朔謀,欲殺太子伋而立壽也。使人與伋乘舟於河中,將沉而殺之。壽知不能止也,因與之同舟,舟人不得殺伋。方乘舟時,伋傅母恐其死也,閔而作詩,二子乘舟之詩是也。……於是壽閔其兄之且見害,作憂思之詩,黍離之詩是也。"韓詩及曹植惡鳥論以爲伯封作:及,洪本譌"反"。太平御覽卷九二三引陳思王(曹)植令禽惡鳥論曰:"昔尹吉甫信後妻之讒而殺孝子伯奇,其弟伯封求而不得,作黍離之詩。"清王先謙詩三家義集疏卷四王黍離第四"黍離"注:"植,韓詩家也。"

〔二九〇〕竹書紀年卷下周平王四十二年:"魯惠公使宰讓請郊廟之禮,王使史角如魯諭止之。"

〔二九一〕繇:四庫本作"由"。

〔二九二〕子朝之難,遂止成周:子朝,周景王庶長子,周敬王異母兄。史記周本紀:"敬王元年,晉人入敬王,子朝自立,敬王不得入,居澤。"春秋昭公二十三年作:"天王居于狄泉。"據杜注及孔疏,狄泉在成周城外。又左傳昭公三十二年:"秋,八月,王使富辛與石張如晉,請城成周。"杜預注:"子朝之亂,其餘黨多在王城,敬王畏之,徙都成周。成周狹小,故請城之。"

〔二九三〕三十有八年,有星孛于東方:星孛,彗星。春秋哀公十三年:"冬,十有一月,有星孛于東方。"孔穎達正義曰:"公羊傳曰:'孛者何? 彗星也。其言于東方何? 見于旦也。'"彥按:魯哀公十三年,即周敬王三十八年。

〔二九四〕明年而西狩獲麟,聖人於是絶筆春秋:春秋哀公十四年:"春,西

狩獲麟。”杜預注:“麟者,仁獸,聖王之嘉瑞也。時無明王,出而遇獲。仲尼傷
周道之不興,感嘉瑞之無應,故因魯春秋而脩中興之教,絶筆於獲麟之一句,所
感而作,固所以爲終也。”孔穎達疏:“春秋編年之書,不待年終,而絶筆於獲麟
之一句者,本以所感而作,故所以用此爲終也。”

　　〔二九五〕而書亦終于秦誓,吾知秦之必蹶周也:秦誓,尚書篇名。蹶,顛
覆。宋羅大經鶴林玉露卷一五引康節邵子(宋邵雍)云:“夫子定書,以秦誓綴
周、魯之後,知周之必爲秦也。”

　　〔二九六〕故十一世王:自敬王以下至于周亡,歷十一君。

　　〔二九七〕王者之迹熄而詩亡,詩亡而後春秋作:孟子離婁下載孟子語,
“而後”作“然後”。

　　〔二九八〕説者云,詩亡於陳靈公:宋唐仲友帝王經世圖譜卷六曰:“陳靈公
殺而楚子入陳,則王迹熄矣,詩之所以亡也。”又鄭樵六經奧論卷三詩經詩亡然後
春秋作曰:“春秋作於獲麟之時,乃哀公十四年矣,詩亡於陳靈公,乃孔子未生之
前,故曰‘詩亡然後春秋作’,謂美刺之詩亡而褒貶之書作矣,非有定義也。”

　　〔二九九〕謬哉:洪本“謬”字闕文。

　　〔三〇〇〕靈公之殺,乃魯宣之十年:左傳宣公十年:“陳靈公與孔寧、儀行
父飲酒於夏氏。公謂行父曰:‘徵舒似女。’對曰:‘亦似君。’徵舒病之。公出,
自其廄射而殺之。”　春秋之作百二十一年矣:春秋,喬本、備要本“秋”譌
“作”,今據餘諸本訂正。彦按:魯宣公十年,時當公元前599年。據史記孔子
世家,孔子“乃因史記作春秋”在魯哀公十四年,時當公元前481年。兩年後孔
子逝世,時當公元前479年,羅氏蓋以是年爲春秋成書之年,距魯宣十年,首尾
恰好121年。

　　〔三〇一〕贊:吴本、四庫本、備要本作“贊曰”。

　　〔三〇二〕六蕃遮育:蕃,同“畜”,四庫本作“畜”。管子侈靡:“六畜遮育,
五穀遮熟。”尹知章注:“遮,猶兼也。”郭沫若等集校引洪頤煊云:“‘遮’、‘庶’
古字通用。爾雅釋詁:‘庶,衆也。’尹注非。”

路史卷十九

後紀十

疏仡紀第六

高辛紀下

周之初興，大封同姓五十有三國，而文武之胙又三十有二〔一〕。管、蔡、成、霍、魯、衛、毛、聃、告、雝、曹、滕、畢、原、豐、荀，文之昭也；亐、晉、應、韓、寒、狄，武之穆也；而凡、蔣、邢、茅之與胙、祭，則周公之裔也〔二〕。伯邑考已亡，管叔誅，周公爲禰也〔三〕。召、虢、燕、陽、閻、鎦、郊、鎬、方、卬、息、隨、彤、單、縱、甯、梁、項、岑、郹、滑、養、盛、極、鞏、穀、謝、郭、密、榮、丹、陽、楊、逄、觚、欒、甘、鱗、主、頓、鼓、肥、宫、遂、冥、麗、暴、載、岐、費、紀、胡、康、萇、解、張、隗、藺、運、冀、潘、龐、馮、沈、賈、鄭、睽、芮、魏、焦、樊、巴、周、徐、橋、□、北燕、鮮虞、陽樊，皆姬國也〔四〕。七十九國。如召、祭、閻、原、畢、劉等，猶是商世所封，餘乃後分封者〔五〕。文之昭十有六，而泰之生者十〔六〕。詳譜圖。

周公采于周〔七〕，在扶風武功〔八〕。成王封其子伯禽于魯，卅有四世而楚滅之〔九〕。洛誥云：“予小子其退，即辟于周，命公後。”〔一〇〕周公留相周，成王封其子于魯，明矣〔一一〕。陶潛作諸侯孝傳〔一二〕，以爲“武王封之于魯”。誤也。伏云：周公致政，封魯，老於周〔一三〕。心不敢遠成王，欲事文武之廟。公疾，曰：“吾死必葬成周！"示天下臣於成王。及死，成王葬之畢，而云："示天下不敢臣。"〔一四〕故公封于魯，身未嘗居魯。而説者更以爲成王以公有勳勞于天下，賜以天子禮樂〔一五〕。妄矣。有辨，説見發揮。後有有蟜、臧會、臧文、臧孫、公山、武仲、南宫、惠叔、叔仲、仲顔、仲叔、公孫、東門、子家、子叔、子服、子我、子言、子肇、子干、子成、子寤、子孟、子駒、子有、子士、子華、子陽、子楊、公施、公襄、公冉、公爲、公思、公石、公之、公析、公巫、公父、公伯、公慎、公索、公肩、公良、公哀、公若、公冶、公輸、公鉏、公儀、少施、慶父、富父、賓牟、意如、仲梁、仲顔、孟仲叔季之四孫〔一六〕，子陽，公族子陽後〔一七〕。子楊，出季桓〔一八〕。世本無子陽、公孫、公鉏、公冶〔一九〕。二子，傳皆曰伯。及聲、意、南、懿、陘、般、僖、榮、禽、於、賜、湣、閔、騫、哀、隱、悼、引、毗、彌、展、施、衡、爲、穆、作、咋、婼、尾、鞠、麴、孟、仲、叔、季之氏〔二〇〕。叔出叔盻，甚明〔二一〕。姓纂出叔達，又云叔向，繆矣〔二二〕。風俗通，哀出哀公〔二三〕。吴有隱蕃，云隱公後〔二四〕。鞠氏，伯禽後，與鞠見王禹偁集，云"本出于魯"〔二五〕。其以邑氏者，臧、衆、郈、秦、運、鄆、管、柳、厚、邱、顔、郎、費、蔑、魯〔二六〕，孝公子彄采于臧〔二七〕。展禽采于柳〔二八〕。孝公八世瘠采厚，曰厚成叔，與"郈"通〔二九〕。姓苑有厚丘。費泛碑云：季文封費，爲氏〔三〇〕。懿公孫費伯城郎，居之〔三一〕。顔乃齊靈公妃顔懿姬者〔三二〕。及柳下、瑕丘、厚丘、梁其、穀梁。梁其，伯禽庶子。見英賢録。逮頃公孫疌守秦符璽，又爲符氏〔三三〕。潛夫論，魯又有乙、華、向〔三四〕。非也。

　　周公使管叔監鄘〔三五〕。與蔡惎鄘間王室〔三六〕。周公蔡蔡而辟管，爰代以中旄父，管故不嗣〔三七〕。周書：管叔、霍叔經死，囚蔡叔〔三八〕。杜預訓蔡爲放〔三九〕。二蔡，管叔初亦爲蔡，故云：文王"惠慈二蔡"〔四〇〕。後有禽氏、管氏。敬仲相齊公伯，卒于齊〔四一〕。其耳孫修適楚，爲陰大夫〔四二〕。漢始，南陽世奉仲祭，號"相君"〔四三〕。有陰氏。陰嵩又爲丘目陵氏〔四四〕。後周賜陰嵩，至隨復姓〔四五〕。君子曰："管氏之世祀也，宜哉〔四六〕！"釋例以管叔爲周公後，管仲爲穆王後，皆非。

　　蔡叔既蔡于郭凌，子胡改行帥德，周公使爲魯卿〔四七〕。魯治，

乃復之王,邦之**蔡澤**,是爲**蔡仲**〔四八〕。子**蔡伯**,生宮侯。至平侯,
徙**新蔡**。益微,每賦役于楚,遷之**州來**〔四九〕。<small>故州來爲下蔡。</small>二十四
世,而楚滅之。<small>齊世家云〔五〇〕:周公舉胡爲魯卿士,治,言于成王,復封蔡。書疏辨</small>
<small>之〔五一〕。孔晁云:"郭凌,地名〔五二〕。"</small>有**蔡氏**、**辰氏**、**盰氏**、**朝氏**、**歸生氏**、**生**
氏、**太史氏**、**蔡仲氏**、**子履氏**、**大利稽氏**。<small>後周書,賜蔡祐姓〔五三〕。一作</small>
<small>蔡總。</small>

　　曹叔,甸伯,二十六世而宋威之〔五四〕。<small>哀八年,宋景〔五五〕。</small>有**曹**
氏、**羈氏**、**僖氏**、**鼇氏**、**子臧氏**、**射姑氏**、**夕姑氏**、**公彊氏**。其支于卞
者,爲**卞氏**、**欣氏**;于牟者,爲**曹牟氏**、**重丘氏**、**子臧氏**〔五六〕。<small>欣時字</small>
<small>子臧〔五七〕。先賢傳有曹牟君卿〔五八〕。</small>**曹操**勵漢而有**魏**,五世,劫於**典**
午〔五九〕。<small>非高陽後曹氏。見魏武自作家傳〔六〇〕。</small>**成伯**,子爵,後附於齊,還
奔魯而威于**楚**〔六一〕。成十三年之成子——**成蕭公**也〔六二〕。<small>蕭公、桓公皆爲</small>
<small>卿〔六三〕。按:成即郕,文王之子。不詳名。寰宇記引史記:武封母弟季載于郕〔六四〕。按</small>
<small>管世家,季載封冉,又云"後世無所見",非成也〔六五〕。</small>有**成氏**、**郕氏**、**上成氏**、
邽氏、**蕭氏**。<small>戰國郕午仕趙,始爲成氏〔六六〕。然周、魯皆有成邑云〔六七〕。</small>

　　霍處以禄父降而經〔六八〕。至**求公**,威而奔**齊**〔六九〕。晉旱,卜
之,在岳,於是復**霍**,而登〔七〇〕。旋威於**晉**。有**霍氏**、**冠軍氏**、**雚**
氏〔七一〕。<small>閔二年,與耿、魏俱威〔七二〕。</small>

　　叔封,司寇,采**康**〔七三〕。及成王降霍,以商餘地封之,統三監,
爲**孟侯**〔七四〕,<small>宋威云:長也,若云方伯〔七五〕。</small>**康告**云"朕弟小子封",以爲成王知康
告〔七六〕。曰**衛伯**。<small>周書謂之殷〔七七〕。</small>八世,**頃侯**始侯〔七八〕。孫**和**,相厲、
宣,九十猶戒于國,所謂**睿聖武公**者〔七九〕。五世,**懿公**殺于
狄〔八〇〕。宋立**戴公**〔八一〕。狄載至,徙**楚丘**〔八二〕。子**成公**遂遷**昆**
吾〔八三〕。凡卅有五世而衛亡〔八四〕。<small>秦二世時衛封威,不見經。</small>有**小王**、
成公、**公上**、**趙陽**、**羌師**、**辟閭**、**析龜**、**北宮**、**强梁**、**會疕**、**羌憲**、**祝固**、
祝國、**祝史**、**史晁**、**史朝**、**史桑**、**太叔**、**卷子**、**南公**、**世叔**、**仲叔**、**石駘**、
石伯、**公叔**、**子叔**、**公明**、**公孟**、**公孫**、**子高**、**公析**、**公甫**、**公荆**、**公文**、

子文、子伯、子玉、子郢、子强、子季、子齊、夏戊、夏丁、將軍、右宰、司馬、司寇，及左、右之公子〔八五〕，賣爲司馬〔八六〕。與石、聶、彌、承、禮、免、勉、左、右、伋、壽、南、晁、勌、輒、頑、衍、林、凌〔八七〕、篡〔八八〕、稷、牧、冷、嗣、眷、兼、孫、孟、弘、洪、璧、辟、憲、孺、黔、渠、朝、世、監、寇、鍼、文、齊、開、彪、孔之氏〔八九〕。弘，唐改爲洪〔九〇〕。晁錯，史作“朝”，又作“鼂”〔九一〕。孔達非宋出，孟亦與魯異〔九二〕。如衛繼，雖嘗爲縣長張氏之後，以禁異姓復爲衛，不著〔九三〕。其懸氏、懸潘氏、求氏、仇氏、裘氏〔九四〕，篡非刀裘也〔九五〕。康氏、衛氏、戚氏、俄氏、濮陽氏、元氏、元咺氏、常氏、商氏、凌氏，因采者也〔九六〕。武公孫耳，采于戚，後爲孫氏〔九七〕。一作俄。集韻：俄，邑，姓；音簇〔九八〕。凌即凌人〔九九〕。商乃鞅封〔一〇〇〕。仇見世本，裘之轉〔一〇一〕。陶叔授民，爲陶叔氏、司徒氏〔一〇二〕。司徒，定四年。非宋司徒〔一〇三〕。武公生季矍，采於甯，九世居卿，爲甯氏〔一〇四〕。周威王師甯越，齊威師甯戚〔一〇五〕。孫權啟吴〔一〇六〕，四世而歸於晉，又有厲氏。皓以秀奔魏，改爲厲氏〔一〇七〕。春秋之時，惟魯、衛希王政〔一〇八〕。

　　武王克商，以毛叔鄭從〔一〇九〕。史記：武王克商，尚父牽牲，毛叔鄭奉明水〔一一〇〕。劉原父得毛伯敦，疑爲鄭〔一一一〕。穆王時有毛班，郭以爲毛伯衛之先〔一一二〕。成王以鄭爲三公。有毛氏、毛伯氏。毛，庶氏也，有衛、過、得三毛伯氏采〔一一三〕。

　　武王之封母弟也，惟季載少，使食于沈〔一一四〕。成王立，爲司空，爰封之冄，曰冄季，是爲郱、駍〔一一五〕。有冄氏、郱氏、陑氏、駍氏。冄即郿，見國語〔一一六〕。冄耕、冄會，姓篡出叔山冄，妄〔一一七〕。傳多作“聃”，尤繆。春秋尹氏訟聃啓、鬭章因鄭聃伯，亦皆作“耼”〔一一八〕。太史公“聃”作“冄”，或以爲借，不知其誤。今亦或“駍”，乃聃厖國；故雲安冄，本巴東蠻，——不可不辨〔一一九〕。然記皆謂季載封沈，唐沈氏表云：季載字子揖，封沈〔一二〇〕。按成八年，晉獲沈子揖，豈季載哉〔一二一〕？疑“沈”又“耼”之訛〔一二二〕；不然，或聲之轉。餘詳少昊紀。

　　告分南北，南後入晉，北入宋〔一二三〕。有告氏、郜氏。國姓之字，古少從“邑”。其從“邑”者，皆出後世。朱、曾之類，反謂後世去邑，妄矣〔一二四〕。

　　雝伯入周，後有雝氏、邕氏〔一二五〕。音攤。又於用切〔一二六〕。與姞雍畢隸爲雍^{〔一二七〕}。

　　叔繡居錯，文公侯之縢，卅有一世，齊威之^{〔一二八〕}。嘗一貶子，尋復^{〔一二九〕}。世本云：錯叔繡封縢。漢志以爲懿王子，誤^{〔一三〇〕}。有縢氏、滕氏、騰氏、卜氏、滕叔氏、公丘氏、錯氏。姓苑：宋大宰錯君。又有鐪，並去聲^{〔一三一〕}。姓纂云：温泉多此姓^{〔一三二〕}。

　　周公薨，畢公高入職焉^{〔一三三〕}。姓書，文王少子。子季孫邑潘，既復分龐^{〔一三四〕}。裔孫畢萬事晉，獻公威魏而封之^{〔一三五〕}。十世，而斯始命文侯^{〔一三六〕}。師子夏、子方^{〔一三七〕}。惠徙大梁^{〔一三八〕}。又八世，虜於秦^{〔一三九〕}。始皇二十二年^{〔一四〇〕}。有畢、魏、藩、番、龐、吕、獻、豫、芮、垣、新、王^{〔一四一〕}，吕出魏犨子錡^{〔一四二〕}。王氏出信陵君孫卑子，望京兆、山陽^{〔一四三〕}。番同潘，係見食志^{〔一四四〕}。豫讓，畢陽孫，見國事^{〔一四五〕}。及魏强、伯夏、曼多、令狐、宇文、新垣、葉大夫之氏^{〔一四六〕}。陳留傳：新垣衍居大梁虚，爲梁垣氏^{〔一四七〕}。潘後，又周令狐整爲御正，賜姓宇文^{〔一四八〕}。曾孫元超，唐復之，德棻、楚、絢系也^{〔一四九〕}。華侯采馮城，爲馮氏^{〔一五〇〕}。有北燕。畢後，菜馮亭^{〔一五一〕}。春秋有馮簡子，杜云歸姓，然無攷^{〔一五二〕}。後漢馮魴，亦云魏之支別，采馮城^{〔一五三〕}。東觀記：魏之別封曰華侯；華侯孫長卿食采馮城，馮城爲氏^{〔一五四〕}。信都馮和孫跋，爲北燕，十一年^{〔一五五〕}。

　　武伐紂，原公把小鉞^{〔一五六〕}。原莊公後亡^{〔一五七〕}，有原氏、佼氏、原仲氏、原伯氏、跪氏。姓書：陳大夫原仲後^{〔一五八〕}。英賢傳：原伯氏，絞之後^{〔一五九〕}。然原貫在絞前已百年^{〔一六〇〕}。鄭有原繁，與原仲，所謂"南方之原"也^{〔一六一〕}。

　　荀侯，諸侯之伯，晉威之，爲公族後逝敖^{〔一六二〕}。爲荀氏、郇氏、旬氏、孫氏、孫伯氏、夙氏、程氏、中行氏、伯宗氏、籍氏、席氏、投氏、投壺氏。風俗通云：中行，穆子後^{〔一六三〕}。姓纂引世本，爲仲行^{〔一六四〕}。孫息食知，爲知氏、智氏^{〔一六五〕}。孫息後爲三族：一公族逝敖，生林父，爲中行將，謂荀中行氏；一林父弟首，邑於知，爲荀智氏；一逝敖曾孫歡，食邑程，爲荀程氏^{〔一六六〕}。後漢荀恁，一作郇^{〔一六七〕}。智果諫瑶，不從，乃別族于太史爲輔氏^{〔一六八〕}。汲古文：晉武公威荀，以畀大夫原氏^{〔一六九〕}。世族譜：荀侯，荀姓。魏正平有荀城，故或以爲鄭地之荀^{〔一七〇〕}。

豐侯坐酒亡國，以故負罍于首，以爲式〔一七一〕。俎豆中有豐，即鄉飲禮中豐侯也〔一七二〕。都斲一木爲之，象豆而卑，一同坫爵之〔一七三〕。射禮，置罰豐西階下，音訓謂豐國君以酒亡國，故以爲罰爵之名〔一七四〕。三禮圖云：射，爲罰爵之豐，作人形。豐，國名。其君以酒亡國，戴盂以戒酒〔一七五〕。故崔駰酒箴云"豐侯沈酒，荷罍負缶。自僇於世，圖形戒後"，李尤銘曰"豐侯荒繆，醉亂迷逸。乃象其形，爲禮戒式"也〔一七六〕。後有豐氏、酆氏。出鄭，多仕鄭。姓纂：第十七〔一七七〕。

武之穆四，于邗爲長。先是，唐有禍，成王以封子于〔一七八〕。子燮父而謂晉〔一七九〕。十一世，文侯勤周，受錫予〔一八〇〕。昭侯立其弟于曲沃〔一八一〕。五世，而曲沃威晉，君之〔一八二〕。五世，文公遂霸諸侯〔一八三〕。又十六世，而析徙端氏〔一八四〕。曲沃武公威晉〔一八五〕，周命爲晉君。有晉、進、戉、恭、整、舅、咎、羊、甲、獻、射、席、籍，陽樂司籍〔一八六〕。或以籍、席出于荀〔一八七〕。及士貞、樓季、太戉、叔魚、叔向、叔夙、季夙、季嬰、楊食、食我、凡閻、伯宗、伯州、公仇、公師、弗忌、臼季、子羽之氏〔一八八〕。叔向、叔夙，見世本。公師，成師後，見辨證〔一八九〕。凡閻，見賈執英賢傳及韻〔一九〇〕。姓纂云：子羽，晉公族後，爲楚邑大夫〔一九一〕。然鄭、衛皆有行人子羽，韓起庶子亦曰子羽云〔一九二〕。其以采者，綈、郤、步、涉、畜、郜、臼、儵、苦、冀、解、張、楊、陽、端、續、溫、祁、鄔、羊、介、翼、盂、駒、州、欒，及揚干、銅鞮、羊舌、祈夜、長魚、五鹿、東關、郤州〔一九三〕。晉既分，乃封其君于端氏。其苦成、庫成、古成、車成出于苦，晉校尉車成將〔一九四〕。欒書、下軍及嘉、若、欒出于欒〔一九五〕，靖侯孫賓采欒〔一九六〕。隁、遆、蹄、鞮、鮭出於銅鞮〔一九七〕，共六姓。澄城鮭縣有鮭姓，自云鞮氏，避事改之〔一九八〕。鞮，纂文音隁〔一九九〕。鞏分于郤，郤出于綈。自步居溫，則爲步溫〔二〇〇〕。郤至采溫〔二〇一〕。緜祈易續，則爲續祈〔二〇二〕。狐鞠居采續，爲氏〔二〇三〕。先軫封原〔二〇四〕，晉臣，爲原大夫，次卿也〔二〇五〕。故先縠曰原縠，繼于彘〔二〇六〕。且居徙霍爲霍伯，有先氏、左行氏〔二〇七〕。國語：且居，蒲城伯；後受霍，爲霍伯〔二〇八〕。康王以虞之幼子公明爲賈伯，曲沃滅之，有賈氏、右行氏、賈孫氏〔二〇九〕。晉滅以封公族狐射姑，即賈季〔二一〇〕。姓苑以賈孫<u>出王孫賈</u>者,妄[二一]。<u>出公</u>生<u>伯僑</u>,封<u>揚</u>,曰<u>揚氏</u>、<u>揚孫氏</u>[二二]。<u>秦</u>大夫<u>揚孫</u>爲<u>穆公</u>戍<u>鄭</u>,密謀取<u>鄭</u>,覺,奔<u>宋</u>,爲<u>揚孫氏</u>[二三]。<u>雄</u>,其出也[二四]。<u>出公</u>游<u>齊</u>,生<u>僑</u>。歸,<u>周</u>封于<u>揚</u>。而<u>温</u>則<u>狄</u>威之,僖十一<u>温子</u>奔<u>衞</u>[二五]。<u>叔虞</u>後[二六]。或爲<u>狐氏</u>。<u>世本</u>有<u>大狐氏</u>、<u>小狐氏</u>。<u>溱</u>爲<u>大狐氏</u>[二七],<u>射姑</u>爲<u>小狐氏</u>。<u>大狐容</u>即<u>大戎氏</u>,云<u>唐叔</u>子孫在者[二八]。然<u>狐</u>本<u>重耳</u>外祖<u>狐突</u>,<u>邰</u>、<u>陽</u>、<u>狐</u>皆采<u>温</u>[二九],故後以<u>狐</u>爲<u>温</u>出,蓋<u>晉</u>後以封<u>狐</u>爾。

<u>韓</u>,<u>武</u>庶子,<u>幽</u>世失國[二〇]。<u>宣王</u>中興,<u>韓</u>討不庭,錫之<u>梁山</u>,奄受北國[二一]。是爲<u>韓西</u>,<u>衞滿</u>伐之,而敿于海[二二]。<u>韓侯</u>爲<u>燕</u>師所威[二三]。<u>宣王</u>錫之。<u>外紀</u>云,<u>平王</u>時<u>晉</u>滅之[二四]。<u>曲沃</u>并<u>晉</u>,有<u>韓萬</u>爲戎御,復采<u>韓原</u>[二五]。至<u>景侯</u>始命[二六]。凡二十有四世,<u>秦</u>威之。<u>萬</u>,<u>唐叔</u>十一世孫[二七]。<u>預</u>以爲出<u>曲沃</u>,故或以爲<u>成師</u>之子,俱妄[二八]。有<u>韓</u>、<u>何</u>、<u>横</u>、<u>俠</u>、<u>罌</u>、<u>言</u>、<u>賈</u>、<u>褐</u>、<u>李</u>、<u>吕</u>[二九],<u>賈謐</u>,<u>韓壽</u>子,隨外家姓,至奉<u>充</u>後,詔所謂"推恩計情"者[三〇]。<u>李</u>嗣<u>昭</u>本姓<u>韓</u>[三一]。又<u>周</u>賜<u>韓褒</u>侯<u>吕陵氏</u>,後爲<u>吕氏</u>[三二]。及<u>韓侯</u>、<u>無忌</u>、<u>公族</u>、<u>韓褐</u>、<u>韓籍</u>、<u>韓嬰</u>、<u>韓信</u>、<u>信都</u>之氏。<u>籍</u>、<u>嬰</u>、<u>信</u>三<u>韓</u>,見<u>姓纂</u>。<u>韓褐</u>,見<u>英賢録</u>。<u>公族</u>,乃<u>厥</u>子<u>無忌</u>,曰<u>公族穆子</u>[三三]。<u>厥</u>之玄<u>康</u>,采<u>趙藺</u>,爲<u>藺氏</u>[三四]。<u>哀侯</u>少子<u>婼</u>,采<u>平</u>[三五],爲<u>平氏</u>、<u>婼氏</u>、<u>張氏</u>、<u>灌氏</u>。<u>良</u>五世相<u>韓</u>,佐<u>漢</u>[三六]。<u>灌夫</u>父<u>張孟</u>,幸於<u>灌嬰</u>,因氏[三七]。<u>信</u>之後[三八],又有<u>韓餘氏</u>。<u>信</u>敗於<u>參合</u>,後亡入<u>匈奴</u>[三九]。<u>景帝</u>時,子<u>頹當</u>來降[四〇]。餘<u>匈奴</u>中爲<u>韓餘氏</u>。

<u>于</u>之後有<u>于氏</u>、<u>邘氏</u>、<u>盂氏</u>、<u>晉</u>有<u>盂丙</u>,<u>盂</u>大夫也,<u>唐邘</u>之<u>盂縣</u>[四一]。而<u>邘</u>則在<u>懷州</u>,蓋分封者[四二]。<u>万紐于氏</u>。<u>東海于公</u>裔孫,隨<u>拓跋隣</u>徙<u>代</u>,爲<u>万紐于氏</u>[四三]。至<u>孝文</u>,復爲<u>于</u>[四四]。外都大官<u>新安公栗磾</u>六世<u>謹</u>從<u>孝文</u>入關,始籍<u>長安</u>[四五]。

<u>應侯</u>次四,<u>晉</u>威之[四六]。有<u>應氏</u>、<u>深氏</u>[四七]。<u>韓詩</u>云:<u>成王</u>戲弟,以桐葉圭封之[四八]。<u>周公</u>曰:"天子無戲言。請封之!"王應聲而封,曰<u>應侯</u>。<u>吕春秋</u>則以爲封<u>叔虞</u>[四九]。

<u>狄子</u>、<u>寒侯</u>,偕<u>武穆</u>也,後各爲氏。<u>唐表</u>云:<u>成王</u>封母弟<u>孝伯</u>於<u>狄城</u>,爲<u>狄氏</u>[五〇]。<u>孔子</u>弟子有<u>狄黑</u>[五一]。<u>廣韻</u>云,<u>春秋狄國</u>之後。<u>漢</u>有博士<u>寒朗</u>,乃<u>武</u>

王子寒侯後[二五二]。而游俠傳寒孺,乃以爲出后寒[二五三]。姓書以韓、寒聲變,則非也[二五四]。然朗,説爲姓塞[二五五]。

周公之祚七:長魯禽父[二五六]。次凡伯,爲凡氏、邘氏、氾氏。次伯齡,封蔣,男爵,後以功侯,二十二世,併于楚;有蔣氏、定氏[二五七]。次靖淵,封邢[二五八],侯爵,咸于衛;有邢氏、陘氏。僖二十五年[二五九]。玉篇作"邢",輕于切,非是[二六○]。乃今邢丘正音形[二六一]。次祭,事文王,受商之命[二六二];祭叔爲卿士,祭公事穆王,祭伯襲國[二六三]。有祭氏、謀氏、訾氏、祭公氏。姓苑云:祭氏以不祥,改爲訾。音紫。祭公氏,見姓解。次胙。次茅。胙入南燕[二六四],有胙氏、作氏。姓纂[二六五]。茅有茅氏、茆氏。茆本立絞切,俗以爲"茅"。

若夫周隸之國,則伯鹵之孫仲奕,武王封之閻,晉威之,有閻氏、奕氏、大野氏[二六六]。一云:昭王少子,生,手有文曰"閻",康王封之閻城[二六七]。一云:唐叔後成公子懿,采於閻,晉威之[二六八]。俱非。晉威之以賜公子懿爾。周書,閻慶賜大野氏;至隨,復[二六九]。唐姓録以仲奕爲太伯之曾孫,亦非[二七○]。

虢仲、虢叔,文王敬友二卿[二七一]。國語,亦母弟也[二七二]。馬融云:叔,同母;仲,異母[二七三]。仲曰西虢,後遷上陽,爲南虢;而留者爲小虢[二七四]。虢,晉威之。東虢威在春秋前,西虢下陽威在僖五年,小虢威在莊七年[二七五]。叔爲東虢。亦曰郭叔,見王會解[二七六]。郭輔碑云:王季中子,文王卿士,采于虢,武王錫封,後世謂之郭[二七七]。平王奪其地與鄭,楚莊責王,乃求其裔孫序,封之陽曲,曰郭公[二七八]。晉威之。有虢氏、郭氏、制氏,若上陽、夏陽、西郭、南郭、南伯之氏。又,李子和,本郭氏,賜[二七九]。鎦康公[二八○],卿,後有留氏、劉氏、康氏、官師氏、師氏、帥氏。鎦,後世作"劉"。晉師咼,以晉諱爲帥氏[二八一]。文王之異弟煇之子渠,封岑,爲岑氏[二八二]。唐表作"耀"[二八三]。武王封之。亦有王氏、虔仁氏、鉗耳氏、箝耳氏、虔仁氏、仁氏,此王季之穆也[二八四]。王氏望馮翊。狀云:王季第四子虔仁,居湟水,西羌音訛爲"鉗"耳[二八五]。隨改爲王氏,唐有王宗[二八六]。按隨九門令鉗耳君徹頌云:朝邑人,王子晉後,避地西戎,以地爲姓[二八七]。今廢[二八八]。天德軍牟那山有鉗耳觜^[二八九]，故英賢傳云：鉗耳本胡姓。然以爲子晉後，則非矣。

成王侯次子于翟，爲翟氏^[二九〇]。姓纂云少子，非^[二九一]。又封其支于肜爲肜伯，宗伯，是爲肜氏^[二九二]。廣韻肜^[二九三]。又封幼子臻于單^[二九四]。單，世卿，爲甸侯^[二九五]。有單氏、靖氏、單伯氏、旗氏。柯陵會單襄公，卿士單朝也，與魯之單伯異^[二九六]。

昭王子成公男，後有成公氏。李利涉編古命氏：成公生與李斯男由同時，遂不仕^[二九七]。

宣王封庶弟友於咸林，曰鄭^[二九八]，一作棫林。襄八注："鄭子國^[二九九]。"爲司徒，死戎難^[三〇〇]。子武公，以夾備賜虢、鄶十邑^[三〇一]。徙拾，爵伯^[三〇二]。二十有二世，韓滅之^[三〇三]。厲公居櫟，文公徙新鄭^[三〇四]。漢侯成碑云：文王之後，封鄭，鄭共仲賜氏曰侯^[三〇五]。非。有鄭、藺、語、京、將、良、孤、尉、具、司、髡、燭、裨、諪、堵、泄、洩、羽、渾、然、游、遊、駟、國、渝、俞、喻、諭、軍、會、雅、逯、繻、罕、豐、贖、歂、僑、參、販、薑、薑、印、頡、梧、儵、皇、蟜、佚、衛^[三〇六]，五十姓。游望廣平，遊望馮翊^[三〇七]。裨通作"諪"，渝通作"喻"。蟜固出子蟜，衛青乃鄭季孽子^[三〇八]。穆公十一子，子然及二子孔三族亡，子羽非卿，存者罕、駟、豐、印、良、國、游七族也^[三〇九]。及田章、封具、羌憲、彊梁、趙陽、史龜、去疾、大季、公文、公德、共叔、世叔、大叔、子人、子強、子駟、子罕、子孔、子晳、子國、子游、子寬、子然、子羽、子軒、子革、子旗、伯有、馬師、東里、行人、西門、西宮、京城、俟伏、賀吐之氏^[三一〇]。凡三十六^[三一一]。子旗，豐施之字^[三一二]。子人，穆公弟語字^[三一三]。吕春秋，鄭大夫公息房^[三一四]。而"世叔討論"，乃子太叔游吉^[三一五]。西宮，則鄭執政所居，苑纂未詳^[三一六]。侯植從魏孝武西遷，賜俟伏氏，又賜賀吐氏^[三一七]。姓纂引世本云，宋司城子革。又云，季平子支孫爲子革氏^[三一八]。按二國無子革，乃七穆子然之子丹之字，奔楚爾^[三一九]。子晳，一云楚出，亦非^[三二〇]。

宣之子三：一尚父，爲楊侯^[三二一]；地記，熊渠伐之^[三二二]。一食陸鄉，曰陸侯^[三二三]；陸氏譜：宣王支子。一封謝丘，爲謝丘氏^[三二四]。見盟會圖，云皆幽王封^[三二五]。人表有謝丘章。

平之子三：長曰精，封縱，爲縱氏、精縱氏〔三二六〕；見英賢録。次曰唐，封梁山，爲梁伯〔三二七〕；千姓編云：平王少子唐〔三二八〕。少曰秀，封汝川，謂之周，十九世，併於秦，爲周氏〔三二九〕。併其地爲汝南郡。烈、繼、文、昇、興、晏、安、宏、明、隱、壽、容、休、雄、揮、寬、員、成、邕十九世〔三三〇〕。邕生秀。秀生仁，漢興復封，汝墳侯周仁也，號正公〔三三一〕。或云被出，非〔三三二〕。長安、沛二望，被後〔三三三〕。

楊侯曾孫失國，平王以賜晉，封叔肸，後氏爲楊〔三三四〕。洎堅，爲三世，而爲唐〔三三五〕。有梟氏、屋引氏、越勒氏、普六茹氏〔三三六〕。煬誅元感，賜梟氏〔三三七〕。周賜楊紹屋引氏，一爲君口引氏；楊忠爲普六茹，又爲普陋如；楊夐爲越勒，——並至隨而復〔三三八〕。

惠之子帶封甘，曰昭公〔三三九〕。子成公，世官王所。有甘氏、甘士氏、甘先氏、甘莊氏、染女氏、鑒氏。即叔帶。甘先，甘氏姓。染，見姓苑。

頃之孫武强滿〔三四〇〕，爲武强氏、姬氏、周氏。唐以諱，改姬氏周，望長安〔三四一〕。

簡之子儋季，爲儋氏〔三四二〕。子括〔三四三〕。

景之孫，封陽樊，後宅無終，爲公翁陽氏、陽氏、陽樊氏、無終氏〔三四四〕。陽氏譜云：春秋末宅無終，因陽樊而易氏〔三四五〕。仙傳拾遺：陽翁伯適北燕，葬父無終山，爲右北平人，天祚玉田〔三四六〕。事亦見于寶記〔三四七〕。范通燕書云“後有雍，於無終山獲玉”，是也〔三四八〕。名世以陽氏爲景王少子〔三四九〕。

敬之子封鄄，爲鄄氏〔三五〇〕。封鄄〔三五一〕。

靈王之太子超古，幼有成德，以諫廢，年十八而賓，是爲晉〔三五二〕。字子晉。或云名晉，一云諧〔三五三〕。或云字子喬。坤監云，字開山。俱妄。子宗敬爲司徒，號“王子”，家平陽，爲王子氏、田氏、緱氏、王人氏、王氏、李氏、拓王氏、可頻氏、乙速孤氏〔三五四〕。王氏二十望及琅邪、祁諸房皆出子晉〔三五五〕。可譜者，以多仕齊。周書，王秉、王興並賜拓王氏〔三五六〕。又，王雄，太原人，貞觀志：西魏賜爲可頻；太原王顯，後魏賜爲乙速孤，遂爲醴泉人〔三五七〕。

召康公奭，封燕〔三五八〕，名奭，乃寶字〔三五九〕。世紀以召公爲文王庶子，而富辰所言無召，乃以郇爲召，蓋以下泉言郇伯，而黍苗言召伯爾，非也〔三六○〕。傳言公封燕，九世惠侯始就國〔三六一〕。亦妄。康王復爲太保〔三六二〕，年百有八十。其長居燕而支襲召〔三六三〕；召世爲伯。王安石云：元子既國燕，次子守者猶食邵也〔三六四〕。有召氏、邵氏、召伯氏、東陵氏。傳又有奭氏、盛氏，非也〔三六五〕。其分于唐者〔三六六〕，爲陽伯，齊威之。昭十二年，齊高偃納北燕伯于陽〔三六七〕。左云伯款；迫逐遷之〔三六八〕。然本曰唐，即閔二年威者是也〔三六九〕。北燕歸國，不達于革〔三七○〕，凡四十有三世，秦威之。始皇三十二年〔三七一〕。太史公曰：燕之社稷血食者九百年，於姬姓獨後亡〔三七二〕。抑召伯不鄙其民，有亡執之德也〔三七三〕！後有燕、喜、攸、繆、鼇、噲、快、喻之氏〔三七四〕。秦己卯年亡〔三七五〕。噲本音快〔三七六〕。

盛伯，——子姬姓之長，——降于齊〔三七七〕。有盛氏、痛氏。穆天子。盛姬國，春秋書“成”，公羊云：“盛也。”韻譜、姓纂云：先姓奭，後改爲盛，蓋以漢元諱〔三七八〕。意其字曰“盛”，而召公之名，字皆爲“奭”也。盛姬卒，王改其族爲痛氏；急就章有痛無忌〔三七九〕。

密公，榮公，瑕公，萇伯，賈伯，芮伯，桃叔，尹公，康公，鞏伯，甘、單公，暴公，詹伯，家父，巷伯，方叔，卬叔，世卿家，後各爲氏〔三八○〕。又有尹公氏、奇氏、榮叔氏、南宮氏、榮伯氏、芳氏。奇出尹，芳出方〔三八一〕。伯輿大夫有瑕禽、瑕辛〔三八二〕。世本：暴辛公作塤。宋云：平王諸侯〔三八三〕。樂書：平王時人〔三八四〕。風俗通：諸侯也。賈、芮等“伯”，非爵〔三八五〕。芮爲司徒〔三八六〕。寰宇記：封芮，爲附庸〔三八七〕。妄。

齊侯滅穀，秦穆滅滑，楚文滅息，晉文滅巴，魯滅項〔三八八〕。巴，楚昭妾巴姬國，與風姓巴別〔三八九〕。輿地廣記云：武王封同姓爲巴子，七國時與蜀俱稱王；張儀虜之，爲巴郡〔三九○〕。有穀氏、滑氏、滑伯氏、英賢傳。息氏、息夫氏、風俗通。巴氏、通氏、呂春秋。項氏、劉氏、辛氏。羽敗，並賜姓劉；項伯封射陽侯，與桃侯襄、平皋侯佗及元武侯，皆爲劉〔三九一〕。後周賜項亶爲辛氏〔三九二〕。

召公備周西伯，夫人紹兩交龍，不樂，遂娠，生子有文在手曰“盛”，因名氏之〔三九三〕。年十有八，封之譙侯。晉武公滅譙，有之〔三九四〕。爲譙氏、焦氏。李利涉盛氏譜。孔至之說同。以爲譙侯，因爲望，其地譙國焦縣〔三九五〕。

漢東之國，隨爲大，楚滅之〔三九六〕。有隨氏、少師氏。世本，楚滅。

鱗，宋滅之〔三九七〕。宫，虞滅之〔三九八〕。紀、遂，齊滅之〔三九九〕。岐、鄗，周廢之〔四〇〇〕。養、頓、徐、胡，入於楚；肥、鼓、魏、焦，入於晉〔四〇一〕。觚、麗則屈於秦，而鮮虞則在狄〔四〇二〕。極入於無駭，而隗、丹、睽、載、逢、冀、冥、主亦衰除矣〔四〇三〕。後各以國令氏。甘、鱗、主、逢、觚、欒等，見潛夫諸論〔四〇四〕。載，姬姓，見風俗通。

考王封弟褐河南，曰東桓公〔四〇五〕。至孫惠公傑，分其子班于鞏以奉王，曰西惠公〔四〇六〕。號二周。赧王之立，二周分理〔四〇七〕。四十九年，秦取西周，遷東惠之孫咎公于𢇛狐〔四〇八〕。王崩，秦昭取西王器〔四〇九〕。次年。七年，秦莊襄取東西周地，而以陽人聚爲周君祀〔四一〇〕。東周後有咎公，西後有昭文君〔四一一〕。西周，王城；東，洛陽也〔四一二〕。史遷于此極爲紊亂，二周封、滅歲月俱不能詳，蓋時二周微甚，紀録蔑載〔四一三〕。二周比亡，才七縣〔四一四〕。譜云：秦不絶其祀，以陽人地賜周君，使奉祭祀〔四一五〕。於周亦未深媿矣〔四一六〕。輿地廣記：徙西周君於𢇛狐，東周君於陽人聚〔四一七〕。誤矣〔四一八〕。應二周以來，詳見譜圖〔四一九〕。中山武公，東桓公子也〔四二〇〕。厥後桓公，荒淫不恤國。王問晉史餘曰〔四二一〕："今諸侯孰先亡？"對曰："中山乎！"二年而魏拔之，處之靈壽〔四二二〕。烈王十二年國〔四二三〕。世本："中山武公居顧，桓公徙靈壽〔四二四〕。"按：樂羊爲魏拔中山，封之靈壽〔四二五〕。史言趙武靈以惠文三年滅中山，遷其君于膚施〔四二六〕。是也。漢於此置靈壽縣。蓺、副、輿、嗇、种、稷、賓、校、顯、黨、惠、偏、公、富、太、泰、亞、辟、組、驪、治、聚、治、鞠、鞫、儋、技、支、宰、忌、舞、螋〔四二七〕，三十二。宰、忌，周公後〔四二八〕。幽王内史聚子〔四二九〕。乾封元年，改武惟良爲螋氏〔四三〇〕。風俗通：文出文王；隱公時有武氏子〔四三一〕。唐書：平王世子手文曰"武"，爲武氏〔四三二〕。妄。及王孫、王叔、王子、賈孫、王史、内史、公祖、叔服、太伯、黑肱、黑肩、西周、武强、司工、陳留之氏，皆周枿也〔四三三〕。武公世子稱西周氏〔四三四〕。共王子圉後爲王史氏〔四三五〕。鄭有王子氏，齊、衛、吴皆有王孫氏，俱出周王,惟楚王孫出伍員[四三六]。英賢傳:陳留,姬姓國,因爲氏。**漢封之衞**。唐表云,封周仁[四三七]。攷之,非。文帝時有周仁,無封也。元鼎四年,武帝至河南求周後,得姬嘉,以三十里封爲周子南君[四三八]。光武復封于衞[四三九]。

次妃有娀氏曰簡狄,一作㶁翟[四四〇],即簡易也。干寶作索俀,繆[四四一]。書中候云:玄鳥翔水遺卵,娀簡易拾吞,生契,封商[四四二]。後萌水昜[四四三]。注云:"昜,疑'浴'。娀簡在水中浴而吞卵,生契。後人當天應嘉,乃以'水昜'爲湯[四四四]。"吕春秋:娀氏二佚女,爲九成之臺,飲食必鼓[四四五]。帝令燕視之,鳴"謚隘謚隘"[四四六]。二女爭搏之,覆以玉匡[四四七]。遺卵,北飛。二女作歌,云云。故史有行浴、遺卵之説。列女傳云:姊妹浴於玄丘之水[四四八]。即晉丘之水,今浚儀清丘[四四九];一曰玄池。寰宇記"簡狄浴於晉丘之水"云云,即此水[四五〇]。然"湯"自從"昜",不從"易"也[四五一]。**仁而有禮,飲食必鼓,感乙致胎**,乙,燕也,特男子之祥;感遇生子,非必吞卵[四五二]。歷代遂於禖壇立卵石,故束晳議:禖壇有石,以爲吞卵之象;經無文,乞除之[四五三]。張掖記謂所感在縣界雞頭山之黑水,云簡狄所浴,重丘之水也,去偌都遠矣[四五四]。**甌而生㠱**[四五五]。干寶云:前志所謂"修己背坼而生禹,簡狄胸剖而生契"[四五六]。**㠱,契也**,古作㠱,從奴,虫也[四五七]。㠱,一"禼",非[四五八]。一作"偰"[四五九]。**聰明而仁。堯命司徒,使布五教,而民輯**[四六〇]。**及虞,不廢。是以受商,賜姓子氏。商人謂之玄王**。所封乃華陰鄭縣,有亳都城,故潘邑也[四六一]。世本謂契居蕃,是矣。中候握河紀云,弃、契皆堯封。長發箋云:堯小封,舜末年益爲大[四六二]。妄也。**子昭明,居砥石**[四六三]。世本:復遷商[四六四]。**生相土,克承商業,始居商丘,出長諸侯,威武烈烈**[四六五]。**至孫冥,爲司空**[四六六]。**世事虞、夏,十有二世而湯遂興**[四六七]。**傳二十有八王,國幾亡者五,而紂遂失天下**[四六八]。**姬武王居之,乃封其子武庚於邶**[四六九]。偝,即鄁,衞地[四七〇]。**邶叛,周公攝,伐殺之**[四七一]。**更求帝乙之元子魏子啓,邦之宋,尹東夏,爲周客**[四七二]。魏即微,紂之母兄。母未后生之,商法,不得立,故成王曰"殷王元子"[四七三]。而樂記、左氏、史記云武封之,妄也[四七四]。微,圻内國。古胄子雖遷爵,而班爵不及故者,以故官稱,故二微爲宋公,猶以微之號終[四七五]。**三十有二世,君偃不道,齊、魏、楚戮而三析之**[四七六]。偃謚康,見吕覽、國事。**有幾、微、**

衍、尾、沃、據、卿、穆、止、舍、近、宋、邶、鄁、匋、石、母、戚、懷、既、椒、督、沙、猛、政、正、桓、完、牛、牢、遼、寮、虞、華、彤、還、狂、臼、朱、耦、鄒、郃、邊、坎、冀、仲、冈、靈、祿、咆、勃、聖、省、牽、伉、錯、鋭、兑、左、宗、正、所〔四七七〕,六十四〔四八〕。又有楚、疋,並音所。錯,音措。生金後爲牢,又爲遼〔四七九〕。魏將,以難爲寮〔四八〇〕。周遼兀復爲生矣〔四八一〕。朱暉傳注:"東觀記:先宋微子之後,以國氏。宋滅,奔碭,易姓朱氏,後徙宛。"〔四八二〕風俗通又有宣,云宣公後〔四八三〕。邵姓解有卨,契二氏,繆。及王夫、皇父、空相、事父、不更、幹獻、申屠、三伉、魚孫、圍龜、樂王、白馬、黑夷、鳩夷、不夷、艾歲、西鉏、中野、即利、子朝、子奢、子蕩、子罕、右師、左師、司城、司寇、司馬、司徒、右歸、公朱、陽門、季老、微生、孔父、躬侯、老男、并官、武信〔四八四〕,複三十八〔四八五〕。目夷、不夷、幹獻,見世本〔四八六〕。魚孫、白馬,見風俗通。不更、不茅,見潛夫論〔四八七〕。墨夷,見邵氏姓解。世本:楚大夫公朱高,出宋公子朱〔四八八〕。宋義事懷王,封武信君,爲氏〔四八九〕。與季老男氏、巨辰經氏〔四九〇〕。三字姓。目夷、不茅〔四九一〕,西鄉、己氏、木門、東鄉、祝其及木、坎、合、向、皇、樂、戎、御、魚、鱗、蕩,氏于采也。祝其,出戴公子祝其〔四九二〕。而齊靈子牙,母乃戎子〔四九三〕。或又有鍾氏之出州犁,木氏出木門〔四九四〕。風俗通,宋大夫西鄉錯;尸子,隱者西鄉曹〔四九五〕。又,南雍闕爲皇父,漢皇父鷥乃爲皇甫〔四九六〕。其支于戴者〔四九七〕,鄭取之;有戴氏、甾氏、蕳氏。隱十年:鄭伯伐取戴〔四九八〕。附庸,不言滅。姓書:戴公後,以謚爲氏〔四九九〕。段采褚,爲褚氏、石氏、褚師氏〔五〇〇〕。恭公子,字子石〔五〇一〕。石彄〔五〇二〕。

　　仲衍之曾孫潛公生弗父何,義,國其弟〔五〇三〕。四世,孔父嘉之難,子木金父逋于魯,爲孔父氏〔五〇四〕。孔父氏生祁父,爲防大夫〔五〇五〕。子防叔,生伯夏,伯夏生叔梁紇〔五〇六〕。字叔梁。姓解有叔梁氏,妄。紇封郰,生皮及尼〔五〇七〕。孟皮襲郰,爲郰氏〔五〇八〕。姓又有聚,云出郰〔五〇九〕。晉,聚儔〔五一〇〕。音紂,又音鄒。尼母顔野合〔五一一〕,謂非正聘。詳少昊紀〔五一二〕。家語等有廟見等事,妄也〔五一三〕。生而頮頂,故名丘,而字仲尼〔五一四〕。尼,古"夷"字。頮,蓋"圩"字,坳貌,故世本、史記、家譜皆作"圩頂"〔五一五〕。緯書言"孔子反宇",世本云"反首,張面",言頂上窳也〔五一六〕。淮人謂堰水平浸爲圩〔五一七〕。然字書、集韻舉音爲篇,説云:頭妍,從翩〔五一八〕。誣矣。世言顔氏禱尼丘山而爲名字,更著之於魯圖,豈"不以山川"之義哉〔五一九〕?四十有九表:堤眉;谷竅;參膺;駢脇;要大十圍;長九尺有六寸,時謂長人……〔五二○〕。事詳世本及孔子家譜、祖庭記等〔五二一〕。有生日辨,在餘論〔五二二〕。廣博、聖武,爲魯司寇。齊人患焉,歸女季氏,子乃去之,歷于諸侯〔五二三〕。莫能用也,十有三年而歸于魯〔五二四〕,敬王二十三年去魯,哀十一年冬反魯,歷周、鄭、宋、曹、衞、陳、楚、杞、呂、齊、梁、頓牟〔五二五〕。云歷七十國,過也〔五二六〕。然後樂正禮得〔五二七〕。乃删詩定書,繫周易,作春秋,以示炯戒〔五二八〕。自惟商後,而宋不足徵,乃述考志,追商頌以尾魯〔五二九〕。故曰:"明王不興,天下其孰能宗予〔五三○〕?"不亡幸於宋也〔五三一〕。反魯,蓋六年而没,敬王之四十有一年也〔五三二〕。商頌,宋頌也,頌襄公之詩爾〔五三三〕。敍詩者以爲正攷父所得商詩;中言"湯孫",而毛、鄭遂以爲太甲、中宗之詩:妄也〔五三四〕。夫言"奮伐荆楚",襄公事也〔五三五〕。"萬舞有奕",非商樂也〔五三六〕。蓋宋有商王之廟,而詩爲宋祀之詩〔五三七〕。此常理爾,故韓嬰、馬遷亦以爲美襄公〔五三八〕。然遷以爲考父作,則繆矣。考父佐戴、武、宣,非襄公時,蓋因而誤之〔五三九〕。此宋也,而謂之商,不忘本也〔五四○〕。六藝論云:文王創基,至魯僖間,商頌不在數矣〔五四一〕。孔子删詩時,録此五章,豈無意哉〔五四二〕?"商邑翼翼,四方之極","我有嘉客,亦不夷懌",豈能忘哉〔五四三〕?景山,商墳墓之所在也〔五四四〕。商邑之大,豈無賢材哉〔五四五〕?"松柏丸丸",在於斷而遷之;方斷而敬承之,以用之爾〔五四六〕。松桷小材,有梴而整布;衆楹大材,有閑而静列〔五四七〕。既各得施,則寢成而孔安矣〔五四八〕。拱成羣材而任以成國,則人君高拱仰成矣〔五四九〕。是"綢繆牖户"之義也〔五五○〕。疏云景山泰山,誤矣〔五五一〕。商有景亳之命,而衞詩亦言"景山",商之山也〔五五二〕。顧伯邨乃以爲宋人幸周室之衰,又謂夫子存之者,以見二王之後有此覿覬,烏足知聖人哉〔五五三〕?

　　初,武丁封季父於河北曼,曰蔓侯〔五五四〕。有曼氏,蔓、鄤氏。優、鄧,其出也。廣韻云:封河北,爲鄧〔五五五〕。誤。杜云,鄧城在穎川邵陵〔五五六〕。滅于楚〔五五七〕。有鄧氏、登氏、鄧侯氏、養氏、聃氏、騅氏。莊十六年滅。優人後有優、鄾、憂氏。曼姓,鄧之分,楚武、鄭莊妃〔五五八〕。

祖庚封弟文於苑,有苑、宛、庚氏〔五五九〕。左傳有苑何忌〔五六○〕。苑鎮碑失之〔五六一〕。封子于權,楚人遷之郢處,爲鄼氏、那氏、權氏〔五六二〕。莊十八滅〔五六三〕。今爲"那",不知"鄼"也。姓纂以權出鬥緡,非〔五六四〕。

太丁侯母弟堂陽,爲堂陽氏〔五六五〕。城冢記。

蕩、陽、番、署,御姓國也〔五六六〕;四〔五六七〕。時、荼、共、梅、稚、定、巢、邳、同、黎、比、髦、扐、段、瓦、鐵、繁、沛、來、向、施、蕭、饑、索、空桐、鮮虞,皆子國也〔五六八〕。二十六。詳國名記〔五六九〕。

西伯戡黎,武王復以封湯後黎侯〔五七○〕。豐舒奄之〔五七一〕。有黎氏、犁氏。六韜決大疑云:甲子,武王封湯後於犁,殷後於宋,三百以爲殷社〔五七二〕。黎,犁也,即黎陽,故陳球碑作犁陽〔五七三〕。

商國萊侯與太公爭營丘,及齊復入萊,共公浮柔奔棠,晏弱遷之郳〔五七四〕。有萊氏、郲氏、浮萊氏、浮氏。在國東,曰東萊〔五七五〕。

蕩則秦滅之〔五七六〕,一曰湯社〔五七七〕。巢則吳滅之〔五七八〕,昭二十四。比干則受刳之,于四月四日生〔五七九〕。武王封墓;貞觀十九再封之,贈太師,諡忠烈〔五八○〕。梅伯則醢之矣〔五八一〕。有蕩氏、比氏、梅氏、枚氏、梅伯氏。武王封伯元孫黃梅曰忠侯,居楚、鄭間,以梅爲氏〔五八二〕。韻云:梅伯本出子姓〔五八三〕。歐文忠梅氏銘云:遠出梅伯,世久籍不明〔五八四〕。忽也〔五八五〕。

比干死,子堅逋難長林,爲王氏、林氏〔五八六〕。王望汲郡〔五八七〕。河間林姓爲十德之門〔五八八〕。邵氏云,少師比干後〔五八九〕。鄧名世以爲無,失之〔五九○〕。

成王以商之六族條氏、徐氏、蕭氏、索氏、長勺氏、尾勺氏錫魯公,復以商民七族資康叔——陶氏、施氏、繁氏、錡氏、樊氏、饑氏、終葵氏〔五九一〕。皆商之族,分封後爲民〔五九二〕,乃商之巨室,故賜之。潛夫論"繁"作"繁","饑"作"飢",云皆商之舊姓〔五九三〕。

桃子,蕭姓,春秋時猶在〔五九四〕。鄭穆公少妃桃子〔五九五〕。蕭人則楚滅之〔五九六〕。宣十二。大心采桐門,爲還氏、桐門氏〔五九七〕。大心,戴公子衍後,是爲空桐〔五九八〕。或云大心始萊蕭,爲氏,非〔五九九〕。夏有蕭矣。還,蕭大夫還無社〔六○○〕。蕭道成遷劉宋,七世號齊〔六○一〕。衍代之爲梁〔六○二〕。

世四易，入於陳〔六〇三〕。又有孛氏、蛸氏、饕餮氏。齊武改其子巴東子

響爲蛸〔六〇四〕。梁武賜豫章王綜爲孛，然宋先已有勃氏〔六〇五〕。武陵王已敗，賜爲饕餮

氏〔六〇六〕。孛，名世作“悖”〔六〇七〕。

　　而乙氏、湯氏、殷氏、商氏、祖氏、亳氏、薄氏、北殷氏、殿氏、武

氏，皆湯後也。姓書乙出天乙，非，本吞乙爾〔六〇八〕。江南湯悦，本殷崇義改〔六〇九〕。

而殿乃崇寧間商人殿全祖姓殷，徙撫，因訟，令以似改之〔六一〇〕。

　　次妃陳豐氏曰慶都，生堯〔六一一〕。有紀篇言〔六一二〕。或作陳鋒。

傳又言堯母爲有窮氏，妄。

　　次妃有娀氏曰常義，生而能言，髮迨其踵，是歸高辛〔六一三〕。

生太子庚及月十二〔六一四〕。山海經云：“義和者，帝俊之妻也，生十日〔六一五〕。”又

曰：“帝俊妻常義，生月十二〔六一六〕。”蓋“月”當爲“日”，十日者，謂以日名，如甲乙丙丁

之類云〔六一七〕。義和者，乃常義，有娀氏也〔六一八〕。大戴禮名常義，傳作尚儀，作常儀，又

作常宜。士安作常耳，失之〔六一九〕。娀，音輒。見大戴。史、漢、世紀作娵訾氏，非也。

劉敬叔異苑：諏訾氏生而髮與足齊，墮地能言；及爲帝室，八夢日而生八子，皆有賢

智，世號“八元”，伯奮、仲堪、叔獻、季仲、伯虎、仲熊、叔豹、季狸也〔六二〇〕。年代歷云：陳

留氏生八元。蓋誤有娀爲陳豐，誤陳豐爲陳留爾〔六二一〕。八元、實沉、闕伯、晏

龍、叔戲、巫人、續牙、猷越也〔六二二〕。叔戲，即叔獻〔六二三〕。

　　八元爲虞布五教〔六二四〕。十六相，十六臣爾，姓書以狸、虎、豹爲八元後

氏，宜非〔六二五〕。實沉、闕伯居曠林，干戈日尋，后帝不臧，遷闕於宋，

是爲商；沉于大夏，是爲參〔六二六〕。後有實氏、參氏、闕氏、遏氏、堪

氏、奮氏、龐氏、擣氏、商丘氏。實沉爲陰陽官，闕伯爲條火大神〔六二七〕。

　　續牙友舜於貧，貴而遺之，爲續氏〔六二八〕。經云“帝俊生身”，是

也〔六二九〕。人表、韓非説疑、淵明二八目皆作續牙〔六三〇〕，蓋隸者多以“牙”爲“身”也。

　　晏龍事虞，爲納言，是主琴瑟〔六三一〕。生司幽，是爲司幽之

國〔六三二〕。有龍氏。即龍也〔六三三〕。

　　巫人封巫〔六三四〕，爲巫氏。生戜民；戜民，盼姓〔六三五〕。經有戜民

之國〔六三六〕。韻作戜國，誤〔六三七〕。其侯于蜀者更生苴，後分苴〔六三八〕。苴

侯好于巴。故巴仇蜀，蜀伐苴，苴侯奔巴。巴求援于秦。秦之滅

蜀,遂及苴、巴^{〔六三九〕}。有蜀氏、苴氏、葭氏。_{蜀志云:帝俈封支子于蜀,是}爲蜀侯^{〔六四〇〕}。_{秦滅之,爲巴、蜀二郡。蜀王弟葭萌封苴}^{〔六四一〕}。

叔戲生摇民,摇生居越,生女且,爲摇氏^{〔六四二〕}。_{漢海陽侯摇無}餘,世以爲越後,未悉爾^{〔六四三〕}。

高辛游海濱,過棘城,闞顓頊之虚,樂之^{〔六四四〕}。暨其歸,居獣越于昌黎,邑于紫蒙之野,號曰東胡^{〔六四五〕}。漢初,敗于凶奴,退保鮮卑之山,曰鮮卑^{〔六四六〕}。是曰烏丸。_{隨圖經,山在柳城東南二百里}^{〔六四七〕}。又棘城東塞外及遼西北百里亦有鮮卑山,皆其地^{〔六四八〕}。杜佑不能詳。魏初,莫護跋部入遼西,置國大棘城之北,曰步摇^{〔六四九〕}。徒河涉歸進拜單于,二子:長吐谷渾,置國甘松南,孫葉延爲吐渾氏^{〔六五〇〕}。次若洛廆,遷徙何之青山;以大棘顓帝之虚,徙焉^{〔六五一〕}。子皝遂王燕,前、後、南燕皆出也^{〔六五二〕}。_{詳餘論。}又有豆盧、賀蘭、慕輿、慕利、莫護、庫狄^{〔六五三〕},_{豆盧寧,本慕容,歸義,賜姓}^{〔六五四〕}。北人謂歸義爲“豆盧”也。賀蘭^{〔六五五〕},本鮮卑,依賀蘭山谷者爲氏。及裕、慕、暮之氏。_{西秦鮮卑大人裕苟降}^{〔六五六〕}。_{汸有慕氏,出此}^{〔六五七〕}。姓苑又有暮氏。晋書:慕容,有熊氏後,因山號^{〔六五八〕}。妄。

柔僕,嬴土,亦帝之裔末也^{〔六五九〕}。_{山海經柔僕之國,帝俊之生已}^{〔六六〇〕}。一曰嬴土。

高辛崩而帝庢立,襲高辛氏。_{庢見年代歷。}史傳皆作摯,故高誘、陳伯宣以帝摯爲少昊,而以少昊爲俈之子,尹子遂有少昊逐弟之説^{〔六六一〕}。妄也。按少昊在位八十四年^{〔六六二〕},摯在位九年;摯立不善,而少昊之德在人如此。夫何疑哉?世紀云:摯母於四人中班最下^{〔六六三〕},而摯於兄弟中年最長,故登位。後立弟放勛,爲唐侯。按:庢音致,人必誤爲摯,而繆爲少昊爾。世孰有名曾祖哉^{〔六六四〕}?帝庢之立不善,九載,以其仲立,是爲堯^{〔六六五〕}。_{故議郎衛宏云:摯立九年而唐侯德盛,因禪焉}^{〔六六六〕}。故世紀云:摯政軟弱,而唐侯德盛,諸侯歸之。摯服其義,乃率諸侯造唐朝致禪焉^{〔六六七〕}。又云:摯因委心爲臣,堯知天命^{〔六六八〕},乃受,而封之高辛。蓋意逆之言^{〔六六九〕}。有子玄元,堯封之于中路^{〔六七〇〕}。歷夏,侯服^{〔六七一〕};國盡,爲中路氏、路氏、辛氏、僑氏、嚚氏。_{嚚,見世本。僑,出僑極。姓書辛}

出莝,非〔六七二〕。堯封舜,故舜郊嚳,而商周用禘〔六七三〕。

姓也者,性也,與生俱生者也。山行十驛,形不脫祖;水行千里,性本其處〔六七四〕。山有形,水有性。是故性不可易,子孫十世,不免性類我者。諸姜之性弘,諸姚之性仁,張、王之性寬,李、趙之性慇,劉、范性急,嬴、偃性雄,吕、尚性悁,熊、羊性噢,姬、黃性廣,曹、僧性褊,豈聖人固爲區哉〔六七五〕?所以別亂兆,明人義也。傳曰:男女同姓,其生不繁〔六七六〕。行路有禮〔六七七〕,惟其原有以使之也。

余起路史,既歸天下之氏姓〔六七八〕,見孔氏之出高辛,老氏之出少昊。既爲周著,而後怪佛者之來,獨靡適從,不姓不氏,而孤出乎神州之外;爲其徒者,纍垂出没,百千萬億,至亦自蔑其姓氏而從之〔六七九〕。嗟乎!彼之教,以滅道,來不知所從,去不知所往,不仁不敬,理固應爾;而乃不知先王大倫,實亂于此〔六八〇〕。今夫削頭鉢食,羣趨而羣脅者,誕謾誣讕,莫不悢悢自以爲得〔六八一〕,高視濶步,至不認其宗祖、父母、兄弟,是豈名"人"也邪?冠、昏、喪、祭,此人道之大者也〔六八二〕,自天子至庶人,兵戈戮殺,亦不過此四者而已。而今也,冠、昏易亂而無以酬生,喪、祭蔑薄而莫以報死,而又奚以生爲〔六八三〕?

孔子曰:"窮理盡性,以至於命。"〔六八四〕父兄、子母,所以窮理;飲食、裘葛,所以盡性;而歸根守白,凡所以至命也〔六八五〕。不窮理,不足以盡性;不盡性,不足以知命。窮理至命,固非可躐等也〔六八六〕。而彼佛者,每得其偏,而不蔽其全〔六八七〕。故知性者,必達乎理、命〔六八八〕;知命者,必達乎理、性。每執一見,自爲至足,亦可謂不知務矣〔六八九〕!吾夫子亦何嘗蔑性而薄命哉〔六九〇〕?雖然,弟子之惑滋甚。若老之説,修而上之,至於無上清虛之境,人皆空濛〔六九一〕,散爲清陽之氣,虛無縹緲,無有形質。從佛之説，修而上之，至於果位入三摩地，人皆罔蕩，斂爲善爽之鬼，寂冷坐結，弗復變化，而無有君父、妻子、朋從之與往來〔六九二〕。且以父祖子孫，人之所以爲際，而冠昏喪祭，生之所以爲奉者也〔六九三〕，奈何有父祖而不得其所以爲奉，有子孫而不得其所以爲際？父祖子孫、冠昏喪祭既無以自盡，則亦奚用於有生〔六九四〕？寂冷坐結，觸輒散弛而無有形質，則亦奚貴於有我哉？究言索理，固不足以滿神禹之一笑〔六九五〕。是以聖人於此，必因乎父祖子孫、冠昏喪祭，事上而爲之制，使之不失其本原而後已。然則教者其可以不嚴所道而沈迷乎寂滅誕謾之區哉〔六九六〕？自古及今，亦有不仁義之真仙若無君親之佛覺乎〔六九七〕！別生分類，人道之極摯〔六九八〕，聖人之所甚急而不可後者，顧可猒而弃之歟？

【校注】

〔一〕胙：通“祚”，傳代。

〔二〕管、蔡、成、霍、魯、衛、毛、聃、告、雝、曹、滕、畢、原、豐、荀，文之昭也：自此以下三個分句見於左傳僖公二十四年，爲周大夫富辰諫襄王語。左傳“成”作“郕”，“聃”作“耼”，“告”作“郜”，“雝”作“雍”，“豐”作“酆”，“荀”作“郇”。杜預注：“十六國皆文王子也。”昭，古代宗法制度，宗廟或宗廟中神主的排列次序，始祖居中，以下父子遞爲昭穆，左爲昭，右爲穆。　亏、晉、應、韓、寒、狄，武之穆也：亏，同“于”，通“邘”，左傳即作“邘”；四庫本作“亏”，誤。又，左傳無寒、狄，杜預注：“四國皆武王子。”　而凡、蔣、邢、茅之與胙、祭，則周公之裔也：祭，音zhài。左傳作：“凡、蔣、邢、茅、胙、祭，周公之胤也。”

〔三〕伯邑考已亡，管叔誅，周公爲襧也：伯邑考，周文王嫡長子，周武王同母兄。吳本、四庫本作“伯益考”，誤。各本“伯邑（益）考”下有“之父”二字。彦按：“之父”二字當衍。本書國名紀五周氏周公之胙，跋曰：“右周公之胙。本亦文之昭，弟國多，故別出，亦以別其祖襧之所自出云。”羅苹注：“伯邑考亡，管叔誅，周公爲襧也。”亦無“之父”字，可證。今删去。管叔，名鮮，周武王同母弟。襧（nǐ），親廟，父廟。史記管蔡世家：“武王同母兄弟十人。……唯發、旦賢，左右輔文王，故文王舍伯邑考而以發爲太子。及文王崩而發立，是爲武王。伯邑考既已前卒矣。武王已克殷紂，平天下，封功臣昆弟。於是封叔鮮於管，封叔度於蔡：二人相紂子武庚禄父，治殷遺民。……武王既崩，成王少，周公旦專王室。管叔、蔡叔疑周公之爲不利於成王，乃挾武庚以作亂。周公旦承成王命伐誅武庚，殺管叔，而放蔡叔。"

〔四〕卬：潛夫論五德志同，本書國名紀五周氏族卿之采作"卬"。　單：音shàn。　鄄：音juàn。　逄：音páng。吳本、備要本作"逢"，同。　觚：見下注〔四○二〕。　鱗：見下注〔三九七〕。　主：見下注〔四○三〕。　鼓、肥：見下注〔四○一〕。　紀：見下注〔三九九〕。　隗：見下注〔四○三〕。　睽：吳本、四庫本、備要本作"暌"。　橋、□、北燕："□"于喬本爲空白，于洪本爲墨丁，餘諸本均無此。彦按：據下羅苹注云"七十九國"，則此當有闕文，方足其數。下羅注又云"如召、祭、閻、原、畢、劉等，猶是商世所封"，其中劉不見于正文，疑即此闕文本來之字。

〔五〕餘乃後分封者：吳本、四庫本"後"下有"之"字。

〔六〕泰之生者：謂來自泰伯者。彦按：史記吳太伯世家云："太伯卒，無子，弟仲雍立，是爲吳仲雍。……周武王克殷，求太伯、仲雍之後"，而封之。則實爲仲雍後。

〔七〕周公采于周：周公，各本均作"文公"。彦按："文公"當作"周公"，下文"成王封其子伯禽于魯"可證，伯禽，周公子也。此蓋涉上文"文之昭十有六"之"文"字而誤，今訂正。

〔八〕扶風武功：扶風，郡名。武功，縣名，治所在今陝西眉縣東。

〔九〕卅有四世：吳本、四庫本"卅"作"三十"。

〔一○〕洛誥：尚書篇名。　予小子其退，即辟于周，命公後：此周成王謂周公語。即辟，就君位。周，指宗周，即鎬京（今陝西西安市長安區）。宋蔡沈書經集傳："成王言，我退即居于周，命公留後治洛。蓋洛邑之作，周公本欲成王遷都以宅天下之中，而成王之意則未欲捨鎬京而廢祖宗之舊，故於洛邑舉祀發政之後，即欲歸居于周，而留周公治洛。謂之後者，先成王之辭，猶後世留守、留後之義。"

〔一一〕周公留相周，成王封其子于魯，明矣：彦按：書洛誥"予小子其退，即辟于周,命公後"孔氏傳:"我小子退坐之後,便就君於周,命立公後,公當留佑我。"蓋即羅氏所本,故有此説。

〔一二〕諸侯孝傳:喬本、備要本"孝"譌"考",今據餘諸本訂正。

〔一三〕伏云:伏,指秦末漢初學者伏勝。下所引文出尚書大傳,是書舊題伏勝撰。　致政:交出政務,指大臣退休。

〔一四〕成王葬之畢,而云:"示天下不敢臣":畢,即畢原,在今陝西咸陽市西北。周初王季建都于此,而周文王、周武王又均葬此。漢書梅福傳:"昔成王以諸侯禮葬周公,而皇天動威,雷風著災。"顔師古注引尚書大傳云:"周公疾,曰:'吾死必葬於成周。'示天下臣於成王也。周公死,天乃雷雨以風,禾盡偃,大木斯拔。國恐,王與大夫開金縢之書,執書以泣曰:'周公勤勞王家,予幼人弗及知。'乃不葬於成周而葬之於畢,示天下不敢臣。"

〔一五〕而説者更以爲成王以公有勳勞于天下,賜以天子禮樂:禮記明堂位:"武王崩,成王幼弱,周公踐天子之位以治天下。……七年,致政於成王。成王以周公爲有勳勞於天下,是以封周公於曲阜,……命魯公世世祀周公以天子之禮樂。"

〔一六〕有蟜:蟜音jiǎo。　子干:四庫本作"子于",誤。　仲顔:與上重出,疑衍。　孟仲叔季之四孫:即孟孫、仲孫、叔孫、季孫。

〔一七〕元和姓纂卷六止韻子陽:"魯公族有子陽者,其後以王父字爲氏。"

〔一八〕子楊,出季桓:子楊,洪本"楊"作"揚",與姓纂同。季桓,春秋魯國卿大夫,姓姬,氏季,名斯,謚桓,史稱季桓子。元和姓纂卷六止韻子揚云:"世本,季桓子生穆叔,其後爲子揚氏。"

〔一九〕公孫:喬本譌"子孫",今據餘諸本訂正。

〔二〇〕於:四庫本作"于"。彦按:元和姓纂卷二虞韻于曰:"周武王第二子邘叔,子孫以國爲氏。後去'邑'爲'于'。"疑以作"于"爲是。　婼:音chuò。

〔二一〕叔出叔肸:叔肸,春秋魯宣公弟。肸(xī),同"肸"。喬本、洪本、吳本、四庫本譌"肹",備要本譌"肦",今訂正。古今姓氏書辯證卷三五屋韻叔:"謹按春秋:叔氏出自姬姓,魯文公少子曰叔肸,宣公篡立,叔肸不義其兄所爲,終身不食其禄,別其族爲叔氏。春秋書'公弟叔肸'者是也。"

〔二二〕姓纂出叔達,又云叔向:叔達,高陽氏八才子之一。叔向,春秋晉大夫羊舌肸字。元和姓纂卷一〇屋韻叔云：“八凱叔達之後。或云晉大夫叔向之後。”

〔二三〕後漢書劉玄傳“王莽使太師王匡、國將哀章守洛陽”李賢注引風俗通曰：“哀姓，魯哀公之後，因謚以爲姓。”

〔二四〕古今姓氏書辯證卷二五隱韻隱：“吳志：廷尉監隱蕃，自云魯隱公之後，以謚爲氏。蕃，青州人，逃奔吳，欲爲亂，事覺被誅。”

〔二五〕鞠氏，伯禽後，與鞠見王禹偁集，云“本出于魯”：王氏小畜集卷三〇著作佐郎贈國子博士鞠君墓碣銘曰：“鞠氏之先，伯禽之裔。”又曰：“鞠氏姬姓，本出于魯。”

〔二六〕郎：各本均譌“即”，今訂正。參見下注〔三一〕。

〔二七〕孝公子彄采于臧：孝公，指西周魯孝公姬稱。彄（kōu），字子臧，謚僖，史稱臧僖伯，爲魯隱公時重臣，以知書達禮稱。采，洪本作“菜”。古今姓氏書辯證卷一五唐韻臧：“出自姬姓，魯孝公子彄，字子臧，其孫以王父字爲氏。一曰彄食采臧邑，爲臧孫氏，後世單爲臧氏。”

〔二八〕展禽采于柳：采，洪本作“菜”。柳，即柳下，春秋魯地，在今山東新泰市境。元和姓纂卷七有韻柳：“周公孫魯孝公子展，展孫無駭，以王父字爲展氏。生禽，食采柳下，遂姓柳氏。”

〔二九〕孝公八世瘠采厚，曰厚成叔，與“郈”通：瘠，各本皆作“廢”。彥按：“廢”爲“瘠”字之譌。古今姓氏書辯證卷二八厚韻厚云：“出自姬姓。魯孝公八世孫瘠，食采於厚，謂之厚成叔，因氏焉。‘厚’與‘郈’通。”當即羅氏所本。厚成叔名瘠，見於左傳襄公十四年，辯證作“瘠”不誤，今據以訂正。

〔三〇〕費泛碑云：季文封費，爲氏：費泛碑，各本“泛”皆作“乏”。彥按：“乏”當作“泛”，因失落左旁而誤。宋趙明誠金石録卷一七、洪适隸釋卷一一均作“汎”字，“泛”與“汎”同。今訂正。費汎，漢梁王相。季文，當作季友，春秋魯桓公少子。費，在今山東費縣西北。金石録卷一七漢梁相費汎碑曰：“右漢費汎碑，在湖州。其額題漢故梁相費君之碑。碑云：‘梁相諱汎，字仲慮，此邦之人也。其先季文爲魯大夫，有功，封費，因以爲姓。’……按春秋，僖公賜季友汶陽之田及費；而左傳亦以謂季友有功於魯，受費，以爲上卿。今以爲季文有功封費者，蓋碑之誤。”

〔三一〕懿公孫費伯城郎，居之：懿公，指西周魯懿公姬戲。郎，在今山東魚臺縣東。各本皆作"郎"。彦按："郎"當"郎"字之譌。左傳隱公元年"夏，四月，費伯帥師城郎"，即其地，今據以訂正。

〔三二〕顔乃齊靈公妃顔懿姬者：齊靈公，春秋齊國國君呂環。左傳襄公十九年："齊侯娶于魯，曰顔懿姬。"

〔三三〕逮頃公孫疋守秦符璽，又爲符氏：頃公，戰國魯國末代國君姬讎。各本均作"項公"。又，"疋"各本均作"足"。彦按："項公"當作"頃公"，"足"當作"疋"，並因形近而譌。"疋"即"雅"之古字（見説文）。元和姓纂卷二虞韻符曰："魯頃公孫公雅爲秦符璽令，因爲氏。"宋鄭剛中北山集卷一五左中奉大夫致仕符公神道碑亦云："魯頃公之後有仕秦爲符璽令者，以符爲氏。"今據以訂正。

〔三四〕潛夫論，魯又有乙、華、向：彦按：潛夫論志氏姓述魯之公族，未見有向氏。向氏出自宋微子啓後，子姓。羅氏蓋誤記。

〔三五〕周公使管叔監鄁：鄁（yī），殷國名。洪本譌"鄁"。下"鄁"字同。

〔三六〕與蔡基鄁間王室：蔡，指周公同母弟蔡叔度。基（jī），誘導，教唆。間，干犯。左傳定公四年："管蔡啓商，基間王室。"杜預注："周公攝政，管叔、蔡叔開道紂子禄父，以毒亂王室。"楊伯峻注："基，謀也；間，犯也；謂謀犯王室也。説詳王引之述聞。"

〔三七〕周公蔡蔡而辟管，爰代以中旄父，管故不嗣：蔡，流放。辟，處死刑。中旄父，陳逢衡疑即周公異母弟毛叔鄭，孫詒讓以爲蓋即衞康叔子康伯（見逸周書作雒"俾中旄父宇于東"黃懷信等集注）。不嗣，絶後。

〔三八〕周書：管叔、霍叔經死，因蔡叔：霍叔，周公同母弟霍叔處。經，自縊，上弔。因，洪本譌"因"。彦按：宋劉恕資治通鑑外紀卷三周紀一成王二年"降霍叔於庶人，三年不齒"注引周書作洛解曰："管叔、霍叔縊而卒。囚蔡叔于郭鄰。"王應麟詩地理攷卷二四國條注、金履祥資治通鑑前編卷七周成王三年殺武庚封微子啓于宋爲殷後條注同。然今本逸周書但有"管叔經而卒，乃囚蔡叔于郭凌"，不及霍叔。陳逢衡以爲"'霍叔'二字添設"（見逸周書補注），或是。

〔三九〕左傳昭公元年"周公殺管叔而蔡蔡叔"杜預注："蔡，放也。"

〔四〇〕文王"惠慈二蔡":惠慈,慈愛,仁愛。國語晉語四:"文王……孝友二虢,而惠慈二蔡。"韋昭注:"三君云:'二蔡,文王子。管叔初亦爲蔡。'"

〔四一〕敬仲相齊公伯:敬仲,即管子。名夷吾,字仲,謚敬仲。齊公,指齊桓公。伯,通"霸",當諸侯盟主。

〔四二〕其耳孫修適楚,爲陰大夫:耳孫,玄孫之曾孫。適,洪本譌"適"。陰,地在今湖北老河口市。後漢書陰識傳:"其先出自管仲,管仲七世孫修,自齊適楚,爲陰大夫,因而氏焉。"

〔四三〕漢始,南陽世奉仲祭,號"相君":南陽,郡名,治所在今河南南陽市宛城區。祭,吳本作"祭",乃俗書。相君,對宰相的尊稱。後漢書陰識傳:"初,陰氏世奉管仲之祀,謂爲'相君'。"

〔四四〕陰嵩又爲丘目陵氏:丘目陵氏,各本"目"皆譌"自",今據元和姓纂訂正。姓纂卷五侵韻陰曰:"後周光禄大夫陰嵩,狀稱本武威人,賜姓邱目陵氏,隋復姓。"

〔四五〕後周賜陰嵩,至隨復姓:隨,通"隋"。各本"後周"作"後周書","復"作"複"。彥按:周書不載陰嵩事,"書"字當爲衍文。又,"複"字當作"復"。今並訂正。

〔四六〕見左傳僖公十二年。

〔四七〕蔡叔既蔡于郭淩:逸周書作雒:"乃囚蔡叔于郭淩。"孔晁注:"郭淩,地名。"　子胡改行帥德,周公使爲魯卿:帥德,猶率德,遵循道德。史記管蔡世家:"蔡叔度既遷而死。其子曰胡,胡乃改行,率德馴善。周公聞之,而舉胡以爲魯卿士。"

〔四八〕乃復之王,邦之蔡澤:彥按:"蔡澤"之"澤"字疑爲衍文。尚書蔡仲之命:"蔡仲克庸祇德,周公以爲卿士。叔卒,乃命諸王,邦之蔡。"又史記管蔡世家:"魯國治,於是周公言於成王,復封胡於蔡,以奉蔡叔之祀,是爲蔡仲。"均言"蔡",不言"蔡澤"也。

〔四九〕每賦役于楚,遷之州來:賦役,交賦税,服徭役。州來,地名。在今安徽鳳臺縣。彥按:蔡遷于州來在蔡昭侯二十六年,即公元前493年(見史記管蔡世家)。

〔五〇〕齊世家云:彥按:齊世家當作管蔡世家,羅氏誤記。

〔五一〕尚書蔡仲之命:"王若曰:'小子胡,惟爾率德改行,克愼厥猷,肆予命爾侯于東土。往即乃封,敬哉!'"孔穎達疏:"此使之爲諸侯於東土爾,不知何爵也。世家云:'蔡仲卒,子蔡伯荒立。卒,子宮侯立。'自此以下遂皆稱侯,則蔡仲初封即爲侯也。蔡伯荒者,自稱其字,'伯'非爵也。"

〔五二〕郭凌,地名:四庫本"地名"譌作"地方"。參見上注〔四七〕。

〔五三〕後周書,賜蔡祐姓:蔡祐,西魏、北周名將。各本"祐"皆譌"裕",今據周書訂正。周書蔡祐傳:"遷車騎大將軍、儀同三司,加驃騎大將軍、開府儀同三司、侍中,賜姓大利稽氏,進爵懷寧郡公。"

〔五四〕曹叔,甸伯,二十六世而宋威之:曹叔,周武王同母弟曹振鐸。甸伯,封于甸服(古稱離王城五百里的區域)内的伯爵諸侯。

〔五五〕哀八年,宋景:宋景,春秋宋景公子欒(一名頭曼),公元前516—前469年在位。春秋哀公八年:"春王正月,宋公入曹,以曹伯陽歸。"同年左傳:"春,宋公伐曹將還,褚師子肥殿。曹人詬之,不行。師待之。公聞之,怒,命反之,遂滅曹,執曹伯陽及司城彊以歸,殺之。"

〔五六〕其支于卞者:支,分支,支子。四庫本譌"文"。 于牟者:牟,在今山東萊蕪市鋼城區辛莊鎮。

〔五七〕欣時字子臧:欣時,春秋曹宣公庶子。見左傳成公十三年。

〔五八〕先賢傳有曹牟君卿:先賢傳,彥按:單新唐書藝文志二所載先賢傳即多達二十種,此不詳何種也。古今姓氏書辯證卷一一豪韻曹牟引姓解曰:"先賢傳有兗州刺史曹牟君卿,平昌人。"疑此指晉仲長毅撰兗州山陽先賢讚(見隋書經籍志二。原書作"仲長統撰",誤)。

〔五九〕曹操勵漢而有魏,五世,劫於典午:勵,"勤"字俗書,謂爲之盡力。劫,奪取。典午,"司馬"的隱語,指晉帝司馬氏。

〔六〇〕魏武:指魏武帝曹操。

〔六一〕成伯:即郕伯。周武王同母弟成叔武,封于郕。 後附於齊,還奔魯而咸于楚:春秋莊公八年:"夏,師及齊師圍郕,郕降于齊師。"又文公十二年:"春,王正月,郕伯來奔。"彥按:郕咸于楚,春秋未言,然魯亡于楚,則郕亦咸于楚矣。

〔六二〕成十三年之成子——成肅公也:成子,春秋成國國君。左傳成公十三年:"成子受脹于社,不敬。"

〔六三〕蕭公、桓公皆爲卿:桓公,指成桓公。四庫本作"恒公"誤。成桓公
見于左傳定公八年:"秋,晉士鞅會成桓公侵鄭,圍蟲牢,報伊闕也。"杜預注:
"桓公,周卿士。"

〔六四〕寰宇記引史記:武封母弟季載于郕:見太平寰宇記卷一四濮州雷
澤縣,文作:"史記曰'周武王封弟季載于郕',今縣北三十里郕都故城是也。"
王文楚校勘記曰:"按史記管蔡世家載:武王封弟叔武于成,季(戴)〔載〕少,未
得封,至成王始封季(戴)〔載〕于冉,而索隱引應劭云'武王封弟季(戴)〔載〕于
成',乃應劭承引史記誤云季(戴)〔載〕所封,括地志、本書亦沿誤。"

〔六五〕按管世家,季載封冉,又云"後世無所見":冉(nán),在今河南平
輿縣北。史記管蔡世家曰:"周公旦承成王命,……封季載於冉。"又曰:"冉季
載,其後世無所見。"

〔六六〕戰國郕午仕趙,始爲成氏:古今姓氏書辯證卷一六清韻郕:"出自
姬姓。周文王子叔武封爲郕伯,後失其國,子孫以國爲氏。戰國時,郕午仕趙,
改爲成氏。"

〔六七〕然周、魯皆有成邑云:彦按:周之成邑,武王初封叔武地也,本在畿
内,今陝西岐山縣境。魯之成邑,即春秋桓公六年"公會紀侯于成"之成,杜預
注:"成,魯地,在泰山鉅平縣東南。"即今山東泰安市南。

〔六八〕霍處以禄父降而經:霍處,即霍叔。禄父,又稱武庚,商紂王子。周
武王滅商後,封禄父于殷地,治殷遺民。武王死,禄父聯合管叔、蔡叔等作亂,
周公東征而誅之。詳上注〔三八〕。

〔六九〕至求公,威而奔齊:求公,即霍公求,春秋霍國國君。各本皆作"永
公"。彦按:"永"當"求"字形誤。史記趙世家:"晉獻公之十六年,伐霍、魏、
耿,而趙夙爲將伐霍。霍公求犇齊。"是霍公名求,今據以訂正。

〔七〇〕晉旱,卜之,在岳,於是復霍,而登:登,莊稼成熟、豐收。史記趙世
家:"晉大旱,卜之,曰'霍太山爲祟'。使趙夙召霍君於齊,復之,以奉霍太山
之祀,晉復穰。"

〔七一〕催氏:催(què),同"催"。

〔七二〕閔二年,與耿、魏俱威:彦按:"二年"當作"元年",蓋羅氏誤記。左

傳閔公元年:“晉侯作二軍,公將上軍,大子申生將下軍。趙夙御戎,畢萬爲右,以滅耿、滅霍、滅魏。”

〔七三〕叔封,司寇,采康:叔封,又稱康叔封,周武王同母弟,初封康(今河南禹州市順店鎮地)。史記衛康叔世家:“衛康叔名封,周武王同母少弟也。……成王長,用事,舉康叔爲周司寇。”

〔七四〕成王降霍:資治通鑑外紀卷三周紀一成王二年:“降霍叔於庶人,三年不齒。” 以商餘地封之,統三監,爲孟侯:三監,周武王滅商後,封紂子祿父于殷地,又以殷都以東爲衛,以弟管叔監之;殷都以西爲鄘,以弟蔡叔監之;殷都以北爲邶,以弟霍叔監之:總稱三監。史記衛康叔世家:“管叔、蔡叔疑周公,乃與武庚祿父作亂,欲攻成周。周公旦以成王命興師伐殷,殺武庚祿父、管叔,放蔡叔,以武庚殷餘民封康叔爲衛君,居河、淇閒故商墟。”孔叢子論書載孔子語:“昔康叔封衛,統三監之地,命爲孟侯。”

〔七五〕宋咸云:長也,若云方伯:宋咸,北宋官員兼學者,歷官至都官郎中。著作有易訓、毛詩正紀、揚子法言補注、孔叢子注等。此所引咸語見孔叢子注,原文作:“孟,長也,言以康叔爲五侯之長,若方伯然。”

〔七六〕康告云“朕弟小子封”:康告,即康誥,尚書篇名。其文稱:“王若曰:‘孟侯,朕其弟,小子封!’”孔氏傳:“周公稱成王命,……言王使我命其弟封。封,康叔名。稱小子,明當受教訓。” 以爲成王知康告:喬本、洪本“成王”下空出一字之位。此姑從餘本,不作闕文視。知康告,知會康叔之告誡。知,告知,告訴。洪本、吳本、四庫本、備要本並作“知康告周”。

〔七七〕逸周書作雉:“俾康叔宇于殷。”

〔七八〕八世,頃侯始侯:史記衛康叔世家:“頃侯厚賂周夷王,夷王命衛爲侯。”司馬貞索隱:“按:康誥稱‘命爾侯于東土’(彥按:此蔡仲之命語,非康誥中語,司馬誤記),又云‘孟侯,朕其弟,小子封’,則康叔初封已爲侯也。……至頃侯德衰,不監諸侯,乃從本爵而稱侯,非是至子即削爵,及頃侯賂夷王而稱侯也。”

〔七九〕孫和,相厲、宣:相,輔助。各本皆作“桓”。彥按:“桓”當“相”字形譌。古今姓氏書辯證卷三一祭韻衛曰:“頃侯之孫和,歷相周厲、宣、幽王,年九十餘薨,謚睿聖武公,于是又進爵爲公。”蓋即羅氏所本。今據以訂正。然相属王之説並不可信。據史記衛康叔世家,和立爲衛侯,在衛釐侯四十二年,時當周宣王十五年,何緣相属王?　九十猶戒于國,所謂睿聖武公者:國語楚語上:"昔衛武公年數九十有五矣,猶箴儆於國,曰:'自卿以下至於師長士,苟在朝者,無謂我老耄而舍我,必恭恪於朝,朝夕以交戒我;聞一二之言,必誦志而納之,以訓導我。'在輿有旅賁之規,位宁有官師之典,倚几有誦訓之諫,居寢有褻御之箴,臨事有瞽史之導,宴居有師工之誦。史不失書,矇不失誦,以訓御之,於是乎作懿戒以自儆也。及其没也,謂之睿聖武公。"

〔八〇〕五世,懿公殺于狄:各本皆作"五子,懿公殺公于狄"。彦按:此句文字有誤。"五子"當作"五世","世"指朝代。衛武公而後,至懿公凡歷五君,依次爲:莊公揚、桓公完、宣公晉、惠公朔、懿公赤。"殺公"之"公"字當爲衍文。史記衛康叔世家曰:"懿公即位,好鶴,淫樂奢侈。九年,翟伐衛,衛懿公欲發兵,兵或畔。大臣言曰:'君好鶴,鶴可令擊翟。'翟於是遂入,殺懿公。"今據以訂。"翟"同"狄"。

〔八一〕宋立戴公:戴公,衛懿公堂兄弟,名申。左傳閔公二年:"冬十二月,狄人伐衛。……及(衛)敗,宋桓公逆諸河。宵濟,衛之遺民男女七百有三十人,益之以共、滕之民爲五千人。立戴公以廬于曹。"

〔八二〕狄載至,徙楚丘:載,通"再"。彦按:徙楚丘爲衛文公(衛戴公弟燬)事,見漢書地理志下衛地,本書國名紀五周氏漕亦曰"(衛)文公遷楚丘",此"徙"字上疑脱"文公"二字。

〔八三〕子成公遂遷昆吾:昆吾,夏商國名,後亦爲地名,在今河南濮陽縣西南。漢書地理志下衛地:"衛本國既爲狄所滅,文公徙封楚丘,三十餘年,子成公徙於帝丘。……今之濮陽是也。本顓頊之虚,故謂之帝丘。夏后之世,昆吾氏居之。"

〔八四〕凡卅有五世而衛亡:卅,吳本、四庫本作"三十"。衛,洪本譌"角"。

〔八五〕析龜:析龜氏見潛夫論志氏姓。汪繼培箋:"'龜'字疑衍。……秦嘉謨云:'公析氏,左傳惟稱析,王符誤并析、畾二氏爲一氏。'"　祝國:疑爲"祝固"譌衍。　史桑:彦按:"史桑"未聞,疑爲"史葉"之誤。元和姓纂卷六止韻史葉曰:"(韓)[釋]例云:衛頃侯之後公子史食采於葉,因氏焉。"當即路史所本。然鄧名世已辯其非,古今姓氏書辯證卷二二止韻下史華曰:"謹按:魯閔公二年,狄人囚史華龍滑與禮孔,二人曰:‘我,太史也。’則華、禮皆氏,龍滑與孔皆名。華音去聲,非以葉爲華也。今以史華、龍滑自分爲兩人,或曰姓史華名龍滑,皆誤矣。”　世叔:世叔氏見潛夫論志氏姓。汪繼培箋:“春秋世叔儀、世叔申、世叔齊,左傳並作太叔。桓九年傳疏云:‘古者,“世”之與“大”,字義通也。’世族譜云:‘太叔儀,僖侯八世孫。’”　公甫:彦按:公甫即公父。元和姓纂卷一東韻公父曰:“魯季悼子紇生穆伯。穆伯生文伯歜。文伯歜生成伯。成伯生頃。頃爲公父氏,見世本。”史記虞卿列傳稱文伯歜爲公甫文伯,可證。然此公甫出魯,非衛康叔一系,疑路史誤闌入此。　公荆:未聞其詳,待考。子文:未聞其詳,待考。　夏戊:彦按:夏戊氏,見杜預春秋釋例卷九世族譜第四十五之下衛。　左、右之公子:彦按:左傳桓公十六年:“十一月,(衛)左公子洩、右公子職立公子黔牟。”路史以爲有左公子氏、右公子氏,蓋本此。鄧名世則立左公氏、右公氏,似勝。古今姓氏書辯證卷二六哿韻左公曰:“邵氏姓解曰‘左氏,衛左公子洩’,誤矣。左公子,衛官;洩,其名。後世或有左公氏,亦非必洩後也。”又卷二八有韻右公曰:“衛右公子職之後,以官爲右公氏。”

〔八六〕賁爲司馬:吳本脫“馬”字。淮南子主術“故握劍鋒,(以離)〔雖以〕北宮子、司馬蒯賁不〔可〕使應敵”,高誘注:“司馬蒯賁,其先程伯休父,宣王命以爲司馬,因爲司馬氏,蒯賁其後也。周衰,適他國。蒯賁在趙,以善擊劍聞。”

〔八七〕石:洪本譌“后”。　承:吳本譌“丞”。　頑:疑謂衛宣公庶子公子頑後以之爲氏。不得其詳,待考。

〔八八〕纂:指元和姓纂。吳本、四庫本、備要本均無此字。

〔八九〕璧:彦按:姓氏書未見此姓,但有壁姓。然據古今姓氏書辯證卷四〇錫韻壁“齊壁司徒之後爲氏”,(左傳成公二年作“辟司徒”,杜預注:“辟司徒,主壘辟者。”)則亦非衛康叔後。待考。

〔九〇〕弘,唐改爲洪:元和姓纂卷一東韻洪:“監察御史洪察,常州人,本姓弘氏,避孝敬諱,改姓洪氏。”孝敬指唐高宗李治太子、追尊孝敬皇帝李弘。

〔九一〕晁錯,史作“朝”,又作“鼂”:晁錯,漢景帝時御史大夫,因力主削藩,吳、楚等七國叛亂時爲景帝錯殺。洪本、吳本“鼂”譌“龜”。

〔九二〕孔達非宋出:孔達,春秋衛大夫。見左傳文公元年。彦按:元和姓纂卷六董韻孔曰:“孔姓。殷王帝乙長子微子啓受封于宋,弟微仲衍曾孫愍公生弗父何。何生宋父周。周生世父勝。勝生正考父。正考父生孔父嘉,子孫以王父字爲氏。"而孔達出衛,與宋之孔異,故羅氏有此語。　　孟亦與魯異:元和姓纂卷九映韻孟曰:"魯桓公子慶父之後,號曰孟孫,因以爲氏。又衛襄公長子孟縶之後,亦曰孟氏。"是衛自有孟氏,與魯之孟並非同源。

〔九三〕如衛繼,雖嘗爲縣長張氏之後,以禁異姓復爲衛,不著:衛繼,各本皆譌作"衛經",今訂正。縣長,吳本、備要本"縣"譌"懸"。之後,洪本、吳本、備要本誤倒作"後之"。三國志蜀志楊戲傳季漢輔臣贊裴松之注引益部耆舊雜記曰:"衛繼字子業,漢嘉嚴道人也。兄弟五人。繼父爲縣功曹。繼爲兒時,與兄弟隨父游戲庭寺中,縣長蜀郡成都張君無子,數命功曹呼其子省弄,甚憐愛之。張因言宴之間語功曹欲乞繼,功曹即許之,遂養爲子。……時法禁以異姓爲後,故復爲衛氏。"

〔九四〕懸氏、懸潘氏:彦按:二"懸"字疑當作"縣"。元和姓纂、通志氏族略、古今姓氏書辯證均有縣氏、縣潘氏而無懸氏、懸潘氏。

〔九五〕纂非刀裘也:備要本"刀"作"力"。彦按:此文蓋有錯譌,疑原文作:"纂邑裘,非也。"今"邑"字譌"刀"或"力","非"字又誤置"纂"字下,遂不可解。古今姓氏書辯證卷四〇緝韻邑裘云:"元和姓纂曰:衛太史柳莊卒,公與之邑裘氏與縣潘氏,故衛有邑裘氏。謹案禮記注曰:裘與縣潘皆邑名。則邑裘本非複姓,林氏誤矣。"

〔九六〕元咺氏:見杜預春秋釋例卷九世族譜第四十五之下衛。咺,音xuǎn。　　因采者也:上四字,各本原皆以羅苹注面目出現。彦按:此當由正文誤闌入者,實承上"其懸氏、懸潘氏……"而言,今訂正。

〔九七〕武公孫耳,采于戚,後爲孫氏:各本此句均闌入羅苹注中。彦按:此句當爲路史正文,否則下文"孫權啓吳"上無所承,將突兀而不知所云。今訂正。又,此句疑當在下"武公生季亹,采於甯,九世居卿,爲甯氏"後,於文方順。因爲祇有先言武公之子(季亹),再言武公之孫(耳),再由孫耳後爲孫氏引出啓吳之孫權,依照傳承脈絡爲敘述次序,方合邏輯。蓋存在倒文也。戚,地名。在今河南濮陽縣北。元和姓纂卷四魂韻孫云:"周文王第八子衛康叔之後,至武公生惠孫。惠孫生耳,爲衛上卿。耳生武仲,以王父字爲氏。"又卷一〇錫韻戚云:"衛大夫食采於戚,因氏焉。"

〔九八〕音簇:彦按:“簇”當作“鏃”。見集韻屋韻。

〔九九〕凌人:周禮天官所載官名,掌管藏冰之事。

〔一〇〇〕商乃鞅封:商,地名。在今陝西丹鳳縣西。鞅,公孫鞅,戰國著名政治家、法家代表人物。輔助秦孝公變法,使秦國富兵强。秦惠文王立,以遭誣害舉兵反抗,被處車裂。本衛國人,故又稱衛鞅;秦孝公時以功封商,號商君,故又稱商鞅。

〔一〇一〕仇見世本,裘之轉:彦按:此以仇姓由“裘之轉”,當誤。元和姓纂卷五尤韻裘稱:“衛大夫食采裘氏,因姓裘。或云,本仇氏,改爲裘。”所引“或云”,本末正好相反。此“裘之轉”或宜作“裘由之轉”。

〔一〇二〕陶叔授民,爲陶叔氏、司徒氏:授民,教授百姓。陶叔,清代雷學淇、近人楊伯峻均以爲即周武王同母弟曹叔振鐸。左傳定公四年:“聃季授土,陶叔授民。”杜預注:“陶叔,司徒。”楊伯峻注:“陶叔疑即曹叔振鐸,雷學淇竹書紀年義證‘曹伯夷羆’下云:‘叔之封近定陶,故左傳又謂之陶叔’,此説是也。亦猶戰國時魏之稱梁,韓之稱鄭。”彦按:即不視陶叔爲曹叔,路史此句居康叔封下,仍不妥當,疑其亦倒文也。或本在下“春秋之時,惟魯、衛希王政”後,誤倒至此。

〔一〇三〕非宋司徒:宋司徒,指春秋宋國大夫華定。左傳襄公二十九年:“齊高子容與宋司徒見知伯。”杜預注:“司徒,華定也。”

〔一〇四〕武公生季亹,采於甯,九世居卿:季亹,元和姓纂卷九徑韻甯、通志卷二七氏族略三以邑爲氏衛邑甯氏俱作“季亹”,“亹”疑“亶”字之譌。甯,在今河南獲嘉縣。卿,備要本譌“鄉”。

〔一〇五〕周威王師甯越:彦按:“周威王”當作“周威公”,指西周威公姬竈。吕氏春秋博志:“甯越,中牟之鄙人也,苦耕稼之勞,謂其友曰:‘何爲而可以免此苦也?’其友曰:‘莫如學。學三十歲則可以達矣。’甯越曰:‘請以十五歲。人將休,吾將不敢休;人將卧,吾將不敢卧。’十五歲而周威公師之。” 齊威師甯戚:齊威,指春秋齊桓公,宋人避宋欽宗趙桓諱,稱齊桓爲齊威。吕氏春秋舉難:“甯戚欲干齊桓公,窮困無以自進,於是爲商旅將任車以至齊,暮宿於郭門之外。桓公郊迎客,夜開門,辟任車,燭火甚盛,從者甚衆。甯戚飯牛居車下,望桓公而悲,擊牛角疾歌。桓公聞之,撫其僕之手曰:‘異哉!之歌者非常人也。'命後車載之。桓公反,至,從者以請。桓公賜之衣冠,將見之。甯戚見,説桓公以治境内。明日復見,説桓公以爲天下。桓公大説。"

〔一〇六〕孫權啓吴:孫權,三國吴大帝,爲東吴政權之建立者。啓,開創。

〔一〇七〕皓以秀奔魏,改爲厲氏:皓,孫皓,三國吴末帝,孫權孫。秀,孫秀,三國吴宗室、將領。彦按:"魏"當作"晉"。三國志吴志孫匡傳:"(孫)泰子秀爲前將軍、夏口督。秀公室至親,握兵在外,皓意不能平。建衡二年,皓遣何定將五千人至夏口獵。先是,民間僉言秀當見圖,而定遠獵,秀遂驚,夜將妻子親兵數百人奔晉。晉以秀爲驃騎將軍、儀同三司,封會稽公。"裴松之注引江表傳曰:"皓大怒,追改秀姓曰厲。"孫吴建衡二年,時當晉武帝司馬炎泰始六年。

〔一〇八〕惟魯、衛希王政:希,用同"睎",猶視,謂比照,效法。

〔一〇九〕毛叔鄭:周武王弟。

〔一一〇〕史記:武王克商,尚父牽牲,毛叔鄭奉明水:見史記周本紀。尚父,即周文王太師吕尚(亦稱吕望、姜尚、姜太公、姜子牙等)。牲,用于祭祀的牲畜。明水,祭祀用的净水。

〔一一一〕劉原父得毛伯敦,疑爲鄭:劉原父,即北宋經學家、金石學家劉敞。敞字原父。歐陽修集古録卷一古敦銘曰:"右毛伯敦銘。……此敦原父得其蓋於扶風,而有此銘。原父爲予考按其事,云:史記,武王克商,尚父牽牲,毛叔鄭奉明水。則此銘謂鄭者,毛叔鄭也。銘稱伯者,爵也。史稱叔者,字也。"

〔一一二〕毛伯衛:周襄王卿士。穆天子傳卷四古文:"命毛班、逢固先至于周,以待天[子]之命。"郭璞注:"毛班,毛伯衛之先也。"

〔一一三〕毛,庶氏也:謂毛氏非正嫡所出。　有衛、過、得三毛伯氏采:喬本"過得"二字原爲墨條,今據餘諸本補出。毛伯氏,洪本、吴本、四庫本、備要本"氏"作"世"非。毛伯過,周大夫,見左傳昭公十八年。毛伯得,周卿士,見左傳昭公二十六年。

〔一一四〕沈:在今安徽臨泉縣。

〔一一五〕是爲郱、駢:吴本、四庫本、備要本"郱"作"郉",同。下"郱氏"之"郱"同。

〔一一六〕冉即郱,見國語:彦按:今本國語周語中:"昔隱之亡也由仲任,密須由伯姞，鄶由叔妘，聃由鄭姬，……是皆外利離親者也。”疑羅氏所見本，“聃”作“郱”。

〔一一七〕冉耕、冉會，姓纂出叔山冉：冉耕，孔子弟子，見史記仲尼弟子列傳。冉會，春秋魯人，見左傳定公八年。叔山冉，春秋楚大夫，見左傳成公十六年。元和姓纂卷七琰韻冉云：“高辛氏之後。一云，大夫叔山冉之後。”妄：彥按：古今姓氏書辯證卷二八琰韻冉稱：“元和姓纂曰：‘大夫叔山冉之後。’按：此本無明據；而周文王子封於聃，太史公省‘聃’爲‘冉’，則冉出於聃，最爲有理。今宜曰：魯國冉氏，出自姬姓，周文王子聃季載，以國爲氏，後人去‘耳’爲冉氏。”蓋即羅氏所本。

〔一一八〕春秋尹氏訟聃啓：尹氏，周匡王卿士。聃啓，周大夫。吳本、四庫本、備要本“聃”作“耼”。下諸“聃”字皆然。彥按：左傳文公十四年：“周公將與王孫蘇訟于晉，王叛王孫蘇，而使尹氏與聃啓訟周公于晉。”此羅氏引文稱“尹氏訟聃啓”，有悖原意。　鬬章囚鄭聃伯：鬬章，春秋楚成王大夫。囚，備要本譌“因”。聃伯，洪本“伯”作“柏”非。左傳僖公二年：“冬，楚人伐鄭，鬬章囚鄭聃伯。”　亦皆作“耽”：彥按：據文意，“耽”似當作“聃”。此作“耽”，疑爲音譌。

〔一一九〕今亦或“駐”，乃聃厖國：聃厖，聃亦作冄或冉，厖亦作駹，皆古部族名，亦其國名。地在今四川茂縣、黑水縣、紅原縣一帶。備要本“厖”譌“龐”。彥按：“或”下疑脫“作”字。史記西南夷傳：“自筰以東北，君長以什數，冄駹最大。”張守節正義引括地志云：“蜀西徼外羌，茂州、冄州本冄駹國地也。”　故雲安冉，本巴東蠻：雲安，縣名。在今重慶市雲陽縣。巴東，郡名，治所在今重慶市奉節縣。元和姓纂卷七琰韻冉云：“雲安冉氏，盤瓠後冉（髦）〔駹〕之種類也。代爲巴東蠻夷酋帥。”

〔一二〇〕然記皆謂季載封沈：記，吳本、備要本作“季”，蓋由音譌。　唐沈氏表云：季載字子揖，封沈：唐沈氏表，指新唐書宰相世系表四上。原文作：“沈氏出自姬姓。周文王第十子聃叔季，字子揖，食采於沈，汝南平輿沈亭即其地也。”

〔一二一〕按成八年，晉獲沈子揖：彥按：左傳成公八年：“晉侵沈，獲沈子揖初，從知、范、韓也。”楊伯峻斷句如此，注曰：“杜注以‘自是’解‘初’字，則以

‘沈子揖’爲句，‘初’字屬下讀，文義難通。今從竹添光鴻會箋以‘沈子揖初’爲讀。”當是。

〔一二二〕疑“沈”又“耽”之訛：四庫本“又”謂“乂”。

〔一二三〕告分南北：告，即郜。北郜在今山東成武縣永昌街道郜鼎集，南郜在北郜城南二里。　北入宋：宋，指南朝宋。

〔一二四〕朱、曾之類，反謂後世去邑：元和姓纂卷二虞韻朱云：“顓頊之後，周封曹挾于邾，爲楚所滅，子孫去‘邑’以爲氏。”又卷五登韻曾云：“夏少康封少子曲烈于鄫，春秋時爲莒所滅，鄫太子巫仕魯，去‘邑’爲曾氏。見世本。”

〔一二五〕雖伯入周：雖伯，即雍伯，周文王十二子（據元和姓纂卷一鍾韻雍）。

〔一二六〕於用切：四庫本作“于用切”。

〔一二七〕與姞雍畢隸爲雍：姞雍，謂姞姓之雍。左傳桓公十一年：“宋雍氏女於鄭莊公，曰雍姞。”杜預注：“雍氏，姞姓，宋大夫也。”

〔一二八〕叔繡居錯：叔繡，周文王子。錯，即滕國之地。蓋稱地名曰錯，稱國名曰滕。春秋釋例卷九世族譜第四十五之下滕曰：“滕，姬姓，文王子錯叔繡之後也。武王封之，居滕。”　文公侯之：文公，春秋滕國國君姬宏，錯叔繡之後裔。滕，通“滕”。在今山東滕州市姜屯鎮。　卅有一世，齊威之：呂本、四庫本“卅”作“三十”。漢書地理志上沛郡公丘云：“侯國。故滕國，周（懿）〔文〕王子錯叔繡所封，三十一世爲齊所滅。”

〔一二九〕嘗一貶子：春秋桓公二年：“滕子來朝。”杜預注：“隱十一年稱侯，今稱子者，蓋時王所黜。”孔穎達疏：“自是以下，滕常稱子，故疑爲時王所黜，於時周桓王也。東周雖則微弱，猶爲天下宗主，尚得命邾爲諸侯，明能黜滕爲子爵。”楊伯峻注則曰：“滕子即隱公十一年之滕侯，公、侯、伯、子、男皆古國君之通稱，故或稱‘滕侯’，或稱‘滕子’，亦猶僖公二十七年經云‘杞子來朝’，而文公十二年經云‘杞伯來朝’。或書‘杞子’，或書‘杞伯’，其實一也。”彥按：楊氏説是。

〔一三〇〕漢志以爲懿王子：見上注〔一二八〕。

〔一三一〕又有鐕，並去聲：鐕，洪本如此，喬本作“錯”，吳本、四庫本、備要本作“鐯”。彥按：當作“鐕”，“錯”、“鐯”皆謁字。本書國名紀五周氏鐕曰“滕叔初采”,又清張澍姓氏尋源卷四二鐳氏引路史云:“滕後有鐳姓,去聲。”是也。今據以訂正。

〔一三二〕姓纂云:温泉多此姓:彦按:温泉地不可考,疑爲温州之譌。通志卷二九氏族略五入聲錯氏引姓纂云:“今温州有此姓”,是也。温州地即今浙江温州市。

〔一三三〕周公薨,畢公高入職焉:周公,各本皆作“文公”。彦按:“文公”當作“周公”,蓋涉上文“文公”而誤。潛夫論志氏姓:“畢公高與周同姓,封於畢,因爲氏。周公之薨也,高繼職焉。”又尚書康王之誥“畢公率東方諸侯入應門右”孔穎達疏引王肅云:“畢公代周公爲東伯,故率東方諸侯。”今訂正。

〔一三四〕子季孫邑潘:潘,地名。在今河北涿鹿縣。季孫,元和姓纂卷四桓韻潘作“伯季”。岑仲勉校記:“‘伯季’,廣韻、姓解、通志俱作‘季孫’,類稿一六、備要一四、新書六亦均引作‘季孫’。”彦按:通志卷二七氏族略三以字爲氏楚人字潘則曰:“芈姓,楚之公族以字爲氏,潘崇之先,未詳其始。或言畢公高之子季孫食采於潘,謬矣。” 既復分龐:元和姓纂卷一江韻龐:“周文王子畢公高之後,封於龐鄉,因氏焉。”

〔一三五〕裔孫畢萬事晉:史記魏世家:“魏之先,畢公高之後也。畢公高與周同姓。武王之伐紂,而高封於畢,於是爲畢姓。其後絕封,爲庶人,或在中國,或在夷狄。其苗裔曰畢萬,事晉獻公。” 獻公威魏而封之:威,洪本譌“戚”。魏,周封國名。在今山西芮城縣。左傳閔公元年:“晉侯作二軍,公將上軍,大子申生將下軍。趙夙御戎,畢萬爲右,以滅耿、滅霍、滅魏。還,爲大子城曲沃,賜趙夙耿,賜畢萬魏,以爲大夫。”

〔一三六〕而斯始命文侯:命,稱。文侯,戰國魏國開國君主,公元前445—前396年在位。洪本“侯”譌“族”。

〔一三七〕師子夏、子方:子方,田子方,名無擇,戰國魏國賢士。吕氏春秋察賢:“魏文侯師卜子夏,友田子方,禮段干木,國治身逸。”

〔一三八〕惠徙大梁:惠,魏惠王魏罃。大梁,在今河南開封市西北。魏惠王九年(前361),從安邑(今山西夏縣西北)遷都于此。

〔一三九〕又八世,虜於秦:在魏王假時。史記魏世家:“(魏王假)三年,秦灌大梁,虜王假,遂滅魏以爲郡縣。”

〔一四〇〕始皇二十二年：時當公元前 225 年。

〔一四一〕芮：喬本、洪本、吳本、四庫本譌“芮”，今從備要本改。

〔一四二〕呂出魏犨子錡：魏犨，春秋晉大夫，畢萬之孫。錡，晉大夫，春秋釋例卷九世族譜第四十五之下晉：“魏錡，魏犨子，爲呂氏。”彥按：左傳宣公十二年稱魏錡，成公十六年稱呂錡。又錡子，左傳成公十三年稱呂相，成公十八年稱魏相。

〔一四三〕王氏出信陵君孫卑子，望京兆、山陽：信陵君，即戰國魏昭王少子魏無忌。戰國四公子（齊孟嘗君、趙平原君、楚春申君、魏信陵君）之一，以封信陵（今河南寧陵縣），故稱。望，望族。京兆，府名，治所在今陝西西安市。山陽，郡名，治所在今江蘇淮安市。新唐書宰相世系表二中：“京兆王氏出自姬姓。周文王少子畢公高之後，封魏，至昭王彤，生公子無忌，封信陵君。無忌生閒憂，襲信陵君。秦滅魏，閒憂子卑子逃難于太山，漢高祖召爲中涓，封蘭陵侯。時人以其故王族也，謂之‘王家’。”又古今姓氏書辯證卷一四陽韻下王曰：“元和姓纂有山陽王氏、高平澤州王氏，皆與京兆同出。”

〔一四四〕係見食志：係，番係，漢武帝時河東郡太守。食志，指漢書食貨志。漢書食貨志下：“其後番係欲省底柱之漕，穿汾、河渠以爲溉田。”顏師古注：“番，姓；係，名也。”

〔一四五〕豫讓，畢陽孫：豫讓，戰國晉卿智伯家臣。韓、趙、魏三家共滅智氏，豫讓吞炭漆身，伺機刺殺趙襄子以爲智伯報仇，事敗身死。戰國策趙策一：“晉畢陽之孫豫讓，始事范、中行氏而不説，去而就知伯。”　國事：戰國策之別稱。

〔一四六〕宇文：洪本、吳本、備要本作“不雨”。彥按：不雨氏見潛夫論志氏姓，爲畢公高後，其姓甚可疑，然蓋爲路史所本。　葉大夫：此氏亦見潛夫論志氏姓，爲畢公高後。可疑。

〔一四七〕新垣衍居大梁虛：新垣衍，戰國魏客將軍。虛，“墟”之古字，謂故城廢址。通志卷二七氏族略三以地爲氏梁垣氏亦云：“陳留風俗傳：周畢公後有梁垣演，居大梁之墟，子孫因氏焉。”

〔一四八〕潘後，又周令狐整爲御正，賜姓宇文：令狐整，北周燉煌人，歷官御正中大夫、大將軍等職。見周書本傳。

〔一四九〕曾孫元超:元超,唐撫寧令。彥按:據新唐書宰相世系表五下,元超應爲令狐整玄孫,而非曾孫。　　唐復之:謂恢復其令狐之姓。　　德棻、楚、綯系也:令狐德棻,令狐整孫,唐初史學家,官至國子祭酒、崇賢館學士。令狐楚,唐代文學家,令狐德棻之裔,歷官吏部尚書、左僕射、山南西道節度使等職。令狐綯,令狐楚子,唐宣宗朝宰相。

〔一五〇〕華侯采馮城,爲馮氏:馮城,在今河南滎陽市西。彥按:據東觀漢記馮魴傳:"馮魴字孝孫,其先魏之別封曰華侯。華侯孫長卿食采馮城,因以氏焉。"則采馮城者當爲華侯之孫,而非華侯。

〔一五一〕菜馮亭:菜,吳本、四庫本、備要本作"采"。馮亭,人名,戰國韓上黨郡守。見漢書馮奉世傳。元和姓纂卷一東韻馮云:"漢書,秦末馮亭爲上黨守,入趙,其宗族或留潞,或在趙。"蓋羅氏誤以馮亭爲地名,故有是語。

〔一五二〕春秋有馮簡子:見左傳襄公三十一年。馮簡子,春秋鄭大夫。杜云歸姓:彥按:查杜預春秋左氏經傳集解,未見此語。而通志卷二七氏族略三以邑爲氏鄭邑馮氏引世本云:"歸姓,鄭大夫馮簡子之後。"疑羅氏誤記。

〔一五三〕後漢馮魴,亦云魏之支別,采馮城:馮魴,東漢南陽湖陽(今河南唐河縣湖陽鎮)人,歷官太僕、司空等職。四庫本"支"譌"支"。洪本"采"作"菜"。下"食采馮城"之"采"同。

〔一五四〕馮城爲氏:馮,"憑"之古字,依據。

〔一五五〕信都馮和孫跋,爲北燕:信都,縣名,治所在今河北冀州市。跋,北燕君主。公元407年,馮跋殺後燕主慕容熙,立高雲爲天王,都龍城(今遼寧朝陽市龍城區),是爲北燕。公元409年,高雲爲近臣所殺,馮跋平定事變,即天王位于昌黎(今遼寧義縣)。　　十一年:彥按:北燕自公元407年建,至公元436年亡,歷三主,凡三十年。疏者據年號紀年相加,則得三十一年(正始3年、太平22年、太興6年)。此稱"十一年"者,蓋前脫"三"字。

〔一五六〕武伐紂,原公把小鉞:原公,即原伯,周文王第十六子(見元和姓纂卷四元韻原)。鉞,斧形古兵器。彥按:逸周書克殷:"周公把大鉞,召公把小鉞,以夾王。"玉海卷一五一兵制周黄戚引周書克殷,"召公"作"原公"。又史記周本紀曰:"武王弟叔振鐸奉陳常車,周公旦把大鉞,畢公把小鉞,以夾武王。"則作"畢公"。蓋傳聞有不同,不同版本文字也有不同也。

〔一五七〕原莊公：周惠王卿士。

〔一五八〕元和姓纂卷四元韻原仲："陳大夫原仲之後。"

〔一五九〕原伯氏，絞之後：絞，原伯絞，周景王大夫。彥按：原伯絞見左傳昭公十二年。後漢書蓋延傳李賢注作"原伯佼"。賢又以後漢佼彊爲"原伯佼之後"，則所謂佼氏，實出自原伯絞矣。各本"後"字與下句首"然"字誤倒，今訂正。

〔一六〇〕然原貫在絞前已百年：各本"然"字與上句末"後"字誤倒，今訂正。絞，喬本作"佼"誤，今改從餘本作"絞"，以與上文"原伯氏，絞之後"一致。原貫，即原伯貫，見左傳僖公二十五年。杜預注："伯貫，周守原大夫也。"古今姓氏書辯證卷七元韻原伯："英賢傳曰：左傳周原伯絞之後氏焉。……謹按春秋，原伯貫在絞之前百年，雖曰貫之後爲氏，可也。"

〔一六一〕鄭有原繁，與原仲，所謂"南方之原"也：原繁，春秋鄭大夫，見左傳隱公五年、桓公五年及莊公十四年。南方之原，南方之原氏，語出自詩經陳風東門之枌："穀旦于差，南方之原。"

〔一六二〕荀侯，諸侯之伯，晉威之：荀侯，即郇侯，周文王子。元和姓纂既以爲周文王第十七子（見卷三諄韻荀），然又稱鄲侯亦文王第十七子（見卷一東韻鄲），則二説至少必有一誤。　爲公族後逝敖：逝敖，春秋晉公族，爲中行氏先人。元和姓纂卷一東韻中行云："世本，晉荀逝敖生桓子林父，將中行，爲中行氏。"古今姓氏書辯證卷二東韻下中行云："出自荀氏。晉公族逝敖生荀林父。"

〔一六三〕穆子：中行穆子，即春秋晉大夫荀吳。

〔一六四〕見姓纂卷八送韻仲行。

〔一六五〕孫息食知：息，荀息，春秋晉大夫。知，在今山西永濟市虞鄉鎮西北。

〔一六六〕內容亦見于古今姓氏書辯證卷六諄韻荀，文字稍有不同。　生林父，爲中行將：林父，吳本作"林甫"。中行，猶中軍。　一林父弟首：一，洪本作"二"非。首，荀首，晉卿。　食邑程：程，在今山西新絳縣東北。

〔一六七〕荀悊：東漢名士。見後漢書卷五三周黃徐姜申屠列傳序。

〔一六八〕智果諫瑶，不從，乃別族于太史爲輔氏：智果，春秋晉大夫，智氏之族。諫瑶,謂諫止以瑶爲後。諫,止。瑶,智瑶,也稱荀瑶,即智伯,晉國卿大夫。四庫本作"謠",誤。國語晉語九:"知宣子將以瑶爲後,知果曰:'不如宵也。'宣子曰:'宵也很。'對曰:'宵之很在面,瑶之很在心。心很敗國,面很不害。瑶之賢於人者五,其不逮者一也。美鬢長大則賢,射御足力則賢,伎藝畢給則賢,巧文辯惠則賢,彊毅果敢則賢;如是,而甚不仁。以其五賢陵人,而以不仁行之,其誰能待之? 若果立瑶也,智宗必滅。'弗聽。智果別族于太史爲輔氏。"韋昭注:"太史掌氏姓。"

〔一六九〕汲古文:晉武帝時,汲郡人不準盗發魏襄王墓,得竹書數十車,内有紀年、穆天子傳、周書等七十五篇,皆用科斗文書寫,因稱汲冢古文或汲郡古文、汲古文。　晉武公戚荀,以畀大夫原氏:畀,賜與。喬本如此,餘諸本作"賜"。水經注卷六汾水:"(汾水)又西逕荀城東,古荀國也,汲郡古文'晉武公滅荀,以賜大夫原氏'也。"

〔一七〇〕魏正平有荀城:魏,指北魏。正平,郡名,治所在今山西新絳縣。

故或以爲鄭地之荀:彦按:本書國名紀五周氏武穆之分荀曰:"逝遨采,本鄭地;重耳軍盧柳,濕次于郇者。"羅苹注:"晉語:狐偃盟于郇。韋云:鄭地。非河東郇。"所據國語韋注文字有誤,"鄭地"實乃"晉地"之譌,此所謂"故或以爲鄭地之荀",純屬子虚烏有。參見國名紀五周氏注〔四二一〕。

〔一七一〕豐侯坐酒亡國,以故負罍于首,以爲式:豐侯,即酆侯,周文王子。元和姓纂既以爲周文王第十七子(見卷一東韻酆),然又稱郇侯亦文王第十七子(見卷三諄韻荀),則二説至少必有一誤。相傳豐侯因湛于酒亡國,故罰爵(古代罰酒的酒器)作頭頂盛酒器之人形,稱爲"豐侯",作爲酒戒之用。坐,因爲,由于。罍,盛酒漿的瓦器。首,洪本譌"攺"。以爲式,謂作爲豐侯(罰爵)之樣式。

〔一七二〕俎豆中有豐,即鄉飲禮中豐侯也:俎豆,原爲古代祭祀、宴饗時盛食物用的兩種禮器,此泛指禮器。豐,洪本、吴本作"豊"。下整段羅氏注文中諸"豐"字同。鄉飲禮,周代鄉學三年業成大比,考其德行道藝優異者薦于諸侯。將行之時,由鄉大夫設酒宴以賓禮相待,稱爲"鄉飲酒禮"或"鄉飲禮"。彦按:此以俎豆中豐即爲豐侯,蓋本説文或説。説文豐部云:"豐,……一曰鄉飲酒有豐侯者。"

〔一七三〕都斲一木爲之,象豆而卑:都,都凡,大抵。豆,古代食器,其形似高足盤。　一同坫爵:一同,如同。坫爵,放在坫(古代廊廟内兩柱中間的土臺。諸侯宴會,例爲置爵之處)上之爵(酒杯)。此謂豐亦同爵一樣,置于坫上。

〔一七四〕宋葉廷珪海録碎事卷一八文學部上鄉射門罰豐:“射禮,置罰豐於西階下。音訓:古豐國之君,以酒亡國,故以爲罰爵之名,圖其人形於下。”

〔一七五〕盂:飲器名。

〔一七六〕崔駰:洪本、吳本、四庫本“駰”譌“駟”。　自僇於世:僇,通“戮”,羞辱。太平御覽卷七六二引崔駰酒箴,作“戮”。　李尤銘:李尤,東漢文史學家,歷官蘭臺令史、諫議大夫、樂安相等職。銘,指豐侯銘,也見太平御覽卷七六二引。

〔一七七〕姓纂:第十七:彦按:語意未完,疑有脱文。元和姓纂卷一東韻酆曰:“文王第十七子酆侯之後。”

〔一七八〕唐有禍,成王以封子于:唐,古國名,堯裔子所封,周成王滅之。地在今山西翼城縣西。子于,周武王子、周成王弟唐叔虞字(見史記晉世家)。各本“于”均譌“干”,今訂正。史記晉世家:“武王崩,成王立,唐有亂,周公誅滅唐。成王……遂封叔虞於唐。”

〔一七九〕子燮父而謂晉:燮父,喬本、洪本、吳本、備要本“燮”作“爕”,四庫本作“爕”,今據史記訂“燮”。史記晉世家:“唐叔子燮,是爲晉侯。”張守節正義引毛詩譜云:“叔虞子燮父以堯墟南有晉水,改曰晉侯。”

〔一八〇〕十一世:彦按:據史記晉世家,“自唐叔至靖侯五世”,靖侯之後,歷釐侯、獻侯、穆侯、殤叔而至文侯,則至文侯時爲十世。此謂“十一世”,蓋誤。　文侯勤周,受錫予:文侯,名仇。尚書文侯之命序:“平王錫晉文侯秬鬯圭瓚,作文侯之命。”孔氏傳:“幽王爲犬戎所殺,平王立而東遷洛邑,晉文侯迎送安定之,故錫命焉。”

〔一八一〕昭侯立其弟于曲沃:昭侯,名伯,晉文侯子。其弟,此承上句言,乃指文侯弟。曲沃,在今山西聞喜縣東北。史記晉世家:“昭侯元年,封文侯弟成師于曲沃。”

〔一八二〕五世,而曲沃威晉,君之:五世,指晉昭侯之後五世,即歷孝侯、鄂

侯、哀侯、小子侯而至晉侯緡。史記晉世家:"晉侯二十八年,……曲沃武公伐
晉侯緡,滅之,盡以其寳器賂獻于周釐王。釐王命曲沃武公爲晉君,列爲諸侯,
於是盡併晉地而有之。"

〔一八三〕五世,文公遂霸諸侯:五世,彦按:此當自武公算起,歷獻公、惠
公、懷公而至文公,方爲五世。史記鄒陽傳:"夫晉文公親其讎,彊霸諸侯。"

〔一八四〕又十六世,而析徙端氏:析,分裂。端氏,地名。在今山西沁水
縣。又十六世,當晉静公時。史記晉世家:"静公二年,魏武侯、韓哀侯、趙敬侯
滅晉後而三分其地。静公遷爲家人,晉絶不祀。"又趙世家:"(成侯)十六年,
與韓、魏分晉,封晉君以端氏。"

〔一八五〕曲沃武公:晉文侯弟成師孫,名稱。

〔一八六〕陽欒司籍:彦按:陽欒不見諸史籍,疑爲伯黶之誤。左傳昭公十
五年,周景王謂晉籍談:"且昔而高祖孫伯黶司晉之典籍,以爲大政,故曰籍
氏。"杜預注:"孫伯黶,晉正卿,籍談九世祖。"

〔一八七〕或以籍、席出于荀:通志卷二八氏族略四以官爲氏云:"籍氏:出
於伯氏。晉大夫荀林父爲中行伯,孫伯黶以王父字爲伯氏。司晉之典籍,故亦
謂之籍氏,以官爲氏也。"又云:"席氏:本籍氏,晉大夫籍談之後。談十三世孫,
避項羽諱改爲席氏。"彦按:通志以孫伯黶爲荀林父孫,無據。孫伯黶之"孫"
非表示輩分義之"孫"也。

〔一八八〕楊食、食我:彦按:此二姓不見諸姓氏書,可疑。古今姓氏書辯證
卷一三陽韻上楊曰:"(羊舌)肸字叔向,晉太傅,食采楊氏。生伯石,字食我,
以邑爲號,曰'楊石',又曰'楊食我'。"蓋羅氏即據此附會也。

〔一八九〕公師,成師後,見辨證:成師,晉文侯弟,曲沃武公之祖。辨證,
指古今姓氏書辯證。彦按:今本古今姓氏書辯證未見此説。

〔一九〇〕賈執英賢傳及韻:賈執,南朝梁譜學家,官太府卿。韻,指廣韻。
廣韻魚韻閆曰:"凡閆氏,出自晉唐叔。賈執英賢傳云,今東莞有之。"

〔一九一〕姓纂云:子羽,晉公族後,爲楚邑大夫:見元和姓纂卷六止韻子
羽。後,各本皆譌"復",今訂正。

〔一九二〕然鄭、衛皆有行人子羽:鄭,洪本、吴本譌"即"。行人,官名。掌
管朝覲聘問之事。鄭行人子羽,即春秋鄭大夫公孫揮(字子羽)。左傳襄公二

十九年：“鄭行人子羽曰：‘是謂不宜，必代之昌。松柏之下，其草不殖。’”即其人。衞行人子羽，見左傳哀公十二年：“初，衞人殺吳行人且姚而懼，謀於行人子羽。”杜預注：“子羽，衞大夫。”　韓起庶子亦曰子羽云：韓起，春秋晉卿大夫，史稱韓宣子。左傳昭公五年“箕襄、邢帶、叔禽、叔椒、子羽”杜預注：“皆韓起庶子。”

〔一九三〕揚干：吳本、備要本作“揚于”。　祈夜：元和姓纂卷二脂韻、通志卷二九氏族略五以名氏爲氏、古今姓氏書辯證卷三脂韻均作“祁夜”。　郗州：古今姓氏書辯證卷三九陌韻“郗”作“郤”，同。

〔一九四〕晉校尉車成將：廣韻清韻成云：“晉戊己校尉燉煌車成將，古成氏之後。”

〔一九五〕樂書、下軍及嘉、若、樂出于樂：樂書，諸姓氏書不以爲氏，疑有誤。下軍，元和姓纂卷九禡韻下軍：“左傳，晉將樂黶爲下軍大夫，子孫氏焉。”樂出于樂，費解，前“樂”字蓋誤。

〔一九六〕靖侯孫賓采樂：靖侯，西周時晉國國君，晉文侯高祖，名宜臼。樂，在今河北趙縣新寨店鎮。

〔一九七〕隄：洪本作“陡”，疑爲“陡”字形譌。古今姓氏書辯證卷四齊韻作“陡”，云：“何氏纂文要曰：古‘隄’字。”　遆：音 tí。　鮭：音 kuí。彥按：元和姓纂卷三齊韻鮭曰：“中山：後漢有鮭陽鴻，爲少府，傳孟氏易。南陽淯陽：後漢大鴻臚鮭丹。”蓋即路史以“鮭”爲姓所本。然姓纂之説多誤。鮭陽鴻乃複姓鮭陽，而非姓鮭。後漢書牟融傳：“（永平）十一年，代鮭陽鴻爲大司農。”李賢注：“鮭陽，姓也。”廣韻齊韻鮭亦曰：“漢複姓。漢有博士鮭陽鴻。”古今姓氏書辯證卷四齊韻鮭更稱“‘鮭’無單姓者”。至于鮭丹，實是洼丹，見後漢書卷七九上本傳。

〔一九八〕澄城鮭縣有鮭姓，自云鞮氏，避事改之：澄城，郡、縣名，治所在今陝西澄城縣。彥按：澄城無鮭縣，此句當有誤。疑“鮭縣”二字爲衍文，“鮭姓”當作“遆姓”。元和姓纂卷三齊韻遆曰：“今同州澄城縣多此姓。自云銅鞮氏避仇改焉。”通志卷二七氏族略三以邑爲氏晉邑遆氏作：“今同州澄城多此姓。本銅鞮氏，避事改焉。”蓋即羅氏所本。

〔一九九〕鞮：洪本作“陡”，則是“陡”字之進一步譌變。參見上注〔一九七〕。

〔二〇〇〕自步居温,則爲步温:步,謂步氏。元和姓纂卷八暮韻步:“左傳,晉大夫步揚之先,食采於步,因氏焉。”温,在今河南温縣西南。

〔二〇一〕郤至采温:郤至,亦稱步至,春秋晉國卿大夫,步揚之孫。元和姓纂卷四魂韻温:“郤至食采於温,亦號温季。”

〔二〇二〕緐祈易續,則爲續祈:緐,四庫本作“由”。祈,指祁午,春秋晉大夫,中軍尉祁奚子。續祈,即續祁。元和姓纂卷一〇燭韻續祁:“晉祁奚舉子自代,父子相續,因爲氏焉。”又通志卷二八氏族略四以族爲氏續祁氏:“(晉)祈奚舉子祁午自代,父子相續爲政,因氏焉。”彦按:祁午易續祁奚事,見于左傳襄公三年:“祁奚請老,晉侯問嗣焉。稱解狐,其讎也。將立之而卒。又問焉。對曰:‘午也可。’”杜預注:“午,祁奚子。”

〔二〇三〕狐鞫居采續:續,地名。在今河北涿州市。參見後紀七小昊青陽氏注〔四一四〕。

〔二〇四〕先軫封原:先軫,春秋晉國卿大夫。原,在今河南濟源市西北。通志卷九〇春秋晉先軫傳:“先軫,晉大夫,食采於原,亦曰原軫。”

〔二〇五〕晉臣:晉,各本皆作“胥”。彦按:作“胥”費解,當爲“晉”字形譌,今訂正。

〔二〇六〕故先縠曰原縠,繼于彘:先縠,春秋晉大夫。先軫後裔,故又稱原縠;食采于彘,故又稱彘子。彘,在今山西霍州市。

〔二〇七〕且居徙霍爲霍伯:且居,春秋晉國卿大夫,先軫子。霍,地名。在今山西霍州市西南。

〔二〇八〕國語:且居,蒲城伯;後受霍,爲霍伯:彦按:此意引國語晉語四“城濮之役,先且居之佐軍也善”韋昭注,原文爲:“先且居,先軫之子蒲城伯也;(復)〔後〕受霍,爲霍伯。”非國語文。

〔二〇九〕康王以虞之幼子公明爲賈伯,曲沃滅之:新唐書宰相世系表五下:“賈氏出自姬姓。唐叔虞少子公明,康王封之於賈,爲賈伯。河東臨汾有賈鄉,即其地也。爲晉所滅。”

〔二一〇〕晉滅以封公族狐射姑,即賈季:狐射姑,射音yì。新唐書宰相世系表五下:“晉公族狐偃之子射姑爲晉太師,食邑於賈,字季他,亦號賈季。”

〔二一一〕王孫賈:春秋衛大夫。見左傳定公八年。

〔二一二〕出公生伯僑,封揚:出公,戰國晉國君姬鑿。揚,地名。在今河南偃師市西南。彥按:宋章定名賢氏族言行類稿卷二二楊引姓纂曰:“周武王子唐叔虞封於晉。出公遜於齊,生伯僑,歸,周天子封爲楊侯,子孫以國爲氏。”路史蓋本姓纂。而新唐書宰相世系表一下則以伯僑爲晉武公子。又漢書揚雄傳上曰:“揚雄字子雲,蜀郡成都人也。其先出自有周伯僑者,以支庶初食采於晉之(楊)〔揚〕,因氏焉。不知伯僑周何別也。”

〔二一三〕秦大夫揚孫爲穆公成鄭,密謀取鄭,覺,奔宋,爲揚孫氏:彥按:古今姓氏書辯證卷一四陽韻下楊孫曰:“秦大夫楊孫爲穆公成鄭,密謀取鄭,事覺奔宋,子孫以王父字爲氏。”當即羅氏所本,而“揚孫”作“楊孫”。又,楊孫奔宋事見于左傳僖公三十三年,亦作“楊”。

〔二一四〕雄:指西漢揚雄。

〔二一五〕僖十一温子奔衛:彥按:“十一”當作“十”。春秋僖公十年:“狄滅温,温子奔衛。”

〔二一六〕元和姓纂卷四魂韻温云:“唐叔虞之後。晉公族,受封河内之温,因以命氏。”

〔二一七〕溱爲大狐氏:溱,狐溱,春秋晉臣,爲温大夫。

〔二一八〕大狐容:古今姓氏書辯證卷三一泰韻大狐:“出自姬姓。晉大夫狐突,字伯行,文公重耳外祖父也。生毛及偃。毛生溱。皆爲晉卿,別爲大狐氏。世本有晉大夫大狐容,即其後。”

〔二一九〕重耳:春秋晉文公名。 郤、陽、狐皆采温:古今姓氏書辯證卷七魂韻温云:“晉大夫狐溱、陽處父、郤至皆食其地。陽、郤無後,惟狐氏子孫因以爲姓。”

〔二二〇〕韓,武庶子,幽世失國:武,周武王。幽,周幽王。古今姓氏書辯證卷八寒韻韓云:“周武王庶子封爲韓侯,幽、平之後,國滅而地入于晉。”

〔二二一〕宣王中興,韓討不庭,錫之梁山:梁山,在今陝西韓城市西。古今姓氏書辯證卷八寒韻韓云:“宣王中興,韓侯能幹不庭方以佐王,大有功於周室。王親命之,賜之梁山,以爲韓國之望。” 奄受北國:奄,盡。詩經大雅韓奕:“王錫韓侯,其追其貊,奄受北國,因以其伯。”

〔二二二〕是爲韓西,衛滿伐之,而敝于海:韓西,古國名,即今朝鮮。衛滿,漢初燕人。燕王盧綰叛入匈奴,滿亦亡命出塞,渡浿水(今大同江),入朝鮮,逐朝鮮王箕準以自立,都王儉城(今朝鮮平壤市),史稱衛氏朝鮮。敝,同"敽",爲"播"字古文,謂遷徙,流亡。吴本、四庫本、備要本誤"鄙"。潛夫論志氏姓:"昔周宣王亦有韓侯,其國也近燕,……其後韓西亦姓韓,爲衛滿所伐,遷居海中。"

〔二二三〕威:洪本作"全",當誤。

〔二二四〕外紀云,平王時晉滅之:見資治通鑑外紀卷四周紀二桓王十一年。文曰:"初,武王子封於韓,宣王時爲侯伯,平王時爲晉所滅。"

〔二二五〕曲沃并晉,有韓萬爲戎御,復采韓原:韓萬,春秋晉大夫。謚武,故又稱韓武子。戎御,駕御戎車(兵車)的人。韓原,在今陝西韓城市西南。左傳桓公三年:"春,曲沃武公伐翼,次于陘庭。韓萬御戎。"史記韓世家:"韓之先與周同姓,姓姬氏。其後苗裔事晉,得封於韓原,曰韓武子。"

〔二二六〕至景侯始命:景侯,戰國韓國君主,名虔。始命,謂始受命爲諸侯。史記韓世家:"(景侯)六年(彥按:時當周威烈王二十三年,即公元前403年),與趙、魏俱得列爲諸侯。"

〔二二七〕萬,唐叔十一世孫:古今姓氏書辯證卷一二歌韻何:"唐叔十一世孫萬,食采韓原,遂爲韓氏。"

〔二二八〕預以爲出曲沃,故或以爲成師之子:左傳桓公三年"春,曲沃武公伐翼,次于陘庭。韓萬御戎"杜預注:"武公,曲沃莊伯子也。韓萬,莊伯弟也。"又隱公五年"曲沃莊伯以鄭人、邢人伐翼"杜預注:"莊伯,成師子也。"

〔二二九〕罌:彥按:罌姓未聞,疑當作"嬰"。古今姓氏書辯證卷一六清韻嬰:"風俗通曰:晉大夫趙嬰齊之後氏焉。"

〔二三〇〕賈謐,韓壽子,隨外家姓,至奉充後,詔所謂"推恩計情"者:賈謐,西晉外戚、權臣,以與賈后誣廢太子,被趙王倫誅殺。至奉充後,各本皆作"至後充復",文義不通。"後"宜作"奉",蓋涉"充後"之"後"而誤,"復"則當爲"後"字形誤。又"推恩計情",各本皆誤"以恩繼情"。今並據晉書訂正。晉書賈充傳載:充世子黎民先死,充遂無胤嗣。及薨,充婦郭槐"輒以外孫韓謐爲黎民子,奉充後。……表陳是充遺意。帝乃詔曰:'太宰、魯公充,崇德立勳,勤勞佐命,背世殂隕,每用悼心。又胤子早終,世嗣未立。古者列國無嗣,取始封支庶,以紹其統,而近代更除其國。至於周之公旦,漢之蕭何,或豫建元子,或封爵元妃,蓋尊顯勳庸,不同常例。太宰素取外孫韓謐爲世子黎民後。吾退而斷之,外孫骨肉至近,推恩計情,合於人心。其以謐爲魯公世孫,以嗣其國。'"

〔二三一〕李嗣昭本姓韓:李嗣昭,五代後唐名將,爲後唐太祖李克用義子。新五代史李嗣昭傳:"李嗣昭,本姓韓氏,汾州太谷縣民家子也。太祖出獵,至其家,見其林中鬱鬱有氣,甚異之,召其父問焉。父言家適生兒,太祖因遺以金帛而取之,命其弟克柔養以爲子。"

〔二三二〕又周賜韓襃侯呂陵氏,後爲呂氏:周,指北周。賜,吳本、備要本譌"易"。韓襃,北周官員,歷任汾州刺史、鳳州刺史等職。周書韓襃傳:"韓襃字弘業,其先潁川潁陽人也。徙居昌黎。……太祖爲丞相,引襃爲録事參軍,賜姓侯呂陵氏。"中華書局 1971 年版周書有校勘記曰:"賜姓侯呂陵氏　元和姓纂緝本卷六、通志氏族略五、古今姓氏書辯證卷二二'侯'作'俟'。然北史卷九八高車傳見侯呂鄰部,蠕蠕傳見豆崙可汗妻侯呂陵氏。北朝胡姓考呂氏條(118—120 頁)引孝文弔比干碑碑陰有'俟呂阿倪',以爲'當以比干碑爲正'。"

〔二三三〕公族,乃厥子無忌,曰公族穆子:厥,韓厥,春秋晉卿大夫,謚號獻,史稱韓獻子。韓無忌,春秋晉公族大夫,韓厥長子,謚號穆,史稱公族穆子。

〔二三四〕厥之玄康,采趙藺,爲藺氏:玄,謂玄孫。藺,地名。在今山西柳林縣孟門鎮。元和姓纂卷九震韻藺:"韓厥元孫康,仕趙,食采於藺,因氏焉。"

〔二三五〕哀侯少子婼,采平:哀侯,韓哀侯,戰國韓國君主。平,在今山西大同縣東。

〔二三六〕良五世相韓:良,指漢初謀臣、留侯張良。史記留侯世家:"留侯張良者,其先韓人也。……秦滅韓。良年少,未宦事韓。韓破,良家僮三百人,弟死不葬,悉以家財求客刺秦王,爲韓報仇,以大父、父五世相韓故。"

〔二三七〕灌夫父張孟,幸於灌嬰,因氏:灌夫,西漢將軍,以于丞相田蚡處使酒罵座,犯不敬罪族誅。史記魏其武安侯傳:"灌將軍夫者,潁陰人也。夫父張孟,嘗爲潁陰侯嬰舍人,得幸,因進之至二千石,故蒙灌氏姓爲灌孟。"

〔二三八〕信:史稱韓王信,戰國韓襄王庶孫,漢初封韓王,後降匈奴,作戰中爲漢軍所殺。

〔二三九〕信敗於參合，後亡入匈奴：敗，洪本、吳本、備要本作“苑”，誤。參合，縣名，治所在今山西陽高縣大白登鎮。彦按：羅氏記述有誤。據史記韓王信傳，信亡入匈奴在兵敗銅鞮之後，而入居參合，則又在亡走匈奴後也。

〔二四〇〕景帝時，子穨當來降：穨當，各本均作“穨當赤”。“赤”乃衍文，今删。彦按：穨當來降在漢文帝十四年，此“景帝”當作“文帝”或“孝文”。史記韓王信傳：“信之入匈奴，與太子俱；及至穨當城，生子，因名曰穨當。韓太子亦生子，命曰嬰。至孝文十四年，穨當及嬰率其衆降漢。”

〔二四一〕晉有孟丙，孟大夫也：孟丙，喬本、洪本、吳本、備要本作“孟芮”，四庫本作“孟苪”。彦按：左傳昭公二十八年：“孟丙爲孟大夫。”即其人。顧炎武曰：“今本作‘孟芮’者非。漢書地理志云：‘孟，晉大夫孟丙邑。’以其爲孟大夫而謂之孟丙，猶魏大夫之爲魏壽餘，閻大夫之爲閻嘉，邯鄲大夫之爲邯鄲午也。”（見左傳杜解補正卷下）今據以訂作“孟丙”。　唐邢之盂縣：盂縣，治所在今山西陽曲縣大盂鎮。彦按：據舊唐書地理志二，唐盂縣初屬受州（武德三年），後屬并州（貞觀八年），此謂“邢”誤。

〔二四二〕而邢則在懷州：邢，在今河南沁陽市西北。

〔二四三〕東海于公裔孫，隨拓跋隣徙代，爲万紐于氏：東海于公，西漢丞相于定國父，名不詳。于公爲縣獄史、郡決曹，決獄平，羅文法者于公所決皆不恨，郡中爲之生立祠。東海，郡名，治所在今山東郯城縣。拓跋隣，北魏追尊獻帝。代，地名。在今河北懷安縣、蔚縣以西，山西陽高縣、渾源縣以東地。新唐書宰相世系表二下：“于氏出自姬姓。周武王第二子邗叔，子孫以國爲氏，其後去‘邑’爲于氏。其後自東海郯縣隨拓拔隣徙代，改爲萬紐于氏。”

〔二四四〕至孝文，復爲于：新唐書宰相世系表二下：“後魏孝文時復爲于氏。”

〔二四五〕外都大官新安公栗磾六世謹從孝文入關，始籍長安：外都大官，北魏官名，主管獄訟。栗磾，磾音 dī。彦按：“孝文”當作“孝武”。新唐書宰相世系表二下：“（栗磾六世孫）謹，字思敬，從西魏孝武帝入關，遂爲京兆長安人，仕後周。”

〔二四六〕應侯次四：應侯，周武王第四子，周成王弟。

〔二四七〕深氏:吴本“深”譌“滦”。

〔二四八〕桐葉圭:削桐葉而成之圭(長條形、上尖下方之玉製禮器,古代封爵授土,則賜圭以爲信)。

〔二四九〕見吕氏春秋重言。

〔二五〇〕唐表云:成王封母弟孝伯於狄城,爲狄氏:狄城,在今安徽壽縣小甸鎮。新唐書宰相世系表四下:“狄氏出自姬姓。周成王母弟孝伯封於狄城,因以爲氏。”

〔二五一〕見史記仲尼弟子列傳。

〔二五二〕漢有博士寒朗:後漢書卷四一有傳。

〔二五三〕而游俠傳寒孺,乃以爲出后寒:游俠傳,漢書篇名。后寒,夏諸侯伯明氏之君。古今姓氏書辯證卷八寒韻寒:“前漢游俠傳有陜人寒孺,即后寒之裔也。”

〔二五四〕姓書以韓、寒聲變,則非也:彦按:此説實取自鄧名世古今姓氏書辯證。該書卷八寒韻寒云:“姓書曰:韓、寒聲變,因有寒氏。考其實,不然。謹按春秋:夏諸侯伯明氏之君曰后寒,生子浞,善讒,后寒惡而棄之。有窮后羿收浞而信使之,以爲己相。因以父字爲氏,謂之寒浞。殺羿而因其室,生澆及豷。則夏之中葉亦有寒氏。成王封武王子於韓,猶在數百年後,則非聲變可知也。”

〔二五五〕然朗,説爲姓騫:騫,音 jiǎn。四庫本作“寒”,非。古今姓氏書辯證卷八寒韻寒:“後漢寒朗字伯奇。一云:朗姓騫,非寒氏。”

〔二五六〕周公之祚七:長魯禽父:祚,謂祚胤,後裔。此但指子。禽父,即伯禽,封于魯。

〔二五七〕封蔣:蔣,在今河南淮濱縣期思鎮。　蔣氏:各本皆作“將氏”。彦按:既封于蔣,當爲蔣氏。今作“將”,蓋因偶脱“艹”旁。古今姓氏書辯證卷二七養韻蔣亦曰:“周公第三子伯齡封蔣,子孫氏焉。”今訂正。

〔二五八〕邢:在今河北邢臺市市區西南。

〔二五九〕春秋僖公二十五年:“春,王正月丙午,衛侯燬滅邢。”

〔二六〇〕玉篇作“邢”,輕干切:邢,各本皆作“邢”。彦按:“邢”不容作“邢”,“邢”當“邢”之譌。今訂正。坊間所見宋本玉篇該字作“邢”,蓋羅氏所見本作“邢”。輕干切,吳本作“輕千切”,備要本作“輕千切”,並誤。

〔二六一〕乃今邢丘:今,各本皆作“金”。彥按:作“金”不可解,當爲“今”字音譌,今訂正。邢丘,在今河南温縣。

〔二六二〕受商之命:謂接受商之政權而有天下。命,指天命。古人以君權爲神授,因稱天命。

〔二六三〕祭叔:即上正文“次祭”之祭。　祭伯:周平王時祭國國君,亦王卿士。祭伯見于春秋隱公元年。

〔二六四〕南燕:春秋諸侯國名。地在今河南延津縣胙城鄉。

〔二六五〕元和姓纂卷一〇鐸韻作云:“周公之子胙侯,子[孫]因避地改爲作氏。”

〔二六六〕若夫周隸之國,則伯盧之孫仲奕,武王封之閻:閻,在今河南洛陽市附近。彥按:“伯盧之孫”當作“太伯曾孫”。元和姓纂卷五鹽韻閻曰:“武王封太伯曾孫仲奕于閻鄉,因氏焉。”新唐書宰相世系表三下亦曰:“閻氏出自姬姓。周武王封太伯曾孫仲弈於閻鄉,因以爲氏。”還有通志卷二七氏族略三以鄉爲氏閻氏,亦作“太伯曾孫”。太伯,周太王古公亶父長子、周文王伯父。此蓋“曾”先以形近譌“魯”,“盧”可通“魯”,故又作“盧”。乃以“伯盧”爲人名,遂並“伯”前“太”字亦奪之。又,鄭氏之釋“閻氏”,雖然沿用舊説,卻並不以爲然,故通志又曰:“然太伯無後,武王克商,求仲雍之孫叔達之子周章,封於吳,爲太伯後;周章之弟曰虞仲,封於虞,爲仲雍後。未聞仲奕者也。”所疑有理。

〔二六七〕新唐書宰相世系表三下:“又云,昭王少子生而手文曰‘閻’,康王封於閻城。”亦見古今姓氏書辯證卷二〇鹽韻閻及通志卷二七氏族略三以鄉爲氏閻氏。而鄭氏又云:“有文在手之言,多爲迂誕。”閻城,在今山西太原市。

〔二六八〕新唐書宰相世系表三下:“又云,唐叔虞之後晉成公子懿,食采於閻邑,晉滅,子孫散處河洛。”亦見通志卷二七氏族略三以鄉爲氏閻氏。

〔二六九〕周書,閻慶賜大野氏:周書閻慶傳:“閻慶字仁慶,河南河陰人也。……累遷使持節、車騎大將軍、儀同三司、散騎常侍、驃騎大將軍、開府儀同三司、雲州大中正,加侍中,賜姓大野氏。”　至隨,復:隨,通“隋”。吳本、四庫本、備要本作“隋”。

〔二七〇〕唐姓録以仲奕爲太伯之曾孫，亦非：姓録，書名。唐會要卷三六氏族載："（高宗）顯慶四年九月五日，詔改氏族志爲姓録。上親製序，仍自裁其類例，凡二百四十五姓、二百八十七家。"彦按：羅氏但知"以仲奕爲太伯之曾孫"非，而不知以仲奕爲"伯鹵之孫"之尤非，可謂百步笑五十步矣。

〔二七一〕虢仲、虢叔，文王敬友二卿：虢仲、虢叔，周文王之二弟。路史以爲仲封西虢（在今陝西寶雞市陳倉區一帶），叔封東虢（在今河南滎陽市）。而漢賈逵等則以爲仲封東虢，叔封西虢。參見國名紀五周氏注〔一六〕。虢，喬本、洪本作"虢"，乃俗體，今從正體。同樣情況，以下不煩一一指出。敬友，敬重且親近。國語晉語四："文王……孝友二虢。"

〔二七二〕國語，亦母弟也：彦按：國語鄭語云："當成周者，南有荆蠻、申、呂、應、鄧、陳、蔡、隨、唐，北有衛、燕、狄、鮮虞、潞、洛、泉、徐、蒲，西有虞、虢、晉、隗、霍、楊、魏、芮，東有齊、魯、曹、宋、滕、薛、鄒、莒，是非王之支子母弟甥舅也，則皆蠻、荆、戎、狄之人也。"蓋即羅氏所據。

〔二七三〕馬融云：叔，同母；仲，異母：左傳僖公五年："虢仲、虢叔，王季之穆也。"杜預注："虢仲、虢叔，王季之子，文王之母弟也。"孔穎達疏引馬融云："虢叔，同母弟；虢仲，異母弟。"

〔二七四〕仲曰西虢，後遷上陽，爲南虢：上陽，在今河南三門峽市湖濱區。水經注卷一八渭水引太康地記，則以西虢爲虢叔國，又云："平王東遷，叔自此之上陽爲南虢矣。"

〔二七五〕東虢威在春秋前：竹書紀年卷下周平王四年（前767）："鄭人滅虢。"　西虢下陽威在僖五年：下陽，即夏陽，春秋虢邑，在今山西平陸縣東北。彦按：晉滅下陽在魯僖公二年（前658）而非五年。春秋僖公二年云："虞師、晉師滅下陽。"同年左傳云："夏，晉里克、荀息帥師會虞師，伐虢，滅下陽。"而西虢之滅，則在魯僖公五年。左傳僖公五年："晉滅虢。虢公醜奔京師。"然不涉下陽。　小虢威在莊七年：史記秦本紀武公十一年："滅小虢。"秦武公十一年，時當魯莊公七年，即公元前687年。

〔二七六〕王會解：逸周書篇名。

〔二七七〕郭輔碑：宋婁機漢隸字源卷一先生郭輔碑曰："在襄陽穀城縣。水經云：先生字甫成，有孝友悦學之美。其女爲立碑，無年月，不知何代人。集古云:字甚古,蓋漢碑也。金石云:字畫疑魏晉時書。隸釋是趙説。” 後世謂之郭:吴本“世”譌“毋”。

〔二七八〕乃求其裔孫序,封之陽曲:序,吴本、四庫本作“敍”。陽曲,在今山西定襄縣晉昌鎮。新唐書宰相世系表四上:“平王東遷,奪虢叔之地與鄭武公。楚莊王起陸渾之師伐周,責王滅虢,於是平王求虢叔裔孫序,封於陽曲,號曰郭公。‘虢’謂之‘郭’,聲之轉也,因以爲氏。”

〔二七九〕舊唐書李子和傳:“李子和者,同州蒲城人也。本姓郭氏。……(武德)五年,從太宗平劉黑闥,陷陣有功。高祖嘉其誠節,賜姓李氏。”

〔二八〇〕鎦康公:即劉康公。名季子,周頃王子,周定王弟。左傳宣公十年“秋,劉康公來報聘”杜預注:“即王季子也。其後食采於劉。”同年春秋經“秋,天王使王季子來聘”杜預注:‘王季子者,公羊以爲天王之母弟。”

〔二八一〕晉師昺,以晉諱爲帥氏:晉諱,指晉追尊景皇帝司馬師名諱。帥氏,吴本、備要本譌“師氏”。廣韻質韻帥云:“亦姓。本姓師,晉景帝諱,改爲帥氏。晉有尚書郎帥昺。”

〔二八二〕文王之異弟煇之子渠,封岑:異弟,謂異母弟。岑,地名。在今陜西韓城市。

〔二八三〕唐表作“燿”:今本新唐書宰相世系表二中作“耀”,云:“周文王異母弟耀子渠,武王封爲岑子,其地梁國北岑亭是也。子孫因以爲氏。”

〔二八四〕亦有王氏、虔仁氏、鉗耳氏、箝耳氏、虔仁氏、仁氏:彦按:虔仁氏重出,中必有衍或譌。

〔二八五〕狀云:王季第四子虔仁,居湟水,西羌音訛爲“鉗”耳:狀,即行狀。文體名,是一種專門記述死者世系、籍貫、生卒年月和生平概略的文章。湟水,地名,約在今青海海東市樂都區地。元和姓纂卷五鹽韻箝耳云:“西羌人。狀云:周王季之後,爲虔仁氏,音訛爲箝耳氏。”

〔二八六〕隨改爲王氏:隨,通“隋”。元和姓纂卷五鹽韻箝耳:“大業中,以王侯,兄弟並改姓王氏。” 唐有王宗:王宗,唐兵部侍郎。見元和姓纂卷五鹽韻箝耳。

〔二八七〕按隨九門令鉗耳君徹頌云:朝邑人,王子晉後;避地西戎,以地爲姓:九門,縣名,治所在今河北石家莊市藁城區九門回族鄉。徹,彦按:當作文徹。朝邑,縣名,治所在今陝西大荔縣朝邑鎮。王子晉,周靈王太子。宋歐陽修集古録卷五載有隋鉗耳君清德頌,文曰:“其碑首題云大隋恒山郡九門縣令鉗耳君清德之頌。……碑云:君名文徹,華陰朝邑人也,本周王子晉之後。避地西戎,世爲君長,因以地爲姓。”

〔二八八〕今廢:彦按:集古録卷五隋鉗耳君清德頌稱:“碑在今廢九門縣中,余爲河北轉運使時求得之。”羅氏“今廢”二字似出于此,然已斷章取義矣。

〔二八九〕天德軍牟那山:即今内蒙古烏拉特前旗東、包頭市西北之烏拉山。

〔二九〇〕翟:在今甘肅臨洮縣一帶。

〔二九一〕姓纂云少子,非:彦按:姓纂實作“狄”。其卷一〇錫韻狄曰:“周成王封少子於狄城,因氏焉。”而同卷陌韻翟則曰:“黄帝之後,代居翟地。”則是狄、翟二姓,來源不同。又,通志卷二六氏族略二夷狄之國狄氏又以爲“周文王封少子”,説各不同。

〔二九二〕又封其支于肜爲肜伯,宗伯,是爲肜氏:四庫本“支”譌“支”,又“肜”、“肜伯”、“肜氏”之“肜”並作“肜”。吳本“肜伯”作“肜伯”。彦按:路史原文固作“肜”、“肜伯”、“肜氏”,然“肜”當“肜”字之譌。參見後紀十四夏帝履癸注〔二六八〕。肜,在今陝西渭南市華州區西南。宗伯,官名。周代六卿之一,掌宗廟祭祀諸事。

〔二九三〕廣韻肜:吳本“肜”譌“肜”。廣韻冬韻肜:“亦姓。肜伯爲成王宗伯。”

〔二九四〕單:音 shàn,在今河南濟源市東南。

〔二九五〕甸侯:封于甸服(離王城五百里的區域)内之諸侯。

〔二九六〕柯陵會單襄公,卿士單朝也:柯陵,地名。在今河南臨潁縣北。國語周語下:“柯陵之會,單襄公見晉厲公視遠步高。”韋昭注:“襄公,王卿士單朝之謚也。”　與魯之單伯異:彦按:此所謂“魯之單伯”,蓋指春秋莊公元年“夏,單伯送王姬”之單伯。公羊、穀梁二傳所引經文,“送”字作“逆”,而並曰:“單伯者何?吾大夫之命乎天子者也。”然二傳之説實誤。楊伯峻春秋左傳注已證單伯爲周人,而非魯大夫。在此之前,四庫館臣亦于春秋莊公十四年“單伯會伐宋”考證曰:“吕大圭曰:單伯,周之世族。諸侯大夫無稱伯者,如毛伯、凡伯、召伯，皆王朝卿士。周有單姓，魯無單姓，經傳固可考也。趙汸曰：二傳誤以單伯爲魯大夫，故元年‘送王姬’，改‘送’爲‘逆’。”

〔二九七〕成公生與李斯男由同時，遂不仕：成公生，戰國時人，成公男後裔。洪本“成”譌“戍”。李斯，戰國秦客卿，佐秦王嬴政統一天下，拜丞相。秦二世時爲趙高所忌，被腰斬並夷三族。漢書藝文志“成公生五篇”顏師古注：“姓成公。劉向云與李斯子由同時。由爲三川守，成公生游談不仕。”

〔二九八〕宣王封庶弟友於咸林，曰鄭：咸林，在今陝西渭南市華州區。毛詩譜鄭譜：“初，宣王封母弟友於宗周畿内咸林之地，是爲鄭桓公。今京兆鄭縣，是其都也。”

〔二九九〕鄭子國：子國，人名。春秋鄭穆公子，官司馬。春秋襄公八年：“鄭人侵蔡。”杜預注：“鄭子國。稱人，刺其無故侵蔡，以生國患。”彦按：杜注“鄭子國”者，意謂春秋此處經文所謂“鄭人”指鄭子國。羅氏引用于此，甚是無理。疑其誤會杜注原意，讀爲“鄭，子國”矣。

〔三〇〇〕史記鄭世家：“鄭桓公友者，周厲王少子而宣王庶弟也。宣王立二十二年，友初封于鄭。封三十三歲，百姓皆便愛之。幽王以爲司徒。……爲司徒一歲，幽王以褒后故，王室治多邪，諸侯或畔之。……於是卒言王，東徙其民雒東，而虢、鄶果獻十邑，竟國之。二歲，犬戎殺幽王於驪山下，并殺桓公。”

〔三〇一〕子武公，以夾佐賜虢、鄶十邑：武公，名掘突。夾佐(fǔ)，輔佐。虢，在今河南滎陽市東北。鄶，在今河南新密市東。備要本譌“鄶”。國語鄭語：“（鄭桓公）問於史伯曰：‘王室多故，余懼及焉，其何所可以逃死？’史伯對曰：‘……其濟、洛、河、潁之間乎！是其子男之國，虢、鄶爲大，虢叔恃勢，鄶仲恃險，是皆有驕侈怠慢之心，而加之以貪冒。君若以周難之故，寄孥與賄焉，不敢不許。周亂而弊，是驕而貪，必將背君。君若以成周之衆，奉辭伐罪，無不克矣。若克二邑，鄔、弊、補、舟、依、騋、歷、華，君之土也。’……公説，乃東寄(帑)[孥]與賄，虢、鄶受之，十邑皆有寄地。”鄭玄毛詩譜鄭譜承其後曰：“之後三年，幽王爲犬戎所殺，桓公死之，其子武公與晉文侯定平王於東都王城，卒取史伯所云十邑之地。”

〔三〇二〕徙拾：拾，地名。在今河南新鄭市。史記鄭世家：“宣王立二十二年，友初封于鄭。”司馬貞索隱：“又系本云：‘桓公居棫林，徙拾。’宋忠云：

‘槭林與拾,皆舊地名。’”

〔三〇三〕二十有二世:吳本、備要本作“一十有二世”,誤。

〔三〇四〕厲公居櫟:厲公,名突。櫟,在今河南禹州市。吳本作“䃯”,當爲譌字。春秋桓公十五年:“鄭世子忽復歸于鄭。……秋九月,鄭伯突入于櫟。”杜預注:“櫟,鄭別都也,今河南陽翟縣。”史記鄭世家:“厲公初立四歲,亡居櫟,居櫟十七歲,復入。”　文公徙新鄭:文公,名踕。新鄭,即今河南新鄭市地。彦按:漢鄭玄發墨守云:“(鄭)桓公生武公,武公生莊公,遷易東周畿内國,在虢、鄶之間,今河南新鄭是也。”新唐書宰相世系表五上云:“鄭氏出自姬姓。周厲王少子友封於鄭,是爲桓公,其地華州鄭縣是也。生武公,與晉文侯夾輔平王,東遷于洛,徙溱、洧之間,謂之新鄭,其地河南新鄭是也。”又宋歐陽忞輿地廣記卷九鄭州新鄭縣:“鄭桓公始封,在今華州之鄭。其子武公與平王東遷,乃取鄶而徙居焉,是爲新鄭。”通志卷三下三王紀三下周:“(平王)命鄭武公爲司徒,鄭於是取(鄶)〔鄶〕、虢十邑之地而遷焉,是爲新鄭。”宋王應麟通鑑地理通釋卷四歷代都邑攷十二諸侯:“鄭桓公友初封於鄭,武公取虢、鄶十邑之地居之,今河南新鄭是也。”諸書皆稱鄭武公徙新鄭,此獨以爲文公,蓋誤。

〔三〇五〕漢侯成碑:即漢故金鄉守長侯君之碑,碑在故單州單父縣墓側,漢靈帝建寧二年立。隸釋卷八收録有此碑文。　鄭共仲:春秋鄭大夫。見左傳成公七年。

〔三〇六〕諭、軍:此二字,各本均誤闌入注文,今訂爲正文。下羅苹注謂“五十姓”,即包括此二姓在内,否則不足數也,可證。　歂:音 chuán。　皈:音 pān。

〔三〇七〕廣平:郡名,治所在今河北雞澤縣東南。

〔三〇八〕蟜固出子蟜:子蟜,又稱公孫蠆。春秋鄭國司馬,爲鄭穆公孫。衛青乃鄭季孼子:衛青,西漢大將軍。史記衛將軍驃騎列傳:“大將軍衛青者,平陽人也。其父鄭季,爲吏,給事平陽侯家,與侯妾衛媼通,生青。青同母兄衛長子,而姊衛子夫自平陽公主家得幸天子,故冒姓爲衛氏。”

〔三〇九〕穆公十一子,子然及二子孔三族亡,子羽非卿,存者罕、駟、豐、印、良、國、游七族也:子然及二子孔,吳本“及”譌“父”,四庫本譌“子”。二子孔,指子孔、士子孔。豐,洪本、吳本作“豐”。左傳襄公二十六年:“叔向曰:

'鄭七穆,罕氏其後亡者也,子展儉而壹。'"杜預注:"子展,鄭子罕之子。居身儉而用心壹。鄭穆公十一子,子然、二子孔三族已亡,子羽不爲卿,故唯言七穆。"陸德明音義:"鄭七穆,謂子展公孫舍之,罕氏也;子西公孫夏,駟氏也;子産公孫僑,國氏也;伯有良霄,良氏也;子大叔游吉,游氏也;子石公孫段,豐氏也;伯石印段,印氏也。穆公十一子,謂子良,公子去疾也;子罕,公子喜也;子駟,公子騑也;子國,公子發也;子孔,公子嘉也;子游,公子偃也;子豐也;子印也;子羽也;子然;士子孔也。"

〔三一○〕田章:彦按:四庫全書本潛夫論志氏姓,鄭之公族後有田章氏,而中華書局汪繼培箋本則繫于"衛之公族"下。下羌憲、彊梁、趙陽、史龜等氏情況相類。綜合考慮,疑四庫本潛夫論存在錯簡,蓋其由來已久,而爲羅氏所本。 羌憲、彊梁、趙陽、史龜:備要本"彊"作"疆"。彦按:四庫全書本潛夫論志氏姓,鄭之公族後有羌憲氏、强梁氏、趙陽氏、史龜氏。而中華書局汪繼培箋本則繫于"衛之公族"下,汪繼培箋云:"古今姓氏書辨證引世本云:'衛公族羌之孫憲,爲羌憲氏。'"又云:"元和姓纂引世本云:'衛將軍文子生慎子會,會生强梁,因氏焉。'"又云:"廣韻十陽'陽'字注云:'衛公子趙陽之後,以名爲氏。'按春秋定十四年:'衛趙陽出奔宋',杜注:'陽,趙黶孫。'疏引世本云:'懿子兼生昭子舉,舉生趙陽。'兼即黶也。黶見昭九年。世族譜:'以趙爲氏。'"又云:"'龜'當爲'龜',氏族略五史龜氏引世本云:'衛史龜之後。'按史龜即昭七年左傳史朝,漢書古今人表作史龜,廣韻四宵'龜'字注引風俗通云:'龜姓,衛大夫史龜之後。'龜、龜字形相近而誤。"則路史以羌憲、彊梁、趙陽、史(龜)[龜]等氏爲鄭公族後,顯誤。 公文:公文氏見潛夫論志氏姓。汪繼培箋云:"'文'當作'父'。莊十六年左傳公父定叔,杜注:'共叔段之孫。'" 子强:彦按:四庫全書本潛夫論志氏姓,鄭之公族後有子彊氏,而中華書局汪繼培箋本則繫子强氏于"衛之公族"下。據元和姓纂卷六止韻子彊"衛公族昭子郢之後",則此路史又因信誤本潛夫論而謬。 俟伏:"俟"疑當作"侯"。參見下注〔三一七〕。

〔三一一〕凡三十六:吴本、備要本"三"譌"五"。

〔三一二〕豐施:春秋鄭卿大夫公孫段子。洪本、吴本"豐"作"豊"。左傳昭公十六年:"子旗賦有女同車。"杜預注:"子旗,公孫段之子豐施也。"

〔三一三〕子人，穆公弟語字：子人，洪本、吳本、備要本譌"十人"。彥按：穆公當作"厲公"。春秋桓公十四年："夏五，鄭伯使其弟語來盟。"左傳作："夏，鄭子人來尋盟。"杜預注："子人，即弟語也。其後爲子人氏。"魯桓公十四年，時當鄭厲公三年。古今姓氏書辯證卷二二止韻下子人曰："出自姬姓。鄭穆公之弟語，字子人，爲大夫，其孫九以王父字爲氏。春秋鄭伯'使子人九行成于晉'，是也。"已誤于前，羅氏蓋襲自彼。

〔三一四〕吕春秋，鄭大夫公息房：彥按：古今姓氏書辯證卷二東韻下公息曰："吕氏春秋有鄭大夫公息房。"當即羅氏所本。然今本吕氏春秋並未見有鄭大夫公息房。宋王應麟姓氏急就篇卷下："息夫，公息，司、安國"，注曰："公息氏，吕氏春秋邾有公息忌。"今考吕氏春秋，去尤篇曰："邾之故法，爲甲裳以帛。公息忌謂邾君曰：'不若以組。'"則"鄭大夫"爲"邾大夫"之誤，"公息房"爲"公息忌"之誤。

〔三一五〕而"世叔討論"，乃子太叔游吉：論語憲問："子曰：爲命，裨諶草創之，世叔討論之，行人子羽脩飾之，東里子產潤色之。"何晏集解引馬融曰："世叔，鄭大夫游吉也。"又左傳襄公二十四年："子大叔戒之曰：'大國之人，不可與也。'"杜預注："大叔，游吉。"

〔三一六〕西宫，則鄭執政所居，苑纂未詳：苑纂，指姓苑及元和姓纂。元和姓纂卷三齊韻西宫云："人姓。未詳。"又古今姓氏書辯證卷四齊韻西宫云："姓苑、元和姓纂皆未詳。謹按左傳：鄭盜'攻執政於西宫之朝'，鄭人'討西宫之難'。則西宫，執政所居，以別於太子之東宫，而後世氏焉。"

〔三一七〕侯植從魏孝武西遷，賜俟伏氏，又賜賀吐氏：魏孝武，北魏孝武帝元修。喬本、洪本、四庫本"武"譌"政"，吳本、備要本譌"改"，今訂正。俟伏氏，吳本作"侯佚氏"，四庫本作"俟佚氏"。彥按：侯佚、俟佚固誤，俟伏氏亦不見於史籍，疑當從周書作"侯伏侯氏"或從新唐書作"侯伏氏"。周書侯植傳云："及齊神武逼洛陽，植從魏孝武西遷。大統元年，授驃騎將軍、都督，賜姓侯伏侯氏。……涼州刺史宇文仲和據州作逆，植從開府獨孤信討擒之，拜車騎大將軍、儀同三司，封肥城縣公，邑一千户。又賜姓賀屯。"新唐書宰相世系表二中云："侯氏……一云本出姬姓，晉侯緡爲曲沃武公所滅，子孫適於他國，以侯爲氏。鄭有侯宣多，生晉。漢末徙上谷，裔孫恕爲北地太守，因家於北地三水。

四世孫植,從魏孝武西遷,賜姓侯伏氏,又賜姓賀吐氏,其後復舊。"賀吐氏,周書作"賀屯"。

〔三一八〕季平子:即季孫意如。春秋魯國正卿。

〔三一九〕古今姓氏書辯證卷二二止韻下子革云:"元和姓纂曰:'世本:"宋司城子革後。"又曰:"季平子支孫爲子革氏。"'皆誤矣。謹按春秋,季氏無子革,唯樂喜字子罕,爲宋司城。審此言則子罕氏,非子革氏。必欲存此一氏,宜改曰:出自姬姓,鄭穆公子子然,生丹,字子革,奔楚爲右尹,後人以爲子革氏。則近而有據。"羅氏說實襲此。

〔三二〇〕子皙,一云楚出,亦非:彥按:古今姓氏書辯證卷二二止韻下子皙云:"出自姬姓。鄭穆公孫駟氏之子曰駟黑,字子皙,別以字爲子皙氏。……或云:芈姓,楚共王子公子黑,字子皙。……其孫氏焉。"羅氏以爲後一說非。

〔三二一〕新唐書宰相世系表一下:"楊氏出自姬姓,周宣王子尚父封爲楊侯。"

〔三二二〕地記,熊渠伐之:地記,吳本、四庫本"記"作"紀"。熊渠,西周夷王、厲王時楚國國君。

〔三二三〕一食陸鄉,曰陸侯:陸鄉,蓋在今山東平原縣境。吳本、四庫本"鄉"譌"卿"。曰,吳本譌"田"。彥按:清乾隆武英殿刻本史記陸賈傳"陸賈者,楚人也"司馬貞索隱引陸氏譜云:"齊宣公(友)〔支〕子達食采於陸鄉,號曰陸侯。"今路史則以爲周宣王子,頗疑其張冠李戴。

〔三二四〕謝丘:在今山東寧陽縣。

〔三二五〕盟會圖:晉杜預春秋釋例篇名,已佚。

〔三二六〕平之子三:長曰精,封縱:平,指周平王姬宜臼。長,洪本、吳本譌"次"。縱,其地不詳,相傳在河南境内。

〔三二七〕梁山:在今河南汝州市米廟鎮。

〔三二八〕千姓編:宋吳可幾撰。

〔三二九〕少曰秀,封汝川,謂之周,十九世,併於秦,爲周氏:汝川,其地不詳,疑在今河南汝南縣一帶。彥按:據新唐書及古今姓氏書辯證(見卷一八尤韻周),平王少子名烈,食采汝墳。路史此作"秀",誤。秀乃烈之後十八世邕之子。又此所述,亦極模糊不清。新唐書宰相世系表四下云:"周氏出自姬姓。……<u>平王</u>少子<u>烈</u>,食采<u>汝墳</u>。<u>烈</u>生<u>戀</u>,<u>戀</u>生<u>文</u>,<u>文</u>生<u>昇</u>,<u>昇</u>生<u>興</u>,<u>興</u>生<u>晏</u>,<u>晏</u>生<u>安</u>,<u>安</u>生<u>弘</u>,<u>弘</u>生<u>明</u>,<u>明</u>生<u>隱</u>,<u>隱</u>生<u>壽</u>,<u>壽</u>生<u>容</u>,<u>容</u>生<u>休</u>,<u>休</u>生<u>雄</u>,<u>雄</u>生<u>暉</u>,<u>暉</u>生<u>寬</u>,<u>寬</u>生<u>員</u>,<u>員</u>生<u>成</u>,<u>成</u>生<u>邕</u>。<u>秦</u>滅<u>周</u>,并其地,遂爲<u>汝南</u>著姓。生<u>秀</u>,<u>秀</u>生<u>仁</u>,字<u>季房</u>。<u>漢</u>興,續<u>周</u>之嗣,復封爲<u>汝墳侯</u>,賜號<u>正公</u>。"世次清晰,似可信。

〔三三〇〕<u>戀</u>:<u>新唐書</u>作"<u>戀</u>"。　<u>宏</u>:<u>新唐書</u>作"<u>弘</u>"。　<u>暉</u>:<u>新唐書</u>作"<u>暉</u>"。

〔三三一〕見上注〔三二九〕。

〔三三二〕或云<u>赦</u>出:<u>赦</u>,同"<u>報</u>",謂<u>周</u>報王<u>姬延</u>。<u>古今姓氏書辯證</u>卷一八<u>尤韻周</u>:"一云<u>秦</u>黜<u>周</u>報王爲庶人,百姓稱爲'<u>周</u>家',因氏焉。"

〔三三三〕<u>長安</u>、<u>沛</u>二望,<u>赦</u>後:<u>元和姓纂</u>卷五<u>尤韻周</u>曰:"<u>沛國</u>:<u>報王</u>之後。"又曰:"<u>長安</u>:本<u>姬</u>氏,<u>報王</u>之後。<u>先天</u>中避<u>玄宗</u>嫌名,改姓<u>周</u>氏。"<u>沛國</u>,<u>漢</u>侯國名,治所在今<u>安徽淮北市相山區</u>。

〔三三四〕<u>楊侯</u>曾孫失國,<u>平王</u>以賜<u>晉</u>,封<u>叔肹</u>:<u>叔肹</u>,即<u>羊舌肹</u>,又稱<u>叔向</u>,<u>春秋晉</u>上大夫。<u>肹</u>,同"<u>肸</u>"。各本皆譌"<u>肸</u>",今訂正。<u>古今姓氏書辯證</u>卷一三<u>陽韻上楊</u>:"<u>幽王犬戎</u>之難,<u>楊侯</u>失國。及<u>平王</u>東遷,實依<u>晉</u>、<u>鄭</u>;以<u>楊</u>賜<u>晉武公</u>,<u>晉</u>於是並有<u>楊</u>國。……<u>晉武公</u>生<u>伯僑</u>,<u>伯僑</u>生<u>文</u>,<u>文</u>生<u>突</u>,<u>羊舌</u>大夫也,食邑<u>羊舌</u>,凡三縣:一曰<u>銅鞮</u>,二曰<u>楊</u>氏,三曰<u>平陽</u>。<u>突</u>生<u>職</u>,五子:<u>赤</u>、<u>肸</u>、<u>鮒</u>、<u>虎</u>、<u>季夙</u>。……<u>肸</u>字<u>叔向</u>,<u>晉</u>太傅,食采<u>楊</u>氏。"

〔三三五〕洎<u>堅</u>,爲三世,而爲<u>唐</u>:洎,至。<u>堅</u>,指<u>隋</u>王朝建立者<u>隋文帝楊堅</u>。三世,指<u>文帝楊堅</u>、<u>煬帝楊廣</u>、<u>恭帝楊侑</u>三朝。

〔三三六〕<u>屋引</u>氏:<u>彥</u>按:此氏疑誤。說詳下注〔三三八〕。

〔三三七〕<u>煬</u>誅<u>元感</u>,賜<u>梟</u>氏:<u>煬</u>,指<u>隋煬帝</u>。<u>元感</u>,謂<u>楊玄感</u>。<u>隋</u>禮部尚書,叛亂兵敗,令弟殺己而死。此作<u>元感</u>,乃<u>羅</u>氏避<u>宋聖祖玄朗</u>諱追改。<u>隋書楊玄感</u>傳:"公卿請改<u>玄感</u>姓爲<u>梟</u>氏,詔可之。"

〔三三八〕<u>周</u>賜<u>楊紹屋引</u>氏,一爲<u>君口引</u>氏:<u>楊紹</u>,<u>北周</u>驃騎大將軍、<u>衡州</u>刺史。<u>屋引</u>氏,<u>洪</u>本、<u>吳</u>本、<u>四庫</u>本、<u>備要</u>本作"<u>屋引</u>氏"。<u>彥</u>按:<u>周書楊紹</u>傳稱"賜姓<u>叱利</u>氏",<u>北史楊紹</u>傳作"賜姓<u>叱呂引</u>氏",而<u>新唐書宰相世系</u>表一下則稱"(<u>楊</u>)國孫<u>紹</u>,<u>後周</u>特賜姓<u>屋呂引</u>氏,<u>隋</u>初復舊",<u>古今姓氏書辯證</u>卷一三<u>陽韻上楊</u>亦曰"<u>儻城公楊紹</u>,姓<u>屋呂引</u>氏",頗可疑,然亦不作"<u>屋引</u>氏"。今考<u>元</u>

和姓纂、古今姓氏書辯證、通志氏族略,於屋引氏均未見有關楊紹賜姓之説,羅氏説當誤。又今本所見“君口引氏”,疑原作“屋吕引氏”(本新唐書),手民之誤也。　楊忠爲普六茹,又爲普陋如:楊忠,隋文帝楊堅父。隋書高祖紀上:“皇考從周太祖起義關西,賜姓普六茹氏,位至柱國、大司空、隋國公。”　楊勇爲越勒:楊勇,各本均作“楊粤”。彦按:“粤”當作“勇”。古今姓氏書辯證卷一三陽韻上楊:“後周臨汾公楊勇,姓越勒氏。”蓋即羅氏所本。今據以改。　並至隨而復:隨,吴本、四庫本作“隋”,用本字。復,喬本譌“後”,今據餘諸本訂正。

〔三三九〕惠之子帶封甘,曰昭公:惠,周惠王姬閬。帶,史書稱王子帶、叔帶,又稱甘昭公。甘,在今河南洛陽市西南。

〔三四〇〕頃:周頃王姬壬臣。

〔三四一〕唐以諱,改姬氏周:此謂避唐明皇李隆基嫌名。通志卷二七氏族略三以姓爲氏姬氏:“開元初,明皇以嫌名改爲周氏。”

〔三四二〕簡:周簡王姬夷。

〔三四三〕見左傳襄公三十年。

〔三四四〕景之孫,封陽樊,後宅無終:景,周景王。陽樊,在今河南濟源市西南。無終,在今天津市薊州區。　公翁陽氏:彦按:據下羅苹注引陽翁伯事,疑此當作“陽翁氏”。

〔三四五〕春秋末宅無終:宅,吴本、備要本譌“它”。水經注卷一四鮑丘水:“陽氏譜敍言:翁伯是周景王之孫,食采陽樊,春秋之末,爰宅無終,因陽樊而易氏焉。愛人博施,天祚玉田。”

〔三四六〕仙傳拾遺:陽翁伯適北燕,葬父無終山,爲右北平人,天祚玉田:北燕,洪本“北”譌“比”。右北平,郡名,治所無終縣。洪本作“右比亭”,餘本作“右北亭”,俱誤。宋章定名賢氏族言行類稿卷二三陽云:“周末陽翁伯適北燕,遂家無終。秦置右北平,因爲郡人。”今據以訂正。祚,賜。仙傳拾遺所載陽翁伯天祚玉田事,見太平廣記卷四神仙四陽翁伯。

〔三四七〕事亦見干寶記:干寶記,指干寶搜神記。吴本、四庫本“干寶”作“于寶”,誤。搜神記卷一一:“楊公伯雍,雒陽縣人也。本以儈賣爲業,性篤孝。父母亡,葬無終山,遂家焉。山高八十里,上無水,公汲水,作義漿於坂頭,行者皆飲之。三年，有一人就飲，以一斗石子與之，使至高平好地有石處種之，云：‘玉當生其中。’楊公未娶，又語云：‘汝後當得好婦。’語畢，不見。乃種其石。數歲，時時往視，見玉子生石上，人莫知也。有徐氏者，右北平著姓，女甚有行，時人求，多不許。公乃試求徐氏，徐氏笑以爲狂，因戲云：‘得白璧一雙來，當聽爲婚。’公至所種玉田中，得白璧五雙，以聘。徐氏大驚，遂以女妻公。天子聞而異之，拜爲大夫。”搜神記之伯雍，與仙傳拾遺之陽翁伯爲同一人而異稱。

〔三四八〕范通燕書：彦按：范通，當作“范亨”。亨爲前燕慕容儁尚書。亨撰燕書二十卷，隋書經籍志二、舊唐書經籍志上、新唐書藝文志二、宋史藝文志三均有著録。路史范亨之作范通，蓋謬襲唐人避肅宗皇帝李亨名諱之舊而不知改。　後有雍，於無終山獲玉：雍，謂伯雍。玉，洪本、吳本、備要本譌“王”。

〔三四九〕名世：指古今姓氏書辯證作者鄧名世。

〔三五〇〕敬之子封郳：敬，周敬王姬匄。郳，在今山東郳城縣。

〔三五一〕封郳：吳本、四庫本無此二字。彦按：“封郳”已見正文，此無庸再費筆墨，疑爲衍文。

〔三五二〕靈王之太子超古，幼有成德，以諫廢：靈王，周靈王姬泄心。成德，盛德。成，通“盛”。新唐書宰相世系表二中：“周靈王太子晉以直諫廢爲庶人。”　年十八而賓：賓，通“擯”，擯棄，此謂棄世昇仙。

〔三五三〕一云謚：洪本、吳本、備要本“謚”作“謐”，蓋誤。

〔三五四〕子宗敬爲司徒，號“王子”，家平陽：王子，洪本“子”字闕文。平陽，在今山西臨汾市西南。新唐書宰相世系表二中：“其子宗敬爲司徒，時人號曰‘王家’，因以爲氏。”　拓王氏：各本均譌“拓至氏”，今訂正。説詳下注〔三五六〕。

〔三五五〕王氏二十望及琅邪、祁諸房皆出子晉：望，“望”字俗體。吳本、四庫本、備要本無“二十望及”四字，蓋脱文。琅邪，郡名，治所在今山東青島市黃島區。四庫本“邪”作“琊”。祁，縣名，今屬山西省。彦按：“二十望”當作“二十四望”，脱一“四”字。古今姓氏書辯證卷一四陽韻下王曰：“元和姓纂有居劇縣者曰東海王氏，秦州者曰天水王氏，同州者曰馮翊王氏，鄆州者曰東平王氏,萊州者曰東萊王氏,潭州者曰長沙王氏,山陽者曰堂邑王氏;又曰金城王氏,曰廣漢王氏,曰新蔡王氏,曰新野王氏,曰章武王氏,曰廣陵王氏,曰聊城王氏,曰長安王氏,曰高陵王氏,曰河內王氏,曰河間王氏,曰藍田王氏,曰上黨王氏,曰鄴郡王氏,曰廣平王氏,曰華陰王氏,曰樂陵王氏,凡新望二十四,及祁縣諸房、琅邪諸房,皆子晉後。”

〔三五六〕周書,王秉、王興並賜拓王氏:拓王氏,各本皆作“拓至氏”。彦按:周書未見有王秉、王興賜姓事。王秉賜姓拓王氏事,見於北史王思政傳(北史因避唐世祖李昺嫌諱,于王秉傳改稱其字,又改書王秉作“王康”),亦非爲拓至氏,今據以訂正。古今姓氏書辯證卷三八鐸韻拓王曰:“後周王秉、王興並賜姓拓王氏。”當爲羅氏所本,然稱後周,而非周書。又王興當爲王盟之誤。周書、北史無王興傳,遑論賜姓事,而周書王盟傳曰:“趙青雀之亂,盟與開府李虎輔魏太子出頓渭北。事平,進爵長樂郡公,增邑并前二千户,賜姓拓王氏。”事亦見通志卷一五六盟傳。

〔三五七〕又,王雄,太原人,貞觀志:西魏賜爲可頻:吴本、四庫本、備要本無“又”字。周書王雄傳:“王雄字胡布頭,太原人也。……魏恭帝元年,賜姓可頻氏。”又通志卷二九氏族略五代北複姓可頻氏:“唐貞觀志云:代人雄,涇州總管、庸國公,西魏賜姓可頻氏。” 太原王顯,後魏賜爲乙速孤,遂爲醴泉人:醴泉,縣名。即今陝西醴泉縣。宋歐陽修集古錄卷六唐乙速孤神慶碑曰:“右乙速孤神慶碑,弘文館學士苗神客撰,……云其先王氏太原人,□代祖顯爲後魏驃騎大將軍,賜姓乙速孤氏,遂爲京兆醴泉人。”

〔三五八〕召康公顧,封燕:召康公,亦稱召公,周文王庶子,其初采邑在召(音 shào,今陝西岐山縣西南),又諡康,故稱;後佐武王滅商,乃封于燕(地在今北京市房山區琉璃河鎮)。彦按:史籍皆稱召公名奭,此獨謂顧,不知何據,未可依信。

〔三五九〕名奭,乃寶字:名,喬本、洪本、吴本、備要本皆譌“多”,今據四庫本訂正。寶,吴本作“寔”。

〔三六〇〕而富辰所言無召,乃以郇爲召:富辰,春秋周大夫。左傳僖公二十四年載富辰語:“管、蔡、郕、霍、魯、衛、毛、聃、郜、雍、曹、滕、畢、原、酆、郇,文之昭也。” 蓋以下泉言郇伯,而黍苗言召伯爾:詩經曹風下泉四章曰:“芃芃黍苗,陰雨膏之。四國有王,郇伯勞之。"而小雅黍苗首章則曰:"芃芃黍苗,陰雨膏之。悠悠南行,召伯勞之。"

〔三六一〕傳言公封燕,九世惠侯始就國:彦按:此説不詳所本。通志卷二六氏族略二以國爲氏周同姓國燕氏則曰:"武王滅紂,封召公於北燕。成王以爲三公,與周公分陝而治。決獄於甘棠之下,後世思之,不忍伐焉。然其國僻小,不能通諸夏盟會,自召公以下九世至惠侯,始見載籍。"

〔三六二〕康王復爲太保:康王,周康王姬釗。太保,官名。周代與太師、太傅合稱"三公",爲中央三種最高官衙。

〔三六三〕支襲召:四庫本"支"譌"攴"。

〔三六四〕王安石臨川文集卷九六屯田員外郎邵君墓誌銘:"邵公既國燕,其子孫處者猶食其初邑。至後世,遂爲邵氏。"

〔三六五〕傳又有奭氏、盛氏,非也:彦按:元和姓纂卷一〇昔韻奭曰:"召公奭之後,以王父字爲氏。"是羅氏所謂傳有奭氏也。又古今姓氏書辯證卷三四勁韻盛云:"唐人孔至曰:譙郡盛氏,其先太姜生季歷,季歷娶太任,生文王名昌。子召公名奭,使輔成王爲西伯。化流召南,廣被江漢,由是興周隆七百之祚。召公夫人姜氏,出游池上,見二黑龍交會,舉目視之,欿然不樂,即有娠。而生一子,手中有文字炳然,即'盛'字。長年十八,封爲譙侯,因爲望焉。韻譜曰:'其先姓奭,後改爲盛。'謹按:韻譜之説,與孔至合而小異,起於漢元帝名奭,諱'奭'之字曰'盛'。妄意古人有名字同者,指召康公爲商人;商人尚質,名字皆當曰奭,而'奭'訛爲'盛'。誤矣。"蓋即羅氏所本。

〔三六六〕唐:在今河北唐縣東北。

〔三六七〕昭十二年,齊高偃納北燕伯于陽:見于春秋。高偃,齊國大夫。北燕伯,即燕簡公款,又稱伯款。陽,即唐,同地而異稱。

〔三六八〕左云伯款,迫逐遷之:左傳昭公三年:"燕簡公多嬖寵,欲去諸大夫而立其寵人。冬,燕大夫比以殺公之外嬖。公懼,奔齊。書曰'北燕伯款出奔齊',罪之也。"

〔三六九〕然本曰唐:春秋昭公十二年:"春,齊高偃帥師納北燕伯于陽。"而同年左傳則曰:"春,齊高偃納北燕伯款于唐。"杜預注:"陽即唐,燕別邑。"
即閔二年威者是也:春秋閔公二年:"春,王正月,齊人遷陽。"杜預注:"陽,國名。蓋齊人僞徙之。"

〔三七〇〕北燕歸國,不達于革:歸國,最後之國。歸,歸宿,終極。革,改革,變通。喬本"革"字爲墨丁,此據餘諸本訂補。

〔三七一〕始皇三十二年:彥按:據史記燕召公世家,"三十三年,秦拔遼東,虜燕王喜,卒滅燕。"燕王喜三十三年,時當秦始皇二十五年,故史記秦始皇本紀亦曰:"二十五年,大興兵,使王賁將,攻燕遼東,得燕王喜。"此云"始皇三十二年",誤。

〔三七二〕史記燕召公世家:"太史公曰:召公奭可謂仁矣!……燕(北)[外]迫蠻貉,内措齊、晉,崎嶇彊國之閒,最爲弱小,幾滅者數矣。然社稷血食者八九百歲,於姬姓獨後亡,豈非召公之烈邪!"

〔三七三〕抑召伯不鄙其民,有亡執之德也:抑,或許,大概。鄙,輕視。亡執,即"無執",謂不固執,開明。語出老子六十四章:"是以聖人無爲故無敗,無執故無失。"

〔三七四〕後有燕、喜、攸、繆、鼇、嚒、快、喻之氏:吳本、四庫本"喻"作"嚒",與前重出。彥按:疑"嚒"爲衍文,"喻"則"嚒"之改竄。

〔三七五〕秦己卯年亡:秦亡燕之年在公元前 222 年,是年于干支爲己卯年。

〔三七六〕嚒本音快:嚒,各本皆作"喻"。彥按:"喻"無"快"音,當"嚒"字之誤。嚒音同"快",見廣韻夬韻。

〔三七七〕盛伯,——子姬姓之長:盛伯,周代盛國國君。"盛"亦作"成"或"郕"。子,此指女兒。藝文類聚卷六二引穆天子傳曰:"盛姬,盛伯之子也,天子賜之上姬之長。" 降于齊:公羊春秋莊公八年:"夏,師及齊師圍成,成降于齊師。"傳:"成者何,盛也。"左氏春秋、穀梁春秋"成"作"郕"。

〔三七八〕漢元:指漢元帝劉奭。

〔三七九〕急就篇卷二痛無忌曰:"痛氏,本盛國之後,實姬姓也。周穆王嬖寵盛姬,早死,穆王哀痛不已,加禮葬之,遂改其族謂之痛氏。'無忌',言無所避忌也。古有偃人宋無忌。"

〔三八〇〕密公:周代密國國君。國語周語上有密康公。 榮公:周代榮國國君。國語周語上有榮夷公。 瑕公:周瑕邑封君。 莨伯:不詳,待考。

賈伯:周代賈國國君。始祖爲唐叔虞少子公明。見新唐書宰相世系表五下賈氏。　芮伯:周代芮國國君。書旅巢命序:"巢伯來朝,芮伯作旅巢命。"孔氏傳:"芮伯,周同姓,圻内之國,爲卿大夫。"　桃叔:周桃丘封君。　尹公:周尹邑封君。　康公:周康邑封君。　鞏伯:周代鞏國國君。見水經注卷一五洛水。　甘、單公:甘公,周甘邑封君。左傳昭公十二年有甘簡公。杜預注:"甘簡公,周卿士。"單公,周單邑封君。左傳成公元年有單襄公,杜預注:"單襄公,王卿士。"又襄公十年曰:"單靖公爲卿士以相王室。"　暴公:周代暴國國君。通典卷一四四樂四八音:"塤,世本云:'暴辛公所造。'亦不知何代人。周畿内有暴國,豈其時人乎?"　詹伯:周代詹國國君。左傳昭公九年有詹桓伯,杜預注:"桓伯,周大夫。"　家父:毛詩序小雅節南山:"家父刺幽王也。"鄭玄箋:"家父,字,周大夫也。"　巷伯:原爲宦官之别稱。毛詩序小雅巷伯,鄭玄箋:"巷伯,奄官。……奄官上士四人,掌王后之命,於宫中爲近,故謂之巷伯。"蓋先世官此職,後人以爲氏。　方叔:周宣王時卿士。見毛詩序小雅采芑。邜叔:不詳,待考。

〔三八一〕奇出尹:古今姓氏書辯證卷三支韻奇:"謹按:伯奇,周大夫尹吉甫之子,以孝聞。然則奇氏蓋出自尹氏也。"

〔三八二〕伯輿大夫有瑕禽、瑕辛:伯輿,周靈王卿士。瑕辛,洪本、吴本、四庫本作"服辛"。彦按:服辛不見於文獻,瑕辛見於左傳昭公十二年,杜預注以爲"周大夫"。此羅氏以瑕辛爲伯輿大夫,似無據。左傳襄公十年:"晉侯使士匄平王室,王叔與伯輿訟焉。王叔之宰與伯輿之大夫瑕禽坐獄於王庭,士匄聽之。"

〔三八三〕宋:指東漢宋均。

〔三八四〕樂書:平王時人:彦按:不知羅氏所稱樂書何人所撰。而宋陳暘樂書卷六六詩訓義小雅何人斯引譙周曰,則稱"幽王之時,暴辛公善塤,蘇成公善篪",是以爲幽王時人。

〔三八五〕賈、芮等"伯":喬本"芮"譌"芮",今據餘諸本訂正。

〔三八六〕尚書顧命"乃同召太保奭、芮伯、彤伯、畢公、衛侯、毛公"孔氏傳:"此先後六卿次第,冢宰第一,召公領之;司徒第二,芮伯爲之。"

〔三八七〕太平寰宇記卷六陝州芮城縣:"芮王廟,在縣西二十里古芮城内。周司徒封于芮,爲附庸國也。"

〔三八八〕齊侯滅穀:穀,周代國名。故城在今湖北穀城縣西北。彦按:左傳桓公七年"春,穀伯、鄧侯來朝"孔穎達疏:"世本鄧爲曼姓,莊十六年楚文王滅之。穀則不知何姓,是誰滅之。服注云:'穀、鄧密邇於楚,不親仁善鄰以自固,卒爲楚所滅。'"而通志卷二六氏族略二以國爲氏周異姓國則以穀爲嬴姓。今羅氏以穀爲姬姓,齊侯所滅,不知何據。 秦穆滅滑:滑,周代姬姓國,故城在今河南偃師市府店鎮。秦滅滑見于左傳僖公三十三年,時當秦穆公三十三年,亦即公元前627年。 楚文滅息:息,周代姬姓國,故城在今河南息縣北。楚滅息見于左傳莊公十四年,時當楚文王十年,亦即公元前680年。 晉文滅巴:巴,周代姬姓國,故城約在今湖北襄陽市左近(從楊伯峻春秋左傳注説)。彦按:左傳桓公九年"巴子使韓服告于楚,請與鄧爲好"孔穎達疏:"昭十三年,楚共王'與巴姬埋璧',則巴國,姬姓也。此年見傳,文十六年與秦、楚滅庸,以後不見,蓋楚滅之。"此羅氏謂巴爲晉文所滅,不知何據。 魯滅項:項,周代國名,或言姬姓(見通志卷二六氏族略二以國爲氏周不得姓之國)。故城在今河南項城市東北。春秋僖公十七年:"夏,滅項。"時當公元前643年。

〔三八九〕巴,楚昭妾巴姬國:彦按:楚昭當作楚共。左傳昭公十三年:"(楚共王)乃與巴姬密埋璧於大室之庭。"杜預注:"巴姬,共王妾。""共"之譌"昭",疑因事載于左傳昭公時而淆亂。 與風姓巴别:風姓巴,即伏羲氏後裔之巴。見後紀一太昊伏戲氏。

〔三九〇〕武王封同姓爲巴子,七國時與蜀俱稱王:同姓,各本皆作"商姓"。彦按:查輿地廣記卷三三恭州巴縣,原文實作"同姓"。又華陽國志卷一巴志曰:"武王既克殷,封其宗姬於巴,爵之以子。"亦證明"同姓"爲是。"同"之作"商",當由形譌,今訂正。 張儀虜之,爲巴郡:輿地廣記原文作:"秦惠王既滅蜀國,因使張儀虜巴王而取其地,以立巴郡。"

〔三九一〕羽敗:羽,指秦末抗秦武裝首領、西楚霸王項羽。秦亡後,項羽與漢王劉邦展開歷時近五年之楚漢戰争,最終兵敗自殺。 項伯封射陽侯,與桃侯襄、平皋侯佗及元武侯,皆爲劉:項伯,項羽叔父。因曾在鴻門宴中保護劉邦,漢王朝建立後,賜姓劉,並封爲射陽侯。元武侯,吴本、四庫本"元"作"先"。彦按:史記項羽本紀作玄武侯,曰:"乃封項伯爲射陽侯。桃侯、平皋侯、玄武侯皆項氏，賜姓劉。”此當以作玄武侯爲是，羅氏避宋聖祖玄朗偏諱，改“玄”作“元”，又因形近而訛爲“先”。

〔三九二〕元和姓纂卷三真韻辛：“天水：周有項宣，賜姓辛氏。”亦見於通志卷二六氏族略二以國爲氏周異姓國辛氏、古今姓氏書辯證卷六真韻辛。

〔三九三〕夫人紹兩交龍：紹，繼，謂跟在後面。交龍，正在性交之龍。參見上注〔三六五〕。

〔三九四〕古今姓氏書辯證卷一〇宵韻譙：“至晉武公僖起曲沃，併晉，稍吞滅諸鄰國，始併焦而有其地，子孫因以爲譙氏。亦作‘焦’，譙、焦一也。”

〔三九五〕譙國焦縣：焦縣即譙縣，治所在今安徽亳州市譙城區。

〔三九六〕漢東之國，隨爲大，楚滅之：漢，指漢水。隨，周代姬姓國，故城在今湖北隨州市曾都區。左傳桓公六年：“漢東之國，隨爲大。”又水經注卷三一溳水：“（隨）縣，故隨國矣。春秋左傳所謂‘漢東之國，隨爲大’者也。楚滅之以爲縣。”

〔三九七〕鱗，宋滅之：彦按：羅氏以“鱗”爲國名，可疑。本書國名紀五周氏鱗曰：“見潛夫論。春秋時有鱗朱。”今考潛夫論五德志云：“姬之別封衆多，……周、召、虢、吳、隨、邘、方、卬、息、藩、養、滑、鎬、宮、密、榮、丹、郭、（楊）〔陽〕、逢、管、唐、韓、楊、瓠、樂、甘、鱗、虞、王氏，皆姬姓也。”蓋即羅氏所本。然汪繼培箋以爲“鱗”當作“鮮”，並與下“虞”字連讀，曰：“昭十二年穀梁傳：‘晉伐鮮虞’，范甯注：‘鮮虞，姬姓，白狄也。’疏云：‘世本文。’鄭語云：‘北有衞、燕、狄、鮮虞’，韋昭注：‘鮮虞，姬姓國。’”當是。又鱗朱見于左傳成公十五年，爲宋國少司寇，乃出自宋桓公，尤足證“鱗，宋滅之”純屬臆説。

〔三九八〕宮：潛夫論五德志以爲姬之別封。其地不詳。

〔三九九〕紀、遂，齊滅之：紀，周代國名，故城在今山東壽光市紀臺鎮。遂，周代姬姓國（通志卷二六氏族略二列遂氏於周同姓國下），故城在今山東肥城市安臨站鎮。春秋莊公十三年：“夏，六月，齊人滅遂。”彦按：春秋桓公九年：“春，紀季姜歸于京師。”杜預注：“季姜，桓王后也。季，字；姜，紀姓也。”路史以紀爲姬姓國，誤。

〔四〇〇〕岐、鄗：岐，夏、商時國名，爲周族之發祥地。在今陝西岐山縣東北。鄗，同“鎬”，潛夫論五德志以爲姬之別封。其地在今陝西西安市西。

〔四〇一〕養、頓、徐、胡，入於楚：養，潛夫論五德志以爲姬之別封。左傳昭公三十年"楚子大封，……使居養"杜預注："養即所封之邑。"楊伯峻春秋左傳注以爲："養當在今河南沈丘縣今治南沈丘城之東，臨安徽界首縣（彦按：今稱界首市）界。"頓，周代姬姓國，故城在今河南項城市南頓鎮。春秋定公十四年："二月辛巳，楚公子結、陳公孫佗人帥師滅頓，以頓子牂歸。"徐，周代姬姓國，故城在今江蘇泗洪縣。彦按：春秋昭公三十年："冬十有二月，吳滅徐，徐子章羽奔楚。"是徐爲吳所滅，路史謂"入於楚"，非。胡，周代姬姓國（通志卷二六氏族略二列胡氏於周同姓國下），故城在今安徽阜陽市潁州區。春秋定公十五年："二月辛丑，楚子滅胡，以胡子豹歸。" 肥、鼓、魏、焦，入於晉：肥，周代姬姓國，故城在今河北石家莊市藁城區西南。左傳昭公十二年："晉荀吳僞會齊師者，假道於鮮虞，遂入昔陽。秋八月壬午，滅肥，以肥子緜皋歸。"鼓，周代姬姓國，故城在今河北晉州市西。左傳昭公二十二年："六月，（晉）荀吳略東陽，使師僞糴者負甲以息於昔陽之門外，遂襲鼓，滅之，以鼓子鳶鞮歸。"魏，周代姬姓國，故城在今山西芮城縣東北。左傳閔公元年："晉侯作二軍，公將上軍，大子申生將下軍。趙夙御戎，畢萬爲右，以滅耿、滅霍、滅魏。"焦，周代姬姓國，故城在今河南陝縣。左傳襄公二十九年："虞、虢、焦、滑、霍、楊、韓、魏，皆姬姓也，晉是以大。"杜預注："八國皆晉所滅。"

〔四〇二〕觚、麗則屆於秦：觚、麗則，各本皆作"觚則麗"，且"觚則"二字闌入注文，遂不可讀。今訂正。觚，潛夫論五德志以爲姬之別封。汪繼培箋："'觚'疑'狐'。"彭鐸校正："狐氏，晉姬姓。"麗，也作驪，見國名紀五周氏麗。屆，至，此謂入。 而鮮虞則在狄：鮮虞，周代姬姓國，故城在今河北正定縣新城鋪鎮。狄，指白狄，我國古代少數民族之一。參見上注〔三九七〕。

〔四〇三〕極入於無駭：極，周代姬姓國，爲魯國附庸，故城在今山東金鄉縣南偏東。無駭，春秋魯卿。春秋隱公二年："無駭帥師入極。" 而隗、丹、睽、載、逢、冀、冥、主亦衰除矣：隗，即夔，周諸侯國。地在今湖北秭歸縣歸州鎮東。通志卷二七氏族略三稱隗氏爲赤狄姓，而杜預春秋釋例卷九世族譜第四十五之下赤狄則稱："赤狄子，姬姓。"蓋即路史所本。丹，潛夫論五德志以爲姬之別封，其地不詳。睽，吳本、四庫本作"暌"。不詳。載，周代姬姓國，故城在今河南民權縣東北。風俗通義姓氏："載氏，姬姓之後，春秋有載國。"逢，故

城在今山東淄博市淄川區西南。吳本、備要本作“逄”,同。通志卷二六氏族
略二逄氏:“音龐。商諸侯,封於齊土。……至武王伐商,而後封太公焉。其地
在今臨淄。”冀,故城在今山西河津市東北。冥,即郪,故城在今山西平陸縣東
北。主,彦按:疑當作“王”。通志卷二八氏族略四以主氏爲嬴姓。又潛夫論
五德志:“姬之別封衆多,……欒、甘、鮮虞、王氏,皆姬姓也。”汪繼培箋:“國名
紀、後紀‘王’作‘主’,以‘主’爲國名。按太子晉之後爲王氏,見志氏姓篇。”是
則王氏或出姬姓,主氏則爲嬴姓矣。

〔四〇四〕皆見于潛夫論五德志。　主:中華書局 1979 年版汪繼培箋、彭
鐸校正本作“王”。

〔四〇五〕考王封弟揭河南:考王,周考哲王姬嵬,公元前 440—前 426 年
在位。揭,史記周本紀“考王封其弟于河南”張守節正義引帝王世紀,作“揭”。
曰東桓公:彦按:史記周本紀作“是爲桓公”,張守節正義引帝王世紀則曰
“是爲西周桓公”。張守節曰:“按:自敬王遷都成周,號東周也。桓公都王城,
號西周桓公。”路史稱“東桓公”,誤。

〔四〇六〕至孫惠公傑,分其子班于鞏以奉王:惠公傑,彦按:據諸祖耿戰
國策集注匯考卷一東周策卷首引吳師道曰:“徐廣云:紀年:顯王九年,東周惠
公傑薨。皇極經世:東周惠公卒,子傑嗣。二書不同,則其世系亦難明矣!”則
傑爲東周公,甚明(當以皇極經世爲是。東周惠公名班,其子名傑)。然封少子
于鞏者,乃西周惠公,史記周本紀“(威公)子惠公代立,乃封其少子於鞏”張守
節正義:“史記周顯王二年西周惠公封少子班於鞏,以奉王室,爲東周惠公
也。”路史此乃稱西周惠公爲惠公傑,誤矣。分,史記周本紀作“封”。子班,喬
本、四庫本、備要本作“子姓”誤,此從洪本及吳本。鞏,在今河南鞏義市東
北。　曰西惠公:彦按:史記周本紀作“號東周惠公”。此作“西惠公”誤。

〔四〇七〕史記周本紀:“王赧時東西周分治。王赧徙都西周。”

〔四〇八〕四十九年:彦按:據史記周本紀,事見于周赧王五十九年。此作
“四十九年”,誤。　秦取西周,遷東惠之孫咎公于<unreadable>狐:<unreadable>狐,戰國秦邑,在今
河南汝州市西北。<unreadable>,音 dàn。彦按:“東惠”當作“西惠”,指西周惠公。史記
周本紀:“西周武公之共太子死,有五庶子,毋適立。司馬翦謂楚王曰:‘不如以
地資公子咎,爲請太子。’……果立公子咎爲太子。”裴駰集解于“西周武公”下

引徐廣曰："惠公之長子。"是咎爲西周惠公之孫。又史記周本紀曰："周君、王赧卒,周民遂東亡。秦取九鼎寶器,而遷西周公於<u>𢠸狐</u>。"是秦所遷至<u>𢠸狐</u>者,西周公,宜爲西惠之孫,不當爲東惠。

〔四〇九〕王崩,秦昭取西王器:秦昭,即秦昭襄王嬴則,戰國秦國君,公元前306—前251年在位。取西王器,謂取周王之寶器以西歸。器,各本皆作"稽"。彦按:"秦昭取西王稽",文不成義。"稽"當"器"字音訛。史記周本紀:"周君、王赧卒,周民遂東亡。秦取九鼎寶器。""秦取九鼎寶器",即此所謂"秦昭取西王器"也。今訂正。

〔四一〇〕七年,秦莊襄取東西周地:史記周本紀:"後七歲,秦莊襄王滅東(西)周。東西周皆入于秦,周既不祀。"　而以陽人聚爲周君祀:陽人聚,邑名。在今河南汝州市西。四庫本"陽"訛"賜"。史記秦本紀:"東周君與諸侯謀秦,秦使相國呂不韋誅之,盡入其國。秦不絕其祀,以陽人地賜周君,奉其祭祀。"裴駰集解:"地理志河南梁縣有陽人聚。"

〔四一一〕東周後有咎公,西後有昭文君:彦按:羅氏于此,東西二周誤置。咎公爲西周公,説見上注〔四〇八〕。昭文君則爲東周公。呂氏春秋報更:"此……周昭文君之所以顯也。"高誘注:"昭文君,周後所分立東周君也。"本書國名紀三高辛氏後,其<u>𢠸狐</u>聚及陽人聚條東周君、西周君錯易其位,誤與此同。

〔四一二〕東,洛陽也:東,東周,此承前省"周"字。彦按:周平王東遷後之周王朝,國都誠在洛陽,而戰國時東周公封國之都則在鞏。羅氏此處所言當指後者,故誤。

〔四一三〕史記周本紀"秦取九鼎寶器,而遷西周公於<u>𢠸狐</u>"司馬貞索隱:"西周,蓋武公之太子文公也。武公卒而立,爲秦所遷。而東周亦不知其名號。戰國策雖有周文君,亦不知滅時定當何主。蓋周室衰微,略無紀録,故太史公雖考衆書以卒其事,然二國代系甚不分明。"

〔四一四〕史記周本紀"後七歲,秦莊襄王滅東(西)周"裴駰集解引徐廣曰:"周比亡之時,凡七縣:河南、洛陽、穀城、平陰、偃師、鞏、緱氏。"

〔四一五〕使奉祭祀:吳本"奉"作"之",蓋非原文。

〔四一六〕媿:羞辱。

〔四一七〕徙西周君於㯥狐，東周君於陽人聚：吳本、四庫本、備要本“㯥狐”脫“狐”字，又“東周君”上有“徙”字。彥按：此意引自輿地廣記卷九汝州梁縣，原文作：“有㯥狐聚，秦滅西周，徙其君于此；有陽人聚，秦滅東周，徙其君於此。”

〔四一八〕誤矣：誤，喬本譌“娛”。今據餘諸本訂正。彥按：輿地廣記不誤，誤在羅氏。

〔四一九〕應二周以來，詳見譜圖：“應”字，喬本原爲墨丁，今從餘諸本訂補。譜圖，記述氏族或宗族世系的圖表。備要本“譜”譌“諸”。

〔四二〇〕中山武公，東桓公子也：中山武公，戰國中山國國君。彥按：東桓公疑當作西周桓公。史記趙世家：“（獻侯）十年，中山武公初立。”裴駰集解引徐廣曰：“西周桓公之子。桓公者，孝王弟而定王子。”

〔四二一〕王問晉史餘：王，太平御覽卷一六一引十三州志、水經注卷一一滱水謂周王，呂氏春秋先職、説苑權謀作周威公。晉史餘，晉太史。呂氏春秋作“晉太史屠黍”，説苑作“晉太史屠餘”。

〔四二二〕靈壽：戰國時中山國國都，故城在今河北靈壽縣西北。太平御覽卷一六一引十三州志曰：“中山武公，本周之同姓。其後桓公，不恤國政。晉太史餘見周王，王問之：‘諸侯孰先亡？’對曰：‘中山之俗，以晝爲夜，以臣觀之，中山其先亡乎！’其後，魏樂羊爲文侯將，拔中山，封之靈壽。”

〔四二三〕烈王十二年國：烈王，周威烈王姬午。烈王十二年，公元前414年，是年中山武公初立。

〔四二四〕中山武公居顧，桓公徙靈壽：顧，在今河北定州市。四庫本譌“願”。桓公，吳本“桓”譌“相”。

〔四二五〕史記樂毅列傳：“樂毅者，其先祖曰樂羊。樂羊爲魏文侯將，伐取中山，魏文侯封樂羊以靈壽。”

〔四二六〕史言趙武靈以惠文三年威中山，遷其君于膚施：趙武靈，戰國趙國國君武靈王趙雍。晚年傳位次子趙何，自號“主父”，親率將士攻戰于外。惠文，武靈王子、惠文王趙何，公元前298—前266年在位。威，洪本譌“感”。膚施，戰國趙邑，在今陝西榆林市榆陽區東南。史記趙世家：“（惠文王）三年，滅中山，遷其王於膚施。”

〔四二七〕蓺:同“藝”。四庫本譌“蓺”。　种:音 chóng。　校:音 xiào。喬本、吳本、洪本、備要本作“挍”。此從四庫本。元和姓纂卷九效韻、通志卷二八氏族略四亦均作“校”。　太:四庫本作“大”。彦按:此宜作“太”。元和姓纂卷八泰韻太曰:“尚書,文王四友太顛之後。”蓋是。大氏則大庭氏後(見風俗通),遠在姬周前矣。　聚:音 zōu。　治:“治”上已見,此重出,必有誤。

〔四二八〕宰、忌,周公後:彦按:元和姓纂卷六海韻宰曰:“周大夫宰周公孔之後,以官爲姓。”通志卷二八氏族略四以官爲氏宰氏亦曰:“姬姓,周卿士宰周公之後;又有宰孔者,皆周太宰,以官爲氏。”又,通志卷二七氏族略三以字爲氏忌氏、古今姓氏書辯證卷二九志韻忌並引風俗通曰:“周公忌父之後,以王父字爲氏。”羅氏均屬之周公旦,非也。

〔四二九〕幽王内史聚子:内史,官名。職在協助天子管理爵、禄、廢、置等政務。詩經小雅十月之交:“聚子内史,蹶維趣馬。”

〔四三〇〕乾封元年,改武惟良爲蝮氏;武惟良,武則天皇后堂兄。早年于則天禮薄,乃爲則天設計殺害。舊唐書高宗紀下乾封元年:“(八月)丁未,殺司衛少卿武惟良、淄州刺史武懷運,仍改姓蝮氏。”

〔四三一〕隱公時有武氏子:彦按:春秋隱公三年:“秋,武氏子來求賻。”楊伯峻注:“武氏子意謂武氏之子,武氏乃周室之大夫,其人不來,而使其子來。其子猶爲門子,無爵無官,故經書‘武氏子’。説本孫詒讓周禮正義。”當是。此以“武氏子”爲人稱,蓋誤。

〔四三二〕唐書:平王世子手文曰“武”,爲武氏:彦按:“世子”當作“少子”。新唐書宰相世系表四上:“武氏出自姬姓。周平王少子生而有文在手曰‘武’,遂以爲氏。”

〔四三三〕司工:四庫本作“司空”。　枿:同“蘖”,樹木砍伐後留下的根株,喻指後裔。

〔四三四〕武公世子稱西周氏:武公,指戰國西周武公。古今姓氏書辯證卷四齊韻西周:“元和姓纂曰:‘周末分爲東、西二周,各以爲氏。’武公世子稱爲西周氏。”

〔四三五〕共王子圉後爲王史氏:共王,指周共王姬繄扈。王史氏,喬本“王”譌“三”,今據餘諸本訂正。通志卷二八氏族略四以官爲氏王史氏引英賢傳曰：“周共王生圉，圉曾孫滿，生簡，簡生業，業生宰，世傳史職，因氏焉。”

〔四三六〕鄭有王子氏：古今姓氏書辯證卷一四陽韻下王子：“謹按：春秋鄭大夫有王子伯駢、王子廖正，周王庶子，仕鄭，以王子爲氏。”彥按：春秋無王子廖正，惟左傳有王子伯廖（見于宣公六年），杜預注謂爲鄭大夫。“廖正”當“伯廖”之誤。　齊、衛、吳皆有王孫氏，俱出周王，惟楚王孫出伍員：元和姓纂卷五陽韻王孫云：“周有王孫滿，衛有王孫賈。”又古今姓氏書辯證卷一四陽韻下王孫云：“出自周王之孫仕諸侯者，別爲王孫氏。吳有王孫雒，齊有王孫揮，而賈之子王孫齊，謚昭子，皆以爲氏者。又伍員自吳使齊，託其子於齊，爲王孫氏。”

〔四三七〕唐表云，封周仁：見上注〔三二九〕。

〔四三八〕史記周本紀、孝武本紀及封禪書並載其事。

〔四三九〕光武復封于衛：四庫本“于”作“子”，誤。後漢書光武帝紀下建武十三年：“（二月）庚午，以殷紹嘉公孔安爲宋公，周承休公姬（常）〔武〕爲衛公。”

〔四四〇〕一作柬翟：四庫本“柬”譌“東”。

〔四四一〕干寶作索倓：干寶，吳本、四庫本“干”譌“于”。倓，音 tán。

〔四四二〕書中候：洪本、吳本、四庫本“候”譌“侯”。　玄鳥翔水遺卵：吳本“卵”譌“卯”，下“吞卵”、“遺卵”之“卵”同。

〔四四三〕後萌水昜：萌，生。水昜，附會“湯”字拆文，指商朝開國之君湯。彥按：“湯”字從“昜”不從“易”，其説穿鑿。下羅苹注文已經指出。

〔四四四〕昜，疑“浴”：疑，通“擬”，謂“用如”。彥按：“昜”“浴”音近。洪本、吳本、四庫本“浴”譌“洛”。　娀簡在水中浴：洪本“浴”作“昜”。

〔四四五〕娀氏二佚裔：佚裔，吕氏春秋音初作“佚女”。佚，通“昳”，豔麗，美豔。　爲九成之臺：高誘吕氏春秋注：“成，猶重”。九成，極言其高。　飲食必鼓：鼓，謂奏樂。

〔四四六〕帝令燕視之，鳴“謐隘謐隘”：吕氏春秋音初作：“帝令燕往視之，鳴若‘謐隘’。”陳奇猷校釋：“案：‘謐隘’蓋象燕鳴，猶今作‘咿呀’（謐隘與咿呀同音）。”

〔四四七〕覆以玉匡：匡，“筐”之古字。吕氏春秋音初作“筐”。

〔四四八〕列女傳云:洪本、吳本、四庫本“云”作“曰”。　姊妹浴於玄丘之水:列女傳卷一契母簡狄:“契母簡狄者,有娀氏之長女也。當堯之時,與其妹娣浴於玄丘之水。”

〔四四九〕浚儀:縣名,治所在今河南開封市。

〔四五〇〕寰宇記“簡狄浴於晉丘之水”云云:見太平寰宇記卷一開封府浚儀縣。簡狄浴,吳本、備要本作“簡沐浴”,誤。

〔四五一〕然“湯”自從“易”:易,喬本、洪本譌“易”,今據餘諸本訂正。

〔四五二〕特男子之祥:特,喬本、洪本譌“持”,今據餘諸本訂正。祥,徵兆,象徵。　感遇:謂與所遇異性相感應。

〔四五三〕禖壇:古代爲祭禖神(求子之神)所設之壇。　故束晳議:禖壇有石,以爲吞卵之象;經無文,乞除之:束晳,西晉官員兼學者。彥按:北堂書鈔卷九〇禮儀部十一高禖“束晳議禖壇”注:“束晳高禖壇石議曰:元康六年,高禖壇上石破爲二段,詔書問:‘置此石來幾時? 出何經典? 今應復不?’博士議:‘祀無高禖置石之文,未知設造所由。既已毁破,無可改造。’説高辛氏有簡狄吞卵之祥,今此石有吞卵之象,蓋俗説所爲,而史籍無記可考,但收聚復於舊處而已。”羅氏此注,意頗出入。

〔四五四〕張掖記謂所感在縣界雞頭山之黑水,云簡狄所浴,重丘之水也:張掖記,佚書,作者不詳。縣,指張掖縣,治所在今甘肅武威市涼州區張義鎮。彥按:重丘,疑當作“玄丘”。太平御覽卷六五引張掖記曰:“黑水出縣界雞山,亦名玄圃。昔娀氏女簡狄浴於玄丘之水,即黑水也。”　去偌都遠矣:吳本、四庫本“偌”譌“俗”。

〔四五五〕䳠而生禼:禼,同“卨”,即“契”古字。

〔四五六〕干寶:吳本、四庫本“干”譌“于”。　修已背坼而生禹:修已,夏禹母。坼,開裂。吳本譌“圻”。

〔四五七〕古作禼,從奴,虫也:奴,疑當作“卪”。虫,洪本、備要本作“虫”,四庫本作“蟲”,同“蟲”。説文解字内部:“禼,蟲也。从卪,象形。”

〔四五八〕禼,一“卨”:卨,四庫本作“卨”,同。彥按:“一”下疑有“作”字。

〔四五九〕説文解字人部:“偰,高辛氏之子,堯司徒,殷之先。”段玉裁注:“經傳多作‘契’,古亦假‘禼’爲之。”

〔四六〇〕使布五教,而民輯:五教,見後紀九帝嚳高辛氏注〔一八三〕。輯,和睦,安定。

〔四六一〕華陰鄭縣:華陰,郡名。鄭縣,治所在今陝西渭南市華州區。有欒都城,故潘邑也:欒都城,彥按:“欒”當作“孿”,即孿城,故址在今之渭南市華州區西。潘邑,即蕃邑。水經注卷一九渭水:“渭水又東逕孿都城北故蕃邑,殷契之所居。世本曰:契居蕃。闞駰曰:蕃在鄭西。然則今孿城是矣。”

〔四六二〕長發箋云:堯小封,舜末年益爲大:詩經商頌長發:“玄王桓撥,受小國是達,受大國是達。”毛亨傳:“玄王,契也。”鄭玄箋:“玄王廣大其政治,始堯封之商,爲小國,舜之末年,乃益其土地爲大國,皆能達其教令。”

〔四六三〕荀子成相:“契玄王,生昭明,居於砥石遷於商。”楊倞注:“砥石,地名,未詳所在。或曰:即砥柱也。”砥柱,山名,在今河南陝縣東北黃河中。

〔四六四〕商:在今河南商丘市睢陽區。

〔四六五〕烈烈:威武貌。詩經商頌長發有“相土烈烈”語。

〔四六六〕孫冥:彥按:據史記殷本紀“相土卒,子昌若立。昌若卒,子曹圉立。曹圉卒,子冥立”,則冥爲相土曾孫。

〔四六七〕十有二世而湯遂興:彥按:據史記殷本紀,湯居契後一十三世,若自契算起則當爲十四世,故司馬貞索隱曰:“從契至湯凡十四代,故國語曰‘玄王勤商,十四代興’。玄王,契也。”此謂“十有二世”,誤。

〔四六八〕傳二十有八王,……而紂遂失天下:彥按:史記殷本紀裴駰集解:“譙周曰:‘殷凡三十一世,六百餘年。’汲冢紀年曰:‘湯滅夏以至于受,二十九王,用歲四百九十六年也。’”今細數殷本紀,自湯至紂,應是三十王(湯“太子太丁未立而卒”,排除在外)。

〔四六九〕邶:在今河南湯陰縣東南。吳本、四庫本作“邲”,同。同樣情況,以下不煩一一指出。

〔四七〇〕偝,即鄁:偝(bèi),洪本作“偕”,吳本作“偝”,俱誤。鄁,洪本、吳本作“鄙”,非。

〔四七一〕攝:謂攝政,即代理政務。

〔四七二〕更求帝乙之元子魏子啓,邦之宋:魏子啓,即微子啓。邦,封。宋,故城在今河南商丘市睢陽區。　尹東夏:尹,治理,主管。各本均譌“戶”,

今訂正。東夏,泛指華夏東部諸國。彥按:尚書微子之命云:"上帝時歆,下民
祇協,庸建爾于上公,尹玆東夏。"路史"尹東夏"當即套用書語。　爲周客:左
傳僖公二十四年:"宋,先代之後也,於周爲客。"

〔四七三〕母未后生之:洪本、吳本、四庫本、備要本"后"作"後"非。呂氏
春秋當務:"紂之同母三人,其長曰微子啓,其次曰中衍,其次曰受德。受德乃
紂也,甚少矣。紂母之生微子啓與中衍也尚爲妾,已而爲妻而生紂。紂之父、
紂之母欲置微子啓以爲太子,太史據法而争之曰:'有妻之子,而不可置妾之
子。'紂故爲後。用法若此,不若無法。"　故成王曰"殷王元子":尚書微子之
命:"成王既黜殷命,殺武庚,命微子啓代殷後,作微子之命。……王若曰:'猷!
殷王元子,惟稽古,崇德象賢。'"

〔四七四〕而樂記、左氏、史記云武封之,妄也:彥按:羅氏指摘無據。禮記
樂記曰:"武王克殷反商,未及下車而封黃帝之後於薊,封帝堯之後於祝,封帝
舜之後於陳,下車而封夏后氏之後於杞,投殷之後於宋。"鄭玄注:"投,舉徙之
辭也。時武王封紂子武庚於殷墟;所徙者,微子也,後周公更封而大之。"是樂
記但稱武王徙殷後(微子)于宋,未言封也。又左傳僖公六年云:"冬,蔡穆侯
將許僖公以見楚子於武城。許男面縛,銜璧,大夫衰絰,士輿櫬。楚子問諸逢
伯。對曰:'昔武王克殷,微子啓如是。武王親釋其縛,受其璧而祓之。焚其
櫬,禮而命之,使復其所。'"史記宋微子世家云:"周武王伐紂克殷,微子乃持
其祭器造於軍門,肉袒面縛,左牽羊,右把茅,膝行而前以告。於是武王乃釋微
子,復其位如故。"或言"使復其所",或言"復其位如故",亦均未言"封"。故宋
微子世家又曰:"武王崩,成王少,周公旦代行政當國。管、蔡疑之,乃與武庚作
亂,欲襲成王、周公。周公既承成王命誅武庚,殺管叔,放蔡叔,乃命微子開代
殷後,奉其先祀,作微子之命以申之,國于宋。"是至成王時始正式封微子也。

〔四七五〕古胄子:古,喬本、備要本譌"名",今據餘諸本訂正。胄子,古代
稱帝王或貴族的長子。　故二微爲宋公,猶以微之號終:二微,指微子啓及其
弟微仲。史記宋微子世家:"微子開卒,立其弟衍,是爲微仲。微仲卒,子宋公
稽立。"司馬貞索隱:"按家語,微子弟仲思,名衍,一名泄,嗣微子爲宋公。雖
遷爵易位,而班級不過其故,故以舊官爲稱。故二微雖爲宋公,猶稱微,至于稽
乃稱宋公也。"

〔四七六〕三十有二世，君偃不道，齊、魏、楚戮而三析之：彦按：據史記宋微子世家，宋自微子算起至君偃，凡三十四君，此謂“三十有二世”誤。史記宋微子世家：“君偃十一年，自立爲王。東敗齊，取五城；南敗楚，取地三百里；西敗魏軍，乃與齊、魏爲敵國。盛血以韋囊，縣而射之，命曰‘射天’。淫於酒、婦人。羣臣諫者輒射之。於是諸侯皆曰‘桀宋’。‘宋其復爲紂所爲，不可不誅！’告齊伐宋。王偃立四十七年，齊湣王與魏、楚伐宋，殺王偃，遂滅宋而三分其地。”

〔四七七〕匋：音 bèi。　牢：喬本作“完”，與前重出，今從餘諸本改。
耏：音 ér。　冈：清邢澍金石文字辨異養韻以“冈”爲“网”字異體。潛夫論志氏姓作冈氏，汪繼培箋亦曰：“按‘冈’爲‘网’字之俗，見廣韻三十六養。”　兌：音 ruì。

〔四七八〕六十四：此上但有六十二氏，非有脱文，即因誤計。

〔四七九〕牛金後爲牢，又爲遼：牛金，三國魏後將軍。元和姓纂卷五尤韻牛：“安定：狀云：牛金之後，逃難改牢氏，又改爲遼氏。”

〔四八〇〕魏將，以難爲寮：彦按：上一句謂“牛金後……又爲遼”，此句又稱“以難爲寮”，或用“遼”，或用“寮”，不妥，或因所據文獻原有不同所致。

〔四八一〕周遼兀復爲牛矣：遼兀，北史牛弘傳作“遼元”，曰：“牛弘字里仁，安定鶉觚人也。其先嘗避難，改姓遼氏。……父元，魏侍中、工部尚書、臨涇公，復姓牛氏。”而元和姓纂卷五尤韻牛則作遼允，隋書牛弘傳則作寮允，又周書裴文舉傳有“又有安定寮允，本姓牛氏”云云，當亦其人。彦按：疑以名允爲是，元、兀皆“允”字之譌。

〔四八二〕朱暉傳注：朱暉傳見後漢書卷四三。暉，喬本、洪本譌“暉”，吳本、備要本譌“揮”，今據四庫本訂正。　宋滅，奔碭，易姓朱氏，後徙宛：奔，吳本譌“本”。碭，在今河南永城縣芒山鎮。四庫本譌“碭”。宛，在今河南南陽市。

〔四八三〕宣公：指春秋宋宣公宋力。

〔四八四〕王夫：潛夫論志氏姓“王夫氏”，汪繼培箋：“‘王’疑是‘壬’，春秋襄元年有楚公子壬夫，此其比也。”　皇父：即皇甫。元和姓纂卷五唐韻皇甫：“子姓，宋戴公之子充石字皇父，子孫以王父字爲氏。漢興，改‘父’爲

‘甫’。”　鳩夷：<u>潛夫論志氏姓</u>“<u>鳩夷氏</u>”，<u>汪繼培</u>箋：“‘鳩’，<u>氏族略四、古今姓氏書辯證、後紀十一注</u>並引作‘鷗’。”<u>彭鐸</u>校正：“按：<u>淮南子氾論訓</u>：‘昔<u>齊簡公</u>釋其國家之柄，而專任其大臣，故使<u>陳成田常、鷗夷子皮</u>得成其難。’是<u>齊</u>有<u>鷗夷氏</u>，‘鳩’字訛。”　右師：<u>喬本、洪本、吳本、備要本</u>“右”訛“石”，今據四庫本改。　躳侯：“躳”字不詳，待考。

〔四八五〕複三十八：<u>吳本、備要本</u>“八”訛“公”。<u>彦</u>按：若正文不誤，則當爲三十九複姓。

〔四八六〕目夷：<u>洪本、吳本</u>“目”訛“曰”，四庫本又訛“因”。

〔四八七〕不更、不茅，見<u>潛夫論</u>：<u>不茅</u>，中華書局 1979 年版<u>汪繼培</u>箋、<u>彭鐸</u>校正本<u>潛夫論志氏姓</u>作<u>不第氏</u>。<u>汪氏</u>箋云：“‘第’舊作‘弟’，據<u>古今姓氏書辯證、氏族略五</u>引改。<u>元和姓纂</u>引<u>潛夫論 不更氏</u>，<u>後紀十</u>注云：‘<u>不更</u>、<u>不茅見潛夫論</u>’，又別有<u>不夷氏</u>，云‘<u>見世本</u>’。<u>姓纂</u>以爲‘<u>不夷</u>，<u>甫須</u>之後’。按本書無<u>不更</u>、<u>不茅</u>、<u>不夷</u>。第、夷聲相近，‘第’誤爲‘茅’，‘夷’誤爲‘更’。<u>史記魯世家</u>‘<u>煬公</u>築<u>茅闕門</u>’，<u>徐廣</u>曰：‘“茅”一作“第”，一作“夷”。’正與此同。”

〔四八八〕宋公子朱：見<u>左傳昭公</u>二十年。<u>吳本</u>“朱”訛“木”。

〔四八九〕宋義事懷王，封武信君，爲氏：<u>宋義</u>，秦末楚上將軍。<u>懷王</u>，指秦末楚懷王熊心。<u>彦</u>按：<u>古今姓氏書辯證</u>卷二九宋韻宋曰：“<u>漢郊祀志</u>有燕人<u>宋無忌</u>，爲秦始皇作仙方者。其後有<u>楚懷王</u>上將軍<u>義</u>，封<u>武信君</u>。”然<u>宋義</u>封<u>武信君</u>事，<u>史記</u>、<u>漢書</u>均不載，而<u>項梁</u>自號爲<u>武信君</u>，<u>宋義</u>“論<u>武信君</u>軍必敗”，則見諸<u>史記項羽本紀</u>，因疑<u>義</u>封<u>武信君</u>之説有誤。

〔四九〇〕季老男氏、巨辰經氏：此二氏，見<u>潛夫論志氏姓</u>。

〔四九一〕目夷：<u>洪本、吳本、備要本</u>“目”訛“曰”，四庫本又訛“因”。

〔四九二〕戴公：<u>宋戴公</u>。見<u>後紀七</u>小昊青陽氏注〔三五九〕。

〔四九三〕齊靈子牙，母乃戎子：<u>齊靈</u>，春秋<u>齊靈公姜環</u>。<u>彦</u>按：<u>戎子</u>爲<u>牙</u>養母，<u>牙</u>之生母實爲<u>仲子</u>。見<u>左傳襄公</u>十九年。

〔四九四〕或又有鍾氏之出州犁：<u>元和姓纂</u>卷一鍾韻鍾：“<u>宋微子</u>之後。<u>桓公</u>曾孫<u>伯宗</u>，仕<u>晉</u>；生<u>州犁</u>，仕<u>楚</u>，食采<u>鍾離</u>，因氏焉。子孫或姓<u>鍾氏</u>。”

〔四九五〕尸子：<u>喬本</u>此二字爲闕文，今據餘諸本訂補。<u>古今姓氏書辯證</u>卷四齊韻西鄉：“<u>風俗通</u>曰：<u>宋</u>大夫<u>西鄉錯</u>之後。<u>尸子</u>有隱者<u>西鄉曹</u>。”

〔四九六〕南雍闕爲皇父,漢皇父鸞乃爲皇甫:南雍闕,新唐書宰相世系表五下"闕"作"缺",云:"皇甫氏出自子姓。宋戴公白生公子充石,字皇父。皇父生季子來,來生南雍缺,以王父字爲氏。缺六世孫孟之,孟之生遇,避地奔魯。裔孫鸞,漢興,自魯徙茂陵,改'父'爲'甫'。"

〔四九七〕戴:在今河南民權縣東。

〔四九八〕春秋隱公十年:"秋,……宋人、蔡人、衛人伐戴,鄭伯伐取之。"

〔四九九〕元和姓纂卷九代韻戴:"宋戴公之後,以諡爲姓。"

〔五〇〇〕段采褚:段,春秋宋共公子。喬本、吳本、四庫本皆作"段",洪本作"叚",俱誤,今據備要本訂正。褚,在今河南偃師市西南。喬本、洪本、吳本、四庫本皆作"褚",乃譌字,今據備要本改。下"褚氏"、"褚師氏"之"褚"同。新唐書宰相世系表二下:"褚氏出自子姓。宋共公子段,字子石,食采於褚,其德可師,號曰'褚師',生公孫肥,子孫因爲褚氏。"

〔五〇一〕恭公:即共公,指春秋宋共公子瑕。

〔五〇二〕石彄:段子。彄,音 kōu。彥按:"石彄"前宜有"子"字。古今姓氏書辯證卷二三語韻褚師:"褚師段,字子石,生公孫丁及石彄。彄別爲石氏。"

〔五〇三〕仲衍之曾孫湣公生弗父何:仲衍,各本皆作"仲思"。曾孫,各本均無"孫"字。彥按:"仲思"乃"仲衍"之誤。"曾"下當脫"孫"字。今並訂正。新唐書宰相世系表五下:"孔氏出自子姓。商帝乙長子微子啓封於宋,弟微仲衍曾孫湣公捷生弗父何。"　義,國其弟:左傳昭公七年載孟僖子曰:"吾聞將有達者曰孔丘,聖人之後也,而滅於宋。其祖弗父何,以有宋而授厲公。"杜預注:"弗父何,孔父嘉之高祖,宋閔公之子,厲公之兄。何適嗣當立,以讓厲公。"

〔五〇四〕四世,孔父嘉之難:孔父嘉,弗父何玄孫。新唐書宰相世系表五下:"(弗父)何生宋父周,周生世父勝,勝生正考父,父生嘉,字孔父。"春秋桓公元年:"冬,……宋華父督見孔父之妻于路,目逆而送之,曰:'美而豔。'"又左傳桓公二年:"春,宋督攻孔氏,殺孔父而取其妻。"　子木金父逋于魯,爲孔父氏:新唐書宰相世系表五下:"孔父生木金父,金父生睪夷父,以王父字爲氏。生防叔,避華父督之難,奔魯,爲大夫。"

〔五〇五〕孔父氏生祁父,爲防大夫:孔父氏,指木金父。各本均無"父"

字。彦按:此承上文,當有"父"字,今補。祁父,即新唐書宰相世系表五下之翠夷父。防,春秋魯邑,在今山東費縣東北。彦按:潛夫論志氏姓曰:"金父生祁父,祁父生防叔;防叔爲華氏所偪,出奔魯,爲防大夫,故曰防叔。"今路史以祁父爲防大夫,疑誤。

〔五〇六〕史記孔子世家:"防叔生伯夏,伯夏生叔梁紇。"

〔五〇七〕紇封郰,生皮及尼:郰,同"鄹",通"鄒"。春秋魯邑,在今山東曲阜市東南。各本均譌"聊",今訂正。下"孟皮襲郰"之"郰"除洪本外餘本皆同。皮,即下文所云孟皮。尼,仲尼,即孔子。潛夫論志氏姓:"伯夏生叔梁紇,爲鄹大夫。"又新唐書宰相世系表五下:"夏生鄒大夫叔梁紇。紇二子:孟皮、仲尼。"

〔五〇八〕孟皮襲郰,爲郰氏:襲,繼承。郰氏,即鄒氏。郰,喬本、備要本譌"聊",洪本譌"聊",吳本、四庫本譌"聊",今訂正。

〔五〇九〕云出郰:吳本、四庫本、備要本"郰"均譌"聊"。

〔五一〇〕晉,聚儔:元和姓纂卷七有韻聚:"晉有聚儔。"

〔五一一〕史記孔子世家:"(叔梁)紇與顏氏女野合而生孔子。"

〔五一二〕詳少昊紀:彦按:今本少昊紀(卷十六)並未見尼母事,唯于述老子父乾元杲"取洪氏曰嬰敷"句下羅苹有注云:"生而孤單,年七十二無妻,與鄰人益壽氏野合而娠,十年而生"語,豈指此乎? 何詳之有!

〔五一三〕家語等有廟見等事:孔子家語本姓解:叔梁紇求婚於顏氏。顏氏有三女,其小曰徵在,遂以妻之。"徵在既往,廟見。以夫之年大,懼不時有男,而私禱尼丘之山以祈焉。生孔子,故名丘而字仲尼。"

〔五一四〕生而頯頂,故名丘:頯頂,頭頂凹陷。頯,音 yǔ。史記孔子世家:"魯襄公二十二年而孔子生。生而首上圩頂,故因名曰丘云。"説文解字丘部:"丘,土之高也,非人所爲也。……一曰四方高中央下爲丘。"

〔五一五〕頯,蓋"圬"字,坳貌:圬,同"圩",凹。坳,低凹,窪下。吳本譌"拗"。　家譜:即下文所云孔子家譜。

〔五一六〕緯書言"孔子反宇":反宇,比喻中間凹四周高的頭頂。備要本"宇"譌"字"。史記孔子世家"生而首上圩頂"司馬貞索隱:"圩頂,言頂上窳也。故孔子頂如反宇,反宇者,若屋宇之反,中低而四傍高也。"　世本云"反

首,張面”:反首,猶反宇。張面,面龐寬大。彦按:“張面”疑當作“洼面”。宋
孔傳東家雜記卷下先聖小影條引家譜,明徐應秋玉芝堂談薈卷四、顧起元説
略卷五、董斯張廣博物志卷二五等引祖庭廣記,並以“反首,洼面”爲孔子四十
九表之二。洼面,蓋謂面部凹塌。　　竅:凹陷。

〔五一七〕淮人謂堰水平浸爲圩:堰,擋水的低壩。吳本“圩”作“圬”,同。

〔五一八〕然字書、集韻舉音爲篇,説云:頭妍,從翩:頭妍,頭形美好。廣韻
仙韻:“顠,顠妍,美頭。”集韻僊韻:“顠,説文:‘頭妍也。從頁,翩省。’”大徐本
説文“翩省”作“翩省聲”。

〔五一九〕世言顏氏禱尼丘山而爲名字,更著之於魯圖:尼丘山,在今山東
曲阜市東南,與泗水縣、鄒城市交界處。魯圖,指魯地圖志。參見上注〔五一
三〕。　　豈“不以山川”之義哉:禮記曲禮上:“名子者不以國,不以日月,不以
隱疾,不以山川。”鄭玄注:“此在常語之中,爲後難諱也。”

〔五二〇〕四十有九表:表,指表徵。　　堤眉:謂眉毛粗而濃,如堤壩横亘。
谷竅:謂鼻孔窅深,有如洞壑。　　參膺:謂胸部呈左、中、右三區分畛。參,通
“三”。膺,胸。各本均作“臂”。彦按:“臂”當“膺”字形譌。東家雜記卷下引
家譜,玉芝堂談薈卷四、説略卷五、廣博物志卷二五引祖庭廣記,及清江永鄉黨
圖考卷二引闕里誌等,並作“參膺”,今訂正。　　駢脇:肋骨緊密連接成片。
要大十圍:要,“腰”之古字。

〔五二一〕祖庭記:即闕里祖庭記,宋孔傳撰。

〔五二二〕見餘論六孔子生日。

〔五二三〕齊人患焉,歸女季氏,子乃去之,歷于諸侯:歸,通“饋”,贈送。
季氏,指春秋魯定公時執政上卿季桓子。論語微子:“齊人歸女樂,季桓子受
之,三日不朝,孔子行。”史記孔子世家:“定公十四年,孔子年五十六,由大司
寇行攝相事,……於是誅魯大夫亂政者少正卯。與聞國政三月,粥羔豚者弗飾
賈;男女行者別於塗;塗不拾遺;四方之客至乎邑者不求有司,皆予之以歸。齊
人聞而懼,曰:‘孔子爲政必霸,霸則吾地近焉,我之爲先并矣。盍致地焉?’黎
鉏曰:‘請先嘗沮之;沮之而不可則致地,庸遲乎!’於是選齊國中女子好者八十
人,皆衣文衣而舞康樂,文馬三十駟,遺魯君。陳女樂文馬於魯城南高門外。
季桓子微服往觀再三,將受,乃語魯君爲周道游,往觀終日,怠於政事。子路

曰:‘夫子可以行矣。’孔子曰:‘魯今且郊,如致膰乎大夫,則吾猶可以止。’桓子卒受齊女樂,三日不聽政;郊,又不致膰俎於大夫。孔子遂行。”

〔五二四〕十有三年而歸于魯:史記孔子世家:“孔子之去魯凡十四歲而反乎魯。”司馬貞索隱:“前文孔子以定公十四年去魯,計至此十三年。魯系家云定公十二年孔子去魯,則首尾計十五年矣。”

〔五二五〕敬王二十三年去魯:敬王二十三年,時當魯定公十三年。彥按:史記十二諸侯年表及魯周公世家俱繫孔子去魯之年於魯定公十二年(敬王二十二年),而孔子世家則繫于魯定公十四年(敬王二十四年)。　歷周、鄭、宋、曹、衛、陳、楚、杞、呂、齊、梁、頓牟:頓牟,即中牟,春秋晉邑。在今河南鶴壁市山城區。論衡儒增“并費與頓牟”黃暉校釋:“暉按:孔子至費與中牟,諸書並未見。論語陽貨篇言公山不擾以費叛,召,子欲往;佛肸以中牟畔,召,子欲往。不言果往。仲任似失之。”彥按:據史記孔子世家,則此期間周、杞、呂、梁,孔子亦未歷之。

〔五二六〕論衡儒增:“書説孔子不能容於世,周流游説七十餘國,未嘗得安。夫言周流不遇,可也;言干七十國,增之也。案論語之篇、諸子之書,孔子自衛反魯,在陳絶糧,削迹於衛,忘味於齊,伐樹於宋,并費與頓牟,至不能十國。傳言七十國,非其實也。”

〔五二七〕然後樂正禮得:論語子罕:“子曰:‘吾自衛反魯,然後樂正,雅頌各得其所。’”

〔五二八〕乃删詩定書,繫周易,作春秋,以示炯戒:繫,編。炯戒,明顯的鑒戒。

〔五二九〕自惟商後,而宋不足徵:惟,思。吳本譌“椎”。宋,周代宋國,商人之後。徵,證明,驗證。論語八佾:“子曰:‘夏禮,吾能言之,杞不足徵也;殷禮,吾能言之,宋不足徵也。文獻不足故也。足,則吾能徵之矣。’”　乃述考志:考志,考據所記。　追商頌以尾魯:謂讓商頌緊接于魯頌後。尾,尾隨,接續。魯,指魯頌,與商頌同爲詩經中頌詩之組成部分。

〔五三〇〕明王不興,天下其孰能宗予:禮記檀弓上載夫子曰:“夫明王不興,而天下其孰能宗予?”鄭玄注:“宗,尊也。”

〔五三一〕不亡幸於宋也:亡,通“忘”。幸,期望。明陳士元論語類考卷六引路史,作“不忘宋也”。

〔五三二〕反魯,蓋六年而没,敬王之四十有一年也:敬王四十一年,時當魯哀公十六年。史記孔子世家:“孔子年七十三,以魯哀公十六年四月己丑卒。”

〔五三三〕頌襄公之詩爾:襄公,指春秋宋襄公子兹父。吴本、四庫本“爾”作“耳”。

〔五三四〕敍詩者以爲正攷父所得商詩:正攷父,春秋宋大夫,孔子的七世祖。毛詩序商頌那:“微子至于戴公,其間禮樂廢壞。有正考甫者,得商頌十二篇於周之大師,以那爲首。”中言“湯孫”,而毛、鄭遂以爲太甲、中宗之詩:太甲,見後紀五黄帝有熊氏注〔三二四〕。中宗,見前紀六中皇氏注〔一九〕。詩經商頌那:“湯孫奏假,綏我思成。”鄭玄箋:“湯孫,太甲也。”又,詩經商頌烈祖:“顧予烝嘗,湯孫之將。”鄭玄箋:“此祭中宗,諸侯來助之。所言‘湯孫之將’者,中宗之享此祭,由湯之功,故本言之。”

〔五三五〕夫言“奮伐荆楚”,襄公事也:喬本“奮”譌“舊”,今據餘諸本訂正。詩經商頌殷武:“撻彼殷武,奮伐荆楚。”彦按:殷武一詩,傳、箋皆以爲追述殷高宗武丁事,羅氏乃據“奮伐荆楚”之句遽定爲“襄公事”,未可信從。宋襄公與楚之戰,發生在公元前638年:宋伐鄭,楚救之,因戰于泓(水名。地在今河南柘城縣北),史稱“泓之戰”(事備載于左傳僖公二十二年)。然此一戰,宋以大敗而告終,又哪裏談得上“奮伐荆楚”?

〔五三六〕“萬舞有奕”,非商樂也:詩經商頌那:“庸鼓有斁,萬舞有奕。”彦按:羅氏斷言萬舞非商樂,亦武斷。蓋以見魯頌閟宫“籩豆大房,萬舞洋洋”,邶風簡兮“簡兮簡兮,方將萬舞”,遂以爲萬舞爲周樂。其實,萬舞作爲樂舞,本不同于歌詩,樂舞没有具體的思想内容,祇以形式娱樂神、人,用于周未必不可用于商。大戴禮記夏小正二月曰:“丁亥,萬用入學。”萬指萬舞,禮記月令鄭注引之,即作“萬舞入學”。是則萬舞亦用于夏。又竹書紀年卷上帝舜有虞氏十七年:“春二月,入學初用萬。”是則萬舞早用于舜矣。

〔五三七〕而詩爲宋祀之詩:吴本“祀”譌“礼”。

〔五三八〕故韓嬰、馬遷亦以爲美襄公:史記宋微子世家:“襄公之時,修行仁義,欲爲盟主。其大夫正考父美之,故追道契、湯、高宗,殷所以興,作商頌。”裴駰集解:“韓詩商頌章句亦美襄公。”

〔五三九〕考父佐戴、武、宣，非襄公時：武，宋戴公子武公子司空。宣，宋武公子宣公子力。彦按：史記宋微子世家司馬貞索隱云：“按：裴駰引韓詩商頌章句亦美襄公，非也。今按：毛詩商頌序云正考父於周之太師‘得商頌十二篇，以那爲首’。國語亦同此説。今五篇存，皆是商家祭祀樂章，非考父追作也。又考父佐戴、武、宣，則在襄公前且百許歲，安得述而美之？斯謬説耳。”此羅氏實襲用司馬説之後半而棄其前半。

〔五四〇〕不忘本也：四庫本“忘”譌“志”。

〔五四一〕六藝論：喬本、洪本“藝”譌“蓺”，今據餘諸本訂正。

〔五四二〕孔子删詩時，録此五章：五章，指詩經商頌現存的五首詩，即：那、烈祖、玄鳥、長發、殷武。

〔五四三〕商邑翼翼，四方之極：詩商頌殷武句。商邑，商之都城，在今河南商丘市睢陽區。翼翼，莊嚴雄偉貌。極，準則，榜樣。 我有嘉客，亦不夷懌：詩商頌那句。毛詩序：“那，祭成湯也。”鄭玄箋：“嘉客，謂二王後及諸侯來助祭者。我客之來助祭者，亦不説懌乎！言説懌也。”亦，猶“豈”。夷懌，愉悦。夷，通“怡”。

〔五四四〕景山，商墳墓之所在也：景山，在今河南偃師市南。彦按：自此而下，乃羅氏就詩商頌殷武末章“陟彼景山，松柏丸丸。是斷是遷，方斲是虔。松桷有梴，旅楹有閑。寢成孔安”所作之釋讀。

〔五四五〕豈無賢材哉：吴本、四庫本“材”作“才”。

〔五四六〕松柏丸丸：丸丸，高大挺直貌。喬本、備要本作“芄芄”，非詩之舊，今從餘諸本。 方斲而敬承之：方，方正。承，接受。吴本譌“承”。彦按：詩商頌殷武：“是斷是遷，方斲是虔。”程俊英注：“斷，砍伐。遷，搬動。方，是。虔，虔劉，砍削。”甚碻。羅氏此解，則兼采毛傳、孔疏之説。其毛亨傳云：“虔，敬也。”又孔穎達疏云：“觀松柏之木丸丸然易直者，於是斬斷之，於是遷徙之，又方正而斲之。於是之時，工匠皆敬其事，不惰慢也。”

〔五四七〕松桷小材，有梴而整布：松桷，松木椽子。洪本作“松相”，餘本皆作“松柏”。彦按：此釋詩“松桷有梴”句，“松柏（相）”當“松桷”之誤，今訂正。桷，方形的椽子。有梴（chān），猶梴然，木長貌。各本“梴”均譌“挺”，今訂正。整布，謂整齊排列。 衆楹大材，有閑而静列：有閑，猶閑然，粗大貌。

列,各本皆作"别"。彦按:"别"字費解,當爲"列"字形譌,"静列"與上句"整布"對文,"列"亦"布"也。今訂正。此句釋詩"旅楹有閑"。

〔五四八〕既各得施,則寢成而孔安矣:施,用。吴本、四庫本作"旆",形近而譌。寢,指路寢,古代帝王諸侯治事的宫室。孔,甚。此句釋詩"寢成孔安"。

〔五四九〕拱成羣材而任以成國:拱成,合成,聚成。洪本、吴本、備要本作"卷成",蓋誤。成國,"成"謂成就,成全。　則人君高拱仰成矣:高拱,兩手相抱,高抬胸前,言斂手安居,無爲而治。洪本、吴本作"高而"誤。仰成,謂依賴别人取得成功。

〔五五〇〕綢繆牖户:語出詩豳風鴟鴞:"迨天之未陰雨,徹彼桑土,綢繆牖户。"綢繆,纏縛。牖户,門窗。即所謂未雨綢繆。

〔五五一〕疏云景山泰山:泰,大。詩商頌殷武"陟彼景山",孔穎達疏譯爲"乃使人升彼大山之上"。

〔五五二〕商有景亳之命:景亳,地名。在今山東曹縣南。命,令,號令。左傳昭公四年:"商湯有景亳之命。"　而衛詩亦言"景山":詩鄘風定之方中:"望楚與堂,景山與京。"彦按:鄘國後並入衛,故鄘風亦得以稱衛詩。而毛詩序亦曰:"定之方中,美衛文公也。"　商之山也:彦按:毛傳釋"景山與京"曰:"景山,大山。"箋、疏及今人多從之。羅氏視爲山名,可商。

〔五五三〕顧伯邖:宋莆陽(今福建莆田市)人,撰有詩傳類證、詩協音等書,餘不詳。　覬覦:音 jì yú,非分之企求。吴本、四庫本"覬"譌"顗"。

〔五五四〕武丁封季父於河北曼:季父,叔父。曼,在今河南孟州市。

〔五五五〕廣韻嶝韻鄧:"又姓,出南陽、安定二望。殷王武丁封叔父於河北,是爲鄧侯,後因氏焉。"

〔五五六〕杜云,鄧城在潁川邵陵:潁川,郡名。洪本、吴本、四庫本"潁"作"穎",乃俗書。同樣情況,以下不煩一一指出。邵陵,也作召陵,縣名,治所在今河南漯河市郾城區東。左傳昭公十三年"乃奉蔡公,召二子而盟于鄧"杜預注:"潁川召陵縣西南有鄧城。"

〔五五七〕左傳莊公六年:"(魯莊公)十六年,楚復伐鄧,滅之。"

〔五五八〕曼姓,鄧之分,楚武、鄭莊妃:曼,各本皆作"蔓";鄧,各本皆作"鄭"。彦按:"蔓""鄭"二字均誤。古今姓氏書辯證卷三四嶝韻鄧云:"出自子姓。<u>商高宗</u><u>武丁</u>封其季父於<u>河南</u>，爲<u>鄧侯</u>，別賜姓<u>曼</u>。<u>春秋</u>時，<u>楚武王</u>、<u>鄭莊公</u>皆娶<u>鄧</u>女，謂之夫人<u>鄧曼</u>。"當即<u>羅氏</u>所本，今據以訂正。

〔五五九〕祖庚封弟文於苑：<u>祖庚</u>，<u>商朝</u>第二十四任國君<u>子躍</u>，<u>武丁</u>次子。<u>苑</u>，在今<u>河南</u><u>新鄭市</u><u>龍王鄉</u>。

〔五六〇〕左傳有苑何忌：見于<u>左傳</u><u>昭公</u>二十年、二十一年及二十六年。<u>苑何忌</u>，<u>春秋</u><u>齊</u>大夫。

〔五六一〕苑鎮碑失之：<u>隸釋</u>卷二六荆州從事苑鎮碑云："右苑鎮碑。其略云：漢故荆州從事<u>苑</u>君，諱<u>鎮</u>，字<u>仲弓</u>，<u>南陽</u>人也。其先出自<u>苑柏何</u>，爲<u>晉</u>樂正，世掌朝禮之制。又云：有<u>苑子園</u>，寔能掌陰陽之理，即其胄也。按：姓氏書皆云<u>苑氏</u>出於<u>左傳</u>所載<u>齊</u>大夫<u>苑何忌</u>之後，今此碑所謂<u>苑柏何</u>與<u>子園</u>，<u>左傳</u>、<u>國語</u>皆無其人，故録之以待知者。"

〔五六二〕封子于權，楚人遷之郊處：<u>權</u>，在今<u>湖北</u><u>荆門市</u><u>沙洋縣</u><u>馬良鎮</u>。<u>郊處</u>，<u>左傳</u><u>莊公</u>十八年作<u>那處</u>，云："初，<u>楚武王</u>克<u>權</u>，使<u>鬭緡</u>尹之。以叛，圍而殺之；遷<u>權</u>於<u>那處</u>，使<u>閻敖</u>尹之。"地在今<u>湖北</u><u>荆門市</u>東南。<u>彥</u>按：<u>左傳</u>之<u>那處</u>，<u>路史</u>作<u>郊處</u>，當非手民之誤。下稱"爲<u>郊氏</u>、<u>那氏</u>、<u>權氏</u>"，<u>郊氏</u>、<u>那氏</u>同時並出，又<u>羅苹</u>注謂"今爲'那'，不知'郊'也"，均可爲證。"郊"字於字書多未收，今所知者，但見諸<u>集韻</u>紙韻，義"有大度也"，大抵視爲"𡙇"之譌字。（<u>説文</u>𠚤部："𡙇，有大度也。从𠚤，多聲。讀若侈。"）然載籍中從未見有以<u>郊</u>若𡙇爲姓氏者，<u>路史</u>此説容有原因（如<u>左傳</u>異文之類），恐無實據。

〔五六三〕莊十八：<u>吳本</u>、<u>四庫本</u>、<u>備要本</u>"十八"作"十八年"。

〔五六四〕姓纂以權出鬭緡：<u>鬭緡</u>，<u>春秋</u><u>楚</u>大夫。<u>元和姓纂</u>卷五仙韻權："<u>楚</u><u>鬭緡</u>之後爲<u>權氏</u>。"

〔五六五〕太丁侯母弟堂陽：<u>太丁</u>，即<u>文丁</u>，<u>商朝</u>第 29 任國君<u>子托</u>。<u>堂陽</u>，在今<u>河北</u><u>新河縣</u>。

〔五六六〕御姓國也：<u>洪本</u>"也"字闌入注文。<u>彥</u>按：<u>元和姓纂</u>（卷八御韻）、<u>古今姓氏書辯證</u>（卷三〇御韻）及<u>通志</u>（氏族略四）均以<u>御</u>姓出自<u>周禮</u>御人之職，因官以命氏。<u>路史</u>蓋以爲出自<u>春秋</u><u>宋桓公</u><u>御説</u>，故作此言，唯不知有何依據。

〔五六七〕四：謂上"<u>蕩</u>、<u>陽</u>、<u>番</u>、<u>署</u>"凡四姓也。除<u>洪本</u>外，餘本"四"字皆闌入正文。彦按:據本書國名紀四,"時、荼、共、梅"諸子姓前不見有四氏;又下文羅苹注稱子國二十六,今乃見二十七,則"四"原爲注文而闌入正文可以無疑。今訂正。

〔五六八〕段:洪本作"叚",吴本、四庫本作"叚",俱誤。

〔五六九〕國名記:四庫本"記"作"紀"。

〔五七〇〕西伯戡黎:戡,平定。黎,商、周時國名。在今山西長治市西北。尚書有西伯戡黎之篇。　武王復以封湯後黎侯:洪本"復以"二字闌入注文。彦按:吕氏春秋慎大則曰:"武王勝殷,入殷,未下輿,命……封帝堯之後於黎。"

〔五七一〕豐舒奄之:豐舒,春秋時潞國相。奄,占有。左傳宣公十五年,晉大夫伯宗數豐舒五罪,其三曰:"弃仲章而奪黎氏地,三也。"杜預注:"仲章,潞賢人也。黎氏,黎侯國。"

〔五七二〕六韜决大疑:參見前紀一初三皇紀注〔二八〕。　三百以爲殷社:社,古代地方基層行政單位,周以二十五家爲社。三百社即七千五百家。

〔五七三〕黎,犁也,即黎陽:黎陽,縣名,治所在今河南濬縣東。彦按:據史爲樂中國歷史地名大辭典,殷周之黎國,在今山西長治市西北。黎陽之黎乃戰國趙邑,非一地也。羅氏蓋誤。　故陳球碑作犁陽:陳球,東漢太尉。漢隸字源卷一:"太尉陳球碑,光和二年立,在淮陽軍。水經云:下邳陳球墓前有三碑,弟子管寧、華歆等造。"

〔五七四〕商國萊侯與太公争營丘:太公,指周姜太公吕尚。營丘,齊國都,在今山東淄博市臨淄區。史記齊太公世家:"於是武王已平商而王天下,封師尚父於齊營丘。東就國,……萊侯來伐,與之争營丘。"　及齊復入萊,共公浮柔奔棠,晏弱遷之郳:復,疑"後"字形譌。共公浮柔,萊國國君。各本"公"均作"工",當由音譌,今訂正。棠,春秋萊邑,在今山東平度市東南。晏弱,春秋齊大夫。郳,在今山東滕州市東。左傳襄公六年:"四月,(齊)晏弱城東陽,而遂圍萊。……丁未,入萊。萊共公浮柔奔棠。……晏弱圍棠,十一月丙辰而滅之,遷萊于郳。"

〔五七五〕在國東,曰東萊:國,指齊國。通典卷一八〇州郡十古青州萊州:"萊州,春秋萊子國也。齊侯遷萊子于郳,在齊國之東,故曰東萊。"

〔五七六〕蕩則秦滅之：蕩，即蕩社。在今陝西三原縣西南。彥按：史記秦本紀云："寧公二年，……遣兵伐蕩社。三年，與亳戰，亳王奔戎，遂滅蕩社。"司馬貞索隱："西戎之君號曰亳王，蓋成湯之胤。其邑曰蕩社。"則蕩爲春秋亳國之邑。路史以爲國名，恐非。

〔五七七〕一曰湯社：湯社，吳本、四庫本作"湯氏"。彥按：原文疑作"湯杜"，喬本、備要本"杜"形譌而爲"社"，吳本、四庫本"社"音譌又成"氏"。湯杜見史記秦本紀寧公二年"遣兵伐蕩社"司馬貞索隱引徐廣云："一作'湯杜'，言湯邑在杜縣之界，故曰湯杜也。"

〔五七八〕巢則吳滅之：巢，在今安徽巢湖市東北。春秋昭公二十四年："冬，吳滅巢。"

〔五七九〕干四月四日生：宋洪适隸釋卷一○安平相孫根碑跋云："比干墓在衞州汲縣。其俗立三仁像，併商紂謂之四王廟，以四月四日爲比干誕日，承平時，祠具甚盛。"

〔五八○〕武王封墓：封墓，增修墳墓，以旌功勛。封，培土。尚書武成："封比干墓。"史記周本紀："（武王）命閎夭封比干之墓。"　貞觀十九再封之，贈太師，謚忠烈：十九，吳本、四庫本、備要本作"十九年"。太師，喬本作"大師"，此從餘諸本。舊唐書太宗紀下貞觀十九年："贈殷比干爲太師，謚曰忠烈，命所司封墓，葺祠堂，春秋祠以少牢，上自爲文以祭之。"

〔五八一〕梅伯則醢之矣：醢（hǎi），古代酷刑，即將人剁成肉醬。吕氏春秋行論："昔者紂爲無道，殺梅伯而醢之，殺鬼侯而脯之，以禮諸侯於廟。"高誘注："梅伯、鬼侯，皆紂之諸侯也。梅伯説鬼侯之女美，令紂取之。紂聽妲己之譖，（曰）以爲不好，故醢梅伯、脯鬼侯，以其脯燕諸侯於廟中。"又楚辭天問："梅伯受醢，箕子詳狂。"王逸章句："言梅伯忠直而數諫紂，紂怒，乃殺之，葅醢其身。"

〔五八二〕武王封伯元孫黄梅曰忠侯，居楚、鄭間，以梅爲氏：元孫，長孫。四庫本作"玄孫"非。古今姓氏書辯證卷一五灰韻梅："汝南梅氏出自子姓。梅伯爲紂所醢，武王封元孫黄梅，號仍忠侯。以梅爲氏，世居楚、鄭間。"

〔五八三〕韻云：梅伯本出子姓：韻，指廣韻。子姓，喬本、四庫本"子"作"干"，洪本、吳本、備要本作"于"。彥按："干"、"于"皆"子"字形譌，今訂正。

廣韻灰韻梅:"又姓,出汝南,本自子姓。殷有梅伯,爲紂所醢。"

〔五八四〕梅氏銘:即翰林侍讀學士給事中梅公墓誌銘,見文忠集卷二七。

遠出梅伯,世久籍不明:籍,吳本作"藉",原銘文作"譜"。

〔五八五〕忽:疏忽,不經心。喬本、洪本、四庫本譌"忽",今從吳本及備
要本。

〔五八六〕比干死,子堅逋難長林,爲王氏、林氏:長林,山名。即今河南淇
縣城西太行山餘脈。逋難長林,各本皆作"逋長難林"。彥按:"長難"二字誤
倒。元和姓纂卷五侵韻林曰:"殷太丁之子比干之後。比干爲紂所滅,其子堅
逃難長林之山,遂姓林氏。"今據以訂正。

〔五八七〕王望汲郡:汲郡,治所在今河南衛輝市。各本均作"及則"。彥
按:"及則"當"汲郡"之譌。通志卷二八氏族略四以爵爲氏王氏曰:"天子之裔
也。所出不一,有姬姓之王,有媯姓之王,有子姓之王,有代姓之王,若……出
於汲郡者,則曰王子比干之後,此子姓之王也。"古今姓氏書辯證卷一四陽韻下
王亦曰:"汲郡王氏,一曰河東猗縣王氏,出自子姓商王子比干之後。比干以
正諫爲紂所殺,子孫居朝歌,因氏焉。"今據以訂正。

〔五八八〕河間林姓爲十德之門:河間,地名,于戰國時爲趙地,即今河北
河間市一帶地區。林姓,各本"姓"皆作"王"。彥按:上說王姓;此則說林姓,
不關王姓事,"王"當"姓"字之譌。今訂正。太平御覽卷九六四引符子曰:"趙
之相者曰:林氏有九子,皆賢,國人美而稱之,號曰'九德之父,十德之門'。"

〔五八九〕邵氏云,少師比干後:邵氏,指姓解作者邵思。比干,吳本"干"
譌"于"。

〔五九〇〕鄧名世以爲無:各本"以爲"皆作"久爲"。彥按:"久爲無",不
辭。"久"當"以"字之誤,今訂正。鄧氏古今姓氏書辯證今本林姓佚失,無從
見其内容。而鄭樵通志卷二七氏族略三以字爲氏周人字林氏云:"姬姓,周平
王庶子林開之後,因以爲氏。開生林英,英生林茂、林慶,世系甚明。而譜家謂
王子比干爲紂所戮,其子堅逃長林之山,遂爲氏。按古人受氏之義,無此義
也。"蓋鄧氏説亦類此。

〔五九一〕成王以商之六族條氏、徐氏、蕭氏、索氏、長勺氏、尾勺氏錫魯公,
復以商民七族賚康叔——陶氏、施氏、繁氏、錡氏、樊氏、饑氏、終葵氏:魯公,指

周公子伯禽。婇,左傳作“繁”。左傳定公四年:“昔武王克商,成王定之,選建
明德,以藩屏周。……分魯公以大路,大旂,夏后氏之璜,封父之繁弱;殷民六
族、條氏、徐氏、蕭氏、索氏、長勺氏、尾勺氏,使帥其宗氏,輯其分族,將其類醜,
以法則周公,用即命于周。……分康叔以大路,少帛,綪茷,旃旌,大呂,殷民七
族——陶氏、施氏、繁氏、錡氏、樊氏、饑氏、終葵氏;封畛土略,自武父以南及圃
田之北竟,取於有閻之土以共王職,取於相土之東都以會王之東蒐。”

〔五九二〕分封後爲民:彥按:“民”疑“氏”字形譌。

〔五九三〕見志氏姓篇。

〔五九四〕桃子,蕭姓,春秋時猶在:桃子,桃國之君。洪本作“姚子”。彥
按:本書國名紀四商氏後有姚國,稱:“春秋姚子國,子姓。”姓既不同,國宜有
別,此當以作桃子爲是。至于是否誠如路史所言存在蕭姓之桃國,春秋時猶
在,則尚待印證。

〔五九五〕鄭穆公少妃桃子:彥按:鄭穆公少妃爲姚子,見左傳昭公二十八
年。此稱桃子,誤。

〔五九六〕春秋宣公十二年:“冬十有二月戊寅,楚子滅蕭。”

〔五九七〕大心采桐門:大心,春秋宋大夫樂大心。喬本、洪本、吳本、四庫
本作“太心”,今從備要本改。桐門,在今河南商丘市睢陽區。左傳昭公二十
五年:“春,叔孫婼聘于宋,桐門右師見之。”杜預注:“右師,樂大心,居桐門。”
通志卷二七氏族略三以地爲氏桐門氏:“子姓。左傳宋樂大心爲右師,食采桐
門,因氏焉。”

〔五九八〕大心,戴公子衎後:大心,四庫本作“太心”,下“大心”同。衎,音
kàn。彥按:新唐書宰相世系表一下云:“蕭氏出自姬姓,帝嚳之後。商帝乙庶
子微子,周封爲宋公,弟仲衎八世孫戴公生子衎,字樂父,裔孫大心平南宮長萬
有功,封於蕭,以爲附庸,今徐州蕭縣是也,子孫因以爲氏。”然所謂之大心,左
傳莊公十二年之蕭叔大心也,與居桐門之樂大心爲兩人。羅氏乃混而同之,大
謬。　　是爲空桐:空桐,春秋宋邑,在今河南虞城縣東北。

〔五九九〕或云大心始菜蕭,爲氏,非:菜,通“采”。喬本、吳本、四庫本作
“菜”,洪本作“莱”,備要本作“采”。彥按:“莱”、“菜”當“菜”字形譌,今訂正。
又,羅氏此論,亦因混同蕭叔大心爲樂大心而誤。然于國名紀四商氏後蕭“子

姓，附庸"注，則不誤。

〔六〇〇〕還無社：見左傳宣公十二年，杜預注："還無社，蕭大夫。"

〔六〇一〕蕭道成：南朝齊高帝，公元 479—482 年在位。

〔六〇二〕衍：南朝梁武帝蕭衍，公元 502—549 年在位。

〔六〇三〕世四易：指歷武帝 蕭衍、簡文帝 蕭綱、元帝 蕭繹、敬帝 蕭方智四世。

〔六〇四〕齊武改其子巴東子響爲蛸：齊武，南朝齊武帝蕭賾。巴東子響，巴東郡王 蕭子響。子響爲齊武帝第四子，桀驁違制，殺害舉發之官員，抗拒抓捕之官兵，終降而賜死。"有司奏絶子響屬籍，削爵土，收付廷尉法獄治罪。賜爲蛸氏。"詳見南齊書及南史本傳。

〔六〇五〕梁武賜豫章王綜爲孛：孛，梁書、南史均作"悖"。豫章王綜，梁武帝第二子，既知己爲齊東昏侯蕭寶卷遺腹子，常懷異志，聞齊故建安王 蕭寶寅在魏，乃認爲叔父，竟奔魏，任侍中、太尉等職。"於是有司奏削爵土，絶屬籍，改其姓爲悖氏。"詳見梁書及南史本傳。　然宋先已有勃氏：通志卷二八氏族略四以凶德爲氏勃氏引風俗通："宋左師勃之後也，晉有寺人勃鞮。"

〔六〇六〕武陵王已敗，賜爲饕餮氏：武陵王，南朝梁武帝第八子、武陵王 蕭紀。賜，吳本譌"湯"。蕭紀官益州刺史等職，侯景亂，不赴援；武帝崩，乃僭號於蜀，改元天正。終兵敗而爲梁元帝（世祖）將軍樊猛所獲、殺。"有司奏請絶其屬籍，世祖許之，賜姓饕餮氏。"詳見梁書及南史本傳。

〔六〇七〕見古今姓氏書辯證卷三七没韻悖。

〔六〇八〕姓書乙出天乙：天乙，商湯字。通志卷二七氏族略三以字爲氏宋人字乙氏："子姓。商湯字天乙，支孫因以王父字爲氏。"　本吞乙爾：吞乙，謂吞燕卵。

〔六〇九〕江南湯悦，本殷崇義改：江南，借代南唐。以南唐都金陵（今南京市），于長江南，故稱。宋馬令南唐書湯悦傳："湯悦，其先陳州 西華人；父殷文圭，唐末有才名。悦本名崇義，仕南唐爲宰相，建隆初，避宣祖廟諱，改姓湯。"建隆，宋太祖趙匡胤年號。宣祖，趙匡胤父趙弘殷廟號。

〔六一〇〕而殷乃崇寧間商人殷全祖姓殷，徙撫，因訟，令以似改之：崇寧，宋徽宗趙佶年號，各本皆音譌而作"崇陵"；商人，各本均脱"人"字；祖，喬本、洪本、吳本、四庫本譌“袓”，備要本譌“祖”：今並據古今姓氏書辯證訂正。撫，指撫州，治所在今江西撫州市臨川區。古今姓氏書辯證卷三二霰韻殿：“崇寧間，有商人殿全，自虔州石城徙居撫州。自言本姓犯宣祖諱下一字，建隆中其祖以訟至縣，縣令因字形更爲殿氏。”

〔六一一〕次妃陣豐氏曰慶都，生堯：陣豐氏，又作陳鋒氏。陣，同“陣”，通“陳”。豐，吳本作“豊”。大戴禮記帝繫：“帝嚳……次妃，陳鋒氏之女也，曰慶都氏，産帝堯。”

〔六一二〕有紀篇言：彦按：此四字疑爲注文闌入者。紀篇指本書後紀十一帝堯陶唐氏。

〔六一三〕髮迨其踵，是歸高辛：迨，及，至。歸，嫁。

〔六一四〕生太子庋及月十二：庋，音 jié。月，洪本作“日”。

〔六一五〕羲和者，帝俊之妻也，生十日：見大荒南經。今本山海經無“也”字。帝俊，即帝嚳。見後紀九帝嚳高辛氏羅苹注。

〔六一六〕帝俊妻常羲，生月十二：見大荒西經。山海經原文“十二”作“十有二”。

〔六一七〕蓋“月”當爲“日”，十日者，謂以日名，如甲乙丙丁之類云：彦按：山海經大荒南經“羲和者，帝俊之妻，生十日”郭璞注云：“言生十子，各以日名名之，故言生十日，數十也。”當即羅氏所本，然恐非。袁珂山海經校注云：“珂案：郭注‘羲和生十日’，多以人事現象釋神話，於義無當，其云‘生十子各以日名名之’尤迂，蓋於神話缺少理解也。羲和生十日者，天上之日十也；猶常羲生月十二，天上之月十二也。古神話蓋以天、地、日、月、星辰均神所創造，故言生日生月，非‘生子以日名名之’也。”其説甚辯，不容置疑。

〔六一八〕羲和者，乃常羲，有陬氏也：清吳任臣山海經廣注、郝懿行山海經箋疏説同。今人袁珂則非之，曰：“考帝俊三妻，一羲和，即此經生十日者；一常羲，即大荒西經生十二月者；一娥皇，即此經前文生三身之國者：各俱有不同裔子，則生日之羲和當非生月之常羲可知矣。”（見山海經大荒南經“羲和者，帝俊之妻”校注）

〔六一九〕士安作常耳：士安，晉皇甫謐字。此蓋謂所見謐撰帝王世紀之本如此。

〔六二○〕劉敬叔:南朝宋給事黃門郎。　諏訾氏生而髮與足齊:吳本、四庫本、備要本"諏"作"䫂"。　季貍:備要本"貍"作"狸",同。下羅苹注"貍"字同。

〔六二一〕蓋誤有䫂爲陳豐,誤陳豐爲陳留爾:陳豐,洪本、吳本"豐"作"豊"。

〔六二二〕八元:左傳文公十八年:"高辛氏有才子八人,伯奮、仲堪、叔獻、季仲、伯虎、仲熊、叔豹、季貍,忠肅共懿,宣慈惠和,天下之民謂之'八元'。"巫人:不詳。疑因山海經譌文而誤生。參見國名紀三高辛氏後裁民條注文。彥按:八元及實沉、閼伯等人,典籍但言爲高辛子,路史乃定爲次妃有䫂氏常義所生,似無據,或此上有脱文也。

〔六二三〕叔戲,即叔獻:彥按:若然,則與"八元"重出。吳本、四庫本、備要本均無此五字。

〔六二四〕虞:舜有天下之號,此指舜。

〔六二五〕十六相:指八元、八愷(蒼舒、隤敳、檮戭、大臨、尨降、庭堅、仲容、叔達)。此十六才子皆輔佐之良臣,故稱。左傳文公十八年:"舜臣堯,舉八愷,使主后土;以揆百事,莫不時序,地平天成。舉八元,使布五教于四方;父義、母慈、兄友、弟共、子孝,内平外成。……是以堯崩而天下如一,同心戴舜,以爲天子,以其舉十六相,去四凶也。"

〔六二六〕實沉、閼伯居曠林,干戈日尋,后帝不臧,遷閼於宋,是爲商;沉于大夏,是爲參:商、參,二星宿名。商星即心宿,又稱大火、辰。左傳昭公元年:"昔高辛氏有二子,伯曰閼伯,季曰實沈,居于曠林,不相能也,日尋干戈,以相征討。后帝不臧,遷閼伯于商丘,主辰;商人是因,故辰爲商星。遷實沈于大夏,主參;唐人是因,以服事夏、商。"杜預注:"曠林,地闕。尋,用也。后帝,堯也。臧,善也。大夏,今晉陽縣。"楊伯峻注:"據杜注,大夏即今太原市。服虔以爲'大夏在汾、澮之間',則當今山西翼城、隰縣、吉縣之區。"

〔六二七〕實沉爲陰陽官:陰陽官,蓋爲掌天文曆法之官。各本"官"均作"宮"。彥按:"爲陰陽宮"費解,"宮"蓋"官"字形譌。清儲大文等纂山西通志卷二星野古典即云:"實沈爲陰陽官。"今據以訂。　閼伯爲倏火大神:"倏"字蓋誤,本字待考。"火大"疑"大火"倒文。閼伯"主辰",辰星即大火。

〔六二八〕續牙友舜於貧,貴而遺之:遺,謂離開。戰國策齊策四“是以堯有九佐,舜有七友”姚宏注引陶元亮集聖賢[羣]輔録,以續牙爲舜七友之一。

〔六二九〕經云“帝俊生身”:見山海經海内經,今本作:“帝俊生三身。”

〔六三〇〕淵明二八目:吴本、備要本“八”譌“入”。參見後紀一太昊伏戲氏注〔二一九〕。　續牙:今本漢書古今人表作“續身”。

〔六三一〕山海經海内經:“帝俊生晏龍,晏龍是爲琴瑟。”

〔六三二〕山海經大荒東經:“有司幽之國。帝俊生晏龍,晏龍生司幽。”

〔六三三〕龍:指晏龍。

〔六三四〕封巫:巫,在今重慶市巫山縣。

〔六三五〕生载民;载民,盼姓:载民,载音 tì,山海經作“载”,通。盼,國名紀三高辛氏後作“肦”。上海古籍出版社 1980 年版袁珂校注本山海經大荒南經亦作“肦”,文曰:“帝舜生無淫,降载處,是謂巫载民。巫载民肦姓。”袁氏校注曰:“宋本、毛扆本作盼。”

〔六三六〕經有载民之國:見山海經大荒南經,“载”字作“载”。

〔六三七〕韻作载國,誤:彦按:集韻質韻载云:“國名。山海經载國在三苗之東。”蓋即羅氏所指。然载民之國見于大荒南經,而载國則見于海外南經,羅氏但知山海經有载(载)民之國,而不知尚有载(载)國,妄加指摘,殊爲無理。

〔六三八〕苴:春秋戰國時國,國都在今四川廣元市昭化區元壩鎮。

〔六三九〕華陽國志卷一巴志:“蜀王弟苴侯私親於巴。巴、蜀世戰争。周慎王五年,蜀王伐苴,苴侯奔巴,巴爲求救於秦。秦惠文王遣張儀、司馬錯救苴、巴。遂伐蜀,滅之。儀貪巴、苴之富,因取巴,執王以歸。置巴、蜀及漢中郡,分其地爲四十一縣。”又卷三蜀志:“苴侯與巴王爲好。巴與蜀仇,故蜀王怒,伐苴。苴侯奔巴,巴爲求救於秦。……周慎王五年秋,秦大夫張儀、司馬錯、都尉墨等從石牛道伐蜀。……冬十月,蜀平。司馬錯等因取苴與巴焉。”

〔六四〇〕帝倍封支子于蜀:四庫本“支”譌“攴”。華陽國志卷三蜀志:“(帝嚳)封其支庶於蜀,世爲侯伯。”

〔六四一〕華陽國志卷三蜀志:“蜀王別封弟葭萌於漢中,號苴侯。命其邑曰葭萌焉。”

〔六四二〕摇生居越:山海經大荒東經:“帝舜生戲,戲生摇民。”清吴任臣廣注引路史,作“搖民居越”。　生女且:彥按:山海經未見有搖民生女且語。而大荒東經“戲生搖民”之下緊承之云:“海内有兩人,名曰女丑。”疑路史之女且即彼之女丑。“丑”“且”形近而譌。然經並未言女丑爲搖民所生,或羅氏想當然爾。

〔六四三〕漢海陽侯搖無餘:彥按:古今姓氏書辯證卷一〇宵韻搖云:“句踐之後,東越王搖子孫,以王父字爲氏。漢功臣表有海陽侯搖無餘。”蓋即羅氏所本。然史記高祖功臣侯者年表作齊信侯搖毋餘,漢書高惠高后文功臣表實作海陽齊信侯搖母餘。據史漢,無餘封齊信侯,而非海陽侯。　世以爲越後:司馬貞史記索隱:“案:毋餘,東越之族也。”

〔六四四〕過棘城,闞顓頊之虛:棘城,在今遼寧義縣。闞,視。虛,“墟”之古字。

〔六四五〕暨其歸,居猒越于昌黎,邑于紫蒙之野,號曰東胡:猒越,亦作“厭越”。昌黎,在今遼寧義縣。紫蒙之野,今遼寧老哈河流域地。北魏崔鴻前燕録慕容廆:“昔高辛氏遊於海濱,留少子厭越以君北夷,邑於紫濛之野。世居遼左,號曰東胡。”

〔六四六〕漢初,敗于凶奴,退保鮮卑之山,曰鮮卑:凶奴,即匈奴。鮮卑之山,即今大興安嶺山脈北部,在内蒙古呼倫貝爾市東。前燕録慕容廆:“秦漢之際,(東胡)爲匈奴所敗,分保鮮卑山,因復以山爲號也。”

〔六四七〕隨圖經:隨,通“隋”。圖,洪本作“国”,餘本皆作“國”。彥按:“國”(国)當作“圖”,形近而譌。本書餘論六鮮卑烏丸羅苹注引此文,即作隋圖經。今訂正。　柳城:即今遼寧朝陽縣縣城。

〔六四八〕遼西北百里:遼西,郡、縣名,治所在今遼寧義縣東南。洪本“北”譌“比”。

〔六四九〕魏初,莫護跋部入遼西,置國大棘城之北,曰步搖:莫護跋,前燕高祖慕容廆曾祖。大棘城,即棘城。前燕録慕容廆:“曾祖莫護跋,魏初率其諸部落入居遼西,從司馬宣王討公孫淵有功,拜率義王,始建國於棘城之北。時燕代少年多冠步搖冠,跋意甚好之,乃斂髮襲冠,諸部因呼之爲步搖,其後音訛爲‘慕容’,遂以慕容爲氏焉。”

〔六五〇〕徒河涉歸進拜單于:徒河涉歸,慕容廆父。徒河爲複姓。前燕録慕容廆:"父涉歸,以全柳城之勳進拜鮮卑單于,遷邑於遼東北。"　長吐谷渾,置國甘松南:吐谷渾,谷音 yù。甘松,在今甘肅迭部縣。

〔六五一〕次若洛廆,遷徙何之青山;以大棘顓帝之虛,徙焉:若洛廆,即十六國時期前燕追尊高祖慕容廆。各本均謂"若莫廆",今據宋書、魏書、隋書、北史諸書吐谷渾傳訂正。徒何,即徒河,縣名,治所在今遼寧凌海市。晉書慕容廆載記:"太康十年,廆又遷于徒河之青山。廆以大棘城即帝顓頊之墟也,元康四年乃移居之。"

〔六五二〕子皝遂王燕,前、後、南燕皆出也:前燕,晉時十六國之一,慕容皝所建政權,公元 337—370 年,歷三主,三十四年。後燕,晉時十六國之一,皝第五子慕容垂所建政權,公元 384—407 年,歷四主,二十四年。南燕,晉時十六國之一,皝少子慕容德所建政權,公元 398—410 年,歷二主,十三年。

〔六五三〕莫護:四庫本作"慕護",非。

〔六五四〕豆盧寧,本慕容,歸義,賜姓:豆盧寧,西魏、北周將領。歸義,歸附正義,通常謂投奔朝廷。北史豆盧寧傳:"豆盧寧字永安,昌黎徒何人。其先本姓慕容氏,燕北地王精之後也。高祖勝以燕,皇始初歸魏,授長樂郡守,賜姓豆盧氏。或云北人謂歸義爲'豆盧',因氏焉,又云避難改焉,未詳孰是。"

〔六五五〕賀蘭:四庫本"蘭"謁"前"。

〔六五六〕西秦鮮卑大人裕苟降:西秦,晉時十六國之一,隴西鮮卑首領乞伏國仁所建政權,公元 385—431 年,歷四主,四十七年。晉書乞伏國仁載記:"國仁率騎三萬襲鮮卑大人密貴、裕苟、提倫等三部於六泉。高平鮮卑沒奕于、東胡金熙連兵來襲,相遇于渴渾川,大戰敗之,斬級三千,獲馬五千匹。沒奕于及熙奔還,三部震懼,率衆迎降。"

〔六五七〕汴有慕氏,出此:彥按:古今姓氏書辯證卷三○暮韻慕則云:"今開封市人有慕氏,不詳所出。"

〔六五八〕晉書:慕容,有熊氏後,因山號:山,指鮮卑山。備要本謁"出"。晉書慕容廆載記:"慕容廆字弈洛瓌,昌黎棘城鮮卑人也。其先有熊氏之苗裔,……秦漢之際爲匈奴所敗,分保鮮卑山,因以爲號。"

〔六五九〕柔僕,嬴土,亦帝之裔末也:嬴土,洪本、吳本、四庫本、備要本"嬴"作"嬴"。裔末,遠代子孫。山海經大荒東經:"有柔僕民,是維嬴土之國。”清吳任臣廣注:“贏,一作‘嬴’。土,音杜。”

〔六六〇〕帝俊:洪本“帝”譌“辛”。

〔六六一〕史傳皆作摯:洪本“摯”譌“蟄”。下諸“摯”字或同,不一一指出。　高誘、陳伯宣:高誘,東漢訓詁學家,曾爲戰國策、淮南子、吕氏春秋等多部古籍作注。陳伯宣,唐隱士。曾注史記,見新唐書藝文志二。　尹子遂有少昊逐弟之説:洪本“遂”譌“逐”。

〔六六二〕八十四年:洪本作“八年四年”誤。

〔六六三〕班:職位,等級。

〔六六四〕世執有名曾祖哉:執,喬本譌“執”,今據餘諸本訂正。

〔六六五〕帝庻之立不善:洪本“善”譌“著”。史記五帝本紀:“帝嚳崩,而摯代立。帝摯立,不善(崩),而弟放勳立,是爲帝堯。”

〔六六六〕故議郎衛宏云:摯立九年而唐侯德盛,因禪焉:衛宏,東漢官員兼學者。此衛宏説見史記五帝本紀司馬貞索隱引。

〔六六七〕乃率諸侯造唐朝致禪焉:四庫本“禪”作“攝”,當非路史原文。

〔六六八〕堯知天命:四庫本作“堯知天命所在”。

〔六六九〕意逆:臆測。

〔六七〇〕有子玄元,堯封之于中路:中路,即路,在今山西黎城縣南。新唐書宰相世系表五下:“路氏出自姬姓。帝摯子玄元,堯封於中路,歷虞、夏稱侯,子孫以國爲氏。”

〔六七一〕侯服:夏制稱離王城一千里的地區。此指侯服之封君。

〔六七二〕姓書辛出莘:莘,喬本、四庫本作“堇”,洪本作“蚩”,吳本、備要本作“革”。彦按:字當作“莘”,疑“莘”先譌“革”,復譌爲“蚩”、“堇”也。元和姓纂卷三真韻辛云:“姒姓。夏后啓别封支子於莘。莘、辛相近,遂爲辛氏。”通志卷二六氏族略二以國爲氏周異姓國辛氏亦云:“即莘氏也。莘、辛聲相近,遂爲辛氏。”羅氏蓋就此言,今據以訂正。

〔六七三〕堯封舜:備要本誤倒作“堯舜封”。　故舜郊嚳,而商周用禘:郊,祭名。以行于郊,故稱。禘,大祭之總名。

〔六七四〕山行十驛,形不脱祖:驛,計算驛路長度的單位,兩個驛站之間的路程爲一驛。祖,初,始。　性本其處:本,來自,源于。處,常。

〔六七五〕李、趙之性愨:愨(què),恭謹,樸實。　嬴、偃性雄:嬴,吳本、四庫本譌"贏"。雄,豪邁。　呂、尚性悁:悁(yuān),憂鬱。四庫本作"狷",備要本作"悄",俱非。　熊、羊性奰:羊,吳本譌"辛"。奰(bì),迫,謂心胸狹窄。曹、儈性褊:褊,急躁。

〔六七六〕男女同姓,其生不繁:左傳僖公二十三年鄭叔詹語,"繁"作"蕃"。

〔六七七〕行路有禮:謂於行路者有禮,即禮待路人。行路,路人。

〔六七八〕既歸天下之氏姓:歸,歸納總結。氏姓,四庫本作"姓氏"。

〔六七九〕既爲周著,而後怪佛者之來,獨靡適從,不姓不氏,而孤出乎神州之外:周,徧,全面。著,撰述。靡,無。適從,猶從來,指來源、世系。洪本"適"譌"適"。神州,古稱中國大地。　爲其徒者,纍垂出没,百千萬億,至亦自蔑其姓氏而從之:纍垂,纍纍然下垂貌,言爲數極多。吳本"纍"譌"疊"。出没,出現與隱没。蔑,滅,謂拋棄。

〔六八〇〕大倫:指社會的基本倫理道德。

〔六八一〕今夫削頭鉢食,羣趨而輩脅者,誕謾誣讕,莫不倀倀自以爲得:削頭鉢食,指僧尼。削頭,謂剃髮。鉢食,謂用鉢盂盛食以食。趨,追隨。輩,猶羣,衆人。脅,謂擁于身之兩旁。誕謾,荒誕虛妄。誣讕,欺騙造謠。倀倀(chāng chāng),狂妄貌。

〔六八二〕冠、昏、喪、祭,此人道之大者也:冠,古代男子二十歲成年時舉行的加冠禮。昏,"婚"之古字。吳本、四庫本作"婚"。人道,猶人倫。

〔六八三〕冠、昏易亂而無以酬生:易亂,簡率隨意。酬生,應付生者。喪、祭蔑薄而莫以報死:蔑薄,輕微單薄。報死,報答死者。

〔六八四〕孔子曰:"窮理盡性,以至於命":見周易説卦。謂窮究天地萬物之理、性,以至生命。

〔六八五〕父兄、子母,所以窮理:父兄、子母,謂正確對待父兄與子母。飲食、裘葛,所以盡性:裘葛,謂冬穿毛皮衣,夏穿葛布衣。　而歸根守白,凡所以至命也:守白,謂保持空明的心境。典出莊子人間世:"虛室生白。"陸德明音義引司馬彪曰:"室比喻心。心能空虛,則純白獨生也。"凡,猶言這一切。

〔六八六〕躐等:逾級跨越。吳本、四庫本"躐"譌"獵"。

〔六八七〕每得其偏，而不蔽其全：偏，一隅，片面。蔽，涵蓋，概括。

〔六八八〕故知性者，必達乎理、命：洪本“達”作“違”，謬。

〔六八九〕每執一見，自爲至足，亦可謂不知務矣：一見，一己之見，個人的見解。至足，最大滿足。不知務，不識事務。

〔六九〇〕吾夫子亦何嘗蔑性而薄命哉：蔑、薄，皆輕蔑、不重視義。彥按：論語公冶長云：“子貢曰：‘夫子之文章，可得而聞也；夫子之言性與天道，不可得而聞也。”又子罕云：“子罕言利與命與仁。”羅氏此語，當有所指而發也。

〔六九一〕若老之説，修而上之，至於無上清虛之境，人皆空濛：老，老子，老氏，指道家。空濛，縹緲迷茫貌。

〔六九二〕至於果位入三摩地：果位，佛教名詞。謂修行得道已證正果之位。三摩，佛教語。梵文音譯，又譯“三昧”。意譯爲“正定”。謂屏除雜念，心不散亂，專注一境。　人皆罔蕩，斂爲善爽之鬼：罔蕩，不放蕩。斂，收斂，約束。善爽，善良明白。　寂冷坐結：寂冷，寂靜冷清。坐結，猶坐亡，坐化。

〔六九三〕人之所以爲際：際，聯繫，聚合。小爾雅廣言：“際，接也。”廣雅釋詁二：“際，合也。”又釋詁四：“際，會也。”　生之所以爲奉者也：奉，敬事。

〔六九四〕父祖子孫、冠昏喪祭既無以自盡，則亦奚用於有生：自盡，謂盡己責，起到本身作用。有生，有生命者，此指人。

〔六九五〕神禹：對夏禹的尊稱。

〔六九六〕然則教者其可以不嚴所道而沈迷乎寂滅誕謾之區哉：嚴，畏憚，敬慎。所道，所行。道，遵行，施爲。寂滅，即上文所謂“寂冷坐結”。

〔六九七〕亦有不仁義之真仙若無君親之佛覺乎：真仙，仙人，此指道士。若，與。佛覺，謂高僧。覺，賢智者之稱。

〔六九八〕別生分類：書汨作序：“帝釐下土，方設居方，別生分類，作汨作。”孔氏傳：“生，姓也。別其姓族，分其類，使相從。”　人道之極摯，聖人之所甚急而不可後者，顧可猒而弃之歟：極摯，猶極致，謂最高境界。洪本“摯”譌“鷙”。猒，“厭”之古字，四庫本作“厭”。